中国特色乡村治理体系建设研究

张继良 等 著

❋

Zhongguo Tese Xiangcun Zhili Tixi
Jianshe Yanjiu

人民出版社

国家社科基金后期资助项目
出版说明

后期资助项目是国家社科基金设立的一类重要项目,旨在鼓励广大社科研究者潜心治学,支持基础研究多出优秀成果。它是经过严格评审,从接近完成的科研成果中遴选立项的。为扩大后期资助项目的影响,更好地推动学术发展,促进成果转化,全国哲学社会科学工作办公室按照"统一设计、统一标识、统一版式、形成系列"的总体要求,组织出版国家社科基金后期资助项目成果。

全国哲学社会科学工作办公室

序　言

中国乡村治理体系和治理能力是中国特色社会主义制度及其执行能力在乡村治理领域的具体体现,中国乡村治理领域的一切制度体系、治理机制构建和创新以及一切治理主体的一切治理活动,都必须符合中国特色社会主义制度的本质要求,都应该始终坚持并真实体现以人民为中心的发展思想,并充分具备以下目的性和功能性特征:第一,在治理目标上强调以改善民生优先,坚持农民主体地位,保障农民基本权利,维护乡村和谐稳定;第二,在治理结构上强调党的领导、多元互动、社会协同、共谋共建共治;第三,在治理方式上强调因地制宜、"三治"融合、灵活多样、综合治理;第四,在治理秩序上强调维护社会稳定,坚持有序性与有效性、公正性与有效性相统一;第五,在治理实施路径上,强调围绕建设系统化、规范化、制度化并具有开放性、包容性、长效性等特征的中国特色乡村治理体系,积极营造并具备这一体系有效运行及全方位实现乡村治理目标的基础性保障条件。中国特色乡村治理体系建设反映出来的这些目的性和功能性特征,具有十分密切的和不可分割的内在联系,既反映了中国特色乡村治理体系建设的基本内涵,也是中国特色乡村治理体系建设必须遵循的基本原则和基本要求,它们在整体上体现了中国特色乡村治理体系建设对中国乡村治理实践及其发展过程所具有的引领、推动、规制、保障等多方面功能。基于对中国特色乡村治理体系建设反映出来的基本特征的认识和把握,我们认为将本书定名为《中国特色乡村治理体系建设研究》是妥当的。

严格遵循历史逻辑、理论逻辑和实践逻辑,以中国乡村治理史、国家整体现代化、新型城镇化、乡村振兴为视角,以正在构建和完善中的中国特色乡村治理体系建设为研究对象,聚焦中国乡村治理体系建设面临的一系列理论和现实问题,提出推进中国特色乡村治理体系和治理能力现代化建设的设想和方案,是本项研究所遵循的基本理路。作为一项具有深远历史意义、现实意义和系统复杂的社会工程,实现"乡村治理体系和治理能力现代化"①,是把

---

① "治理体系和治理能力现代化"一语,是近年来中央和政府规范文件及理论界谈论国家各方面各领域治理时频繁使用的词句,最早用于国家治理领域,后扩展到社会治理、城乡治理、市场治理等领域。由于国家治理是动态过程,更由于人们观察和认识问题的角度不同,国家治理被赋予了非常丰富而又不十分确定的内涵,使得其在实际操作中难以为人们所全面和准确地把握。因此,就"乡村治理体系和治理能力现代化"理论研究和实践进程而言,应该依据中国政治现实和乡村社会实际,加快构建和完善有关理论分析框架、制度规范体系和实践探索路径,以便在国家、农民、社会组织和理论界各个层面达成更高程度的默契和共识,加快实现有效推进乡村治理体系和治理能力现代化的目标。

中国共产党以人民为中心的发展思想和乡村治理理念运用于乡村治理实践,并将它们转化为法治化、规范化、程序化的乡村治理制度体系,进而按照这种制度体系的规范要求推动多元主体联动互济、合作共治,有序实现乡村治理目标的动态发展过程。而实现乡村治理体系和治理能力现代化,关键在于正确处理基层党组织、政府组织、自治组织、各类社会组织、广大村民的关系和功能定位,在于有效保障农民主体性地位、发挥农民主体性作用,彻底纠正完全以市场为导向的自由主义偏向,克服计划经济体制下的严重集权化行政管理弊端和小农经济背景下的少数乡绅管理模式的缺陷,科学配置和充分运用各方面各领域治理资源,使这些公共资源在改善自治组织治理生态和自治、法治、德治相结合的治理体系框架内,有效服务于中国特色乡村治理体系建设,保障多元主体的治理功能得到充分发挥,从而表明构建和完善中国特色乡村治理体系具有极其重要的理论价值和实践价值。

近年来的中国乡村治理实践、乡村治理理论和乡村治理学术研究,多数是在遵循上述逻辑和主旨下展开的,并且在梳理中国乡村治理发展脉络、总结和提炼中国乡村治理经验、发展和创新中国乡村治理理论、探讨中国特色乡村治理体系建设等方面取得了一些可喜成果。当然,由于乡村治理是动态发展的历史过程,这些成果尚不能充分适应和满足深入推进新时代乡村建设和乡村治理的紧迫需要,尤其在乡村治理实践中依然存在着部门分割、多头治理、不分主次矛盾,脱离乡村实际、追求理想化目标、忽视地方自主性和农民主体性、夸大普遍性价值而弱化地方性信念、自治组织治理能力弱、乡村治理现代化构想和实践与国家整体发展战略衔接不紧密,以及在学术理论研究中存在着研究主题泛化、话语形式和话语体系杂乱、忽视基础性概念的积累和提炼、偏重文本解读、低水平重复研究等问题。这些问题对于人们深入认识乡村社会、把握乡村治理规律、提高乡村治理效率、产生更多更高质量的研究成果、摆脱乡村治理困境、完善中国特色乡村治理体系、推进以人民为中心的发展思想系统有效实施产生了严重影响。因此,亟须密切结合国家实施法治国家、法治政府、法治社会、法治乡村建设以及新型城镇化和乡村振兴战略之机,进一步加强和深化中国乡村治理理论、治理实践、治理制度、治理条件建设的研究。

基于以上考量,本书课题组人员在深入农村一线调研、吸收和借鉴国内外研究成果的基础上,对于乡村建设和治理与国家治理现代化的关系、乡村治理内在逻辑与外在影响因素的关系进行了深入思考和细致分析,弥补了已有研究成果在这些方面存在的明显疏漏,并在深入探析中国乡村治理体系和治理能力现代化所必需的经济、政治、文化、社会、生态等物质文明、精神文明、制度文明等条件及其可能出现的不确定性影响因素,科学阐释乡村治理理论创新、实践创新、制度创新应致力于排除影响乡村发展、民生改善、权利保障、社会和谐的各种障碍,探索构建适合国情、社情、乡情、民情和治理能力提升的乡村治理理论、治理制度和实践途径,发掘中国乡村治理制度优势并彰显其正义性、开放性、包容性、实效性和因时变革等特征,以及在研究视角选择、重点把握、范围界定、价值判断、方法运用等方面,均显示出一些新意。

第一,主旨明确,视角新颖。关于中国特色乡村治理体系及其相关问题的研究,主要有自由市场经济理论、小农经济理论、中国化时代化马克思主义理论三个不同的理论维度,同时也有兼采各家研究之长并从个人观察视角着重阐发自己见解的研究。其中,基于第一、第二种理论维度为视角的乡村治理体系及其相关问题的研究,学者队伍虽然并不庞大,但作为具有较高专业素养的研究人员,其研究成果更具专业性、理论性、规范性和学术性特征;以中国化时代化马克思主义为指导的乡村治理体系及其相关问题的研究,学者队伍最为庞大,分布于高校、科研机构、党政机关乃至社会各界,发表的文章和著作数量颇多,但其研究成果在专业性、理论性、规范性和学术水平方面参差不齐、良莠混杂。

本书有三个特点:其一,坚持以马克思主义基本原理、中国特色社会主义治理理论为指导,全面、系统地研究中国特色乡村治理体系建设,正视乡村建设和乡村治理实践的长期性、复杂性和过程性,强调中国化时代化马克思主义乡村治理理论应以开放、包容、创新的胸怀和姿态丰富发展自己,以适应多视角、多方面、多领域、多层次探索中国乡村治理规律、构建和完善中国特色乡村治理体系的需要;其二,坚持将中观层面和微观层面的乡村治理研究与宏观层面的国家治理和国家发展战略研究密切结合,以准确判断乡村治理在国家治理体系中的价值和地位;其三,坚持将静态的乡村治理研究与动态的乡村社会变迁和新型社会形态生成研究密切结合,以深刻认识和准确把握乡村治理规律,提高服务于乡村治理的实效性。与之相比,已有研究成果虽然注意到了加强乡村治理体系建设对于健全国家治理体系和治理能力、促进国家现代化建设的意义,甚至十分强调将加大治理投入、改善农民福祉、推动理论创新、完善治理制度等作为实现乡村治理体系和治理能力现代化的基本路径,但由于过分倚重市场导向或传统经验,过分强调专业化和规范化,而忽视乡村社会发展演化的长期性、复杂性以及农民自身需要引导以获取生活根本改善的社会现实,导致分析视角比较单一、研究思路不够开阔,研究成果不能全面、深刻反映乡村治理的历史价值、空间价值及其对实施国家发展战略的深远意义。

　　本书将对中国特色乡村治理体系建设的研究,置于国家整体现代化的宏观视域,客观分析乡村生产、生活、文化、教育、生态、安全等功能在当代中国国家空间结构及其功能体系中的定位,从全面推进中国式现代化,实施新型城镇化战略、乡村振兴战略、法治乡村建设、数字乡村建设、中外乡村文明比较和互相借鉴等视角,深入观察和分析中国特色乡村治理体系建设面临的诸多问题,透过中国特色乡村治理体系建设的局地效应和溢出效应,认识和挖掘中国特色乡村治理体系建设的潜在价值,进而在探讨、把握新时代乡村治理规律的基础上,发现和确定乡村治理理论创新、实践创新、制度创新的重点领域,并把不断优化纵向政府治理结构和横向多元治理结构、系统调整和全面完善各方面乡村治理制度机制作为推进中国特色乡村治理体系建设的核心和重点。

　　在探讨适合我国国情、社情、乡情、民情的乡村治理体系建设需要的实践路径方面,本书把推进乡村治理现代化与培育治理主体的历史思维、辩证思维、实践思维、理性思维、科技思维以及实行法治化、开放性、包容性的乡村治理方式结合起来,把决策者、理论工作者、实务工作者提出的建立乡村治理长效机制的主张与构建和完善乡村治理体系联系起来,综合考量、正确处理乡村社会和乡村治理实践动态发展与国家和社会整体视域中的新生事物之间的关系,反对一成不变地固守传统思维和单一化的乡村治理模式,全面分析和深入了解这些不断变化着的国家因素、社会因素、乡村因素、个体因素及国际因素对中国特色乡村治理体系建设及其实施方案的深刻影响。

　　本书之所以主张以历史的和辩证发展的观点考察、处理乡村社会问题和乡村治理事务,正是基于这样的理念——"如同经济、政治和文化等方面的管理必须适应其管理对象的发展变化一样,社会治理也必须根据社会的发展变迁做出相应的调整",①特别是进入 21 世纪以来,随着社会转型加快和新生社会事务大量频繁涌现,作为全新的社会形态的网络社会、信息社会、数字社会已经崛起并逐渐深刻嵌入乡村社会,对乡村治理主体及其治理理念和治理方式形成了严重挑战,使正在变为传统管理模式的自上而下的网格化管理的公正性和有效性正在经受严峻考验,促使人们"别无选择地调整原来在工业社会或农业社会基础上形成的社会管理思维定式和社会管理方式"②,并根据网络社会对工业社会和农业社会业已形成的支配优势,

---

① 张翼主编:《改革开放 40 年社会发展与变迁》,中国社会科学出版社 2018 年版,第 278 页。
② 张翼主编:《改革开放 40 年社会发展与变迁》,中国社会科学出版社 2018 年版,第 279 页。

"实现由传统科层体制垂直管理的网格化管理向网络化治理转向"①,以便尽快摆脱乡村治理"边沿化、社会脱域"②等的现实困境,避免把巨大人力、物力、财力资源投入乡村治理的同时,而又使其走向表面化、形式化而变得毫无实际成效。所以,在国家治理事务和乡村治理事务的联系日益密切、相互影响日益加剧而新生乡村治理事务又不断出现的新形势下,只有从多维视角审视乡村社会现实,厘清各种纵向与横向的乡村治理事务之间的关联性,才能更加实在、更加深入、更加有效地开展中国特色乡村治理体系建设研究,从而彰显本研究课题的主旨、独特视角、理论价值和实践价值。

第二,关注现实,彰显价值。以往对于乡村治理体系建设的价值认知和判断,多聚焦于维护社会稳定和改善民生福祉,甚至形成了基本固化的思维定式和表达方式。但就中国特色乡村治理体系建设的现实价值和潜在价值而言,它不仅关乎当下乡村社会健康发展和农民自身利益不断被扩大,而且事关全面实现中国式现代化和国家长治久安。维护乡村稳定,改善农民生活,固然是推进乡村治理体系建设的目的和价值所在,甚至是乡村治理体系建设的永恒主题,但并非是中国特色乡村治理体系建设的终极目标,因为就推进乡村治理体系和治理能力现代化的本质要求而言,增强农民主体性,保障农民行使合法权利,培养现代职业农民,提高村民自治能力,有序扩大和发展基层民主,亦符合中国乡村治理发展趋势,才是保障农民群体全面发展的关键所在,才是中国特色乡村治理体系建设的根本目的所在,因为一旦农民具备了这些素质,在中国这样的社会主义国度里,他们便完全可以依靠自己的力量创造出自己所期盼的美好生活。

众所周知,20 世纪末期以来,国内外形势的发展演变和自然环境的巨大变化,已经导致自然界的突发事件和社会领域的公共安全事件频发,并由此引发了一些经济、政治、社会、生态、治理等方面的公共危机,乡村治理体系建设的价值在国家安全保障体系中的重要地位日益上升。因此,仅仅站在农村和农民的视角看待和认识乡村治理体系建设,已经不可能全面了解和准确把握乡村治理体系建设的全部价值。所以,在内含着乡村治理的国

---

① 刘安认为,网格化管理存在以下弊端:"'技术化'治理强调治理形式可能偏离目标实质;'科层制'组织结构增加了治理复杂程度;治理的'行政化'制约了社区社会资本生成;'选择性执行'行为导致了治理目标的不完全实现;'目标导向'下存在治理手段运用不当的风险;'网格泛化'则模糊了多元治理主体间的边界、致其权责不清。"(刘安:《网格化社会管理及其非预期后果——以 N 市 Q 区为例》,《江苏社会科学》2014 年第 3 期)

② "所谓脱域……指的是社会关系从彼此互动的地域关联中,从通过对不确定的时间的无限穿越而被重构的关联中'脱离出来'。"([英]安东尼·吉登斯:《现代性的后果》,田禾译,译林出版社 2000 年版,第 18 页)

家宏观治理体系中,真正关乎实现中国式现代化、关乎实现第二个百年奋斗目标、关乎实现中华民族伟大复兴而又与乡村治理体系建设密切相关的问题,是通过增强和扩大乡村治理体系建设的溢出效应,即不断增强中国特色乡村治理体系建设的实效性、正义性和示范效应,全面地系统地推进乡村治理体系和治理能力现代化,使其在助力国家发展战略实施、国家安全保障体系建设中发挥应有的积极作用,这或许是目前最应补齐的国家治理体系和国家治理能力现代化建设的短板和弱项,也是乡村治理体系建设研究应该深入挖掘的潜在价值。否则,完全局限于解决乡村建设和乡村治理面临的眼前问题和表面问题,不深究其根源及其外部影响,不深入研究和制定长期发展战略和长效性应对策略,不从完善中国特色社会主义体系及其长效机制上下功夫,必将使乡村治理陷于事务主义、形式主义和夸夸其谈的教条主义泥沼,对于实现乡村治理体系和治理能力现代化不仅无益,反而会产生负面影响。因此,在乡村治理体系建设研究中,只有密切关注乡村问题频发的原因、关注乡村治理与其他关联性要素的互动关系,深入贯彻以人民为中心的发展思想,始终坚持系统观念、问题导向和价值导向,才能彰显中国特色乡村治理体系建设研究的根本价值及其溢出效应。

第三,整体构建,突出重点。在实施新型城镇化和乡村振兴战略背景下,已有研究虽然提出通过实施乡村振兴战略、走城乡一体化道路,解决城乡二元结构带来的各种乡村问题,这种主张在一定程度上拓展了乡村治理研究思路和视野,但由于对城乡之间、地区之间发展不平衡形成的深层原因及其关联性因素缺乏全面认识和系统把握,注重政策体制方面的缺陷,忽视客观条件、自然禀赋、国际环境等外在因素对乡村建设和乡村治理的影响,尤其对经济、文化、社会因素所导致的不同地区领导者、商界精英、基层管理者、普通民众在认知能力和治理能力上存在的差异没有给予足够的重视。所以,一些基于制度政策、治理主体、治理方式、地区差异性和不平衡性等而展开的乡村治理现代化探索,以及在策略选择上形成的党建引领型、政府主导型、市场引领型、村民自治型等具体治理方式,皆因缺乏稳定的牢固的社会基础依托、完善的制度支撑、长效性的法治机制保障,以及时常因为治理机构变动和人员更迭,造成原有机制失灵、原有治理格局难以维持的局面,这就使得处于党建引领、多元共治、"三治"结合、"资本下乡"、政策兜底等层面的乡村治理理论研究和实践探索,甚至以放权赋能于基层政府、经济组织和自治组织,以解决乡村建设、发展和治理面临的空心化、老龄化、土地难题——缺乏人才、资金、项目、技术——教育、医疗、养老等社会保障非均等化问题为突破口的路径选择,在经历了十余年的探索和殚精竭虑的思考之后,虽然在理论和实践上似乎有所斩获,但由于太过重视文本解读,加之有关研究碎片化现象严重,至今尚未形成能够全面、深刻反映中国乡村发展规律的系统完整的乡村治理理论,而已经形成的乡村治理观念和乡村治理方式,还不能充分适应不同区域、不同条件下的乡村治理体系建设的普遍要求,仍然需要在实践中反复经受检验和继续深入探索。

鉴于已有研究存在上述不足,推进乡村治理理论研究和实践探索,更应该强调围绕新时代社会主要矛盾转化及其在乡村社会的突出表征,从价值理念、思想观念、制度体系、运行机制、政策法规、社会发展、历史影响、传统惯性等方面,对乡村治理问题进行系统的、分门别类的细化研究,并在全面认识和把握这些问题产生的根源的基础上,深入分析解决这些问题对乡村治理体系和治理能力建设的迫切需要,进而从整体上认识和掌握乡村治理的本质、价值认知和选择与国家制度政策、市场导向、社会发展愿景、村民自治诉求之间的张力,并以辩证思维、整体思维和改革思维,扎扎实实地开展乡村治理体系建设研究,务必使乡村治理体系内涵及各构成要素在价值功能和表现形式上保持一致——即在治理理论、治理实践、治理制度、治理条件保障之间以及各个方面的纵向和横向构成要素之间实现有机统一,彰显中国特色乡村治理体系建设研究的重点和整体性特征。

第四,因应施法,综合运用。乡村治理是一项复杂的系统工程,涵盖范围十分广泛,涉及事务林林总总,既需要关照乡村各方面各领域事务的关联性,又需要处理好乡村与政府、市场、域外有关组织之间的关系。所以,中国特色乡村治理体系建设研究,必须在理论和方法的运用上体现完整性、系统性和综合性特征。仅就处理乡村治理面临的社会矛盾、邻里纠纷、利益冲突、生产生活、基层建设等日常性事务而言,绝非某一学科理论和学科方法能够独自胜任,而已有研究多侧重于或社会学、或管理学、或法学、或政治学等单一学科视角和学科方法的运用,虽然表现出一定的合理性和有效性,但也明显暴露出相关研究成果的局限性。从乡村治理规律和实践操作要求看,通常需要运用经济、政治、法律、文化、教育、心理疏导、现代科技等综合性的方法和手段,才能更好地解决各类琐细繁杂的乡村社会问题。中国政府建立综合治理机制、推进社会综合治理、鼓励基层治理实践创新,在某些领域的治理体系建设实践方面走在了理论前面,需要理论界对有关经验加紧进行逻辑论证和理论总结。实践证明,乡村治理体系建设研究离不开辩证唯物主义世界观和方法论的指引,也需要运用系统论原理和实证分析方法,兼采各有关学科理论和方法之长,对各地乡村治理典型案例和成功经验进行系统分析和全面总结,尽快将它们凝练、概括、提升为一般性理论,并通过国家立法把这些理论化、可复制的经验转化为法律或制度形态,用它们作为乡村治理体系建设素材,以指导乡村治理实践,推动乡村治理走向乡村"善治"。

纵观当下中国特色乡村治理体系建设,多聚焦于推进"三治"结合、拓展治理路径、创新治理方式、提高治理能力,但如何理解和确定中国特色乡村治理体系建设的核心和关键,人们在认识上并未取得一致。事实上,从目前的实践需要看,构建科学合理的乡村治理结构及其运行机制,在公共管理和服务体系中形成效率、公正、法治、责任的有机整合,推进村民自治中的全过程民主及法治化治理,才是中国特色乡村治理体系建设的核心和关键。这是因为,任何制度体系都有其特有的质的规定性和价值取向,能够集中反映特定主体的意志和利益,而推进乡村治理体系和治理能力现代化的基础和前提,首先在于实现乡村治理主体尤其是各类农村组织和农村居民的现代化,否则,以现在乡村自治组织、农村居民的自治能力和自治水平,若要承担起实行乡村"善治"的历史重任,恐无异于拔苗助长。所以,笔者认为,当下中国特色乡村治理体系建设,比以往任何时候都更加需要运用系统论原理和方法,深入探讨乡村治理体系建设的价值目标、组织结构、功能耦合,深入系统地分析、了解乡村治理体系运行状况和运行机理,准确把握乡村治理主体活动规律和乡村治理发展规律。唯有如此,才能有效推进乡村治理体系和治理能力现代化进程;同时,以维护秩序、化解纠纷、实现公平、振兴乡村、改善民生为诉求的乡村治理体系建设研究,必须强化法治思维和法治方式的运用,并以社会学的实证方法为主,借鉴法学、政治学、管理学、经济学、心理学等学科理论和方法,促进乡村建设与治理、乡村事务治理与主体文明素质提升相结合,在此基础上,完善具有丰富内涵、深刻反映中国乡情、体现乡村治理规律、具有实际效应的中国特色乡村治理体系。

张继良

2024 年 1 月 16 日于石家庄

目　　录

导　　论

　　从广义上讲,"体系"一词是指由有关事物或思想意识互相联系而构成的一个具有特定功能的有机整体。如果按照这个释义进行推演,乡村治理体系则是指由若干与乡村治理有关的事物或思想理论互相联系而构成的有机整体。从中国乡村治理体系的基本结构及其实际运行看,其又包含着治理理论体系、制度规范体系、制度执行体系、制度执行监督保障体系等若干子体系。因此也可以说,乡村治理体系是由治理主体、治理目标、治理对象、治理范畴、治理机制、治理依据、治理方式以及实现治理目标所必需的各方面条件等要素构成的有机整体。构建和完善乡村治理体系,除了必须明确其构成要素及其相互关系、把握其内在结构及其实现条件外,还必须全面了解乡村、深刻认识乡村,熟悉乡村的历史,明确乡村在国土空间的地位和功能,把握乡村和乡村治理发展趋势。唯有如此,才能合理确立、配置各级各类乡村治理主体的地位和治理功能,不断增强各级各类乡村治理主体深入探索、及时解决乡村治埋问题的自觉性、主动性和实效性。

　　当然,研究乡村治理体系建设,首先应从明确乡村治理空间范畴开始。凡是具有域名知识的人无不知晓,乡村是乡镇和村庄的集合体,二者在空间、边界上并不相同,但也存在交叉与重合。在中国行政管理体制下,乡和镇属于同一级的基层行政机构,管辖若干行政村或自然村,行政村和自然村可统称为村或村庄。乡镇与村庄之间的关系包含党组织之间的领导与被领导、乡镇政府与村委会在自治事务上的指导与被指导、乡镇党政机关与各类村组织之间的管理与被管理等三重关系。由此可见,乡镇的外延和空间更大,其包含所在地的村镇及其所管辖的其他行政村,并有权管理乡镇界域内的所有社会事务;而自然村仅限于本村的地域范围,村民自治也只限于本村事务。乡镇居民与自然村村民在职业身份上也存在一定程度的差别,乡镇居民不一定为从事农业或农事的农民,也可能为从事其他职业的人;按照自然禀赋,自然村在类型上可以细分为农村、山村、渔村等。农村的称谓更多地体现了其自然属性,其居民以从事农业为主,也可能从事其他职业;山村居民可能是农民,也可能是牧民,可能从事农耕,也可能从事林业、采集、放牧或狩猎;渔村的渔民则主要从事渔业活动,并可能兼及其他职业。当然,所有这一切都是从传统意义上讲的,对于现代农民、牧民、渔民而言,不能仅从称谓上理解其职业和身份,在市场经济条件下,社会流动性增强,农村居民可能从事传统行业,也可能脱离传统行业而从事与农业、牧业、渔业等不相干的其他生产经营活动。乡镇和村庄虽然常被统称为乡村,但二者在内含和外延上既存在差异,又存在交叉或重合,前者包含后者,后者为前者的构成单元。在中华文明发展史上,"乡村文明是中华民族文明史的主体,村庄是这种文明的载体,耕读文明是我们的软实力"①。所以,人们讲的乡村治理通常是指村庄治理,当然也包含乡镇治理,因为村庄治理和乡镇治理是不能分离的,二者相互依赖、相互促进,而且乡镇党委、政府属于乡村治理主体范畴,直接领导或负责村庄治理,没有它们认真履职尽责,村庄治理就不可能取得实际成效。本研究课题以村庄为治理单元,兼顾乡镇治理研究,是关于乡村治理的整体性、系统性、动态性研究。

从党中央关于乡村治理示范村镇的创建标准看,始终把乡镇、村的社会事业和各方面工作作为统一整体来对待②,同时明确了示范村和示范乡镇的差异化规定:"各示范乡镇要进一步完善乡村治理工作机制,加强基层管理服务和公共权力监督,规范村级组织工作事务,切实减轻村级组织负担,把乡镇建成乡村治理中心、农村服务中心、乡村经济中心。各示范村要进一步加强村党组织建设,充分发挥自治组织作用,丰富村民议事协商形式,推进农村移风易俗和文明乡风建设,加强法治乡村、平安乡村建设,探索创新乡村治理方式,健全党组织领导的自治、法治、德治相结合的乡村治理体系,大力建设充满活力、和谐有序的乡村社会。"③这里需要特别说明的是,本研究课题在概念运用上有时使用乡村或乡村治理,有时使用农村或村级治理,这并非概念混乱,而是由具体语境决定的。总而言之,乡村"是指城市建成区以外具有自然、社会、经济特征和生产、生活、生态、文化等多重功能的地域综合体,包括乡镇和村庄等"④,乡村治理体系和治理能力现代化建设的目标任务,必须在中央和各级地方政府领导、支持下,紧密依靠基层党委和政府、自治组织、各类社会组织以及农民群众共同努力来完成。

---

① 《十八大以来重要文献选编》(上),中央文献出版社 2014 年版,第 605 页。
② 如党中央明确规定,示范村的创建标准为:(一)村党组织领导有力;(二)村民自治依法规范;(三)法治理念深入人心;(四)文化道德形成新风;(五)乡村发展充满活力;(六)社会安定有序等。示范乡镇的创建标准为:(一)乡村治理工作机制健全;(二)基层管理服务便捷高效;(二)农村公共事务监督有效;(三)乡村社会治理成效明显等。
③ 参见《中央农村工作领导小组办公室、农业农村部、中央宣传部、民政部、司法部、国家乡村振兴局关于开展第二批乡村治理示范村镇创建工作的通知》(中农发〔2021〕12 号)。
④ 《中华人民共和国乡村振兴促进法》,2021 年 4 月 29 日第十三届全国人民代表大会常务委员会第二十八次会议通过。

乡村和乡村治理之所以重要,首先在于农业生产空间、农村生活空间是国土空间的主要组成部分,中国94%以上的陆地面积属于乡村地区,40%的人口居住在乡村,即使将来城镇化率达到发达国家80%以上的平均水平,仍有3.5亿左右的农民居住在乡村、生活在乡村,并依靠农业生产和有关经营活动为生。农村的农民除满足自身生活消费需求之外,还肩负着向城市居民提供粮、油、肉、蛋、蔬菜等生活必需品及发展现代工业所必需的部分原材料的任务。除此之外,乡村还是传承中华传统文明的主要载体,乡村振兴内含着复兴中华优秀传统文化;乡村还是生态多样化最集中的地区,满足人民多样化需求,离不开乡村经济、文化、社会、生态文明的发展。因此,乡村经济是否高质量持续发展,乡村文化是否繁荣昌盛,乡村社会是否和谐稳定,乡村生态文明程度是否高,农民是否安居乐业,直接关乎国家政治安全、粮食安全、生态安全、环境安全和聚落安全。乡村所具有的多方面价值和功能,是决定和彰显乡村治理价值的基础和前提。但是,实行改革开放以后,在乡村治理主体由一元向多元转变、治理目标由行政管控向政府提供公共服务转变、治理过程由权威服从向民主协商转变、治理方式由政府治理向"三治"①结合转变、治理目标由强调维护社会稳定向实现民主治理和有效治理相统一的转变过程中,出现了新旧体制更替不及时、不衔接,甚至新体制缺位和治理效能低下等现象,由此造成了一定程度上的乡村固有价值减损和功能丧失。党的十八大以来,伴随着一系列国家发展战略的制定、实施和人民群众理性化程度的逐渐提升,尤其十八届三中全会提出并实施"国家治理体系和治理能力现代化"战略以来,人们对乡村治理滞后于城市治理的认识开始发生深刻变化,并把乡村治理现代化与国家治理体系和治理能力现代化紧密联系在了一起。在乡村发展和治理迎来新时代、面临新问题和百年未有之大变局的关键时刻,党中央审时度势,及时作出"推进乡村治理体系和治理能力现代化"的战略决定,组织调动各方面资源,推动各级各类乡村治理主体依据国家政策、法律制度、社会规则、自治章程、协议合同、村规民约、家训族规等各方面规范,要求多元主体协商合作、共同推进乡村治理,积极鼓励和大力支持各级各类主体"创新乡村治理体系,走乡村善治之路"。②

所谓"走乡村善治之路",是指在坚持党的领导和农民主体地位前提下,走以优先改善民生、保障社会公平、多元合作互动、"三治"结合、治理效

---

① 即自治、法治、德治相结合,后文皆以"三治"结合简称代之。
② 《十九大以来重要文献选编》(上),中央文献出版社2019年版,第152页。

果显著的乡村治理之路。其具体内涵就是充分发挥基层党组织的领导作用,践行中国共产党以人民为中心的发展思想和"乡村善治"理念,保障农民主体地位并充分发挥其主体功能,政府提供高质量公共服务和管理,促进乡村治理的民主性和有效性相统一;其本质特征在于政府组织与自治组织、社会组织与农民群众通过民主协商、联动互济,共同管理乡村公共事务和公共生活,形成共建共治共享的乡村治理格局。乡村"善治"理念的提出和实施,标志着中国乡村治理制度和治理实践正在发生深刻变革,表明农民群众不仅是依法实行自治的主体,而且还是乡村治理绩效的主要评判者;意味着各级党委在领导乡村治理的同时,还必须为村民自治提供有效的政治保障和制度保障,政府必须依法提供高质量公共服务和组织管理。由此可见,中国乡村治理在经历了几十年的改革实践并摆脱了单纯的行政管控之后,已经以新的理念、新的诉求、新的实践、新的制度,深度融入了国家治理体系和治理能力现代化建设进程之中。而由此引起的乡村治理主体结构、制度机制、治理方式、政策法制变迁等,则必然促使人们以新的视角审视乡村治理面临的各种理论问题和现实问题,并自觉地将创新乡村治理理论、调整和优化乡村治理结构、完善乡村治理法治体系、探索乡村治理发展规律、提高乡村治理的实效性等与实施国家发展战略、弘扬本土优秀治理传统、借鉴国外乡村治理有益经验、健全国家安全保障体系、保护生态文明和构建人类命运共同体紧密结合起来,从而在新的历史节点和实践起点上,将乡村治理理论研究、实践探索和制度创新推向新的发展阶段,为进一步完善中国特色乡村治理体系奠定坚实基础。

一、研 究 现 状

改革开放以来,国家改革重点逐渐由农业和农村领域转向工业和城市领域,城市经济在国民经济中的占比迅速上升,城市建设和城市治理成为政府投资和社会资本流入的重点领域,大量农民工被工业化和城市化所吸纳,形成了城市人口激增而农村人口骤减的城乡人口发展格局。据统计,"从1978 年至 2017 年,中国城镇化率由 17.92%增长到 58.5%,城镇常住人口由 1.7 亿人增长为 8.1 亿人,城市数量由 193 个增加到 657 个,城镇占国内生产总值和财政收入比例,分别由 30%、20%跃升到 80%、80%,城市经济增长率平均达到 9.5%"。① 这表明,城市发展和城市治理的社会贡献率迅速攀升,而农业农村对国家经济发展的贡献率却逐渐下降。至 2021 年末,我

---

① 张继良:《以乡村振兴促进城乡融合发展》,《光明日报》2018 年 10 月 10 日。

国城镇常住人口为 91449 万人,占总人口比重的 64.72%;乡村常住人口为 49851 万人,占总人口比重的 35.28%,其中包括中国最不富裕的人口。① 从 2017 年至今,常住人口城镇化率提升幅度趋于平稳,乡村常住人口减少 6000 万人左右,农业农村占国内生产总值、财政收入比例、经济增长率下降的基本趋势仍未发生根本转变。

但是,随着近年来国际经济、政治、军事、外交形势和全球生态环境急剧变化,粮食安全、生态安全、能源安全成为威胁人类生存和发展的紧要问题,乡村治理体系和治理能力现代化建设在国家治理体系和治理能力现代化建设中的重要性更加凸显,尤其在乡村治理方面,亟须加快解决城乡公共服务和社会保障发展不均衡、乡村经济社会发展不充分、地区差异和发展不平衡、治理结构不够科学合理、治理方式和技术手段比较单一、村民自治的民主程度和实际效率不高、村民自治制度运行机制弱化等一系列关涉乡村治理体系及其运行机制不健全的问题;在乡村治理理论、治理实践和治理制度方面,亟须围绕上述问题展开深入探讨和系统研究,进而通过推动理论创新、实践创新和制度创新,更好地促进乡村治理体系和治理能力建设适应乡村振兴和乡村治理发展要求。

（一）体系建设研究状况

乡村治理是指各类主体的乡村治理活动或治理行为,这种活动或行为既包括乡村社会治理的实践探索,也包括对乡村社会问题和乡村治理实践的理论思考,并以乡村社会治理的实践探索为主。而乡村治理体系建设研究,既需要研究乡村治理理论问题和现实问题,又需要研究治理主体职能结构、治理对象、治理内容、治理行为、治理规范、治理方式、治理技术、治理效果等治理体系结构和治理运行机制等问题,并需要坚持理论研究与实践探索相结合。所以,治理主体和研究主体虽然面临着相同问题、承担着共同任务,但他们的着眼点和着力点有所不同。这里除研究乡村治理体系自身建设问题之外,还要研究理论界对于中国乡村治理理论、治理实践、治理制度等关涉乡村治理体系建设问题的探讨。

党的十八大是中国乡村治理进程的一个新起点,中国共产党领导全国人民在前人艰辛探索的基础上,制定、调整和优化国家总体发展战略、城乡发展战略和区域发展战略,经济领域取得了历史性成就,社会结构发生了深刻变革,人民生活水平有了明显提升,中国特色社会主义进入了新时代。党

---

① 国家发展改革委:《2022 年新型城镇化和城乡融合发展重点任务》,《人民日报海外版》2022 年 3 月 22 日。

的十九届五中全会提出"全面建设社会主义现代化国家"的目标,由此开启了全面建设社会主义现代化国家新征程,标志着中国进入了新发展阶段,即经济社会高质量发展阶段。为了实现全面建设社会主义现代化国家的目标,中央要求全党全国人民"把握新发展阶段,贯彻新发展理念,构建新发展格局"。[1] 党的二十大进一步提出,从现在起,中国共产党的中心任务就是团结带领全国各族人民全面建成社会主义现代化强国、实现第二个百年奋斗目标,以中国式现代化全面推进中华民族伟大复兴。随着中国式现代化进程深入发展,关于中国现代化的内涵及其表述愈益丰富、规范和精准,事实上,国家现代化包括国家实体现代化和国家运行程序现代化两个方面的内容,前者主要指国家结构体系和国家事务的现代化,后者主要指国家治理体系和治理能力的现代化,而乡村治理体系现代化是国家治理体系现代化的重要内容和不可缺少的组成部分,作为各级党委、政府、各类农村组织和农民群众的重要历史使命,实现乡村治理体系现代化,是与全面建成社会主义现代化强国的目标要求相一致的,这种要求在历年的中央一号文件和重大决议中都被给予了高度重视。随着中央日益重视乡村治理体系建设,乡村社会发展内驱动力正在发生深刻变化,理论界对乡村治理的研究也徐徐展开,并取得了一些可喜成绩,当然仍然存在不少缺陷和问题,尤其对于中国特色乡村治理体系建设的系统化和整体性研究尚为鲜见。

1. 国内研究现状

国内关于乡村治理的研究,多聚焦于具体理论、具体制度、具体实践问题,研究乡村治理体系建设的成果不多,而且不全面、不系统、不深入。20世纪70年代末期,中国农村土地承包经营制度改革开始不久,已有学者探讨乡村管理体制改革问题,但由于受到改革进程和主观认识因素限制,并未取得明显的研究成果。20世纪末至21世纪初,伴随国家权力再次向基层农村下沉,改革开放初期开启的村民自治进程受到影响,村民自治功能开始弱化,但国内研究乡村治理的文献和成果开始增多,尤其是党的十八大以来,随着中央实施国家治理体系和治理能力现代化战略,国内掀起了研究国家治理和社会治理的热潮,专门研究乡村治理问题或与乡村治理体系建设相关的研究成果不断涌现,研究内容和范围主要涉及以下三个方面:

第一,关于意义研究。有学者认为乡村治理是在一定社会基础上进行的(贺雪峰,2020),尤其随着乡村"善治"理念的引入,为法治乡村建设提供了新的思考和理路,具有十分重要的现实意义。探究新时代乡村治理路径,

---

① 习近平:《把握新发展阶段,贯彻新发展理念,构建新发展格局》,《求是》2021年第9期。

有利于促进中国乡村治理学术思想发展,有利于推动乡村治理制度体系构建(张树旺、李想、任婉玮,2019)。乡村治理可以促进乡村和谐、推进乡村社会有序发展(叶莲,2012)。乡村善治是国家安全的基础,实行乡村善治,需要调整乡村治理结构、创新治理机制,尤其有利于化解国家安全方面的风险(温铁军、张俊娜等,2016)。乡村治理的关键在于实现乡村善治(冯兴元,2017),等等。

第二,关于路径研究。乡村治理实现路径是学者们关注的焦点(黎珍,2019;良灿,2019)。乡村治理目标的实现,需要认识乡村法治建设中存在的问题,只有破解问题,才能找到乡村依法治理的有效路径(杨建军,2018)。从民主视角切入,实现乡村善治,需要实现民主与治理相结合(肖滨、方木欢,2016);"四个民主"即"民主选举、民主决策、民主管理、民主监督"中各个民主权利的组织化落实与程序化运作,是实现乡村治理"民主推广"与"治理有效"功能融合的路径(张树旺、李想、任婉玮,2019)。从政治学视域分析,中国乡村治理要走一条营造乡村和谐的政治生态、推进城乡基本公共服务均等化、实现城乡一体化发展的道路(兰海洋,2015),等等。

第三,关于体系研究。乡村治理有其历史逻辑演进与变迁过程(韩俊,2019;徐勇,2019)。实现乡村善治,需要创新乡村治理体系(刘儒,2019),有效应对乡村治理结构变化(朱少来,2018);实现乡村善治,需要在传承与发展乡贤文化的基础上(张世珍,2017),实现自治、法治、德治相结合(邓大才,2018),只有构建三者有机结合的多元复合治理体系(张伟军,2018),深入探讨实现乡村善治的道路,才能构建乡村善治格局(董敬畏、沈大友,2019);同时,推进乡村治理体系和治理能力现代化,离不开政策支撑(高强,2019)。伴随信息化时代来临,高科技快速发展和广泛应用,以"互联网+乡村治理"为范畴的研究受到重视,理论界和事务界开始触及乡村治理中的农户治理绩效问题(杨柳、朱玉春,2019),并主张加强社会组织参与社会治理的研究(张海夫,2019),等等。

从国内研究状况看,上述观点或主张无疑丰富了乡村治理领域的研究内容,拓展了研究视野,提高了人们对于乡村治理价值和重要性的认识。当然,这些研究还不能满足新时代乡村发展和治理的客观需要,不能满足农民群众的治理诉求,不能适应建设法治乡村、全面振兴乡村、实现乡村"善治"和建设中国式社会主义现代化乡村的要求。

2. 国外研究现状

国外学者对中国乡村治理的研究由来已久,但没有发现专门研究中国乡村治理体系的成果,从19世纪末开始,一些国外学者怀着对中国乡村的浓厚兴趣，来到中国进行实地考察，对中国乡村生产、生活、社会管理、文化习俗等方面进行描述，发表自己对相关问题的理解和看法。改革开放以来，一些国外学者利用自己掌握的理论体系和研究方法，观察中国乡村社会，甚至深入中国农村进行实地考察，并围绕以下方面进行了初步探讨：

第一，关于中国农村社会信任与基层治理的研究（Huhe N，Chen J，Tang M，2015）；第二，关于中国农村非正规机构、集体行动和公共投资的研究（XU YIQING YAO 等，2015）；第三，关于卫生制度治理在加强中国农村医疗保险体系建设中的作用的研究（Yuan B，Jian W，He L，2017）；第四，关于中国乡村环境治理与公众参与的研究（Lei Xie，2016），等等。

综观国外学者对于中国乡村治理问题的研究，有从政治视角进行的考察，如关于某些乡村治理改革、公众参与、精英干部分化对乡村治理的影响等问题的研究；也有从经济视角思考农村投资问题的，主要研究城乡投入不平衡问题；还有一些学者试图从社会文化视角探讨中国乡村民生保障、文化治理等问题。但需要指出的是，国外学者对中国乡村社会的认识和相关研究，远不及具有本土文化底蕴的国内学者认识深刻，囿于对中国文化和乡村社会了解存在严重局限，国外学者深入、系统研究中国乡村治理问题的令人叹服的高水平成果仍然较为鲜见，而且没有涉及乡村治理体系建设的系统研究。

（二）体系建设研究存在的问题

乡村治理体系建设研究和探讨，既深受乡村治理客观进程严重影响，又受到乡村治理研究主体的立场、观点、研究方法及其主观认识能力、认识水平的制约。在目前实务界和理论界的一些学术研究中，对涉及乡村治理体系建设问题的整体认知和把握还存在一些偏颇，由于孤立地看待、探讨乡村问题，忽视乡村建设和乡村治理与城市建设和城市治理之间的辩证关系，忽视乡村治理的溢出效应和乡村域外因素对乡村治理的牵扯及冲击，对乡村建设和治理在国家治理现代化进程中的重要性认识不到位，与对国家治理体系和治理能力研究的重视程度相比，对乡村治理理论、治理实践、治理体系建设的探索不够重视和深入。在这种观念、思想和认识的作用下，加之受历史因素、体制因素、国家发展战略、地区差异性、阶层分化、利益固化等主客观因素影响，乡村治理体系和治理能力整体提升受到掣肘，一些人不能正确对待乡村治理面临的问题，甚至提出了不切实际的推进乡村治理体系和治理能力现代化的实施方案。

1. 主要制约因素

制约乡村治理体系建设研究的因素很多，有历史因素，也有现实因素；

有客观因素,也有主观因素。这里主要分析现实因素和主观因素。

第一,在宏观层面,乡村现代化与国家现代化、乡村治理体系和治理能力现代化步伐与国家治理体系和治理能力现代化步伐不协调,一些地区制定的乡村发展规划和政策措施,或在中央和上级顶层设计的基础上层层加码,或对中央和上级政策打折扣,或热衷于照搬照抄外地经验和做法,缺乏求真务实精神,缺乏缜密思考和科学论证,不重视结合本地实际制定系统性、有效性、规范化的乡村治理制度及其运行机制。

第二,在微观层面,缺乏有效动员、组织广大农民参与乡村治理的制度机制,少数贫困群体和"弱势群体"参与乡村治理的积极性不高、渠道不畅通,缺乏民众充分利用的参与平台和载体;治理主体纵向联动、横向配合、个体与整体之间的互动机制不健全;主体功能不平衡、不协调,农民主体地位和权利得不到充分保障;村民自治的民主化程度低、有效性差,不利于乡村经济和社会持续、稳定、高质量发展,在乡村治理道路上徘徊不前,更谈不上构建完善的、系统的、高效的乡村治理体系。

第三,由于农村劳动力、资金、技术等生产要素持续向城市流动,农业农村可持续发展动能缺失,留守农村的多数农民生产观念相对落后,农业生产缺乏资金和技术支持,农业基础设施陈旧甚至丧失功能,加之意义虽大而见效缓慢的文化教育投资不被基层政府所重视,多年对农村文化教育事业投入不足,农业经济增长缺乏强劲动力和活力,目前尚不具备彻底解决乡村不同群体之间的利益冲突、价值冲突、认知冲突所必需的经济文化条件。

第四,与上述问题相关联,在部分乡村,由于公务员队伍不稳定,不安心基层工作,农村精英群体大量流失,缺乏勇于担当、敢于担当、有所作为的基层干部;在农村其他有关主体中,严重缺乏乡村建设和乡村治理所急需的服务意识强、熟练掌握先进农业技术、谙熟乡村治理内在逻辑的人才;一些负有重要治理责任的政府主体,不愿意深入贫困边远乡村,不了解乡村发展的实际困难和具体问题,盲目照搬照抄照转上级文件,制定不切实际的乡村发展规划,以空洞的口号代替务实的工作,甚至搞形式主义、敷衍塞责、弄虚作假、欺上瞒下、糊弄群众、滥用权力、说一套做一套,乡村建设和乡村治理多年不见成效。

第五,在一些地区,无论政府主导、资本主导,还是社会主导的乡村治理实践模式,都存在与构建"共建共治共享"的乡村治理制度和农民治理诉求相脱节的问题,尤其农民的主体地位和基本权利得不到有效保障,其参与乡村治理的积极性、主动性、创造性及合理诉求常常受到体制因素挤压,造成村民自治的主体性功能严重缺失,导致对乡村治理体系建设的探讨不是建立在乡村社会实际基础之上，而是建立在对上级或某些人的个人意志和私利负责的基础之上，不能真实地、全面地反映乡村治理发展规律，表明乡村社会治理共同体对政府、市场、社会等不同主体的利益整合机制远未建立起来。

截至目前，中国个别地区的乡村治理结构及其运行机制，仍以维护上级党组织、政府组织、村"两委"有效履行职责为目的，而忽视有效履行政府公共服务职能。在处理乡村治理与国家治理、基层治理、社会治理、市场治理等关系的国家治理整体设计和建构过程中，在引入市场机制、政府监管、民主协商、社会协同、公众参与、法治保障、科技支撑等现代化元素方面，虽然取得了一些成绩，但就全国而言，乡村治理的顶层设计与基层实践之间似乎依然存在某些脱节，对于党的十八大以来中央提出的"协商民主""治理有效"精神领会不深刻、不全面、不准确，落实不到位，城乡发展和治理不平衡问题依然比较突出，乡村治理中的供给与需求不相适应的矛盾仍然在一定范围和一定程度上存在。

2. 研究自身存在的问题

从国内外相关研究尤其从国内研究现状看，多数学者将解决新时代乡村治理面临的突出问题尤其将乡村治理体制机制和治理方式方面存在的问题作为研究重点，但是，由于一些研究仍然局限于分析乡村社会现实问题和治理体制机制问题滋生的表面现象，缺乏对中国乡村社会本质特征、发展规律的整体认识和乡村治理体系建设的系统研究，不能紧紧围绕乡村社会主要矛盾变化、基层治理重心下沉与乡村治理体系和治理能力不能适应乡村社会主要矛盾变化、治理重心下沉的需要之间的矛盾，深入探讨乡村治理体系建设和治理制度机制完善问题，尤其对于构建科学合理的基层党组织和政府主体与自治主体之间的关系研究不够，因而依然找不到有效解决乡村治理体系中的主体价值取向冲突和主体功能不平衡问题的方式方法，这也是党的二十大为什么再次强调"完善社会治理体系，健全共建共治共享的社会治理制度，提升社会治理效能"的深层次原因。

（1）对乡村治理领域主要问题缺乏深刻认识和准确把握

广大农民要求维护自身主体地位、发挥自身主体作用、提高乡村治理效能、实现乡村"善治"、满足自己追求美好生活的愿望与乡村社会实际和治理实践不能满足其诉求之间的矛盾，是目前乡村治理领域的主要矛盾或突出问题。这一矛盾或问题的产生和形成，与中国乡村治理发展进程及人们对乡村治理进程的认识有着直接关系，而将这一矛盾或问题置于乡村治理发展历程中进行考察，是打开进入乡村"善治"之门的钥匙。

但是,现有研究对当下乡村治理领域的主要矛盾、对政府更加重视乡村治理的有效性而农民更加追求自治的自主性以及对城乡和地区发展不平衡形成的深层原因及其关联性因素,在认识和把握上存在诸多偏颇,只强调政策体制方面的原因或农民农村的落后性,忽视客观条件、自然禀赋、国际因素等方面的影响,尤其对经济文化因素导致的不同地区领导者、商界精英、基层管理者、普通民众在认知能力和治理能力上存在的差异,没有给予足够的重视。在中国语境下,只有把农村经济、政治、文化、社会、生态等领域存在的主客观问题,统统纳入国家统筹推进“五位一体”总体布局、协调推进“四个全面”战略布局的背景下,对它们进行深入探讨和系统分析,并结合乡村治理实践进展和成功经验,研究更加充分和有效地发挥“三治”结合治理体系的效能,积极探寻和创新实现乡村治理现代化的路径,才能加快中国特色乡村治理体系建设步伐,推动中国特色乡村治理体系建设及其功能发挥向着预定目标迈进。

(2)缺乏系统思维、历史思维和辩证思维

乡村治理是一项复杂的系统工程,涵盖范围、涉及事务十分广泛和繁杂,既需要处理好乡村领域各系统、各方面、各要素之间的内部关系,又需要处理好其与政府、市场、其他社会领域的外部关系。因此,需要从多学科视角系统思考和整理全国各地典型案例和成功经验,并进行深入分析、全面总结和系统归纳,然后凝练、概括出一般性理论,以指导中国特色乡村治理体系建设,推进乡村治理实践不断深化。在探索实践路径方面,需要用系统思维和辩证思维,综合考量国内外各种因素的影响及合理吸纳典型经验,坚持不断解放思想,探索当今网络背景下的乡村善治发展规律,制定长期稳定的发展战略和灵活机动的应对策略,探讨治理理论、治理实践、治理制度之间及三方面纵向和横向构成要素之间的辩证关系,促进治理理念、治理经验向治理制度转化并与治理实践相结合。但是,现有研究远未达到这些要求,并对以下方面研究不够:

第一,如何推动负有领导、主要责任的各级治理主体牢固树立整体思维、系统思维、辩证思维、现代思维、法治思维,深刻认识和把握乡村治理规律和乡村治理体系建设规律的关系,纠正一些基层党组织和政府组织在处理乡村治理体系内部各方面关系上存在的厚此薄彼、顾此失彼偏向,把民主决策、科学决策、依法决策真正落实到实际决策活动中,创新乡村治理理论并促使其系统化和体系化,为推进乡村治理体系现代化提供正确的、系统的、科学的理论指导,降低决策失误发生概率,避免因权力任性、关键主体偏好而延迟实现乡村治理体系现代化进程。

第二,如何认识乡村治理体系建设现代化进程的长期性、艰巨性、复杂性,避免超越社会发展阶段,不顾社会承受能力,以理想主义心态盲目追求乡村治理体系现代化;如何避免脱离乡村实际和农民群众利益诉求,制定不切实际的乡村治理规划,甚至超越现实条件和社会承受能力的制度措施和方式方法。

第三,如何正确处理乡村治理体系建设过程中主体与客体、长远规划与近期举措、顶层设计与基层实践的关系,增强多元主体辩证思维和法治思维,提高多元主体正确认识、准确把握、灵活运用乡村治理一般规律和不同区域乡村治理特殊要求的能力,促进多元主体依据客观规律办事,摈弃主观主义和形式主义,推动近期治理举措与长期治理目标相向而行。

第四,如何提高治理主体把握、运用科学资源和科技手段的能力,正确认识和处理乡村社会存在的突出矛盾,既坚持抓主要矛盾和矛盾的主要方面,又积极预防和有效应对主要矛盾和次要矛盾或矛盾的主要方面和次要方面向不利于实现乡村治理体系和治理能力现代化目标的方向转化;如何坚持以乡村全面振兴带动乡村治理,以乡村治理的民主参与、有效治理促进乡村经济社会持续稳定发展,从根本上解决影响乡村社会持续稳定、经济高质量发展的主要矛盾,这些都是中国特色乡村治理体系建设应该充分考量、必须深入研究的问题。

二、研究内容和主要观点

自党的十八届三中全会提出全面深化改革的总目标是"坚持和完善中国特色社会主义制度、推进国家治理体系和治理能力现代化"以来,多数地方党委和政府牢固地树立了以人民为中心的发展思想,乡村治理理论逐渐得到丰富,乡村治理实践日益深入发展,中国特色乡村治理体系逐步走向成熟和完善。与之相适应,各级各类乡村治理主体和理论界把建设中国特色乡村治理体系作为重要历史任务,不断探索和拓展乡村治理路径,积极创新乡村治理方式,系统完善乡村治理制度体系,有效地促进了中国乡村治理进程。

(一) 研究内容

党的十八大以来,中国特色社会主义进入了新时代,新时代的中国特色乡村治理体系建设,必须坚持贯彻落实以人民为中心的发展思想。以人民为中心的发展思想是中国共产党执政理念的集中反映,是其执政合法性的最新理论表达,是马克思主义中国化时代化的最新产物,其在乡村治理领域的广泛引入和深入实践,纠正了自由主义市场理论对乡村发展和治理的误导,破除了陈旧落后的小农经济思想对乡村经济和社会发展的负面影响,对于推进中国乡村治理体系和治理能力现代化建设沿着正确道路前进发挥了价值引领、思想保障和政治规范作用。

中国特色乡村治理体系建设,必须围绕解决乡村社会主要矛盾、基层治理重心下沉及其所要求具备的经济、政治、文化、社会条件和生态文明环境变化而展开,并以加强法治乡村建设、数字乡村建设、提高村民自治能力和实际治理功效为切入点,把政府治理更加重视有效性与村民自治更加追求公正性结合起来,实现政府治理价值与村民自治价值相融合、公正治理和有效治理相统一。尤其在国家统筹推进"五位一体"总体布局、协调推进"四个全面"战略布局的背景下,中国特色乡村治理体系建设,不应该、也不可能成为独立运行的单项工程,必须与推进国家治理体系和治理能力现代化、实施乡村振兴战略、促进城乡融合发展、推进法治乡村建设、实现农业农村现代化密切结合起来。同样,开展乡村治理体系建设研究,不能只顾乡村治理体系的内在结构和形式完美,而忽视乡村治理体系运行的实际效果,只有深入认识和准确把握农村经济社会结构和生产经营方式变化、乡村治理传统和未来发展趋势、各类主体治理理念调整和发展、农民思维方式和生活方式变迁等对乡村治理的深刻影响,才能把完善乡村治理体系的内在要求和创造满足其要求的外在保障条件结合起来。因此,必须深刻认识新时代乡村治理所处的历史方位和本质特征,始终坚持以历史的、发展的、辩证的观点审视新时代乡村治理,以贯彻落实新发展理念促进新时代乡村治理,把保障农民主体地位、改善农村民生、构建共建共治共享的乡村治理制度作为头等大事。

本书包括序言、导论、七章正文和结语。其中,导论具有总纲性质,概述本书的写作目的、主要内容、基本观点、学术价值、创新之处、研究思路及研究方法等;正文由七章组成,是本书的主体部分,具体内容可以分为四个方面。

1. 关于农村社会矛盾变化和农民新诉求

我国社会主要矛盾变化"是关系全局的历史性变化"[1],是党和政府调整、转移工作重心的主要动因,是历史发展进程不断深化的标志,是划分社会发展阶段的基本依据。党的十八大以来,我国社会的主要矛盾发生了深刻变化,人民日益增长的美好生活需要与不平衡不充分的发展之间的矛盾成为主要矛盾。在社会主要矛盾发生变化的背景下,"正确认识党和人民

---

[1]　习近平:《把握新发展阶段,贯彻新发展理念,构建新发展格局》,《求是》2021年第9期。

事业所处的历史方位和发展阶段,是我们党明确阶段性中心任务、制定路线方针政策的根本依据,也是我们党领导革命、建设、改革不断取得胜利的重要经验。"①社会主要矛盾变化还促使农民群众在利益诉求的内涵和方式上发生了新的巨大变化。因此,必须深刻认识和正确把握新时代农村社会主要矛盾的变化及其基本特征,以便为完善乡村治理体系,提高乡村治理效能,推进乡村治理现代化制定正确方略。

(1)向往美好生活

美好生活内含着人们所向往的一切与实现自身幸福诉求密切相关的价值元素,农民追求的美好生活同样包括经济、政治、文化、社会、生态文明等不同层次的构成元素,而且这些不同层次的构成元素相互联系、密切交织在一起。但在不同的社会发展阶段,农民追求美好生活的价值重心会有所不同。就当下而言,随着社会生产力水平提高、利益诉求渠道逐渐拓展,农民的意志表达机会增加了许多,"不仅对物质文化生活提出了新的更高要求,而且在民主、法治、公平、正义、安全、环境等方面的要求日益增长",在日常生活中,这些要求主要表现为企盼"幼有所育、学有所教、劳有所得、病有所医、老有所养、住有所居、弱有所扶"②;在政治社会生活中表现为追求民主参与、充分表达个人意志以及在精神生活中追求发展个性和自由幸福。

在当下,农业强不强、农村美不美、农民富不富,关乎亿万农民的获得感、幸福感、安全感,充裕、安全、健康的物质生活是农民现阶段追求的主要目标;政治权利的实际享有、有效运用和逐步扩展,是农民物质生活需要得到满足以后必然追求的目标;精神生活的丰富和发展,是农民已经开始追求并必然成为未来追求的幸福生活的重要内容。但是,由于受到城乡之间、地区之间、乡村之间发展不平衡的制约,满足农民尤其满足落后地区农民的生活需要,解决农民追求美好生活面临的社会矛盾和突出问题,还需要继续踔厉奋发,而且只有"不断拓宽农民增收渠道,全面改善农村生产生活条件,促进社会公平正义"③,才能逐渐实现农民的美好生活愿景。

(2)期盼产业兴旺

乡村领域百业待兴,而产业兴旺无疑是实现乡村全面振兴的基础,当然也是乡村全面振兴的最重要标志;只有产业兴旺,才能为农民过上好日子奠定物质基础,为乡村有效治理创造必需的经济条件。但是,现阶段广大农村

---

① 《习近平谈治国理政》第四卷,外文出版社 2022 年版,第 161 页。
② 《十九大以来重要文献选编》(上),中央文献出版社 2019 年版,第 17 页。
③ 中共中央、国务院:《乡村振兴战略规划(2018—2022 年)》,新华网,2018 年 9 月 27 日。

产业发展状况整体上还比较落后,有些地区农村产业发展还处于起步阶段,农民生活依然停留于小康状态,"三农"工作效果不够理想,距离农民追求的美好生活目标还有较大差距。所以,"农村工作做得好不好,关键看农民满意不满意。要让农民满意,产业兴旺是根本"①。而且实现农民美好生活夙愿,第一等的大事便是调动农民生产积极性,挖掘农业生产潜能,加快改变农业生产经营方式,调整和优化农业产业结构,推动农村经济持续高质量发展,尽快使农民增产增收,并为改善农民生活提供坚实的、可靠的和持续的增收保障。

推动农村经济持续高质量发展,在目前阶段主要包括充分利用耕地和其他资源优势、开发新产业、加强农民技能培训、拓宽农民致富路子,促进农村内涵式发展、农业绿色健康发展、农民增收和生活质量实质性改善等内容,这是当下解决乡村社会主要矛盾、实施乡村振兴战略的基本思路和总抓手,各级地方政府尤其是基层政府应该倾其全力,调动一切可以利用的资源,为农业农村持续发展、为使农民过上美好生活提供强而有力的政策支持和服务保障。

(3)渴望乡村善治

"善治"是政府和农民共同追求的乡村治理状态,由于乡村治理中每一件具体事务无不与农民切身利益息息相关,所以,农民作为乡村治理主体和直接受益主体,如何实现乡村善治,是否达到乡村善治境界,主要应听取农民的意见并由农民自己来判断。就目前而言,中国农民最关心的事情无非以下两件:一是过上好日子,二是实现社会公平公正。做好这两件事情,必须把促进农村经济社会发展和乡村有效治理结合起来,必须"走乡村善治之路,既要从顶层设计出发,完善乡村治理的体制机制,又要从基层自治着手,不断激活乡村主体的创新力量。"②完善治理体制机制,提高村民自治能力和水平,要依靠基层各类主体协同努力,尤其需要形成保障农民主体地位和基本权利的实现机制。

综上所述,我国社会主要矛盾的变化和农民利益诉求的变化,是促使农民群众积极参与社会变革,推动村民自治进程不断深化的根本动因。本书通过选取全国各地具有代表性的典型案例,通过分析地区差异性和各地农民权利诉求所处的结构层次及其相互关系,便对农村经济、政治、文化、社会

① 王瑛:《农村工作做得好不好关键看农民满意不满意　现代农业撬动北联乡村振兴》,《苏州日报》2019年4月8日。

② 王瑛:《农村工作做得好不好关键看农民满意不满意　现代农业撬动北联乡村振兴》,《苏州日报》2019年4月8日。

发展程度和水平对于乡村治理目标、内涵、机制、方式等具有的深刻影响有
了深入了解,从这些关系及其社会影响当中便对乡村治理发展规律有了初
步认知。

2. 中国共产党对农村社会变迁和农民诉求变化的回应

中国共产党从多维视角审视农村社会变化和基层群众实践,牢固确立
了以人民为中心的发展思想,这一思想在乡村治理领域具体表现为"坚持
人民至上""保障人民主体地位""从群众中汲取智慧和力量""自治、法治、
德治相结合""社会治理共同体"以及"共建共治共享"等深刻性、系统性的
社会治理理论。进一步而言,以人民为中心的发展思想和这些社会治理理
论在乡村经济社会发展和社会治理实践中的广泛运用,是中国共产党对农
民群众新诉求及基层治理实践深入探索做出的积极回应,并且为促进新时
代乡村经济持续高质量发展、推动乡村治理体系和治理能力现代化提供了
价值引领和理论指导。

(1)从历史视域、现代化视域、文化传承和创新视域观察乡村社会发展
变化,研究新发展思想和社会治理理论的形成及其在乡村治理实践中的应
用,不仅有利于深入理解中国共产党"站在农民感受角度理解他们生存体
验和对生活价值的判断","评判现代性制度在增加或减少农民福利方面的
作用及起作用的机制","从农民本体价值感受的角度提出建设性的意
见"[1]的思想和情怀,而且对于加深理解中国共产党将乡村治理融入中国历
史发展进程、中国式现代化进程、中华优秀传统文化传承和创新过程,将农
民主观意愿和利益夙求作为乡村文明发展的动力,加快推进乡村治理走向
"善治",形成共建共治共享的乡村治理制度具有极其重要的理论指导意义
和实践应用价值。

(2)从国家视域看,以人民为中心的发展思想不仅具有宏观指导意义,
而且在农业农村微观领域"回答了关于发展的目的、动力、方式、路径等一
系列理论和实践问题"。[2] 作为具体体现以人民为中心的发展思想的"共建
共治共享""三治结合""保障公平正义""改善民生福祉""治理有效""推进
社会治理体系和治理能力现代化"等社会治理理论,则是中国共产党一贯
秉持的"立党为公、执政为民"执政理念与新时代社会治理实践相结合的产
物,是中国共产党和中国政府遵循社会发展规律和社会治理规律、积极回应
包括农民群众在内的广大人民追求美好生活夙愿的具体反映和历史耦合,

①　贺雪峰:《乡村治理研究的三大主题》,《社会科学战线》2005 年第 1 期。
②　《习近平谈治国理政》第四卷,外文出版社 2022 年版,第 170 页。

是新时代各级党委、各级政府、基层自治组织、各类社会组织、个体农民共同建设中国特色乡村治理体系的基本遵循,是推动乡村治理始终沿着正确方向有序运行和发展的理论保障。

（3）从践行"以人民为中心"的发展思想的制度转化看,十八大以来,中央加大了国家各方面各领域的制度建设力度,而在乡村治理制度体系和政策体系方面积极探索,致力于实现的目标和时间节点规定为:"到2020年,现代乡村治理制度框架和政策体系基本形成,……到2035年,乡村治理体系和治理能力基本实现现代化。"①不仅把完善"民主选举、民主协商、民主决策、民主管理、民主监督"制度,"增强村民自治组织能力","增强村民自我管理、自我教育、自我服务能力"等作为建构和完善乡村治理体系的重要内容,还明确了乡村治理体系建设的重点和支持条件,即健全乡村治理制度机制、丰富乡村治理方式、拓展乡村治理路径、强化乡村治理基础。由此可见,乡村治理制度机制、治理路径、治理方式、治理保障系统,对于提高村民自治制度运行效果、实现乡村治理体系和治理能力现代化具有极其重要的意义,它们必将成为今后深入探索中国特色乡村治理体系建设问题的重要议题。

3. 中国特色乡村治理体系架构

中国特色乡村治理体系架构,是由乡村治理体系的理论渊源、乡村治理制度规范体系、乡村治理制度执行和监督保障体系等不同层次的体系架构组成的,它们在乡村治理实践中发挥的作用和表现形式不同,但价值取向是完全一致的,而且相互联系、相互促进,共同保障和服务于乡村治理目标的实现。

（1）乡村治理体系的理论渊源

中国乡村治理体系建设具有深厚的理论渊源,其理论渊源即中国特色社会主义社会治理理论体系,主要由社会主义基层民主理论、村民自治理论、法治乡村建设理论、数字乡村建设理论等构成。进入21世纪以来,中国特色乡村治理理论体系建设与乡村社会实际、乡村治理实践、乡村治理现代化密切结合,涉猎内容和范围逐渐拓展,结构体系十分庞杂,对于促进中国特色乡村治理体系建设发挥了重要作用,其主要内容有以下方面:

第一,指导思想。中国特色乡村治理理论是中国特色乡村治理体系建设的理论基础和指导思想,基本内容包括:"坚持和加强党对乡村治理的集

---

① 《中共中央办公厅国务院办公厅关于加强和改进乡村治理的指导意见》,人民出版社2019年版,第2页。

中统一领导"①;"坚持农民主体地位",坚持以"保障和改善农村民生、促进农村和谐稳定作为根本目的"②;依据乡村治理规律及其客观要求推进乡村治理,实施乡村振兴战略与加强和改进乡村治理相结合③;"推动基层治理重心下移","把夯实基层基础作为固本之策"④;"把治理体系和治理能力建设作为主攻方向"⑤;"建立健全现代乡村治理体制和自治、法治、德治相结合的现代乡村治理体系"⑥;"建设人人有责、人人尽责、人人享有的社会治理共同体"⑦,"构建共建共治共享的乡村治理格局"⑧;"走中国特色社会主义乡村善治之路"⑨等。这些理论观点凝结着中国共产党对乡村治理主体、治理对象、治理事务、治理规则、治理方式、治理绩效以及对地方治理、基层治理、社会治理、乡村治理等范畴的理论思考和实践探索,包含着对于本土传统乡村治理文化、治理智慧、治理经验的传承和发展,以及对于学术界关于乡村治理研究成果的吸收,彰显着现代乡村治理的人民性、公共性、法治性、开放性、包容性等特征,代表着中国乡村治理发展方向和未来趋势。所以,坚持加强和完善中国特色乡村治理体系建设,必须首先坚持以中国特色乡村治理理论为指导,并在理论和实践相结合的基础上不断探索和拓展其实现的路径。

第二,治理目的。中国特色乡村治理理论关于乡村治理目的的阐述,可以概括为"三个保障":"保障和改善农村民生、促进农村和谐稳定","保障农民主体地位","保障农民民主权利和其他合法权益"。⑩ 这三个保障密切联系、相互促进,其中,和谐稳定既是乡村治理的目的,又是实现乡村治理的

---

① 《中共中央办公厅国务院办公厅关于加强和改进乡村治理的指导意见》,人民出版社 2019 年版,第 2 页。
② 北京师范大学中国教育与社会发展研究院等:《全面推进乡村振兴——理论与实践》,人民出版社 2021 年版,第 303 页。
③ 《中共中央办公厅国务院办公厅关于加强和改进乡村治理的指导意见》,人民出版社 2019 年版,第 15 页。
④ 李建伟等:《我国乡村治理创新发展研究》,人民出版社 2020 年版,第 155 页。
⑤ 《中共中央办公厅国务院办公厅关于加强和改进乡村治理的指导意见》,人民出版社 2019 年版,第 2 页。
⑥ 中共中央党史和文献研究院:《习近平关于"三农"工作论述摘编》,中央文献出版社 2019 年版,第 135 页。
⑦ 《习近平谈治国理政》第四卷,外文出版社 2022 年版,第 338 页。
⑧ 《中共中央办公厅国务院办公厅关于加强和改进乡村治理的指导意见》,人民出版社 2019 年版,第 2 页。
⑨ 北京师范大学中国教育与社会发展研究院等:《全面推进乡村振兴——理论与实践》,人民出版社 2021 年版,第 303 页。
⑩ 《中华人民共和国乡村振兴促进法》,法律出版社 2021 年版,第 4 页。

必要条件;保障农民权利、改善农村民生,则是乡村治理的终极目标及维护
农村和谐稳定的根本保障。但就实现乡村善治而言,保障农民主体地位、农
民民主权利和其他合法权益,对于改善农村民生、维护农村和谐稳定具有更
加根本和深远的意义。这是因为,乡村善治的根本要义在于保障农民主体
地位和主体权利,使乡村治理持续保持多元主体合作共治、联动互济、共治
共享状态。而在现实中,农村社会能否持续稳定、民生能否持续改善,最终
并非完全取决于政府服务水平和管理能力,而是主要取决于农民主体性和
主体意志的有效发挥,由于农村民生具有物质性、精神性、社会性、个体性等
多重性特征,农民主体地位和主体权利是农民作为自然人和社会人相结合
而形成的应然存在形态,并由上升为国家意志的法律作为保障,政府服务质
量和管理能力在一定社会发展阶段对于改善农村民生可以起到关键作用,
但农民作为人及其追求幸福生活的本质属性才是要求改善民生的根本的、
内在的根源,而且保障农民主体地位和主体权利,也从根本上反映了现代乡
村治理与传统乡村治理的差异,而中国特色乡村治理理论体系中的目的论,
则是农民自身属性和自身追求的外在表现形式。所以,乡村治理目的论的
实质仍须归结到培育和增强农民主体性、主体意识、主体地位和主体权利的
保障上。

　　第三,治理体制。乡村治理体制论主要探讨乡村治理主体设置、职能配
置及其关系等问题。乡村治理体制是乡村治理主体、主体职能配置、主体履
职方式、主体履职条件和治理保障机制的有机综合体,其主体构成、职能关
系、履职途径等是决定乡村治理目的、治理价值实现的主要因素,而且在现
实当中,它们一直是中国共产党为推进乡村治理体系和治理能力现代化而
长期探索并致力于有效解决的重要课题,已经形成并在实行中的"党委领
导、政府负责、民主协商、社会协同、公众参与、法治保障、科技支撑的现代乡
村社会治理体制"[①],不仅规定了基层党委和政府的关键主体地位和主导作
用,而且要求"加强乡镇人民政府社会管理和服务能力建设,把乡镇建成乡
村治理中心、农村服务中心、乡村经济中心"[②],并对其他治理主体职能配
置、履职方式、履职保障等作了明确规定。治理体制论的构成及其所包含的
党的领导论、政府负责论、民主协商论、公众参与论、村民自治论、法治保障
论、科技支撑论等,以及它们在乡村治理体制建设中的实际引入和运用,为
加强和完善中国特色乡村治理体制建设明确了方向,使中国乡村治理体制

[①]　《中华人民共和国乡村振兴促进法》,法律出版社 2021 年版,第 16 页。
[②]　《中华人民共和国乡村振兴促进法》,法律出版社 2021 年版,第 16 页。

彰显了多元化、现代化、法治化、开放性、包容性、前瞻性特征,这些关于体制构成要素的理论及其发展完善,必将对乡村治理实践和中国特色乡村治理体系建设发挥指导和规制作用。

第四,治理体系。探讨乡村治理体系的构成、运作模式、运行效果等问题,是乡村治理体系理论的重要使命。乡村治理体系是动态发展的,常言说乡村治理为一项复杂的系统工程,则多是就其内涵、治理机制、治理实践及其复杂性、动态性而讲的。治理体系所包含的治理体制、治理机制、治理方式、治理技术等范畴存在一些叠加或重合因素,它们在目标价值上的一致性和功能价值上存在的差异,表明它们在应对治理事务、规范治理行为、反映治理诉求方面既存在一致性,也存在差异,只有将它们在价值诉求、功能发挥、联动互济上协调起来,才能形成功能齐全、运行有效的乡村治理体系。所以,功能齐全、系统完整的乡村治理体系应该包括基层组织建设体系、村民自治管理体系、依法守法行为体系、崇德向善民风体系、乡村公共保障体系、乡村产业发展体系等,通常所讲的自治、法治、德治"三治"相结合的乡村治理体系,只是狭义上的乡村治理体系,是实现乡村善治的基本途径和主要方式。"三治"结合体系理论认为,自治、法治、德治是乡村治理体系的三个主要构成要素,三者既相互联系、相互交融,又在价值诉求和应用方式上存在明显差异性。村民自治与基层民主相通,重在自我管理、自我教育、自我服务和实行民主选举、民主决策、民主管理、民主监督;法治奉行依法治理理念,具有刚性,重在外部约束;德治强调教化,重在道德引领,三者具有功能上的互补性和不可替代性。自治、德治虽然内含传统治理思维、治理理念、治理方式因素,但"三治"结合不是将传统意义上的自治、德治与现代法治简单相加,而是吸取传统治理文化的合理内核,摒弃其不适应现代乡村治理体系建设要求的消极因素,并在现代化基础上实现"三者"有机融合。在现代乡村治理体系建设及其实际运行过程中,自治、法治、德治之间的关系是影响乡村治理体系公正、有效运行的关键,需要从理论和实践密切结合上深入探索,明确区分三者在现代乡村治理体系中的地位和功能,通过提升多元主体综合运用"三治"结合治理体系能力,实现其在乡村治理中的价值和效应。

第五,治理机制。从字义上讲,治理为协调之意,机制为方式方法,治理机制即调节行为的方式方法。在乡村治理中,为了达成治理目的和要求,将治理事务和治理对象调节到治理主体所要求的状态,首先需要对多元主体的治理行为进行调节和规制,而且只有在整体上、内在逻辑结构上健全乡村治理组织,调整和优化乡村治理结构,创新和完善乡村治理机制,才能将治理事务和治理对象调节到合理状态。这是因为任何乡村治理制度,如果没有具体运行机制作为其实现形式和载体,就不可能取得好的治理效果。近年来,党中央在乡村治理理论研究、实践探索、制度创新等方面,反复强调、积极推进乡村治理体系和制度机制建设,并形成了多样化、功能互补的乡村治理机制,原因就在于此。尤其党的十八大以来,中央在总结以往乡村治理制度建设经验的基础上,强调"健全党组织领导的村民自治机制"和"村级议事协商制度,形成民事民议、民事民办、民事民管的多层次基层协商格局",鼓励基层主体"创新协商议事形式和活动载体,依托村民会议、村民代表会议、村民议事会、村民理事会、村民监事会等","完善调解、仲裁、行政裁决、行政复议、诉讼等有机衔接、相互协调的多元化纠纷解决机制",健全和强化扫黑除恶长效机制,"完善信息收集、处置、反馈工作机制和联动机制"等①,形成了内涵丰富、富有鲜明时代精神和中国特色的乡村治理机制理论。

第六,治理共同体。建设"人人有责、人人尽则、人人享有的社会治理共同体",②是近年来中央提出的社会治理理念。从社会治理共同体的内涵和本质特征看,其是基于基层社会成员共同生存和生活的空间范畴,以及基层社会所固有的利益共同体、命运共同体、文化共同体属性等对于多元主体参与基层社会治理的联动互济需要而提出来的,目的在于构建共建共治共享的社会治理制度,实现社会的共同利益。社会治理共同体理论认为,实现乡村治理权力和治理主体联结,是开展乡村治理的前提,这种从整体性为人们探索乡村治理提供视角的思维方式和研究方法,无疑会拓展人们认识乡村治理结构的维度和实践脉络,就是说,人们探索乡村治理问题,不应该太过于追问乡村治理结构中的某些关键要素,而应该认真追索乡村治理共同体本身的样态,即把注意力和重点放在打破某些乡村治理主体的垄断权上,其垄断范围包括共同体治理权、乡村治理事务以及治理资源,对于一定程度存在的乡村治理价值混乱性、闭合性问题进行审查和修正,目的在于维持乡村治理共同体的开放性、稳定性,以便打造共建共治共享的乡村治理格局。

第七,治理方式。乡村治理方式即乡村治理的基本形式,是为实现治理理念、治理目的服务的乡村治理体系运行的外在形式。治理方式不是固定的、僵死的,通常与治理主体的意志和行为习惯密切关联,即随着治理主体

---

① 《中共中央办公厅国务院办公厅关于加强和改进乡村治理的指导意见》,人民出版社2019年版,第12页。

② 《中国共产党第十九届中央委员会第四次全体会议公报》,人民出版社2019年版,第4—5页。

变化及其价值观、治理理念、治理制度创新、治理技术提升和更新而不断变化和发展。自存在乡村治理事实以来，就逐渐出现了自治、人治、法治、德治、综治等乡村社会治理方式。进入现代以来，伴随现代治理理念和治理制度规范的产生，治理方式创新进入快车道；在国内，党的十八大以来，伴随乡村治理进程逐渐深入，党中央一再倡导和鼓励治理方式创新，并在一系列重要会议和规范性文献中提出了加强自治、法治、德治相结合以及实施"智慧治理""综合治理"的设想和要求，这些设想和要求在功能价值上表现为政治引领、自治强基、法治保障、德治教化、智治支持，在实质上则体现了治理方式创新，反映了治理方式多样化对于实现乡村治理实效性的重要性。实际上，近年来关于乡村治理方式创新、多样化及其功能价值的理论探讨，也突出表现为如何提高乡村治理过程、治理结果的公正性和有效性，这些理论成果为加快实现乡村治理方式从行政性单一化管理向多元共治方式转变、由刚性治理方式向柔性化治理方式转变、由传统粗放式管理向现代精细化治理方式转变提供了思想动力。

第八，治理技术。治理技术理论包括治理制度实施规则、制度操作规定、推进制度实施的技术载体和技术手段等方面的理论。应用现代科技助力乡村治理水平和治理能力提升，是党的十八大以来中央深入探索的重要理论课题，也是我国制定数字乡村发展战略纲要，促进乡村治理现代化的重要缘由。治理技术是多元主体共同遵循和运用的制度实施和操作规则以及推进制度实施的技术载体和技术手段，它有别于政府技术化的治理权主导、操控，甚至垄断的意识形态设计的技术治理。[①] 近年来，在社会信息化深入发展的背景下，现代科技尤其信息技术、智慧治理在乡村治理领域得到广泛应用，而且乡村生活领域以及乡村治理事务中的科技因素不断增长，信息被不断地制造—传播—再制造，生活在数字化、信息化、网络化世界中的村民们，无论其愿意与否、有无能力，都不得不参与那些紧迫的乡村社会问题的遴选和讨论，以至于茫然穿梭于自然、社会和虚拟空间构成的互动世界中，虚虚实实地了解和掌握现代信息技术，以适应乡村治理的技术转型——精细化、智能化和专业化要求；而现代化思潮涌动下的扩大基层民主和公共参与，要求基层治理组织和广大村民具有与扩大基层民主和公共参与相适应的思维能力、话语能力、技术能力等作支撑。这就在客观上提出了必须适时改革乡村治理制度实施规则、操作规定以及加快创新治理制度运行机制、实施技术载体、技术手段等命题，而"发挥信息化支撑作用，探索建立'互联

---

① 张现洪:《技术治理与治理技术的悖论与迷思》,《浙江学刊》2019 年第 1 期。

网+网格管理'服务管理模式,提升乡村治理智能化、精细化、专业化水平"①,并从实现社会利益的宏观视野与实现农民个体利益的微观视野相结合的维度,深入认识和把握有效保障农民主体地位和主体权利运作更加成为探索乡村治理规律的重要使命。

重视乡村治理体系理论渊源或乡村治理理论体系建设,彰显了以人民为中心的发展思想和坚持农民主体地位、保障农民权利、改善农村民生、维护乡村和谐稳定等治理理念。但在现实当中,切实保障农民主体地位和基本权利仍是需要下大力量才能真正解决的课题,由于国家资源投入重点不在乡村,社会治理重心向乡村下沉尚未全部彻底到位,农民主体意识薄弱及其个体化、分散化、非组织化的生产生活方式,决定了乡村有效治理的载体和平台依然有限、渠道仍然不够畅通,农民仍然不能充分分享经济社会发展成果。因此,加强和完善中国特色乡村治理理论体系建设,应把增强农民主体性、保障农民主体地位和基本权利及其实现条件作为主要课题,从理论上进行系统探讨和深入研究。同时,就加强乡村治理理论体系建设的客观需要而言,发挥文化的治理价值和治理功能不应该受到忽视,缓解乡村治理中的价值冲突和认知冲突,特别需要加大乡村社会"灰色地带"的治理力度,彻底消除基层干部中存在的价值观宣传与实际践行相脱节甚至相矛盾的现象。而且增强村民践行社会主义核心价值观的自觉性和对中国特色乡村治理理论的认同感,需要加快推进乡村文化体制由原来的"国家本位"向"农民本位"转变,需要走多样化、差异化的乡村文化建设道路,需要建设具有乡土气息、适合农民口味的社会主义乡村文化,需要把这种乡村文化建设与农民主体性培育、主体权利保障、农村个性化治理等理论探讨结合起来。另外,乡村治理理论体系建设中存在的多学科参与而又缺乏相互沟通,甚至相互排斥现象,非常不利于丰富乡村治理体系的理论渊源,建设开放性、包容性的中国特色乡村治理理论体系。因此,目前急需在各有关学科之间搭建相互学习、相互交流、相互借鉴的平台,推动各有关学科取长补短、凝练共识,充分发挥它们在乡村治理理论体系建设中的独特作用。

（2）健全乡村治理制度规范体系

乡村治理制度规范体系是由乡村治理主体结构、主体治理职能、乡村治理事务、乡村治理方式、乡村治理技术、乡村治理手段、乡村治理绩效评估机

---

① 《中共中央办公厅国务院办公厅关于加强和改进乡村治理的指导意见》,人民出版社2019年版,第11—12页。

制等制度及其相关事物构成的有机完整体。中央顶层设计和国家法律法规始终强调建立健全党委领导、政府负责、民主协商、社会协同、公众参与、法治保障、科技支撑的乡村治理体制，推进村民自治和基层民主，完善自治、法治、德治相结合的乡村治理体系，健全共建共治共享的社会治理制度，并要求充分发挥基层乡镇党委、政府及村民委员会的主体治理功能，这些制度性设计和主体职能配置，是中国乡村治理制度体系建设的主要着力点。法治是贯穿于多元主体参与乡村治理的共同价值遵循，因此，在实际操作中，在不断完善和丰富乡村治理制度体系及相关法律规范的同时，还应该加快制定适应中国特色乡村治理体系建设迫切需要的新法律，尤其应该加快推进基于乡村社会治理需要而提出的新理念新理论向法治化制度化形态转化，以便为优化乡村治理结构、调整乡村治理结构重点、增强乡村治理结构效能提供充分的法律依据；同时应该以科学配置主体职能、正确处理主体职能关系为切入点，根据乡村治理的过程性、阶段性、复杂性、关联性等特征，重点从以下方面探讨构建和完善反映乡村治理规律、与国家发展战略相衔接、兼具刚性和柔性调节功能的乡村治理制度机制。

第一，优化乡村治理结构，并以调整和优化纵向政府职能结构和横向主体职能结构为抓手，使它们既相互适应，又保持必要的张力，以便更好地满足乡村治理实践需要，尤其应该特别重视关键主体的治理理念、治理目的、治理诉求、治理实践及治理文化、治理经验、地区差异性、具体治理事务等因素对于构建和完善乡村治理体系的复杂影响。

第二，民主决策、公开透明，是民主参与和民主监督的基本要求和客观前提。只有公开治理过程，实行全过程民主治理，才能实现公正治理，当然，这首先需要以科学界定主体职能、正确处理主体职能关系为前提，明确规定公开决策、公开执行、公开监督的治理范围和治理事项，促使乡村治理中的决策权、执行权、监督权始终在透明状态下公开公正运行。

第三，调整和创新治理机制，目的在于避免不顾地区差异性和发展不平衡性而盲目抄袭外地经验、建立完全同质化的治理制度机制，鼓励各地各类农村自主探索建立具有根本价值诉求统一性与组织形式、治理方式、治理手段多样化相结合的治理机制，就是说，在法律规定的现有的村党组织、村民委员会、村务监督委员会依法履行职责外，鼓励成立由各类农村经济组织、社会组织、村民代表组成的常设议事机构和民主监督组织等制度平台，支持这些民间组织依法自主履行职能，以满足各地农村经济、文化、社会发展、民生改善及乡村事务治理多样化、差异化需求。

第四，健全乡村治理体制运行机制，必须"以一种满足人们需求的方式进行,而不应是一种各自为政且混乱不清的丛林制度"①。具体而言,就是针对个别主体不遵守规则、破坏规则甚至凌驾于法律制度之上、按照潜规则办事的行为习惯,在农村干部选拔任用、村民教育、文明乡风建设等方面,倡导守规矩、守规范的管理理念。为了调动多元主体履职积极性,杜绝某些"关键少数"不作为或滥用职权,必须"在不同层级的治理中自然地建立一系列强有力的交叉审查机构,激励这些机构更加开放和负责,并且能够与私人、志愿以及社区利益进行合作",②从而在乡村治理过程中充分有效发挥规章制度的保障功能和规范功能。

第五,完善监督机制,对治理主体决策过程、执行过程、治理结果、绩效评估实行闭环式监督,建立常态化的具有权威性并使治理主体不得逃避或规避法律责任的监督机制。例如,在国家层面,除发挥各级乡村振兴局的有关职能外,可以尝试在国家监委、农村农业部、乡村振兴局及其他有关部委设立联署办公的乡村社会建设和乡村治理监督机制,在省和市级地方政府设立相对独立的乡村社会建设和乡村治理监督组织,在县和乡镇基层政府设立专司乡村社会建设和乡村治理的督察室或督察员;在农村层面,除强化村务监督委员会的地位和职能外,还应该充分发挥集体经济组织、产业合作组织、社会组织、农村居民的监督功能,并以贯彻落实村民自治制度关于"民主选举、民主决策、民主管理、民主监督"的职能为抓手,明晰和规范多元主体参与乡村治理事务监督管理范围和边界,鼓励、支持一切维护乡村社会秩序和公序良俗的正当行为,阻遏和惩罚各种破坏乡村社会秩序、危害公序良俗、损害民众利益的违规违法行为。

(3)完善乡村治理制度执行体系

制度的生命力在于执行。党的十八大以来,中央从中国实际出发,以适应乡村治理需要、增强乡村治理实效性为出发点,以各地基层治理经验为依据,重视把乡村治理理念和治理制度转化为实际治理效果,先后制定了一系列专门的或与乡村治理有关的政策和措施,有序推进乡村治理制度执行体系、乡村治理制度实施监督保障体系建设,通过构筑治理平台、搭建治理载体、畅通治理渠道、拓展治理路径、丰富治理方式等多样化途径,提升乡村治理的民主性、公正性和有效性,有效保障了乡村治理制度规范的贯彻落实。

针对改革开放中出现的重视经济增长、轻视社会治理而导致各种社会

---

① 〔英〕斯托克:《转变中的地方治理》,常晶等译,吉林出版集团有限责任公司2015年版,第46页。

② 〔英〕斯托克:《转变中的地方治理》,常晶等译,吉林出版集团有限责任公司2015年版,第65页。

矛盾骤增并叠加、良好社会习俗和自然生态遭到破坏等一系列问题,中央提出了"坚持以人民为中心、实现高质量发展和高品质生活、建设美好家园"的理念①,要求秉持"创新、协调、绿色、开放、共享的发展理念"②,系统反思和纠正过度追求 GDP 增长、片面要求乡镇政府承担招商引资、发展经济而忽视保障民生、服务民众和社会管理的偏向,在实践中开始强调"把乡镇建设成为乡村治理中心和服务农民农村的龙头"③,在社会治理领域赋予县(区)级政府和乡镇政府服务基层、管理基层的主要职能。社会治理体系中的基层组织载体和平台构建以及各类主体的价值取向、目标定位和关系处理,开始调整国家治理向公平性、合法性侧重,致力于通过建立统一的治理体制和政策体系,构建多样化的治理制度机制,保障人人均等化地享有公共产品和公共服务,实行地方治理与区域治理协调发展的路线;在基层社会治理上则侧重于社会效率,并兼顾国家治理的统一性,但更加强调地方性即要求在特定社会背景下,因地制宜地探索基层治理运行机制和运作方式,尤其把加强地方性相关立法、营造良好的基层执法司法环境、加强法律监督和社会监督,作为乡村治理制度执行体系和监督保障体系建设的重点。

为了把乡村治理理念转化为乡村治理成果,推动乡村治理制度规范体系有效运行,中央加强了服务型政府建设,在处理地方政府权力与责任的关系上,强调责任优先原则,提高地方政府和基层政府执行力,推动它们积极有效地履行职责,并进行了"放管服"改革,大规模地向地方政府和基层政府放权赋能。"放管服"改革以提高地方政府管理效能和服务质量为目标,与中央关于社会治理重心下移的要求相吻合。

在推进乡村治理执行体系建设方面,中央还积极鼓励、支持基层政府和乡村治理主体,尤其鼓励和支持基层自治主体遵循治理规律,自主探索多样化的乡村治理途径和方式,反对不顾基层实际和农民利益诉求,由上级包揽或武断地直接进行具体化的乡村治理规划设计。围绕增强乡村治理的公正性和实效性,完善和创新乡村治理体系,优化乡村治理组织结构,有效化解乡村社会矛盾和纠纷,探寻和掌握新时代乡村治理规律,既反对超越现实的理想主义,又反对形形色色的形式主义,要求各级各类主体立足于本地实际,依据乡村治理需要、自身治理能力和地区自然禀赋等主客观条件,坚持理性思维、因应施策,鼓励基层治理组织自主创新,不断总结和推广典型经

① 《十九大以来重要文献选编》(中),中央文献出版社 2021 年版,第 70 页。
② 《习近平谈治国理政》第三卷,外文出版社 2020 年版,第 17 页。
③ 《中共中央办公厅国务院办公厅关于加强和改进乡村治理的指导意见》,2019 年 6 月 23 日,见 http://www.gov.cn/zhengce/2019-06/23/content_5402625.htm。

验,促进顶层设计与基层实践相结合,提升各级各类主体的治理能力和治理水平,为完善乡村治理制度执行体系提供和创造丰富的参考经验。

(4)强化乡村治理制度执行保障体系

就加强乡村治理体系建设而言,构建系统的完善的乡村治理体系,无疑有利于推进乡村治理现代化进程,有利于实现乡村治理目标。但是,从另一种视角来看,创造实现乡村治理目标所需要的各种条件和手段,可能比设定乡村治理目标本身更重要。因为乡村治理体系有效运行,需要一定的经济、政治、文化、社会条件和现代治理手段作支撑;而没有一定的经济、政治、文化、社会资源和现代技术手段的有效供给作支撑,则顶层设计赋予乡村治理体系的功能就无法充分释放出来。所以,探讨和研究乡村治理体系有效性问题,不能完全从严格意义上理解完善乡村治理体系,而是必须在加强严格意义的乡村治理体系建设的同时,统筹考虑和提供推进乡村有效治理所必需的资源供给等物化条件和非物化条件问题,即必须建立健全乡村治理制度执行保障体系。

第一,发展现代农业经济,促进农村经济持续发展,是保障乡村治理制度体系有效运行的物质基础和必要条件。因此,必须深入研究和把握现代化、市场化背景下的农村经济发展规律。在中国目前语境下,需要做到以下几点:一是制定、调整和完善区域经济协调发展战略,在全国范围内科学有效配置资源投入,因地制宜地发展新型农村集体经济;二是稳步推进农业规模化、产业化和市场化经营。如,加快产权制度改革,适当整合土地资源,适时调整农业产业结构,规范市场准入制度;三是挖掘潜能,调动农民生产积极性,激活农业农村内生发展动力,稳步发展农村基础教育和职业教育,培养农业科技应用人才,以人才兴旺促进产业兴旺。深挖发展现代农业产业的智力资源,坚持育人开智工作一步一步地走、一件事一件事地做,真正实现常态化的"扶志"与"扶智"相结合,为农业产业发展提供不竭的动力支持;四是完善农业科技创新推广体系,增加农业科技创新专项扶助资金规模,加大专业科研队伍扶持力度,鼓励科学创新和科技创新,充分发挥专业实验和孵化基地功能,实现农村实体经济与数字经济有效融合。

第二,探讨和遵循乡村文化发展规律,繁荣社会主义乡村文化,增强农民和谐互助关系,提高农村社会聚合力。一是努力传承和创新中华优秀乡土文化,把科学挖掘、合理吸收、大力弘扬民本思想、和合思想、奋斗精神、勤俭理念、教化思想、民胞物与思想以及互助友爱的社会风尚、天人合一的整体主义自然观的合理内核等放在更加重要的位置;二是全面促进社会主义乡村文化繁荣发展,坚持以马克思主义、新时代中国特色社会主义统领乡村物态文化建设、行为文化建设、制度文化建设和精神文化建设;三是深入挖掘、充分发挥中华优秀传统乡土文化的治理功能,探讨新时代中国特色社会主义文化的价值引领、利益协调、息诉止争、凝神聚力等功能的有效实现途径。

第三,丰富和完善社会主义乡村社会规范内涵。一是加强乡村公共道德建设,健全并适时创新村规民约,探讨农民喜闻乐见的普法宣传形式,促进村规民约、组织章程与国家法律有机结合,推动家训族规向现代乡村社会规范转型,推动组织章程、村规民约、家训族规为乡村社会发展和治理发挥建设性作用;二是强化社会规范功效,使其在乡村治理中发挥促进国家法律有效实施的助力作用,即发挥维护社会和谐、价值观应用、行为导向、行为规制等作用;三是适应乡村社会生活持续发展和演进规律,发挥社会主义核心价值观引领作用,根据社会发展和农民生活需要,不断推动社会规范变革,做到因时调整社会规范、因势变革社会规范、因需创新社会规范等。

第四,丰富和发展多样化、法治化、现代化的乡村治理手段。农村经济形式的丰富和发展,现代科技的广泛运用,数字乡村建设的实施,在推动数字农业经济发展、农业产业结构调整、农民生活水平提高的同时,可能引发新的农村社会矛盾和社会问题,导致农民利益冲突频繁发生和日趋复杂化,对传统乡村治理方式和治理手段提出严峻挑战,出现乡村治理技术和治理手段相对滞后、矛盾纠纷得不到及时有效化解的现象。这表明,现代科学技术在农业农村领域的广泛应用,带来经济增长、农民增收的同时,也会产生一定负面效应,不仅需要通过加强农村数字治理设施建设,培养农村信息技术人才,推广适合农村农民的信息技术知识,还需要以综合性和立体化思维,多维度、多途径地探索多样化的治理方式和治理手段,在继续深入探讨自治和德治的同时,尤其要引入法治化和现代化思维,运用法治方式和现代化手段,加快补齐乡村治理领域的法治漏洞和现代技术短板。

4. 拓展乡村治理实施路径

乡村治理体系正常运行,主体功能有效发挥,治理价值充分实现,需要乡村治理体系的动力系统与操控机制密切合作、和谐一致,形成乡村治理强大引力与推力的聚合,从而为乡村治理提供源源不断的动能;需要根据乡村治理目标和具体任务及治理过程的阶段性特征,不断探索拓展、优化、创新乡村治理体系的实施路径。从参与乡村治理现代化进程的多元主体职能和制度要素功能看,党的领导是政治保障,政府治理是主要引擎和推力,农民诉求和参与是根本动力,民主和法治则是推进乡村治理的两大基石。过去影响乡村治理成效的一切症结,除了受自然因素制约外,民主和法治建设跟进不及时、不到位是主要原因。所以，探索新时代乡村治理体系实施路径，就是要深入研究如何更好地把加强党建引领、建设法治政府和法治乡村、培育农民主体意识、发展基层协商民主、提高农民组织化和社会化程度等有机结合起来。而在促进自治、法治和德治相结合方面，要坚持以自治为基础，不断提高村民自治能力；坚持以德治为引领，不断用德治滋养优良品德；坚持以法治为保障，用法治约束人们行为、培育公序良俗。同时，只有提高多元主体的法治意识，使遵法、敬法、守法、用法成为各类主体的生活习惯，使乡村治理体系的各个子系统及其各项功能要素协同发力，才能实现加强乡村治理体系建设的目的。

（1）发挥党建引领功能

"党政军民学，东西南北中，党是领导一切的。"[1]作为执政党，中国共产党的自身建设状况，尤其农村基层党组织建设状况，直接关乎乡村治理能否取得令人满意的实际效果。近些年来，在全国各地不断加强农村基层党组织建设的同时，中央采取向贫困边远地区、贫困乡村派驻工作队和第一书记的举措已经制度化，在促进农村基层党组织建设、帮助贫困地区脱贫、助力乡村经济发展、改善乡村生态环境、为乡村注入内生发展动力等方面发挥了很好的作用。从治理视角看，这一举措可以称为"融入式"治理，即通过党政机关、国企组织、公共事业单位的党员干部下乡，融入乡村社会，了解农民疾苦和社会矛盾，把党的优良传统和作风、国家帮扶政策和惠民政策实实在在地带到乡村，使党的理论联系实际、实事求是、密切联系群众的优良传统和作风转化为新时代的政策措施，以获得农民群众的高度信任和深刻认同，收到了良好效果。因此，一方面应该总结这些做法和成功经验，以便在全国各地进行推广，促使其在实施乡村振兴战略中发挥示范效应，补齐或堵住一些基层党委、政府在乡村治理中的角色缺位或功能漏洞；另一方面，应该针对基层党组织工作条例落实不到位、基层党组织日常生活制度尤其民主制度不完善等问题，促使这些制度的运行法治化、规范化、常态化，强化上级党委对乡村主要党员领导干部的日常管理和监督，建立健全基层党员干部民主监督机制，管好乡村"关键少数"。

同时，要赋予基层政府更多资源分配和治理权能，扩大基层政府公共服务范围，推动基层党组织领导和乡村治理制度向治理效能转化。尤其值得注意的是，在乡村治理制度机制不健全或执行力不够，社会组织和农民主体不能充分发挥治理功能，个别基层党组织或政府治理权不作为或乱作为，尤

---

① 《习近平谈治国理政》第三卷，外文出版社2020年版，第125页。

其在推进乡村治理体系和治理能力现代化存在严重表面化、口号化、政治化风险的一些乡村,发挥党建引领功能的当务之急,是紧密结合本地乡村实际和突出问题,把依法规范党组织的领导权和政府治理权放在首要地位,积极研究并制定对策,鼓励基层党组织和基层政府依法作为,加紧完善"选贤任能"的干部选任制度及其政策法规体系,使真正德才兼备、民众信任、受民众欢迎的贤能之士走上乡村领导岗位,同时以加强乡村干部队伍建设为契机,营造风清气正的乡村社会环境和社会生活氛围。

(2)以完善协商合作推进乡村治理

中国农村是人情因素影响最深、最严重的地方,那里居住着千百年来比邻相处的邻居,并且在发生矛盾纠纷时,深受"大事化小、小事化了"的传统处世哲学的影响。这种处世哲学为农村发展现代协商民主奠定了深厚的文化沃土,但也容易导致发生以情代法、以势压法、以权废法问题,如不能依法保障农民享有的民主权利有效实施,则会严重影响农村民主法治进程。所以,依法建立健全农村基层民主协商机制,保障各协商主体充分表达自己意志,保障协商民主的真实性,是运用协商民主推进乡村治理体系有效运行的必要途径。

建立健全乡村治理体系中的协商民主机制,应该把保障农民主体地位和基本权利作为农村基层党委和政府履职的工作重心,不断加大农民参与保障力度,尤其要关注农村妇、幼、老、弱、病、残、孤、寡等特殊群体的合法权益,倾听他们的心声,拓展与他们沟通协商的渠道,搭建协商沟通平台,建立健全国家和地方有关立法。在各级立法中,要明确规定党委和政府职责,由基层党组织提供政治保障,基层政府负全责,强令所有乡村建立刚性的农民权利保障机制、激励机制和保障监督机制,农村"两委"必须定期向基层政府、村民大会或村民会议汇报有关保障农民民主权利的履职情况,基层政府和村务监督机构必须定期检查有关情况,纪检监察机构则应定期进行监督检查,发现问题及时解决。

(3)以强化法治建设推进乡村治理

乡村社会是中国社会系统法治较为薄弱的环节,也是处理矛盾纠纷时难以排除人情因素介入和干扰的地方。这是因为,除了农业农村现代化要求必须实行法治之外,自治、德治不仅在乡村治理中有着悠久历史、有着历史的合理性和优越性,而且有着现实的合理性和优越性;同时,构建和完善自治、法治、德治相结合的乡村治理体系,也需要将中国传统美德、传统治理经验与现代民主法治精神结合起来,把自治、德治改造成为现代意义上的自治和德治,然后将它们融为一体,共同运用于乡村治理实践。而在乡村治理实践中,自治、法治、德治各占什么地位、各起什么作用,各在什么情景下运用,有无先后次序,如何进行结合,也会对乡村治理效果产生实质性影响,因此必须进行深入探讨。因为自治、法治、德治所表达的价值、意义存在很大差异,法治以法律为准绳,强调公平、正义、自由等价值;自治基于人的自然属性和社会属性相统一,强调治理主体的地位、作用和参与;德治更加关照"天理""人情",强调道德教化和规劝功能。以上三者各有侧重、各有优长,需要相互补充,在乡村治理中,应该针对具体对象、具体事务的性质或针对不同地区社会风情、人文特点,确定优先适用次序和重点,实现优势互补和相互配合。当然,三者既可单独运用,也可综合运用。

但是,现代乡村治理无论存在怎样的区域性差异,抑或处于何种发展阶段和治理水平,都必须把遵守法律、适用法律挺在前面,并依法依规有序进行。因为自治也需要遵循法律规范、正义理念和法治精神,只有在可以不适用法律且运用德治方式效果更好的前提下,才可以运用道德劝诫、道德劝勉、明辨是非、认清利害等讲道理的方式调处矛盾和纠纷,所以在任何时候和任何地方,都不能因为存在地区差异性、文化差异性而规避法律、废弃法治。当然,在乡村治理中还应该严格防范以法治之名实则扭曲、亵渎法治的现象发生。

构建"三治"结合的乡村治理体系,需要认识和把握乡村事务的本质及其之间的联系性,坚持体系组织架构上的系统论和整体论,使一切治理机构设置、治理职能配置、治理动机和治理行为的价值取向在根本目标上保持一致;系统论原理和方法要求处理好政府统筹与基层探索、遵守法律与实践创新之间的紧张关系,要求坚持科学划分治理边界,发挥政府推动和促进作用;要求坚持因地制宜、因需立法、因应施策、自主探索等原则;要求探寻和构建彰显多元主体自身活力、法治精神、道德正气于一体的新型载体,同时要求发挥社会组织和人民群众的重要作用,深入挖掘和激活推进乡村治理体系、治理能力现代化的内在动能和各种要素,尤其要求唤醒仍然沉睡的少数村民,涵养现代职业农民精神,促使乡村社会组织健康有序发展,并加紧成熟起来。

（4）以文化振兴推进乡村治理长效机制加快形成

从文化学角度看,乡村治理作为村民社会活动的组成部分,实质上也是一种文化现象,其根本诉求、操作过程、运行效果与村民的价值诉求有着密切联系。文化作为价值观的载体和外在表现,不仅可以为推进乡村治理体系和治理能力现代化提供价值观引领和思想指导,而且还发挥着塑造人的灵魂、陶冶人的情操、滋养人的品格、孕育良好社会风尚的功能。因此,必须建设与现代乡村治理目标和要求相适应的社会主义乡村文化。

首先,坚持文化教育和职业教育并举,强化政府在发展乡村文化教育事业中的主体责任,加大政府公共文化产品供给、公共教育设施和文化设施投资;鼓励自治组织、集体经济组织、产业合作组织、其他社会组织共同出资建立健全常态化的职业教育培训工作机制,为乡村经济社会发展增添精神动能,培养专业人才,激发乡村内生发展动力。

其次,重视发挥现代科学技术在乡村治理中的增效提质功能,积极引进和运用现代科学技术,建立与高科技快速发展相适配的高科技应用监管机制,"着力发挥信息化在推进乡村治理体系和治理能力现代化中的基础支撑作用","注重建立灵敏高效的现代乡村社会治理体系"。① 推动基层党委、政府部门、城乡企业、自治组织、各类社会组织、个体农民等治理主体不断提高掌握、运用现代科技的能力和水平,尤其应培养大批专业化农村科技人才和基层治理人才,以有效应对科技进步给全社会治理带来的各种挑战。

(5)加强治理绩效评估和经验推广

乡村治理的目的、动机和多元主体的具体要求,最终需要通过实施乡村治理目标规划的实际效果体现出来,因此,制定科学的、合理的、可行的和有效的乡村治理绩效评估体系,是构建和完善乡村治理体系的重要环节。在中国目前实际下,应该构建基层党组织、政府部门、自治组织、农民群众、第三方共同组成的乡村治理绩效评估体系,并需着力推广和规范第三方评估,加强对第三方评估的规范管理和监督;健全包括根本目标、重要目标、一般目标、具体目标构成的四级指标评估体系。在评估方法上,坚持多措并举,推进质化评估、量化评估有机结合,加强综合评估;在评估操作和结果运用上,不断完善评估反馈、评估监督、评估经验推广等机制,促进中国特色乡村治理体系各系统的联动互济和制度化、规范化、常态化运行。

(二) 主要观点

本书在梳理以往研究成果基础上,围绕乡村社会主要矛盾、社会治理重心向基层下移以及乡村治理体系和治理能力建设不能适应社会治理重心下移的需要之间的矛盾,提出了系统解决乡村治理体系建设面临的各种理论和实践问题的新思路、新方法、新举措,为推进新时代中国特色乡村治理体系建设提供了较有价值的参考依据,可以在一定程度上发挥丰富和发展乡村治理理论、助力乡村治理实践、提高乡村治理效能的作用。本研究成果着重阐述了以下观点:

---

① 中共中央办公厅和国务院办公厅:《数字乡村发展战略纲要》,新华社,2019 年 5 月 16 日。

1. 关于加强中国特色乡村治理体系建设的意义

加强乡村治理体系建设,健全中国特色乡村治理体系,是维护乡村社会稳定、促进农村经济社会发展、改善农民生产生活环境、维护国家政治安全基础、实现改善农村民生目标的必然要求。乡村治理体系建设的目的是增强其自身适应能力和活力,满足乡村治理发展需要,提高乡村治理效果,保障乡村经济、文化、社会、生态文明持续化和常态化发展;而乡村经济、文化、社会、生态文明愈是发展,乡村治理的内涵愈加丰富,对乡村治理的要求则愈高,愈需要建设更加完善和更加充满生机活力的乡村治理体系,从而为实现乡村"善治"提供可靠的理论支持、实践基础和制度保障。乡村"善治"是在乡村社会发展到新的历史阶段提出的促进中国式社会主义农村现代化建设和治理的新课题,乡村"善治"的核心要义是民主和法治,所追求的价值目标是公平正义。民主和法治还是构建中国特色乡村治理体系的两大基石,是保障农民主体地位、发挥农民主体作用、促进村民自治的民主性与政府治理的有效性密切结合的必由之路。中国特色乡村治理体系建设对于民主和法治的依赖,就像人对空气的依赖、鱼对水的依赖一样,一分钟也不能缺少。

2. 关于"三位一体"乡村治理制度和"五位一体"实施平台建设

建设"共建共治共享"有机结合的"三位一体"的乡村治理制度,需要搭建"党建统领、村民主体、监督护航、财力支撑、社会补充"的"五位一体"的乡村治理平台;需要深刻认识和正确把握乡村治理规律,需要深入了解和洞悉国家治理体系和治理能力现代化趋势,需要从国家、市场、乡村社会三重维度正确处理宏观治理、中观治理、微观治理或顶层设计、中间传导、基层治理的辩证关系;乡村事务治理必须区分轻重缓急,既突出重点又协同推进,必须与农村经济现代化、政治现代化、文化现代化、社会现代化、生态文明现代化协同发展,并以它们协同发展为基础,保障和推进乡村有效治理。

3. 关于乡村治理体系和治理能力现代化的实施路径和步骤

乡村治理是一个永无止境的、循序渐进的发展过程,具有明显的阶段性、层次性、区域性、个性化特征。推进乡村治理体系和治理能力现代化,必须勇于面对乡村社会的复杂矛盾和现实问题,尤其应该立足于解决乡村社会主要矛盾,并与社会治理重心下移的要求相适应;必须同 2035 年基本实现国家整体现代化、到本世纪中叶建成社会主义现代化强国的目标要求相衔接、相协调;必须根据地区差异性和发展不平衡性来确定乡村治理目标、治理任务、治理过程、治理步骤、治理途径和措施。目前,中国绝大部分乡村距离全面实现乡村振兴目标尚有较大差距,多数乡村经济社会建设、发展和治理仍然以维护社会和谐稳定、促进农业增收、满足农民消费需求为目的，尚达不到自觉与国家整体实现现代化要求相适应、相衔接的目标要求，但随着乡村振兴战略全面实施、以县城为重要载体的新型城镇化进程加快，必然相应地要求加快乡村治理现代化步伐，推动乡村社会建设、发展和治理与国家整体现代化进程相协调。

4.关于推进城乡统筹发展和协同治理，全面提升民生质量

维护社会稳定和提高治理效能并不是推进中国特色乡村治理体系建设的终极目标，完善乡村治理体系的根本目的在于充分保障农民主体地位和基本权利，全面改善包括农民物质生活和精神生活在内的福祉。因此，推进乡村治理体系和治理能力现代化，必须坚持和践行以人民为中心的发展思想及"保障农民主体地位"、"三治"有机结合、"共建共治共享"的治理理念，并以城乡统筹发展和协同治理为主要实现路径，把"三农"问题作为国家众多问题当中的一个关键问题来处理，把完善乡村治理体系、实现乡村"善治"作为"三农"工作中的一项核心任务来完成，最终实现城乡居民平等地无差异化地享受社会福利保障。

5.关于乡村治理绩效评估维度和指标体系

乡村治理绩效评估是乡村治理制度执行监督保障体系的一项重要内容。构建乡村治理绩效评估体系，总结、评估、传输、反馈乡村治理绩效信息，发挥乡村治理绩效评估机制对乡村治理的鞭策、激励、监督和促进作用，是健全中国特色乡村治理体系、提高乡村治理效能的重要环节。运用量化、质化、综合评估等方法，客观反映乡村治理效果，发挥多元主体监督作用，积累和推广乡村治理经验，防止和纠正乡村治理过程中出现偏差和失误，提高乡村治理能力和水平，促进乡村治理由党组织领导、政府主导、多元合作模式，逐渐走向更加民主化、法治化的"善治"目标。因此，必须高度重视乡村治理绩效评估体系建设。

三、研 究 方 法

方法是实现目的的工具。乡村治理研究对象是乡村事务、乡村治理构成要素之间的关系、乡村治理主体必须遵循的乡村治理规律。乡村治理规律是乡村治理发展过程的客观规定性及乡村治理的必然发展趋势，是乡村治理主体为实现乡村治理目的而开展乡村治理活动时必须遵循的规则或法则。而乡村治理研究方法的选择和运用是由多种因素决定的，其中主要取决于乡村治理目的和研究对象的属性及其实现条件，所以，乡村治理体系建设研究必须严格遵循乡村治理规律，并与乡村治理目标、治理对象和治理内

容的要求相适应。根据中国乡村治理规律和基本特征,本研究成果在研究过程中主要采用了以下研究方法。

（一）文献研究法

通过查阅中央文献、会议纪要、党报党刊、党和国家主要领导人重要讲话,深入了解中央关于乡村治理及其体系建设的有关构想、要求和政策措施;阅读中英文期刊、有关研究论著、国内外有关报道,整理乡村治理方面的一手资料和研究成果,并对相关资料进行深入分析、归纳和提炼,为全面开展系统研究提供依据和资料信息。

（二）实地调研法

以马克思主义和习近平新时代中国特色社会主义思想为指导,通过制定研究方案和调查问卷,深入村庄实地调研乡村治理及其体系建设情况;与地方党组织和政府有关组织合作,邀请乡镇干部、农村干部、村民代表、企业组织和社会组织负责人等人员召开小型座谈会,就事先拟定好的或新发现的问题,随机深入到农村基层干部和村民当中开展调研,围绕乡村治理及其体系建设面临的问题搜集访谈资料。

（三）案例分析法

坚持问题导向与价值导向相结合,不断深入存在较大差异和发展不平衡的发达地区、欠发达地区和落后地区,选取不同层次和不同地区的具有代表性的典型村庄作为调研对象,尽可能获取更多的乡村治理典型做法与成功经验。以收集到的第一手资料作为基本依据和研究基础,根据实证材料所呈现出的乡村治理及其体系建设发展趋势和具体要求,进行深入系统的实证分析和学理研究。

（四）系统论方法

基于国家整体现代化视角,运用系统论方法,以正确处理乡村发展与乡村治理的关系为主线,整体把握乡村治理体系建设现实需要和发展趋势,系统探讨提高乡村治理实效性及其走向"善治"的路径和方式。坚持矛盾的普遍性原理,注重对各地村庄治理状况进行系统研究和重点考察,正确处理乡村治理及其体系建设面临的主要矛盾与次要矛盾、矛盾的普遍性与特殊性的辩证关系,以推动乡村治理体系建设研究达到有的放矢的效果。

四、学术价值与学术创新

新时代乡村社会变迁、乡村治理价值提升、基层治理重心下移,对中国特色乡村治理体系建设提出了新任务、新课题、新要求,适应新时代乡村治理规律,落实以人民为中心的发展思想,反映农民群众根本利益和基本要求,探讨和建设适应新时代乡村治理规律的治理体系,有目的有秩序地全面提升多元主体参与乡村治理的能力和水平,是本书的主旨之一。为了实现这一宗旨,本书认为,新时代中国特色乡村治理体系建设研究,必须在加强基层党的建设引领下,围绕解决乡村社会主要矛盾、乡村治理制度机制调整和变革、优化乡村治理结构、提升村民自治能力、增强乡村治理实效性展开,并在此基础上展现本研究项目所具有的学术价值和学术创新。

（一）学术价值

本书的学术价值主要体现在研究视野、研究特点、价值导向三个主要方面:

1. 拓展了乡村治理体系建设研究的视野

在小农经济占主导地位的条件下,乡村处于与外部世界隔离状态,乡村治理对象和治理内容主要限于发生在本村村民身边和本村空域的社会事务,治理主体主要为乡村精英群体;而在现代市场经济条件下,乡村已经不再是与世隔绝的"孤岛",而是与国家前途命运乃至与世界密切连为一体的"地球村",因此,现代乡村治理和乡村治理体系建设不仅受到国内市场因素深刻影响,受到国家新型城镇化、城乡融合发展、社会转型深刻影响,而且受到世界经济政治形势变化等方面的影响。所以,农民所追求的生活和乡村治理的任务,已经远非依靠乡村自身功能和乡村社会主体所能独自承担。因此,本书主张将乡村治理体系建设研究与国家治理现代化、国家有关发展战略的实施、中国共产党的发展理念及其理论创新、制度创新、实践创新、文化创新等紧密联系起来,从而拓展了乡村治理和中国特色乡村治理体系建设研究空间和研究视野。

2. 彰显了乡村治理体系建设研究的系统性

乡村治理体系建设涉及的事务十分广泛和复杂,既需要处理好乡村内部各方面各构成要素之间的关系,又需要处理好村民自治与党的领导、政府治理、市场治理、其他外部社会事务治理的关系,而且乡村治理的关键往往不在于乡村主体和乡村治理事务本身,而在于与乡村治理相关的外部力量的介入和影响。所以,本书坚持从多学科视角,全方位观察、系统性思考、关联性探究乡村治理典型案例及其成功经验,对它们进行深入分析、系统梳理和归纳,进而提炼和概括出一般性治理经验和理论原则,为丰富和发展乡村治理理论,创新乡村治理制度,深化乡村治理实践,不断完善乡村治理体系,推动乡村治理理念与治理实践在新的基础上实现有机结合搭起了桥梁、奠定了基础。

3.凸显了问题导向和价值导向的统一

鉴于以往有些研究对于乡村发展和治理、乡村治理体系建设的地区差异性、发展不平衡性形成的深层原因存在片面认识,往往过分强调体制政策因素或自然禀赋、社会发展水平等客观因素的制约,而对不同地区领导者、商界精英、基层管理者、农民群众等自身素养,诸如奋斗精神、认知能力、创新能力、治理能力等主观方面存在的问题缺乏深刻分析和正确认识,导致乡村治理及其体系建设研究,或因重视问题导向、轻视价值导向而造成治理效果有失公允,或因强调价值导向、忽视问题导向而带来治理效率低下,或因重要环节确定、方法选择出现偏差而导致事倍功半。本书试图超越以往的思维定式和思想方法,坚持立足于实际,将问题导向和价值导向有机结合起来,为根本解决制约乡村社会健康有序发展的主客观问题,探寻新时代乡村治理发展规律,完善中国特色乡村治理体系,明确了研究目标和重点,拓宽了研究路径,丰富了研究方法。

(二) 学术创新

本书的学术创新主要体现在研究视角、研究内容选择和重点把握以及研究方法创新上。

1.研究视角的多维度

在新的历史方位和历史发展阶段,伴随新型城镇化、乡村振兴、法治乡村建设、数字乡村建设等国家战略的实施,有力地推动了乡村治理理念和治理方式进行调整、更新和发展,进而推动了中国特色乡村治理体系和治理实践不断创新和深入发展。新时代乡村治理已由单纯行政管控转化为多元主体通过完善乡村治理体系和创新治理方式,在历史传承、中外文化交流、由传统向现代转型中实现快速演进,从而使本书确立了以新的视角全面审视和研究新时代乡村治理及其体系建设的研究维度,尤其凸显了民主和法治视角的研究维度。

2.研究内容的系统性

紧跟乃至引领时代潮流,立足于农村社会现实,着眼于未来发展趋势,以历史思维、系统思维、辩证思维、现代思维分析、认识、研判乡村重大社会现实问题,多视角探索基层治理重心下移与乡村治理体系和治理能力不适应基层治理重心下移的需要之间的矛盾;在研究目标的确定和内容选择上,致力于重点研究、解决新的社会矛盾和突出社会问题,将农村治理制度机制变化——党支部书记兼任村委会主任与村民自治功能提升结合起来;坚持历史与现实、理论与实践、顶层设计与基层实践紧密结合,助力乡村治理及其体系建设研究引领和服务乡村治理实践向着善治目标发展。

3. 研究方法的多样化

引入系统论方法和实证研究方法,运用个案访谈、田园调查、实地考察、典型研究等具体方法,通过事先确定访谈提纲,带着既有问题和新发现的问题,深入乡村一线,与当地村干部、村民代表等基层人员广泛座谈,了解基层现实情况,为本书注入了新鲜生动的素材和典型经验。

第一章　乡村治理体系建设的基层探索

党的十八大以来,中国特色社会主义进入了新时代。新时代的一个重要特征即表现为中国社会主要矛盾的深刻变化,即中国"社会主要矛盾已经转化为人民日益增长的美好生活需要和不平衡不充分的发展之间的矛盾"。① 这种变化"是关系全局的历史性变化",②反映了中国社会结构的变化和历史发展进程的深化,也是中国共产党和人民群众面临的社会形势与工作任务发生深刻变化的根本标志。中国社会主要矛盾变化也包含乡村社会主要矛盾变化,具体表现为农民群众日益增长的美好生活需要和不平衡不充分的发展之间的矛盾,以及基层治理重心下沉与乡村治理体系和治理能力不能完全适应基层治理重心下沉的需要之间的矛盾。进入新的历史发展阶段以后,为了加快解决乡村建设和乡村治理领域的主要矛盾和突出问题,广大基层干部群众自发地行动起来,立足于本地实际,构建和完善乡村治理体系,深挖乡村治理资源,探索乡村治理制度、治理机制、治理途径、治理方式等,积累了许多好的经验,形成了结构繁简不一、各有侧重点、特色突出、灵活有效的治理机制和治理方式,为推进中国特色乡村治理体系建设提供了丰富的实践经验和理论素材。

第一节　乡村社会变迁与乡村治理实践问题

改革开放以来,随着农村土地经营制度和市场经济体制改革逐渐深入,中国加快了由农业社会向工业社会转型和城镇化发展步伐。截至 2022 年底,乡村常住人口减少到 49104 万人,占全国人口比重为 34.78%;城镇常住人口增长到 92071 万人,占全国人口比重(城镇化率)为 65.22%,人均 GDP 由改革开放初期的 156 美元上升到 1.27 万美元,中国已经进入了中等收入国家行列。但是,在由"计划经济转型为市场经济、村落社会转型为都市社会、封闭型社会转型为开放型社会、定居化社会转型为迁居化社会、礼俗型

---

① 《十九大以来重要文献选编》(上),中央文献出版社 2019 年版,第 8 页。
② 《十九大以来重要文献选编》(上),中央文献出版社 2019 年版,第 8 页。

社会转型为契约型社会"①的过程中,一方面农村人口特别是高素质人口持续外流,而有效劳动力向农村回流迟缓,农业对国家经济的贡献率依然较低,农村经济发展速度和发展质量与城市经济发展速度和发展质量不相匹配,乡村组织化程度、农业合作化生产、文化设施建设、义务教育和职业教育、公共医疗卫生、社会保障事业、基层治理等方面都存在明显短板;另一方面,在乡村社会主要矛盾发生变化之后,尤其在全面建成小康社会、全面推进乡村振兴、全面推动农业农村现代化之后,如何保障脱贫人口不再返贫,如何促进扶贫脱贫与乡村振兴紧密衔接,如何进一步改善农民生活质量、满足农民对经济发展和乡村治理提出的新的更高要求,如何推进乡村治理体系和治理能力现代化,已经成为各级党委、政府和广大农民群众面临的紧要问题,亟须在农村发展和治理实践中作出回答并给予解决。

一、乡村社会的变迁

实行改革开放后,农村生产力获得空前解放,农民生存空间、生活方式选择空间得到极大拓展,可以自由流动、自主择业、自由从事生产经营活动,经济社会快速发展,新职业、新业态纷纷涌现,引起了农村社会结构和治理结构变化。而伴随着农村经济基础和社会结构变化,传统乡村治理理念、治理方式和治理手段,均已不能适应市场经济发展、价值观念变化的新形势和乡村治理需要,亟须加快建设适应时代发展要求、反映时代特征的现代乡村治理体系,以有效应对乡村治理面临的一系列新问题、新挑战。

1. 社会主体双向流动

实行改革开放以来,农民的自由流动性空前增强,他们不仅可以在自己承包的土地上自主经营,而且真正实现了多劳多得,极大地调动了农民生产积极性和创造性,促进了农业增产和农民增收,改变了农民千百年来形成的生活方式,这正是实行土地联产承包责任制给农村经济、社会发展所带来的翻天覆地的变化。但是,农村土地制度的变化以及种田务农,虽然可以解决农村广大人口的温饱问题,却难以满足农民追求富裕生活的愿望。所以,随着城市改革开启,城市建设和工业发展需要更多劳动力,而进城务工可以比种田务农获得更多收益,由此导致"上世纪80年代后期开始,越来越多的农民放弃对土地的依赖,以廉价劳动力的形式进入城市,寻求新的发展空间,以此来改善自身的经济和命运,农民由稳定性向流动性转变。这种转变既表现为水平空间上的跨区域跨领域,也表现为垂直空间上贫富差距带来

---

① 张翼主编:《改革开放40年社会发展与变迁》,中国社会科学出版社2018年版,第2页。

的阶层变化"。① 进入21世纪以来,尤其党的十八大以来,随着国家脱贫政策全面落地、小康社会全面建成、乡村振兴战略全面实施,为农民提供了新的就业创业和致富机会,社会流动出现了新的变化,不再是单向的农民向城市流动,一些农民不再四处奔波,走南闯北,定居城市,而是返乡创业,创办产业,还出现了农村大学生返乡创业现象;随着城市就业趋于饱和,创业难度持续增大,甚至出现了逆向的城市人到农村创业,寻求发展机会。由此可见,城乡之间正在出现社会主体双向流动迹象。

2. 社会关系日趋松散

在传统农业社会,社会运行主要依靠血缘关系、宗族关系维系,社会结构具有很强的稳定性,而且由于世代累居、邻里相助的生活习俗,加之受几千年长期演化而形成的价值观渗透和处事规则约束,以及受纲常伦理观念深刻影响,形成了以传统诚信为基础的人际关系和礼仪社会。在礼仪社会,人们保持着基本不变的交往范围、交往对象、交往原则,使本已紧密的由具有血缘、亲缘、地缘关系的熟人组成的社会关系更加牢固。但是,现代农村社会关系已经发生了巨大变化,不仅世代累居的家庭结构不复存在,血亲、族亲关系趋于疏离,甚至地缘关系也被打破。工业化、市场化、信息化、数字化等促使人员流动加剧,家庭成员分散各地,世代聚族而居的熟人社会正在向陌生人社会演变,以诚信为基础的人际关系、礼仪社会正在被商品关系、契约关系所取代,以往的重情重义、诚实守信的处事原则正在被利益优先原则所取代,使得如何整合传统诚信观念与现代契约精神,使它们在乡村治理中融为一体并共同发挥作用,成为乡村治理体系建设面临的重要问题。

3. 社会生活发生异质性变化

在传统农业社会,生产力发展水平决定了农民从生产生活内容到生产生活方式、社会交往方式都没有太大差异。当然,改革开放以前中国农村已经有农业机械、少量电器等现代化元素,但总体上仍以传统农耕为主,社会方式尚未超越农业社会范畴,在同一区域内的农民,从农作物种植、生产工具、衣食住行、生活习惯、交往范围和方式等,几乎都是同质化的,有些年长的农民甚至没有走出过农村,农民对城市生活既陌生又不抱奢望。改革开放以后则有了很大变化,城乡联系日益密切,由于农村青壮年劳力纷纷走出村庄,到城市或异地打工谋生,或因国家富民政策调整而又返乡创业,固守乡土或迷恋城市的生活方式正在被打破,城乡差距逐渐趋于缩小,因自然禀赋或城镇化反衬下凸显的农村固有优势正在显现,乡村社会生活由单一性

---

① 刘奇:《中国乡土社会正在发生十大转变》,《北京日报》2018年9月3日。

向多样性转变,伴随着交通、通信日益发达,村庄概念和村域范围已经发生改变,村民多样化的社会生活和虚拟空间正在扩展,乡村治理面临的形势和任务发生了深刻变化,而且治理形势和任务变得更加严峻和复杂。

4. 社会公共空间极大拓展

在传统农业社会,传统村落的农业功能定位为单一的种养业。而实行改革开放尤其实行市场化改革以来,在经济利益体和现代科技驱动下,农业的多功能性逐步显现,乡村旅游业蓬勃发展,中国乡村单一的传统农业正在向一、二、三产业融合发展变化,加上现代交通和高科技协同助力,极大地激发了农民的创造力,各种农业产业新业态如雨后春笋,推动了乡土社会的社会空间由地域性向公共性转变。观光农业、休闲农业、都市农业、智慧农业等各种农业新业态的涌现,表明农业文明已经远远不是"面朝黄土背朝天"的传统形态,在农村青年才俊纷纷抛弃的农业生产场地上,出现了亘古未有的景观,成为了城市人休闲、游览、观光的好去处,与城市车水马龙、机器轰鸣的工业生产方式大为不同,现代农业生产方式成了人们科普、体验的新追求,广袤的农业生产生活环境成了人们体悟人生、享受生活的理想休闲场所。人们把乡村旅游定义为"中国农民的第三次创业:第一次创业,发展乡镇企业,离土不离乡;第二次创业,进城打工,离土又离乡;第三次创业,开发乡村旅游,既不离土也不离乡"。① 开放的乡土社会空间为注入现代文明打开了通道、拓宽了领域,农业产业化已经成为不可阻挡的发展趋势,乡村社会必将和现代文明融为一体,从而为乡村治理提出了许许多多新课题。

5. 社会结构趋于疏松

在中国传统熟人社会里,人与人之间的交往基础是人情,乡土社会的社会结构主要依靠人情黏合与支撑;家庭氛围和家园红利成为熟人社会长期积淀的福利,并把家庭和家族成员紧紧地聚集在一起,不管人们如何远离故土,落叶归根是人们最终的归宿,人情始终使人们有着很强的向心力、凝聚力和归属感。但是,这种以血缘、人情为纽带,社会结构十分紧密的传统乡土社会,在市场经济和商品大潮冲击下,正在被赤裸裸的利益关系和生存竞争所取代。改革开放以来,伴随着大量青壮年农民工外出打工,尤其是青年女性涌入城市,乡村人际交往纽带和桥梁出现断裂,人情关系逐渐淡薄,难以承受生活所需,加之社会资本聚少散多,甚至被渐渐销蚀,乡土社会结构不再紧密,而是转向松散甚至解体。在乡土社会结构逐渐变得疏松和碎片化乃至危及每个人的生存和发展的情境下,如何重塑乡情乡谊和"家园红

---

① 刘奇:《中国乡土社会正在发生十大转变》,《北京日报》2018 年 9 月 5 日。

利",形成新型的和谐的乡土社会关系,便成为当下乡村发展和乡村治理的重要课题。

6. 家庭结构发生裂变

家庭是社会的细胞,家庭治理作为"修身齐家治国平天下"的重要一环,在传统社会治理和国家治理中发挥着重要作用,一直是传承传统价值观和生存理念的育儿所、培育传统知识精英和政治精英的摇篮。传统乡土社会以"四世同堂""累代同居""家庭和睦"传为佳话,"父母在,不远游"是乡土社会的传统观念,子女孝敬父母、为父母分忧并赡养父母,每一个家庭成员都构成了社会保障体系的因子。但在实行改革开放以后,随着大量青壮年农民进城打工淘金,许多农村家庭由居聚生活的完整型向分散谋生的破裂型转变,由此改变农村社会结构,即产生了"留守儿童""留守老人""留守家庭"等"留守群体",由于他们得不到社会及时关爱和照顾,为社会稳定留下了隐患,不仅成为农民难以承受之苦,也是社会难以承受之痛。破解农村留守家庭之痛,既是政府的责任,也应引起全社会关注。而破除"空心化"和留守家庭之痛,应以政府负责为主,社会救助辅之,政府制定相应配套政策措施,加紧创造以家庭为单元的社会流动保障环境,使流动家庭尽快融入社会,成为社会治理的共同体成员,并得到国家均等化的服务待遇。

7. 社会价值多元化

随着市场经济不断发展,市场主体多元化格局形成,社会价值观呈现出多元化发展趋势,由此推动了中国传统乡土社会向价值多元社会转型。而在市场主体多元化驱动下,价值多元成为现实,既为社会多元主体提供了价值选择的机会,也使社会多元主体的意志和利益诉求获得了更多实现机会。而价值多元在为人的自由全面发展提供了有利条件并具有合理性的同时,其所带来的价值观多元化则会产生一定的负面效应,从而导致种种社会矛盾加剧、一定范围的社会乱象发生。"当社会面对这种现象,有的容忍和默认,有的麻木不仁、是非观念不清、说法不一时,就会出现认知上的紊乱",进而在行为选择上误入歧途。因此,必须对全体社会成员认真开展社会主义核心价值观教育,推动社会普遍接受、确立社会主义核心价值观,避免价值观多元而引发价值观紊乱,给社会治理增加负担和难题。

8. 社会治理由权威性向碎片化演变

传统村落社会秩序的维持和运行,离不开村落精英群体以身作则、率先垂范,这便是传统村治在一定程度上形成了明显的威权性特征的原因,即精英群体通过以自身行为和道德风范而形成的"权威"去影响村落治理、化解矛盾纠纷、平息社会冲突,由于传统乡村不存在巨大的和潜在的利益竞争,村落治理结构比较单一,精英阶层有很强的凝聚力、吸引力、感召力。但在城乡二元结构形成以后,城乡之间、工农之间的差异凸显出来,农村精英群体开始持续向城市单向流动,所谓"乡贤文化"逐渐走向衰落,甚至因为寄托缺失而不复存在,乡土社会的治理由权威性向碎片性演变,所以需要重构乡村治理结构。党的十八大以来,随着"三农"政策调整和实施力度加大,政府对农业发展和农村建设投入规模,对农民创业扶持力度,以及农村人力、资金、技术等资源单向流入城市的现象开始发生变化,乡村事业初步呈现出繁荣昌盛和多样化发展状态。因此,乡村治理也需要引入各方面社会力量,推动自治、法治、德治"三治"相结合的治理体系不断完善,健全共建共治共享的乡村治理制度,为助力乡村振兴注入新的动力和活力,增添乡村可持续稳定发展的动能。

二、乡村治理面临的问题

伴随乡土社会结构和利益格局变化,使原有的社会问题和新生的社会问题相互叠加,乡村治理形势更加趋于复杂,治理任务不断加重,导致既有的乡村治理体系和治理能力在某些方面不适应现代乡村治理发展需要,突出表现为:

1. 个别农村党组织力量弱化

基层党组织尤其农村党组织是领导乡村治理体系及其有效运行的核心力量。由于乡村治理的基础始终在农村一线,乡村治理的日常工作历来是由农村基层组织即村党组织和村委会共同承担的,在某些村党支部书记和村委会主任分设并且团结意识不强、不能通力合作开展工作的情况下,实行农村党组织书记兼村委会主任的乡村领导体制改革,赋予了村党组织书记更大的权力和责任,进一步彰显了基层党组织带头人在乡村经济社会建设和乡村治理中的重要地位和作用。但在当下中国,一些农村地区存在党员队伍青黄不接、精英人才严重流失问题,尤其有理想、有信念、有能力,愿意为村民服务,能担当敢作为的年轻人在乡村已不多见,一些村庄每到村"两委"换届选举季节,在选人用人上就会出现"蜀中无大将,廖化当先锋"的捉襟见肘的尴尬局面,这些农村党组织发展受到了"人才荒"的严重制约和影响,而在一些地区,依靠现有党员干部领导法治乡村建设、数字乡村建设,全面实施乡村振兴战略,亦显得力不从心。

一方面,在现实当中基层乡镇党委和政府、农村党组织和村民委员会共同担负着乡村治理的工作任务,农村日常治理工作可由村"两委"承担,但乡村治理绝非简单地处理每天发生的一般性社会事务,缺少了乡镇党组织和政府甚至上级党委和政府对乡村治理的领导、参与和多方面支持,一些深层的复杂的农村社会矛盾和社会问题得不到有效解决和化解;另一方面,由于中国正在实施新型城镇化和乡村振兴战略,乡村社会正处在快速发展和深刻变革时期,乡村治理面临着不断出现的新矛盾、新问题,乡村治理内涵日益丰富、拓展,乡村治理边界日益扩大,传统的治理理念、简单化的组织机制、传统的单一的治理方式和治理手段已经不能适应乡村治理发展要求,加之有些地方基层党组织力量不足,有的基层政府工作主动性不强,无法领导多元主体有效落实上级工作部署、开展乡村治理活动。

农村党组织作为农村工作的领导核心,发展乡村事业,推进乡村治理,终须依靠其发挥战斗堡垒作用,终须依靠农村基层党员干部具备创新意识、创新思维、领导能力和执行能力,而目前这样的农村党组织和农村一线干部,不是太多而是较少,因此亟须加大基层党组织建设力度和发展步伐。

2. 治理方式和治理技术相对滞后于时代发展要求

当下存在的"农村空心化""家庭空巢化""农民老龄化"以及"三留守"等问题,是中国改革发展过程中农村领域出现的新问题,需要通过创新理念、创新方式、发展经济、完善农村社会保障体系、提高乡村治理能力等改革发展途径去解决。

从目前看,一些地区的乡村治理成效不明显,甚至不断出现这样或那样的新问题,与一些农村基层干部和其他治理主体治理理念陈旧,习惯于用旧的思维方式和工作方法思考、处理新问题有很大关系,其突出表现就是治理方式、方法、手段的选择和运用比较陈旧和单一,加之这些基层党组织发展新党员工作做得不够,缺乏朝气和活力,一些老党员接受新事物缓慢,在群众中的动员力、组织力、凝聚力、战斗力、创造力弱化,难以担负起领导乡村振兴、推动乡村振兴、实现乡村振兴和乡村治理现代化的历史重任。

与此同时,由于改革开放以来农村经济结构持续调整和不断发展变化,村民之间的传统经济纽带发生断裂,守望相助的传统日趋淡化,集体意识相对淡化,村民集体归属感没有了依托,尤其面对现代信息技术的快速发展和广泛运用,多数村民尤其老龄化农民缺乏参与以数字平台为依托而开展各类社会活动的能力,不能适应数字乡村建设和现代农业产业发展要求,由此进一步加剧了农村社会分化和社会碎片化现象,乡村治理难度和复杂化程度有所加大。一些不发达、欠发达和落后地区的农村,仍然依赖传统人力资源、传统说教方式和传统手段开展乡村治理工作,缺乏方式创新和技术手段创新,治理能力与治理对象和治理事物的发展不相匹配,乡村治理效果不够理想。

3.治理目标规划联系实际不够紧密

国家制定乡村治理目标规划的依据是全国的国情、社情、乡情和民情,不是针对个别地区、个别农村的社会状况,不仅具有鲜明的宏观指导性特征,而且为各地区联系本地实际制定区域性治理规划及乡村治理创新留有充分空间,但一些地区和乡村却没有及时跟进,尤其没有相应地制定适应本地实际需要的乡村治理目标和发展规划,不能实事求是、因地制宜、创造性地贯彻落实中央有关精神,就像习近平总书记在批评生态环境保护和治理中的一些错误做法时所指出的:"近来在实际工作中出现一些问题,有的搞'碳冲锋',有的搞'一刀切'、运动式'减碳',甚至出现'拉闸限电'现象"[1],从而造成不好的后果,背离了中央要求开展环境治理工作的初衷;有些地方甚至机械地模仿和复制外地经验,邯郸学步,削足适履,导致乡村治理投入不断增加,而实际治理效果不够明显。

中国幅员辽阔,不同地区甚至同一地区不同乡村的经济、文化、社会发展状况及风俗习惯等存在明显差异,加之乡村空间结构、地理环境、分布状况复杂,不同乡村不可能、也不应该制定完全相同的治理目标和发展规划,基层党委、政府和村"两委"必须坚持实事求是、因地制宜原则,绝不能习惯于机械地执行上级党委和政府指示,把开展乡村治理工作作为完成上级交办的任务来做。如果基层党委、政府和村"两委"所确立的治理目标和规划不能与本地治理需求相吻合,不能与乡村发展目标和发展进程相协调,必然导致乡村治理陷入被动。

4.乡村治理事务增多、难度加大

治理人才匮乏,治理经费短缺,现代治理技术掌握运用能力偏低,信息不对称,是制约乡村治理效能提升的突出问题。一些乡村产业经营和治理人才匮乏,后备干部资源相对不足,可担当领导重任的年轻人较少,村干部整体素质有所下滑,尤其一些基层干部责任心、服务意识和执行力不强,对很多棘手的事不敢管、管不了、管不好,乡村治理可持续发展形势不容乐观。

开展美丽乡村建设后,重视基础设施建设、轻视内涵式发展和乡村治理的现象相当普遍,一些农村外表建设得很漂亮,临界院墙粉刷得很亮丽,道路硬化得很平整,村子周围种满鲜花草木,一派生机盎然景象,而真正反映文明程度的乡风家风建设、文化传承依然落后,经济增长缓慢、农民收入低的问题没有得到真正解决;新旧矛盾交织,乡村债务积累,环境治理不到位,依赖思想严重,乡村治理难度依旧很大。

---

① 习近平:《正确认识和把握我国发展重大理论和实践问题》,《求是》2022年第10期。

　　以上所列举的是当下乡村治理面临的一些紧迫的问题,随着乡村振兴战略的全面实施,在乡村经济社会发展过程中还可能出现许多新的矛盾和问题,只有不断探讨解决这些矛盾和问题的新路径、新方式、新举措,把乡村发展和乡村治理有效结合起来,不断完善乡村治理体系,以乡村发展带动乡村治理,以乡村治理促进乡村发展,才能提高乡村治理的实效性,为实现农民福祉创造和谐稳定的社会环境。

第二节　农民诉求的变化

　　与改革开放以来城市快速发展、城市居民生活水平得到较大改善和提高相比,多数地区的农村经济发展相对缓慢,尤其中西部不发达和欠发达地区农民的经济文化生活还有待提升,而在信息化时代来临之际,广大农民眼界渐开,开始追求更高质量、更高水平的物质生活和精神生活,其生活预期也随着时代发展而不断提高,从而对乡村发展和乡村治理体系建设提出了更多更高要求。

一、向往美好生活

　　农民心目中的美好生活,可以从农民群众的整体视角和个体视角两个不同维度进行观察和把握。从整体视角看,中国是一个人口众多的发展中国家,发展是中国的永恒主题和突出特征,也是解决中国国家治理和社会治理面临的各种问题的根本出路。据 2019 年北京师范大学课题组的专项调研显示:在分层线性随机抽取的 7 万个代表性样本中,月收入在 1000 元以下的人口约 5.47 亿人,占全国人口比重的 39.1%;月收入在 1000—1090 元的人口为 5250 万人,占全国人口比重的 3.75%;以上两项合计即月收入在 1090 元以下的总人口约为 6 亿人,占全国总人口比重的 42.85%。

　　根据北京师范大学课题组的调研报告分析,"在目前月收入 1000 元以下的 6 亿人口中,546 万人收入为零,2.2 亿人月收入不足 500 元,4.2 亿人月收入不足 800 元,5.5 亿人月收入不足 1000 元,6 亿人月收入不足 1090 元。"如果以 1090—2000 元为中低收入划分标准,中低收入人群约为 3.64 亿人。以上各项相加,中国月收入不足 2000 元的人口为 9.64 亿人。报告还指出,在 6 亿月收入不足 1090 元的群体中,农村人口占 75.6%,说明中国大部分低收入人群分布在农村,城乡收入差距过大仍然是中国最突出的问题之一。显而易见的是,6 亿低收入人群的 36.2%、34.8%分布在中部和西部地区,说明低收入群体主要来源于中西部地区。

2020 年是中国全面建成小康社会之年,"按照每人每年生活水平 2300 元(2010 年不变价)的现行农村贫困标准计算",也是自"党的十八大以来,9899 万农村贫困人口全部实现脱贫,贫困县全部摘帽,绝对贫困历史性消除"之年,对于近 1 亿以年生活水平 2300 元而脱贫的农民来说,很显然,他们距离中等收入水平的生活目标还有很长的路要走。

从区域视角看,分布在 31 个省区市的近 6 亿中国农民,所处的自然环境、资源禀赋和生活条件千差万别,经济收入水平参差不齐,加之自身禀赋还存在较大差距,这些因素就决定了不同地区、不同群体的农民,对于美好生活内涵的理解和追求自然会有着较大差异性、不在同一水平之上。

"过好日子"是中国人对美好生活的最直接、最通俗、最朴素的表达,但对于不同群体、不同生活情境中的农民而言,"好日子"的内涵和层次结构可能存在差别,尤其在经济发达程度存在较大差距的不同地区农民之间,对于美好生活的认知和诉求早已显现较为鲜明的层次落差。2019 年,我们选择了不同地区的 20 个村庄开展调研,在一些农村调研时发现,当地农民所追求的更幸福的生活,既包括经济层面的富裕,也包括政治层面的参与,还包括精神上的自由和丰富享受。如,希望村干部"办事公开、公正、透明","能够带领大家共同致富",尽快把国家"富民政策"全面落到实处;希望政府随时倾听农民的呼声,提供更多、更及时、更有效的公共服务,"帮助解决生产经营中的资金和销售难题",等等。而在另一些地方农村调研时,农民对美好生活的期盼则主要集中在增加收入、子女就学、养老、医疗、生活保障等经济和社会层面;对于村干部则更多的是希望其"带动大家致富""办事公道""清正廉洁""不以权谋私"等。

如果说个体农民对于美好生活的理解和追求,主要受到生存环境和自然条件限制,是从自身状况和感受出发的话,那么,在社会整体性和国家政策规范层面,则主要表现为党和政府通过揭示社会主要矛盾发展变化,深刻认识到中国农民群体"不仅对物质文化生活提出了更高要求,而且在民主、法治、公平、正义、安全、环境等方面的要求日益增长",其中包括要求"增进民生福祉""促进社会公平正义""促进人的全面发展"等,关于社会主要矛盾变化的阐述及其规范性、权威性解释,足以彰显出现代农民对美好生活的诉求构成包括经济、政治、文化等不同方面和社会、个体等不同层次,目前阶段的具体诉求可以概括为"幼有所育、学有所教、劳有所得、病有所医、老有所养、住有所居、弱有所扶"。① 而"农业强不强、农村美不美、农民富不富,

---

① 《十九大以来重要文献选编》(上),中央文献出版社 2019 年版,第 17 页。

关乎亿万农民的获得感、幸福感、安全感",是作为整体意义上的农民阶层较高层次的生活愿景。实现这样美好的生活愿景,只有"不断拓宽农民增收渠道,全面改善农村生产生活条件,促进社会公平正义"①才能达到。

二、期盼产业兴旺

"农村工作做得好不好,关键看农民满意不满意。要让农民满意,产业兴旺是根本。"②实现农民的美好生活凤愿,归根结底离不开发展农业产业,创造更多物质财富,提高农民收入水平,满足农民多样化消费需求。因此,需要改变农业生产经营方式,推动农村经济持续高质量发展。所谓推动农村经济持续高质量发展,包含充分利用耕地、坚持内涵式发展、推动绿色健康发展、促进农民生活实质性改善等多方面内容,这是目前实施乡村振兴战略、解决乡村社会主要矛盾的切入点和根本出路。

充分利用耕地,需要改变农业经营方式,促进个体化分散化经营向集约化生产经营转变,拓宽农业增产、农民增收渠道;内涵式发展须以农业供给侧结构性改革为突破口,根据市场需求变化,采取有增有减方针,控制供过于求的粮食作物生产规模,扩大供不应求的粮食作物生产规模,提高供需平衡水平,调优调顺农业产业结构,形成结构更趋合理、保障更加有效的农产品供给体系,打好产业兴农、绿色兴农、质量兴农、品牌兴农、粮食安全、健康生活的主动仗。

推进绿色发展,是推动农业经济转型升级的必经之路,针对农林牧渔产地环境特点及其变化,"把绿色发展导向贯穿于农业发展全过程,全面实施绿色生态农业行动",建立"完善的法规体系、政策体系、产业体系、治理体系和保障体系"。③ 稳步推进有机肥替代化肥、农作物秸秆和畜禽粪污资源化利用,降低化肥农药使用量,改进畜禽粪污利用方式,发展绿色、有机、地理标志农产品,提高农产品质量检测合格率,保障饮食安全等。

促进乡村振兴,不能固守原有土地增值收益分配使用机制和政策措施,必须根据现实需要,推进制度创新,采取改进措施,拓展资金来源,吸引社会资本投入乡村振兴,尤其注重推进农业产业化发展;按照"产业振兴、人才振兴、文化振兴、生态振兴、组织振兴"总体要求,推动地方政府出台指导意见、战略规划、行动方案,"以编制村庄布局规划为重点,科学有序推进乡村

---

① 中共中央、国务院:《乡村振兴战略规划(2018—2022年)》,新华网,2018年9月27日。
② 王瑛:《农村工作做得好不好关键看农民满意不满意:现代农业撬动北联乡村振兴》,《苏州日报》2019年4月8日。
③ 宋海峰:《江西省农业农村经济实现高质量发展》,《江西日报》2018年11月5日。

建设;以提升产业发展水平为重点,加快健全现代乡村产业体系;以推进农村人居环境整治为重点,建设生态宜居美丽乡村、田园风光;以培育新型职业农民为重点,强化乡村人才支撑;以加强乡村基础设施建设为重点,加快改善农民生产生活条件;以推进乡村善治为重点,提升乡风文明水平"。[①]推动农村新动能增长,促进一、二、三产业融合发展,合理布局粮食产业、畜牧产业、果蔬产业、水产产业和休闲农业,加快形成农民收入稳定增长、外出务工收入持续增加的创业兴业格局,从根本上解决农民追求美好生活的"粮袋子"和"钱袋子"问题。

三、渴望乡村善治

　　解决吃穿住行问题不是农民所追求的美好生活的全部,良好的政治生态和社会环境,对于追求现代美好生活的农民来说一样重要,所以,不能不重视解决乡村社会发生的经济领域以外的其他社会问题。对于渴望乡村善治的农民来讲,他们不仅希望解决好农村社会面临的主要矛盾和突出问题,而且渴望处理好每一件与其切身利益息息相关的日常事务,这就需要推动乡村治理向乡村善治发展,而善治的基础是法治,而且是保障农民主体性、主体地位、主体权利的法治。农民作为乡村善治的最主要参与者和受益者,如何实行乡村善治,是否达到乡村善治境界,主要应看农民的感受、听取他们的意见并由他们自己来判断。说到底,中国农民最关心的事情无非两件:一是过上好日子;二是自身权利有保障。做好这两件事情,必须将发展现代农业产业、促进农村经济持续增长与乡村高效能公正治理结合起来,而高效能公正治理还要靠完善乡村治理体系来保障。但由于受自身社会地位和乡村条件制约,保障农民权利,改善农民生活,完善乡村治理体系,不能完全凭借农民自身的力量来实现,必须有外在的政治力量和社会力量来推动,有完善的制度机制来保障。而在现阶段,只有依靠基层党组织充分发挥领导功能,政府有效履行职责,自治组织充分履行自治职能,其他主体积极参与及合作联动,才能促进农村经济持续发展,真正实现乡村善治。

　　近年来,重庆市巴南区龙洲湾街道实行了"德法相伴"的治理方式。他们的做法是:第一,坚持"送法下乡",即经常组织法务志愿者到基层农村"以案说法",通过讲解家庭纠纷、财产纠纷、借贷纠纷等身边案例,提高村民的法律意识;第二,倡导"家风润万家",开展议家风、立家训、传家礼、评家庭等系列评优活动,营造积极的健康向上的乡村德治环境;第三,积极建

---

①　高云才:《农业农村经济高质量发展开局良好》,《人民日报》2018 年 8 月 22 日。

设"信息便民管理平台",让大数据为乡村治理服务,同时推动基层"善政"与乡村"善治"相呼应。之所以开展这些活动,主要基于农民的治理要求和实际感受及实行法治和德治,都离不开政府依法行政、发挥治理功能。农民的亲身经历使他们明白:"给钱给物,不如建个好支部",希望好的领导主政是农民根深蒂固的心理,好的领导在现代乡村治理体系建设中的作用是无以替代的,这也是中国民间社会期盼"好官"政治传统的延续,有所不同的是,由于社会发展阶段、历史环境、社会氛围、政治生态不同,以往的民间期盼多成为泡影,而现在的农民期盼则可以逐渐变为现实。

第三节　基层组织和群众的实践探索

改革开放以来,中国特色乡村治理体系建设所取得的一系列创新成果,都离不开基层党组织和人民群众的实践探索,尤其在治理组织结构、治理机制、治理方式、治理手段建构与创新等方面,是基层实践探索的重点领域,也是具体展现人民群众历史创造力的重要领域。犹如改革开放以来,农村生产关系领域的家庭联产承包责任制来源于农民群众自发探索和首创一样,作为农村上层建筑领域的村民委员会也是由农民群众最先发起创立的。实践反复表明,中国农村社会形态变化和乡村治理形态演进,无一不与农民群众和基层组织的创造智慧、创造实践、创造作用密切相关。例如,村民代表大会、村民委员会、村民议事会、村务监督委员会等农村基层组织形式都是基层群众首先创立的,作为乡村治理体系的主体构成要素,它们对于乡村治理体系的构建、基层协商民主的运用、村民自治进程的推动等都发挥了重要作用。

但是,由于中国农村社会具有差序性、分散性、相对封闭性等特征,中国乡村治理体系建设离不开政府主体与农村社会主体之间的合作互动,尤其在目前阶段,中国农村经济发展、乡村振兴战略实施和乡村治理对党组织的领导、国家投入的需要和依赖,比以往任何时候都更加强烈和突出,这也决定了全国各地农村基层组织和农民群众对本地乡村治理结构、治理机制、治理途径和治理方式的探索,既具有共性,又各有特点。虽然村民自治是不少学者乐此不疲谈论的话题,并判定其代表着中国乡村治理的未来发展趋势,而实际上任何一种成功的和持久存续的乡村治理体系,无一不涉及构建切实可行的、功能齐备的治理制度机制和治理方式等内容,以下从众多乡村治理实践探索中选取的 20 个不同层级乡村一线治理的典型案例,都不同程度地说明了这一点。在这些富有成效的成功案例当中,治理主体功能、治理制度机制、治理途径、治理方式、治理手段的运用各有侧重、各有特色,既凸显了坚持党的领导的重要性,也体现了基层实践探索的多样化和创新性,与中央要求推进乡村治理体系和治理能力现代化的总体精神是相吻合的,这些探索大致可以分为四种类型。

一、党建引领

这种类型的案例,尤其重视基层党组织建设,充分发挥党组织作用,强化党群干群密切关系,完善乡村治理制度机制。比如,浙江温岭市、山东平原县、福建泉州罗溪镇、四川成都战旗村、陕西汉阴县等,均属于这种类型的典型代表。

【案例一】"党建引领、网格治理"
——坚持党领导乡村治理全过程①

浙江省温岭市在 73 个行政村试行"党建引领、网格治理",推动基层治理和为民服务向纵深下沉,提升了乡村治理精准化水平,增强了群众获得感、幸福感和安全感。

1. 开展"党建引领、网格治理"的考量

第一,对顶层设计和农村现实的考量。随着农村经济社会发展,党的组织工作基础发生了深刻变化,乡村治理面临着新情况、新挑战,固守传统、被动应付,已经不能维持社会有序运行,更不能形成新的治理格局,迫切需要聚焦顶层设计与基层现实的有机结合,通过深入探索,实现治理突破。

第二,调整优化基层党组织设置的考量。当前农村社会结构处于变动时期,村庄规模扩大,人口流动频繁,就业方式多样,尤其自 2018 年开展行政村调整以后,温岭市 860 个行政村减少至 579 个,村均人口由 1237 人上升为 1774 人,引发了党组织对基层工作领导难以"到底到边"的问题,影响了乡村治理现代化有效推进,需要尽快将党的基层组织建设覆盖到乡村治理各方面各领域。

第三,推动服务下沉、做实群众工作的考量。随着城乡一体化进程持续推进,基层群众的利益诉求变得更加多元化、复杂化,如果得不到准确传递和及时回应,容易引发上访或群体性事件,需要推动社会治理和服务重心向基层下移,确保工作力量、惠民政策、服务资源更加切合基层实际,贴近群众需求。

---

① 浙江省温岭市试行"党建引领、网格治理"(《乡村治理动态》2020 年第 11 期),见 http://www.hzjjs.moa.gov.cn/xczl/202005/t20200521_6344884.htm。

第四,构建共建共治共享的乡村治理格局的考量。党的十九届四中全会要求完善群众参与基层社会治理的制度化渠道。但是,目前"干部在干、群众在看"的状况在一些地方仍然存在,有些基层主体在乡村治理过程中参与意识不强、参与程度不高,在资源整合方面存在"借不到力、使不上劲"的问题,需要充分发挥党组织的领导优势,整合基层各类组织资源,组织群众、发动群众就近参与网格治理,形成"人人有责、人人尽责、人人共享的乡村治理共同体"。

2. 开展"党建引领、网格治理"的具体措施

开展"党建引领、网格治理",旨在建立新的治理模式,创新乡村治理体系,提高治理效能。首先,因地制宜划分网格,同步建立网格支部,选优配强团队力量。依据便利、适度、有利原则,结合村庄人口数量、居住特点、生产生活习惯等,把相干相邻村民整合成涵盖70—100户的网格;按照网格建立党组织,由党组织成员兼网格长;根据规定把村民编入网格团队,每个团队5—9人,由网格长领导,制定网格任务和成员职责清单,形成党员干部和村民共同治理格局。

其次,实行联户包干、恳谈议事、办事代跑。网格员联结农户,做到"知网格概况、知联户家情、知社情民意、知求助对象","群众有不满情绪必到、有突发事件必到、有矛盾纠纷必到、有喜事丧事必到";建立网格议事厅,固定每月一天为议事日,围绕相关事宜开展民主恳谈,协商办事;拓展村级便民服务事项,由网格员代理群众办事。

再次,加强支部堡垒,提升团队能力,强化评价激励。深入推进以"争创星级党群服务中心、争夺党建先锋示范旗、打造和合班子美丽村居"为主要内容的"争星夺旗·和美共创"专项行动,注重党员品质提升,打造基层治理坚强堡垒;依托乡镇党群服务中心,开展纠纷调解等业务培训,制定《网格治理工作实务手册》,提升网格员服务能力和水平;建立网格治理信息化系统,采取服务积分管理,定期开展评比活动,对表现优秀者给予年度评优奖励,表现优先者可吸收入党;对表现不佳者进行适当惩罚。

开展"党建引领、网格治理",凸显了党建引领作用,做细、做实了党的群众工作,健全了快速响应机制,推动了乡村振兴战略有效实施。

【案例二】平原县:党建引领促三治融合,一星四化谱善治新篇①

山东省德州市平原县坚持以党建为引领,以乡村振兴为目标,系统谋

---

① 《平原县:党建引领促"三治融合","一星四化"谱善治新篇》,见 http://www.dtdjzx.gov.cn/staticPage/jcdzzjsw/villpractice/20210128/2805188.html。

划、多向发力,形成了"一星四化"治理方式,构建起了"党建+'三治'融合"的乡村善治新格局。

1. 深化基层党组织"星级化"管理

实行"星级化"管理,努力把农村基层党组织建设成为推动发展、为群众服务和凝聚人心的战斗堡垒;实行"优进、平让、庸下"选人用人原则,拓展了村干部选任渠道,使党员干部队伍结构得到优化,年轻村级干部占比和中专以上学历占比大幅度提升;创新绩效考核办法,将乡村治理纳入村干部业绩考核;设立乡村治理突出贡献奖,激发村干部干劲和活力;创新实施"百名头雁"工程,打造基层党建示范点,带动农村基层党组织全面提升。

2. 推进农业农村农民组织化

在党组织领导下,开办农业产业合作社,集中管理分散经营的土地,实行规模化经营。通过先行试点、巩固规范、提质扩面、全域提升,成立了党组织领办的合作社586个,流转土地21.7万亩。参加合作社的群众不仅可以获得土地分红收益,还能通过打工获得工资性收入,实现了由过去的"土地分到户、不用党支部"到现在"入社想致富、离不开党支部"的转变。

3. 实现村民自治制度化

在全县推行阳光报告会制度,把关乎民生或民众关心的事项全部实行公开。阳光报告会按"一述、两问、三定、四评"程序进行,每季度召开一次,把原来以单纯贴墙报通报事项方式,变为"你说我议大家评"的双向互动交流。村民提出的问题以三种方式解决,即"村庄自行解决""乡镇协调解决""县级处理解决"。推进问题整改,基本形成民事民议、民事民办、民事民管的基层民主协商机制。

4. 带动乡村法治规范化

针对群众反映的突出问题,充分运用法治思维、法治方式、法治手段,从最难处发力,向最深处攻坚,推动农村综合整治工作常态化,对"宅基地违规使用、私搭乱建、村庄规划执行不严格、机动地承包不规范、村级财务管理不到位"等问题进行重点整治,对于村级事务实行全面统一规范管理。

5. 推动乡村德治常态化

在基层党组织领导和推动下,大力推进移风易俗,全县所有村庄修订村规民约,成立红白理事会;实施精神文明评比活动,建成19个"省级文明村"、2个"国家级文明村"。开展新时代文明实践活动,让德治内化于心、外化于行。通过探索实践,一大批农村党员干部锻炼了才干,增长了本领,推动了乡村发展;农村信访积案在全市率先清零,农村通户道路硬化实现全覆盖。乡村善治为项目落地、人才集聚创造了良好环境,吸引中粮、首农等企业和高校院所入驻平原县,全省首个农场主大学在平原揭牌。乡村善治汇聚了发展正能量,加快了全县域乡村振兴步伐。

【案例三】福建泉州罗溪镇:以党建引领乡村治理创新①

罗溪镇位于福建省泉州市洛江区北部,下辖 17 个行政村、220 个村民小组,总人口 4.9 万,现有党支部 28 个、党员 1190 人。罗溪镇经济社会发展处于中低水平,面对城镇化快速推进,农村治理和发展任务愈发繁重,由5—7 人组成的村级"两委"班子,由于兼顾村务和家务,缺乏充分的时间和精力专心于公共服务和管理工作,迫切需要新生力量加入到乡村治理工作中来。2016 年以来,罗溪镇党委围绕这一课题,先后由镇党委组织委员和党委副书记牵头,在新东、洪四、广桥、建兴、后溪、柏山等村庄开展试点工作,以党委委员直接参与乡村治理末梢及民主协商形式,建立由党员、小组长、村民代表、各类人才组成的党群圆桌会议,邀请各方面社会力量参与治理,整合各类组织资源和社会资源,形成"1 个党支部+1 个党群圆桌会+多种社会力量"的"1+1+S"的乡村治理机制,并于 2018 年被推广到全镇 17 个村,从而促进了全镇乡村治理进程。罗溪镇以党建促进乡村治理、提高治理功效的经验包括以下方面:

1. 密切党群关系,聚合治理动能

罗溪镇党委立足于本地实际,聚焦农村基层组织振兴,领导和支持各村党支部、村民小组、片区建立党群圆桌会议,推动社会力量共同参与,整合资源补齐短板,构建"同心圆"基层村组联合治理机制。通过凝聚引领、圆桌协商、辐射落实、监督纠正、同心运转等程序化方式,筑牢党建引领基础,强化乡村振兴动力引擎,保障乡村振兴战略全面实施。提升乡村治理水平的"善治"方式,由"三个共同体"建设构成。

一是构建行动共同体,即在党组织领导下,充分尊重末梢组织自治权利,依托村民小组会议,成立党群圆桌会议,以党员为骨干,发动入党积极分子、村民代表、村民小组长和各类乡村人才,依法共同参与村民小组各项治理工作,提升党员群众参与感和使命感。

二是构建利益共同体,即以党群圆桌会议加强党建与农村末梢自治组织融合力度,实现党小组与村民小组有机结合,以促进党群关系平等、开展多元民主协商的圆桌形式,调整平衡农村末梢多种利益需求。

三是构建命运共同体,即立足于村民小组实际,邀请多方面社会力量共

① 《福建泉州洛江罗溪镇:"1+1+S"党建同心圆激活农村基层治理神经末梢》,中国共产党新闻网,2019 年 10 月 14 日。

同参与,谋划"产业兴旺、生态宜居、乡风文明、治理有效、生活富裕"的实施方案,将党员群众和社会力量紧密结合起来,突破村组自治局限,提高以乡村治理促进乡村振兴的实效性。

2. 聚焦发展目标,探寻发展出路

罗溪镇党委集中各种资源、各方面力量,积极践行"绿水青山就是金山银山"理念,凭借本地文化古迹和优势自然生态,深入挖掘各种资源;组织动员干部群众调研、摸查资源底细,建立村域自然和人文资源清单,通过党群沟通,把脉论证村庄发展、治理思路,在新双溪村等村庄策划出特色经济发展项目 13 个,其中 7 个项目已经进入实施阶段。

例如,新东村党群圆桌会议成员调查发现,该村旅游资源十分丰富,有5000 亩土地可以开发利用,因此提议圆桌会议协商议决立项,并邀请浙江大学旅游研究所与党群圆桌会议共同商议制定规划,最后形成"一花五叶"的乡村振兴试验区项目,仅该项目就获得政府 600 万元财政资金支持,当地群众则以出资出地方式参与建设,为村庄产业振兴、经济发展发挥了重要作用。

3. 加强党性修养,培育家国情怀

在实施乡村振兴战略过程中,罗溪镇党委十分重视发挥党员主体作用,坚持以红色情怀涵养党性。

一是依托洪四村"三会一课"区级实验点、其他各试点村研习阵地,扎实开展两学一做活动,建立党课与工作经验交流研习会制度,轮流培训党员群众,通过发挥党建文化、红色文化功能等生动具体的实践活动,促进党群圆桌会议党员、入党积极分子加深对"三会一课"内容的感悟,保障党委决策贯彻落实。

二是发挥群众主体作用,以弘扬家国情怀感染人心。在乡村治理中,通过党群圆桌会议发挥党员带头作用,影响有专长、有品德、有志向的民众,以"党建+文艺惠民"等群众喜闻乐见的形式,把社会主义核心价值观融入古往今来的家国故事,创设多样化的载体和平台,传承优秀传统文化和非物质文化遗产,通过党群联动,推进乡村治理工作。

三是以统战为纽带,用乡愁情怀引导外流人才回归。建设乡情服务馆、党群同心馆,发挥圆桌会议党员和群众的统战影响力,用乡愁破除地域界限,吸引外流人才回归故里,挑选党群圆桌会中的骨干和统战对象,成立红色乡贤参事会,组织村级智囊团。截至目前,罗溪镇在 12 个村成立了红色乡贤参事会,这些"乡土参事"在引资、引才、引资源、引项目等方面发挥了重要作用,筹集发展资金,开展社企合作,提高了村集体经营性经济收入。

4. 彰显协商民主功能

为了增强乡村治理的实效性,罗溪镇党委不是片面地强调党委领导、忽略民主建设,而是从三个方面发力:

第一,坚持镇党委成员和干部以普通成员身份参加党群圆桌会议,协助宣讲政策法规和上级精神,从党群圆桌会议中收集群众意见和建议,将收集到的建议和意见及时反馈给镇党委政府,以双向联通互动和所有成员一律平等的方式取信于民。

第二,坚持把基层党建、发展村级经济、促进社会发展、综合整治生态环境纳入党群圆桌会议协商范围,采用党员、群众轮流主持会议方式,按照"党群提事、征求论事、圆桌议事、会议定事、集中办事、制度监事"的议定程序,认真处理村民小组各种事务。比如,党群圆桌会议成员负责做族人工作,协商解决旱厕难拆、鸡鸭乱养、垃圾乱倒、房屋乱建、土地难用、道路难扩等问题,还同各高校大学生、非公企业党支部联合开展"最美庭院"和微景观比赛,彻底改变了脏乱差的村貌。

第三,运用微信公众号、座谈会、联络群、发展手册等手段,把向社会各界、红色乡贤参事会通报党委决策情况和党群圆桌会议工作情况常态化,极大地提升了农民群众和社会各界对村组发展的关注度和支持度。

5. 同心创业为民造福

在实施乡村振兴战略过程中,罗溪镇形成了全村一盘棋、统一对外招商引资格局。为了盘活村集体土地和农民自有土地,镇政府及时出台政策,推动注册成立村集体经济组织,实行不动产入股,统一规划对外考察和招商,引进投资项目,保障村集体和村民收益,为实行"规模化经营、专业化发展"铺平了道路。

实行产业多元化,是聚合发展特色的必然选择。鼓励成立专业化和产业化合作社,支持群众增收致富。镇党委根据各村、各行业特色,组织建立专业党组织,构建"党建+商务"4.0云平台,打通农产品销售渠道,与多家媒体和金融机构签订"党建+乡村振兴"战略合作协议,扩大同心圆溢出效应。

罗溪镇党委没有忘记,深入发掘人才,储备人力资本,是促进乡村振兴的关键。为了实现人才振兴,必须重视培养懂发展、善管理、能干事、会带队的农村善治型人才,所以,他们从党群圆桌会议成员中遴选"一懂两爱"人才,建立农村人才库,储备了461名各类人才,其中培养和发展大学生当"两委"干部是更具有战略意义的用人举措。

【案例四】成都市郫都区战旗村：以党建引领社会协同治理①

战旗村是四川省成都市郫都区的一个村庄，距离市中心四十五公里，处于成都一小时交通圈，交通十分便利。战旗村，村如其名，名如其实，在改革过程中锐意进取，先后获得"全国社会主义精神文明单位"、"全国文明村"、省市"新农村建设示范村"等荣誉称号。在乡村治理中，战旗村坚持党建引领、协同治理，将工作重点聚焦在"领、治、文"三个字上，走出了适合自身特点的基层治理新路子。

1. 聚焦"领"字，抓好党组织建设

第一，创新基层党组织设置方式。在乡村发展中，加强党组织建设，发挥其在"产业富民、改革兴村、服务便民、生态宜居、乡风文明"中的引领功能，是乡村治理取得实际成效的关键。战旗村"两委"坚持"组织建在产业上、党员聚在产业中，农民富在产业里"的理念，建立了4个企业党支部，实现了党领导企业组织的全覆盖。

第二，创新基层党员管理机制。战旗村党组织经常动员党员深入反思"入党为什么？作为党员做了什么？作为合格党员示范带动了什么？"在党员中查找问题，然后组织党员对号入座，将党员服务群众的过程转化为整改问题、落实党建、提高党员服务群众工作质量的过程，逐渐形成了"三问三亮"党建工作机制。悬挂"党员户"标牌、设立党员示范岗、亮明党员"身份、承诺、实绩"，创立"群众点评、党员互评、组织总评工作机制"，针对党员守诺践行状况、日常工作表现，对党员进行民主评议，将评议结果作为提拔任用的重要依据。

第三，培养基层党员服务能力。加强党员"政治素质""服务素质"修养，是提高党员为群众服务的能力和水平的前提，为此，战旗村建立了"三会一课"学习制度。除了规范组织生活外，还把地方特色产品制作列为必修课。为了推动党员党性修养、能力素质提升工作常态化，战旗村不断加强干部管理办法建设，形成了以制度管理干部的管理形态。

2. 聚焦"治"字，抓好治理有效

第一，立足治理体系建设。积极探索并建立与当下行政结构、社会结构、经济结构、组织体系相适应的产、村融合的乡村治理体系，依法制定保障其有效运转的管理规则，形成了村"两委""治理+"各类社会组织多元共治+村民自治的乡村治理格局，促进了资源、资产、资金依规盘活流通，为战

---

① 《战旗村：党建引领社会组织协同治理》，中国农村网，https://www.ndrc.gov.cn/xwdt/ztzl/qgxclydxal/jqmsfzx/202004/t202004231226426.html。

旗村经济社会发展积累了宝贵经验。具体措施是:防止集体财产流失,建立村集体资产管理公司,对集体财产实行严格的制度管理,采用利益链接办法,调动入股村民参与管理和民主监督,有效保障了村集体资产的安全。

第二,以"三治"相融互动推进基层治理。制定符合村情的村规民约并坚决执行,将"民事民议、民事民管、民事民办"制度化,建立新型社区业主委员会和物业管理委员会,严格规范和遵守议决公示、社会评价等议事程序;推行小微权力清单制度,以"清权""晒权""束权"细化村(社区)干部权责,规范决策程序,建立法治信访中心,促进基层法治;对乡村道德评议和心理辅导进行积极引导,有效开展"善行义举"推荐等工作,发挥群众纠纷评理团、心理辅导站在社会共治中的作用,促进基层德治。

第三,以智慧管理服务提升公共服务水平。优化服务设施,提升社区管理服务能力,设立医院、小学、幼儿园等功能性设施,辐射周边区域;设立便民服务中心,保障村民足不出村即可办理社保事项,健全党群服务中心、卫生服务站、便民服务站、金融服务站等高效综合服务体系,实现"一门式办理""一站式服务",形成 15 分钟公共服务圈。

3. 聚焦"文"字,促进乡风文明建设

第一,紧跟时代潮流,建设时尚文化。近年来,战旗村与本省著名高校结对开展共建活动,组织动员大学生进村入户,传播新知识、新理念,为乡村发展增添动能;加强文化服务设施建设,开展系列文化活动,营造农村文化氛围,丰富村民文化生活;为知名艺术家建造工作室,赋予"新乡贤"以独特内涵,形成村民积极向善的社会风气。

第二,唱好乡村"文"字经,建设现代乡村文化。为了弘扬耕读文化,战旗村成立文化礼堂,创办适应社会发展需要的新时代农民讲习所,促进了"家风家教家训"建设。为了发挥文化的长效孕育功能,该村党组织还实施打造文化工程,组建各种文化团体,"传承巴蜀文明,发展天府文化";把《三字经》《增广贤文》等国学经典作为教材,推动优秀传统文化教育进村入户。在优秀传统文化熏陶下,村民们争做"好公婆、好儿媳、好邻居",争相传承和弘扬耕读传家、父慈子孝的良好乡风、家风和民风。

第三,发掘德治价值,树立文明风尚。长期以来,战旗村坚持德治与"共建共治共享"相结合,探讨社会主义核心价值观引领下的本土优秀传统文化和现代法治文化融汇之路,编制了脍炙人口、心口相传的"战旗快板"——《战旗村规民约十条》;构建适合本土的乡村道德评议机制,开展"十破十树"行动,促进诚信重礼、尚法守制深入人心;以村规民约共治陈规陋习,形成了与邻为善、以邻为伴、守望相助的良好社会风气。

【案例五】安康市汉阴县：
"三线两化一平台"基层治理工作法①

陕西省汉阴县积极借鉴"枫桥经验"，努力探索适应新时代发展要求的社会治理路径，创新社会治理方式，发明了"三线两化一平台"的基层治理工作法，基层治理工作取得了显著成效。这一工作方法还得到了全省各级党委、政府的充分肯定，并写入陕西省委、安康市委和市政府文件，要求全省基层党委、政府认真学习、积极推广。

1."枫桥经验"的汉阴实践

2014年初，汉阴县观音河镇人大代表张本艳表示："很想为群众办点实事，但缺少干事的平台和氛围。"同样，涧池镇洞河村老党员张德贵也多次表达了同样的心声。汉阴县委、县政府领导通过深入基层走访发现，改革开放以来，虽然县域经济有了很大发展，社会文明有了长足进步，但社会转型也带来了新问题和新挑战，社会治理范围日益广泛、治理事务日益复杂、治理任务日益繁重。面对这种复杂局面，许多乡镇、村干部与群众的联系时常出现感情"断层"现象。

乡村治理新格局的形成有赖于社会组织充分发挥积极作用，其中社会组织的"灵魂"是党建引领，其"根本"是基层基础，"精英"群体则是党员、人大代表、中心户长等，如果这些人能够充分参与到社会治理中来，必将对促进乡村治理新格局的形成发挥重要作用。围绕构建乡村治理新格局，汉阴县开展调研座谈，建立了"党员联系群众、人大代表联系选民、中心户长联系居民"和"管理网格化、服务精细化"的"三联系二化"工作机制。按照这样的基层治理工作法，调动党员、人大代表、中心户长工作积极性，必将在解决基层问题中发挥重要作用。据统计，2014年以来，汉阴县2123名党员参与结对帮扶，9723人贫困人员得到帮扶；629名各级人大代表深入乡村，收集选民建议和意见达3000余条，督促政府有关部门一一做出回应；2354名社区成员自愿协助乡镇和村"两委"开展信息收集、调解社会矛盾和利益纠纷，筑起了坚固的基层治理防线。

2.从"两管"到"两化"

为了提高乡村治理的实效性，汉阴县坚持"任务相当、方便管理、界定清晰"原则，参照行政区划和辖区人口多少等因素，以行政村或社区为单

---

① 陕西省人民政府：《"枫桥经验"的"汉阴样本"——汉阴县推行"三线两化一平台"基层治理工作法》，见 http://www.shaanxi.gov.cn/xw/ztzl/zxzt/tpgjsqzxd/hlgj/ssxz/201811/t20181122_1485547.html。

元,设立了三级全覆盖的社区网格,网格长由村民小组长担任;若二级网格下人口较多,则设立三级网格,网格长由中心户长担任。每个网格以20—30户或70—120人规模划分。汉阴县基本上做到了"人到格中去、事在网中办",密织乡村治理网格,堵塞乡村治理漏洞,提升了乡村治理的实效性。

根据各乡村户家庭结构、生产经营内容、家庭经济收入等情况,汉阴县、乡镇两级党委和政府将群众划分为"放心户、关心户、连心户",为"三心户"分别提供"在线、一线、热线""三线服务"。"三心户"评审标准、享受的服务待遇各不相同。在网格化的基层治理中,党员干部、人大代表始终是群众的身边人、贴心人,为镇、村干部开展工作提供了现实基础。

3. 从"旁观者"到"参与者"

但凡涉及群众利益的事,无论大小,便都是大事。汉阴县乡村通过召开群众会、代表会,讨论决定关系群众利益的大事小情。例如,2016年10月,双乳村在拆除一座便民桥时,与村民发生了意见分歧。经过与村民代表讨论、充分吸纳村民意见后,将新桥位置定在了一所学校附近,从而化解了矛盾。采用广泛征询村民意见的工作方法,使普通村民真正成为了"当家人"。

通过深入开展基层社会治理实践,汉阴县搭建起了以"村党组织为核心、村民大会为决策主体、村委会为执行主体、村监委会为监督主体、村级经济组织为支撑、社会组织为补充"的村民自治平台,逐步构建起了以"德治为引领、自治为基础、法治为保障、协商为途径、平台为支撑"的基层治理体系。以建立村民自治平台、完善基层治理体系为契机,改变了以往村里干部干、群众看的局面,形成了干部、群众共同参与村中事务的格局。党的十九大提出的推动社会治理重心向基层下沉、充分发挥社会组织作用的设想,通过在汉阴县的深入实践,正在变成社会现实,而且该县已经基本实现了政府治理和社会调节、居民自治良性互动的目标,其基层治理经验被誉为"321"基层治理工作法,为县域经济社会全面发展树立了典范。根据调查统计,全县社会治安满意率达到了95.06%,在陕西省排名前五位,县域经济综合监测排名也上升到了全省前32位,成为省级综治平安建设先进县。

二、政 府 推 动

这种类型的案例主要聚焦农村经济发展的辐射和带动作用,发挥政府的服务管理职能,关注社会发展和治理、宅基地改革、村级权力监管、红白喜事大操大办、天价彩礼、殡葬陋习等长期影响社会稳定、乡风文明的突出问题,寻求有效解决途径和办法,促进乡村振兴和社会全面发展,有效保障农民权益,规范小微权力,塑造健康向上的乡风民俗等。比如,山东省威海市文登区、福建省晋江市、河南省汝州温泉镇朱寨村、河北省邯郸市肥乡区、黑龙江省三个村庄等。

【案例一】山东省威海市文登区:治理中心如何形成①

近些年来,面对农民老龄化、农村空心化、农业兼业化难题日益凸显,山东省威海市文登区以建立健全农业社会化综合服务体系为切入点,坚持经济发展、公共服务、社会治理协同推进,积极落实中央政策方针,将乡镇打造成"乡村经济中心、公共服务中心、乡村治理中心",逐渐探索出了一条强镇、兴村、富民的乡村治理新路子。

乡镇作为国家最基层的政权机构,在乡村治理中必然居于中心地位。乡村治理事务林林总总、千变万化。由于职能弱化,缺少抓手,乡镇实际上处在"悬浮状态",而乡村治理面临的难题和关键问题,就是在压力型体制下如何排除各种形式主义干扰、以增强工作的实效性处理好乡村干群关系。根据文登区的调查,农民对乡村治理的效果不满意,80%与村干部有关,其中大多数与"三资"管理不善有关。

我国农村财务公开、村务监督委员会等制度虽然已经建立起来,但其严肃性、权威性不够,缺乏约束力,在执行过程中人为干预因素很多,影响了村干部形象,导致干群关系紧张。大水泊镇党委书记滕新强认为,"村里的账,在外人看来也许不大,而对于村民来说,那可是一本大账,关系着公道人心。"所以抓好农村"三资"管理决不是小事,而是影响乡村治理实效性的关键问题。

文登区探索解决执行和信任问题的思路,是在镇里打造村级事务阳光平台,采用"网上公示、全程留痕"方式,形成了管理在线化、精细化的"三资"管理模式,村里的每一件事都在阳光下运行、每一分钱都在阳光下流动,村民随时随地都可以查看监督。

当然,信息上了网并不意味着可以解决一切问题。"阳光平台"的运行,还需要对一些关键环节进行制度设计:

一是阳光交易。由镇经管站成立交易平台——农村产权交易分中心,专司各村资产资源交易事务,从而揭开了可能掩盖交易内幕的"窗户纸"。村里所有大型建设项目、大额集体资产承租或出(转)让事项,均须在交易中心公开招投标,所有交易信息均须在交易中心平台实时在线发布,坚决杜绝"暗箱操作"。

---

① 《看文登如何以强镇带动乡村振兴》,《农民日报》2019年12月7日。

二是阳光采购。由镇政府建立农村商品采购服务平台，粮肉、油蛋、海鲜、五金、建材、办公设备等供应商，均公开招标确定，采购清单须通过"四议两公开"、镇政府审核、平台发布、线上比价采购等程序，从而管好村民的"钱袋子"。同时规定：村干部不摸钱、不写白条，杜绝商品采购价高质次。

三是阳光支付。对小件商品实行线下定点采购，刷卡付款，即时"晒里子"。具体办法是："村务卡"和村党支书记、村委会主任、会计、理财组长的手机绑定，保障上述人员随时接收支付信息。有的村干部感叹："手上不沾钱，想犯错也难。"

四是阳光公示。交易、采购、支付一揽子信息，均须录入数据库，实行网上实时公开，账目核对全程可溯。群众是有效监督的可靠力量，为方便村民查询监督，乡镇便民服务中心安装自助查询机，配备专人讲解如何使用。大水泊镇北洼村党支部书记于洪光说："以前村里也按月张榜公示，但具体事务做不到笔笔详细，大家看得糊里糊涂，就会感觉有'猫腻'"。"阳光平台"的搭建，把锁在抽屉里的会议本、账本搬到了网上，人们随时都能查看。群众心里没有了疙瘩，参与乡村治理的热情也高了。

"阳光平台"的运行看似简单，但其提高了村"两委"的公信力，强化了基层党委政府在乡村治理中的核心地位，是推进乡村治理现代化的有益尝试。

在文登区委、区政府领导和推动下，全区各镇"三个中心"协同联动，逐渐构建起"土地托管、农村人才、农机服务、金融保险、品牌农业、农安监管、三资管理、基层党建、庄稼医院、产品交易"10+N职能架构体系。地方组织机构之间链接越紧密，基层党委政府工作越务实越主动，乡村治理的成效就愈加凸显。由此也给人们带来思考和以下启示：

首先，要把握好乡镇、村的共生互动关系。我国杰出的社会学家、社会活动家费孝通先生曾经说过，乡镇与村"两者之间的关系好比是细胞核与细胞质，相辅相成，结合成为同一个细胞体"，必须把"把小城镇建设成为农村的政治、经济和文化的中心"。事实上，我国乡镇长期以来是责大权小的，在管理和服务上长期"失语"，几乎成了传话筒和执行工具，缺乏作为一级党组织和政府组织的应有权威，对于开展农业农村工作不太可能形成开创性、引领性格局。而文登区"强镇引领"的理念和做法，正是在实施乡村振兴战略中值得借鉴的地方。

其次，要把握好适度规模化和集体经济协同发展的关系。农村资源以土地为要，只有把土地的价值和资源优势挖掘出来，乡村发展才能有活力和动力。我国农村改革，初期解决温饱问题，是靠"分地"调动农民积极性；而今天推动乡村振兴、实现共同富裕,需要靠"统合"产生规模效益。文登区通过政府推动、村党支部牵头成立土地股份合作社,将分散的土地集中到镇平台上,推进农业适度规模经营和村集体经济发展有机结合起来,实现了集体和农户共赢。

再次,把握好乡村振兴和新型城镇化的联动互助关系。从城乡协同发展视角看,乡村振兴的实质和目的在于重塑城乡关系,是实现共同富裕的战略举措。新型城镇化的特点是优化外部环境,促进人才、技术、资本双向流动;乡村振兴的根本目的在于挖掘、激发农村内生发展动力和活力,促进政府有为和市场有效有机结合,"实现农业产业化、农民职业化、农村田园化",绝非片面追求每个村庄都快速振兴、每个离乡农民都返乡。所以,乡村振兴和新型城镇化犹如驱动国家现代化的两个轮子,相互联动、缺一不可。文登区的"镇村统筹"探索,把力量放在打造乡镇成为城乡资源要素交换的集结点上,是以乡村有效治理助力乡村振兴并助推新型城镇化的有益尝试。

【案例二】福建省晋江市:
解决"人、钱、事"难题,打造善治乡村①

晋江市下辖293个行政村,117万多人口。近年来,围绕实施乡村振兴战略,晋江市坚持党建引领、"三治"融合、协商议事,踔厉解决乡村发展"人、钱、事"难题,构建充满活力、和谐有序的善治乡村,取得了显著成效。

1.以反哺农村为切入点,解决人才匮乏问题

严格执行党的干部政策,坚持党管干部、党管人才,制定人才反哺农村规划,打破城乡人才壁垒,疏通人才向农村流动渠道,持续助力乡村发展和治理。

第一,千方百计引人才。农村要富强,须有"带头羊"。晋江市抓人才先从培育村党组织书记入手,制定专项措施,创办乡村治理人才认定机构,创新党员发展孵育机制,大力培养后备人才,把懂经营、善管理、会运作、威望高的能人组织起来,引入乡村建设和乡村治理队伍。2018年村级换届时,先后经过6轮协商,全市近70%和10%的村组织书记分别来自企业界和社会组织。

第二,聘请专家做指导。只有专业人做专业事,才能取得工作实效。生态文明建设涉及古村落保护、人居环境改善、田园风光建设等领域,因此,晋

---

① 《全力解决乡村治理的"人、钱、事"难题——泉州晋江市打造充满活力、和谐有序的善治乡村》,见 http://www.fujiansannong.com/info/63522。

江市联系 18 家高校和科研单位作为战略合作伙伴,成立专家工作室,规划田园风光项目,实施梧林古村落建设项目,吸引大学生创业,形成"一村一规划顾问、一村一法律顾问"工作机制。

第三,干部深入一线促发展。在工作中培养干部,在实践中锻炼干部,抽调大批干部驻村蹲点、任职,实行乡镇干部包村联户,坚持"一村一民警、一村一法官",运用"三治"融合思维,开展基层群众工作,推动机关干部到基层工作制度化,为乡村发展注入动能。

2. 以做强经济作支撑,解决"钱短"问题

乡村治理离不开资金支持。晋江市转变发展观念,坚持"外部输血不如自身造血"的理念,通过深化改革破解发展难题,挖掘激活内生发展动力,推动高质量可持续发展;在改革中树立新发展理念,始终贯彻民主协商,保障群众民主权利和其他各项权利,确保群众有安全感、获得感、幸福感。

第一,唤醒"沉睡"的资源。挖掘利用乡村自然禀赋,开发闲置古民居,发展民宿、文创等新业态,开发农田、宅基地,兴办文旅观光业。坚持"政府、村社、专家、律师"四位一体,有序有效深化集体产权制度改革,根据具体情况,对于外嫁、入赘、移居海外等股权进行协商议定。

第二,大力发展集体经济。研究、出台措施,发展村集体经济,发行"村务卡",组织动员群众参与、协商项目策划和运营,实行村级财务网上公开,探索多元化模式壮大集体经济。彻底消除集体经营性收入不足 10 万元村社,将集体经营收入用于基础设施建设和社会保障。

第三,推动农民共同富裕。坚持发展富民兴村产业,推动特色化、规模化发展,开发地方特色农产品,助力其成为国家农产品地理标志。深入挖掘、大力拓展农业农村功能价值,千方百计促进农民就业增收,使农民人均可支配收入持续增长,保障改革红利直接进入农民腰包。

3. 健全运行制度,解决"效率"问题

实行乡村善治,以自治增活力、法治强保障、德治扬正气,解决群众操心事、烦心事和揪心事。

第一,完善服务网络。明确规范组织权责,实行业务、政务、服务"三清单制",解决村治分散化、各自为政现象,构建"一个中心、若干网格"组织运行机制,实现"人在网中走、事在格中办"。

第二,制定自治章程。针对多年管理松散、效率低下问题,紧紧围绕"正在做的事",诸如破除陈旧习惯、丧葬陋俗、喜事炫富等问题,增强村规民约的约束力、操作性,发挥其软法约束作用,形成操作简便、有效管用的"草根宪法"。

第三,形成协商机制。实行全过程民主,为建立基层议事协商机制、保障群众基层自治主体地位、增强群众主人翁精神提供了新的契机。围绕"强基促稳",建立健全联动化解机制,发挥调解员、律师、其他社会组织的调解功能,形成了"哪里有人群,哪里就有调解组织;哪里有矛盾,人民调解员就出现在哪里"的局面,提高了广大群众程序意识、规则意识,有效扭转了"信访不信法"现象。

【案例三】温泉镇朱寨村:三个"妙招"走出乡村治理新路子①

河南省汝州市温泉镇因"汉唐神汤"而得其名,有着千年历史文化积淀,曾在史书中留下"十帝三妃浴温泉"的美誉。如今,这座千年古镇再次焕发生机,积极探索经济转型、乡村善治、产业结构升级之路,全力打造功能完善、生态宜居、特色鲜明、产业集聚的美丽特色小镇,走出了一条适合自身发展要求的乡村治理新路子。

1. 发挥党组织功能,激活乡村振兴"一盘棋"

温泉镇朱寨村之所以远近闻名,与已经退休的村支书朱老万有着密切关系,每当提起朱老万,村里人无不竖起大拇指。年过七旬的朱老万因意外事故下肢瘫痪,行动极为不便,但依然经常驾驶电动轮椅在村里"巡逻"。"村里有家长里短、邻里纠纷的事儿,找老万叔准没错儿!"村民朱彦平说。电动轮椅是朱寨村现任村支部书记朱学卫自掏腰包给老支书买的,像朱老万这样的老党员村里共有 7 人,这些人党性强,热心村内事务,在村里辈分也高,有些棘手事儿只要他们出马,就能迎刃而解。为此,村里专门成立了矛盾调解委员会,让他们负责劝说、调解村民纠纷等事务。

为了有效实施乡村振兴战略,近年来温泉镇从筑牢组织基础、打造特色品牌、提高队伍素质入手,充分发挥党员示范、引领作用。以村"两委"换届为例,坚持选优配强村党支部书记,将政治素质好、文化程度高、能带领群众共同致富的优秀人才选拔、调整、充实到村党支部书记队伍中来。同时,研究制定了《温泉镇村级绩效考核办法》,将各项工作量化分解并以分值体现,实行绩效考核结果公开,把考核成绩作为干部选拔任用、评优评先依据,对年终考评第一名的给予重奖,二至十名适当奖励,充分调动村"两委"班子争先创优积极性。

党建促进了乡村发展和治理。温泉镇通过建立"群众之家",将财政、公安、民政、计生、税务、社保等部门资源整合在一起,实行"一站式"办理服务。各村充分发挥普通党员作用,根据新的业态设置服务岗位,保障群众享

---

① 《三个"妙招"走出乡村治理新路子》,《河南商报》2020 年 7 月 13 日。

受精准化、精细化、高质量、持续化的公共服务。2019 年以来,该镇 1000 余名农村党员自愿领岗承诺,为群众办理实事 1600 余件,实现了群众诉求有人管,群众有问题有人解决,小事不出村,大事不出镇,自己能解决的矛盾绝不推给上级。

2. "一村一品",促进美丽乡村建设

为发展壮大村集体经济,温泉镇一直在找项目上下功夫。经过多番考察,结合各村实际,采用政府扶持、基地建设、"支部+公司+农户"的供销模式,大力发展"一村一品",多方面推进农业产业化步伐。在镇党委领导和推动下,初步形成了具有村域特色的农业产业园区,如张寨村的 500 亩林果采摘观光区、朱寨村的 1000 亩香菇种植区、连庄村的"黄金薯"种植区、邓禹村和连圪垱村的蓝莓采摘区;另外,东唐村、西唐村、邓禹村的樱桃采摘区,榆树园村、高水泉村、邓禹村的 3000 亩迷迭香种植区等也初具规模,全镇农业产业布局日臻完善,一批充满活力的特色产业蓄势待发。

建设美丽乡村,既需要激活内生动力,也需要优化人居环境。为提升乡村"颜值",温泉镇在推动产业发展,打造 44 公里长、占地 3800 亩的高品质生态绿化廊道的同时,还实施人居环境治理工程项目,先后建成村级文化广场 30 个、游园 29 个。温泉镇共有 29 个行政村,普遍建立了市场化卫生保洁机制,建造村级无害化公厕 30 座,村村配置专职保洁员,坚持垃圾日产、日清、日处理,累计创建"四美乡村"2 个、农村人居环境整治示范村 7 个、达标村 16 个。

3. 移风易俗,建设文明乡风

朱寨村从治理红白喜事大操大办入手,通过召开村民代表大会,修改《村规民约》,为"红白事"立规矩,制定了红白喜事"五不超"标准,规定:"随礼不超过 200 元,待客不超过 15 桌,一桌不超过 300 元,一盒烟不超过 10 元,一瓶酒不超过 30 元。"为此,村里还建起了百姓大食堂,全村的婚丧嫁娶都在大食堂,照该标准操办,杜绝了搞特殊、搞攀比之风。这样一来,不仅没有了大操大办现象,避免了铺张浪费,人情味儿反而更浓了,大家都很拥护,也愿意自觉遵守。从移风易俗入手,稳步推进乡村治理,只是温泉镇实施乡风文明培育工程、深化村民自治实践的缩影。近年来,温泉镇把精神文明建设放在重要位置,把移风易俗作为推动精神文明建设的抓手,推动各村制定体现社会主义核心价值观的村规民约,成立红白理事会,编排反映时代风尚的文艺节目,引导、帮助农民转变旧观念,提高精神文明素质,促进乡风文明。

从本土实际出发,坚持有的放矢,挖掘传统资源,开展系列评选活动,树立模范典型,村民看得见、摸得着、学得来,鼓励村民争先进、做模范,近年来全镇有 22 个村被评为市级文明村,180 户被评为市级十星级文明户,200 户被评为市级五好家庭。

以党建引领、夯实乡村治理之基,以"一村一品"探索生态产业发展之路,以移风易俗打造幸福美丽乡村,温泉镇党委和政府走出了一条乡村治理的新路子,取得了一个个可圈可点的不凡业绩,因此获得了全国创建文明村镇工作先进乡镇、全国乡村治理示范乡镇及河南省特色旅游、生态文明等国家级和省级荣誉称号,这些荣誉正在激励着温泉镇在乡村振兴的新征程上踔厉前行。

【案例四】邯郸市肥乡区：
探索红白喜事规范管理方式,用"硬约束"刹住攀比风①

邯郸市位于河北省南端,太行山东麓,西依太行山脉,东接华北平原,与晋、鲁、豫三省接壤,所辖各县乡村具有红白喜事大操大办、索要天价彩礼习俗。在建设美丽乡村、实施乡村振兴战略过程中,邯郸市肥乡区抓住有利时机,推动风俗改革,树立文明乡风,以集体婚礼、旅行结婚等形式改变了红白喜事大操大办、索要天价彩礼等攀比之风,改变了乡村精神风貌,探索出了一条具有自身特色并行之有效的乡风文明之路,治理经验受到了中央有关部门、河北省委省政府的肯定和推广。

1. 抓责任,促落实

在冀南地区,红白喜事大操大办、索要天价彩礼,是多年来难以改变的民间陋习。为了提高工作效能,治理红白喜事大操大办和天价彩礼,树立文明乡风,2017 年邯郸市肥乡区成立了区乡村三级移风易俗工作领导小组,具体领导移风易俗工作。

在肥乡区党委领导和党员干部带动下,全区签订了 14.5 万多份承诺书。天台山镇南杜齐村党支部书记蔡付海说:"作为村党支部书记,签了责任状、承诺书,就得真正负起责任来。"以前治理红白喜事大操大办、天价彩礼之所以成效甚微,问题就出在领导不带头、责任不明确、措施不得力上。

解决问题,认识到位是关键,为刹住红白喜事大操大办、天价彩礼之风,肥乡区制定了移风易俗"参照标准"。根据各村具体情况,全区 9 个乡镇、265 个村经民主协商制定了"操办红白喜事席面规模、用车数量、办理天数、待客范围、仪式程序等"。各村村民事务理事会由乡贤能人和婚事丧事具

---

① 《用"硬约束"刹住攀比风:河北邯郸肥乡区探索红白喜事规范管理》,中国农网,见 http://www.farmer.com.cn/2019/10/25/99844526.html。

体操办人组成,理事长由村党支部书记兼任,理事会协办红白喜事。

当"管事"20余年的南杜齐村村民事务理事会理事蔡献军,在回顾以往操办红白事时说,以前操办红白喜事,铺张浪费、烦琐复杂,一场红事办下来,需要准备的东西少说也得记两页A4大小的纸,菜、肉、烟、酒、盘、碗等各需多少、什么质地、什么价格,都需要帮助主家操办,还得当监督,不能超标。他说:"现在简单多了,都省事儿。"

2. 树新风,民心快

说起"天价彩礼",人们既嫉恨,又不得不为之,所以狠刹天价彩礼歪风是顺民意、得人心之举,肥乡区治理天价彩礼的举措虽然受到阻力,但还是逐渐推行开了。如今通过举办婚庆活动,提倡"零彩礼",树立此类典型1000多例。为了表示对集体婚礼支持和重视,每场集体婚礼一般都由区委主要领导主持,新郎程会朋对记者说:"我媳妇没要一分钱彩礼,仅婚礼简办省下来的钱就有四五万元,我俩准备用来经营化妆品生意,靠自己的双手勤劳致富。"新郎的母亲刘玉也表示:"区里推行移风易俗,出台了'红白事巡查'等管理办法,刹住了攀比风,让我们老百姓省了钱、省了心,还省了事,我特别高兴!"婚姻幸福不是用钱换来的,只能靠自己的双手去获得。所以,"拒绝天价彩礼,倡树婚俗新风"已经成为肥乡区适龄青年追求的新时尚。

天台山镇大康堡村村民程义林说:"有的人认为给孩子要来的、攒来的钱财能给她留后路。其实不然,如果没有本领,再多钱也没用。"因此,他表示要以"零彩礼"嫁女,并说:"我的女儿女婿都很优秀,也能吃苦,我对他们的幸福生活有信心,不需要彩礼去填补。""零彩礼"嫁女在肥乡区已广泛推行,并形成了"彩礼有价,爱情无价"的社会氛围。近年来肥乡区还通过"百户授牌、千人宣誓、万人签名"活动,为"移风易俗好家庭"集中授牌,区各级干部职工和村干部共同宣誓,形成了"以高彩礼为耻、以零彩礼为荣"的浓厚氛围。

3. 建机制,搭平台

建立即时巡查机制是肥乡区深入推进移风易俗的重要举措。它们先后制定了《肥乡区移风易俗工作督导管理办法》和《移风易俗工作巡查处置办法》,作为肥乡区开展巡查工作的依据,然后由各界人士共同组成移风易俗工作巡查组,建立移风易俗工作巡查群,采取逐级及时上报方式,即红白事当事人及时向村报告,村及时向乡镇微信工作群报告,乡镇及时向区移风易俗工作巡查群通报。同时规定红白事及时报告时限,巡查组在收到报告后要迅即行动,深入当事人主家宣讲政策,协助监督操办,把移风易俗机制变成"硬约束",形成对违规操办人员的震慑,也给不愿大操大办的群众提供了保障平台。

制度措施的效力在于执行。2017年以来,肥乡区对于移风易俗工作不力的3名乡镇党委书记、17名村党支部书记、17名当事人进行责任追究,并在全区通报批评。不破不立,破立结合,在破的同时,肥乡区还建立婚介机构,搭建免费微信婚介平台——"心连心·鹊桥会"、"心连心·缘来是你"等。在推进移风易俗工作中,各级妇联发挥了重要作用,它们利用自身优势,组织义务红娘队,每个村推举3—5名热心妇女参加义务红娘队,1000余名优秀妇女志愿参与线上线下免费婚介服务,为10万余群众提供帮助。

肥乡区妇联主席魏丽英说:"我们成立了义务红娘群,把每个村里的红娘都拉进一个微信群里,谁家孩子到了适婚年龄,想找什么样的对象,大家相互沟通,免费服务。"一些村的热心人还自愿当起了义务红娘,由义务红娘介绍对象成了一种新风尚。屯庄营乡田宅村热心红娘李俊巧说:"全村42名单身男女青年,都在我们的资料库里。"截至目前,通过三级免费婚介平台,肥乡区喜结连理的青年达200余对。

【案例五】东北三个村庄的治理:既充满活力,又和谐有序①

乡村振兴的总体要求之一是"治理有效"。黑龙江省三个村庄为了提升治理能力和治理水平,立足于加强基层党建、强化公共服务、促进移风易俗,通过增强乡村治理实效性以赋能乡村振兴。

1. 以强化"网格式服务"改变村党支部"涣散"状态

过去的黑龙江省富锦市二龙山镇龙山村党支部,软弱涣散,没有战斗力,一年开一次党员大会,人还到不齐……2018年,富锦市为了解决村党组织软弱涣散问题,重新组建了村"两委"班子。如今,为了增强党员的责任感、归属感,龙山村按照农村基层党支部建设有关规定,探索提升村党支部组织力、战斗力的途径,创建"三会一课"主题党日活动机制,推动实施党员"网格式服务"。党员"网格式服务"的主要内容是,以村为单位划任"网格",全村划分为12个"网格",所有"网格员"均有党员充任,其具体职责为宣传政策法规、推进文明新风建设、化解社会矛盾和利益纠纷。

"实施党员网格式服务以来,龙山村党员共解决村民的生产生活难题23个,办理各类民生事务53项,村民需要办的事,事事有回音、件件有落实。"袁金国如是说。为了发挥广大党员在"网格式服务"中的先锋模范作

---

① 《东北三个村庄乡村治理见闻:既充满活力又和谐有序》,中国经济网,见 http://district.ce.cn/newarea/roll/201907/06/t20190706_32543911.shtml。

用,龙山村规定每个党员都是"网格员",都有"责任岗",村里一切事情,诸如环卫保护、村务监督等,党员均有责任监督。驻村书记车德志说:"设岗定责增强了党员身份认同感,改变了村风村貌。"例如,村里把"环境卫生维护岗"交给了69岁的老党员王作臣负责,他有事没事都要在路上转,不管谁家门前有垃圾,或乱存乱放杂物,都去督促户主收拾,还经常自己动手打扫清理。"你看这路,我保证连一个纸片都少见。"老党员王作臣骄傲地说。

2. 变"跑断腿磨破嘴"为"有事摆到桌面上"

消除乡村治理和服务"死角",必须依靠制度设计和落实,这是目前我国许多乡村治理的努力方向。村民跑断了腿,村干部磨破了嘴,工作却不见实效。例如,过去龙山村村干部通知大事小情,村民们反映意见和建议,都要靠人的两条腿来回跑,即使村里有大喇叭广播,每个人是否都听得到、听明白,谁也不能保证。现今,龙山村里建起了"说事群""议事群"。发布信息、讨论村事,都通过"说事群""议事群"。

"不久前,村民李长发想办低保,由于不符合政策,没有给他办理,一开始他不理解,便在议事群里发信息抱怨。我赶紧在群里进行解释,介绍低保政策和标准,一些村民也劝他。"袁金国说,听了他介绍政策和村民劝解,最终李长发心里的"疙瘩"解开了,其他村民对国家低保政策也加深了了解。龙山村的村干部说,创办微信群是村里落实自治、法治、德治"三治"结合的具体措施。"村里的大事小情都摆到明面上说,真正束缚住了'小微权力',矛盾和误会少了很多。"村支书袁金国说。

拜泉县上升乡团结村积极探索干群联动治理模式,开展了"1+10+100"党员联户活动,即把党组织、党员、村民紧密联系在一起。村支书张文义说:"村里每个支部委员负责联系10名左右党员,每个党员联系10户左右村民,谁家要是有个急事难事、矛盾纠纷,都可以及时知晓、及时解决。"

3. 变"贷款结婚"为"清新办事"

对于村民而言,红白事既是大事,也是烦心事。有的家庭子女结婚,花费很大,欠下数十万元外债也是常有的事;而且宾客"随份子"的数额也水涨船高,越来越大。为了推动移风易俗,减轻村民办事负担,大多数村子成立红白理事会,制定新"村规民约",社会风气有了很大好转。

今天介绍的是黑龙江省明水县双兴镇双利村改革旧习俗的做法。2021年12月,村民杨晓峰的女儿杨超举办婚礼,打算在镇里的饭店办20桌酒席。时任红白理事会会长的姜方志得知信息后,马上与其他理事会成员找杨晓峰进行劝解,希望婚礼从简。起初无论如何劝说,杨晓峰就是不同意,觉得女儿结婚是一辈子的大事,得办得风风光光,不然让人说笑话。理事长姜方志给他算了一笔"经济账":按以往当地办婚宴标准,在镇里摆一桌酒席至少要花400元,20桌酒席就得花8000元,加上婚庆礼仪花销,是一笔不小的开支。人们去饭店也吃不了几口,不光花钱多,还会浪费很多饭菜。经过劝说,杨晓峰不再坚持,最后在家里摆了10桌酒席。

事后杨晓峰说:"省钱、省事、气氛还好,当时听他们的话算是对了。"龙山村的于德春说:"以前还有贷款结婚的,婚庆好像办得红红火火,可最终欠下一屁股债。"最初一些村民办婚事,理事会成员进行劝导,可有些人就是听不进去,有的村民还情绪很激动,火气很大。

如今,红白事简办成为新时尚,村民们办红白事,都很欢迎理事会帮忙操办。"过去是互相攀比,虽然大家心里都觉得浪费,但如果不办,面子上都觉得过不去。"于德春说,"经过几年整治乡风民俗,现在不良风气刹住了,大家专心致志奔小康,别提多舒心了。"

三、机　制　创　新

这种类型的案例侧重于治理体系或制度机制创新,探索"三治"结合有效途径,整体发挥自治、法治、德治作用。比如重庆市奉节县、浙江省宁波市鄞州区、上海市金山区漕泾镇护塘村、广东省开平市塘口镇、北京市顺义区、四川省邛崃市等,便是这种类型的典范代表。

【案例一】重庆市奉节县:
推行村级"三会"自治机制,让群众成为社会治理主角[①]

为了推动综治工作机制创新,中共奉节县委和县政府借鉴现代公司治理的经验,探讨创新乡村治理结构,抓住乡村治理中具有根本性、关键性的问题,以加强村民自治建设为突破口,出台了《关于加强和创新社会治理工作的意见》,在全县推广"村委会+理事会+监委会"的"三会"自治机制,让群众自我管理、自我教育、自我服务,真正成为社会治理主角。

1. 做法和过程

(1)建立"三会"机制,保障农民主体地位

筑牢组织架构。奉节县各行政村以村民委员会为基础,实行村民公推直选办法,建立村民理事会和村民监督委员会,构成村委会、理事会、监委会"三会"机制架构。在它们三者中,理事、监委会成员须由村民自主选举产生,成员为有能力、有威望、乐于为村民服务的老党员、老干部。

---

① 《推行村级"三会"自治机制　让群众成为社会治理主角》,见 http://www.aifengjie.com/?m-forum-topic-50031。

做强理事会。理事会事务繁多,每三年改选一次,组成人员11名,由理事长、副理事长、会计、出纳组成。下设若干小组,分别负责民生实事、财务管理、履职监督等,专业分工明确;理事会还主持建立红白理事会、用水用电协会、邻里互助协会、道路管护协会等村民自治组织,并负责制定工作制度,做到有章可循。

做实监委会。监委会由3人以上单数组成,每五年改选一次,设主任1名,成员若干。成员分片定责,严格履职,凡重要事项和项目实施,均由监委会全程监督,公开透明,接受村民监督。

做细规章制度。村委会、理事会、监委会都是党的政策执行者,在村党组织指导下开展工作,其中村委会决定事项,需要提交理事会,理事会每月召开一次会议,讨论通过村委会提交的事项,然后由村委会负责实施;监委会为监督机构,负责审查、监督村委会工作,并向村民负责,实时公示相关事项的进展。

(2)"三会"机制的形成和实施

太和试点。太和土家族乡属于当地的大乡,是由原太和乡、金子乡两乡合并而来的,包括两个场镇,全乡人口1.4万多人,毗邻湖北省恩施市板桥镇,从太和土家族乡政府驻地到板桥镇政府驻地不足10分钟车程,名副其实"一乡两场镇,一脚踏两省",地理位置特殊,社会环境复杂,特别是2004年区划调整时,村民集体上访时有发生。2008年,金子村开始试行新的治理模式,采用"村民委员会+理事会+监委会"自治机制,推进乡村治理,取得了良好效果,随后于2014年初推广到全乡。

全县推广。金子村实行新的治理模式,取得良好效果之后,受到了县委县政府重视,在县委指示下,2016年4月委派县综治办深入太和土家族乡金子村、太和社区实地调研,具体了解治理信息,总结提炼当地村民自治经验,然后形成了"村委会+理事会+监委会""三会"自治机制调研报告,县委高度重视该报告,县委书记杨树海作了批示,要求在"全县推广"太和土家族乡的治理经验。

为扩大太和土家族乡开展乡村治理的溢出效应,2016年8月,奉节县委政法委、县综治小在太和土家族乡召开会议,推广太和土家族乡的经验。至2016年底,奉节县390个行政村实行理事会选举,共民主选举出4306名理事会成员、1378名监委会成员。

2.成效与反响

建立村级"三会"自治机制,是科学设置组织机构、合理配置治理权力、加强治理权力内部制约和外部监督、优化乡村治理结构、改善乡村干群关系、推进乡村党风廉政建设、防止权力腐败的有益尝试,提升了党组织凝聚力、政府公信力、干部执行力和群众满意度,促进了社会的和谐稳定。

(1)"三会"机制的运行效果

干群关系更加融洽。理事会、监委会成员都由村民自主选举产生,能够把村民意愿、要求和利益作为想问题、作决策、办事情的出发点和落脚点,从而为村(居)民谋取实实在在的利益,成为了政府和村(居)民直接沟通的"桥梁纽带",诉求渠道更加畅通,工作更加规范,管理更加有效,干群关系更加和谐。2016年5月,太和土家族乡石盘村杨龙胜、杨显东父子相继遭遇重病和车祸,需要巨额手术费用,家庭陷入窘境。石盘村"三会"成立募捐工作小组和监督管理小组,短时间内向社会各界募捐善款8.4万元,受到当地群众普遍赞誉。冯坪乡庙坝社区完善各项制度,"农事村办"各个环节、各项内容、责任标准牢固确定下来,通过列出责任清单、权力设限等方式,切实解决干部办事推诿、工作衔接不到位问题,群众对干部工作更加支持。兴隆镇回龙村监委会成员郑声威是名退伍军人,有点"性格",他亲自对监督内容和程序进行"测试",连续3个月将7个社务公开内容进行"合并",每次都实现了监督操作与村务公开内容"无缝衔接"。由此他认为,村务社务都公开,既能够做到"相互印证",又能够扩大宣传面,党群之间、干群之间可达到由误解变得理解,由疏远变得亲近,由怀疑变得信任,从而形成健康、正常的党群、干群关系。

转变乡风民风。理事会、监委会积极参与社会治理,充分发挥村民自治协商功能,以建组织、立规矩推动移风易俗,使"软任务"变成"硬约束",引导人们见贤思齐、崇德向善,让乡风民风真正美起来。鹤峰乡莲花社区牵头成立红白理事会,积极向居民宣传"厉行节约、反对铺张浪费"的规定,倡导喜事简办、厚养薄葬、勤俭节约、文明理事的社会新风尚,营造以厉行节约为荣、铺张浪费为耻的社会氛围,引导群众移风易俗,取得实质性效果。2017年1月至4月,成功劝阻居民"无事酒"5次。永安街道朝阳社区康乐巷小区车辆乱停、垃圾乱丢等不文明行为随处可见。小区自治组织成立后,从居民公约、邻里互助、居民兴趣入手,充分调动居民参与的积极性,及时就小区停车、环境卫生等居民事务开展章程式、合作式、自发式的自我管理和自我服务。通过对影响市容市貌的"十乱"不文明行为进行劝导,对环境卫生进行监督,开展清洁楼栋、最美家庭、和谐邻里示范户评选活动,目前已评选清洁楼栋16个、最美家庭18户、和谐邻里示范户18户,市民素质得到提升,乡风民风更加淳朴。

提升工作合力。村民理事会全程参与村务管理,监委会全程监督村民委员会工作,不仅提升了决策民主性、科学性、透明度,而且凝聚了合力,村干部干事创业热情得到有效激发,精神面貌、工作作风发生了可喜变化,工作效率明显提升。2015年底,太和土家族乡太和村(现太和社区)拟在太和场镇附近修建一条登山步道,村民委员会将实施方案提交理事会征求意见。理事会全体成员现场踏勘后提出修改意见:高寒山区易结冰,登山步道不能用混凝土浇筑,应改用青石板铺设,同时在步道两侧修建休息平台,这些意见都被村民委员会采纳。2016年,太和土家族乡金子村在人饮工程建设中,因水池选址、筹资筹劳、占山占地、青苗补偿等问题,给村"两委"工作带来很大难度,理事会成员分头走访,听取民意,化解民怨,监委会成员则负责监督质量,最终让项目顺利实施,实施后的效果也让村民十分满意。2017年初,永乐镇长凼村在规划产业发展时,"三会"积极参与,明确提出"青山依旧,绿水长流,确保实现可持续发展"的思路得到全体村民拥护。在引进相关企业时,村支部委员会先后召开党员大会、村民代表大会进行集体决策,对产业发展实行"规模养殖禁入、化工企业禁入、开山采石禁入、黄赌毒禁入"等"四禁入"负面清单管理制度,为农旅融合发展划定红线、设置门槛。截至2017年4月30日,关闭辖区污染严重的养猪场1户,关闭墓碑加工厂1个,得到村民普遍支持和拥护。

健全"三会"自治机制,理事会、监委会成员代表村民参与重大事项决策和监督,保障了村民知情权、参与权和监督权,充分发挥了村民的主体作用。

(2)实施"三会"机制的社会反响

"知情权"激发干事热情。"三会"自治机制助推村务公开透明,青莲镇桃花村在公示过程中,严格按照拟定、审核、公示、建档步骤进行,一般事务公开由村民委员会提出,经监委会审核,村委会主任和监委会主任签字并盖章后公示,重大事务还须经村民代表会议或村"两委"会议表决通过,由村支部书记签字,加盖支部公章后公示,尤其是财务公开内容需经监委会审核通过后,再经村委会主任、监委会主任、驻村干部和包村领导签字并盖章后公示。该村从公示内容、程序、广度三个方面着手,力推村务公开阳光透明,按照村情、党务、政务、财务、服务公开涉及的20余项公示内容,在村固定公示墙、群工系统、阳光奉节网上实行全覆盖公示,确保村民知晓。

"参与权"保障群众利益。"三会"自治机制注重村民有序参与村务决策监督。村理事会成员由村民公推直选产生,牵头成立红白喜事、清洁家园、人饮安全、道路管理等理事协会,形成政府与村民"共担责任""都不缺位"的局面。吐祥镇龙泉社区把农村建设项目决策、资金使用权放给"三会"，由居民自我规划、自我筹资、自我修建、自我使用、自我管理。青龙镇上庄村在实行"三会"自治管理模式中，健全各项村级事务工作制度，实现村级事务规范化、程序化、透明化、公开化，让村民找得了人、办得了事，提升群众参与度和满意度。

"监督权"确保群众权益。"三会"自治机制实行"四民主工作法"。在推行"三会"自治机制过程中，广大村民经过"民主提事、民主决事、民主理事、民主监事"四个具体的步骤，使其民主权利通过亲自对村里的重大事务进行讨论、决定和实施监督管理中得到了生动体现。将村民民主权利具体化的"四民主工作法"，实实在在地让广大村民感受到了"参与权"和"话语权"的价值，在"四个民主"中村民们可以大胆提事、科学决事、合法理事、共同监事，真正地依法有序参与民主自治管理，充分有效地解决了村民们最关心的、事关自身切身利益的土地征收补偿、宅基地分配、道路修建、山林土地纠纷等热点和难点问题，并且有效地预防了乡村干部腐败，从而对民主有了真实感受和信心。

青龙镇大窝社区，由居民委员会牵头，居民理事会参与起草《居民自治章程》和《村规民约》，将不参与"无事酒"和邪教等内容纳入其中，并在居民代表大会上表决通过，从而强化了群众自觉意识和法治理念。康乐镇铁佛村在整治"无事酒""豪华墓"工作中，探索建立"两榜三法"（红榜、黑榜，利益扣除法、声誉减损法、优秀受益法）工作机制，充分发挥"三会"作用，村民主动接受监督，成效显著。以前青龙镇大窝社区"红白喜事"多由居民自主操办，不少居民在"俭奢""繁简"之间犹豫徘徊，最后往往选择"盲目攀比""铺张浪费"，同时存在安全隐患，特别是"舌尖"上的安全。为此，大窝社区在2015年5月组建红白理事会，集中统一操办婚丧嫁娶等"有事酒"，不仅得到当地居民赞同和大力支持，也得到当地党委政府高度认可。

3. 探讨与评论

（1）注重放手放权，成为村民自治共治重要举措。在加强和创新社会治理工作中，充分尊重群众意愿，放手让群众去做想做能做之事，引导群众自主参与，不仅可以有效保障群众依法行使民主权利，还能够充分调动其参加村务管理、监督积极性，从而形成强大干事创业合力。

（2）重塑公序良俗，成为村民自治共治内在灵魂。"三会"自治组织以宣传文化为引领，着力重塑良好乡风民俗，突出文化服务和舆论引导，传导正能量，营造好氛围。太和土家族乡金子村理事会，组建民间演艺队；青龙镇海坝村理事会，成立金狮锣鼓队，利用五四、七一等节日，将惠民政策、邻里关系、"无事酒"整治、法律法规等内容编排成相声、小品和快板，集中会演,寓教于乐,群众反响很好。

(3)整合社会资源,成为村民自治共治坚固基础。深入挖掘人力资源,借力上级部门,以脱贫攻坚为契机,积极争取支持,办成一件又一件实事,让群众看得见、摸得着,以更好地解决"为了谁、依靠谁、我是谁"这个根本问题,不断强化村民凝聚力和向心力。

(4)突出行业联动,成为村民自治共治内生动力。由理事会牵头,成立协会自治组织,实行行业自主管理。永乐镇长凼村理事会牵头,成立公益项目管理、环卫保洁、社情民意、社会事务管理等四个协会,配合村民委员会开展相关组织、宣传、引导和监督工作。该村理事会还配合村民委员会,组织101户贫困户,成立贫困户创业协会;组织28家农家乐,成立农家乐协会。同时,长凼村理事会、监委会支持村民委员会,采取公推直选办法,调动村级能人积极性,确定池长、路长、院长、河长、街长共32名。自2017年"五长"制实行以来,12口水池、3条村级道路、12个居民院坝、3条河流、2条街道,都有能人带头进行日常管理,使基础设施管护使用、公共环境美化净化得到明显提升。

"三会"自治组织拥有广泛的群众基础,是新时代探讨村民自治的有效实现形式,深受村民信任,拉近了干群关系,凝聚了人心民力,促进了乡村事业发展。

【案例二】宁波市鄞州区:运行"三清单",撬动全域治理创新①

城乡基层公权力"三清单"运行法,是宁波市鄞州区深化城乡基层社会治理改革的创新实践,也是推进清廉鄞州建设的内在要求。

1."三清单"运行法的核心要素

认真遵循上级精神,充分借鉴先进经验,切实传承鄞州特色,清单式定责,流程式明权,将"小微权力"清单制度升级为基层公权力"三清单"运行法。

(1)在权力性质上,将"小微权力"确定为公权力。村(社)干部行使的不是私权力,而是公权力,而且从区情实际和查处的案件发现,城乡接合部的村(社)干部与一般农村山村干部不同,日常管理所涉及的资金量巨大,少则几十万,多则几千万、上亿甚全几十亿,权钱交易的自由空间宽泛,他们行使的权力已不再是传统意义上的"小微权力",而是关乎当地民生和经济社会发展的巨额资金(或巨额财产)。

---

① 《浙江省宁波市鄞州区:运行"三清单",撬动全域社会治理创新》,见 https://www.sohu.com/na/416761259_120798024。

（2）在实施范围上，将以乡村实施为主提升为城乡协同实施，将行政村、个别社区、股份经济合作社实施提升为行政村、全部社区、股份经济合作社同时全面实施。当下随着城市化进程继续发展，宁波市鄞州区行政村数量正在减少，而社区、单纯股份经济合作社数量却在持续增长，有农村社区、城市社区，有撤村转型的股份经济合作社，还有未撤村的股份经济合作社。日益复杂且不同属性的基层社会组织，需要采取有针对性的制度措施加以治理。

（3）在清单种类上，将单一权力清单提升为权力、责任、负面三项清单。三项清单的属性和具体要求存在差异，但价值目标和主要诉求是一致的。

首先，权力清单为权力执行主体行使权力的规范，属于基层组织履行社会管理的职能，规定了权力事项、便民利民服务主要事项，权力行使必须按规定流程和要求操作，不能越界。

其次，责任清单为责任主体必须履行的职责，具体为区有关职能部门、镇或街道、村或社区及党员干部在执行、管理、监督等具体工作方面的职责，做到责任到科室、到人员、到时间节点、到措施、到方式。

再次，负面清单为权力执行主体履行职权时的禁止事项，具体针对群众关心的或涉及"人、财、物"且容易发生腐败的权力事项，是关于不当行为的明令禁止规范，而且明确提出了廉政风险防范措施。

在上述三者中，权力清单是核心，责任清单是保障，负面清单是红线，权力运行流程是关键。

2."三清单"运行法的实施过程

实行城乡基层公权力"三清单"运行法，是一项综合性强、涉及面广、关注度高、重要紧急的系统性工作，需要科学谋划、强化领导、综合施策，做好"四篇"文章，确保取得实效。

（1）做实"编制"文章

首先，凝心聚力共谋。建立由区廉政办牵头协调，3个牵头部门、16个责任部门、7个示范村镇（街道）共同参与配合的全区编制"三清单一流程"制度责任体系。其中，行政村由区农办牵头负责，社区由区民政局牵头负责，股份经济合作社由区农林局牵头负责。由区政府下发《鄞州区编制基层公权力规范运行"三清单一流程"工作方案》，建立健全各单位主要领导负总责、分管领导和责任科室具体负责的运行机制，严格实行工作日报制度及上报材料由主要领导审签背书制度。

其次，积极稳妥确权。权力清单的制定及其实施，要符合全面、准确、简洁、突出重点、易于操作、便于监督的基本要求，并始终坚持问题导向、群众关注、党建引领、便民利民等工作原则。例如,行政村权力清单共计 10 方面 31 条,包括重大决策事项、工作人员聘用、用章管理等,新增了种粮大户收购环节补贴申请、物品(纪念品、慰问品等)发放、房产确权登记等具体事项;股份经济合作社权力清单主要根据其属性和功能确定,含两方面 31 条内容,主要增加了与其经营活动密切相关的大额资金、存款使用和管理、产权转移、村级留用地使用以及股份分红等经济方面的具体事项。

再次,反复推敲定稿。2018 年 9 月下旬以来,各牵头责任部门相继召开 30 多次 500 余人参加的培训会、座谈会、恳谈会、审稿会、改稿会、核稿会、定稿会,充分听取镇(街道)村(社)广大干部和工作人员意见和建议,不断修订完善"三清单一流程"制度架构,并专门邀请中国社会科学院农村社会问题治理中心秘书长李人庆教授指导把脉。同年 12 月区委常委会审议通过的《鄞州区推进城乡基层公权力规范运行"三清单一流程"实施方案》、三套(行政区、社区、股份经济合作社)"三清单一流程"和《关于进一步加强村务监督委员会建设的通知》等 5 项制度正式实施。

(2)做实"推进"文章

首先,高层级部署。区委成立区委书记任组长、区委副书记任常务副组长的区深化城乡基层公权力规范运行工作领导小组。2018 年 12 月 29 日召开保障推进全区城乡基层公权力"三清单"运行法工作部署会,2019 年 1 月 29 日区委又利用"周二夜学",召开全区村(社)党组织书记工作交流会(千人大会)暨城乡基层公权力"三清单"运行法推进会。同时,区委十四届六次全会审议通过《关于打造"四高四好"示范区的决定》,通过聚集重大项目攻坚年、改革深化突破年、基层治理创新年,大力实施项目大攻坚行动、产业大提升行动、动能大转换行动、改革大突破行动、空间大拓展行动、品质大提档行动、作风大提振行动,对"三清单"运行法进行了重点部署。

其次,全方位培训。按照全员培训要求,分别组织区级和镇街两个层面的业务培训。区级培训注重理念和规矩,举办的两期"三清单"运行法业务培训会,主要围绕实施、把握、推进、保障等问题进行翔实讲解,参加培训人员达 300 多人。镇街基层培训,需符合基层工作特点和具体要求,更加注重操作和实务层面的培训,对镇街相关科室人员、所辖区域村社书记、村(居)委会主任和村(居)监委会主任,股份经济合作社董事长、监事会主席(监事长),村社、股份经济合作社代理会计、文书等进行有针对性和个性化的集中培训,先后举办培训班 76 场次,4000 余人次参加培训。

再次,大力度宣传。区里统一制作下发宣传标语、海报、墙绘,设计完成口袋书、便民服务册、动漫微视频等宣传资料,定制有线电视开机画面,并通过《宁波日报》、《宁波通讯》、《鄞州日报》、鄞州电视台、"鄞响"等媒体深入报道"三清单"运行法宣传稿120余篇。各镇(街道)结合自己实际,依托进企业、进社区、进农村"三进"活动,将"三清单"运行法宣传与夜学、夜访、夜巡、夜谈、夜议和送信心、送政策、送服务、送点子、送措施、送关爱等有机结合,通过制作、印发宣传品,集中讲解、上门送清单,在村或社区设置网格架、宣传牌、建主题公园和电子大屏幕等媒体方式,打造舆论宣传阵地,还邀请"艺起来"文艺团队到基层巡演快板《三清单》、小品《村民说事》,大力营造浓厚工作氛围,充分激发广大群众知清单、用清单热情。

(3)做实"执行"文章

首先,压实主体责任。制定《鄞州区城乡基层公权力"三清单"运行法工作考核办法》《鄞州区城乡基层公权力"三清单"运行法工作责任追究办法》等多项配套制度,向21个镇(街道)和19个部门下发《任务函告书》,明确实施"三清单"运行法由各镇(街道)负主体责任、区级各责任部门负监管责任、村(社)负直接责任,分别对基础工作、制度执行、培训指导、氛围营造等方面细化具体考核指标,确定工作重点、细节要求、完成时限等事项,确保工作责任落到实处。

其次,跟踪督促指导。坚持分类分层指导,在工作部署阶段,成立督导组,加强一线督促指导,广泛听取各方面意见,及时解答疑难问题,稳步推进工作落实;在工作局面打开后,通过基层单位自查、互查、职能部门重点督查等不同方式,开展全方位、立体化监督,通过"看(查看宣传氛围营造)、问(询问群众知晓率)、查(查阅会议记录本等台账资料)、考(组织工作人员闭卷答题)"等方式,重点了解各镇(街)工作进度、推进情况、存在困难,以及职能部门作用发挥情况。尤其对工作不得力、不遵守制度或执行制度不到位的,采用发放《整改通知单》、《问题告知单》、约谈提醒等各种方式,及时督促整改,让执行"三清单"运行法成为一种自觉行为。

再次,一线合力监督。织密基层公权力监督网络,完善群众监督、村务监督委员会监督、部门监督和会计核算监督、审计监督等全程实时、多方联网的监督体系。坚持巡察和监察有机衔接、相互借力,充分发挥巡察利剑作用,将基层公权力"三清单"运行法列入区委巡察重点内容,试行巡镇带村、巡街道带社区(社)、交叉巡察等工作模式,做到村社和基层站所全覆盖;探索纪检监察体制改革,坚持系统性谋划、一体化推动、绩效式考评,大力推进镇(街道)监察办公室规范化建设,积极打造家门口的监察委员会,重点加强对执行"三清单"运行法相关公职人员和有关人员的监察。2021年以来,全区21个镇(街道)监察办公室政务立案19人,下发《监察建议书》50份。

（4）做实"效果"文章

首先，强示范引领。在基础工作方面，全区各村（社）严格实行"五个统一"规范，即"统一组织架构和成员公示、统一设置'三务'公开栏、统一墙绘制作、统一会议记录本、统一权力运行格式文本"，并以"基础最实、规范最高、时效最强、形象最佳、业务最优、效果最好"为尺度，重点打造区级示范点，目前已有33家村（社）申报参选。举办以"三清单"运行法为主要内容的村社治理竞技赛，21个镇街的21个参赛村社同场竞技，通过网络晒、领导考、专家评、擂台比等形式，比规范、比服务、赛实绩，最终云龙镇云龙村、钟公庙街道后庙社区获得一等奖。各镇（街道）也创新开展了各类村社擂台赛，如首南街道开展了"对标找差距，清单抓落实"基层治理竞技赛，东柳街道围绕"三清单"运行法举办了专题论坛赛。

其次，重实事解决。将实施"三清单"运行法与"三民治村"有机结合，用好说事长廊、文化礼堂，收集群众所思所想、所急所需、所谈所议，特别是对工程招标、项目建设、集体采购、资金使用等关键领域及时打好补丁、堵塞漏洞，让"三清单"成为治村"宝典"、用权"法典"。运用"三清单"有效整合涉农资金8.25亿元，引导村（社）"谋好项目"，把发展最迫切、领域最关键、群众最受益的项目报上来；镇（街）"提好项目"，帮助村（社）做好项目包装、对接、报批等工作；部门"审好项目"，做到项目化推进、集中式投放、竞争性获取。同时，"三清单"运行法还有效推进了扶贫领域专项整治、平安建设、法治建设、治水拆违、"最多跑一次改革"、扫黑除恶专项斗争等重点工作的落实落地。

再次，抓治理升级。根据中共中央发布的《关于加强和改进乡村治理的指导意见》精神，创新发展全域社会治理理念、优化治理体制机制、创新治理思路举措，积极探索了一条"一核三治五共"（"一核"即坚持党建引领为核心；"三治"即坚持自治、法治、德治"三治融合"；"五共"即坚持共建共享共治共管共同缔造"五共联动"）的鄞州全域社会治理新路。2019年4月以来，相继召开鄞州全域社会治理研讨会、报告会和乡村全域治理研讨会，伴随全区域社会治理产生了广泛影响，"中国小康建设研究会乡村振兴研究院""浙江大学社会治理研究院宁波中心"先后在鄞州落户。2019年8月区委十四届九次全会审议通过《中共宁波市鄞州区委关于党建引领打造全国乡村全域治理标杆区的决定》，2019年11月，浙江大学社会治理研究院以鄞州为样本在全国率先发布中国县域社会治理指数。

3."三清单"运行法的主要成效

推行城乡基层公权力"三清单"运行法，是一项打基础、利长远的全局性工作,已经广泛深入人心,深深扎根于鄞州区城乡大地,取得了阶段性成效。

（1）干部用权更加规范

城乡基层公权力"三清单"运行法的推行,尤其是镇（街道）、村（社）特色清单的出台,实质上是基层政治体制的深化改革,权力分设和权力制约两个着力点产生的实际效应最为显著,也最应该引起人们的高度重视,它们的制定和运行,就像给基层干部履行职权量身定制了"交通法则"和"护身符",公权力行使的自由空间越来越小,基层干部用权更加规范,暗箱操作空间被大大挤压,广大基层党员干部的规矩意识、责任意识、执行意识进一步增强,全区反映村社干部廉洁自律问题的初信初访量明显下降。例如,白鹤街道黄鹂社区结合自身实际,在"三清单"运行法的基础上,探索实践社区民主协商五步法和"四公开四监督"工作机制,使社区工作的各项流程更加规范透明,通过"事前有商议,事中能监督,事后来评分",真正做到了把社区工作晒在阳光下。东郊街道围绕合作社"三资"管理,优化升级原有清单流程,配套实施"重大事项报告""网格联系""股东议事"等制度,形成了"清单化、流程化、阳光化"的用权管理模式。

（2）内部监督更加到位

权力清单、责任清单、负面清单和权力运行流程图的编制,为加强基层组织内部监督提供了更为有效的工作路径,使村务监督委员会、居务监督委员会和监事会等组织和个人的监督变得简便易行,形成了"能监督、愿监督、会监督"的良性轨道。如云龙镇上李家村通过"三清单"运行法,实现了村监会"四个一"工作法再升级,实现对村务决策、资产管理、工程项目等情况的全过程监督。五乡镇明伦村试点"轮值村官"制度后,依托"三清单"作为村级事务运行指导手册,办事有依据、监督有对照,41名"轮值村官"已累计参与处理各项村务120余项,矛盾纠纷化解率达90%。

（3）权益维护更加有力

"三清单"运行法的实施,极大便利了广大群众办事,"需要提供什么资料、具体找谁办",操作流程图标识得清楚明白,还可对照流程图直接知晓事务办理的具体步骤、时间期限,确保"最多跑一次"。同时,建立完善重大事项集体商议和民主决策机制,为群众参与共同治理提供了制度保障,畅通了沟通渠道。如,潘火街道殷家社区应用"三清单",成立居民说事议事平台"殷家荟",小区停车费虽然涨价2倍,但物业费收缴率增长近20%,达到98%,年收入增加280万元;百丈街道潜龙社区,针对部分居民私搭乱建行为,通过社区两委会、共建理事会、小巷公议会及墙门组长会议等多方协商,立即拆除小区内 108 处违规搭建物,居民普遍表示"小区环境整洁有序、走在路上也觉得亮堂多了"。

(4)政治生态更加清朗

"三清单"运行法以合理设计权力、科学配置权力、规范权力为核心,以严格监管权力为手段,以严肃执行纪律为保障,切实而又具体地做到了"还群众一个明白、还干部一个清白",消除了广大群众对权力的不信任、对干部的无端猜疑和误解,增进了党委政府的公信力和党群干群关系,人民群众对村(社)组织和村(社)干部的信任感和满意度进一步提高。如,百丈街道划船社区,依托"民心汇所"等议事平台,围绕"说、议、筹、做、评"等 5 个字,让居民真正参与基层治理,做到社区事务事事参与、样样监督。东郊街道宁舟股份经济合作社对照权力事项,在股东代表大会上表决通过"三清单"细化事项,制定"三委会"成员岗位权责分解图,使权责边界更加明确,顺利完成了 1.8 亿元拆迁补偿款的分配。

(5)管党治党更加严格

"三清单"运行法突出了党组织、党员干部在基层治理过程中的领导核心地位和模范示范作用,进一步规范了党员组织关系接转和党员发展等工作程序,从根本上实现了基层党组织管理模式,由粗放式松散型管理模式向规范化精细化管理模式的转变,以及由过分单一的事后被动管理模式向事前、事中、事后全过程主动管理模式的转变,切实强化了其公信力、凝聚力、执行力和战斗力。如,全国文明村姜山镇陆家堰村通过修史、纪事、明志等方式,用 10 本"微账本"详细记录了本村重大决策事项、人员任用等重要事项,以及党员干部履责留痕的事迹。"微账本"以"三清单"为依据,把涉及村务管理的人物、时间、事项、处理过程及结果等一一记录在案,以供群众取阅和监督。同时该村还实施了"带头严守工作纪律""带头遵守村规民约"等"十带头"村党员干部公约。村党支部书记姚宏法说:"很多人问我陆家堰有什么秘诀,我觉得也没有什么秘诀,就是党风带民风,党员带着群众一起干。"

4."三清单"运行法的展望和思考

"基层是党的执政之基,力量之源。基础不牢,地动山摇。"城乡基层公权力"三清单"运行法承大势、顺民意、寓深意,它不仅是一项工作,更是一种理念、一种政治生态,是十几年来基层社会开始萌生的深刻反映基层社会发展规律和治理规律的新生事物,体现了广大基层干部对宗旨的信奉、对民心的敬畏、对程序的尊重、对效率的追求,它必将成为一个有力的支点和杠杆,撬动起鄞州全域社会治理体系和治理能力的现代化水平,为鄞州高质量建设"两高四好"示范区(高质量发展、高品质强区,打造政治生态好、经济生态好、社会生态好、自然生态好的全国示范区)提供坚实保障。

　　鄞州区城乡基层公权力"三清单"运行法具有很强的可操作性、可复制性、可推广性,不仅适合于城乡融合的社区治理,也为农村社区治理提供过了有益借鉴。该运行法的制定和实施表明:基层社会治理离不开多元主体上下纵横合作联动,权力是完全可以规范运行并服务于人民和社会的,问题在于怎样才能激发蕴藏在基层干部群众当中的规矩意识和服务意识,相信鄞州经验一定能够成为各地加强基层公权力规范化运行的样板和标准。

【案例三】四川省邛崃市:全域助力乡村高效治理①

　　近年来,邛崃市实施全域"为村"工程,积极探索线上线下"为党建、为服务、为治理、为产业"的"两轨四为"工作法,创新乡村治理体系,增添乡村发展和治理新动能。"为村"平台围绕乡村发展和治理事项,开发设置6大类90项功能板块,基于乡村发展和治理要求而设置的平台功能,涉及基层党建、产业开发、公共服务、乡村治理、社会保障等各个领域,覆盖全市189个村庄,包含关注认证村民多达38.3万余人,其中数字信息用户注册使用率达85%,为乡村治理搭建了数字平台,方便了群众生活,促进了邻里和谐,深化了乡村高效能治理,有效推动了邛崃经济高质量发展。

　　1.推进"为党建",强化乡村党建根基

　　首先,搭建网上课堂,延伸党员教育路径。搭建线上农民夜校和"微党校",建立涵盖习近平新时代中国特色社会主义思想、新近提出的党的政策理论、新一届各级党代会精神、农业产业开发和数字乡村建设实用技术等内容的学习资源库,有关内容同步推送本省和当地党建信息平台,确保将党的最新精神及时传播到基层各领域。

　　其次,突出在线互动,创新党员管理方式。加强党建、增强党员归属感,是有效开展乡村建设和治理的重要途径,以建设党建之家、党员实名认证,加强对党员在线管理,是增强党员归属感的有效方法。针对农村党建工作缺乏规范性的缺陷,因地制宜开展农村党建工作,利用少数党员记日记等习惯,挖掘党员互动交流潜质,编制乡村人员流动图,动员外出经商流动党员返乡创业,促进乡村产业振兴,带动大家共同致富。开展征集"为村献计"建议活动,对征集到的村庄治理金点子、好做法进行研讨,对其中可行的建议及时组织实施。

　　再次,开展线上活动,拓展组织生活载体。坚持"三会一课"制度,重点

　　①　《邛崃市:全域"为村"助力乡村高效治理》,见 http://www.scdjw.com.cn/article/72074。

解决外出流动党员不能过组织生活问题,采用远程连线方式,确保将组织生活内容和精神通过在线直播,传输给每一个党员。同时,一键整理会议纪要,及时将"三会一课"、主题党日等主要活动内容进行梳理上传,方便党员备用、随时学习、开展讨论。

2. 立足"为服务",强化乡村多元治理

首先,及时回应、顺应群众期盼。密切党群联系是党的生命力所在,运用"书记信箱""村友圈"等载体和渠道,引导群众反馈政策咨询、急难盼愁、各种矛盾纠纷等问题,组织党员干部及时收集并回应群众意见和建议,根据实际需要,建立和完善问题逐级回应机制,实现为民服务常态化。

其次,精准衔接,满足多元需求。将基层服务与群众多元需求精准对接,千方百计提高为民服务质量和效果,是建设服务型政府的必然要求。例如,通过搭建汽车票务、医疗挂号等智能便民服务平台、开通"不见面审批"政务服务,真正实现了数据多跑路、群众少跑腿。

再次,文化浸润,筑造精神家园。邛崃乡村具有丰厚的特色文化资源,其中包括远近闻名的红色文化、文君相如文化、邛窑文化、新乡贤文化等,这些文化内涵深厚的思想底蕴和道德价值,向群众推送这些文化,加强特色文化宣传,深入推进文化惠民,对于丰富群众精神文化生活,有效推进乡风文明建设,具有十分重要的意义。

3. 贯彻"为治理",完善乡村治理体系

首先,以自治为基础,激发内生动力。现代乡村治理内含众多不可或缺的重要元素,其中"村务公开"是第一要务。例如,将村民关心的各类专项资金来源、去向、使用情况等事项公开,以便群众进行监督,才可取得村民信任。邛崃市还通过线上推进"河长制"管理制度,组织广大群众积极参与河道治理,助力生态宜居乡村建设。此外,开通网络议事厅,开展村级事务线上交流讨论等,对于乡村治理事项落地落实,也起到了监督促进作用。

其次,以法治为根本,强化治理保障。邛崃市依托乡村"法律援助""律师在线"等栏目,实施了"为村+公共法律服务"工程,具体做法是建立有关平台,组织专业知识过硬、服务水平高的律师入驻,通过线上推进法律咨询、定期开展法治宣传,促进法律知识进村入户,回应村民经常遇到的法律问题。

再次,以德治为引领,培育文明乡风。推进村民自我服务、自我管理,在线上开展"最好家庭""孝老模范""身边最可爱的人"等评选活动,发挥道德模范引领作用。发布"基层干部的一天"等话题,鼓励村干部及时发布工作动态,营造网络正能量,赢得群众理解支持。开展一月一主题活动,策划实施"晒晒我的小幸福"和"初心打卡"等"为村荟"活动,把村民们召集到"为村"平台上,通过学习文化和沟通感情,极大地促进了村庄和谐团结和经济发展。

4.发展"为产业",推动乡村产业振兴

第一,创新模式,助力特色产品销售。实施"为村·智领慧村"计划,开设"为村联盟"平台,设置"为村一起卖·邛崃市集、特色产品店铺、特色农产品丰收地图、特色农产品打卡地导航地图等功能板块"。创新网络分销模式,群众通过朋友圈渠道,对产品进行分享销售,从中获取一定利润,切实构建共同销售、共同盈利的良性格局。

第二,技能培训,培育新型职业农民。搭建"为村智库",整合农技站、农业社会化服务组织等资源,邀请"田秀才"、种养殖能人等145名各类专业人才入驻,利用"为村"平台,及时对村民提供技术指导,满足不同农户对农业生产物资的需求。除此之外,还利用"为村"平台的农民夜校、微党校、农技咨询栏目,对各类种养户开展线上农业政策指导和种养技术培训,初步培育了一批能够适应乡村发展需要的产业人才。

第三,品牌推广,推动产业规模提升。鼓励各"为村"商铺推销本地特色产品,提升邛崃特色产品的吸附力和竞争力。通过"为村"平台开展集中展示、品牌宣传活动10余次,推动产业合作社、种养大户与"为村"平台深度融合,科学布局优质粮油、茶叶、猕猴桃等特色产业示范基地66.7万亩。

第四,强化宣传,助推文旅产业融合发展。邛崃市在村庄历史沿革、文化名人、特色产业、美食美景等方面有着丰厚的人文社会资源、经济资源和自然资源,深入挖掘和利用这些资源,打造村庄电子名片,利用"为村"平台向全国各地推广,有利于提升邛崃市乡村知名度。因此,邛崃市组织开展线上智慧旅游、发布"每日一景"等活动,动员组织广大民众通过"为民"平台"村友圈"栏目,广泛宣传村庄美图,将天台山、平乐古镇等打造成线上旅游打卡地,每年吸引外地游客30余万人次来此旅游,实现旅游综合收入5400余万元。

【案例四】上海市金山区漕泾镇护塘村:全国民主法治示范村①

上海市金山区漕泾镇护塘村,位于美丽的杭州湾畔,区域面积5.29平方公里,辖区内居民4200多人。近年来,护塘村依靠党员干部群众的智慧和力量,着力构建自治基础、提升自治能力、激发村民自治活力,全面提升依法治理水平,曾荣获全国文明村、全国农村社区建设示范村、上海市文明村、

---

① 杨妙兴:《金山漕泾护塘村获全国乡村治理示范村》,《金山报》2020年1月15日。

上海市党支部建设示范点等多项荣誉称号。建设"美丽、民主、人文、幸福"的护塘，是近年来护塘村的奋斗目标，为此，村党组织积极引导村民参与美丽乡村建设，村域内集中居住小区绿树成荫，道路宽敞、明亮、整洁，散居的自然宅基白墙黛瓦、堆放整齐、鸟语花香，社区活动丰富多彩，充满人文和幸福气息。产业规划有序，形成了以欧亚葡萄、南美白对虾、西甜瓜、精品果蔬、优质大米为主的特色农业；同时积极探索发展3500亩生态林林下经济，不断提升村级产业经济。护塘村围绕民主法治建设探索乡村善治之路，在提高乡村治理绩效方面采取了具有自身特色的以下措施：

1. 夯实自治基础

护塘村积极发挥党建引领和服务功能，深入探索村民自治发展道路，坚持通过村民委员会、村务监督委员会、村民代表大会管理乡村事务，建立"程序、责任、制度、考核"四张清单治理体系，成立村民议事堂、党员议事堂、网上青年议事堂，顺应村民自治要求，借助不同群体组织平台，挖掘村民自治潜能，汇集村民力量，共议村务管理，做到了依法民主选举、民主决策、民主协商、民主管理、民主监督，有效提升了村务管理标准化、法治化、规范化、精细化水平。

2. 提升自治能力

村民自治也必须遵循法治原则，因为在中国语境下，所谓村民自治实质上就是农村居民依据国家法律政策、村规民约、道德规范等对乡村事务实行治理，同时还必须依据法律制订、修订、实施村民自治章程和村规民约，并依照村民自治章程和村规民约有效解决社区管理难题。护塘村依法依规培育村民自治能力、营造法治环境、管理乡村事务，尤其在维护社会稳定、建设和谐乡村方面，借助村民议事堂、党员议事堂、网上青年议事堂平台，依靠村民智慧和能力，化解村民矛盾纠纷；发动"三支队伍"划片、定点、定时巡查，组织老兵巡逻队周末日夜巡逻，确保及时发现问题、有效解决问题。

3. 激发自治活力

有效的常态化的乡村治理，必须真实反映村民正常生活需求。为了形成这样的乡村治理生态，护塘村坚持发掘护塘小集镇历史，寻找文化之根，建设文化长廊，激发村民自豪感；举办运动会，开展送春联等志愿活动，团结村民力量，凝聚村民归属感；评选好家风好家训，提升精神风貌；聘用法律顾问，为干部群众提供专业法律服务；依托"聚心堂"党建服务站点，设立公共法律服务室和法律服务点；广泛设置法治宣传平台，配备法律宣传资料；深化法治宣传，针对不同人群，丰富宣传形式，提高依法治村水平和主动维权能力，从而激发了村民自治动能和活力，逐渐形成了常态化的村民自治机制。

【案例五】广东省开平市塘口镇：
以方式创新破解乡村治理"密码"①

近年来,广东省江门市开平市塘口镇,以构建"三治"结合的乡村治理体系为目标,坚持党建引领,发挥自治功能,探索共谋共建共治共享的乡村治理格局,社会和谐稳定,村容村貌持续改善,广大村民的安全感、幸福感、获得感显著增强。

1. 创新机制

塘口镇创建环境改造、乡村综治、利益共享、资金可持续投入"四个闭环"模式,聚集企业、村民、乡贤等多方面社会力量,解决农村卫生环境差、治理能力弱、利益分配缺乏保障、资金投入不可持续等问题。目前,塘口镇虽然仅做了4000多万元的环境整治项目,但通过清拆老旧建筑、整理土地、盘活闲置资源(物业),引进项目资金超过30亿元。在推进"三清三拆三整治"工作中,发现了不少"好苗子",以此为契机,推动各村小组成立包含本地村民、乡贤和党员在内的临时群众组织——"三清三拆三整治筹备理事会",从中发掘积极拥护党和国家政策、关心乡村建设的人才,将他们从临时性群众组织过渡到正式的村民小组理事会,并择优发展为中共党员;同时在村小组建立最基层的党支部,加强党对村小组的领导。

为了有序开展村务治理,塘口镇坚持统筹规划农村各种资源,明确资源产权主体,推动招商引资,提升投资信心;引导企业和村民约定分配收益,形成了企业与农民互利共赢的闭环。如,祖宅村亿元民宿项目,实行政、企、村合作分成模式,镇旅游公司和村民可以长期受益,预计该项目40年可以持续分成收入约2000万元,每个村民每年分红可达约7000元。利用启动资金收储资源并进行统筹,对其中一小部分资源以拍卖土地或股份形式进行产业招商,等待回笼资金以后,再继续对资源进行收储,形成了资金可持续投入的闭环,为乡村振兴提供持续性资金支持。塘口镇首期美丽乡村建设资金投入后,直接回收资金2800多万元;将旧礼堂盘活,变身为咖啡馆和自助图书馆,盘活闲置物业4万多平方米,激活农村建设用地530多亩。

2. 镇、村、民联动

为了提高基层管理服务效率,塘口镇不断规范乡村服务管理,把经过反复论证制定的镇级公共服务事项一览表、"线上线下"办理流程图、大厅功能分布图、工作人员一览表、工作人员行为规范等公开上墙,明确服务内容,强化服务责任,为群众提供"一门式"贴心服务。同时,镇政府还主动推动

---

① 《塘口镇入选省乡村治理示范镇》,见 https://m.thepaper.cn/baijianhao 10699035。

管理和服务重心下移,实行镇村联动服务。如,投入20多万元,在村委会创建"德邻汇"智能化便民平台,公开政务办事流程及所需资料,与镇级公共服务中心承办事项相对接,村民可以通过村委会便民服务平台查询和办理有关事务。创建互联网智能服务平台,镇村政务服务联动办理,极大地便利了群众,村民足不出村即可办理大部分事务。

3. 以现代科技为载体

强化乡村公共事务监督,为提升公共管理和公共服务效能提供保障。"德邻汇"平台将党务、政务、村务、财务和三资管理信息全部公开,形成了党群互动、民主决策、公共服务、网上问计、法律咨询、信息公开于一体的格局,在基层政府与群众之间搭建起沟通桥梁和纽带,村民可以扫描二维码,下载注册手机版"德邻汇"智能化便民App,实现"掌上监督"。同时,鼓励村民通过手机反映诉求,提出健全和完善村务管理、民主决策意见和建议,并时时了解最新政策信息。

通过智能化互联网服务平台,让群众"看得到、能提议、能监督",直接参与公共事务,实现"政、村、民"共谋共建共治共享。如,以京东平台为载体,提高村级资产资源交易透明度,强化群众监督和参与,彻底解决村级资产资源交易不公开、不透明问题。将村集体资产资源交易入驻京东平台,利用网络竞拍平台,既强化了群众监督和参与,又提高了村集体资产资源成交价格,增加了村集体收入。2019年,塘口镇通过京东平台拍卖农村资源、资产共19宗,其中成交14宗,成交总额88万元,成交增值率18.9%。2020年上半年,全镇各集体经济组织通过京东平台竞拍资产、资源共12宗,其中成交10宗,成交价总额40.72万元,成交增值率23%。

4. 创新村民参与机制

发挥村民自治组织作用,提高社会治理成效,既是现代乡村治理主题,也是乡村治理难题。塘口镇通过机制创新,使村民理事会成为村民管理村务、管理宗族事务的重要自治组织。例如,该镇190个自然村通过村民理事会自筹村庄保洁费用160万元,聘请第三方保洁公司清洁村庄环境,为保持村庄干净整洁提供了可持续的资金保障。新冠疫情防控期间,强亚、冈陵、魁草等村的村民理事会,发动新乡贤和村民义捐善款12万元、口罩2万只,并筹集了一批防疫消毒水、喷雾器、帐篷等物资。

创新司法调解方式,有效化解矛盾纠纷。2019年开平市首家个人调解工作室——开平塘口镇人民调解委员会"恒叔调解室"在塘口挂牌,其主要功能为调解辖区内各类矛盾纠纷,为个人、单位提供法律咨询服务。由于其区别于区域性、局限性的传统人民调解组织,个人调解室更加突出乡土化,更加"接地气",而且在重特大矛盾纠纷调解、重点领域矛盾化解等方面更趋向于专业化、职业化、社会化。

建立村级公益事业建设一事一议机制,用机制保障村民参与美丽乡村建设。制定《塘口镇公益事业建设一事一议方案》,约定今后村级公共事业建设,村小组必须负责 50% 以上资金。通过建立该机制,充分调动村民参与美丽乡村建设积极性。该方案实施后,朱良、南芬、龙冈等 9 个自然村共自筹了近 500 万元的专项建设费用,为乡村振兴和乡村治理增添了动能。

【案例六】北京市顺义区:以村规民约推进乡村治理①

"收集意见、讨论研究、形成初稿、政策指导、调整完善、审核把关",这是 2014 年以来北京市顺义区制定村规民约的流程规范,各村问计于民,动员组织社会各方面广泛参与,制定了务实、求真、有效的村规民约,推动其进农户、进人脑、见行动。除了制定和完善村规民约,顺义区还在增强党组织活力和战斗力上下功夫,不断提高村民和社区居民"自我管理、自我教育、自我服务、自我监督"的能力和水平。村规民约建设及其有效运行,给乡村和社区带来了新发展和新变化,让京郊乡村探寻到了"善治"之道。

1. 以"村规民约"规制党员

顺义区高丽营镇有着悠久历史,被称为"京北第一古镇"。"高丽营"的名字来源于《顺天府志》,据载:"唐驿站,高丽使丞用,形成村落。"高丽营镇沿袭着传统文化和朴实的信仰,已经成为京郊"明星村庄"。走进高丽营,干净清洁、井然有序、繁荣和谐的景象即刻呈现在人们面前。但在 2014 年以前,高丽营还是远近出了名的软弱涣散村,自从 2014 年村党支部换届,便发生了翻天覆地的变化。高丽营一村党支部书记庞强回忆说:"那年我被选为村党支部书记的时候,就憋着一口气。"因此,当他当选村党支部书记后,所做的第一件事,便是迫不及待地召开全村党员会议,组织党员重温入党誓词,要求每一个党员时刻牢记入党时的初心。"为这次会议,我琢磨了很长时间。最紧要的,就是要抓党建。"当前亟待解决的主要问题,是领导班子软弱、党员群众涣散。庞强强调,必须首先加强基层党建工作,强班子带队伍,提高党支部的组织力和战斗力,聚集民心,自然便解决了村委班子软弱涣散问题。高丽营一村将改进和完善村规民约与基层党的建设有机融合,各类党组织活动从无到有,再到常态化和制度化,党组织更好地发挥示范引领作用,党员更好地发挥模范带动作用,村规民约这一古老的乡土规范

---

① 《北京市顺义区以乡规民约推进乡村治理》,乡村干部网,见 http://www.dxscg.com.cn/zxts/201907/t20190725_6275991.shtml。

不仅旧貌变新颜,而且得到有效执行。

反思村史,扬弃村规。高丽营一村把收集到的革命文化、优秀传统乡土文化整合凝练、转化为"红心引领,入孝出悌,崇文善礼,知乐善舞,亲水护绿,遵规守制"的新时代乡土文化,并结合高丽营一村建设发展需要,以"一村党员户""村规民约星级户""五个十佳"三个不同等级的牌子激励全村村民。但是,实施村规民约的过程中并非一帆风顺,发挥党员作用成了关键。在实施村规民约中,"明职责、亮身份、做表率",党员户积极带头垂范,得到了全村第一块牌子。

党员佩戴党徽,以党员身份规制党员,接受全体村民监督,有效推动了乡村建设和发展。过去,党员王庭荣在路边地种菜,虽然个人得到一些实惠,但破坏了乡村风貌,在美丽乡村建设中,配合基层党支部主动带头处理自家的"拾边地";党员梁宝田在实行煤改电中发挥模范作用,说服80多岁的老母亲拆掉火炕,使高丽营一村成为全区首个完成"煤改清洁能源"的村。今天,高丽营一村彻底改变了村庄脏乱差现象。

实践出真知,加强村规民约建设和实施,对于推动党员履职、畅通村民诉求渠道、密切党群关系发挥了重要作用。如今的高丽营镇25个村,坚持党建引领,以村规民约为抓手,激发乡村发展动力和活力,成为乡村治理的典范。

2. 以"村规民约"约束村民

"昔有桐城六尺巷,今有五米街坊路",在顺义区赵全营镇十里八乡流传的这句佳话,赞美的便是该镇的西水泉村。这份荣誉对于该村来得并不容易,然而却在不解、质疑和红了脸的争吵中得到了升华。说到这些,还得从该村村民盖房时"割散水"谈起。在北方,农民盖房子时通常会在房后修建一块突出来的水泥台,当地人称其为"散水",是用来防止房基被雨水侵蚀的。其实,过去村民们都会达成默契,为了不损害邻里房屋,将"散水"控制在60厘米宽度左右。

近些年来,京郊城镇化发展迅猛,到处都有出租的房屋,后来村民翻建房屋时,不断地扩大"散水"台,为的是多占宅基地,慢慢形成了不好的风气。相互攀比之风既害人又害己,还危害村民公共利益,矛盾日益加剧,造成乡村不和谐。因为占地面积向外拓展,街道就变得很窄了,"原来宽阔的路被挤得歪歪斜斜,车与车相会时常因路窄发生刮蹭,你怨我,我怪你,俩人就吵起来了,熟人最后成了仇人"。拓展"散水"引起的一些系列矛盾,是西水泉村党员干部面临的棘手问题。从群众中来,到群众中去,让村民自己来当家作主,村党员干部引导村民自觉解决这些困难。

"千里家书只为墙,让他三尺又何妨。万里长城今犹存,不见当年秦始皇。"村里为了解决"散水"问题,村干部用广播讲解安徽六尺巷的故事,村民们从中体会到村干部的良苦用心,"谁不希望自己住的道路宽阔齐整,环境优美宜人呢?"还有好多村民担心让出"散水",不仅减少拆迁补偿,而且害怕危及房屋安全。针对村民的这些顾虑,该村党支部和村民代表多次实地调研、征求村民意见,根据调研结果分层次、分批次地召开民主会议,结合"三会一课",通过思想上的引导,最终达成一致,并经村民会议全票通过了将各家"散水"切割到60厘米以内的决议,然后纳入该村的村规民约。

西水泉村通过治理"散水"问题,推动了建房管理办法和机制的形成。全体村民严格遵循"我制订、我签字、我承诺、我执行"原则,凡是建新房的农户,必须首先提出申请,签订协议,提交保证金,如有违反,则受到相应的惩罚。

3. 规范管理结出累累硕果

制定村规民约是当下治理村务的普遍做法,但顺义区西水泉村的做法有所不同。西水泉村广泛动员,人人动手,户户参与,自觉维护村庄环境的风尚是由建立诚信关系、人人认知形成的。西水泉村严格规定:"房前屋后不得私搭乱建,门前绿化要管理,私家车停放在车位,墙上不许有小广告……"有关环境建设问题统统纳入了"村规民约"。同时,实行网格化规范管理,负责人一律由村干部、党员、村民代表担任,每3户选出一个负责人,村里规定做的事项,必须逐条逐项抓落实,每个村民都要签订"门前三包"责任书。为了把村里布置的事项落到实处,采用按月检查、与福利挂钩等方式,不断督促村民提高参与村庄环境建设的自觉性和积极性。

村规民约相对于法律法规来说,是民间法或软法,属于非正式规范,是为了弥补乡村治理中法律"爱莫能及"的缺陷,为干部群众规划出的"底线"。顺义区推进村规民约建设,是适应乡村治理需要、使其逐渐赢得民心的,在实践中发挥了"润物细无声"的作用,甚至成为了村民的价值追求。

自从高丽营一村开展"五个十佳"活动以来,"敬老爱老之家""尊规守制之家""教子有方之家""精神文明之家""绿色生态之家"等涵盖现代文明精神在内的各种牌子随处可见。村民的向上、向善追求是令人欣慰的,"五个十佳"是基层的发明,虽然简单朴实,但却激发了村民荣誉感,在熟人社会里发挥了不可替代的舆论监督效能。"书记,他们家盖房的时候把废弃物乱堆乱放,是不是应该取消'绿色生态之家'的评选资格!"村民的自我监督无时不在,村"两委"在收到村民意见后,会第一时间去核实情况并及时解决,使村民自我监督管理体制不断完善。当下,"出孝入悌、崇文尚礼、知乐善舞、亲水护绿、尊规守制"的乡土文化在顺义区乡村愈发浓郁。

西水泉村人的乐善好施远近闻名。该村毗邻高丽营,村内有古井,甘甜的井水引来无数游客,善良的西水泉村人便在井边自费搭建了茶棚,以为往来客人提供饮用纳凉之便。西水泉村重视村规民约建设,而且追求物质层面以外的精神价值,坚持引领村民提升精神文明。村里通过创建"幸福好人家"等活动,使村规民约逐渐从机制规范管理走向思想文化层面,以"幸福好人家、和谐西水泉"为创建目标,创先争优。

西水泉村重视家庭建设,开展了"幸福人家"评选活动,将"幸福人家"分为四种类型:一为和睦团圆型,强调团结和睦的"家"文化;二为出行安全型,强调争做文明出行交通标兵户;三为礼让友善型,强调邻里和谐矛盾少;四为发扬传统美德型,强调开展"三信"活动。一直以来,每逢重阳节等传统节日,西水泉村都会鼓励村里的年轻人多陪老人过节,村"两委"会派专人送上祝福的"全家福";子女孝顺、家庭和睦的家庭,会得到"幸福好人家"奖牌。以家风带动民风,逐渐形成好的村风。实践出真知,顺义区实施的"村规民约",很好地推动了良好家风、民风和村风的形成,培育了乡村文明风尚,成为京郊地区的"美丽名片"。

四、方　式　创　新

这种类型的案例,主要通过完善基层议事协商机制、利用现代信息技术、开展积分考评、规范管理村级事务等创新治理方式来完善乡村治理体系、提升乡村治理能力。比如,湖南省新化县油溪桥村、湖北省秭归县、山东省荣成市俚岛镇大庄徐家村、河北省迁西县东莲花院乡东城峪村等。

【案例一】湖南省新化县油溪桥村:"小积分"撬动"大变革"①

在推进乡村治理过程中,油溪桥村"两委"坚持从大局着眼、细微处入手,村里的大事小情均实行"积分"管理,对党员干部以积分多少为标准考核划档,作为酬劳、任用依据;村民以积分多少为依据参加村集体收入分配,逐渐形成了一套适应乡村事务治理要求且行之有效的积分考评管理办法。积分管理撬动了治理改革,党员干部积极发挥带头作用,广大群众自觉争取脱贫致富。近年来,油溪桥村农业连年增效、农村增美、农民增收。

1. 以系统思维推进乡村治理

贫穷落后的乡村,村风也往往不正。过去油溪桥村赌博成风,红白喜事

---

① 《"小积分"撬动"大变革"——湖南省新化县油溪桥村村级事务积分考评管理调查》,《农民日报》2019 年 8 月 15 日。

大讲排场,彩礼名目繁多,村民为其所累,苦不堪言,人们戏称"彩礼"为"红色催款单"。由于村风不好,集体欠债较多,村级组织建设评分全县倒数第二,油溪桥村成为远近闻名的"烂村"。当地有首民谣,这样描述该村落后和辛酸境况:"有女莫嫁油溪桥,干死蛤蟆累死牛。"为了改变村里的落后状况,2007 年村"两委"改选时,经过村民推荐,长期在南宁、广州等地经商的33 岁村民彭育晚,以高票当选村党支部书记和村委会主任。彭育晚不负众望,当选后立即做的第一件事,就是解决村党组织涣散、党员老龄化、群众缺乏凝聚力问题,并动员村民把有担当、有责任感的人选进村"两委"班子。

新领导班子上任伊始,立即建立"户主文明档案袋",对各家各户的生产经验、对村里的贡献和善举以及违规违法行为登记造册,年终时在全村张榜公布。实行积分考核管理办法,对村里大小事项进行登记、审核、公示、讲评、奖惩,村民参与村务程度以积分多少体现,村党支部成立领导小组,专门负责积分管理筹划、积分审核认定。党员干部以身作则,带头推行积分制。

积分制的设置和实施取决于民意,彭育晚带领"两委"班子坚持以"策由民选、规由民定、事由民决"的原则管理乡村事务。按照实施基层民主的规定和要求,积分制草案须经村民代表大会表决通过,在实施执行过程中发现漏洞及时弥补,形成良性发展态势。由于村民参与程度高,保证了积分制的内容全面覆盖村级事务,这些事务包括"禁燃禁炮、禁赌禁毒、禁婚丧嫁娶大操大办、禁伐、禁猎、禁渔、禁塑、禁烟等移风易俗和文明乡风等事务,以及'多劳多得、不劳不得'等义务筹工、筹劳都纳入积分管理",而且将村规民约纳入积分制的赋分项目,其中 35 个加分项,41 个扣分项。

2. 加强程序化治理

建立管理台账和积分手册,严格按照规范程序处理各项村务,是油溪桥村乡村治理取得显著成效的一项重要创举。如,"对加减分事项实行一事一记录,一月一审核,一季一公示,一年一核算"。为了保障积分制贯彻落实,村"两委"干部直接包户包院,农户可以口头或以电话联系方式申报积分,同时说明时间、地点、事由并提供相关证据。农户提供的材料须经村小组成员负责核实,村领导小组进行审核认定,每月 28 日审核后登记认定结果,统计相应数据。

村民积分信息实行公开,一律在村务公开栏公布,以便村民进行监督。对于公示结果,村民如有不同意见,可以直接向村"两委"反映,村"两委"须根据调查核实情况,作出妥善处理,回应村民诉求。实行积分制,首先是对村民行为的约束和鼓励,还与村干部的待遇直接挂钩,并且关乎村干部选拔任用。由于将全体村民年度总积分与村集体收入分配挂钩,积分还可以兑换服务、可以索取物质奖励、获得精神鼓励,甚至享受有关优惠政策。正是因为积分管理细则具有这样的功能,所以真正起到了村规民约和家规家训的作用。油溪桥村的积分档案已被收藏到该村的乡村振兴陈列馆,成为子孙后代的永久精神财富。

3. 循序渐进推进治理变革

村党支部书记兼村委会主任彭育晚表示:"油溪桥将不断探索乡村治理新路,立足一二三产业融合发展,最终达到村民成员工、农户变股东,带领全村从农业产业化向公司市场化发展,实现共商、共建、共享、共富目标!"

实行积分制,激励村干部和村民争相"得分",久而久之,党的基层组织力增强了。由于积分制实行量化管理,便于人们进行比较鉴别,而且把党员干部言行表现展现在大家眼前,接受群众评议和监督,增加了干部的工作压力和动力,促使他们主动联系群众,尽力为群众服务。仅以 2018 年为例,由于党员争先垂范,全村 32 名党员在不足一年的时间里就比村民多捐献了1920 个义务工,在党员干部带动下,形成了"争先创优、你追我赶"的景象。党的组织力、凝聚力、战斗力增强了,全村村民积极跟进,激发了油溪桥村经济社会发展内生动力。

实行积分制管理,目的在于调动村民参与乡村事务的积极性,将村民践行村规民约和参与集体收入分配等紧密结合起来,促使村民把村里事当成"自家事",逐渐形成了良好的社会风气。积分制的推行,还产生了巨大的社会溢出效应,不仅激活了村民自我管理、自我生产的动力,还增强其参与发展村级集体经济的积极性,而且积分制的实施效果还体现了村民致富与发展集体经济的密切联系。目前的油溪桥村,正在致力于发展现代农业产业,一些具有当地特色、远近闻名的产业蓬勃兴起,还创建了国家 3A 级景区,集体收入成倍增加,村民人均纯收入超过 20000 元。过去,人们戏称油溪桥村"三天不下雨就旱、三天下大雨就涝、遇旱遇涝就向上面把苦叫";现在,由于增添了乡村社会治理新动能,油溪桥村发生了巨大变化,实现了基层治理与村级发展良性互动。

【案例二】湖北省秭归县:探路乡村"微治理"①

湖北省秭归县因屈原而闻名全国、享誉世界,但由于自然禀赋却决定了其集老、少、边、穷、库、坝等于一体的典型山区农业县的特点。进入 21 世纪以来,秭归县党委和政府出于减轻村级行政运行成本的考量,也在全县推行了"合村并组"。而导致的结果是,伴随自然村落减少而出现了"治理单元

---

① 《湖北秭归:探路乡村"微治理"》,见 http://www.zigui.gov.cn/2017/0224/589105.shtml。

偏大、群众利益难以协调、村委会行政化等问题"。加之近些年来村民自治演变为"村委会自治、村干部自治",村民对于公共事务的关注度和认知度开始降低,具体表现就是,"遇事只找村干部,遇到难题就上访"。合村并组扩大了村域,产生了"三五个村干部,数十里大山场,干部辛苦跑断了腿,堵不住老百姓埋怨的嘴"的现象。为了摆脱乡村治理困境,激活农村内生发展动力,秭归县开始探索新的出路,并于2012年启动了"幸福村落"建设工程。这次探寻秭归县发展的思路,不再是以行政村而是以"村落"为自治单元,从而推动了"微治理"格局的形成。由于"幸福村落"建设工程在推进改革试验、村民自治方面具有示范效应,2014年11月,该工程被列入全国农村改革试验项目。

1. 组建万人乡村治理队伍

以"村落"为治理单元,目的在于保障村民自治权利,可以解决虚而不实、好大喜功问题,从而实现有序促进村民自治。在实施"幸福村落"建设工程中,秭归县的做法是,通过村民代表讨论方式决定村落边界,制定村落划分建议方案,采取"地域相近、产业趋同、利益共享、有利发展、群众自愿、便于组织、尊重习惯、规模适度"的原则,以1—2平方公里地域范围和每个村落50户家庭为一个单元,全县186个行政村、1152个村民小组被划分为2055个村落。每个村落由村民选出的各方面各领域管理人员实施具体管理,这些管理人员包括"党小组长、村落理事长、经济员、宣传员、帮扶员、调解员、管护员、环卫员、张罗员、监督员"等"两长八员",是构成网格化乡村"微治理"格局的基本要素。

在村落管理中,实行能者多劳原则,一人可兼任多"员",其主要职责为组织动员群众,而非完成上级交办的行政工作。全县有威望较高、乐于奉献的10412人被公举为"两长八员"。这种做法的可贵之处在于,如此庞大的队伍不需要政府增加财政开支。为了增强治理效能,2014年下半年,秭归县开始实行"双线运行、三级架构"模式,即"村党组织—村落党小组—党员"运行架构模式和"村委会—村落理事会—农户"运行架构模式,村村建立党小组,党小组长兼任村落理事长,发挥无职党员的作用,实行基层党组织建设和村落自治相结合。实行村落自治,可以挖掘能人、贤人、热心人的潜能,使这些埋没在村里的人有用武之地,经过组织动员和挖掘,全县近万人直接参与乡村治理,有力地强化了乡村治理的社会基础。

2. 从大处着眼、小处着手

农村日常细小琐碎问题繁多,由政府负责解决不仅成本高,而且不及时,难以持续,实行末端"微治理"既方便可行,又能锻炼基层自治能力,还有利于形成常态化的矛盾纠纷"微治理"机制。因此,秭归县启动"幸福村落"建设工程后,把大量的各种基金收缴、环卫治理、婚丧嫁娶、矛盾纠纷调解等事务,统统交给村理事会去办,村"两委"则做村理事会的坚强后盾。与一些地方不同,实施"幸福村落"建设工程不仅没有搞"大拆大建",反而将工作做实做细、做到基层,把村民自治下沉到村落,通过解决每日每时发生的细小琐碎问题推动乡村治理,探索出了一套虽不高明、但却行之有效的农村末端"微治理"方式。

3. 提高乡村治理效能

实施乡村治理程序优化试点,重点放在简化立项、审批、监管等程序上。例如,20万元以内项目不再由村"两委"议决和实施,而是直接由村落组织实施,是秭归县推进"幸福村落"建设、提高乡村治理效能的一项重要举措。由于实行"两长八员"工作机制,村民不再一门心思"等、靠、要"和"两眼向上",而是实际参与公共事务。如,九畹溪镇周坪村,为了简化项目招投标程序,达到"花小钱办大事"的效果,凡小型公益建设项目均由村落理事会组织负责实施,并组织村民监督工程质量。

"村落内都是熟人,沾亲带故,互相间有约束,所以理事会能做成以前村干部想做却做不成的事。"水田坝乡王家桥村第七村村落理事长王功勋如是说。此番话的由头源自该村自筹资金修建果园路一事,因为与自家利益关系不密切,有个别农户不愿出资,王功勋便召集26户村民开会,三番五次开导说服不愿让路、出资的"钉子户"。虽未做通工作,但多数农户支持修路并愿意出资,只是绕开"钉子户"家的果园。而修路给人们生产生活带来的好处显现后,这家"钉子户"便着急了,只好向大家求情加入。由此可知,村落自治不能搞一团和气,农村虽然是熟人社会,处理矛盾纠纷有"说和"的传统习惯,但村民们在利益面前不会随意让步。摆事实、讲道理,让事实说话、让群众教育群众,让村民们平等对话、民主协商,才能有利于最终达成共识。身为村民、深悉农民的水田坝乡野桑垭村党支书李全义说:"过去是国家出钱来修路,扯皮拉筋不让步,都想从中谋好处,项目最终没留住。现在是不找麻烦不添堵,围着项目服好务,自觉砍掉柑橘树,修通果园致富路。"

近年来,为了支持"幸福村落"建设,秭归县每年从县财政中拨出2万元专款,其中1万元用于村落日常管理工作,另1万元则专门用来考核"幸福村落"建设工作。而"两长八员"们也在为村民服务中得到锻炼和成长,成为预备党员和村级干部选任对象。

【案例三】山东省荣成市俚岛镇大庄许家村：
坚持"一领三带、六治融合"治理方式①

大庄许家村位于山东省威海市荣成市俚岛镇，是一个拥有 400 年历史的古村落，现有居民 290 户、790 人，其中党员 37 人、两委班子成员 5 人。近年来，大庄村每年集体经济收入超 400 万元，居民年人均收入 1.6 万元。主要产业有海区养殖、生态旅游、食品加工、海参海带育苗、电子灯具、木器加工等。海域养殖主要包括海带、牡蛎、扇贝、鲍鱼、夏夷海胆等，从业人员多达 500 人。2014 年大庄村入选第三批中国传统村落名录；2015 年被评为"全国文明村"；2019 年被评为省级先进党组织；2021 年被司法部、民政部命名为"全国民主法治示范村（社区）"，被山东省文化和旅游厅命名为首批山东省景区化村庄；2021 年 10 月被国家卫生健康委员会命名为"2021 年全国示范性老年友好型社区"。

党的十八大以来，大庄许家村民委员会从未出现过司法风险，无任何法律诉讼信息、开庭公告信息、法院公告信息、失信人信息、被执行人信息公布，该村经济社会进步之快，政风、民风、社风之清纯，由此可见一斑。

大庄村之所以发生如此大的变化，完全得益于国家实行改革开放政策。改革开放之前，该村与全国其他沿海渔村并没有多大差别；改革开放以后，尤其是党的十八大以来，该村"两委"班子带领全体村民，通过发展传统渔业，实现了经济腾飞。如今的大庄村，为了留住美丽乡愁，村党支部注重村民增收、民生改善，坚持文化建设与增收致富并举，主打民生、生态、文化三张牌，聚焦村内外的一切可利用资源，围绕保护和开发做文章，投资 200 万元修缮了 158 座海草房，培植特色民宿，发展艺术采风和影视拍摄产业；投资 1.2 亿元盖起了 21 栋住宅楼，水、暖、天然气一应俱全；群众服务中心、幼儿园、卫生服务站、农技服务站、超市样样俱全，祖祖辈辈靠打鱼为生的村民，如今过上了现代市民的幸福生活，实现了乡村振兴"美丽蜕变"。

说起大庄许家村的变化，与村党支部积极探索和实施"一领三带"党建引领村级发展、"党建+征信"乡村治理新模式、建立"红色征信"管理制度等有着直接关系。村党支部坚持将党员参与党内政治生活、乡村建设与个人征信紧密挂钩，让党员成为推动乡村治理的带头人，制定完善了征信管理、村规民约等相关制度，全面有序地推进村民信用管理。

1. "一领三带"的发展思路

但凡经济社会发展比较好的村庄，几乎都有一个共同特点，即都有一个

---

① 本书课题组成员曾于 2021 年 7 月 23 日、24 日到山东省荣成市俚岛镇大庄许家村调研，有关该村治理信息即为实地调研时根据与村"两委"干部和村民座谈记录整理。

好的"带头人"或一个好的领导班子。产生一个好的"带头人",或许具有一定的偶然性,而产生一个好的领导班子,则往往需要具备一定的区域化的制度环境。犹如大庄许家村"一领三带"制度模式的形成,与基层党组织开展工作的制度化实践经验是分不开的。

所谓"一领",就是发挥党支部的引领作用,引领党员、群众遵规守纪,积极参与农村四清、垃圾分类及村庄治理等各项工作,实现共治共享。所谓"三带",就是党员带领群众,具体实施办法,一是以居住区为单位,30 名党员每人带 10 户周边群众,带动他们参与农村四清、垃圾分类、新时代文明实践志愿活动,增强参与感;二是党员带流动党员,通过党员带流动党员,让外来党员参与村内组织生活,增强归属感;三是党员带外来务工人员,主要带动在村内暂居的从事海水养殖、加工的 30 多名外来人员,通过帮助办理暂住手续、提供咨询服务等方式,拉近与外来务工人员距离,同步宣传村庄治理要求标准,增强认同感。"一领三带"的实质,是基层党组织领导党员和群众,尤其是领导党员始终坚持为人民服务的宗旨,把以人民为中心的发展思想、人民至上的政治理念,实实在在地贯彻落实到基层群众工作和基层社会生活的方方面面。

2. "六治融合"的综合治理方式

"礼治"是中国传统的治理经验和基本特征,其中包括道德教化及以人治为特征的治理,也内含一定程度的个体自治、家庭自治和社会自治。但在实际运作中,是单独运用德治、礼治和法治,还是以某种方式为主或综合运用,完全取决于统治阶层的政治偏好、官员自身素质、社会矛盾复杂程度、治理主体认知选择,而且传统德治、礼治和自治与现代自治、法治和德治有着本质区别。

现代强调的各种治理方式和治理要素相结合,不是分子式的整合,而是有机融合,即各种治理方式和治理要素基于相同价值目标和根本目的的不同方式和要素的融合。正如在顶层设计中所一贯倡导的综合治理,其在基层治理或乡村治理中的表达,实质上就包含"自治、法治、德治"相结合,只不过由于各地乡村的复杂性、变动性存在差异,一些更加关注乡村治理实效性的基层乡村组织和社会精英,把"三治"结合进一步细化后而使其具备了更多现代性的民主、法治、道德、文化、科技等元素,正像大庄许家村结合自身特点所做的那样,在乡村治理中重视加强党的领导,引入现代科技,促进个人诚信建设,形成了自治、法治、德治、智治、信治、政治"六治融合"的现代乡村治理体系和治理方式。

很显然,"六治融合"是在中国乡村治理文明的基础上,将反映社会进步和时代变化的现代政治、科技元素和社会主义核心价值观融入了乡村治理实践,进一步丰富和细化了"三治结合"的治理体系,是有效应对乡村治理事务发展变化的成功尝试。作为乡村最基层组织的大庄许家村"两委",政治站位高,视野开阔,眼光长远,重视谋划未来,在乡村治理中积累了丰富经验,形成了具有自身特色的发展思路和治理路径。它们以村庄环境治理、传统村落和生态资源保护为切入点,打造党建引领、村规民约约束、新时代文明实践助力、诚信建设激励、信息化技术支撑的社会治理体系,将综合治理融入村庄治理各个方面各个环节,收到了良好效果。

【案例四】河北省迁西县东莲花院乡东城峪村:
在乡村振兴中实现高水平治理①

河北省唐山市迁西县东莲花院乡东城峪村,是一个拥有 5000 亩山场、1100 亩耕地、152 家农户、513 口村民的移民村。近年来,该村"两委"以整体思维聚焦乡村治理体系和治理能力现代化,坚持强固基础、引进项目、美化环境、培育产业、狠抓治理、树立新风,建设美丽、和谐、文明、富裕的东城峪村,实现了从贫穷、脏乱到产业兴、村庄美、农民富、民风好的乡村蜕变。

1. 心中有执念,发展有规划

在村党支部领导下,该村以"山水田园、花乡果巷、诗画乡居"为建设目标,坚持规划先行、理念驱动,科学制定整体规划和专项规划,逐街、逐户、逐点制定改造提升方案,努力探索出乡村治理、服务站建设、村民增收新路子、新方法,将生态优势变成产业,将环境变为资源,实现了生产生活生态"三生同步"、一二三产业"三产融合"、农业文化旅游"三位一体"的总体发展目标。

2. 强化党建引领,促进协调联动

加强党支部标准化、履职规范化、管理具体化、服务品牌化建设,发挥党组织和党员骨干"头雁"作用,是东城峪村实现蜕变的根本原因。几年来,村党支部坚持高标准建设党群服务中心、综合服务站、党员活动室等,常态化开展"三诺三争、五星党员评选"等活动,组建党员志愿服务、巾帼志愿服务、红领巾志愿服务 3 支志愿服务队伍,在环境治理、厕所改造、生态庭院创建、增收致富等活动中发挥党组织和党员先锋模范作用,在 2019 年生态环境深度治理攻坚行动中,仅用 20 天时间就拆除全部违章建筑 75 处、清理垃圾 810 吨。秉承服务理念,建立"事项清单、要件清单、流程清单"三单制

---

① 《迁西县东莲花院乡东城峪村乡村治理示范村事迹材料》,见 https://www.sohu.com/a/344177381_100138489。

度,按照"直接办理、委托代办、协助办理"3 种情形,对 6 大类 51 项具体服务事项进行分类办理,为群众提供"真心、热心、舒心、耐心、细心"的五心"一站式服务"。

3. 坚持综合施策,推动全面发展

采取"财政补助、单位帮扶、集体筹集、村民捐献、社会帮助"方式,筹集整治资金 1500 万元,在清理生产生活废弃物、拆除临建乱建、清理房前屋后杂物,建设优美人居环境基础上,实施村路硬化、厕所改造、村庄绿化、墙体立面改造、给排水、生态庭院创建、集体经济壮大等七大工程,实行"旅游+""+旅游"发展模式,实现一二三产业协同发展,每年增加集体经济收入 10 万元以上。

4. 聚力强基固本,促进产业兴旺

产业振兴是乡村发展的关键,也是支撑乡村治理有效运行的基础。东城峪村引进河北五海农业开发有限公司,投资 1.5 亿元建设五海猕猴桃庄园项目,打造集"现代果树产业+贮藏加工+休闲旅游"为主体,一二三产业相融合的乡村休闲旅游产业园。项目建成后,年可采摘猕猴桃 1800 吨,接待游客 30 万人次,吸纳村内劳动力 50 余名,不仅可实现综合收入 6800 万元,还可带动农家乐经营、农产品销售、庭院经济发展。建立村企共建、合作共赢利益连接机制,村民通过土地流转、园区务工、农家乐经营、销售农产品、企业利润分红等途径增加收入,年增收 8000 元以上,实现企业、集体、村民"三方共赢"。

5. 构建长效机制,实现高效治理

依法依规制定《村规民约 20 条》,以制度规范促进文明生活习惯养成,建立"党建服务网""智慧花院网",实行"责任网格化、管理精细化、运行市场化、参与多元化、督导绩效化"的"一规双网促五化"基层治理模式。将全村划分为 16 个责任片区,每名党员分包 5—6 户,全面负责基层党建、环境治理等工作;布设高点位双目热成像云台(天网)7 处、低点位视频监控(地网)56 处,配备网格员(人网)16 名;建立综治中心指挥平台,既可实现治安防范,还可对生态管控、森林防火、防汛减灾等情况随时进行监管调度。通过"一规双网促五化"模式,实现良好人居环境长效保持、持续改善。

第四节　基层实践探索的经验启示

以上列举的 20 个典型案例告诉我们,乡村治理体系是由众多子体系、具体要素构成的内涵丰富和形式多样的乡村治理有机整体,涵盖了我国东、中、西部不同地区以多种路径和不同方式开展的乡村治理实践探索,可以在一定程度上反映我国乡村治理体系建设面临的共性问题和共同经验,并从不同侧面反映了中国乡村治理发展趋势,体现了重视和加强乡村治理体系建设的重要价值及深远意义。其中长三角地区作为我国经济最发达的区域之一,在乡村治理领域也是做得较好的地区之一,尤其是"枫桥经验"已经成为中国基层治理的典范和品牌,具有较强的推广价值和可复制性,对于深入探讨中国乡村建设、发展和治理规律,增强现代乡村治理的公正性和实效性,筑牢乡村治理体系和治理能力现代化基础,具有十分重要的意义。上述典型案例和众所周知的"枫桥经验"的示范效应及其启示意义主要表现在以下方面:

一、党建引领必须紧密结合实际

以上所举各地典型案例,虽然因为地理环境、具体条件存在差异而导致的乡村治理主体所面临的具体问题和解决路径不尽相同,尤其在治理重点确定、制度机制建构、方式方法和技术手段选择及运用等方面具有较大差异,但在推进基层党组织和党员干部牢记并践行党的宗旨、针对本地实际问题深入开展党建工作、有效发挥党建引领作用方面却有着许多相同之处,这相同之处便是存在差异性的不同地区乡村推动乡村治理取得显著成效的共同经验。

1. 农村基层党建必须围绕解决实际问题展开

农村基层党组织只有紧密结合本地乡情和民情,抓准抓牢社会主要矛盾和突出问题,着力解决乡村发展和治理中的重点难点问题,始终坚持问题导向,并以中国共产党的新发展理念、改革创新理论分析和解决乡村发展和治理难题,逆向审视传统治理方式的弊端,勇于用新理论、新思路、新办法解决新的社会矛盾和社会问题,勇于迎难而上、除旧布新、与时俱进,才是完善乡村治理体系、推动乡村治理有序发展,进而不断增强实效性的科学态度。加强基层党的建设,提高党的建设质量,应该始终以务实管用为衡量标准,坚持把以人民为中心的发展思想运用到党建引领乡村治理的全过程,调动和发挥党员干部、基层群众两个方面的积极性,打破以往个别基层党委、政府、村"两委"大包大揽、自我封闭、被动应付乡村治理事务的格局。深入探索、准确把握"群众难发动、资源难整合、利益难协调、矛盾难化解"的根源,尤其基层党委和政府必须顺应时代潮流,要进一步坚持以改革的态度和创新方式,推动乡村治理法治化进程,为多元主体尤其为农民主体参与乡村治理提供制度化、规范化载体。乡村治理也要坚持治国理政原则,但必须将其根据乡村治理需要而加以转化和具体化,尤其要坚持正确处理党的领导与人民当家作主的关系,始终坚持以加强基层党组织建设保障人民群众当家作主,以实现人民当家作主促进基层党组织建设。把坚持党的领导,保障农民主体地位,提升村民自治功能,推动乡村治理制度化、法治化作为乡村治理体系建设的重点,始终坚持党的领导与人民当家作主相统一,努力推动党群一体、平等协商,凝聚民众智慧和社会力量,形成共谋共建共治共享的乡村治理格局。

2. 以践行党的宗旨提升农村基层党建实效性

农村基层党组织建设必须围绕坚持和践行以人民为中心的发展思想展开。"以人民为中心"内含着党的宗旨和初心使命,是新时代中国共产党对人民主体性、主体地位的新认识和再定位,彰显了中国共产党以维护和实现人民根本利益为坐标,自觉对自身生命价值、历史价值、理论价值、实践价值的重新确认,表明了中国共产党只有始终代表人民的根本利益和意志,其自身价值才能得到充分发挥和全面实现。因此,只有深入理解、正确把握人民真心信赖和拥护党的领导,才是做好农村基层党建工作的本质。本书所列举的乡村治理创新实践案例之所以能够获得成功,根本原因就在于以不断加强党的自身建设走好群众路线,以坚持党的领导保障人民广泛参与和协商民主,并以此扭转以往党群和干群关系疏离现象,促使基层党员干部变成人民群众的"贴心人"和"自家人",实实在在地提升人民群众的参与感、获得感和幸福感,引领党员依靠人民群众开展各项工作,让党员群众充分参与到乡村治理体系建设中来,汇集力量、凝聚民心,用党的人民情怀感染人心,实实在在地开展基层党建工作,而不是空喊口号、耍花架子、搞形式主义,真正把党的灵魂和精神植入乡村治理神经末梢,把党在农村的执政根基筑牢夯实,真正解决农村农民面临的实际困难和现实问题,从而最终赢得农民群众的真正信任和真诚拥护。

3. 只有做实做细党建工作,才能有效发挥引领作用

乡村治理事务之间的联系犹如一张网,农村基层党建便是这张网的纲,将错综复杂、千头万绪的乡村治理事务连接在一起,具有牵一发而动全身的作用,从而为乡村治理体系建设沿着正确道路有条不紊地前行提供根本保障,上述所举各地成功案例不同程度地说明了这一点。比如,福建泉州罗溪镇党委坚持以绣花功夫落实落细党建工作,以工匠精神创造基层党建品牌,树立系统思维和整体意识,在基层党建的范围广度、工作深度、时间跨度等方面久久为功,用环环相扣的党建工作方法构成整体联动的党建工作格局,有的放矢地建设、完善党建同心圆的每一个子构件,用相互衔接的制度和机

制使之规范协同运转,积小环为同心圆,使农村各项工作在基层党组织联合推动下,相互渗透、相互贯通、相互联结,提质增效,逐步形成齿轮相合、兼容吸收、资源共享、优势互补、共建充满生机活力的农村基层党建格局,实现农村基层党建工作全面进步、全面过硬。

再如,河南汝州温泉镇以咬定青山不放松的精神,抓住"关键少数",把选优配强村党支部书记作为党建工作的核心环节,在发展"一村一品"、建设文明乡风、实施道德典型选树工程中,细化量化村干部职责,把工作绩效考核与干部选拔任用、评优评先挂钩作为调动村干部工作积极性的激励措施,以党建为引领夯实乡村治理之基,以"一村一品"探索生态产业发展之路,以移风易俗打造幸福美丽乡村,以适应农民群众需要发挥"头雁"作用,走出了一条时时、事事、处处彰显党建作用的乡村治理新路子。又如,四川省成都市郫都区战旗村,坚持村党总支"核心引领"作用,创新基层党组织设置方式,改善基层党员管理,提升基层党员服务能力,促进自治、法治、德治相融互动,加大社会组织培育力度,引领社会组织推动乡村协同治理,形成了具有鲜明特色的产村相融、社会协同的基层治理体系。

二、体系建设必须坚持农民主体地位

在乡村治理中,农民具有多重身份,既是乡村治理主体和主要受益者,又是乡村治理对象和治理绩效最有权威的评价者。所以,乡村治理体系建设若缺少了农民参与、忽略了农民的诉求、轻视农民的作用,完善"三治"结合的乡村治理体系便无从谈起,而且农民的积极参与和有效参与,还是实现乡村治理体系和治理能力现代化的关键指标。以上所举的典型成功案例的重要经验之一,就是贯彻实施了中央关于坚持农民主体地位、保障农民主体权利的治理理念,重视解决现代化不断推进过程中农村经济社会快速转型、乡村治理体系和治理能力现代化进程与农村经济社会发展进程不相适应的问题,避免了乡村治理中"形成政府主体、农民客体的工作局面"①,有效保障了农民主体地位,激发了农民的自主能力和创造能力。可以说,这些典型的成功案例都基本做到了农民满意、基层满意、中央满意,把国家利益和社会利益、政府意志和人民意志连接在了一起,为广大乡村有效开展乡村治理树立了典范。

1. 公共服务须适应农民现实需要

近些年来,一些地区在美丽乡村建设、脱贫攻坚、实施乡村振兴战略中,

---

① 陈胜文:《农民主体地位与乡村治理现代化》,《湖北民族大学学报》(哲学社会科学版) 2020 年第 1 期。

投入了大量人力、物力和财力，修路、改厕、煤改气、建文化广场、办文旅观光园等乡村事业，取得了一些无可置疑的成绩，也极大地改变了村容村貌。但是，由于每一个地区、每一个乡村、每一户家庭甚至每一个农民的现实需求存在差异，一些上级主管部门盲目执行中央决策和指示，个别基层干部在上级部门追责问责压力下，为了完成上级交办的任务而脱离农民是否满意、是否实际需要这个根本标准，用行政手段强行推进农村文化体育设施、医疗卫生设施等硬件建设，而软件建设和服务质量跟不上，结果为农民办的"好事""实事"越多，脱离农民现实需要、紧迫需要、差异化需要越多。

与上述个别地方盲目执行中央和上级决策的情况不同，以上所列举的20 个基层治理成功案例，无一例外地从当地实际出发，根据农民现实需要、迫切需要和差异化需要，或针对本地乡村治理面临的实际问题、紧迫问题和具体问题，想农民之所想、急农民之所急、供农民之所需、解农民之所愁，不断细化、优化服务内容和服务质量，每一项服务内容和服务项目都紧扣农民实际需求；精准实施服务措施，每一项服务措施都能帮助农民解决实际问题，经过不懈努力和实践验证，当地农民群众便产生了对基层党组织和政府的认同感、信任感，亲身体悟到了为什么要大力发展乡村公共事业，所以，也就能够更加有效地调动农民参与乡村建设和治理的积极性，甚至能够激发他们的主动性和创造性，而乡村发展和治理一旦获得了内生动力，便会走上繁荣发展之路、乡村"善治"之路。

2. 公共决策须及时到位

在多数地区，基础设施建设、基本公共服务、基本社会保障是农业农村现代化中最突出、最该补齐的短板和弱项，而一些基层政府在公共服务中存在着只重视投入不重视监管、只重视形式不重视内容、只重视过程不重视效果的问题，但监管跟不上，没有产生实际效益，大量财政投入白白浪费。有些地方形式上很重视考核中央和上级下发文件贯彻落实情况，但在具体考核是否推进相关工作时，以核查会议记录、宣传片、汇报材料、填写报表等为主，把完成上级布置的工作任务变为下发通知、填写报表，看上级脸色行事，而不是以考察工作成效为主，结果政府该办的事没办好，造成公共服务缺位，农民的多数实际需要得不到满足，这实际也是一种形式上作为而实质上不作为的懒政问题。

产生以上现象的根源在于，农民在公共决策中严重缺位，实质上是农民主体地位缺失。一方面，乡村公共服务和公共管理决策权大多集中在上级政府和乡村组织负责人手中，村民自治的法律法规执行力有待提升，"一些地方的村民自治沦为村委会自治甚至乡政府委派，对农民的知情权、参与权、表达权、监督权缺乏应有的敬畏和尊重","农民甚至对与自己利益息息相关的事项也缺乏参与机制和表达渠道";①另一方面,由于长期缺乏对农民进行公民知识宣传和法律知识教育,其对自身主体地位认知模糊,很多农民认识不到自己是乡村治理的重要主体,尤其当下涉及农村公共服务的部门很多,监管工作难以落实到位,个别人或少数人垄断乡村公共决策权现象时有发生,农民缺乏以主体地位制衡行政权力的保障机制,权力监督不到位助长了小微权力腐败。

与一些地方乡村治理中公共决策缺位不同,本书所列举的20个基层治理典型案例,在乡村治理中都建立了比较完善的公共决策机制,村民的参与权得到了有效保障。例如,四川省成都市郫都区战旗村,在乡村治理中为了保障公共决策及时到位,坚持"双管齐下",一方面以法治方式规范约束基层党组织、政府组织和村民自治组织的权力;另一方面,坚持"民事民议、民事民管、民事民办"制度,以民主方式规范议决公示、社会评价等民主议事程序,保障村民参与公共事项决策、实施、监督、评议全过程,让村民在乡村治理中体验自己的权利和责任,彻底唤醒了农民的主体意识,成为真正能够行使主体权利并履行主体义务的治理主体,进而实现了较为充分和有效的村民自治。

3. 公共权力须依法行使

当今中国乡村最根本的问题是如何发展农业、建设农村、改善农民生活,而农村工作具有显著的区域性、阶段性、差异性特征,尤其需要具体问题具体分析,具体问题具体施策,不是搞一刀切那么简单。本书所列举的20个典型案例取得成功的一条重要经验,就是无一例外地制定各种规则,强调法治,敬畏法治,遵守法治;而依法治理乡村事务,也是防止公共权力滥用,通过乡村治理实践取信于民,并实现预期效果的前提和保障。

三、体系建设必须遵循发展不平衡规律

中国地域广阔,各地乡村之间自然禀赋、经济状况、风土人情、村民具体诉求等存在很大差异。从现代化进程看,即使在同一时代,各地乡村经济社会发展状况、具体治理事务、治理方式、治理能力等也呈现出错落发展状态,由此决定了乡村治理体系建设,必须观照各地区间的差异化特征和具体要求,"要鼓励探索创新,在明确底线的前提下,支持地方先行先试,尊重农民

---

① 陈胜文:《农民主体地位与乡村治理现代化》,《湖北民族大学学报》(哲学社会科学版)2020年第1期。

群众实践创造;要因地制宜、循序渐进,不搞'一刀切'、不追求一步到位,允许采取差异性、过渡性的制度和政策安排"①,使乡村治理体系建设更加准确地反映乡村治理规律,使其更加易于操作并具有更高的实效性。

如何建立健全体现当地实际及其具体要求的自治、法治、德治相结合的乡村治理体系,需要各地在治理诉求上制定差异化目标、在治理过程中采取差序化步骤、在治理程序上坚持循序渐进原则,不能搞万马奔腾、蜂拥而上,不能搞"一刀切"和"运动式"。

1. 理顺治理主体关系,增强党组织领导核心功能

建立村级工作事项准入制度,全面清理和规范农村创建达标、各项检查评比等事项,推行公共服务事项清单、村"两委"协办事项清单、村民自治事项清单等,准确定位基层党组织、基层政府、社会协同和公共参与主体职能,打造基层政府治理与村民自治良性互动的工作格局,是乡村治理体系建设的内在要求和主要任务。

有效推进乡村治理进程,必须加大中央乡村治理政策、政府乡村治理决策宣传力度,广泛动员农村社会组织和农民群众参与乡村治理,在参与过程中使他们真正认识到乡村治理不仅是政府和村"两委"的事,更是自己的事,使乡村治理中的民主协商、社会协同、公共参与转化为群众的自觉行动;必须增强乡镇和村党组织在乡村治理中的领导核心地位,尤其要充分发挥农村党支部的战斗堡垒作用和党员先锋模范作用;建立和完善农村党员干部教育培训机制、联系群众机制、能上能下机制、责任追究机制、奖励惩罚机制,加大对优秀农村基层干部培养使用力度,加快落实村干部报酬待遇,增强村干部队伍工作动力和活力,通过发挥农村基层党组织领导核心作用,推动乡村治理制度化、规范化和程序化。

2. 坚持以村民为"中心"的治理理念,健全依法治理机制

知情权、决策权、管理权、监督权,是村民的基本权利。调动村民关心村级事务、爱护环境卫生、维护社会治安、促进社会和谐的自觉性和主动性,必须坚持农民主体地位,保障农民基本权利。借助数字科技探索"互联网+村治"的新途径,通过 APP 平台、微信、微博等新媒体,保障农村信息发布渠道畅通,保障外出务工人员及时了解、有效参与乡村自治事务的民主权利,确保"自我教育、自我管理、自我服务"的自治功能和"民主选举、民主决策、民主协商、民主管理、民主监督"的村民民主权利在乡村治理过程中真正落地生根,是实现村民自治的必然要求。以"创建民主法治示范村""培育农村

---

① 《十八大以来重要文献选编》(上),中央文献出版社 2014 年版,第 702 页。

学法用法示范户"等为抓手,深化普法教育,普及法律知识,完善基层诉求表达机制和人民调解制度,积极推行村级法律顾问制度,确保村级治理全过程依法依规运行,是完善乡村治理体系、建成法治乡村的必由之路。

3. 以村规民约凝聚共识,不断强化道德良俗氛围

经过历史沉淀、逐渐凝练而形成的村规民约,是基于村民的价值观凝练和农村风俗习惯的反复认知而确定下来的,在移风易俗、改善民风、营造良好社会风尚中具有不可忽视的渗透和熏陶作用。深入发动农民群众积极参与"文明村""文明户""文明村民"等文明创建活动及"立家规、传家训、树家风"等乡风评议活动,有助于培养现代农民品格;广泛开展礼仪、廉孝宣传教育,倡导良好的村风民俗,有利于形成和谐稳定的社会秩序;依法规范、有序引导新农村精英群体、"老人协会"等社团组织积极参与、支持乡村自治、法治和德治建设,有利于完善乡村治理体系;壮大村级公益服务志愿者队伍,建立激励、互助机制等,有利于拓展"人人参与、我为人人"的农村基层治理路径。

4. 科学规划乡村布局,增强乡村治理内生动力

在乡村治理中,对于经济基础比较雄厚、自身具有"造血"功能的乡村,应该加大提质升级力度,加快推进乡村治理体系和治理能力现代化进程;对于经济基础比较薄弱、自身不具备或缺乏"造血"功能的乡村,可以谨慎采取村社合入等多样化方式,有序拓展乡村发展空间,通过刺激经济发展带动乡村治理;对于"空心化"比较严重、治理瓶颈难以突破、建设和治理成本过高、严重妨碍城乡融合发展的乡村,采取审慎可行的措施和办法"合村并组",整合、优化乡村各种潜在资源,有步骤、有秩序地推进以县城为重要载体的城镇化,提升现代乡村治理能力和治理水平。

四、体系建设必须兼顾其他工作

推动乡村治理体系建设,解决乡村治理面临的社会矛盾和突出问题,不能采取头痛医头、脚痛医脚的办法,必须深入了解乡村社会矛盾产生的根源,深刻认识乡村社会的整体性特征,全面把握乡村治理事务的密切联系性;必须将乡村建设、发展与乡村治理结合起来,推进乡村治理体系建设与发展现代农业经济、实行全过程基层民主、繁荣社会主义乡村文化、促进现代农村生态文明建设相结合;必须推动农村社会各方面各领域协调发展,创造乡村治理体系有效实施的有力保障条件,为乡村治理有序运行提供取之不尽、用之不竭的物质动力和精神动力。

1. 以发展支柱产业促进农村发展

在任何历史发展阶段和任何社会形态下,人类社会面临的基本问题都是决定人们生存和生活质量的物质生产和经济发展问题。马克思、恩格斯在《德意志意识形态》中指出:"一切人类生存的第一个前提,也就是一切历史的第一个前提,这个前提是:人们为了能够'创造历史',必须能够生活。但是为了生活,首先就需要吃喝住穿等其他一切东西。因此,第一个历史活动就是生产满足这些需要的资料,即生产物质生活本身。"①在一定历史时期内,人们对美好生活的追求总是以社会的物质生产能力为前提,而且一切社会关系无不深嵌着物质利益关系的底色,一切社会矛盾归根结底都与物质利益关系变动和人们如何生活有关。所以,解决中国乡村社会问题,仍然应该以发展农村经济为先决条件,目前应该把发展农业产业作为新时代农村基层工作的首要任务,尤其应该把发展支柱产业或特色产业作为农村经济工作的重中之重。本书所列举的 20 个典型成功案例以及全国乡村振兴示范村、全国文明村镇、乡村治理示范村等,几乎都依托本地特色优势资源,大力发展农业产业,或兴办特色产业园区,积极打造农业全产业链,把产业链主体留在本地,让农民更多分享产业增值收益。② 通过发展支柱产业和特色产业,推动农村经济高质量持续发展,使乡村治理体系和治理能力建设建立在坚实可靠的经济基础之上,为乡村治理工作创造必要的经济支撑。

2. 以发展全过程民主助推乡村治理

农村基层民主既是村民自治和法治乡村建设的内涵,也是实行村民自治和建设法治乡村的前提条件,扩大农村基层民主、丰富基层民主形式、积累基层民主经验,不仅有利于推进微观视域下的乡村民主治理或村民自治,也有利于推进宏观视域下的社会主义民主政治建设。

农村基层事务与农民切身利益密切相关,乡村治理中的各种琐碎事务都需要依靠农民群众自己来解决。中国共产党提出并一贯坚持的"一切为了群众""一切依靠群众""从群众中来,到群众中去"的群众路线,在任何时候、任何地方都适合中国的乡村治理实践。以村民(居民)自治为核心的基层群众自治制度,为发展基层民主提供了重要载体和基本制度保障,只有将农民群众组织起来、动员起来,让农民群众自己动手建设美好生活、依照自己意志开展乡村治理,基层农村才能实现真正的善治。③ 农民群众参与乡

① 《马克思恩格斯选集》第 1 卷,人民出版社 2012 年版,第 158 页。
② 《中共中央国务院关于全面推进乡村振兴、加快农业农村现代化的意见》,人民出版社 2021 年版,第 17 页。
③ 贺雪峰:《基层治理的三重境界》,《北京日报》2020 年 6 月 15 日。

村治理的经验表明,凡是积极探索适合当地需要的民主参与形式,并制定了具体的严格的实施程序作保障,认真实行了村民"民主选举、民主决策、民主协商、民主管理、民主监督"的全过程基层人民民主的乡村,村民参与乡村治理的热情就高,村民自治的效果也相对较好。从这个层面来讲,扩大农村基层民主、实行基层全过程人民民主,同样有利于充分调动村民参与乡村治理的积极性、创造性,有利于促进乡村治理体系和治理能力现代化建设,推动乡村治理加快形成良好的政治氛围和制度环境。

3. 以加强乡村文化建设提升农民素质

文化是一定社会群体经过长期生活积淀而形成的结晶,该结晶成为此一群人各方面生活的一个总体系,其中必然有他们的共同信仰与理想,否则就不能成其集体性与传统性。① 根植于乡土社会的乡村文化蕴含着几千年来农民群众参与乡村治理的智慧,保留着中华民族优秀传统文化的本质特征,深刻影响着乡村治理主体的价值观念和行为选择。地方文献、文物遗迹、民间艺术等是乡村文化的重要载体,集中体现了古代乡贤和现代英模的生平事迹、物质遗存和生活凭证。② 弘扬乡村先进人物的事迹和精神,丰富乡村文化内涵,加强乡村文化建设,提高农民群众文明素养,形成积极向上向善的文化氛围,有利于增添乡村治理动力、丰富乡村治理形式、增强乡村治理的实效性。

从乡村治理典型案例和各地实际需要看,一要深入挖掘和利用本地文物、文献和文艺等承载本地历史的文化载体,借助这些文化载体所承载的传统美德和治理理念,凝练和传播与社会主义核心价值观相符合的思想观念,从思想层面提升乡村治理主体素质。二要发挥文化对于铸造人类灵魂的潜移默化功能,通过大力宣传古代先贤、现代英模群体的事迹,传承古代先贤和现代英模的优秀文化基因,感受和体认中华传统美德和伟大民族精神;用模范、英雄、榜样的人格力量熏陶民众、感染民众、教化民众,提升多元乡村治理主体文化素养,以传统美德和英雄模范精神为历史底蕴、以社会主义核心价值观为核心建设现代乡村文化,以现代乡村文化涵养广大乡村治理主体,充分发挥文化在育人和治世中的潜移默化功能。

4. 以美丽乡村建设改善人居环境

习近平总书记在谈到环境保护问题时指出:"我们既要绿水青山,也要

---

① 钱穆:《中华文化十二讲》,九州出版社 2011 年版,第 19 页。

② 刘佳临:《论乡贤文化在农村重大突发公共事件中的时代价值》,《云南农业大学学报(社会科学版)》2021 年第 2 期。

金山银山","而且绿水青山就是金山银山。"①良好的生态环境是增强农民获得感、幸福感、安全感的一个重要方面,是美丽乡村建设的重要内涵。以良好的生态环境为基础,建设美丽乡村,是现代乡村治理工作的应有之义。本项研究所援引的乡村治理典型案例,在推进美丽乡村建设过程中,无不立足于当地生态环境实际,结合本地环境特色,持续改善和优化人居环境。走中国特色社会主义乡村振兴之路,"让农业成为有奔头的产业,让农民成为有吸引力的职业,让农村成为安居乐业的美丽家园"②,这是全党全国人民的共同心愿,必须纳入乡村治理考量范畴。近年来,农村地区的村容村貌发生了巨大变化,涌现出一批又一批各具特色的美丽乡村,它们在保护本土生态环境的基础上,不断提高人居环境治理能力,广大乡村的"颜值"持续得到提升。"四美乡村""人居环境整治示范村"等是中国美丽乡村的缩影,为全面推进乡村治理、建设文明乡村树立了典范。

5. 以加强人才队伍培养助力乡村治理

实施乡村振兴战略,推进乡村治理体系和治理能力现代化,需要发挥各类人才和社会组织的功能。习近平总书记指出,乡村振兴是包括"产业振兴、人才振兴、文化振兴、生态振兴、组织振兴"的"全面振兴"。③ 乡村振兴以有效的乡村治理为基础,乡村治理为乡村振兴提供发展动力,实现这两方面的目标,都有赖于人这一最重要、最基本的主体积极发挥作用,为乡村振兴和治理提供智力支持。

党的十八大以来,中央特别强调"各级党委和政府要加强乡村治理人才队伍建设,充实基层治理力量,指导驻村第一书记、驻村干部等围绕乡村治理主要任务开展工作,聚合各类人才资源,引导农村致富能手、外出务工经商人员、高校毕业生、退役军人等在乡村治理中发挥积极作用"④。随着乡村治理进程深入发展、乡村振兴战略全面实施,中央进一步提出:"坚持和加强党对乡村人才工作的全面领导,坚持农业农村优先发展,坚持把乡村人力资本开发放在首要位置。"⑤大力培养乡村人才,引导城市人才下乡,推动专业人才服务乡村,吸引各类人才在乡村振兴中建功立业,健全乡村人才

---

① 《习近平总书记系列重要讲话读本》,学习出版社、人民出版社 2014 年版,第 120 页。

② 李仪、张治江:《中国扶贫减困问题研究》,人民出版社 2019 年版,第 204 页。

③ 《图解 2019 全国两会》,人民出版社 2019 年版,第 102 页。

④ 中共中央办公厅、国务院办公厅印发《关于加强和改进乡村治理的指导意见》,中国政府网,2019 年 6 月 23 日。

⑤ 中共中央办公厅、国务院办公厅印发《关于加快推进乡村人才振兴的意见》,中国政府网,2021 年 2 月 23 日。

管理体制机制,强化人才振兴保障措施,培养造就"懂农业、爱农村、爱农民"的"三农"工作队伍,为全面推进乡村振兴、加快农业农村现代化提供人才支撑,是探索提升乡村治理效能的基本内容和重要任务。

　　总之,推进乡村治理体系和治理能力现代化,需要掌握和运用辩证思维,坚持因地制宜、因需施策,从各地乡村问题产生的根源及其相互联系性入手,着力解决制约乡村发展、妨碍社会和谐稳定的突出问题,及时回应农民的呼声和诉求;需要运用系统思维和立体思维,统筹谋划、稳步推进乡村工作协调发展,把乡村物质文明、制度文明、精神文明、生态文明建设及其所需要的各类人才培养工作做细做实,为提升乡村治理的公正性和实效性提供经济支持、营造民主生态、滋养先进文化、培育专业人才,从而实现乡村"善治"常态化和长效性发展。

第二章　中国共产党对基层实践的探索

为了回应社会主要矛盾变化,人民群众"不仅对物质生活提出了更高要求,而且在民主、法治、公平、正义、安全、环境等方面的要求日益增长"①。进入新时代以来,中国共产党和中国政府在调整乡村治理观察角度、创新乡村治理理念、深入开展乡村治理的同时,尤其加快了乡村治理体系和治理能力现代化建设步伐,有效推动了中国特色乡村治理体系的形成和发展,为实现乡村"善治"创造了有利的制度环境和社会氛围。

第一节　拓展治理视野

构建中国特色乡村治理体系,"离不开时空坐标的勘定,而时空坐标的勘定,则由历史观和世界观所规定"。② 当今时代,世界正经历百年未有之大变局,国内社会主要矛盾已经发生深刻变化,国际形势瞬息万变、错综复杂,突发事件接连发生,国际国内因素对国家治理和社会治理的影响持续加剧,中国共产党全面审视自己所处的历史方位,重新审视和认识乡村治理在国家治理体系中的地位和作用,深刻剖析乡村治理体系建设面临的各种困难和挑战,并从实现乡村"善治"、促进乡村振兴、实现人民共同富裕、推进国家治理体系和治理能力现代化需要出发,深入系统地探索中国特色乡村治理体系建设道路。

一、历　史　视　野

回顾和了解乡村治理发展历程,目的在于深入认识乡村治理历史传承与治理创新之间的关系,明确和把握乡村治理目标、治理对象、治理内涵、治理结构、治理方式、治理实践演化规律,并从乡村治理演进过程中汲取前人的经验和智慧,助力破解乡村治理现代化面临的难题。而认识和把握乡村治理规律,必须坚持马克思主义唯物史观,回归乡村本体地位和农民主体地位,了解传统乡村治理经验和治理智慧形成、发展的历史动因,真正"站在

---

① 《十九大以来重要文献选编》(上),中央文献出版社 2019 年版,第 8 页。

① 《十九大以来重要文献选编》(上),中央文献出版社 2019 年版,第 8 页。
② 刘情:《中国式现代化新道路与现代化理论新发展》,《中国社会科学报》2021 年 10 月 21 日。

农民感受角度理解他们生存体验和对生活价值的判断","评判现代性制度在增加或减少农民福利方面的作用及起作用的机制","从农民本体价值感受的角度提出建设性的意见"①,将农民的主观意愿和利益诉求作为推动乡村文明演进、完善乡村治理体系、提升乡村治理水平的原动力;同时,选取历史维度洞察乡村社会和农民生活,对于深入了解国家层面的传统礼仪文化、礼仪制度与乡村社会的家训、族规、乡约村规相互交融及其功能整合在乡村治理中发挥作用的机理,推动乡村治理逐渐走向"善治",形成共谋共建共治共享的乡村治理格局具有极其重要的意义。

1.传统社会的"官政绅治"

"官政绅治"是中国传统乡村治理时期的主要治理形式。中国作为"以农立国"的文明古国,农业作为国家经济基础和人民生存发展的命脉,是影响中国传统社会发展进程及其风貌的决定性经济因素。在农业社会发展过程中形成的农耕生活方式,与古代村落固有的聚族群体性、血缘延续性、文化同质性交织在一起,形成了基本固定的乡村生活地域范围、社会活动范围和共同价值取向,由于古代"以农为生的人,世代定居是常态,迁移是变态"②,由此导致我国先民们极为重视家庭伦理、礼治秩序和安居乐业,并形成了和睦相处、守望相助的社会心理和社会风尚。但随着生产积累和社会进化,村落分化及群团化不断发展,催生了城市和地缘一体化,出现了早期国家。而由于在聚落群体中"分配上差异的出现,也出现了阶级差别。社会分为享特权的和被损害的、剥削的和被剥削的阶级,而同一氏族的各个公社自然形成的集团最初只是为了维护共同利益(例如在东方是灌溉)、为了抵御外敌而发展成的国家,从此,就有了这样的目的:用暴力来维持统治阶级的生活条件和统治条件,以反对被统治阶级"③。国家出现以后,在国家权力干预下,传统社会的乡村治理具有了政治意义,并融入了国家治理体系。

从国家方面看,传统社会乡村治理的目的和功能,在于从中获取国家必需的资源和维护政权稳定的经济社会基础;从村民自身看,乡村治理的价值存在于古代先民出于安全和自卫的考虑而聚落而居、建立村落的动因之中,但由于国家的出现,乡村治理的目的和价值已经不再取决于村民,而是与巩固国家政权的需要紧密联系在一起。在中华传统文明演进过程中,不同时

---

① 贺雪峰:《乡村治理研究的三大主题》,《社会科学战线》2005年第1期。
② 费孝通:《乡土中国》,上海世纪出版集团、上海人民出版社2007年版,第7页。
③ 《马克思恩格斯选集》第3卷,人民出版社1972年版,第187页。

代构成完整体系的乡村治理内容、规则、方式等,是由各朝各代通过制定律令、构建礼仪系统、实行乡绅制度等途径决定的。传统礼仪系统包括礼仪文化和礼仪制度,礼仪文化以传统道德、纲常名教为核心;礼仪制度包括法律政令、村规民约、家教家规、宗教礼仪等内容。礼仪文化发挥教化功能,礼仪制度发挥规制作用,二者互相渗透、互相促进。各级政府、乡村精英阶层是礼仪文化、礼仪制度的主要倡导者和推行者,乡绅在乡村治理中起着向村民传输礼仪文化、礼仪制度的中枢作用,并在整合传统法治、德治、乡治于一体的乡村治理体系中发挥重要作用。

在先秦时期,即设置机构、配置职官,实行"官绅共治",①伴随着秦朝统一中国,逐渐形成了基本稳定的、双轨制的"官绅共治"——"中央集权和地方自治的两层"治理结构,其权力重心在乡绅,根本在政府,地方"保甲是执行上级机关命令的行政机构,同时却是合法的地方公务的执行者。这两种任务在传统结构中由三种人物分担:衙门里的差人、地方上的乡约和自治团体的领袖管事。"②在中国传统政治结构中,乡村组织和管理体制虽然逐渐发生了由乡里制向保甲制、由乡官制向职役制的演变及在实际操作中乡里制和保甲制之间、乡官制和职役制之间互相渗透、交相运作的格局,但先秦时期初步形成的"官—绅—民"与"民—绅—官"双向度的乡村治理结构,即由高度认知君权并被乡民接受的乡村精英阶层主导的乡村治理局面,直至清朝末年未曾发生根本性改变。

2. 近代乡村治理结构与治理方式变迁

"官政绅治"和礼仪制度是中国传统社会农村阶级关系的集中反映,它们与传统儒家思想共同发挥着维护封建社会秩序和政治秩序的作用,但也

---

① 把传统的乡村治理体制概括为"官绅共治",是对"官政民治"观点的矫正,这里的"官"代表的是国家,"绅"主要代表乡村社会上层,不可能是普通的民意代表,当然,实行"绅治"也是下层民众不得已而接受的现实。在中国,夏商周时期划分国都地区和国都以外区域,按照不同行政级别设county分治,出现了乡里制度雏形,实际上官员并不深入民间社会,而是由氏族首领或乡村社会上层管控乡村事务。春秋时期至秦汉时期,乡里制度已发展成型,改行郡县制以后,朝廷命官至郡县而止,官府与乡村之间只有在摊派徭役、征收赋税、征兵、征调民工时才有直接联系,这种状况一直持续到晚清,"皇权不下乡"之说则因此而来。但这并不等于国家不介入乡村事务,实际上各朝各代除建立乡里制度或保甲制度治理乡村之外,还通过颁布律令、举荐地方官员、通过科举考试、灌输礼教等途径,对乡村社会进行管控,形成了由官府与乡村绅士、豪门望族、科考不及之士等精英阶层"官绅共治"的乡村治理格局。近代龚自珍、郑观应分别在国家层面提倡"君臣共治""君民共主",则是在历史逻辑、实践逻辑和理论逻辑上对"官绅共治"传统的延续和深化,并且在治理理念上具有了由传统向现代转型的过渡意味。

② 费孝通:《乡土中国》,上海世纪出版集团、上海人民出版社2007年版,第282页。

存在扼杀人的个性和创新精神、禁锢人的思想、不利于经济社会发展等诸多
弊端,尤其到清朝晚期,土地兼并加剧,赋税激增,社会矛盾激化,农民起义
不断,地方势力崛起,西方侵略者纷至沓来,传统乡村治理结构和治理体制
已经不再具有化解乡村社会矛盾和社会危机的功能。及至晚清中华民族面
临着"亘古未有之大变局",君主专制政治发生动摇,在农民起义、维新运
动、新文化运动、资产阶级革命等政治风暴猛烈打击下,晚清政府被迫推行
新政,实行有限的政治改革,其中就裹挟着城镇乡自治的内容。1909 年清
政府颁布《府厅州县自治章程》《城镇乡地方自治章程》《城镇乡地方自治选
举章程》等近代法律,涉及文教、卫生、公共设施、实业、公益、公共营业、自
治经费筹措等,基本涵盖了现代国家基层政权所承担的所有公共职能。

　　而当这种被迫仿行外国经验而发起的地方自治与推动近代中国政治社
会变革的先进知识阶层的民主意识交汇之后,以 1915 年发生的新文化运动
为转折点,围绕近代中国政治社会变革的目标、任务、前途、方式等问题,在
代表外来文化的知识精英与代表中国传统文化的知识精英之间、代表社会
主义文化的马克思主义者与代表资本主义文化的知识精英之间展开了激烈
博弈,而这两轮不同主体、不同发展道路之间的博弈,对中国社会发展和国
家治理产生了深远影响。

　　民国时期进行的乡村治理可以分为两个时段,分别由北洋军阀政府与
南京国民政府主导。1915 年秋季,直隶省翟城村筹建自治公所,作"为自治
执行机关,负责办理本村一切事宜"。自治公所章程规定:"村长及其他村
自治人员均由村民公举;以村会作为议决机关,并设置了乐贤、教育、防除害
虫、勤俭储蓄、辑睦、爱国和德业实践等会。"[1]进入南京国民政府时期以后,
该组织系统有所调整,改为以"村民会议作为全村最高权力机关,村民会议
闭会期间由村政会议代行其职权",村政会议下设执行委员会作为村政会
议执行机构,执行村政会议决议、指挥各闾邻长处理自治事务,由调解委员
会调解村民争议,设监察委员会为监督机构。这一时期,支持村自治的地方
实力派代表人物阎锡山,先是规定以一百户为一编村,不足一百户者即联合
邻村编成一村,在其受到"五四"民主思潮影响之后,又推动村制由行政制
度向自治制度转变,制定《村自治条例》,规定"村自治由村内公选合格人民
承县知事之监督办理",继而将实行村治本土化与孙中山民权学说相结合,
"以村民会议实行选举、罢免、创制、复决等权,以村监察委员会'清查财政

---

　　① 张皓:《民国时期乡村自治推行之前因后果——从〈民国乡村自治研究问题〉谈起》,《史学
　　月刊》2003 年第 5 期。

及举发执行人员之弊端'"①,推行"整理村范""组织村民会议""议定村禁约""成立息诉会""组织保卫团"等村政。

南京国民政府把山西经验作为典型向全国推广,先后颁布实施《县组织法》《乡镇自治施行法》《乡镇坊自治职员选举及罢免法》等法律,并召开全国"内政"会议,要求各省按期筹备乡村自治组织,就村里长、闾邻长选举罢免,乡镇村民大会设置和运作等做出规定,由此便形成了民国初期的乡村自治制度。

民国初期中国乡村治理的显著变化,是由这一时期农村社会结构变化引起的,集中表现为伴随外国资本主义渗透加剧、本国资本主义民族工商业兴起和缓慢发展,农村商品经济关系受到刺激并有一定程度的新发展。相应地,具有一定新思想和新观念的乡村社会主体随之出现,这时乡村士绅等精英阶层主导乡村治理的格局虽未发生根本改变,但具有新思想、新观念的士绅阶层参与乡村治理,他们与民国政府和历史潮流相呼应,不仅表明传统乡村治理结构正在发生变化,而且伴随着资产阶级民主思想和民主治理方式的引入,并日益被人们所了解甚至逐渐受到越来越多人的欢迎,这种主体因素和治理方式上的变化,预示着与资产阶级和乡村士绅相对应的社会主体要求参与社会治理已经为时不远了,乡村社会治理结构和治理体制将不可避免地发生质的变化。

3. 向现代转型中的乡村治理

20 世纪初期,中国工人阶级队伍有了较大发展,它和资产阶级是中国的两个新生阶级,是中国阶级结构发生变化的主要标志。而以资本主义经济发展、工人阶级队伍壮大为契机,以消灭阶级剥削、使劳动获得解放、实现人人平等为诉求的马克思主义理论获得了在中国传播的社会基础和阶级依托,中国社会发展前途便由资产阶级旧民主主义转向了新民主主义和社会主义。中国共产党诞生以后,尤其在其由集中力量领导工人运动转向集中主要力量领导农村社会变革以后,深入广大农村建立革命根据地,领导根据地民主政权建设,贫苦农民成了民主政权推动农村社会变革的主要依靠对象,传统的"官政绅治"和国民党统治下的所谓"村治新政"被民主治理代替,建立了"工农苏维埃""农民协会""贫农团"等新民主主义民主治理制度和治理方式,及至中华人民共和国成立以后,中国乡村治理在依次经历了社会主义革命和建设时期的"政社合一"模式阶段、改革开放后的"乡政村

① 张皓:《民国时期乡村自治推行之前因后果——从〈民国乡村自治研究问题〉谈起》,《史学月刊》2003 年第 5 期。

治"模式阶段之后,目前正在有序地步入乡村"善治"即融合自治、法治、德治于一体的多元合作互动治理模式阶段。

新民主主义革命取得胜利、人民代表大会制度在全国各地普遍建立以后,国家政权深入到乡村社会各个方面和各个领域,彻底改变了几千年来国家权力悬浮于乡村社会之上,政府不承担乡村公共管理和公共服务职责,乡村领域成为了"没有官员的自治地区,皇权的官方行政只施行于都市地区和次都市地区"①的状况,推动了国家权力由不直接介入乡村事务到"政权下乡"以及不断强化基层党组织领导功能和政府干预功能的乡村治理形态演化进程。

伴随着新中国成立初期社会主义改造任务的完成,公有制和高度集权的行政管理体制确立起来,农村先后建立互助组、合作社和人民公社,最后确定了实行"三级所有、队为基础"的乡村管理体制,即"政社合一"的治理体制。在乡村治理体系中,人民公社拥有国家权力,执行国家政策法令并对上级政府负责,对乡村实行整体化治理;生产大队为村级组织,对公社负责并受公社监督,同时领导和监督生产小队;生产小队处于乡村治理最末端,负责生产经营、核算分配、社会服务。"在国家政权延伸到经济社会生活方方面面的人民公社体制下,乡村治理与国家治理保持高度一致,是国家政权体系的一部分,乡村治理即为国家化治理。"②当然,这并没有完全排除农民的自主性,在完成上级下达的生产指标后,生产小队在公共设施建设、公共娱乐活动、社员收入分配及日常生活等方面,仍然在体制内享有一定自主权。

改革开放以后,中国农村经济体制和治理体制发生了深刻变化,即实行土地承包到户的个体经营和"政社分开"的"乡政村治",而随着城市化进程加快,取消农业税、实行农业补贴政策后,村民个体化程度、人口单向流动规模不断攀升,村民自治出现"空转"、"行政化"、治理成本飙升和效率走低等问题。为了破解乡村治理难题,中央开始高度重视并着力建设与国家治理体系现代化要求相适应的乡村治理体系,坚持以城乡融合发展助推新型城镇化和乡村振兴,以乡村"善治"保障和促进乡村经济社会发展,从传统的乡村治理经验中吸取智慧,把乡村建设、发展和治理深度融入国家建设、发展和治理,使乡村治理体系和治理能力建设成为国家治理体系和治理能力

---

① [德]马克斯·韦伯:《中国的宗教:儒教与道教》,康乐、简美惠译,广西师范大学出版社2010年版,第141页。

② 李华胤:《我国乡村治理的变迁与经验探析》,《毛泽东邓小平理论研究》2019年第5期。

建设的重要组成部分,逐渐找到了一条适合国情的乡村治理道路。

党的十八大以来,党中央积极肯定农村基层民众对于"村民自治有效实现形式"的多样化探索,对农村基层实践"激活农民的主体性参与,探索出多层次多样化的自治实现形式"①给予了充分肯定,因此大力支持"扩大以村民小组为基本单元的村民自治试点",并先后制定了"新型城镇化战略""区域发展战略""乡村振兴战略""法治乡村"建设等国家战略和重要举措,推动了乡村治理与乡村振兴战略、区域发展战略、新型城镇化战略等国家战略的有效衔接,使乡村治理内涵和形式等发生了深刻变化。党的十九大进一步强调"乡村振兴""治理有效""高效能治理""走乡村善治之路"等战略举措。中国乡村治理形成了在纵向结构上由中央负责顶层设计,省市政府负责中间传输,县和乡镇政府直接参与,乡村组织承担具体落实责任与在横向结构上整合与均衡行政、服务、民主、自治等多项功能,基层党组织领导、政府负责、民主协商、公众参与、社会协同、自治组织负责具体实施的局面;在实际操作上则以"建设自治、法治、德治相结合的乡村治理体系,健全共建共治共享的乡村治理制度"为目标,根据乡村事务的复杂性、广泛联系性和农村社会矛盾的相互勾连和交织性,构建多元化、多层次、网格化的乡村治理体系。

综上所述,在历史视域下,不同历史时期和不同治理体制下的乡村治理,确实存在着国家介入路径、介入方式、介入程度上的差异,而从来不存在不受国家意志约束、任由村民自治的事实。但显而易见的是,顺应民情、体恤民意、因需立法、因应施策,善于汲取民间智慧和社会力量,在"法治"或"礼治"架构内按照一定规则进行的乡村治理,都能起到缓和社会矛盾、维护社会稳定的效果。而在自治事务增多,村民主体性增强,自治范围扩大,国家、市场、社会之间存在激烈博弈的当今时代,更需要重视调整和优化乡村治理结构,完善乡村治理体系,建设团结协作、良性互动的主体关系,这既符合乡村善治要求,也符合乡村治理发展趋势。

二、现代化视野

现代化是一个内涵和要素动态发展、范围不断扩大、标准不断提升的复合型概念,是社会和文化发展变迁的现象,是连续的积累的发展和建设,是全方位的社会变革过程。② 中国政府和国家领导人最早谈论国家现代化是

---

① 李华胤:《我国乡村治理的变迁与经验探析》,《毛泽东邓小平理论研究》2019 年第 5 期。

② 胡鞍钢:《中国现代化与国家治理现代化》,浙江人民出版社 2020 年版,第 190 页。

在 1954 年,周恩来总理在第一届全国人民代表大会上所作的《政府工作报告》指出:"如果我们不建设起强大的现代化的工业、现代化的农业、现代化的交通运输业和现代化的国防,我们就不能摆脱落后和贫困,我们的革命就不能达到目的。"①1964 年 12 月,周恩来总理在第三届全国人民代表大会上所作的《政府工作报告》再次提出:"全面实现工业现代化、农业现代化、国防现代化和科学技术现代化,使我国经济走在世界的前列。"②目前关于中国现代化的内涵,既包括国家整体文明在内的"五位一体"的国家实体现代化,也包含治理体系、治理能力现代化,当然也包含了乡村治理体系、治理能力现代化。对于现代化的表述由按行业划分转变为按领域划分,表明现代化的内涵更加丰富、范围更加拓展、视野更加宽阔。

在乡村建设和乡村治理现代化进程中,"现代农村社会日益走向开放、流动,社会分层、价值观念多元、利益分化使农村社区成为多样权力的交汇处、多重利益的集合体、多种矛盾的集聚地,社区风险治理日益成为新时代的新命题。"③由于现代化进程不断深入,给乡村治理带来许多新的问题和新的挑战,需要把建设现代乡村治理体系融入实施国家现代化战略,并从实施新型城镇化战略、乡村振兴战略、国家安全战略出发,把从微观视角推进乡村治理体系、治理能力现代化作为实现中国宏观发展战略的重要组成部分。所以,有必要从中国式现代化视野审视、探索乡村治理体系和治理能力建设问题,并为有效解决乡村治理问题找到了更加深邃和科学的思维视角。

1. 乡村治理与新型城镇化

"城镇化是伴随工业化发展,非农产业在城镇集聚、农村人口向城镇集中的自然历史过程,是人类社会发展的客观趋势,是国家现代化的重要标志。"④新型城镇化与以往城市化的最大不同,突出表现为城乡融合发展的城镇化。它不以牺牲农业、粮食、生态、环境为代价,不片面追求城市体量和人口规模,而是着眼于全体农民、涵盖全部乡村,包括实现城乡基础设施一体化、城乡公共服务均等化,以城乡统筹、城乡一体、产业互动、节约集约、生态宜居、和谐发展为基础,推动不同类型的城市、城镇、新型农村社区协调发展,是产业、人口、土地、社会、农村"五位"一体的城镇化,其核心诉求及本质特征在于,提高城乡居民的内在治理能力和生活质量。

① 《十九大以来重要文献选编》(中),中央文献出版社 2021 年版,第 822 页。
② 《十九大以来重要文献选编》(中),中央文献出版社 2021 年版,第 823 页。
③ 李增元、尹延君:《现代化进程中的农村社区风险及其治理》,《南京农业大学学报》(社会科学版)2020 年第 2 期。
④ 《十八大以来重要文献选编》(上),中央文献出版社 2014 年版,第 880 页。

　　新型城镇化背景下的乡村治理,不同于城乡二元结构背景下的乡村治理,是信息化或数字化时代更高水平的乡村治理,对乡村治理体系建设具有重要影响和深远意义。在新型城镇化进程中,虽然城市社会空间不断扩张,但不会贬低乡村社会的空间价值,反而使其现实价值和潜在价值更加彰显,因为随着城乡社会之间的张力及其相互依赖度不断增长,充分观照城乡之间的联动互利关系,打通城乡之间现有的闭环封锁,促进农村居民市民化和现代化,实现基层社会治理中的城乡经验互鉴,已经成为有效推进乡村治理进程的重要课题。

　　有效应对城乡融合发展对乡村治理的挑战和考验,需要各级政府更加尊重市场规律,促进乡村经济、资源、人口、环境相资相容、和谐共生。首先,要依托城镇资源、环境承载能力有序地聚集产业和人口,逐步地有条件地缓解大城市人口压力以及产业粗放式发展造成的资源短缺和环境污染压力,使城镇化在质量、效益、福利等方面协调一致,以保障城镇化可持续发展。其次,要推动工业化和城镇化协调发展,引导工业化不断由粗放型和速度型向集聚型和效益型转变,建立健全城乡居民双向流动机制,改变因基础薄弱、政策偏向造成的城镇化滞后于工业化现象,打造工业化和城镇化相互牵引、相互促进的发展格局。再次,要推动大中小城市协调发展,控制大城市扩张规模,完善中小城市硬件设施,适当扩大公共服务供给范围,提升公共服务供给质量,调整和优化工业城镇化、土地城镇化、人口城镇化结构布局,协调就地城镇化和异地城镇化关系,协同推进流出地和流入地公共服务体系建设。

　　在乡村层面,应该根据新型城镇化逐渐推进及其影响下的乡村功能定位,投入与其功能价值相适应和相匹配的政策资源、物质资源、人力资源,即实行量入为出和量出为入相匹配的方针。现代乡村的生产、生活、文化、生态等价值,并非仅就乡村自身承载人口及其供应能力而言,同时还就其空间价值及其溢出效应而言。所以,需要对乡村价值进行综合估量,尤其需要明确乡村自身价值及其溢出效应,才是决定乡村治理价值的基础和前提。而历来的乡村治理都是建立在国家政策法律供给、政府治理理念和关注度、村民自身治理理念及实践基础之上的,新型城镇化则极大地提升了乡村自身价值及其溢出效应,并成为影响乡村治理目标、治理内涵、治理主体、治理结构、治理方式、治理边界等治理体系构建的重要变量。因此,只有将乡村治理融入城镇化、现代化视野进行考量,才能进一步优化城乡结构、构建适应新型城镇化发展要求的现代乡村治理体系。

2. 乡村治理与乡村振兴

实施乡村振兴战略是实现乡村发展历史性飞跃的新举措。以乡村振兴为视角,推进与实施乡村振兴战略要求相适应的乡村治理体系建设,有利于明确和加深理解乡村治理的根本目标和整体任务,充分发挥乡村治理体系建设及其有效运行对乡村振兴的保障和促进作用。

进入新时代以来,中央制定了一系列农业农村发展规划和政策扶持措施,以确保乡村振兴战略全面有效实施。2018 年 1 月,中共中央、国务院印发的《关于实施乡村振兴战略的意见》,不仅提出了乡村治理体系建设的目标和任务,而且深刻阐述了其对乡村振兴的推动和保障作用,明确指出:"乡村振兴,治理有效是基础",必须"建立健全党委领导、政府负责、社会协同、公众参与、法治保障的现代乡村社会治理体制,坚持自治、法治、德治相结合"。[①] 同年 9 月,中央印发了《乡村振兴战略规划(2018—2022 年)》,具体提出了实施乡村振兴战略的目标、任务、要求和保障措施,特别强调:"健全现代乡村治理体系",必须加强基层党组织领导,促进自治、法治、德治有机结合,不断夯实基层政权基础。2021 年 4 月 29 日通过现已实施的《中华人民共和国乡村振兴促进法》,在规定"开展乡村产业振兴、人才振兴、文化振兴、生态振兴、组织振兴,推进城乡融合发展等活动,适用本法"的同时,还把"建立健全党委领导、政府负责、社会协同、公众参与、法治保障、科技支撑的现代乡村治理体制和自治、法治、德治相结合的乡村社会治理体系,建设充满活力、和谐有序的善治乡村"作为党和政府的法定职责而纳入该法调整范围。由此可见,乡村治理同乡村振兴是何等密不可分。

实现乡村振兴,必须加强乡村治理,必须健全以基层党组织为核心的基层组织体系和乡村治理体系;实施乡村振兴战略则可以为推进乡村治理创造物质基础、制度保障、文化条件、人才支撑和社会氛围。在乡村振兴路径选择上,既需要把解决乡村发展不平衡不充分问题放在实施乡村振兴战略的首位,以乡村产业振兴带动并促进乡村其他问题有效解决,又需要重视乡村治理对乡村振兴的推动作用,坚持边发展边治理,发展与治理相结合、相促进,以乡村治理引领、规制、保障和促进乡村振兴;既需要强化基层党组织领导责任和政府主体责任,提高顶层设计的科学性、规范性和引领性,又需要强化和提高农民的主体地位,在乡村治理过程中充分发挥自治组织、社会组织、产业组织和农民群众的主体作用,以全方位、高效能的乡村治理促进乡村振兴战略高质量实施。

---

① 《十九大以来重要文献选编》(上),中央文献出版社 2019 年版,第 167 页。

3. 乡村治理与国家安全

乡村治理与国家安全关系密切,对国家安全具有重大保障意义。党的十八大以来,中央反复强调国家安全的重要性,明确要求"以人民安全为宗旨,以政治安全为根本,以经济安全为基础,以军事、文化、社会安全为保障,以促进国际安全为依托,走出一条中国特色国家安全道路"①。中央政治局审议通过的《国家安全战略纲要》指出:"制定和实施《国家安全战略纲要》,是有效维护国家安全的迫切需要,是完善中国特色社会主义制度、推进国家治理体系和治理能力现代化的必然要求。"②从国家安全角度审视乡村治理体系建设的价值和作用,主要基于两方面考量:

(1)国防安全、生产生活安全、防灾防疫的考量

村落布局、人口分布与土地、山川、河海水域满足人类生产生活需要的自然属性和能力有很大关系,而现代视域下的村落布局和人口分布,不仅要考虑自然属性和生产生活需要,还需要考虑规避战争、自然灾害和大规模持续性疫情等风险。所以,应将村落布局、聚落安全纳入乡村振兴和乡村治理体系建设范畴,极其严肃、认真地对待乡村建设和乡村治理问题,以避免乡村治理陷入盲目服从乡村空间发展的境地,更不能像某些地方政府出于解决财政困难或其他功利目的而盲目合村并居那样,随意破坏人口布局的自然属性及其合理性。中共中央、国务院制定的《乡村振兴战略规划(2018—2022年)》明确提出,村落发展布局要顾及生产、生活、居住便利需要和环境安全,并根据不同地区乡村发展现状、区位条件、资源禀赋等,将乡村分为"集聚提升类、城郊融合类、特色保护类、搬迁撤并类"等几种不同类型,要求按照主体功能定位和"人口资源环境相均衡、经济社会生态效益相统一"的原则,优化乡村发展布局,"打造集约高效生产空间,营造宜居适度生活空间,保护山清水秀生态空间,延续人和自然有机融合的乡村空间关系"③等,从而彰显了乡村治理体系建设的重要地位和战略价值。

(2)粮食安全、供需平衡的考量

中国作为农业大国和人口大国,自然也是粮食生产大国和消费大国。长期以来,由于"土地资源短缺,造成我国水产、畜牧、园艺等劳动密集型产品竞争力强而粮食、大宗农产品等土地密集型产品竞争力弱"的格局,农产品消费仍然存在对外依存问题,其中玉米消费依赖进口呈现常态化,"2020/2021

---

① 中央国家安全委员会第一次会议召开 习近平发表重要讲话,见 http://www.gov.cn/xinwen/2014-04/15/content_2659641.htm。

② 《国家安全战略纲要》,中国广播网,2015年1月23日。

③ 中共中央、国务院:《乡村振兴战略规划(2018—2022年)》,新华网,2018年9月27日。

年度我国玉米供需缺口或进一步扩大,预计将超过 4000 万吨"。① 尤其面对国际冲突和潜在国际冲突不断加剧的国际形势,近年来中央一再强调"要依靠自己保口粮,集中国内资源保重点,做到谷物基本自给、口粮绝对安全。更加重视农产品质量和粮食安全,转变农业发展方式,抓好粮食安全保障能力建设"。②

推动乡村振兴战略实施,构建和完善乡村治理体系,必须把战争、自然灾害、突发性国际事件、重大疫情等因素对粮食安全的影响纳入考量范围,尤其在国际秩序不稳定的情况下,更应该坚持未雨绸缪,尽可能提高粮食自给能力和水平,减轻对粮食进口的依赖,坚持中国人的饭碗始终牢牢端在自己手里。而且应该通过建立健全制度、完善政策措施、进行教育引导等途径,解决一些地区土地撂荒、粮食主产区不种粮、单纯追求经济利益等问题,纠正不重视"生产粮食"和片面强调"经营粮食"的错误观念及短视行为,精心设计"利益协调、特殊保障"两个制度,切实提高产区政府抓粮、广大农民种粮两个积极性,把发展基础农业与保粮食稳增长、农民稳增收结合起来,并作为现代乡村治理体系功能建设的一项重要任务,常抓不懈,以便有效应对突发性国际事件、自然灾害和其他不时之需。

第二节　创新治理理念

新时代中国共产党的乡村治理理念,是为了领导农民群众建设乡村经济文化社会事业,解决中国乡村发展和治理面临的社会矛盾和突出问题,将科学社会主义原理与中国乡村建设和治理实践相结合,对基层农民群众实践经验及其领导乡村建设和治理的实践经验的理论总结和升华,是中国乡村治理进程不断深化的反映,是指导新时代中国特色乡村治理体系建设的行动指南。

一、新理念生成的基础与来源

中国共产党乡村治理理念的生成有着深厚的理论基础和丰富的思想来源。马克思主义有关理论及其中国化的理论成果,是中国共产党乡村治理理念形成的理论基础和直接思想来源;中国传统乡村治理经验和乡土文化,

---

① 《2020 年我国玉米、小麦、稻谷等主要农产品产量、消费量及预测情况》,见 data.chinabao. com/nonglinmuyu/2020/0QK112522020.html。
② 中央经济工作会议:《做到谷物基本自给　口粮绝对安全》,见 https://finance.sina.com. cn/china/20131213/192817630754.shtml。

国内学者的理论研究成果,国外有关乡村治理理论,为中国共产党乡村治理理念的提出、形成和发展提供了丰富的思想营养和有价值的理论参考。

1.新理念生成的思想基础

农业农村农民问题即所谓"三农"问题,是马克思主义创始人、经典作家及其继任者们始终十分关注的问题,也是需要通过加强乡村治理体系建设解决的问题。从马克思的《资本论》《路易·波拿巴的雾月十八日》《论土地国有化》到恩格斯的《反杜林论》《法德农民问题》,形成了马克思主义关于小农问题的系统理论,其中关于土地公有制、计划生产、传统农业和农民改造、小农逐渐消亡、生产社会化等思想和政策主张,对中国特色社会主义"三农"理论的形成和实践发展产生了深远影响,对乡村治理体系建设具有重要启示和指导意义。

在马克思逝世后的第二国际时期,各国工人阶级政党曾经围绕农民问题展开过激烈论争,产生了考茨基的《土地问题》等理论著作。十月革命前,列宁在与俄国民粹派围绕农民问题论战时,写出了《俄国资本主义的发展》等著作;十月革命后,他又依靠俄罗斯苏维埃社会主义政权的力量,积极探索引导小农走社会主义道路问题,并写出了《论粮食税》《论合作制》等著作,由此奠定了改造小农、引导小农走社会主义道路的理论基础。

马克思主义经典作家对于传统农业生态、农村社会关系和农民阶级特点的分析,是理解马克思主义乡村治理理论的基本前提。马克思在分析法国农村土地状况和农村社会关系时指出:"一小块土地,一个农民和一个家庭;旁边是另一小块土地,另一个农民和另一个家庭。一批这样的单位就形成一个村子;一批这样的村子就形成一个省。这样,法国国民的广大群众,便是由一些同名数简单相加形成的,就像一袋马铃薯是由袋中的一个个马铃薯汇集而成的那样。"①由于农村土地被"分成许多小块,耕种土地的人资金很少,主要依靠本人及其家属的劳动。这种土地所有制形式以及它所要求的小地块耕作的方式,不仅不能采用现代农业的各种改良措施,反而把耕作者本人变成顽固反对社会进步,尤其是反对土地国有化的人。"②土地个体经营和农村社会关系使农村居民形成了如下特点:"彼此间只存在地域的联系,他们利益的同一性并不使他们彼此间形成共同关系,形成全国性的联系,形成政治组织",而且"农村居民包含有一些很不相同的组成部分,这

---

①　《马克思恩格斯选集》第1卷,人民出版社2012年版,第762页。
②　《马克思恩格斯选集》第3卷,人民出版社2012年版,第177页。

些不同的组成部分本身又按各个地区而有所区别"①。所以"他们不能以自己的名义来保护自己的阶级利益,无论是通过议会或通过国民公会。他们不能代表自己,一定要别人代表他们。他们的代表一定要同时是他们的主宰,是高高站在他们上面的权威,是不受限制的政府权力,这种权力保护以他们不受其他阶级侵犯,并从上面赐给他们雨水和阳光。所以,归根到底,小农的政治影响表现为行政权支配社会。"②这说明土地个体所有制和分散经营的农业生产方式,是形成农民阶层自身特点的原因,是导致农业生产非规模化、农民非组织化和农村社会化程度低的根源。

　　由于"小块土地所有制的经济发展根本改变不了农民与其他社会阶级的关系",③因此在分析农业农村农民特点的基础上,马克思主义创始人紧接着就提出了解决农业发展和农村问题的行动方案,即采用组织化、合作化、规模化的农业生产经营方式和民主化的农村社会管理方式,发展农业生产、管理农村社会。恩格斯指出:"我们对于小农的任务,首先是把他们的私人生产和私人占有变为合作社的生产和占有,不是采用暴力,而是通过示范和为此提供社会帮助",把农民的"土地结合为一个大田庄,共同出力耕种,并按入股土地、预付资金和所出劳力的比例分配收入",④同时要"把农业和工业结合起来,促使城乡对立逐步消失",⑤使"生产资料的全国性的集中将成为自由平等的生产者的各联合体所构成的社会的全国性的基础,这些生产者将按照共同的合理的计划进行社会劳动。"⑥而解决实现农业合作化及城乡共同发展之后出现的剩余劳动力问题,"可以用两种办法:或是从邻近的大田庄中另拨出一些田地给农民合作社支配,或是给这些农民以资金和机会去从事工业性的副业,尽可能并主要是供自己使用。在这两种情况下,他们的经济地位都会有所改善,并且这同时会保证总的社会领导机构有必要的影响,以便逐渐把农民合作社转变为更高级的形式,使整个合作社及其社员个人的权利和义务跟整个社会其他部门的权利和义务处于平等的地位。"⑦

　　马克思、恩格斯在探讨农业生产合作化、规模化发展方案过程中,相应

---

① 《马克思恩格斯选集》第4卷,人民出版社2012年版,第356页。
② 《马克思恩格斯选集》第1卷,人民出版社2012年版,第762、763页。
③ 《马克思恩格斯选集》第1卷,人民出版社2012年版,第765页。
④ 《马克思恩格斯选集》第4卷,人民出版社2012年版,第370页
⑤ 《马克思恩格斯选集》第1卷,人民出版社2012年版,第422页。
⑥ 《马克思恩格斯选集》第3卷,人民出版社2012年版,第178页。
⑦ 《马克思恩格斯选集》第4卷,人民出版社2012年版,第371页。

地提出了通过建立民主制解决农村管理问题,马克思不仅肯定了巴黎公社的伟大创举,而且深刻总结了巴黎公社的实践经验,在谈到有关工农联盟的重要性时他指出,公社必须"建立在农民的切身利益和他们的实际需要基础之上",①要保障农民"恢复他们的独立的社会生活和政治生活","让他们在教师的教导下学到知识"。② 列宁领导的苏维埃政权,不仅实践了马克思主义创始人关于农业合作化和农村组织化管理理论,而且进一步提出农村社会管理要实行"更高类型的民主制","吸收全体贫民实际参加管理,而实现这个任务的实际步骤——愈多样化愈好——应该详细地记载下来,加以研究,使之系统化,用更广泛的经验来检验它,并且定为法规。"同时要加强"苏维埃同劳动'人民'的亲密关系,造成一些特殊的罢免形式和另一种自下而上的监督,这些现在应该大力加以发展。……现在我们愈是要坚决主张有绝对强硬的政权,主张在一定的工作中,在履行纯粹执行的职能的一定时期实行个人独裁,就愈是要有多种多样的自下而上的监督形式和方法,以便消除苏维埃政权的一切可能发生的弊病,反复地不倦地铲除官僚主义的莠草。"③马克思主义创始人和经典作家的这些思想和主张,以及列宁领导社会主义建设的初步实践,为无产阶级夺取政权后,对农业进行社会主义改造,建立农业生产资料公有制,实行农村集体化和农业社会化生产,建立人人平等的劳动关系和社会主义"按劳分配"制度指明了方向,其中列宁关于苏维埃政权建立以后,农村要实行民主管理、依法管理、多样化管理、系统化管理,对不称职的基层官员实行罢免制和自下而上的民主监督等主张,对于中国共产党解决"三农"问题、开展乡村治理工作、推进乡村治理体系建设,尤其具有深刻的和现实的指导价值。

　　中国共产党的"三农"理论和乡村治理理论,继承和发展了马克思主义关于农业农村农民问题的理论,更是中国共产党的性质、宗旨、执政理念在农村工作中的具体体现,是伴随其领导农村土地革命、农业社会主义改造、农村社会主义改革、农业农村现代化等一系列伟大实践而产生、形成和发展起来的,并且在乡村治理领域经历了由革命到管制、改造、管理、治理、善治等治理理念、治理形态、治理制度、治理过程的演进和飞跃。其中,毛泽东关于农业农村建设、农民思想改造、农村基层政权建设、依靠农民群众开展农村工作、党员干部全心全意为人民服务等思想,不仅对于开展乡村治理工作

①　《马克思恩格斯选集》第3卷,人民出版社2012年版,第148页。
②　《马克思恩格斯选集》第3卷,人民出版社2012年版,第147页。
③　《列宁选集》第4卷,人民出版社2012年版,第221页。

仍然具有指导意义,而且也是新时代中国乡村治理理论的重要思想来源。

改革开放以来,中共中央历届党和国家领导人对于"三农"问题的实践探索和理论阐述,是构成新时代中国乡村治理理论的重要素材。新时代中国乡村治理理论是由治理目标、治理主体、治理内容、治理制度、治理方式等众多范畴构成的完整体系,是运用马克思主义基本原理解决当代中国"三农"问题、推进乡村治理实践的产物。它的产生、形成、发展及其在乡村治理体系建设中向民主化、法治化、规范化制度形态的转化,是在新的历史条件下进一步要求有效实现中国共产党为人民服务的宗旨、以人民为中心的发展思想、"人民至上"的执政理念以及走乡村"善治"之路的具体表现,是中国共产党领导中国乡村社会变革和乡村社会治理进程不断深化的集中反映。这些理念及其制度转化不仅深刻反映了中国乡村治理体系和治理能力现代化发展趋势,也为深入开展乡村治理体系建设研究提供了坚实的思想基础和科学的理论依据。

2. 对国内理论成果的吸收

对于乡村治理理论和乡村治理实践的探索,国内学者既有以综合治理为诉求的宏观视角和分析理路,也有以多重建构为特征的微观视角和分析理路;既有侧重于理性建构的理论创新,也有专注于解决现实问题的实践探索。

(1)关于援引"善治"理论建构乡村治理体系的观点

从学者视角引入和借鉴国外"善治"理论,在综合国外治理理论和主要观点基础上,将"善治"的基本要素概括为合法性、透明性、责任性、法治、回应、有效等6个方面,主张结合国家治理和社会治理诉求,借鉴和参考其理论和方法,构建具有中国特色的"善治"理论,以指导国家治理进程和社会治理实践。与这一思路相契合,国内学者燕继荣教授认为,国家与社会的关系在很大程度上反映着一个国家的治理水平,实现"善治"的关键在于处理国家(政府)与社会的关系,"强国家—强社会"才是一种理想的关系模式,①它意味着国家对外拥有强大的实力作依靠,能够维护国家主权与尊严不受侵害,对内管理有效,可以提供高质量公共服务和社会保障;意味着公民生活富裕,社会高度自治,民间力量在经济、文化、社会等领域具有较强的自立性、自主性和自助性;意味着在公共事务管理中,国家权力机关、政府机关、政党组织、社区和社团组织所构成的"社会",大体上各守本位、各司其职,彼此分工协作,形成良性互动关系。

①　燕继荣:《社会治理的中国经验》,《教学与研究》2017年第9期。

（2）关于通过明确治理内涵和层次推进乡村治理体系建设的观点

郁建兴等国内学者以国家整体现代化为背景，从国家治理宏观视域审察和检讨基层社会治理，认为有效提高基层治理实效性，必须明确国家治理、地方治理、基层治理、社会治理的内涵和边界，从不同角度理解和把握它们之间涵盖与被涵盖、交叉和重叠的复杂关系，客观分析和深刻认识基层社会治理在国家治理体系中的重要地位和作用。① 以此为基础，国内学者进一步提出，要准确定位乡村治理在国家治理体系中的地位和功能，克服漠视乡村治理体系建设重要性的偏见和错误认识，纠正不愿对乡村社会治理投入必要的物质资源、人力资源和技术资源的错误做法，加快补齐乡村治理政策和治理制度存在的短板和漏洞，注重以制度建设为抓手推进乡村治理体系现代化。

（3）关于乡村治理体制应适应乡村社会发展阶段和特征的观点

贺雪峰教授以乡村类型与管理体制相匹配作为分析主轴，并据此把中国农村划分为两种类型："一种是人口流出的农业型的以中西部地区为主的传统农村，一种是人口流入型的已经工业化的以沿海发达地区为主的城市化了的农村"②，进而提出了农村类型与管理体制的四种类型相匹配的模式：第一，传统村庄配以传统体制；第二，城市化了的村庄配以传统体制；第三，传统村庄配以现代体制；第四，城市化了的村庄配以现代体制。其中，第一、第四种类型都是比较成熟的有效的匹配，第二、第三种类型为某种意义上的错配。用传统农村办法来管理城市化了的农村、用城市管理办法来管理传统农村，都有悖于中国农村的内在逻辑，是产生形式主义和茫然无措的根源。只有深刻认识当下中国农村发展状况的错落性、差异性特征，形成与不同类型乡村相匹配的管理体制，才能建成并不断完善符合国情的中国特色乡村治理体系。

（4）关于推进乡村治理体系建设应该观照治理转型的观点

戴玉琴等国内学者以乡村治理转型为切入点，认为新中国成立以来的乡村治理，在治理目标、主体、过程三个方面发生了重要转变，与此相适应，"国家权力在农村基层社会治理中，也基本经历了一个下沉、全面渗透、向上回抽的过程。这一治理模式下的农村以权威基础的弱行政化、强行政化到社会化的演变"，③如果能够顺利实现，将在一定程度上解决乡村治理过

---

① 郁建兴：《辨析国家治理、地方治理、基层治理与社会治理》，《光明日报》2019年8月30日。

② 贺雪峰：《乡村治理现代化——村庄与体制》，《求索》2017年第10期。

③ 戴玉琴：《新中国成立以来农村治理模式变迁的路径、影响和走向》，《毛泽东邓小平理论研究》2009年第4期。

程中的价值冲突、认知冲突、利益冲突等问题,由此将会促使乡村公共服务能够逐渐满足农民日益增长的多样化的美好生活要求,使乡村社会信任关系达到社区共同体的标准,使乡村社会利益矛盾得到有效解决,并最终促使乡村社会实现良好的治理,即达到"善治"状态。

(5)关于乡村治理与国家发展战略相衔接的观点

张继良、陈文胜、王伟进等国内学者以实施新型城镇化、乡村振兴战略、法治社会建设等国家发展战略为背景,以中国政府推动城乡融合发展、实施乡村振兴战略为契机,主张把乡村治理融入城乡一体化和乡村振兴战略,以乡村治理促进城乡融合发展、推动乡村振兴战略有效实施,[①]同时提出推进乡村治理体系和治理能力现代化,不能以完全同质化和等量化为标准相要求,必须充分体现农村发展不平衡所导致的差异化特征,防止出现"突击治理""一刀切""蜂拥而上""运动式"等治理现象和各种各样的形式主义,始终将推进乡村治理体系和治理能力现代化与实施新型城镇化和乡村振兴战略紧密衔接起来。

以上关于推进乡村治理体系建设的探讨和观点,虽然有的侧重于学术性研究,有的侧重于实践操作层面的探讨,但都是富有建设性的,并且为党和政府深入开展乡村治理实践和理论探索提供了有益的参考。

3. 对国外乡村治理理论的借鉴

习近平总书记指出,"和平、发展、民主、法治、自由、公平、正义是人类共同的价值"[②],勇于吸收、积极借鉴国外有益的思想理论以丰富和发展自己,是中国共产党一贯的主张,其关于"走乡村善治之路"、多元主体合作共治、社会主义核心价值观等命题的提出及其实践,都与中国共产党借鉴国外理论和经验以丰富自己的理论体系、推动本国乡村治理体系建设有一定关系,也证明了中国特色乡村治理体系的开放性、包容性、创新性及其对人类文明成果的吸收和借鉴。

(1)关于"善治"理论

兴起于 20 世纪 90 年代欧美国家的"善治"理论,以"公共治理""协同治理"理论为代表,其所衍生出来的"多元共治""复合治理""多中心治理"等概念和范畴,对于中国乡村治理体系建设具有很高的参考价值,受到我国学界高度重视并被引入和广泛使用。"善治"理论将公共管理定义为"政府、社会组织、社区单位、企业、个人等所有利益相关方共同参与、协同行动

---

① 张继良:《以乡村振兴促进城乡融合发展》,《光明日报》2018 年 10 月 10 日。
② 《习近平谈治国理政》第三卷,外文出版社 2020 年版,第 288 页。

的过程",并且认为"公共治理"即"公共事务公共管理",意味着国家与社会良性互动或协同合作治理。"善治"与一般"治理"的区别在于,它更加要求保持权力与权利的协调性,提倡政府与社会合作,实现公共选择和公共博弈的有效性,增进政府与民间的互动性。由此可知,"善治"的要义是建立集体决策机制、共同参与制度,并且鼓励加强公共选择、公共博弈。所以,实现权力协同、利益分享、责任共担,才是"善治"理论的本义和价值所在,也为我国完善自治、法治、德治"三治"结合的乡村治理体系、健全共建共治共享的乡村治理制度、构建社会治理共同体提供了参考和依据。

（2）关于利益相关者治理理论

"利益相关者"最早为经济学概念,后来被引入其他学科领域,并在 20 世纪 60 年代的西方首先发展起来,80 年代以后开始影响企业管理方式及公司治理模式的选择。产权理论和契约理论是"股东至上"的思想根基,也是利益相关者治理理论的基础和支柱,但为了证明利益相关者治理理论的正确性,它们却演化成了批判"股东至上"的靶子。关于利益相关者的内涵,时至今日学术界仍无明确界定,但其主旨十分清晰,无非是说在现代社会中公司不应该只是谋求股东利益最大化的工具,而应该被视为最大限度实现包括股东在内的所有利益相关者权益的组织体系或制度安排。在这种组织体系和制度安排下,公司的权力并非植根于股东授权,而是来源于所有利益相关者的委托。因此,公司管理者不应该仅对股东负责,而且应该对所有利益相关者负责。[①] 尽管利益相关者治理理论是基于改进企业管理和公司治理模式而提出来的,但其关乎治理权的性质和归属以及经济利益分配问题,而不同治域关涉不同的利益相关者,因此,对于其他领域治理结构和治理模式的构建,具有直接的启发和广泛的参考价值和借鉴意义,理所当然地受到公共管理、社会治理等领域学者的重视,并被拓展到公共管理学和社会治理等众多学科领域,其在我国现代公司制度普遍建立、公司治理制度建设日益受到重视、公司治理结构创新效应不断向其他社会治理领域延伸的背景下,已经在动员、吸纳多元社会主体广泛参与乡村治理的实践中得到了应用和发展。

（3）关于公平正义理论

自 20 世纪 70 年代罗尔斯的《正义论》问世并传入我国以来,就对我国学界产生了广泛而深远的影响。罗尔斯关于正义有其独到见解,不仅将其归结为社会制度的首要价值,而且将正义的对象锁定为社会的基本结构,也

---

① 卢代富:《公司社会责任与公司治理结构的创新》,《公司法评论》2002 年卷。

就是用来分配公民的基本权利和义务,并以此来划分由社会合作产生的利益和负担的主要制度;他主张以平等自由原则处理有关公民政治权利问题,以机会公正平等原则和差别原则处理有关社会和经济利益问题,前者优先于后者,后者中的公正平等原则优先于差别原则;分配正义的经济是体现优先于效率和较大利益总额,体现作为公平正义对于机会公正平等原则和差别原则之优先的合理经济选择;论证正义的目的在于考察作为公平正义是否可行,即说明作为公平的正义的稳定性和正义与善的一致性等,以及罗尔斯对于伦理道德领域诸多问题的研究,如在善良、自尊、美德、自律、正义感、道德感等方面的研究,虽然显示出很大的思维难度,但也有较大的现实启示意义,尤其在理论界推动下,已然成为我国构建国家治理体系和社会治理体系的重要价值参考,而且至今仍是理论界研究西方正义理论的重要依据。

(4)关于文化因素的治理功能理论

马克斯·韦伯的《新教伦理与资本主义精神》出版距今已有100余年,但其在探讨非经济因素在资本主义产生过程中的影响方面,即通过大量生动的经验归纳与分析,深入比较和研究东西方宗教文化的社会功能,揭示近代资本主义仅仅出现在西方而非出现在东方的宗教文化原因,论证新教伦理与近代理性资本主义发展之间的生成发育关系等方面,仍然具有独特的和不可替代的价值。其方法论也对当代社会科学提供了富于启迪的思路,并开辟了多视角研究的路径。借鉴这些理论的生成理路和研究方法,对于进一步深化影响乡村治理制度形成因素的研究,深刻认识和了解文化因素通过塑造人的品格、创设法律制度发挥其在建构适合中国乡村社会特点及发展要求的乡村治理体系中的基础性作用,无疑会起到启迪思维、拓展思路、丰富实践内涵和多元素功能整合的作用。

上述国内外的有关治理理论研究成果,为多视角开展乡村治理研究提供了丰富的、可资借鉴的参考资料和思想借鉴,自然也在中国共产党关于社会治理的新理念生成和发展过程中发挥着建设性的作用。

二、新理念的主要内涵

乡村治理理念是中国共产党的社会治理理念的重要组成部分,其自身也形成了比较完整的思想体系,并且在许多方面与其国家治理理念、社会治理理念相互交叉、渗透和重合。从国家视域看,以人民为中心的发展思想及其涵盖的"人民至上""生命至上""坚持农民主体地位""从群众中汲取智慧""共建共治共享""三治结合""保障公平正义""改善民生福祉""推进乡村治理体系和治理能力现代化"等内涵或关涉乡村治理根本价值的治理理念,是中国共产党"执政为民""依法执政""为人民服务"等根本宗旨和执政理念与当下乡村治理实践相结合的产物,是中国共产党和中国政府严格遵循乡村治理规律、认真回应广大农民群众生活诉求的具体反映和历史耦合。而在乡村微观领域,中国共产党提出的"保障农民主体地位""保障农民基本权利""自治、法治、德治相结合""共建共治共享"等治理理念,关于"坚持和完善党的领导、政府负责、民主协商、社会协同、公众参与、法治保障、科技支撑的现代乡村社会治理体制",建立和完善自治、法治、德治相结合的乡村治理体系,形成共建共治共享的乡村治理格局等构想和实践,明确回答了中国乡村治理目的、治理内容和任务、领导力量、责任主体、依靠力量、治理方式、治理技术和手段等一系列理论和实践问题,表明中国共产党的乡村治理理论基本形成了完整的体系。这一理论体系的形成和发展,必将在推进乡村治理体系和治理能力现代化建设中长期发挥思想引领和政治保障作用。

1. 以人民为中心

以人民为中心的发展思想是中国共产党的性质和宗旨在新的历史条件下的集中反映,深刻体现了中国共产党国家治理理论和社会治理理论的本质特征,是中国乡村治理体系和治理能力现代化建设的指导思想和理论基石。通常情况下,其具体含义包括"坚持人民立场、坚持人民至上、坚持人民主体地位、坚持群众路线"等。但如果把国家治理语境、社会治理语境转换为乡村治理语境,农民作为人民群众的重要组成部分,"以人民为中心"一定程度上也可以理解为"以农民为中心",其基本含义就是"坚持农民主体地位,充分尊重农民意愿,保障农民民主权利和其他合法权益,调动农民的积极性、主动性、创造性,维护农民根本利益。"①而所谓"坚持农民主体地位",就是坚持民事民议、民事民决、民事民办、民事民管,以及充分尊重农民、相信农民、依靠农民、组织农民,切实保障农民在乡村治理中发挥主体作用和主要作用。所以,以人民为中心的发展思想既不同于"官政村治"传统下的养民、用民等"民本"思想,也不同于"政社合一"体制下把农民当作被动的教育、改造、管理对象的治理理念,甚至不同于以往以宣讲人的视角,把农民当作一般社会主体和利益主体,笼统地强调人民当家作主的理念;而是站在农民本位或本体的立场,客观认识和确认他们的政治主体和社会主体地位,把坚持农民主体地位、维护农民基本权利、保障和改善农民福祉作为一个完整的不可分割的有机整体,并将它们作为新时代中国共产党执政理

---

① 《中华人民共和国乡村振兴促进法》,新华网,2021年4月30日。

念的核心要素而确定下来。正像习近平总书记所指出的:"党的一切工作都是为了实现好、维护好、发展好最广大人民根本利益;人民是历史的创造者、人民是真正的英雄,必须相信人民、依靠人民;我们永远是劳动人民的普通一员,必须保持同人民群众的血肉联系。"①正是基于党的宗旨、党与人民的血肉联系以及对人民历史地位和主体作用的认识,广大农民群众才得到了来自国家的更多的重视、关爱和多方面帮助,这是以人民为中心的发展思想、保障农民主体地位的治理理念的具体展现,是中国政治文明和社会文明走向现代化的重要标志。

保障农民主体地位是决定乡村治理具有村民自主性、自治性特征的前提条件,表明农民是乡村治理的真正主体。习近平总书记指出:"国家一切权力属于人民。我们必须始终坚持人民立场,坚持人民主体地位,虚心向人民学习,倾听人民呼声,汲取人民智慧,把人民拥护不拥护、赞成不赞成、高兴不高兴、答应不答应作为衡量一切工作得失的根本标准,着力解决好人民最关心最直接最现实的利益问题。"②所以,新时代乡村治理因农民广泛参与和以往乡村治理因农民缺失主体性而导致乡村自治长期处于低水平、低层次徘徊不同,而是强调坚持农民主体地位,致力于将农民培养成为合格的自治主体,把增强农民主体性、培养现代职业农民、充分实现农民合法权利放在重要地位,不断提高其在法治和道德架构内充分保障和运用自治权力的能力,这就在一定程度上为实行真正的村民自治和乡村善治创造了基本条件。

坚持农民主体地位是保障农民基本权利的前提,而健全和实行民主法治又是保障农民主体地位的前提,这不仅需要各级党组织和各级政府积极推动,而且需要农民本身不断提高主体意识、民主意识和法治意识,懂得并敢于依法争取权利和维护权利。习近平总书记在谈到民主、法治与人民幸福的关系时,首先把"健全民主制度、拓宽民主渠道、丰富民主形式、完善法治保障,确保人民依法享有广泛充分、真实具体、有效管用的民主权利"③作为基础条件,然后才强调"着力解决人民群众所需所急所盼,让人民共享经济、政治、文化、社会、生态等各方面发展成果,有更多、更直接、更实在的获得感、幸福感、安全感,不断促进人的全面发展、全体人民共同富裕"④。这充分说明,在中国乡村实行了几十年的"民主选举、民主决策、民主管理、民

---

①　《十九大以来重要文献选编》(中),中央文献出版社 2021 年版,第 110 页。
②　《习近平谈治国理政》第三卷,外文出版社 2020 年版,第 142 页。
③　《十九大以来重要文献选编》(上),中央文献出版社 2019 年版,第 731 页。
④　《十九大以来重要文献选编》(上),中央文献出版社 2019 年版,第 731 页。

主监督"的基层民主或村民自治,依旧需要在各级党组织、政府组织、自治组织和农民群众不懈的共同努力下,才能在乡村治理中得到全面的、始终如一的和切实有效的贯彻落实;也说明有效维护农民基本权利,保障和改善农民福祉,必须立足于促进农民自身的全面发展,不能永久地和完全地依靠外在力量来推动,这才是中国共产党不断探索和推进真实有效的基层民主、村民自治的有效途径和多种方式的根本原因。

幸福生活是多方面、分层次的,保障和改善农民福祉包括改善农民的物质生活、政治生活、文化生活和社会生活。实现高层次高水平的农民福祉,是建立健全乡村治理体系、实行乡村善治的根本目的,"人民热爱生活,期盼有更好的教育、更稳定的工作、更满意的收入、更可靠的社会保障、更高水平的医疗卫生服务、更舒适的居住条件、更优美的环境,期盼孩子们能成长得更好、工作得更好、生活得更好。"[1]这既是现阶段中国共产党对农民生活夙愿作出的强有力回应,也是中国共产党乡村治理理念的具体展现。随着乡村治理体系现代化建设进程不断深化,乡村治理的重点领域将会因时、因势、因地、因应进行调整,并在不断调整重点治理与全面治理的关系中形成更加科学合理的治理方式,以尽可能满足农民群众的整体诉求。因为中国共产党来自于人民,人民的利益是其唯一的利益,必须坚持人民的利益高于一切,必须坚持全心全意为人民服务的宗旨,必须坚持把人民拥护不拥护、赞成不赞成、高兴不高兴作为自己制定政策的根本依据和工作出发点,这也是中国共产党必须始终坚持的根本政治路线。而人民对美好生活的向往,始终是其奋斗的根本目标,这正是中国共产党用以人民为中心的发展思想统领乡村治理理论体系建设和创新、推进乡村治理实践进程、完善乡村治理体系的根本原因所在。

2. 保障农民主体地位和基本权利

保障农民主体地位和基本权利,是中国特色乡村治理体系建设的根本目的。农民主体地位须以有效保障农民基本权利而得以体现,农民基本权利得以有效实施方可体现农民主体地位,所以,中国特色乡村治理体系建设必须以保障和增强农民主体性、培育具有现代素养的农民为要务。在国内场合,在中国共产党和政府文献里经常使用"保障人民主体地位"一语,而鲜少使用"人权"概念来表达人民群众的基本权利,当然,这并非说明中国不重视保障人权。事实上,中国共产党和中国政府十分重视"把人权的普

---

① 《十八大以来重要文献选编》(上),中央文献出版社 2014 年版,第 70 页。

遍性原理和当代实际相结合,走符合国情的人权发展道路"①,只不过在国内场合阐述自己的人权理念和人权思想时,通常使用人民基本权利或公民权利概念以代之,而且在一些外交场合或开展人权对话时,还是公开和直接使用人权概念的。

　　保障农民主体地位和基本权利,是各级党委、政府尤其是基层农村党组织和基层政府的根本任务和重要使命,也是构建和完善乡村治理体系的主要目的之一。党中央提出:"要依法保障全体公民享有广泛的权利,保障公民的人身权、财产权、基本政治权利等各项权利不受侵犯,保障公民的经济、文化、社会等各方面权利得到落实,努力维护最广大人民根本利益,保障人民群众对美好生活的向往和追求。"②并强调:"加强和创新农村社会管理,要以保障和改善农村民生为优先方向,树立系统治理、依法治理、综合治理、源头治理理念,确保广大农民安居乐业、农村社会安定有序。"③实际上,民生领域始终以经济社会问题居多,从人权角度讲,该领域的主要问题可以概括为人民群众追求美好生活的权利以及如何实现这些权利的问题。从目前来看,解决农村民生领域问题,依然需要把"处理好农民与土地的关系"④放在突出位置,而在我国农村实行"土地所有权、承包权、经营权'三权分置'","依法保护集体土地所有权和农户承包权前提下,平等保护土地经营权"⑤,制定鼓励土地经营权流转政策,有利于发挥农村土地的增值效应;此外,农村人口流动造成大量农民宅基地和农村房屋闲置,为了既保障农民财产权,又发挥农民宅基地和农村房屋价值,中央不仅鼓励探索"宅基地所有权、资格权、使用权'三权分置'"问题,⑥而且制定了一系列政策,"落实宅基地集体所有权,保障宅基地农户资格权和房屋财产权,适度放活宅基地和农民房屋使用权",规定"不得违规违法买卖宅基地,严格实行土地用途管理,严格禁止下乡利用农村宅基地建设别墅大院和私人会馆","维护进城落户农民土地承包权、宅基地使用权、集体收益分配权",⑦以便充分挖掘闲置宅基地和闲置农房价值,保障农民增加财产性收益。

　　促进农民就业,发展农村教育、文化、医疗卫生和社会保障等事业,是过

---

　　①　《习近平谈治国理政》第三卷,外文出版社 2020 年版,第 288 页。
　　②　《十八大以来重要文献选编》(上),中央文献出版社 2014 年版,第 90—91 页。
　　③　习近平:《论"三农"工作》,中央文献出版社 2022 年版,第 204 页。
　　④　《十九大以来重要文献选编》(上),中央文献出版社 2019 年版,第 144 页。
　　⑤　《十九大以来重要文献选编》(上),中央文献出版社 2019 年版,第 144 页。
　　⑥　《十九大以来重要文献选编》(上),中央文献出版社 2019 年版,第 145 页。
　　⑦　《十九大以来重要文献选编》(上),中央文献出版社 2019 年版,第 174—175 页。

上小康生活的农民日益关切的重要议题,也是近年来党中央和中国政府重点推进的民生工程。毫无疑问,这些社会事业的健康快速发展,直接关系农民生活质量和生活水平持续提升,是中国政府在今后较长时期内改善民生的重点工作。但农民作为国家公民,不仅享有生存权和经济、文化及社会权利,还享有国家宪法和法律赋予公民的其他所有权利,包括法律面前一律平等、人身与人格权、政治权利和自由、社会文化权利和自由、环境安全权利、监督权利,等等。

党中央除了持续加大基础设施建设投资,推进城乡经济、文化、教育、社会保障等社会事业均衡化发展之外,还认识到了保障农民主体地位和基本权利与制约"小微权力"并防止其腐败的内在逻辑关系,比以往任何时候都更加重视发挥农民在乡村治理中的主体性价值以及民主参与、民主监督等功能,所以不断要求通过立法、执法、司法和法律监督,"把体现人民利益、反映人民愿望、维护人民权益、增进人民福祉落实到依法治国全过程,保证人民在党的领导下通过各种途径和形式管理国家事务,管理经济和文化事业,管理社会事务"①,尤其更加注重"保障人民群众的知情权、参与权、表达权、监督权",②努力提升村民自治能力和参与能力,通过发挥人民群众的监督作用,有效规制"小微权力",并防止其发生腐败。

党中央在要求"严厉打击非法侵占农村集体资产、扶贫惠农资金和侵犯农村妇女儿童人身权利等违法犯罪行为,推进反腐斗争和基层'拍蝇',建立防范和整治'村霸'长效机制"③的同时,还强调通过保障农民主体地位和基本权利,逐渐"扩大农村基层民主、保证农民直接行使民主权利,重点健全农村基层民主选举、民主决策、民主管理、民主监督的机制",④促进防止"小微权力"腐败与完善村民自治有机结合。发挥村民监督的作用,让"农民自己'说事、议事、主事',做到村里的事村民商量着办"⑤,农村基层党委和政府则要为实行基层民主和村民自治把好关、掌好舵、服好务,从而保障农民主体地位通过依法享有和行使法定权利展现出来。

3. 规制小微权力

保障"小微权力"公正清明运行,治理"小微权力"腐败,是维护乡村社会和谐稳定、保障农民主体地位、推进乡村治理体系现代化的客观要求,而

① 《习近平谈治国理政》第三卷,外文出版社 2020 年版,第 284 页。
② 《十八大以来重要文献选编》(中),中央文献出版社 2016 年版,第 293 页。
③ 《十九大以来重要文献选编》(中),中央文献出版社 2021 年版,第 366 页。
④ 习近平:《论"三农"工作》,中央文献出版社 2022 年版,第 104 页。
⑤ 习近平:《论"三农"工作》,中央文献出版社 2022 年版,第 255 页。

"坚持用制度管权管事管人,保障人民知情权、参与权、表达权、监督权,是权力正确运用的重要保障",①这是党的十八大以来党中央提出并反复强调的重要基层治理思想。农村"小微权力"是指村级组织及村干部依法依规享有的村级重大决策、重大活动、重大项目以及资金、资产、资源管理等村务管理服务能力。对于农民而言,这些"小微权力"直接关乎其切身利益和基本权利,实质上是天大的权力而绝非"小微权力"。对乡村组织和村干部的"小微权力"进行制约和规范,并将其"关进制度的笼子"。

在乡村治理过程中,基层党委、政府和村"两委"始终处于乡村治理第一线,它们对于乡村治理公正、有效运行负有主要责任,起着较为重要的作用,而中国共产党的宗旨和人民民主政权的性质也要求它们既必须做到"为民服务解难题。坚守人民立场,把人民对美好生活的向往作为奋斗目标,自觉同人民想在一起、干在一起,着力解决群众的操心事、烦心事、揪心事,不断增强人民获得感、幸福感、安全感",②以为民履职尽责的实际成效取信于民;又必须做到"清正廉洁做表率。保持为民务实清廉的政治本色。警钟长鸣,知敬畏、存戒惧、守底线,'亲'、'情'分开,清白做人、干净做事,坚持公正用权、依法用权、为民用权、廉洁用权,营造风清气正的政治生态"。③ 在现实生活中,如何正确解决公私、义利、是非、情法、亲清、俭奢、苦乐、得失之间的矛盾,是每一个人都不得不面对的十分复杂的问题,只有树立正确的世界观、人生观和价值观,掌握正确的和科学的方法论,才有可能解决好这些问题;同时,还要学会自觉地同特权思想和特权现象作斗争,坚决预防和抵制腐败思想侵蚀,才能干干净净做事,老老实实做人。而要同时做到上述"两个必须",就必须在促使基层党委、政府和村"两委"依法有效履行职权的同时,把限制和规范它们的"小微权力"同保障农民权利有机结合起来。对于农民而言,因为有国家立法、执法、司法和法律监督作保障,来自社会的伤害是比较容易防范和治理的,而来自政府和领导干部以执法或贯彻国家政策名义对农民的侵害,则是农民自身难以有效防范和抵御的,并且在基层法治不完备、存在选择性执法、任意性执法、潜规则盛行的当下,这类侵权现象可能会不断发生,在个别地区还可能会很严重。由此可见,限制和规范基层政府权力或"小微权力",对于乡村治理体系建设显得尤为重要。

---

① 《十八大以来重要文献选编》(上),中央文献出版社2014年版,第23页。
② 《十九大以来重要文献选编》(中),中央文献出版社2021年版,第87页。
③ 《十九大以来重要文献选编》(中),中央文献出版社2021年版,第87页。

另一方面,仅就保障农民权利的客观需要而言,也必须限制和规范农民身边的"小微权力",而且保障农民权利的最有效途径莫过于提高农民法律素质,增强农民以法治思维和法治方式捍卫自身合法权利的能力,农民一旦懂得尊法、守法、用法并自觉监督"小微权力",就可以对"小微权力"任性和恣意妄为产生制约作用,从而达到防止或减少"小微权力"侵犯农民合法权利的效果。其次还"要加强对农村基层干部队伍的监督管理,严肃查处侵犯农民利益的'微腐败',给老百姓一个公道清明的乡村",①尤其要加大"对基层站所、街道干部吃拿卡要、盘剥克扣、优亲厚友的坚决查处",同时"要把扫除黑恶同反腐败结合起来,同基层'拍蝇'结合起来,严厉打击'村霸'、宗教恶势力和黄赌背后的腐败行为,既抓涉黑组织,也抓后面的'保护伞'"。② 保障农民权利、开展扫黑除恶、防止"小微权力"腐败具有密切的关联性,只有通过基层治理立法和反腐制度构建,依法促进乡村治理体系不断完善和成熟,依法依规开展扫黑除恶斗争、规制"小微权力"、保障农民权利,才能保持基层"小微权力"与农民权利之间的张力,并形成二者之间的合作互动关系。党的十八大以来党中央明确提出将制度反腐与保障人民权利结合起来,即"坚持用制度管权管事管人,让人民监督权力,让权力在阳光下运行,把权力关进制度笼子"③。

然而,如何才能把"小微权力"关进制度的笼子,使其既有效作为,又依法作为?党中央在这方面进行了一系列实践探索和顶层设计。这些实践探索和顶层设计包括:

第一,规定"行政机关不得法外设定权力,没有法律法规依据不得作出减损公民、法人和其他组织合法权益或者增加其义务的决定。推行政府权力清单制度,坚决消除权力设租寻租空间"④。

第二,盯紧盯准权力运行的各个细节,"合理分解、科学配置权力,严格职责权限,加快推进机构、职能、权限、程序、责任法定化"⑤,建设一体推进党员干部不敢腐、不能腐、不想腐的制度治理机制。

第三,全面落实村务公开制度,建立健全"决策公开、执行公开、管理公开、服务公开、结果公开"运行机制。就目前村务公开现状而言,尤其需要精心设计"财政预算、公共资源配置、重大建设项目立项、社会公益事业建

①　习近平:《论"三农"工作》,中央文献出版社 2022 年版,第 255 页。
②　《习近平谈治国理政》第三卷,外文出版社 2020 年版,第 510—511 页。
③　《十八大以来重要文献选编》(上),中央文献出版社 2014 年版,第 531 页。
④　《十八大以来重要文献选编》(中),中央文献出版社 2016 年版,第 165 页。
⑤　《十九大以来重要文献选编》(中),中央文献出版社 2021 年版,第 389 页。

设"等领域的村务公开程序和执行监督程序,以保障村务公开制度取得预期效果。

第四,健全民主制度,丰富民主形式,拓宽民主渠道,把"推进基层直接民主制度化、规范化、程序化"①与推进"村民自治制度化、规范化、程序化"②有机统一起来,使各方面制度和乡村治理更好体现人民意志、保障人民权利、激发人民创造性,确保村民通过各种途径和形式管理农村社会事务。

第五,"推行村级小微权力清单制度,加大基层小微权力腐败惩处力度。严厉整治惠农补贴、集体资产管理、土地征收等领域侵害农民利益的不正之风和腐败问题"③,"深入整治民生领域的'微腐败'、放纵包庇黑恶势力的'保护伞'、妨碍惠民政策落实的'绊脚石'",④实行惩罚性赔偿制度,严格刑事责任追究。

第六,构建和完善贯穿乡村治理始终的、全覆盖的制度执行监督机制,保障各领域、全过程的乡村治理在全闭环监督状态下运行,"坚决杜绝制度执行上做选择、搞变通、打折扣的现象,严肃查处有令不行、有禁不止、阳奉阴违的行为,确保制度时时生威、处处有效",⑤务必使农村基层干部"严格按照制度履行职责、行使权力、开展工作",⑥等等。

限制"小微权力",治理"小官巨贪","把权力关进制度的笼子",保障人民权利,是目前正在趋于形成的现代乡村治理体系的重要法治制度,是党和人民千呼万唤始出来的权利保障和权力监督的中国宪治精神在基层治理领域的具体体现,随着反腐斗争和乡村治理进程持续深化,它们必将以有效的健全的制度形态展现在世人面前。

4. 自治、法治、德治相结合

中国是具有悠久德治或礼治历史传统的"礼仪之邦"。"礼法相济""礼法一体"是中国传统社会治理和国家治理的基本特征,而"礼"又始终是处理国家政治关系、社会关系、人际关系的行为标准。在"礼法社会"形成以后,尤其在"大一统"的封建帝制建立以后,统揽国家权力的封建王朝虽然不断更替,但由于"礼法社会"的本质始终没有改变,"家国同构"的政治结构始终十分牢固,所以"家统治""家天下"的政治格局得以长期延续。所谓

---

①　《十九大以来重要文献选编》(中),中央文献出版社2021年版,第277页。
②　《十九大以来重要文献选编》(中),中央文献出版社2021年版,第365页。
③　《十九大以来重要文献选编》(上),中央文献出版社2019年版,第167页。
④　《十九大以来重要文献选编》(中),中央文献出版社2021年版,第385页。
⑤　《十九大以来重要文献选编》(中),中央文献出版社2021年版,第308页。
⑥　《十九大以来重要文献选编》(中),中央文献出版社2021年版,第309页。

"家国同构",实质上是政治关系与家庭关系的同构或重合,而以"礼治"作为解决政治矛盾、社会矛盾、家庭矛盾的有效手段,自然将"纲常伦理"观念和"人治"融入了国家治理和社会治理之中,随着人们对主体人格不平等的社会现实的接受、对"等序社会"的认知程度日益加深,使得错落有序的传统社会和礼仪制度绵延数千年而不衰,反而奇迹般地创造了人类最为璀璨的中华传统文明。

中国传统社会,人治作为反映传统政治本质特征的治理方式,历来具有任意性和不确定性,有时还表现出非人道性,因为人治的价值把握、实际操控及其产生的效果,因人而异,因时而异,因事而异,因情而异。在实行人治的传统政治之下维护国泰民安、长治久安局面,需要统治集团具备极其高深的道德素养和极其高超的政治驾驭能力,否则,人治就会偏离乃至背离"礼法之治"的轨道。所以,儒家提倡"君仁""臣忠""父慈""子孝""友善"和"礼义廉耻",并把"修己正身"放在第一位,然后才依次是齐家、治国、平天下。

古代先人对事物发展规律的认识堪称精深,运用辩证法掌握政治平衡、处理复杂关系的能力极为高超,并于 2000 多年之前就提出了法治、礼治或德治的治国理念,在治国实践中或以法治国,或以德(礼)治国,或"引礼入法",或"引法入礼","礼法一体"逐渐成为传统定制。但是,无论实行礼治还是实行法治,抑或礼法并用,只要它们与皇权专制政体结合在一起,失去对权力的有效制约,便都无法改变传统国家实行人治的政治本质,也无法摆脱走向灭亡的宿命。而传统社会的基层乡村或行帮组织,虽然都曾有过自治与礼治相结合以治理乡村或行帮组织的自治事实,但在实行人治的政治背景下,这种所谓的自治实质上与真正的自治或法治相去甚远,与现代社会倡导的自治或法治更不可同日而语。

中国共产党所主张的"自治、法治、德治相结合",是伴随着基层群众自治实践发展、改革开放不断深入、国家治理进程持续深化而逐渐形成的乡村治理理念和治理体系,其意旨在于"以自治增活力、以法治强保障、以德治扬正气,……构建共建共治共享的社会治理格局。"①所以,"三治"结合是在传承中国传统治理文化、推进社会治理体系或乡村治理体系现代化进程中提出来的,它的提出和实践标志着中国社会治理体系建设或乡村治理体系建设进入了新的历史发展阶段,对于推动基层治理变革具有深刻的理论

---

① 《中共中央办公厅国务院办公厅关于加强和改进乡村治理的指导意见》,新华网,2016 年 6月 23 日。

指导意义和实践应用价值。

当然,还需要进一步明确的是,"三治"结合的治理理念和治理体系,是服务于法治国家、法治社会、法治乡村建设目标和要求的,"三治"结合内含的深刻意蕴,绝非简单归纳为"治理体系"一词即能充分表达的,因为现代乡村治理体系的构建和运作,与"三治"的内涵、"三治"的关系、"三治"结合及其功能发挥有着复杂的关系,所以应该全面地、准确地理解"三治"结合的丰富内涵。第一,要通过对自治、法治、德治进行现代意义上的诠释,深刻理解和正确处理自治、法治和德治的辩证关系;第二,要结合乡村治理机构设置和多元主体职能配置,明确自治、法治和德治与多元主体履行职能的密切关系;第三,要以促进和服务农民农村全面发展为着力点,深入系统地探索自治、法治、德治相结合的实施路径、实施方式、优先次序和运作程序等,并根据乡村社会现实的发展变化需要,不断创新"三治"结合的途径、方式和运行机制等。总之,作为乡村治理理念和乡村治理体系,"三治"结合的内涵和形式必须与乡村治理体系现代化发展趋势相适应,必须及时引入和运用现代科学技术及科技手段,以尽显其在推进乡村治理体系和治理能力现代化进程中的价值和效能。

5. 共建共治共享

共建共治共享作为社会治理格局的理想目标,体现了中国共产党对乡村社会治理认识不断深化的过程。从党的十七大报告提出"实现发展成果由人民共享",到党的十八届五中全会发展为"构建全民共建共享的社会治理格局",再到党的十九大提出"构建共建共治共享的社会治理格局",最后到党的二十大上升为"健全共建共治共享的社会治理制度"。这并非是一般的表述或概念变化,实则反映了中国共产党和中国政府社会治理理念的丰富和发展,反映了中国基层社会治理进程的不断深化,只有深刻理解和把握这些表述变化的丰富内涵和理论飞跃,才能更好地发挥其对乡村治理实践的指导价值。

所谓共建,即多元主体共同参与乡村社会建设,其中包括三层含义:一是共同参与乡村社会事业建设、二是共同参与社会法治建设、三是共同参与社会力量建设。在社会事业建设方面,要通过制定和完善社会政策,坚持政府主导和政社合作,为各种社会力量和各类市场主体在社会服务中发挥作用创造条件与活动空间;在社会法治建设方面,要加强权利制度、财政制度、分配制度、社保制度建设,真正形成社会各界和广大农民群众的民主参与机制,增强农民的幸福感、获得感和安全感;在社会力量建设方面,要保障农村社会组织具有更大的主动性和参与空间,加强参与乡村社会建设和乡村治理的责任意识,政府则要给予农村社会组织更多信任、支持和帮助,推动农村各类社会组织健康发展,激发各方面社会力量参与乡村社会建设的能力和活力。

所谓共治即多元主体共同参与乡村社会治理,首先要完善多元治理,补齐结构短板,促进乡村治理社会化;其次要保障农村社会力量在乡村治理中发挥主体协同作用,政府则应在公共事务、社会事业和社会服务当中通过购买服务等灵活机制,促进形成稳定的政社合作关系,使各类农村社会组织有更多机会担当更多的乡村治理责任;再次要加强和发展村民自治能力,村民自治是社会主义民主的重要实现形式,是农民群众实现自己的事情民主管、自己的事情协商办的重要方式。要建设好村民自治制度,就必须把基层民主落到实处,坚持基层治理全过程民主,这不仅有利于保障农民的共治参与权利,也有利于真正实现乡村和谐稳定。

所谓共享即多元主体共同享有乡村治理成果,改革的目的是实现全体人民共同富裕,所以改革发展成果必须由全体人民所共享,这也是由社会主义本质所决定了的。乡村治理成果也必须由农民群众所共享,而实现乡村治理成果由农民群众共享的关键,一要依靠党的正确领导和坚强决心,制定和坚持始终如一的共同富裕政策,建立健全共同富裕制度;二要依靠政府有正确的思路,目前尤其需要"守住底线、突出重点",保障低收入群体、弱势群体基本生活需要;三要加强制度保障,即在民主和法治基础上健全社会保障制度,为广大农民群众共享经济成果、生态成果、文化成果、政治成果等提供安全预期,其前提是在党的领导下,保障社会主体充分参与乡村治理,保障广大农民群众有更多机会共享治理成果。

"共建共治共享"的治理理念,是以治理主体多元化及多元主体间的密切合作为前提和基础的。在乡村地区伴随着经济结构和社会群体结构深刻变化,新型化、社会化和现代化的集体经济组织、产业合作组织、事务性社会组织等治理主体以及"多主体""多中心"的社会格局正在逐步形成,亟须加快探索"协商""合作""共治"等多种形式的乡村治理途径和治理方式。在这种背景下提出的"共建共治共享"治理理念,不仅与传统乡村治理理念存在本质区别,而且也有别于改革开放以前和改革开放初期的乡村治理理念,是新时代各级党委、政府、自治组织、社会组织、个体农民共同构建现代乡村治理体系的重要价值遵循。

党的十八大以来,党中央把改善民生放在首要位置,运用经济、政治、法律、政策等各种方式和手段,坚持"守住底线、突出重点",解决低收入群体基本生活需求问题,不仅确立了"共建共治共享"的社会治理理念,提出了

"打造共建共治共享的社会治理格局"①,不断强化以人民为中心的定位,强调对全体人民意志的遵从,有效保障全体人民参与权利,而且以中共中央和中央政府规范性文件形式作出明确规定,推动"建设人人有责、人人尽责、人人共享的社会治理共同体,确保人民安居乐业、社会安定有序,建设更高水平的平安中国"。②

中国共产党不断强调加强和创新乡村治理,要求坚持和完善党委领导、政府负责、民主协商、社会协同、公众参与、法治保障、科技支撑的乡村社会治理体制,持续加大农村基础设施建设投资规模和力度,努力提高基层公共服务水平和社会效益,把农民群众等多元主体共同参与乡村建设和治理、共享乡村建设和治理成果转化为系统的、稳定的社会治理制度。这说明,在新的历史条件下,中国共产党的乡村治理理念不仅有了新的发展,更加真实地反映了农民群众的利益诉求,而且有力地推动了中国乡村治理进程,使农民群众的主体地位和经济社会利益有了可靠的思想保障和政治保障。

三、新理念的治理价值

理念是精神发动机和行动先导。实现"治理有效"目标,需要围绕新发展思想形成新时代乡村治理理念。"坚持以人民为中心"、"保障农民主体地位"、"防止小微权力腐败"、"三治"结合、"共建共治共享"等乡村治理理念,是在探索破解乡村治理难题、增强乡村发展动力、厚植乡村发展土壤、实现乡村治理体系和治理能力现代化方案过程中逐步提出来的,对于凝聚全党全国人民共识、增强社会治理活力和动力具有深远的指导意义。这些理念清晰地描绘了中国乡村治理的核心要义以及要走的道路,深刻回答了为什么要推进乡村治理体系和治理能力现代化、推进什么样的乡村治理体系和治理能力现代化、怎样推进乡村治理体系和治理能力现代化等一系列重大理论和实践问题。乡村治理理念及其制度转化和实践运作所描绘的是一幅幅理念前瞻的可期许的美好生活愿景,所展示的是正在开启的创造农村美好生活的新征程。基于对新时代"发展"与"现实"之间的逻辑关系的深入思考,深入理解和践行新时代中国共产党乡村治理理念,有助于引领乡村治理实践、提升乡村治理能力、促进乡村全面振兴,有助于在实践中逐渐完善中国特色乡村治理体系。

1. 指引乡村治理发展方向

乡村振兴是中国共产党从国家事业全局出发、立足于实现"两个一百

---

① 《十九大以来重要文献选编》(上),中央文献出版社 2019 年版,第 34 页。
② 《十九大以来重要文献选编》(中),中央文献出版社 2021 年版,第 287 页。

年"奋斗目标、顺应农业农村现代化需要和农民群众对美好生活的向往而作出的重大战略决策。党的十九届五中全会提出,优先发展农业农村,全面推进乡村振兴。党的二十大将"全面推进乡村振兴"的内涵明确为"扎实推动乡村产业、人才、文化、生态、组织振兴"。而乡村全面振兴需要通过乡村治理尤其需要通过实现乡村"善治"增加动能,这是因为乡村治理是乡村振兴整个系统工程中不可缺少的有机组成部分和基础环节,推进并加强乡村治理体系建设是实现乡村全面振兴的必要条件和重要保障。

在新时代乡村治理体系建设的理论探索和实践中,将乡村治理和乡村振兴结合起来,以乡村治理理念指导乡村治理实践,能够更好地引领和促进乡村振兴,并不断为乡村振兴注入活力和内生动力。农民是乡村治理的最大主体,是乡村振兴的依靠力量,乡村治理和乡村振兴没有广大农民的积极参与,必将一事无成。

在乡村治理过程中,摆在首位的是发挥农民主体性,保障农民主体地位,激发农民主体功能和主观能动性,而"以人民为中心"是农村基层民主的核心价值,从人民利益出发,始终为人民服务,是引领和规范农村基层民主创新发展的价值维度。马克思主义认为,历史活动是人追求自身目的的活动,整个历史过程是由活生生的人民群众本身的发展所决定的。坚持以人民为中心的发展思想,首先要尊重并充分发挥农民的主体性,激发农民群众参与乡村治理的积极性;其次要尊重并充分发挥农民的首创精神,坚持在发展乡村产业、实施乡村建设行动、推动城乡融合发展中全方位鼓励和引导农民参与乡村治理体系构建、政策制定、活动实施、过程监督和成果分享,始终做到在乡村治理中问需于民、问计于民、问政于民。

乡村治理的最高境界是多元主体主动发挥自身"优势",实现协同"互动"格局。而只有坚持用"以人民为中心"的发展思想,鼓励、引导乡村社会多元主体达成利益共识,在基层党委领导和政府支持下积极参与乡村建设行动,才能最终形成适合多元主体参与的乡村治理空间体系。所以,坚持以人民为中心,必须把增强农民主体性、保障农民主体地位和主体权利作为核心诉求,把实现乡村治理体系和治理能力现代化作为出发点,把实现农民主体性权利置于乡村社会治理进程发展逻辑之中,把政府主导的他治和村民自主履职的自治结合起来,把多元主体实现农民利益的治理转化为农民自己实现自身利益的治理,从而使乡村治理的目的和过程兼具价值理性和实践理性双重属性。

从农民主体需求出发,改变当前乡村治理困境,是确保国家与农民、基层政府与农民之间形成良性互动关系的前提,培养农民形成"自我约束、自我教育、自我管理"的素养和习惯,教育并引导他们自觉成为乡村公序良俗的维护者、倡导者,是实现乡村"善治"的基本途径。我们找到了这条途径,但还需要继续完善在这条途径上顺利行走的运行机制。促进"为了农民"和"依靠农民"紧密结合的关键,是把"民主选举、民主决策、民主协商、民主管理、民主监督"的运行机制和实现机制规范化、法治化,把书面上的"拓宽农民参与乡村治理渠道,坚持协商于民、协商为民"变为现实中的具体行动。以上体现了中国共产党的乡村治理理念对于新时代乡村治理目标和治理方式的导向需求,也必将发挥促进乡村振兴战略有效实施的指导作用。

2. 加快提升乡村治理能力

党的十九届四中全会明确指出,中国特色社会主义制度和国家治理体系是具有强大生命力和巨大优越性的制度和治理体系。为了在乡村领域巩固和发展这些制度优势,就需要以中国共产党的新时代乡村治理理念为引领,不断探索乡村治理新路径,完善乡村治理制度,创新乡村治理模式,增强乡村治理制度执行力,丰富乡村治理技术手段,提高乡村治理法治化水平,实现乡村"善治"。

乡村"善治"不仅能够推动乡村社会形成良好道德风尚、维护农民合法权益,而且有助于乡村社会防范风险、化解矛盾、息诉止争。人类社会完全实现自治,尚属于一种理想目标,因为人类是以社会的方式存在的,"人的本质是一切社会关系的总和"。其中,利益关系是最根本的社会关系,人们追求和实现自身利益的过程,也常常是产生利益冲突的过程,这就需要以相应的力量、相应的原则、合理的尺度加以调节。乡村治理理念能指导乡村治理进程科学配置、充分整合、最大限度优化乡村治理资源,促进社会主体利益实现平衡,形成共建共治共享的乡村治理格局。

"三治"结合的治理理念引领"三治"结合的乡村治理实践,其内在逻辑以自治、法治、德治三者深度融合、三者互构为目标。在乡村治理实践中,"三治"结合不是三者相加,而是理顺三者关系、有机整合三者功能,并"坚持自治为基、法治为本、德治为先,健全和创新村党组织领导的充满活力的村民自治机制,强化法律权威地位,以德治滋养法治、涵养自治,让德治贯穿乡村治理全过程。"①对于"三治"关系的定位及其实际运作,要以自治为主体,发挥群众首创精神,激发乡村治理活力;以法治为保障,合理规范主体职能界限,增强乡村治理法治化水平;以德治为基础,推动乡风文明建设,塑造乡村治理灵魂,合理地赋予、科学准确地界定多元主体治理功能,加强自治

———————

① 中共中央、国务院:《乡村振兴战略规划(2018—2022年)》,人民出版社2018年版,第70页。

主体、法治主体、德治主体的职能整合,根据客观需要及时调整和变换它们的角色,使"三治"结合达到最佳状态,运用规则及其权威来维持秩序,避免多元治理主体因利益冲突和过度使用权力而陷入无序状态,推动党委领导、政府治理、社会调节、基层自治良性互动,构建有序化的乡村社会秩序。

共建共治共享的乡村治理理念以更加开放的姿态推动组织振兴、激发组织活力、吸引治理人才,以更加宽阔的视野激活资金来源,有助于创新基层治理模式,提升乡村治理水平和能力。成功开展乡村治理的典型案例表明,乡村治理要求多元主体站位公允,依法分配和占有治理资源,加快形成人人参与、人人尽力、人人共享的共治空间。按照以人为本建设现代化乡村,需要综合运用多种方式、多种手段、多种形式,对乡村治理主体施以积极组织、引导和服务,对乡村治理主体关系和治理行为施以正确协调,需要动员和聚集乡村社会强大的共治合力,推进乡村社会治理秉持自身规律、坚持因地制宜,科学处理政府自上而下统筹与基层社会自下而上探索之间的关系,不断提升乡村治理综合能力,构建既符合时代发展潮流,又切合乡村实际需要,并有助于推进乡村治理体系现代化的乡村治理模式。

3.助力实现乡村治理目标

乡村治理作为社会治理的切入点、国家治理的基石,在国家治理体系现代化建设中必须受到应有的重视。党的十九届五中全会提出,"十四五"期间要努力实现"社会治理特别是基层治理水平明显提高"的目标。中国依然是农业大国,重农固本是安民之基、治国之要,尤其在当今国际局势变幻莫测、国家安全面临诸多风险和挑战的背景下,维护乡村社会稳定、加强乡村建设、促进农业发展,具有十分重要的意义。现阶段,中国人民日益增长的美好生活需要和不平衡不充分的发展之间的矛盾在乡村依然突出,乡村社会发展与国家建设步伐相协调,是实现中华民族伟大复兴的重要方面。近年来,中央反复强调"构建基层社会治理新格局",足以说明包括乡村社会治理在内的基层社会治理的重要价值愈来愈加凸显。构建乡村治理新格局,必须以党的乡村治理理念为引领,拓宽群众参与基层社会治理的制度化渠道,"推动社会治理和服务重心向基层下移,把更多资源下沉到基层,更好提供精准化、精细化服务。"[1]乡村治理水平高低和能力强弱,直接影响着国家治理现代化实现程度,也影响着党的执政根基的巩固和对农民群众利益的维护。中国共产党的乡村治理理念在马克思主义发展观、全球发展理论的思想史上具有重大理论价值,以保障农民主体地位、维护和发展农民基

---

① 《十九大以来重要文献选编》(中),中央文献出版社 2021 年版,第 288 页。

本权利、促进社会公平正义、改善农村民生为主线,对于实现中华民族伟大复兴中国梦具有深远的实践指导作用,对于当今世界各国人民共同构建"人类命运共同体"也具有引导作用。

新理念引领新时代的乡村治理体系建设。乡村治理事业需要科学的乡村治理理念作指导,新时代乡村治理理念是当前中国乡村社会发展的思想坐标,它融合了中国几千年的乡村治理智慧,将依法治国贯穿到依法治村,昭示了新时代的乡村治理正在走出一条独具中国特色的发展道路,并将超越以往低效的传统治理逻辑,实现从基层治理实践到理论升华的伟大飞跃,有助于确保"十四五"时期实现乡村有效治理和民主治理有机结合的治理目标。当然,这一切都有赖于乡村治理体系的持续建构和逐渐完善。

第三节　推动实践探索

推进中国特色乡村治理体系建设,需要不断探索乡村治理新路径,而以人民为中心的发展思想在乡村治理领域的深入实践,不仅需要以中国特色乡村治理体系建设为依托,而且需要不断创新乡村治理实践方式。为了实现乡村"善治"目标,中国共产党在鼓励基层群众实践并系统总结基层群众实践经验的基础上,在乡村治理体制机制、治理方式、治理路径等方面进行了全面、深入、系统的探索,促进了中国特色乡村治理体系建设进程。

一、探索乡村"善治"之路

实施乡村振兴战略,是党的十八大以来中央推动农村深刻变革和全面发展的最重要举措。乡村振兴不仅包括实现乡村"善治",而且需要以实现乡村"善治"为条件,有序推进乡村全面振兴。因此,围绕如何建设法治乡村、实现乡村全面振兴,中国共产党对 2020 年至 2035 年的中国乡村治理总体目标和实施步骤做出了全面系统规划和具体部署,即到 2020 年基本形成现代乡村治理制度框架和政策体系,更好发挥农村基层党组织战斗堡垒作用,加强农村基层组织建设,进一步深化村民自治实践,着力健全以村级议事协商制度为依托的基层民主,完善现代乡村治理体系;到 2035 年,显著提高乡村公共服务、公共管理、公共安全保障水平,使党组织领导的自治、法治、德治相结合的乡村治理体系更加完善,乡村治理体系和治理能力现代化基本实现。当然,这里讲的基本实现乡村治理体系和治理能力现代化,主要是指基层党组织的领导更加强化、乡村治理体制机制更加完善、"三治"结合的乡村社会治理体系更加健全、社会协同治理水平进一步提高、社会参与渠道更加拓展、乡村治理载体更加丰富、治理效果进一步提升,等等。

1. 从机制创新入手,推进乡村治理体系建设

"机制"一词起源于物理学,被引申到生物学和医学,后引入经济学的研究,"指一定经济机体内各要素之间相互联系和作用的关系及其功能"。乡村治理机制实质上就是乡村治理结构运行的机制,也可以理解为乡村治理体系的运行方式和乡村治理目标的实现形式。随着中国共产党对依法治国必要性和重要性的认识不断深化,党的十八大以来,党和政府在调整和发展乡村治理理念的同时,相应地调整和优化乡村治理结构,合理配置党和政府及社会组织的治理职能,科学界定治理主体权能、权责边界和关系,深入探索乡村治理目标的实现形式,乡村治理取得了显著成效。2012 年 12 月 31 日,中央农村工作会议首次从推进乡村治理工作层面提出了"完善乡村治理机制","建立健全符合国情、规范有序、充满活力的乡村治理机制"[1]的任务和要求。2013 年党的十八届三中全会通过的《中共中央关于全面深化改革若干重大问题的决定》,明确提出"开展形式多样的基层民主协商,推进基层协商制度化,建立健全居民、村民监督机制"。[2] 2015 年根据党的十八届五中全会建议制定的《中华人民共和国国民经济和社会发展第十三个五年规划纲要》,提出了一系列关于乡村治理体制机制建设的任务和要求,如"依法厘清基层政府和社区组织权责边界,建立社区、社会组织、社会工作者联动机制"[3],"完善公众参与机制;依法保障居民知情权、参与权、决策权和监督权,完善公众参与治理的制度化渠道";[4]"完善社会治安综合治理体制机制,以信息化为支撑加快建设社会治安立体防控体系,建设基础综合服务管理平台",[5]等等。2019 年 6 月,中共中央、国务院印发的《关于加强和改进乡村治理的指导意见》,进一步就"健全乡村矛盾纠纷调处化解机制","完善调解、仲裁、行政裁决、行政复议、诉讼等有机衔接、相互协调的多元化纠纷解决机制","完善信息收集、处置、反馈工作机制和联动机制"等作出了明确规定。

---

① 《中共中央国务院关于加快发展现代农业进一步增强农村发展活力的若干意见》,中国政府网,2013 年 1 月 31 日。

② 《十八大以来重要文献选编》(上),中央文献出版社 2014 年版,第 528 页。

③ 《中华人民共和国国民经济和社会发展第十三个五年规划纲要》,人民出版社 2016 年版,第 175 页。

④ 《中华人民共和国国民经济和社会发展第十三个五年规划纲要》,人民出版社 2016 年版,第 176 页。

⑤ 《中华人民共和国国民经济和社会发展第十三个五年规划纲要》,人民出版社 2016 年版,第 178 页。

以完善治理机制推动乡村治理体系建设,以健全乡村治理制度保障乡村治理体系有效运行,是新时代中国乡村治理制度创新发展的重要起点,并促进了中国乡村治理实践的历史发展进程。

2. 以体制创新推进乡村治理进程

由上可知,乡村治理体制是关于乡村治理主体结构及其职能关系的制度安排,对于乡村治理体系或乡村治理制度运行过程和运行效果具有决定性意义。

新时代中国共产党对于乡村治理体制的探索,始于 2013 年,主要是围绕治理主体职能关系调整和优化而展开的。该年召开的党的十八届三中全会通过的《中共中央关于全面深化改革若干重大问题的决定》,并没有对乡村治理体制改革作出具体规定,而是比较宏观地、笼统地提到了社会治理体制改革问题,并提出:"推进社会领域制度创新,推进基本公共服务均等化,加快形成科学有效的社会治理体制。"①2015 年全国人大根据党的十八届五中全会建议,通过了《中华人民共和国国民经济和社会发展第十三个五年规划纲要》,除在宏观层面阐述了社会治理体制的内涵之外,还在微观层面提出了完善、创新城乡社区治理体制的目标任务和具体要求,提出"完善党委领导、政府主导、社会协同、公众参与、法治保障的社会治理体制,实现政府治理和社会调节、居民自治良性互动"②;"完善城乡社区治理体制","形成政社分开、权责明确、依法自治的现代社会组织体制","完善社会治安综合治理体制机制"③,等等。

2017 年 12 月召开的中央农村工作会议,要求以健全治理体制机制推进乡村治理进程,明确提出走乡村"善治"之路,即"建立健全党委领导、政府负责、社会协同、公众参与、法治保障的现代乡村社会治理体制"④,这是中央第一次专门针对乡村治理问题,比较完整地阐释乡村治理体制的具体内涵。2018 年,中共中央、国务院印发的《关于实施乡村振兴战略的意见》,把"治理有效"作为实现乡村振兴的重要基础,进一步强调:"必须把夯实基层基础作为固本之策,建立健全党委领导、政府负责、社会协同、公众参与、

---

① 《十八大以来重要文献选编》(上),中央文献出版社 2014 年版,第 513 页。
② 《中华人民共和国国民经济和社会发展第十三个五年规划纲要》,人民出版社 2016 年版,第 174 页。
③ 《中华人民共和国国民经济和社会发展第十三个五年规划纲要》,人民出版社 2016 年版,第 178 页。
④ 《十九大以来重要文献选编》(上),中央文献出版社 2019 年版,第 152 页。

法治保障的现代乡村社会治理体制。"①2019年6月,中共中央、国务院印发了《关于加强和改进乡村治理的指导意见》,要求各级党委政府紧紧围绕统筹推进"五位一体"总体布局、协调推进"四个全面"战略布局,按照实施乡村振兴战略的总体要求,"建立健全党委领导、政府负责、社会协同、公众参与、法治保障、科技支撑的现代乡村社会治理体制,"②并将加快完善基层党组织领导乡村治理的体制机制,作为各级党委、政府、农村基层群众推动乡村治理工作的主要任务。以上表明,党的十八届三中全会以后,中央关于"推进社会领域制度创新"的重要论述,主要是围绕拓展乡村治理体制内涵、创新乡村治理机制展开的,至此,中央关于乡村治理体制基本内涵的表述基本上固定了下来,至今只是增加了"民主协商"的内容。关于乡村治理体制和建设目标的权威表述,2021年6月1日起开始实施的《中华人民共和国乡村振兴促进法》第四十一条做了如下规定:"建立健全党委领导、政府负责、民主协商、社会协同、公众参与、法治保障、科技支撑的现代乡村社会治理体制和自治、法治、德治相结合的乡村社会治理体系,建设充满活力、和谐有序的善治乡村。"这是在国家涉农立法方面第一次全面地阐述乡村治理体制和治理体系建设问题。

3. 建立健全中国特色乡村治理体系

构建和完善新时代社会治理体系是在2015年明确提出来的,但在实践中,将社会治理体系建设的重点放在了调整和优化组织结构、主体职能配置及其关系、治理方式以及运行机制建设上,在乡村治理体系建设方面也大致如此。根据党的十八届五中全会建议制定的"十三五"规划纲要明确强调:"完善社会治理体系"③是"十三五"期间中国政府和全国人民的重要工作任务。2017年10月,党的十九大专门就"加强农村基层基础工作,健全自治、法治、德治相结合的乡村治理体系"④做出了战略部署。同年12月,中央农村工作会议进一步要求:"必须创新乡村治理体系,走乡村善治之路。"在此基础上,2019年1月召开的中央农村工作会议提出,要加快健全乡村治理体系步伐,并要求各地"开展乡村治理体系建设试点和乡村治理示范村镇创建。加强自治组织规范化制度化建设,健全村级议事协商制度,推进

---

①　《十九大以来重要文献选编》(上),中央文献出版社2019年版,第167页。
②　《中共中央国务院关于加强和改进乡村治理的指导意见》,中国政府网,2019年6月23日。
③　《中华人民共和国国民经济和社会发展第十三个五年规划纲要》,人民出版社2016年版,第174页。
④　《习近平谈治国理政》第三卷,外文出版社2020年版,第25页。

村级事务公开。加强村级权力有效监督。指导农村普遍制定或修订村规民约。推进农村基层依法治理,建立健全公共法律服务体系"①。同年6月23日印发的《关于加强和改进乡村治理的指导意见》,要求各级党委和政府要坚持把夯实基层基础作为固本之策,把治理体系和治理能力建设作为主攻方向,把保障和改善农村民生、促进农村和谐稳定作为乡村治理的根本目标,加快"健全党组织领导的自治、法治、德治相结合的乡村治理体系"。②综上所述,关于中国特色乡村治理体系建设基本上是围绕实现"三治"有机结合而展开的,其着力点主要体现在以下方面:

第一,在组织建设方面,建立以农村基层党组织为领导核心、基层政府负主要责任、村民自治组织和村务监督组织为基础、集体经济组织和农民合作组织为纽带、其他经济社会组织为补充的乡村治理组织体系。

第二,在组织职能配置方面,村党组织全面领导村民委员会、村务监督委员会、村集体经济组织、农民合作组织和其他经济社会组织;村民委员会履行基层群众性自治组织功能,增强村民自我管理、自我教育、自我服务能力;村务监督委员会发挥在村务决策和公开、财产管理、工程项目建设、惠农政策措施落实等事项上的监督作用;集体经济组织发挥在管理集体资产、合理开发集体资源、服务集体成员等方面的作用;农民合作组织和其他经济社会组织依照国家法律和各自章程充分行使职权。

第三,在村"两委"主要干部任职资格和选拔任用方面,村党组织书记应当通过法定程序担任村民委员会主任和村级集体经济组织、合作经济组织负责人,村"两委"班子成员应当交叉任职;村务监督委员会主任一般由党员担任,可以由非村民委员会成员的村党组织班子成员兼任;村民委员会成员、村民代表中的党员应当占一定比例。

第四,在村级组织议事制度方面,健全重要事项、重大问题由村党组织研究讨论机制,全面落实"四议两公开"即村党支部会议提议、村"两委"会议商议、党员大会审议、村民代表会议或村民会议决议;决议公开、实施结果公开。

第五,在基本队伍、基本活动、基本阵地、基本制度、基本保障建设方面,实施村党组织带头人整体优化提升行动,持续整顿软弱涣散村党组织,整乡推进、整县提升;全面落实村"两委"换届候选人县级联审机制,坚决防止和查处以贿选等不正当手段影响、控制村"两委"换届选举的行为,严厉打击

① 《十九大以来重要文献选编》(上),中央文献出版社2019年版,第759页。
② 《中共中央国务院关于加强和改进乡村治理的指导意见》,中国政府网,2019年6月23日。

干扰破坏村"两委"换届选举的黑恶势力、宗族势力、宗教势力;坚决把受过刑事处罚、存在"村霸"和涉黑涉恶、涉邪教等问题的人清理出村干部队伍。

第六,完善政策措施,坚持抓乡促村,把乡镇建设成"乡村治理中心、农村服务中心、乡村经济中心",落实县乡党委抓农村基层党组织建设和乡村治理的主体责任;落实乡镇党委直接责任,乡镇党委书记和党委领导班子成员等要包村联户,村"两委"成员要入户走访,及时发现并研究解决农村基层党组织建设、乡村治理和群众生产生活等方面的问题;健全以财政投入为主的稳定的村级组织运转经费。

4. 推进组织平台建设,抵御小微权力腐败

党的十八大以来,在推进乡村治理平台建设方面,党中央和中国政府根据当前乡村治理体系建设面临的问题和挑战,主要开展了以下工作:

第一,完善县乡政府责任规范,"建立县级领导干部和县直部门主要负责人包村制度。乡镇是为农服务中心,要加强管理服务,整合审批、服务、执法等方面力量,建立健全统一管理服务平台,实现一站式办理"。①

第二,健全村级议事协商制度,形成民事民议、民事民办、民事民管的多层次基层治理民主协商格局。创新协商议事形式和活动载体,以村民会议、村民代表会议、村民议事会、村民理事会、村民监事会等为依托,鼓励农村开展村民说事、民情恳谈、百姓议事、妇女议事等各种民主协商活动。

第三,推动法院跨域立案系统、检察服务平台、公安综合窗口、人民调解组织等执法、司法、调解重心向农村基层下沉,使国家执法、司法、调解组织在自然空间和心理空间上紧紧贴近农民群众,时刻针对各种违法犯罪和其他侵害民众利益的行为,践行执法为民、司法为民、调解为民的理念,提高基层办案质量和水平,为化解乡村社会矛盾、满足农民群众诉求、维护社会和谐提供便利。

第四,理性地看待基层社会组织,有计划有步骤地培育社会组织,着力"支持行业协会商会类、科技类、公益慈善类、社区服务类社会组织发展","完善公众参与治理的制度化渠道","建设基础综合服务管理平台"②;进一步"推进村级事务公开,加强村级权力有效监督,指导农村普遍制定或修订村规民约"③。

第五,加大基层小微权力腐败惩治力度。明确每项权力行使的法规依

---

① 《十九大以来重要文献选编》(中),中央文献出版社 2021 年版,第 365 页。
② 《中华人民共和国国民经济和社会发展第十三个五年规划纲要》,人民出版社 2016 年版,第 176、178 页。
③ 《十九大以来重要文献选编》(上),中央文献出版社 2019 年版,第 759 页。

据、运行范围、执行主体、程序步骤、责任分担。建立健全小微权力监督制度,形成群众监督、村务监督委员会监督、上级部门监督、会计核算监督、审计监督等全覆盖全过程实时、分层、多方联网的监督体系。织密基层小微权力运行的"廉政防护网",健全农村基层微腐败整治长效机制,推进农村巡察工作制度化、规范化、程序化,加大对侵害农民利益的腐败行为的查处力度,等等。

二、推动党的治理理念制度化

为了消除全国各地在贯彻落实党的乡村治理理念过程中存在的"一切向上看""空喊口号""耍花架子""运动式治理"及各类形式主义现象等,提高和增强以党的乡村治理理念引领乡村治理体系建设的功能,不断强化乡村治理实际效能,需要通过加强党内法规、国家法律、社会规范等不同层次、不同效力的制度体系建设,把中国共产党的乡村治理理念系统地转化为一定形式的制度性规范。具体实施路径为:以党的乡村治理理念、中央和国家有关政策为依据,通过不同治理主体根据自己职责和权限,以制定和完善党内法规、国家法律和社会规范等形式,对基层党委政府、各类社会组织和农村居民参与乡村治理的职责、履职程序、责任追究等做出刚性和明确规定,把党的乡村治理理念转化为党规、国法和社会规范或以它们为载体,用来指导和规范各类治理主体在乡村治理中的履职行为,有序推进乡村治理规划实施,加快实现乡村"善治"进程。

将党的乡村治理理念转化为制度规范,首先,需要明确党的乡村治理理念在乡村治理规范制定中的指导意义,使其深刻嵌入乡村治理主体头脑,转化为他们的日常行为习惯,发挥规范乡村治理主体行为的作用;其次,需要深刻理解和把握乡村治理理念的纲领性、抽象性、概括性特征,准确地将其丰富内涵加以明确化、具体化,同时要严格规范不同主体职能范围及其行为边界,正确把握主体职能间的内在逻辑关系,为其转化为制度形态奠定认知基础;再次,制度规范应该具有包容性、针对性、明确性、准确性、可操作性等特征,在规定治理主体行为底线的同时,还应该为其预留因应施策、因需创新的自由空间,以便增强治理制度的适应性和内在活力,充分发挥制度在乡村治理中的规范效能。

采取制定党规、国法、民间法等立规矩的方式,推动中国共产党的乡村治理理念向制度形态转化,原因在于任何理论一旦转化为法律法规,便对相关主体具有了强制性约束功能,成为他们必须遵守和执行的命令,并对他们的行为具有了刚性规制效应。而作为植根于中国农村社会实际和农民切身利益、推动农村社会发展和现代乡村治理所必需的中国共产党的乡村治理理念，一旦上升为法律法规等制度形态，就意味着相关治理主体必须遵照执行。因此，在根据农民权利诉求、乡村社会发展变化，促进乡村治理理念不断丰富和发展的同时，还应该根据乡村治理的实际需要及时地把这些理念转化为法规法律或其他制度形态，以保障将它们真正落到实处。只有这样，才能体现出理念的价值不是在于先进、利民、动听和感人，而是在于实际具有指导人们行动的效能，在于督促各级党组织和政府实实在在地践行，在于能够动员乡村一切政治社会力量有序参与到乡村治理中来，推动乡村治理实践不断向前发展，即在于使其由观念形态变为社会现实，而不是把它们当作挂在嘴边的感人的口号。因为只有能够变为现实的理念，才是真实的和有价值的。所以，必须通过立规建制、政府施策、民众参与等有效途径，将党的乡村治理理念上升为国家意志或社会规范，真正发挥其在乡村治理中的价值引领、制度保障和实践推动作用。

目前正在实施的《中国共产党农村基层组织工作条例》《中华人民共和国村民委员会组织法》《中华人民共和国乡村振兴促进法》以及一些地方人大制定的乡村治理条例、各地农村普遍制定和实施的村规民约等，是把党的乡村社会建设和乡村治理理念转化为党规、国家法律和民间法律的具体体现。伴随基层治理重心下沉、村党支部书记普遍兼任村委会主任的乡村组织结构和治理结构变迁，如何在基层民主实践发展中推动村民自治制度达到完善，将会成为人们必须深入思考和解答的问题，而进一步修改和完善《村民委员会组织法》、制定《乡村治理法》或《乡村治理监督法》的任务也已经提上了立法日程。伴随着乡村"善治"实践逐步深入、乡村振兴战略全面实施，必将进一步推进农村其他社会领域的立法工作，并为乡村治理体系建设和完善提供契机。

除上述之外，党中央和国务院及中办、国办联合发文指导地方相关工作，也已成为中共中央、国务院贯彻落实工作部署的重要方式，从2017年6月至2023年3月，中共中央先后印发了多部专门指导乡村治理或涉及乡村治理内容的具有法律功能的规范性文件。比如，《关于加强和完善城乡社区治理的意见》《关于加强和改进乡村治理的指导意见》《关于加强法治乡村建设的意见》《关于加强基层治理体系和治理能力现代化建设的意见》《乡村建设行动实施方案》等，这些规范性文件对于指导乡村治理实践、推进乡村治理理念向制度转化、加强中国特色乡村治理体系建设，都发挥了重要作用。

三、以加强党建压实主体责任

在乡村治理过程中,适时调整和优化乡村治理结构,科学合理配置主体职能,尤其充分发挥村"两委"主体功能,依法规范其履职方式,对于增强乡村治理效能始终具有十分重要的意义。在实践中,由于多元治理主体之间的关系错综复杂,一方面作为乡村社会治理共同体成员,他们具有共同的利益诉求和治理目标,为了实现共同利益,需要不断沟通协商、加强合作与互动;另一方面,由于他们分别处于利益共同体的不同利益层面,所关注的重点领域和所追求的具体目标存在明显差异,从而又使他们成为了相互矛盾的利益共同体。当他们所关注和追求的价值目标的共同之处多于分歧、利益关系紧密的时候,他们便可以平等协商、合作共处;而当他们所关注和追求的价值目标出现分歧、个别主体将个人或团体利益置于共同体利益之上的时候,他们之间的关系可能会处于紧张状态,可能对构建共建共治共享的治理格局带来一定冲击。

以上表明,在一些乡村高素质人才和有效治理主体缺失的状态下,提升乡村治理效能的最佳路径选择,无非是通过强化基层党委领导功能,压实基层政府服务乡村、治理乡村的主体责任,加大对基层党组织和政府履职监督,加大对关键主体失职渎职处罚力度,保障关键主体在乡村治理过程中始终不缺位、不失职、不渎职,而是要恪尽职守、履职尽责、积极担当,乡村治理才能有序有效运行。具体而言,顶层设计关于提高基层党组织、政府组织、社会组织治理效能的实施路径主要有以下方面:

一是加强政府系统的乡村治理领导机构和职能部门履职建设,设置专职机构或专职人员专司乡村治理领导、指导工作,建立健全基层党组织和政府研究、部署、开展乡村建设和治理工作的常态化机制,根据基层党组织和基层政府承受能力、上级政府所能提供的公共资源,逐年适量增加乡村建设和治理资金投入规模和力度。

二是从上级委派和就地培养两个维度加强村"两委"组织建设力度,把提高村"两委"领导能力、执行能力、组织协调能力放在首位;推动乡村集体经济组织、产业合作组织建设和发展,加大乡村社会组织建设、培育、扶持力度,使它们尽快成长和成熟起来,更好地发挥发展乡村经济、促进乡村治理的作用。

三是推动义务教育优质均衡发展和城乡一体化,做好城乡一体化所需资金、人才、技术等方面的筹划落实工作,办好农村义务教育、医疗卫生、社会保障事业,建立和完善城乡公共服务均等化制度保障体系。

四是有计划、有步骤地改善乡村生活环境和创业环境,国家在农民就业、创业方面建立专项保障基金和风险兜底基金,解决农民后顾之忧,保障他们充分享有展现个人能力、释放自身价值的机会,从而留住一些本地人才、吸引一些外来人才、培养一些创业人才。

四、优化乡村一线治理结构

20 世纪 90 年代中期以来,农村经济社会发展面临农民收入增长缓慢,城乡收入差距拉大;农业生产模式、农村基础设施建设落后,投资环境长期得不到改善;农村地区发展水平落差较大,农村中小企业发展举步维艰的困难局面。而实现农村经济再次腾飞和持续健康发展,必须在全国范围内营造乡村振兴的制度环境,筑牢有效实施农业发展和乡村振兴战略的组织基础。建立健全规范化、法治化、常态化的农村组织生活,尤其需要从以下 5 个方面加强村"两委"一线建设,健全以村党组织为核心的组织体系,处理好村"两委"之间的关系,优化乡村治理结构,激发村组织内部工作动能。

（1）把握好"选人用人"标准

"政治路线确定之后,干部就是决定的因素"[1],干部的重要性已为无数正反两方面的历史经验所反复证明。对于选拔任用农村干部而言,除了严格执行党章、党规和《村民委员会组织法》规定的标准外,还应该始终坚持把民意即人民群众是否喜欢和满意放在突出位置。在干部选拔任用过程中,必须始终坚持走群众路线,有序扩大人民群众的选择权,尤其应该完善上级组织监督、强化农村党员和农民群众共同推荐候选人程序,杜绝先由上级组织委派或内定,再到群众当中征求意见等走过场现象;同时应该建立黑名单制度,对于在干部选拔任用过程中上下串通、暗箱操作、徇私舞弊者,按照党纪政纪严肃查处,并且永远不得担任领导职务。

（2）优化、细化村"两委"工作职责

《中国共产党农村基层组织工作条例》和《村民委员会组织法》都明确规定:农村党支部领导、支持和保障村民依法开展自治活动,直接行使民主权利;后者还规定村委会除依法支持农村各类组织主体、个体农民开展经济活动外,还须负责办理本村公共事务和公益事业。在实际运行中,一些地区除实行村党支部书记兼村委会主任体制外,或以村支部书记统领和负责村工作全局的方式,解决村"两委"主要干部争权夺利、推诿扯皮等问题,也存在个别农村因村委会主任比较强势,或凭借其比较强大的家族势力,操控农

---

[1]　《毛泽东选集》第二卷,人民出版社 1991 年版,第 526 页。

村一切权力的现象。从维护乡村和谐稳定、改善民生需求的实际效果看,实行以村支书兼村委会主任及以党支部为核心与分权相结合的治理体制,即强化村党支部领导和保障功能,合理配置村委会的工作职能并保障其执行力,拓宽多元主体参与乡村建设和治理渠道,建立乡镇党组织、政府与村党支部双重领导的村民监督机构或财务小组,划定监督范围和监督事项,及时公布监督结果等,更加有利于解决村干部不作为、滥用职权、以权谋私、徇私枉法等问题。

（3）规范各方面工作制度,加强村"两委"沟通和联动

农村社会正常运转,需要建立和规范各方面工作制度,督促村"两委"常态化、长效性地开展工作。因此,首先应该建立健全村党支部周会制度,完善村"两委"联席会议制度,由村党支部书记主持商讨重大村务,然后交由村民代表会议讨论,通过后由村委会负责实施;第二,建立村委会向党支部汇报工作制度,由村委会对产业结构调整、公益事业、村务公开、村民自治等群众关心的问题,按月份或季度向村党支部汇报,遇有重大问题或事项,及时向党支部汇报;第三,建立健全民主评议"两委"干部制度,每年年终由村党支部主持召开党员大会和村民大会或村民代表会议,分别对村"两委"工作进行评议,对于党员和村民提出的问题和意见,及时制定整改措施,限期进行整改。

（4）改进村党支部领导方式和方法

在乡村治理中,村党组织不应陷于处理具体的、琐细的事务中,领导方式和工作方法要坚持与时俱进。目前需要实现由大包大揽向抓大事、抓重点、指导各类组织发挥职能作用转变,由行政化管理向制度管理转变,完善制度管理体系,强化教育、示范、引导、服务功能。具体应该做到:不包办代替村委会职权,更不能直接决定和实施属于村民自治范围内的事项;按照党的农村工作路线、方针、政策和国家法律法规,把握正确的政治方向,对违反政策和法律的行为绝不放任;领导村民依法自治,支持和保障村民直接行使真正民主的选举、决策、协商、管理、监督等项权利,善于把党组织的意见上升为村民意志,保障村民自治合法有序运行;支持村委会依法行使职权,并动员、组织党员带头执行。群众路线是党的根本政治路线,作为农村一线党组织,本身就是由农村党员组成的,没有任何理由不执行群众路线,所以更加需要监督村党组织和领导干部,在处理涉民利益问题上,始终坚持民主协商,紧密依靠群众开展工作。

（5）始终把改善民生作为首要任务

农村一切工作归根结底是为了改善民生,因此,乡村治理体系和治理能

力现代化建设也必须以改善民生为目的。围绕改善民生开展乡村治理体系和治理能力建设，需要始终将发展农村经济、增加农民收入、改善农民生活放在村党支部、村委会一切工作的首位，大力倡导并不断通过完善监督机制，督促农村一线干部为群众办实事、密切联系群众、关心群众生活、注意工作方法、带领群众共同致富，力戒各种形式主义和只对上负责而不对人民群众负责的官僚主义作风。

五、发挥家教家风治理效能

"注重发挥家庭家教家风在基层社会治理中的重要作用"[①]，是党中央提出的加强乡村治理体系建设的重要内容。农村是由一个个家庭组成的社会共同体，家庭在乡村治理中占有重要地位。北宋大史学家司马光在谈到治家与治国的关系时曾引用《大学》中的语句说："所谓治国必先齐家者，其家不可教，而能教人者，无之。故君子不出家而成教于国。"[②]治家对于治国的意义尚且如此，对乡村治理的重要性就更无须赘言了。费孝通先生在《乡土中国》中提出，中国由亲属关系、地缘关系所决定的差等次序关系，造就了中国独特的"差序格局"，社会关系如同"一块石头丢在水面上所发生的一圈圈推出去的波纹"，每个人都会受到波纹影响。

在传统乡土社会，"家"并没有严格的区分或团体界限，家族、氏族、部落都可以为家，"家"的功能是多方面的，最重要的是生育、繁衍人口，延续血脉，当然也被赋予了经济、政治、教育、宗教等更复杂的社会功能。社会教化的起点是家庭教化，古代人推崇并严格遵守"三纲五常"，常把夫妻、父子、君臣三重关系并列起来，通过规范家庭关系实现社会和谐、政治安定和社会治理的目的，这便是中国为什么自古就形成了"家训族规"这道独特的风景线的缘由。"家训"是一个家庭或家族的组织纪律，体现了一个家庭或家族的基本价值观；而"族规"更像有许多家庭组成的家族的法律，即一定族群的家庭关系和成员活动的具体规范。"家训族规"与家风乡风构成了中国传统的家文化和乡土文化，深入到每个家庭、家族、族群及其成员，植根于广大乡村民众，逐渐演化为民族精神的基因，形成国家治理和社会治理的文化基础。家训族规作为家庭教化的一种教材和形式，可以通过对家庭成员或温情的或严厉的教化和有序治理，由基层逐渐达到"齐家—治国—平天下"的目的。

---

① 《十九大以来重要文献选编》（中），中央文献出版社2021年版，第288页。
② 《礼记·大学》。

　　乡村社会治理应该重视家教家风的作用,重视"家"文化的深远影响,既要继承优秀传统文化,更要赋予其新的时代内涵:第一,将家庭建设纳入基层社会治理之中,发挥家庭在社会治理中的作用,展现人民当家作主的思想,使家国同构在制度上得以优化和保证;第二,破除传统等级观念,构建新型家庭关系,使家庭成员由被动的治理者转化为治理的主动参与者。党的十八大以来,中央多次提出要注重家庭家教家风,赋予了家庭建设新内涵,强调家庭成员为基层社会自治主体,自治是基层社会治理的重要途径和最终目的,基层社会治理必须听取家庭建议,汲取家庭智慧;第三,把家庭相对封闭的模式转变为更加开放的模式,主动适应家庭结构发展变化,增进家庭之间互相交往、邻里相助及和谐共处。重视家庭家教家风的作用,体现了新时代乡村治理以人民为中心的立场和观点,体现了重视传统文化,重视历史唯物主义观以及社会治理重心下沉,有利于把更多的治理力量放在基层社区,放在社区中的基本单位——家庭。

　　发挥家教家风的作用是完善村民自治的制度化渠道,也是对新时代乡村治理的制度化安排和机制创新的积极探索。乡村治理是政府、社会、村民共同参与的治理,将来还会发展到以村民自治为主的形态,其不应该停留在社会稳定及一般性事务处理上,而应该通过家庭建设弥补乡村治理存在的缺陷。把如何做家长、如何教育子女,作为基层政府必须考量的一项工作,纳入到乡村治理整体规划和工作部署之中,是构建乡村治理新版图的应有之义。

　　在农村劳动力严重外流的形势下,以建立农村家庭服务机制促进乡村治理机制建设,是基层政府应该积极探索的又一重要课题。随着社会流动节奏及社会结构变化加快,农村青壮年外出打工必然呈常态化态势,由此造成照顾家庭、陪伴老人、教育孩子等方面的问题越来越多,并演化为新的严重的社会问题。如果不把为家庭排忧解难作为乡村治理工作的重要内容,积极探索建立农村社区养老机制、社区家政服务机制、社区家教指导机制,让农村居民不出社区即可解决家庭问题,势必给农村稳定、农民生活安全留下隐患。因此,必须建立农村家庭服务机制,相应地建立家庭工作机制,发挥家庭建设的社会治理功能,以便形成乡村社会长治久安的新局面。

　　发挥家教家风的治理效能,还应该建立激发家庭主动作为的褒奖机制,设置诸如"模范家庭""模范人物"等荣誉称号,鼓励家庭参与农村社区活动的积极性,畅通多样化的家庭之间的沟通渠道,将个人在社区、家庭中的表现记录在案,适时向社会公开村民信息,作为评选、表彰好人好事的依据;奖励在家庭工作方面做出突出成绩的基层工作者,在各级人大代表、各级政协委员、各级妇联执委中为其留出一定席位,加大表彰社区基层工作者力度,鼓励其经常深入居民和老百姓家庭进行调研、开展工作。每个家庭成员都是乡村建设和乡村治理的参与者,都应该以主人翁姿态加入其中,在共建共治中实现共享。

新时代的乡村治理,既要立足于国家整体现代化的宏观视野,又要坚持从微观的家庭建设入手,多维度多层次探索乡村治理现代化的实现路径,将乡村治理与培育健康的社会细胞——美好家庭紧密结合起来,发挥家教家风的乡村治理功能,积极构建和谐稳定、积极向上的乡村社会。

六、加强乡村治理绩效评估

加强乡村治理绩效评估,主要指加强乡村治理制度绩效评估,是一项关乎正确认识乡村治理和基层民主进程的系统工程,需要引入治理绩效评估理论和评估方法,为乡村治理研究提供新的多维视角和有效方法,助力提升乡村治理能力和治理效果。西方学术界在对民主制度绩效进行研究过程中,形成了三个不同学派:一是传统的制度设计学派,认为民主制度绩效高低主要取决于宪政机制,即代议民主制的具体设计,并且同社会对民主价值的尊重密切相关;二是以达尔、李普塞特、伊斯雷尔为代表的现代主义学派,强调制度绩效中的社会经济因素;三是以阿尔蒙德、维巴、白鲁洵为代表的公民文化学派,强调民主制度对公民文化、公民精神的塑造功能。① 三个不同学派虽然是在特定政治环境下,针对西方民主制度绩效进行的研究,但对于当下中国乡村治理绩效研究也有一定的参考价值和借鉴意义。

不同领域的制度绩效评估,需要制定不同的评估指标体系,采取不同的方式方法。乡村治理绩效评估指标体系和方式方法,应该根据实现乡村治理目标而构建的制度体系及其实际运行效果来确定,尤其需要特别关注乡村治理过程中那些具有长效社会影响的治理制度和体制机制的设计。例如,共建共治共享的治理制度中多元主体职能配置及其关系模式的运行效果,自治、法治、德治相结合的运行机制及其运行效果,以及它们与扩大村民政治参与、保障和改善民生、促进社会公平正义、维护社会和谐稳定等内在逻辑关系生成的机理及其实际成效等,都应该纳入乡村治理绩效评估范畴。

在保障和改善民生的多项指标当中,经济收入和消费水平的提高可以用量化指标来计算,而涉及村民基本政治权利、文化权利、环境权利以及精神领域的许多因素,则难以完全用量化指标来计算,只能通过调查研究、理

---

① 郭正林:《如何评估农村治理的制度绩效》,《中国行政管理》2005 年第 4 期。

性分析、逻辑论证等方式来确定。除此之外，应纳入制度绩效评估范围的乡村治理对经济社会发展的影响、对国家治理现代化的价值和贡献等内容，也不宜完全用数学方法来计算，而应该采用更贴近反映其真实效果的综合分析方法。

从中国实践来看，乡村治理是乡镇党委和政府、"七站八所"、扶贫工作队、工青妇等政府及其附属机构，农村党支部、村委会、村务监督委员会、团支部、妇女联合会、各种协会等村级组织，集体经济组织、产业合作组织、股份制公司等多种形式的经济组织，红白理事会、慈善救济会等民间组织以及个体农民等多元主体，通过建立一定的制度机制管理农村公共事务的行为及其过程。乡村治理具有"治理主体的多元性、治理方式的协同性、治理内容的公共性、治理目的的实效性"等特征；在治理目标价值取向上，关涉经济增长和资源可持续开发、利益分配平等和公正及以有效参与为基础的良好秩序、以自主选择为前提的公共参与等多方面内容，这些因素都会对乡村治理绩效产生影响。

1988年中国乡村开始建立和实行村民自治制度，也可看作是中国特色乡村治理体系开始构建的起点，这是一项旨在提高乡村治理水平，推动农村经济和社会协调发展，改善农民生活质量和生产条件的综合性、系统性的社会工程。经过40多年的实践探索，已经对乡村经济、政治、文化、社会生活产生了深刻影响。目前中国正在深入探索并处在形成过程中的共建共治共享的社会治理格局，以及"建设人人有责、人人尽责、人人享有的社会治理共同体，确保人民安居乐业、社会安定有序"[①]的目标构想和社会实践，均以实现民生幸福为基本诉求，极大地拓展了村民自治制度的内涵，并且形成涵盖村民自治的制度体系，这一新的制度体系必将随着乡村治理实践不断深入而继续丰富和发展。所以，客观准确地评估乡村治理绩效，只能通过构建动态与静态相结合、定量分析与定性分析相结合的指标体系来实现。

单就村民自治制度对于乡村治理实际效果的贡献而言，可以从"经济增长与公平分配、公共产品与公共服务、政治认同与公共参与、社会秩序与治理能力四个方面进行综合评估"，[②]但现在的乡村治理制度并非单纯由村民自治制度构成，而是强调多元协商合作、共建共治共享，强调自治、法治、德治相结合，强调党的领导、政府负责和有序发展自治，这些构成现代乡村

---

① 《十九大以来重要文献选编》（中），中央文献出版社2021年版，第287页。
② 郭正林：《如何评估农村治理的制度绩效》，《中国行政管理》2005年第4期。

治理体系的基本要素,自然是评估它们的实际实施效果时必须考量的重要内容。

乡村治理绩效评估过程是乡村治理体系不断完善、乡村治理体系现代化持续推进的过程,向乡村治理评估参与者提出了构建科学合理的绩效评估指标体系、探讨更加准确反映乡村治理实效性的评估方式、评估方法的工作任务。为了加快提高乡村治理绩效评估质量和评估水平,应该制定正确的评估原则和科学的评估指标体系,即以真实、客观、公正、科学的态度对评估主体、评估内容、评估方法、评估结果进行分类。

1. 关于评估主体

评估主体的构成,应该包括利益攸关者、利益相关者、第三方(或中介机构)等三个方面和多个领域具有主体资格的代表。乡村治理的根本目的在于保障农民权利,增加农民福祉,维护社会稳定。农民权利是否得到有效保障、农民收益是否持续增加、农民日常生活是否不断改善、农村经济利益分配是否公平合理,农民、村民自治组织和乡村其他有关组织有着切身感受,他们的利益与乡村治理直接地和密切地联系在一起,因此他们是必不可少的乡村治理绩效评估主体;基层党组织负责领导和监督乡村治理,基层政府对乡村治理负有服务和管理职能,他们有责任对自己履行领导和服务职能的绩效做出客观评判,是乡村治理绩效评估的当然主体;从专业角度讲,引入第三方开展乡村治理绩效评估,可以保障乡村治理绩效评估的客观性、公正性、严肃性和权威性,也体现了法治精神和乡村治理法治化、制度化、规范化趋势,应该大力提倡,但需要通过建章立制规范第三方评估,保证其依法依规开展评估。

由以上主体参与乡村治理绩效评估,农民主体的意见可以直接反映农民对于乡村治理的实际感受和满意度,应当作为评价乡村治理绩效的主要依据;党组织和政府的意见表明其对自己履职效果的主观感受和态度,应当作为评价乡村治理绩效的重要依据;第三方多由具有专业理论和专业知识的人士组成,其意见具有专业性特点,能够更加客观、公正、合理地反映乡村治理绩效,是评价和改进乡村治理工作的基本依据。在实际操作中,整合各方面各领域主体力量进行综合绩效评估,能更全面地反映乡村治理实际效应,应在实践中积极推广和运用。

2. 关于评估内容

评估内容和评估范围,应该围绕乡村治理目标、制度运作、方式方法运用及其实现条件展开,并进行具体分类。比如,党中央提出的乡村治理总体目标是:"到 2020 年,现代乡村治理的制度框架和政策体系基本形成,农村基层党组织更好发挥战斗堡垒作用,以党组织为领导的农村基层组织建设明显加强,村民自治实践进一步深化,村级议事协商制度进一步健全,乡村治理体系进一步完善。到 2035 年,乡村公共服务、公共管理、公共安全保障水平显著提高,党组织领导的自治、法治、德治相结合的乡村治理体系更加完善,乡村社会治理有效、充满活力、和谐有序,乡村治理体系和治理能力基本实现现代化。"①

为了实现上述目标,中央还提出了与之相匹配的 17 项工作任务,即完善村党组织领导乡村治理的体制机制、发挥党员在乡村治理中的先锋模范作用、规范村级组织工作事务、增强村民自治组织能力、丰富村民议事协商形式、全面实施村级事务阳光工程、积极培育和践行社会主义核心价值观、实施乡风文明培育行动、发挥道德模范引领作用、加强农村文化引领、推进法治乡村建设、加强平安乡村建设、健全乡村矛盾纠纷调处化解机制、加大基层小微权力腐败惩治力度、加强农村法律服务供给、支持多方主体参与乡村治理、提升乡镇政府和村委会为农服务能力等。

除以上目标和任务的实现、完成状况应当作为绩效评估内容之外,实现它们所需要的主体条件、法律法规政策等制度体系的完善程度以及经济、文化、社会条件和生态环境的改善状况等,都应该纳入乡村治理绩效评估范围。因为在乡村治理实践中,完成目标任务的过程与创造相关条件的过程是相统一的,只讲目标和任务,不讲实现条件,目标和任务就会落空,只有将它们协调起来、结合起来,既重视农民主体权利的平等保护和公正的利益分配机制构建,又重视营造乡村善治所必需的经济基础、政治环境、文化环境、制度环境、社会环境等所有条件,才能真正实现预设的治理目标和治理任务。所以,可将乡村治理的总目标和总任务细化为经济、政治、文化、社会、生态文明等若干个子目标和具体任务,并相应地将乡村治理绩效细化为经济、政治、文化、社会、生态文明等若干方面的绩效,也可以将中央提出的"全面推进乡村产业、人才、文化、生态、组织振兴"②的乡村振兴目标和内涵纳入乡村治理绩效评估范畴。

3. 关于评估方法

科学评估乡村治理绩效,自然需要一定的理论指导和理性分析,但也离不开实证研究方法,尤其需要深入乡村实际开展调查研究。如,弄清乡村治

① 《新中国 70 年大事记(1959.10.1—2019.10.1)(下)》,人民出版社 2020 年版,第 620 页。
② 《中共中央国务院关于全面推进乡村振兴加快农业农村现代化的意见》,新华网,2021 年 2 月 21 日。

理与乡村经济增长和农民增收、社会分配公平和农民生活改善、农民公共参与和文化繁荣、乡村和谐稳定和良好秩序构建究竟有无关系、有多大关系以及是什么样的关系、如何构建它们之间的合理关系,等等,必须通过能够反映乡村治理实际效应的具体案例来进行说明和论证。这就是我们在本研究项目中为什么提倡和坚持广泛运用实证研究方法、借鉴其他有益理论方法开展乡村治理研究的原因。

4.关于评估结果与绩效反馈

所谓评估结果与绩效反馈,就是按照评估内容的分类,制定评估标准并提供相应依据,然后根据制定的评估标准,对各项评估指标的实际绩效划分出"A、B、C、D"若干个等级,在此基础上,总结并概括出可复制的乡村治理经验,分析和吸取应该汲取的教训,并将绩效评估结果及时反馈给被评估对象,为今后指导、改进相关治理主体的工作提供可遵循的和尽量可靠的依据,以便有效地改进乡村治理工作。

第三章　乡村治理体系建设的法治保障

　　乡村治理体系建设涉及治理机构设置、治理职能配置、治理责任追究、治理成果分享等内容,而制定和完善乡村治理法律体系,依法推进乡村治理体系建设,是加速实现乡村治理体系和治理能力现代化的基本要求。法治是现代社会的本质特征之一,法治即法律统治的优越性,源于法律固有的公正性、权威性、稳定性和可预见性。法治以民主为前提,民主以法治为保障,二者相互联系、相互促进、相互统一、相得益彰,在本质上同为人民意志的体现。民主治理乡村,依法治理乡村,建设法治乡村,是乡村治理体系现代化的核心要义。没有民主治理,没有乡村治理法治化,就不可能有乡村治理体系和治理能力现代化。在中国,党领导乡村治理、民主治理乡村、依法治理乡村,是中国特色乡村治理体系的基石。从中国基层社会实际和党的十九大提出的"提高社会治理社会化、法治化、智能化、专业化水平"[1]的基层治理制度建设实践看,党的领导作为宪法原则和根本政治原则,在乡村治理领域同样得到了普遍有效遵行,而民主和法治在中国乡村治理中的功能发挥及其整体运行状况则不够理想,有些基层党组织和政府领导干部,在理论上重视民主法治,在实践中排斥民主法治;有的"关键少数"缺乏对法律的敬畏之心、对人民的敬畏之感,在基层农村肆意破坏民主法治的现象时有发生。乡村治理中出现的许多问题、存在的许多缺陷,几乎都与民主法治建设不到位、民主法治制度不完善、不依法办事有着直接关系。实践表明,使民主法治成为中国乡村政治生态,建设民主化、法治化、系统化的乡村治理体系,仍然有很漫长的路要走。

　　在当前发挥党的领导作用和民主效用主要依靠多数人响应的状态下,需要将党的领导和民主治理融入法治轨道,使党的领导、民主治理和依法治理融为一体,并通过法治强制力一体实现三者功效。法治与传统"礼治"或"人治"相比,其合理性、正义性、优越性突出表现为,克服了集权统治之下因受个人意志主宰而不可避免地产生政治偏见和权力滥用现象。而改革开放以来,中国乡村治理体系建设最显著的变化和成就,就是民主因素和法治因素逐渐增长,或者说,是因为选择了民主治理和依法治理的道路,开展了

---

① 《十九大以来重要文献选编》(上),中央文献出版社 2019 年版,第 34 页。

村民自治和法治乡村建设实践探索。但从当下多数基层农村解决社会矛盾和利益纠纷的方式、方法选择及其实际应用效果来看,民主和法治在乡村治理体系中的地位、作用和效应似乎依然没有充分展现出来,尤其伴随着政府公共服务和乡村公共事务繁荣发展、社会治理重心向基层下移、推行乡镇政府赋权、村党支部书记兼村委会主任等农村组织结构和治理结构调整,如何保障治理资源公平公正分配,如何发挥乡镇作为乡村治理中心的功能,如何规制村级党组织和村委会的权力依法运行,如何依法有效保障农民主体地位和权利,已经成为乡村治理体系建设面临的突出问题。而且从全国多数乡村实际治理状况来看,法律意识和法律的权威并没有在广大基层干部和群众中普遍地、牢固地树立起来,加之农村具有浓厚的熟人社会特征,具有重亲情、重感情、重人情的传统,使得自治、德治有着较多的主观随意性和目标要求上的伸缩性,二者的可靠性、稳定性、可预见性远不及法治明确和约束力强烈。在适用党内规范和国家法律方面,目前除《宪法》之外,《中国共产党农村基层组织工作条例》《村民委员会组织法》《乡村振兴促进法》等,对于规范村“两委”干部行为及党员群众参与乡村治理事务,均提供了法律性保障。但是,基层治理重心下沉、村支书兼任村委会主任必然带来新的法律问题,如果立法和法治配套措施不能及时跟进,还会以新的形式出现权力任性和小微权力腐败,并对实现乡村“善治”、推进乡村治理体系和治理能力现代化产生严重影响。因此,当前亟须通过修订《村民委员会组织法》、制定《乡村治理监督法》等法律法规,严格规范基层党组织、政府组织、村“两委”干部的治理权力及其治理行为,以便有效地维护村民话语权、参与权、监督权,保障法治在乡村治理中发挥基础性、主导性作用,以期早日形成乡村“善治”局面。

第一节　强化乡村治理法治功能

法治是乡村治理体系的核心要素和本质特征,依法治理乡村是实现乡村治理现代化的起码要求。因此,必须适时调整和优化乡村治理策略,不断强化法治在乡村治理体系中的功能及其应用,使其在乡村治理体系的功能要素选择中始终处于首要的和更加突出的地位;同时,要坚持以法治吸纳德治、统摄自治,不断提升德治在法治保障下的实效性,并使自治在法治规制下成为乡村社会的日常治理方式,进而形成以国家法律为主导,使国家法律渗透于各类组织规章、村规民约、家训族规等社会规范或民间法之中,以社会规范或民间法作为国家法律有益补充的法治化乡村治理格局。

一、深刻认识乡村治理法治化优势

乡村治理法治化优势是指多元主体以国家法律为依据参与乡村治理活动,保障乡村治理公正有效运行并达到预期效果,相对于其他治理手段和方式所具有的优越性。党的十八大以前中央就提出了构建法治保障的社会管理体制的命题,经过党的十八大以后对乡村治理实践和治理理论的长期深入探讨,党中央更加具体和有针对性地提出了"完善群众参与基层社会治理的制度化渠道。健全党组织领导的自治、法治、德治相结合的城乡基层治理体系"①,实现乡村治理体系、治理能力现代化的目标和任务。目前随着"社会治理和服务重心向基层下移,把更多资源下沉到基层"②的战略举措的实施,更加需要各类基层治理主体依法依规参与乡村治理,推进乡村治理法治化。除此之外,由家训族规、村规民约、组织章程等构成的民间法,也被广泛地运用于日常乡村治理活动,并成为多元主体开展乡村治理的重要依据。正因为如此,乡村治理体系现代化本身就应该包含着乡村治理法治化,而且它已经成为乡村治理体系现代化的核心标志之一。

当然,实现乡村治理体系现代化,既要将国家法律作为基本治理依据,也不能排斥民间法的作用,应该将民间法吸收到乡村治理法治体系中来。这是因为,在由传统农业社会向现代工业社会和信息社会转型过程中,中国乡村社会虽然存在着以传统农业社会为基础而形成的传统乡村治理理念、治理方式与以现代工业社会和信息社会为基础所形成的现代乡村治理理念、治理方式之间的严重冲突和激烈博弈,而由于受本民族传统文化心理影响,使得这些冲突和博弈并非是绝对的你死我活的对抗性矛盾,而是非对抗性的可以调和缓解的矛盾。在历史赓续中,现代乡村治理理念、治理方式往往离不开从传统乡村治理理念、治理方式中汲取合理因素和营养,以便不断丰富和发展自己,不断提高自身应对社会变化、处理乡村社会事务的能力。比如,在现代乡村治理理念创新、实践创新、制度创新过程中,那些因乡村治理需要而产生并引领和服务于传统乡村治理实践的"人本观念"和"礼治"经验,经过新的理性阐释、创造性转化和再造,已经被中国共产党的乡村治理理念、党领导的乡村治理实践和乡村治理制度创新所吸纳,并成为了自治、法治、德治相结合的乡村治理体系所赓续的历史基因和重要元素。这充分表明基于历史和社会发展需要而形成的传统乡村治理理念和治理方式,

---

① 《十九大以来重要文献选编》(中),中央文献出版社 2021 年版,第 286 页。
② 《十九大以来重要文献选编》(中),中央文献出版社 2021 年版,第 286 页。

不会因为乡村社会形态的发展变化而自然消亡,那些跨越时代和社会形态而适合现代农村和农民自然本性的传统"礼治"或"法治"体系中的积极因素,必将通过现代社会治理主体的改造而实现自身形态转换并得到升华,进而作为现代因素而在乡村治理体系建设中继续发挥积极作用。

但是,必须清楚地认识到,传统是在发展变化中延续并不断自我完善的,如果僵化地固守一切传统,在国家层面允许服务于专制政治的传统"礼治"中的人治因素继续存在并发挥主导作用,在乡村领域继续固守以家庭、家族为本位而形成的"家长制""族长制"和"一言堂",就不可能有真正意义上的村民自治和法治乡村,也不可能实现真正的乡村振兴,这是因为中国历史上的传统村落治理,本质上属于"父权""族权""皇权""神权"在乡村事务管理中的贯彻和运用,体现的是"三纲五常"理念统领下的以维护长幼尊卑秩序、经济政治和社会地位不平等为目的的乡村治理,说穿了是维护纲常伦理等级制的社会秩序。所以,几千年来,中国乡村治理在形式上看似政府不予介入,实际上始终不曾存在真正代表民意的事实上的村民自治,即在本质上实行的是"人治",而非法治规制下的村民自治。中国历史上乡村社会发展缓慢的深层原因之一,就在于不公平的土地私有制度及建立在维护私有土地制度基础之上的等级制度和意识形态,对于农民要求自主发展、追求幸福生活的自然本性的严重束缚。因此,真正实现村民自治或乡村"善治",必须在新的现代乡村治理理念指引下,实行有效保障农民主体地位、充分发挥农民主体功能的将内含协商、德治等传统因素的村民自治深刻融入乡村治理法治体系之中,实行以法治为保障的现代乡村治理。

1. 保障乡村治理公正运行

从乡村治理实践看,不是任何法律都能保障乡村治理运行的目的、过程、结果符合公平正义原则,只有法律本身公平正义,才有可能保障乡村治理公平正义,才能实现共建共治共享的乡村治理目标。所谓法律本身公正即其首先必须具备良法的属性,能够全面反映乡村治理规律、充分体现乡村社会共同体意志。或者说,用以指导、规范乡村治理的法律,必须由乡村多元主体或代表乡村社会共同体意志和利益的人组成的立法机构制定。这样制定出来的法律不仅能够保障乡村治理的目的、过程、结果公平正义,而且可以使乡村治理的行为人预见自己的行为后果,促使其严肃地遵守法律,认真地、负责任地依法开展乡村治理工作,从而由实行良法之治达到乡村"善治"。依法保障乡村治理的目的、过程、结果公平正义,还需要推进关乎乡村治理体系建设的法律法规和政策措施的制定、实施、监督与实行全过程基层民主相结合,使它们相互呼应、相互支持。

（1）目的正义

乡村治理立法目的是否正义，只能以立法者的立法动机、立法内容、价值取向是否符合农民权利诉求为评判标准。立法主体是影响立法目的正义性的关键要素，其立场和价值取向与农村实际是否相符、与农民利益诉求是否一致，决定了有关立法能否真实反映农村社会现实和农民利益诉求。所以，保障立法目的正义的关键，是立法主体必须站在农民立场上、从农民利益出发制定有关法律，而保障农民自主选举自己的代表参加立法和立法监督，是维护和实现农民自身权利的最有效、最可靠的途径。因此，在坚持党领导立法的同时，吸收一定比例的农民代表参加涉农立法，使他们充分表达自己的真实意志，是坚持以人民为中心、维护农民主体地位、保障立法公正性的基本要求。

（2）过程正义

乡村治理过程正义，是实现乡村治理目的正义的程序保障。过程正义包含乡村治理过程的公开性、透明性、民主性。在法治乡村建设语境下，乡村治理过程正义是各类农村组织和农村居民全面了解党组织领导、政府主导的乡村治理法律实施状况，实际参与乡村治理过程并对乡村治理过程进行有效监督，从而使其朝着有利于实现乡村振兴和民生幸福目标迈进的必要条件。执法和司法实践表明，法律实施过程正义是实现法律目的正义的基本保障。有法可依、有法必依、执法必严、违法必究，是提高政府执行力和司法公信力的基本要求。中国乡村治理法律体系虽然需要进一步完善，但"有法可依"的问题已经初步解决，目前亟须解决的问题是如何加快提升乡村治理的法治化水平，如何完善乡村治理法律体系，如何加大依法执法、公正司法和司法监督力度，有效排除不讲原则、规避法律、不作为或滥用权力以及其他人情因素对乡村治理的干扰。

促进乡村治理领域法律实施过程公平正义，不仅需要进一步完善立法、执法和法律监督各个环节，而且需要继续促进各个环节紧密衔接，形成完整的闭环的乡村治理法治体系。乡村治理现代化过程在本质上也是乡村治理法治化过程，在乡村治理现代化进程中，加强法律实施和执法监督，对于增强基层党委政府、农村基层干部、广大村民法治意识，保障农民主体地位和基本权利，对于加速促进乡村法治进程和实现国家全面现代化具有极其重要的意义。

（3）结果正义

乡村治理结果正义与治理主体结构，与农民主体参与乡村治理立法、参与乡村治理过程，与有效实施司法监督等有着密切的内在逻辑关系。从影响乡村治理执法、司法公正性的诸多因素来看,立法动机正义和法律本身正义,并不必然导致法律实施后果正义,因为仅有良好的立法动机和良好的法律,执法权、司法权和法律监督权不掌握在农民主体手中,一旦其他乡村治理主体偏离乡村治理法治轨道,更多地追求实现自身利益甚或追求自身利益扩大化,而忽视、无视农民利益,就会违背立法初衷、伤害农民群众利益。所以,即使有良好的立法动机和良好的法律,也有可能在其实施运作过程中被执法、司法主体扭曲,从而出现与农民所主张的立法目的和法律实施结果不一致的后果。基于此,实现乡村治理结果正义的关键,是在乡村治理体系中引入民主机制,保障乡村治理全过程实行民主治理,尤其保障农民主体的全过程有效参与,即凡涉及农民利益的决策和立法,都必须征得农民同意、满意。这就需要坚持党对乡村治理法治化过程的全程领导,推进乡村治理法治化过程各个环节之间紧密衔接,完善适应乡村治理法治化要求的立法监督、执法监督、司法监督制度体系,并加强农民群众和社会舆论对乡村治理法治化过程的监督。

2. 提高乡村公共治理水平

在彰显乡村治理公共性即共治共享方面,现代乡村治理与传统乡村治理存在着本质差别,前者表现为以村民广泛参与为前提,以国家法律为依据、民间法为补充,是多元主体共同参与的旨在实现农村经济社会发展成果均衡共享的乡村治理;后者表现为以农村精英阶层为主要治理主体,以"礼教""村规民约""家训族规"等为依据,以实现和维护特定群体利益和安全为优先选择。质言之,现代乡村治理在价值诉求和程序运作方面凸显了公共意志、公共参与、公共利益等公共性特征,而传统乡村治理则往往被少数主体的意志和利益所支配,常常表现为少数人的治理和少数人享有治理结果的治理,而非多数村民的共同治理和均等化地享有治理成果的治理。

在治理途径和制度保障方面,现代乡村治理必须以法治为保障并需要不断完善乡村法治体系,而作为"家国同构""政教合一"的政治国家,国家意识形态广泛渗透于乡村领域和私人领域,即使在形式上张扬"皇权不下县",实际上国家权力无时无刻不悬挂在民众头上,因此若忽视了"礼教"和"王权"在传统乡村社会生活中的存在和作用,就无法深刻理解中国传统村民自治的政治本质。由于国家权力有赖于各级官吏分掌和行使,"礼教"在本质上属于国家意识形态,其贯彻落实离不开"以吏兼师"的各级官吏及农村精英基层的勠力推行,用以治民治事的公共权力也就很容易被少数官吏、乡村精英所垄断和滥用,并变成他们谋私的工具。所以,公共权力的集团垄断或个人垄断,历来是导致治理权力腐败和乡村治理低效的重要根源。这也说明,解决公共权力运作背离公共意志和公共利益问题,关键要保障乡村治理权的公共性,即保障公共权力始终掌握在民众和真正的民众代表手中,保障公共参与真实可靠、公共权力时刻公开运作,并始终受到民众的有效制约。

但从中国乡村治理发展历程看,除了受自然和科技因素制约之外,传统社会的封闭性导致的生产力低下,民众生活空间的狭隘性,纲常伦理观念对民众精神的束缚,才是中国乡村经济社会长期发展缓慢、公共治理水平低下的重要原因。近年来,中央反复强调"以人民为中心""保障农民主体地位""实行全过程民主",这些理念为确保村民参与权、促进村民有效参与公共事务管理提供了思想保障,也是保障和扩大村民公共参与权的立论依据。

在乡村治理中,彰显以人民为中心的发展理念并将其转化为实践成果,需要经过一定的制度转化过程,即需要依据"以人民为中心"的发展理念及其在社会各领域的具体实践中的价值诉求而制定并实施有关法律,从而形成促进和保障乡村公正治理的制度规范或法律规范,以有效保障村民深入参与乡村治理,使乡村治理在目标设定、操作程序、实施步骤等各个具体环节上都真实地反映民意。实践经验证明,在乡村治理动机、过程、结果等方面,实行依法治理比实行其他任何形式的治理都能更好地保障其公正性、稳定性、可预见性,尤其在提出和推进"全过程民主"的当下,民主与法治的有机结合,虽然在操作上因主体因素的复杂性和不确定性也会产生偏差,因此也并非尽善尽美的治理方式,但其至少能够最大限度地排除个体因素不受限制而任意发挥其主观作用的弊端,更多地体现公共意志和公共利益,使每个人的合法权益都能最大限度地得到保障。因为法律是不可违背和必须遵守的,所以提高乡村治理的实效性和公共治理水平,必须以构建和完善村民全过程参与的乡村治理法治体系为保障。

3. 增强乡村治理实效性

推进乡村治理体系建设进程,实现乡村治理体系现代化,目的在于提高乡村治理的实效性,形成法治化、常态化和体现乡村"善治"的治理格局;而推动形成法治化、常态化的乡村治理发展态势,又需要不断探索符合乡村治理现代化要求的治理路径和治理方式。从以往乡村治理曲折发展的历史经验来看,传统的村民自治多以强调村民自我修养、自我约束、主体功能发挥为突出特征,严重忽视了以多元主体共同意志为基础而形成的乡村治理共同体建设以及对共同体意志的制度化、系统化约束;近代以来出现的具有不同内涵和特质的乡村民主治理、制度治理形式,由于缺乏对于反映现代化本质特征之一的法治的认知和吸纳,都未能形成定型的、稳定的、持续有效的治理形态。历史事实和传统经验表明,以往村民自治或被一些人标榜的民主治理,由于深受传统治理体制和治理结构的影响,而无法得到来自于民众的力量的支撑,因而不能形成民主化的治理格局,并且缺乏内在的稳定成熟的法治力量的引导和规制,所以近现代交汇之际出现的村民自治,"其兴也勃焉,其亡也忽焉"。基于对传统力量和现实社会关系的复杂性的认识,建立以制度规范或法律规范为依托的乡村治理制度和体制机制,使这种制度规范或法律规范能够最大限度地排除个体意志对乡村治理目的正当性和过程正义性的任意干扰,才是持续有效地深入推进乡村治理法治化并不断提升其实效性的可靠保障。

二、牢牢把握乡村治理法治化趋势

基于新中国成立以来对社会主义民主政治的实践探索和治国理政经验的深入思考,实行改革开放以后,党和国家开始自觉探索国家领导体制与治理体制改革,在反思历史传统、冲破高度集权的政治体制、取得成功经验的基础上,终于在治国理念上发生了历史性的变化,并于1997年党的第十五次全国代表大会上提出了"依法治国、建设社会主义法治国家"的战略目标和历史任务。为了推进法治国家建设,党的十五大以后中国逐渐加快了法治国家建设探索进程,相继提出了"法治国家""法治中国""法治政府""法治社会""法治乡村"等理念,尤其是党的十八大以来,党中央对法治政府和法治乡村建设内涵及其内在联系性有了更加深刻的认识,并清晰地描绘了社会主义法治国家、法治政府、法治乡村的蓝图,使法治政府和法治乡村建设进入了新的历史阶段。

以传统"礼制"治理乡村还是依法治理乡村,是现代乡村治理与传统乡村治理的主要区别之一。在乡村治理经历了漫长的历史发展过程以及中国共产党、中国政府、理论界经过对乡村治理传统经验和自身实践探索进行深刻反思之后,选择法治方式和法治途径治理乡村,加快立法步伐,依法推进乡村治理体系建设,促进乡村治理法治化,是中国乡村治理全面走向现代化的重要标志和必然趋势。

1. 乡村社会发展的必然趋势

从满足农民权利诉求的角度回顾、审视、反思历史,社会发展和进步由专制向民主、由集权向分权、由人治向法治演进的总体趋势是显而易见和不可否认的。在中国漫长的历史演进过程中,每次社会形态的变化和转型,都与民众的权利诉求及其对社会治理方式变革的要求有着密切关系,在争取生存和权利的斗争过程中,农民主体力量的增长及其主体意识的觉醒,都不同程度地促使社会统治阶层调整对农民的态度和管理社会事务的方式,在这个漫长的历史过程中,形成了以不同社会制度为载体的不同的乡村治理体制和有差别的治理机制。在"政治权力"和"资本统治"或二者结合统治下的传统社会和近代社会,由于农民群众的主体地位受到严重限制,不能成为乡村治理的主导力量,不能直接参与国家政治生活和日常乡村事务管理,包括乡村治理在内的治理权力主要由构成上层社会、拥有一定财富和社会资望的精英群体所垄断,即使出现过一定的自治性或自治色彩的村民自治,也不可能自发地发展成为完全以实现农民利益和意志为中心的村民自治。传统乡村治理受到社会关系变动的深刻影响,这种影响通常表现为政治动荡造成乡村社会中的国家权力真空以及社会管理者更迭造成乡村治理目的和治理依据的不确定性。

社会主义制度建立以后,农民在经济、政治、思想上获得了空前解放,其政治社会地位发生了根本变化,在乡村治理领域由单纯的被管理对象变为管理对象与管理者一身二任的权力主体。但是,由于实行乡村干部为主的治理体制和乡村干部行使领导权的治理方式,农民只是获得了参与管理乡村事务的机会和法权,通常不能实际行使治理权。因此,构建现代意义上的乡村治理体制或村民自治机制,还需要深入探索、正确认识和科学处理"党的领导、人民当家作主、依法治国"之间的内在逻辑关系及其在乡村事务中的具体应用。"党的领导、人民当家作主、依法治国"有机统一是我国社会主义民主的集中表现,是中国共产党治国理政的制度安排和原则表达,自然也是乡村领域多元主体参与社会建设和社会治理的基本遵循,而要把中国宪制实际应用于"党委领导、政府负责、民主协商、社会协同、公民参与、法治保障、科技支撑"的乡村治理体制及其实践中,还需要在法律制度上做出合理的精细的科学设计,否则,以法治为保障的乡村治理体制和治理方式仍然不免回归到过去的老路上去。

2. 实现国家治理现代化和农民利益诉求的需要

中国当下的"社会主要矛盾已经转化为人民日益增长的美好生活需要和不平衡不充分的发展之间的矛盾"。社会主要矛盾变化体现在当今社会各方面和各领域,在广大乡村则集中表现为经济、政治、文化、社会、生态文明发展状况不能满足农民追求"幸福生活"的需要。解决这一矛盾,需要全面实施乡村振兴战略,促进城乡融合发展;需要从宏观视域审视乡村治理,将法治乡村建设作为法治国家建设的切入点,并将国家宏观治理与乡村微观治理结合起来,加快实现乡村全面振兴,为建设现代文明乡村增添内生动能。

（1）实现国家治理法治化的需要

国家治理法治化是国家现代化的重要方面，是中国社会发展的大势所趋。乡村治理是国家治理的重要组成部分，实现乡村治理法治化是所有乡村治理主体的共同夙愿，是实现国家治理现代化的题中应有之义。

从理论上讲，党的正确领导、政府决策能力和执行能力与人民群众的创造力相结合，是中国实现国家现代化的根本动力。但国内外经验表明，任何政党的政治领导和政府行为都不可能凭借完全依靠自我监督而保障其一贯正确，同样，人民群众的创造力也不能脱离先进的政党领导、法治政府的有效服务及外在强制力的规制而保障其运行不偏离正确轨道。只有将政党组织、政府组织、社会团体、各类社会组织、广大农民群众的力量有机整合在一起，"实现政府治理与社会调节、居民自治良性互动，夯实基层社会治理基础"①，形成推动政治社会进步的强大合力，并在政党组织规章、②政府法规、群团组织章程、③村规民约等约束某些特定领域和范围的成员行为之外，探讨约束所有社会成员行为的国家规范和社会规范形式，才可以起到整合一切政治力量和社会力量为实现共同目标而奋斗的目的。

在差别化和充满利益纠纷的乡村社会，收入差距、诉求差异、社会分化是产生乡村社会问题的重要根源，它们经常导致乡村不同群体或个体之间产生经济矛盾和利益冲突，这些矛盾或问题将以不同的表现形式存在于乡村社会之中，影响着乡村治理的目的、任务、要求和过程，它们既是乡村社会发展的制约因素，也会转化为乡村社会发展的动力。由于不同发展阶段乡村社会的问题或矛盾的性质和表现形式不同，导致乡村治理方式、治理方法或治理技术和手段存在较大差异。在当前阶段，中国乡村治理的目标任务和治理方式、治理手段，是由乡村社会主要矛盾决定的，是中国社会主要矛盾在乡村社会的具体反映。解决乡村社会主要矛盾的途径、方式、方法是多种多样的，但无论选择什么途径和方式、方法，归根结底，必须服从和服务于中国特色社会主义治理体系和治理能力现代化的总体目标和要求，必须不断强化社会主义法治体系建设对乡村治理体系建设的引导功能和规制效能，这是建设社会主义法治国家的必然要求；同时，既要把乡村治理体系、治理能力和治理方式建设纳入国家治理总体架构体系，又要严格遵循不同于其他社会领域的治理规律，以国家立法、地方立法、民间立法等为主要实施

①　《十九大以来重要文献选编》（中），中央文献出版社 2021 年版，第 288 页。

②　比如，政党组织的章程或党规，只是用来规范党组织内部生活的，对民众不具有强制力。

③　群团组织的组织性和严密性远不及政党组织，其章程的约束力更不及党组织的规章具有惩罚性效力。

途径,制定体现中国乡村发展不平衡特点、推进乡村治理多样化和个性化发展要求的具体行动方案,把乡村治理纳入国家治理法治体系,以满足宏观和整体层面的国家治理法治化诉求,助力国家整体现代化如期实现。

(2)满足农民权利诉求的需要

现代农民追求公平正义的社会生活,解决"三农"问题归根结底要落实到化解农村社会矛盾、满足农民利益诉求、实现共同富裕上。当前农民的利益诉求表现在经济利益、政治利益、社会利益等诸多方面,并伴随着高科技运用、生态文明进步、生活领域拓展、生活水平提高而日趋多样化和复杂化。农民利益诉求多样化和复杂化,是农村社会利益冲突和新的社会矛盾不断出现的重要根源。实践证明,有效解决农村社会利益诉求和不断滋生的农村社会矛盾,不能依靠传统的政治思维和人治方式,而应该紧密结合"三农"问题的实际,顺应乡村治理法治化趋势,不断创新法治思维和法治方式,综合运用自治、法治和德治手段,加快促进乡村文明全面发展,完善以法治保障为核心的社会分配体系,构建法治化、常态化的农村社会矛盾和农民利益纠纷化解机制。

第一,农民的经济利益诉求。在不同地区农村的自然禀赋、客观条件、经济和文化发展不平衡前提下,农民在经济利益的诉求上既存在差异,又有共同之处,其共同之处"主要体现在保障土地权益和提高收入、缩小城乡差距两个方面"。[①] 一方面,伴随着现代科学技术在农村领域广泛应用,农业生产方式深刻变革,现代农业产业大量涌现,土地规模化经营日益发展,现代农业产业的优势充分展现出来,农民收入大幅度提升;另一方面,家庭联产承包责任制实行了 40 余年,多数农村土地经营依然处于碎片化状态,在现有生产条件下,挖掘土地增产增收潜力受到限制,国家通过制定、实施各种惠农政策和帮扶战略,使农民生活得到普遍改善,绝对贫困现象已经基本消灭,但城乡差距、城乡居民人均收入差距、不同区域农民之间的收入差距依然很大;而摆脱了贫困状态的农民开始追求幸福生活,多数农民将经济利益诉求转向了要求加大农村公共产品供给、加快提高农业收入水平、实行均等化的城乡公共服务政策,缩小城乡居民收入差距等。

近年来,国家把"三农"问题作为一个整体问题来处理,相继提出和实施了"新农村建设""美丽乡村建设""法治乡村建设""乡村振兴战略""乡村建设行动""数字乡村建设"等战略举措和具体政策,但由于这些战略举措、具体政策多着眼于改善农村面貌,且取得的典型经验没有及时提升并向

---

① 杨才溢:《当前我国农民的利益诉求问题及其实现方式》,《法治与社会》2017 年第 23 期。

制度规范和法律规范转化,一些战略举措、具体政策或因缺乏持续性和执行力而未取得预期效果,或因基层党委政府换届而被搁置或调整,或因实施时间较短而未充分展现成效,加之国家解决"三农"问题的总体投入不足,惠农富民政策的实施缺乏法治保障机制,一些地方农民合理的利益诉求不能引起人们高度重视,难以从根本上解决城乡之间、乡村内部之间发展不平衡不充分问题。

第二,农民的政治权利诉求。政治权利有狭义和广义之分,狭义的政治权利是指公民参与公共事务的权利,即参政权;广义的政治权利除参政权外,还包括公民的平等权、人身权、自由权等。从宪法和法律上讲,作为人民当家作主的社会主义国家,中国各阶层人民的政治权利不仅是平等的,而且其内涵在本质上也是完全相同的。农民作为一个十分重要的社会群体,除了与其他社会群体存在职业差异之外,在政治地位上同城市居民和其他社会群体没有任何差别,同样为国家和社会的主人,享有宪法和法律赋予的一切政治权利。

但由于职业差异和在社会结构中所处的地位不同,作为主要从事农业生产活动的农民阶层,其最关心的政治权利是平等权和参与权,之所以如此,主要是由农民阶层"不患寡,而患不均"的传统文化心理决定的,当然还有许多现实因素的影响。农民追求的平等权利和参与权利,在本质上前者属于人身权,后者属于政治权,即民主权,二者的终极目标不是追求机会平等和自由表达自己的政治意志,而是争取通过政治参与和社会参与,取得与其他人平等的地位及经济社会待遇。所以,农民阶层关心自己政治权利的落脚点,最终还是要归结到获得更多的利益上,至少要归结到他们认为应该属于自己的经济社会利益上,这也验证了列宁那句话:"政治是经济的集中表现"①。不过,值得注意的是,现代农民对平等权、参与权等政治权利表现出来的热情,表明农民阶层的现代性因素正在迅速增长,这既彰显了乡村社会发展的民主诉求,也为依法治理乡村提出了新的课题,而且凸显了民主和法治在乡村治理中的价值,如果不通过法治途径对农民政治权利诉求加以保障、引导和规范,农民群众中蕴藏的巨大潜力和动能就不可能得到充分释放并正确合理发挥。

第三,农民的社会利益诉求。农民作为国家和社会主体,宪法和法律赋予了其广泛的社会权利。农民的社会权利包含经济权、文化权、受教育权、卫生医疗等社会保障权,是农民运用其政治权利谋求社会福利,改善经济社

---

① 《列宁选集》第4卷,人民出版社2012年版,第407页。

会地位,实现和维护平等的经济社会生活的公民权利。社会权利的实现,有赖于建立一套系统完整的社会保障制度。在当代中国,社会保障制度是在执政党领导和政府主导下,以国家为主体,根据相关法律和政策规定,经过国民收入分配和再分配,以社会保险、救助、补贴等政策措施为全体社会成员提供基本生存与生活需求的保障。社会保障制度的作用在于保障权利和机会平等、维护规则公正以及调节分配公平。随着中国全面建成小康社会、实施乡村振兴战略、推进数字乡村建设、农业新业态不断涌现,除了农民的经济利益和文化利益诉求不断发展并引起国家和社会关注外,农民对自身社会保障的利益诉求范围和程度也在不断扩展和提高。中国社会保障事业已经进入了扩大社会保障范围、建立覆盖全民的和城乡一体化的社会保障体系阶段。而目前阶段,尤其应该推进农村社会保障制度法治化建设,即根据农村养老、儿童福利、教育、医疗保障需求的多层性、多样化特点,通过完善法律规范,加大执法力度,强化司法保障,因地制宜地建立多层性、多样化、法治化的社会保障模式;在基金来源上,深入探索拓宽筹集渠道的路径,依法推进由政府、社会、个人分担向以政府为主、社会辅助和个人适当分担方式转变,最后逐渐过渡到主要由国家承担或完全由国家承担,以便营造和谐稳定、充满生机和积极向上的农村社会环境,为全面实现乡村振兴增添内生动力,为完善乡村治理体系创造条件。

三、有序推进乡村治理法治化进程

乡村治理法治化是一个动态发展过程,其整体进程与治理主体法治意识是否强烈、治理结构和主体职能是否体现法治要求、治理措施是否符合法治方式等密切相关。实现乡村治理法治化,不能片面追求构建"法治秩序"的乡村社会,不能凭主观意志、完全按照事先制定的路线图和时间表进行,而是应该根据整体推进国家治理现代化的要求,充分考虑各种变量因素的影响,从夯实国家治理法治化的社会基础入手,推动"多元混合秩序"①的乡村社会向"多元混合、秩序和谐"的乡村社会发展,逐步把中国乡村社会建设成为多元化、现代化、包容性的生活社区和农业产业园区。

1. 以城乡均衡发展促进乡村治理法治化

城乡均衡发展不仅要求打破城乡二元经济结构和社会结构,还需要打破城乡治理二元结构,实行城乡一体化的法治化基层治理。这是因为,在信息技术和数字经济快速发展、城乡经济深度融合、城乡人口双向流动常态化

---

① 刘作翔:《法律文化理论》,商务印书馆 1999 年版,第 261 页。

的社会环境下,实行城乡分治已不能适应城乡社会联系日趋紧密所带来的一系列社会发展变化。而中国目前城乡治理一体化、法治化的治理格局尚未形成,城乡公共管理、公共服务投入不均衡导致的城乡发展不平衡、城乡居民经济地位和社会待遇不平等依然明显。现代马克思主义法理学和政治学理论认为,公平正义是法治社会和民主政治的本质特征的集中反映,它不仅是社会主义核心价值观的主要构成要素,也是全人类的共同价值诉求。但在中国经济社会领域和分配领域,实现公平正义不是一蹴而就的,需要分区域、分阶段、分步骤逐步有序推进。首先,需要继续深化城乡经济社会改革,加快解决以往改革中出现的有待解决的问题,其中包括解决贫富差距的社会矛盾,其主要途径依然是进一步解放和发展城乡社会生产力,挖掘城乡经济发展潜力,激活城乡经济发展潜能,解决公共资源投入不均衡制约城乡均衡发展的问题;其次,需要在城乡协同发展、国家经济总量增长的基础上,构建城乡居民共享发展成果均衡化而非等量化的政策体系,真正破解城乡二元经济结构;最后,在社会生产力高度发达、经济高度繁荣发展的基础上,建立城乡一体化的收入分配制度体系和社会保障体系。

城乡一体化涉及规划、产业、基础设施、公共服务、市场体系、社会管理等各方面的一体化,其中最主要地体现在公共投入、公共服务的均衡化及其制度体系和政策体系的一体化,它标志着国家一视同仁地对待和处理城乡居民的国民待遇问题,这也是由社会主义本质决定的。但在城市经济体制、管理体制、市民素质与农村经济体制、管理体制、农民素质存在诸多差别的前提下,实现城乡协同发展和城乡一体化,仍然面临许多短期内难以克服的难题,而破解特定历史条件下形成的城乡二元结构更是难中之难。由于几十年的改革开放不仅没有彻底改变城乡二元结构,反而使其在制度和市场双重影响下得以延续和强化,并在一定阶段和一定程度上加剧了农村要素向城市流动,导致城乡差距继续拉大。有学者认为,改革开放前的行政干预和优先发展重工业导致的城乡二元结构为"行政主导型的二元结构",改革开放后的社会资源重新积聚带来的城乡断裂为"市场主导型的城乡二元结构",解决改革开放后的城乡二元结构问题难度更大。

不管上述认识和论断是否科学,城乡经济社会发展存在着的巨大差距是客观存在的事实,从近些年的实践和中央在2022年5月印发的两个重要文件来看,实施城镇化已经成为推进我国城乡融合发展必须实施的重要战略。中央明确指出,与城市相比,"我国农村基础设施和公共服务体系还不健全,部分领域还存在一些突出短板和薄弱环节"①。因此要求从解决农村基础设施和公共服务领域的短板问题入手,推进以县城为重要载体的城镇化建设,"发挥县域内城乡融合发展支撑作用,强化县城综合服务功能,推动服务重心下移、资源下沉,采取固定设施、流动服务等方式,提高农村居民享受公共服务的可及性、便利性。"②尤其要"支持位于城市群和都市圈范围内的县城融入邻近大城市建设发展,主动承接人口、产业、功能特别是一般性制造业、区域性物流基地、专业市场、过度集中的公共服务资源疏解转移,强化快速交通连接,发展成为与邻近大城市通勤便捷、功能互补、产业配套的卫星县城。"③这就意味着"推进县城基础设施向乡村延伸、推进县城公共服务向乡村覆盖、推进县域治理重心向乡村下移",必然要求通过乡村治理法治化与县域治理法治化的整体融合,实现城乡治理法治化的连接和融合。这体现了在发展战略上由城市带动乡村,在治理上由乡村治理融入县域治理,进而与城市治理相融合的乡村治理法治化发展路径,所以,必须把乡村治理体系建设融入县域治理体系建设。

　　2. 增强治理主体法治意识

　　在实行法治的条件下,由于法律体系结构及其内涵十分繁杂,法律主体在执法和司法时可能会出现三种状况:一是被动地、无选择地适用特定法律;二是主动地、有选择地适用某种法律规定;三是目无法纪、失职渎职、不作为。这说明法治的确定性、规范性、程序性、可预见性并非绝对的和无条件的,而乡村治理法治化进程是在法律规制和治理主体意志驱使下进行的治理主体运用法律法规治理乡村事务的过程,在这个过程中,治理主体并非被动地适用法律,而是主动地有针对性地适用法律。因此,如何适用法律及法律实施效果如何,与治理主体的主观意志有着很大关系,并不必然地体现或符合立法者动机。由此可知,治理主体的动机、法治意识强弱以及运用法律的能力和水平高低,对乡村法治进程有着直接的、至关重要的影响。尤其在当下乡村治理体系和治理制度机制有待完善、各类治理主体法治意识有待提高和继续加强的背景下,应该根据各类乡村治理主体的角色和功能定位及其在法治实践中存在的缺陷,有针对性地开展查漏洞、补短板工作,强化党组织的领导责任,细化政府的法定职责,明确各类组织的社会责任和法

① 中共中央办公厅、国务院办公厅:《乡村建设行动实施方案》,《人民日报》2022 年 5 月 24 日。
② 中共中央办公厅、国务院办公厅:《乡村建设行动实施方案》,《人民日报》2022 年 5 月 24 日。
③ 中共中央办公厅、国务院办公厅:《关于推进以县城为重要载体的城镇化建设的意见》,新华社,2022 年 5 月 6 日。

律责任,对农民主体开展常态化的法律培训和法律教育,使各类乡村治理主体不断增强法治意识并掌握有关法律知识,避免和杜绝任性执法、选择性执法、运动式执法、一刀切式执法、逐利执法等有悖法治精神的执法行为,使学法、尊法、守法、用法成为一种社会生活方式,为实现乡村治理法治化营造法治氛围和人文环境,奠定法治基础和思想基础。

3. 有序推进法治乡村建设

从国家法治化进程中的空间结构变化来看,法治乡村建设依然是法治国家建设最薄弱的环节。与城市治理法治化的规矩比较健全、规制比较完备、较多地按照规矩办事、法治化程度比较高相比,乡村治理的法治化水平和状况,可以分为若干层次和若干类型,其中真正以法治思维、法治方式治理乡村的占比还不高,中国多数乡村采用的是混合型治理方式,在"三治"之外,"人治"现象还是存在的。就多数乡村治理而言,一方面自治、法治、德治相结合尚属一种理想模式,真正做到三者有机结合进行治理的乡村为数不多;另一方面,"天理""法律""人情"虽然被认为已经融入乡村治理之中,但实际上对"天理""人情"的理解和实际运作还很复杂,"人治"在乡村治理中的占比还很高,很典型的一种现象就是用党组织书记的集中统一领导解释"法治"。即使在目前,乡村社会生活受人治因素影响依然十分严重,一些乡村重要事务由村支书或村委会主任个人决定,民间许多事情通过人情关系的运作去处理,村民之间产生矛盾和纠纷时,更多地通过选择中间人"说和"的方式来解决。在很多普通百姓眼里,无论当原告还是做被告,抑或胜诉和败诉,选择诉讼方式"打官司"总被认为是不光彩的事。因此,村民们直接采用法律途径处理矛盾和纠纷往往是不得已而为之,尤其在一些基层乡村干部还崇尚权力、个别乡村"黑恶势力、家族宗族势力等对农村基层政权的侵蚀和影响"①比较严重的情况下,以权代法、以言代法、以势压法现象时有发生,法治道路并不处处畅通。这些问题说明,建设法治乡村还有许多艰难的工作要做,也决定了中国法治乡村建设必然要经过一个循序渐进的漫长发展过程,法治乡村建设或实现乡村治理法治化,不可能不折不扣地完全按照事先规划的步骤和时间表运作。

乡村治理法治化进程与乡村党组织建设及经济、文化、社会发展状况有着很大关系,在基层党组建设搞得比较好及经济、文化、社会组织较发达的地区,乡风民俗比较纯正,对乡村治理法治化诉求比较强烈;而基层党组织

①《中共中央国务院关于做好 2022 年全面推进乡村振兴重点工作的意见》,《人民日报》2022 年 2 月 23 日。

建设搞得不好,经济、文化、社会发展相对落后的地区,社会风气往往不好,客观上更加需要加强法治建设,但村民们对于法治化的诉求未必迫切,因为法治诉求高低毕竟取决于各类主体法治意识强弱和司法环境好坏。所以,怎样建设更加符合中国乡村治理需要的乡村治理体系,法治乡村建设的道路究竟应该怎么走,是由中国乡村治理传统和诸多现实因素决定的,在现阶段应该坚持全国统一要求和因地制宜相结合的原则,在中央关于国家治理体系和治理能力现代化的宏观发展战略指引下,以省、市、县为单元,由省市县三级党委政府结合本辖区实际,分区、分类、分层设计阶段性目标和任务,尤其各县应结合当地乡情加强县域治理体系建设,各地乡村应该按照自己所属区域、类型和所处的层级水平,有计划、有步骤、尽力而为、量力而行、扎实推进乡村微观视域下的乡村治理体系建设,逐渐实现法治乡村建设目标和要求。

4. 依法助力乡村振兴

乡村振兴是乡村治理的目标,依法治理乡村,建设法治乡村,是实现乡村振兴的重要途径和基本要求。依法治理乡村、建设法治乡村对于乡村振兴的价值和意义表现为:

第一,对于农民农村而言,乡村振兴不是一般意义上的发展农村经济、改善农民物质生活,还内含着物质文明以外的政治文明、精神文明、社会文明、生态文明等更高层面的价值需求和价值满足,是包含农民、农业、农村在内的乡村文明全部构成要素的整体进步和升华,具体表现在农业产业化、农民广泛参与、社会稳定和谐、健康向上的文化生活、人与自然和谐共生的生态文明等诸多方面。实现农村空域整体化、立体化的乡村振兴,需要一个长期的历史发展过程,为了保证这一历史过程持续稳定进行,必须排除来自政府或社会的任何方面不稳定因素的干扰,而构建确定的、稳定的、良好的政府与社会互动关系及乡村社会生活,使农民安居乐业,既是乡村振兴的应有之义,也是乡村振兴的必要条件。所以,实现乡村振兴,不仅需要促进传统意义上的乡村治理由对乡村主体、乡村事务的综合管理向建设"三治"结合的乡村治理体系转化,还要不断强化法治化的乡村治理制度在乡村治理体系中的地位和功能,形成稳定的、持续的不可逆转的乡村治理法治化格局。

第二,对于国家而言,乡村振兴作为一项关乎全国人民根本利益、具有全局性和长期性的国家战略,其内涵及其产生的经济社会效益,远远超出了农民农村需要的范畴,而是影响整个国家现代化进程和14亿多人民生计的国之大事。所以,为了有效推进乡村振兴,仅仅依靠农民农村自身力量是远远不够的,必须调动国家财力、人力、政策资源向乡村下沉,以支持乡村振兴战略有效实施,这势必带动公共产品、公共服务、专业人才、党的建设、法治保障重心向基层乡村下移,而伴随着政府对乡村投入力度加大,为了保障政府投入产生预期效果,政府监管也将随着政府投入重心下沉而下移,形成各级政府通力配合、互相监督、汇集乡村一线的治理局面,从而使改革以来在乡村治理领域一度弱化的政府角色再度强势登场。以依法规制、监督政府推动乡村振兴和乡村治理行为,既保障政府权力在法律设定的事项及其界域内有效作为,又防止政府权力缺位、越位或被滥用,根据乡村发展和治理对于政府权力下沉程度、范围、方式的需要,制定相应地推动治理监督重心向基层下移的实施方案,在权力下沉和监督权力下沉互动中,促进法治乡村建设与乡村振兴战略实施紧密衔接。

第三,对其他乡村建设和治理主体而言,由于乡村振兴战略实施和乡村治理需要吸纳政府和农民以外的投资企业、农业合作组织、社会组织等主体广泛参与,在这一过程中必然彰显乡村建设和治理主体及其价值取向多元化的特征。为了保障多元乡村建设主体、治理主体的根本利益诉求始终建立在统一的经济政治基础之上,他们在乡村振兴和乡村治理中的活动必须受到一定规则约束,而法治则是有效约束多元主体参与乡村振兴和乡村治理活动的最稳定、最有效的价值尺度和制约手段。这就是说,乡村振兴与乡村治理的健康发展和有效运行,要求各有关主体必须遵循乡村振兴和乡村治理发展规律,而且保障这种要求兑现的最有效形式就是制定和完善人人共守的法律法规,为全面依法行政、依法治村、严格司法提供法律依据。由此可见,法治在保障乡村振兴战略有效实施、乡村治理有序运行的同时,也在乡村振兴战略有效实施、乡村治理有序运行的要求驱动下使自身得到了丰富和发展。

第二节　完善乡村治理立法

制定和完善乡村治理法律法规,必须适应乡村社会特点,可以采用国家立法、地方立法、民间立法相结合的方式,并采取分类型、分层次依次推进的实施路径。根据乡村治理实践对于乡村治理体系建设的结构层次需要,国家立法要针对全国乡村发展和治理的一般要求和面临的普遍性问题,从全国范围乡村治理体系建设需要出发,制定和完善全国统一的乡村治理法律法规,依法引导、规范、保障各地乡村治理有序有效运行;地方立法应该根据乡村治理发展不平衡规律、治理成效参差不齐的具体实际,从本地范围乡村治理体系建设需要出发,由各省市和有立法权的县级人民代表大会制定并完善反映本地区乡村特点、适应本地区乡村发展和治理需求的地方性法规；民间立法则应坚持以社会主义核心价值观、社会主义法治精神为引领，立足于推动组织规章、村规民约、家训族规等民间法律向现代化转型。同时，无论国家立法、地方立法，还是民间立法，都要反映乡村事务增多、治理任务加剧、治理重心下沉、治理体系和治理能力现代化的要求，在多层次的更加完善的法律体系保障下，推动乡村治理持续、稳定、健康和有序发展。

一、依法保障治理重心下移

"推动社会治理重心向基层下移"①是中国共产党基于基层社会深刻变化，深入探索基层社会治理规律而得出的重要结论。社会治理重心下移包含治理主体、治理资源、治理权力、治理责任等治理体系构成要素向基层全面下移，目的在于通过加强城乡基层党组织建设，推动乡镇和街道办事处赋权，调整基层社会治理结构，强化乡镇和街道办事处党委、政府、城乡社区组织治理责任和治理能力，充分"发挥社会组织作用，实现政府治理和社会调节、居民自治良性互动"，②提高乡村社会治理能力和水平。由于乡村社会是基层社会治理的薄弱环节，推动社会治理重心向基层下移，首先需要合理配置乡村治理资源，补齐乡村治理缺陷和短板，同时需要科学规范基层党委领导权和基层政府治理权，有效监督多元主体尽职尽责，尽快"健全社会公平正义法治保障制度，保障人民权利，提高社会治理法治化水平"③，为实现乡村善治奠定牢固的法治基础。

1. 治理重心下移的立法保障

有效实施乡村振兴战略，推动社会治理重心下移，需要国家对基层社会建设和社会治理提供更多更高质量的公共服务和公共管理，并对国家提供的公共服务和公共管理通过立法途径予以保障和规范，从而需要相应地推动社会治理领域的立法重心向基层下移，这是由以下原因决定的。

第一，现有法律法规不能完全适应乡村社会发展和社会治理多样化、复杂化的需要。例如，现行《行政处罚法》规定："省、自治区、直辖市根据当地实际情况，可以决定将基层管理迫切需要的县级人民政府部门的行政处罚权交由能够承接的乡镇人民政府、街道办事处行使，并定期组织评估。"④但

---

① 《习近平谈治国理政》第三卷，外文出版社 2020 年版，第 38 页。
② 《习近平谈治国理政》第三卷，外文出版社 2020 年版，第 38—39 页。
③ 中共中央印发《法治社会建设实施纲要（2020—2025 年）》，见 http://www.gov.cn/zhengce/2020-12/07/content_5567791.htm。
④ 《中华人民共和国行政处罚法》，法治网，2022 年 1 月 20 日。

该法律只授予了省级政府将县级政府部门的行政处罚权下移给乡镇政府、街道办事处行使的决定权,对"放管服"改革背景下的各级政府权力下移,以及乡镇政府和街道办事处赋权范围、监管主体、下移权力行使中的上下级政府关系处理等问题,并未作出明确规定。

又如,《乡村振兴促进法》虽然规定了促进乡村振兴和涉及乡村治理资源配置的 10 条措施,其中包括"国家建立健全农业支持保护体系和实施乡村振兴战略财政投入保障制度。县级人民政府应当优先保障用于乡村振兴的财政投入,确保投入力度不断增强、总量持续增加、与乡村振兴目标任务相适应";"构建以高质量绿色发展为导向的新型农业补贴政策体系","调整完善土地使用权出让收入使用范围,提高农业农村投入比例";"综合运用财政、金融等政策措施,完善政府性融资担保机制,依法完善乡村资产抵押担保权能,改进、加强乡村振兴的金融支持和服务。"同时,为加强乡村治理、促进乡村振兴,还制定了 9 条关于保障乡村振兴战略有效实施和乡村治理的"组织建设"、治理体制建构、治理体系建设等规范,突出强调了"建立健全党委领导、政府负责、民主协商、社会协同、公众参与、法治保障、科技支撑的现代乡村社会治理体制和自治、法治、德治相结合的乡村社会治理体系,建设充满活力、和谐有序的善治乡村",并规定"地方各级人民政府应当加强乡镇人民政府社会管理和服务能力建设,把乡镇建设成乡村治理中心、农村服务中心、乡村经济中心"。

但是,《行政处罚法》和《乡村振兴促进法》都是面对全国制定的统一适用的法律,多数条款属于原则性规范,并没有规定不同地区、不同类型的乡村如何有效适用该法问题,因此,为了保障这些法律的适用性,不同乡村在具体适用这些法律条款时,还需要对各级政府的服务管理类型、内容、规模及上下级政府职权关系、履职责任、履职途径、履职方式等进一步细化和规范。因此,目前有必要由国务院负责制定《乡村治理实施条例》和《乡村振兴促进法实施条例》,地方各级人民代表大会也可以根据本地具体实情制定相应的实施细则和规章,以便保障国家法律有效实施。

第二,乡村新生事物不断涌现,建设和治理成本不断增加,需要通过立法或完善法律,保障所需资源得到合理分配。在乡村振兴战略、法治乡村建设、数字乡村建设全面实施之后,用于农村基础设施建设、农业科技创新、农村文化教育和精神文明建设、农村生态文明建设的支出等,都对于增加农业农村投入提出了新的要求。另外,随着现代科学技术在农村经济和社会生活领域的广泛应用,乡村治理难度增大、治理成本普遍攀升,尤其随着农业生产领域、社会消费领域的非法经营活动和高科技犯罪案件逐渐增多,用以有效应对各种非法经营和犯罪活动所必需的资金、技术、人才支持等方面的费用支出成倍增加，而对于乡村发展和治理领域不断增长的公共投入和公共服务开支，同样需要计算投入成本和产出效益，这些都需要通过立法途径或完善现有法律法规进行科学规范和有效保障。

2. 政府治理权力下移的法律规制

在中国治理体制下，社会治理重心向基层下移，意味着政府权力向基层社会渗透和延伸，具有了更多干预基层事务的机会和可能。从全国各地向街道和乡镇下放行政处罚权的情况看，2020 年下半年以来，北京、上海、广东、广西、贵州等省份将县级政府和部门行使的行政处罚权调整为由街道或乡镇政府行使的少则 100 余项、多者达 400 余项。如，2020 年 1 月，《北京市人民政府关于向街道办事处和乡镇人民政府下放部分行政执法权并实行综合执法的决定》规定，共计 431 项行政执法权下放到街道办事处和乡镇政府并以其名义相对集中行使。2021 年 4 月，上海市政府常务会议决定，首批下放街镇的执法权共计 423 项。如此多的行政处罚权一次性下放到街道办事处和乡镇，姑且不论基层治理是否真的迫切需要，即使真的需要，基层政府能否接得住如此多的事权，也是一个很大的问题，因为行使如此多的执法权，一定需要具备相应的条件和配套措施，而目前并没有伴随治理权下移而为基层政府提供相应的条件和其他资源。

政府权力是法律赋予的用来促进公共事业发展、进行公共管理和公共服务的职权，但权力具有扩张性、侵蚀性等特征，掌握在权力意识不同的人手中会产生不同的后果。推进乡镇政府赋权只有依法进行、依法规制，才能发挥积极效应，如以民生福祉为尺度衡量权力价值，当权力被用于促进公共事业发展，用来为人民谋取利益和福祉时，其展现在人们面前的是正能量和积极作用；当权力被滥用或用来谋取私利时，其表现出来的必然是负面效应。所以，为了实现治理重心向基层下移的预定目标，需要制定相应的法律或制度对下移的治理权力进行约束和规范，明确向基层政府赋权的范围、用途、责任等，保障下移权力发挥促进乡村发展和乡村治理的积极功效。同时，还要强化立法、执法监督力度，防止下移权力运作范围超越法定界限甚至发生异化，被图谋私利的人和各种乡村势力所把控，特别要"防范黑恶势力、家族宗族势力等对农村基层政权的侵蚀和影响"[1]，坚决杜绝把乡村政权变为农村黑恶势力、家族宗族势力横行乡里的工具。

---

[1]　《中共中央国务院关于做好 2022 年推进乡村振兴重点工作的意见》，《人民日报》2022 年 2 月 23 日。

3. 治理体制运行的法治保障

乡村社会治理是多元主体共同参与的群众性公共活动,众人参与的事业离不开一定的组织领导机构及其体制机制运行作保障。从乡村治理体制及其主体构成看,中国乡村治理表现为政党主体、政府主体、市场主体、多元社会主体参加的多元化价值取向的混合协同治理,中央有关文件对这种混合协同的乡村治理体制有明确阐述,《乡村振兴促进法》第41条更是从立法角度规定了"建立健全党委领导、政府负责、民主协商、社会协同、公众参与、法治保障、科技支撑的现代乡村社会治理体制"条款,这一法律规范明确规定了治理主体、主体职能及其相互关系、治理方式、保障条件等内容。由此可知,依法保障乡村治理体制有效运行,在治理实践中不断调整和优化主体职能关系,充分调动各主体参与和推进乡村治理的积极性,对于实现中国乡村治理目标和任务至关重要。而完成这一使命的关键,除了有效发挥基层党组织领导职能、政府服务管理职能之外,还需要充分发挥村民自治组织、合理发挥其他社会主体的治理职能,这便提出了培育合格的社会主体、提高自治主体和其他社会主体治理能力的任务,而增强各类农村组织、农村居民等社会主体的治理职能,使他们在法治乡村建设和乡村治理体系、治理能力现代化建设进程中发挥更大作用,是实现基层民主、推动村民自治走向成熟的必然要求。

在完善乡村治理体制方面,之所以不断要求加强培养有现代法治意识、法治精神的治理主体,原因在于乡村治理过程首先表现为乡村治理主体履行法律职责的过程,各类治理主体参与乡村社会事务的一切治理活动,都应该是具有法治意识的合格治理主体履行法定职责的自觉行为,而法定职责具有不可选择性和不可推卸性,乡村治理主体履职必须得到法律保障、法律规制和法律监督。保障乡村治理主体有效履职的途径之一,是依法明确乡村治理主体在乡村治理活动中的职责范围及其遇到障碍和各种干扰时的法律救济方式,即以不断完善法律的方式促使乡村治理主体勇于担当、积极作为;对乡村治理主体履职行为进行法律监督,根据法律对其在乡村治理活动中超越职权范围或不依法作为等滥用职权、失职、渎职等行为做出明确的惩罚性规定,由监督主体会同有关部门和有关人员,根据乡村治理主体超越职权范围或不依法作为等滥用职权、失职、渎职行为及其造成的后果进行处理。保障乡村治理主体依法履职,监督乡村治理主体依法履职,本质和效果是一致的,二者是辩证统一的关系。凡有职权者,则应依法行使;凡不依法行使职权者,均应受到法律惩罚,这正是现代法治精神的体现,也是乡村治理体系有效运行的法治保障的体现。

二、依法细化主体职责

乡村治理主体职能关系是由多元主体在乡村社会结构和乡村治理体制中的功能定位决定的,由此决定了主体职能及其关系的配置和优化,必须围绕最大化发挥乡村治理结构或治理体制的功能效益展开,多元主体职能必须通过有广泛代表性的村民主体参加的立法方式加以细化和确定。根据《乡村振兴促进法》规定,在乡村社会治理中,农村基层党组织担负领导职责,政府负主要责任,自治组织和其他各类社会组织、个体农民等治理主体的职能内涵界定为自治、协商、参与等。从目前乡村治理主体的履职状况看,基层党组织、乡镇政府、自治组织是决定或影响乡村治理进程、治理风貌、治理效果的最重要主体,所以合理配置它们的职能,正确处理它们之间的职能关系及其与各类社会组织、农民群众之间的职能关系,对于调整和优化乡村治理结构、健全乡村治理体制具有十分重要的现实意义;而从实现乡村“善治”的长远目标和实际要求看,逐步强化自治组织、社会组织、农民群众在乡村治理中的功能,通过立法细化和确定各主体的治理职能及其相互关系,则无疑是实现乡村“善治”的关键所在。

1. 基层党组织的领导职责

坚持党对国家事业、经济文化事业、社会事业的全面领导,是中国的宪法原则和宪法规范。党的领导权是由人民赋予的、历史赋予的,是在革命、建设、改革实践中逐渐形成和发展起来的;而党的领导的内涵、范畴和效力取决于党的领导权的性质、范畴和效力,是党的性质、宗旨、职责、使命和自身建设的具体体现。在乡村发展、建设和治理过程中,党的领导具体表现为农村基层党组织对农村各类组织、各项工作的领导,农村基层党组织包括乡镇党委、农村党支部或党总支等基层党的组织机构。《中华人民共和国宪法》《乡村振兴促进法》《中国共产党农村基层组织工作条例》等宪法、法律和党内规章,都明确规定了农村基层党组织在工作中的领导地位和功能范畴。根据宪法和法律规定,农村党组织行使领导权属于法定职责,不认真履行领导职责,就要承担法律责任,这是中国宪法、法律将执政党的政治领导责任上升为法律责任的典范。当然,党组织和党员领导干部实施的领导行为不是不受限制的,为了防止党的领导权力被扭曲或遭到滥用,中国宪法还确定了一切党组织和个人必须在宪法和法律范围内活动的约束性规范。

（1）乡镇党组织的领导职责

在乡村治理过程中,依法依规保障基层党组织的领导,是推进乡村治理体系和治理能力现代化的客观要求。所谓依法依规保障基层党组织领导,就是通过实施宪法法律和党内规章,通过基层党组织认真履行职责和有效发挥领导功能,把党中央的决策和指示精神传输到乡村一切经济、政治、文化、社会主体和民众当中,并要求他们在乡村经济、政治、文化、社会、自然生态领域的一切公共活动,都必须按照党中央的决策和指示精神进行,而不得与其相违背。依据《中国共产党农村基层组织工作条例》规定,乡镇党的委员会"全面领导乡镇、村的各类组织和各项工作"的主要职责如下:

第一,宣传和贯彻执行党的路线方针政策和党中央、上级党组织及本乡镇党员代表大会(党员大会)的决议。

第二,讨论和决定本乡镇经济建设、政治建设、文化建设、社会建设、生态文明建设和党的建设以及乡村振兴中的重大问题。需由乡镇政权机关或者集体经济组织决定的重要事项,经乡镇党委研究讨论后,由乡镇政权机关或者集体经济组织依照法律和有关规定作出决定。

第三,领导乡镇政权机关、群团组织和其他各类组织,加强指导和规范,支持和保证这些机关和组织依照国家法律法规以及各自章程履行职责。

第四,加强乡镇党委自身建设和村党组织建设以及其他隶属乡镇党委的党组织建设,抓好发展党员工作,加强党员队伍建设。维护和执行党的纪律,监督党员干部和其他任何工作人员严格遵守国家法律法规。

第五,按照干部管理权限,负责对干部的教育、培训、选拔、考核和监督工作。协助管理上级有关部门驻乡镇单位的干部。做好人才服务和引进工作。

第六,领导本乡镇的基层治理,加强社会主义民主法治建设和精神文明建设,加强社会治安综合治理,做好生态环保、美丽乡村建设、民生保障、脱贫致富、民族宗教等工作。

(2)村级党组织的领导职责

依据《村民委员会组织法》规定:中国共产党在农村的基层组织,按照中国共产党章程进行工作,发挥领导核心作用,领导和支持村民委员会行使职权;依照宪法和法律,支持和保障村民开展自治活动、直接行使民主权利。《中国共产党农村基层组织工作条例》规定村党组织的主要职责是:

第一,宣传和贯彻执行党的路线方针政策和党中央、上级党组织及本村党员大会的决议。

第二,讨论和决定本村经济建设、政治建设、文化建设、社会建设、生态文明建设、党的建设以及乡村振兴中的重要问题,并及时向乡镇党委报告工作。

第三,领导和推进村级"民主选举、民主决策、民主管理、民主监督",建设和完善农村民主生活;支持和保障村民依法开展自治活动,建设法治乡村和文明乡村。领导村民委员会、村务监督委员会、群团组织、社会组织、村集体经济组织和其他经济组织,加强对它们的指导和规范,支持和保证它们依照国家法律、法规以及各自章程和规约履行职责。

第四,加强村级党组织自身建设,健全和严格党的农村组织生活,加强农村党组织与党员群众的组织联系,对党员进行教育、管理、监督和服务,筑牢党在农村的组织基础。

第五,组织群众、动员群众、宣传群众、服务群众、团结群众,深入了解群众的批评和意见,积极维护群众的正当权利,做好群众思想政治工作,教育、引导群众积极参与乡村事务。

第六,领导本村社会治理工作,加强本村精神文明建设,开展法治宣传教育,推进社会治安综合治理,做好生态环境保护,建设美丽村庄,改善群众生活,巩固脱贫成果,促进民族宗教事业健康发展。

依法保障农村基层党组织的领导,根本目的在于保证党指引并掌握乡村社会发展方向,以便有效解决乡村建设、发展和治理"为了谁、依靠谁、如何为"等直接关系农民权益和民生幸福的重大问题。

基层党组织领导乡村建设、发展、治理的途径和方式是多种多样的,其中最主要的是把党中央的决策和指示精神通过自身系统、政府系统自上而下地进行传输,最终由农村"两委"负责具体实施,其中县和乡镇两级党委起着关键作用。在广大农村,党的领导职能通常表现为基层党组织在乡村建设、发展和治理中,依法依规协调多元主体关系,统领村民自治组织、各类农业产业组织、社会组织及农民群众,实现由党的性质和宗旨所决定的党和国家在乡村社会各个发展阶段的历史使命;而作为党在农村的最基层组织,农村党组织直接接受上级党组织指令,并负责将上级党组织的指令传输给每一个党员群众,然后在农村基层党组织直接领导下,通过党员发挥模范带头作用落到实处。

有效发挥党组织在乡村建设、发展、治理中的领导功能,对依法依规不断加强农村基层党组织自身建设提出了严格要求,这些要求的核心要旨在于保障农村基层党组织和基层领导干部永远铭记党的初心使命、不断提高领导和服务农民群众的能力和水平、永远保持基层党组织的廉洁性和战斗力,把农民群众紧密团结在党组织的周围,并调动农村其他社会组织服务于乡村建设、发展和治理的积极性、主动性和创造性,共同形成营造乡村社会和谐秩序、推动乡村经济社会发展的强大合力。

由上可知,依法保障党对农村事务的领导,不仅包括依法保障党的领导权有效实施,也应该包括依法依规保障党的领导权正确实施,以便形成党的领导权既积极作为又不背离初心使命的执政局面。但是,目前党章虽然对党组织和党员领导干部在工作中坚持理论联系实际、密切联系群众和民主集中制原则等做了明确规定,而国家并未通过立法程序制定相应的专门法律对党的领导功能、领导范畴、领导效力、领导责任、惩戒措施、追责主体、追责程序等予以具体化、规范化和法治化,党的活动主要是由党章和党规进行规范的,而且由于党的领导功能深入到在工农兵商学各领域、东西南北中各方面,这也许是在工作实践中容易造成个别别有用心的党员干部借用"领导"之名假公济私、或"关键少数"凭借手中权力而太过任性、或个别党组织因不认真履行领导之责而给党和国家事业造成损失便寻找各种借口推卸自身责任的原因之一。因此,在坚持党的领导早已成为国运之兴、民众之福的重要根源的历史和现实中,倘若不整合党规和国法、打通二者关系、规范二者共同适用的对象和范畴,而是依然缺少明晰化的、公正完善的国家法律对党的领导活动实施保障和有效监督,尤其在权力运行最缺乏规范的基层乡村,将不可避免地持续产生这样或那样的违背民众利益的问题。因此,应该在国家层面科学整合党规和国法,形成保障和规范各级党组织和党员领导干部实施领导行为的法治规范。

2. 基层政府的治理职责

在中国体制下,各级政府是党的意志和国家法律的执行工具,凡国家法律规定的政府组织职责,都必须不折不扣地、无条件地履行,而且一切执法主体和公共参与主体对法律负责与对党、对人民负责是高度统一的。在现代乡村治理中,乡镇政府和村民委员会的职责设置和有效履行,对于提高乡村治理效能、维护社会稳定、促进民生幸福具有直接的甚至决定性的意义。因此,科学配置乡镇政府和村民委员会职责,不断加强乡镇政府、村民自治组织履职能力建设,不断提高乡镇政府、村民自治组织履职效果,是法治政府和法治乡村建设的应有之义,需要在今后的乡村治理过程中高度重视和加紧解决的重要课题。

(1) 乡镇政府的职责

2021年4月制定并于同年6月1日起实施的《中华人民共和国乡村振兴促进法》规定,将乡镇"建成乡村治理中心、农村服务中心、乡村经济中心",同时规定乡镇政府在乡村建设和乡村治理中必须履行以下职责:

第一,指导和支持农村基层群众性自治组织规范化、制度化建设,健全村民委员会民主决策机制和村务公开制度,增强村民自我管理、自我教育、自我服务、自我监督能力。

第二,引导、支持农村集体经济组织积极挖掘自身潜能,坚持创新发展,依法管理集体资产、合理开发集体资源、积极服务集体成员等,保障农村集体经济组织的独立运营。

第三,根据法治乡村建设需要,设立法律顾问和公职律师,建立公共法律服务工作室,开展普法宣传教育,促进人民调解工作,建立和完善矛盾纠纷调处化解机制,依法建设文明乡村。

第四,建立健全社会治安防控体系,深入强化农村警务工作,积极推动平安乡村建设;建立健全公共安全体系,填堵安全漏洞,消除安全死角,强化公共卫生、安全生产、防灾减灾救灾、应急救援、食品、药品、交通、消防等安全管理责任。

值得一提的是,随着近年"放管服"改革推进乡镇政府赋权,乡镇政府突然间有了很多行政处罚权,管理服务空间极大拓展,这对于激发基层工作热情和市场活力无疑具有重要意义。

（2）村民委员会的职责

村民委员会为法定的村民自治组织而非政府组织,但由于乡镇政府一般不在村庄设置派出机构、配备专职人员,各级上级政府委派到村级的工作任务,需要由村民委员会承担,因此村委会具有一定的行政职能,可算得上政治学上所讲的准政府组织。《村民委员会组织法》规定了村民委员会的职责范围:办理本村公共事务和公益事业,调解民间纠纷,协助维护社会治安,向人民政府反映村民意见、要求和提出建议等。其具体职责如下:

第一,负责人民调解、治安保卫、公共卫生、农村养老、妇幼儿童权利保障、社会救助、传统美德传承、思想教育工作等。

第二,支持和组织村民依法发展各种形式的合作经济和其他经济,承担本村生产服务和协调工作,促进农村生产建设和经济发展。

第三,负责管理本村集体所有的土地及其他财产,教育引导村民合理开发、利用自然资源,积极保护和改善农村生态环境;尊重并支持集体经济组织依法独立进行经济活动的自主权,维护以家庭承包经营为基础、统分结合的双层经营体制,保障集体经济组织和村民、承包经营户、联户或者合伙的合法财产权和其他合法权益。

第四,宣传宪法、法律、法规和国家政策,教育和推动村民履行法律法规规定的义务、爱护公共财产,维护村民合法权益,发展教育文化事业,促进男女平等,运用现代科技,普及科技知识,促进邻里和睦、邻村团结、村民互助,以多种形式开展精神文明建设。

第五,支持服务性、公益性、互助性社会组织依法开展活动,推动农村社区建设；教育、引导多民族居住村的村民增进团结、友好相处、互相尊重、互相帮助、共同发展。

第六，遵守宪法、法律、法规和国家政策，遵守并组织实施村民自治章程、村规民约，严格执行村民会议及村民代表决议，村民委员会及其成员应秉持办事公道原则，坚持廉洁奉公，热心服务群众，时刻接受村民监督。

3. 其他农村组织的职责

要了解农村各类组织的功能，首先需要了解目前农村有哪些社会组织。关于目前中国农村社会组织的分类，由于视角不同，学术界存在不同分法，有的分为"农村经济组织、农村政治组织和村民自治组织、农村群众性生活团体、农村教育组织、农村文化和科技组织、农村医疗卫生组织、农村宗教组织"等；有的分为"经济型社会组织、民非企业组织、自治型社会组织、传统型社会组织"；有的分为"农村专业经济协会、农村民办非企业单位、农民自发组织的团体"等。从《中国共产党农村基层组织工作条例》关于农村党组织"领导村民委员会以及村务监督委员会、村集体经济组织、群团组织和其他经济组织、社会组织"的规定及其使用的"农村各类组织""农村经济组织""社会组织""群团组织""其他各类组织"等概念看，农村各类组织可以分为政治类（如村党组织、村民自治组织、村务监督组织等）、经济类（如村集体经济组织、企业合作组织、新型产业组织等）、社会类（如群团组织、教育组织、文娱组织等）三大类型。

关于农村各类组织的功能，根据中央关于"完善社会治理体系"的总体要求和《乡村振兴促进法》关于"建立健全党委领导、政府负责、民主协商、社会协同、公众参与、法治保障、科技支撑的现代乡村治理体制和自治、法治、德治相结合的乡村治理体系"的具体规定以及《村民委员会组织法》的相关规定，各类社会组织和个体农民等在社会治理中的功能，主要体现为"民主协商""社会协同""公众参与"，这些功能实质上是社会组织和个体农民的民主权利和社会责任的有机结合，社会组织和个体农民是否履行其在乡村治理中的权利和责任，并不完全取决于自身的意志和能力，而且与法律规范的效力有着直接关系。尽管在法律意义上公民应享有的一些权利可以放弃，而应履行的责任则是不可放弃的。就提高乡村治理效能而言，现代乡村治理体制和乡村治理体系须建立在民主和法治两大基石之上，作为制度形态和法律形态的民主和法治，无论从权利角度还是从责任角度讲，除非法律作了明确的刚性规定，一切组织和个人都必须无条件地遵守和执行；否则，就不可能真正建成中国特色乡村治理体系，就不可能形成人民孜孜以求的共建共治共享的社会治理格局。

从现行法律所规定的社会组织、个体农民等社会主体在乡村治理中的"民主协商""社会协同""公众参与"功能及其保障措施来看,似乎仍然存在规范不够明确或存在缺失、执行力不足等问题,因为无论"民主协商",还是"社会协同"和"公众参与",都需要借助一定的常态化的组织形式和运行机制来实施,而法律规定了村民会议、村民代表会议、村务监督委员会等法定的组织形式,并有村民会议听取村委会年度工作报告、村民代表会议每季度举行一次会议的规定,而在现实当中这些组织是否召开会议、会议程序如何安排、决定哪些事项等似乎有很大的随意性,即使一些地方有相关规定,但由于缺乏刚性约束,也不一定能够有效发挥法定功能。至于《村民委员会组织法》《乡村振兴促进法》要求成立的村务监督委员会及村民自发成立的村民议事会等民间组织形式,不仅在许多乡村没有建立,即使建立的乡村,其常态化、有效性运行也会受到诸多因素限制。因此,为了保障各类农村组织有效运行、乡村治理取得实效,有必要在《村民委员会组织法》《乡村振兴促进法》中补充和完善有关运行程序的规定,或通过制定《乡村治理监督法》,细化、规范各类社会组织和农村居民在乡村治理中的"民主协商""社会协同""公众参与"等职能范围、主要协商和参与的事项及其协商、参与渠道和运行程序,以保障农村各类社会主体有效行使协商、协同和参与的职责或权利,避免造成其权利和职责虚设。

4. 多元主体间的职责关系

根据中央对于乡村治理理论、乡村治理实践的探索和国家有关立法,党组织与其他治理主体的关系是领导与被领导的关系;政府与乡村组织、广大村民之间的关系表现为,政府通过立法和政策供给对乡村事务实行管理,通过投资、公共产品供给或派驻干部、提供政策资源和专业人才,为乡村建设、发展、治理提供公共服务,乡村组织和村民在接受政府指导、管理和服务的同时,应与政府合作互动,积极开展工作;乡村组织与村民之间应该互相沟通、互相监督、加强合作,共同承担建设法治乡村、社会主义文明乡村的职责,其中村民委员会是法定的村民自治组织、村务监督委员会是法定的村民监督机构,其他经济型社会组织、民办非企业组织、传统型社会组织等自主型社会组织,与个体农民一样,既享有宪法和法律赋予的广泛的民主权利和自治权利,又必须接受所在村的党组织和村民委员会的领导。

但是,需要特别指出的是,在现代乡村建设和治理过程中,除了始终坚持党的领导不能有丝毫减损和动摇之外,政府对乡村管理和服务的内容、方式、强度等,都应该坚持与时俱进、因地制宜,并且应该随着乡村经济持续发展、农民生活逐渐改善、村民自治能力和自治水平不断提升而有所变化和创新,即政府不应该管得愈来愈多、愈来愈严,而应该愈来愈注重监管、愈来愈包容。总之,政府职能因需而设、依法而定,政府管理和服务供给与乡村社会发展进程及其对管理和服务的需求是平衡演进的,应强化政府管理和服务职能,并同时加强来自体制内和体制外的对于政府管理、服务活动的合法性及其质量和效果的监督,只有到乡村现代化基本实现和全面实现、村民自治能力和自治水平达到能够满足高度自治要求的程度、村民自治领域愈益扩大和自治事务愈益增多之时,政府才应该适当地退出某些不需要再提供管理和服务而依靠其自行运转效果更好的乡村社会领域。

上述表明,乡村社会多元主体的职能或功能配置,必然伴随着乡村经济增长、社会文明进步、治理主体发展成熟而呈现出此消彼长的趋势。因此,对于它们的职能关系也必须不断进行调整和优化。

三、依法推进村民自治

自治是人类发展到一定历史阶段而产生的政治社会现象,是基于人的本性、本能、社会事务属性以及"自己关心自己胜于关心他人、自己管理自己事务优于他人管理"的理念等多重因素综合作用的产物。但是,由于人的本性及社会事务的复杂性、多变性,自治绝非天然优于他治且具有绝对正义性、可靠性和优越性,自治的正义性、可靠性、优越性取决于社会共同体成员利益之间的密切关系及其相互影响,取决于特定区域内社会群体利益不可分割的有机整体性、自治的正义性、保障方式和保障措施的有效性等。村民自治在本质上属于社会自治范畴,是特定区域或单元内的村民为了实现自身和共同体利益而依据一定规则处理共同体成员之间的矛盾纠纷和利益冲突,或为了排除外来因素对共同体利益的侵扰、实现共同体利益和意愿而由其成员直接或委托代理人进行的社会治理活动,其治理目的、治理过程、治理结果充分反映共同体利益和共同体成员的真实意志。

从历史和世界视域看,在社会共同体语境下,村民自治有序运行的关键是所有共同体成员严格遵守共同体制定的行为规则。在中国,这种规则经历了由家训族规到村规民约、礼仪制度、国家法律及其相互交织渗透、相互影响的形态演进过程。在村民自治实践中,实效性最高的法律并非单纯反映立法者意志的国家立法,只有以乡土文化与社会文化紧密结合为基础、以民间立法、社会立法和国家立法同频共振为依托而形成的包容性的国家法律,才是村民乐于接受、遵循和更具实效性的法律。因此,遵循历史发展趋势,坚持面向未来的开放视野,探索反映本国农民特性和村民自治发展需要的立法道路,将着力点聚焦到制定切实可行的有序推进村民自治历程的国家立法上来,促进国家法律对民间法和社会法普遍性要素的吸融和转化,应该成为国家层面一切涉农立法的基本遵循。

农村是法治建设的最薄弱环节,农民是法律意识相对薄弱的群体,而村民自治组织是承担自治事务最繁杂的组织,如若消除这种不对称、不协调的现象,避免村民自治流于形式、拖法治现代化后腿,把农村社会建设成为和谐有序的法治殿堂,把农民培育成为自觉遵纪守法的社会主体,首先要在国家层面建立健全常态化的农村法律知识宣传普及常态化长效性机制,有计划地、常年不懈地对农民开展普法宣传和普法教育活动,并为农村普法宣传教育提供必要的机构、人员、资金、设施、场地等方面的保障。通过开展普法宣传和普法教育活动,使农民掌握涉农法律知识、增强法律意识、学会参与乡村治理;其次要根据农民参与乡村治理的法律需求制定新的法律,规范政府提供法律服务的范围、事项、责任、绩效,健全乡村矛盾纠纷调处化解机制,拓展乡村法律服务渠道,提高涉农法律服务质量,把提高村民自治水平与保障村民合法权益、实现村民利益最大化紧密结合起来。

第三节　强化乡村治理执法司法保障

执法是国家行政机关依据法定职权和程序,行使行政管理职权、履行行政管理职责、贯彻和实施国家法律的活动;司法是国家司法机关依照法定职权和程序、具体适用法律处理各种案件的专门活动。各级执法、司法部门尤其是基层政府和基层司法部门,是负责乡村治理的执法主体和司法主体,严格规范基层政府、基层司法部门在乡村治理中的执法和司法行为,推动执法和司法重心向基层农村下移,是实现乡村治理体系建设法治保障的关键环节。而现阶段我国乡村治理体系中的执法、司法环节存在个别缺陷和短板,执法司法水平和执法司法能力不适应乡村治理发展需要,主要表现为基层执法司法体系不完善、执法司法能力不足、执法司法效率偏低等。在全面建设法治乡村、推进乡村法治体系现代化背景下,建立健全乡村执法司法体系,建设高水平的乡村执法司法队伍,提高乡村执法司法质量和执法司法效率,对于息诉止争、化解乡村矛盾、维护乡村和谐稳定、促进乡村经济发展、改善农民生活具有重要意义。

一、优化基层执法结构

在乡村治理体系中,个别执法体制机制不健全、岗位职责不明确、执法力量不足、一些执法队伍专业素质不高等,是造成基层执法效率偏低的主要原因。优化基层执法结构、合理配置岗位职责、健全基层执法机制、加强基层执法队伍建设、提高基层执法能力和水平,是提高基层执法效率的有力举措。

1. 科学配置岗位职责

科学、合理设置岗位职责,对地方政府执法人员实行编制管理时,要正视基层事务繁多、执法任务繁重的现实,优先考虑乡村执法机构、岗位职责和人员配置,即根据基层事繁人少状况,在制定人员编制时坚持重心下移,提高乡村执法机构岗位数量,科学界定岗位职责内涵。乡村执法环境复杂多变,岗位设置应该因地制宜、灵活机动,应适应以县城为重要载体的新型城镇化发展需要,牢固坚持以县域为基准的理念和要求,把主要执法力量放在基层乡村。这是因为,县域经济载体——产业、人口主体、社会事业、社会矛盾多发区域等均分布在乡村,由此决定了县域经济发展的动力源和执法重心在乡村,所以,为了有效管理乡村经济社会事务和文化教育事业,在乡村执法机构和人员编制、岗位职责内容设计上,应向基层部门、乡镇和农村倾斜,并依法对乡村执法设定必要的和严格的自由裁量范围,减少发生滥用执法权现象。

为了避免人浮于事和无谓地增加财政负担,乡村执法机构、岗位职责配置和人员规模安排,应该始终坚持顶层设计与乡村实际需要紧密结合的原则,严格遵循区域发展不平衡规律,不能搞"一刀切",并且实行动态的人事管理制度,根据乡村社会发展的阶段性特征和实际需要,及时调整机构设置、人员编制和岗位职责。

2. 提高乡村执法效能

乡村执法效能与乡村执法机构设置的合理性、职能配置的科学性、较高的专业执法素质等有着密切关系,所以在执法体制、执法机构、岗位职责既定的条件下,应把稳定乡村执法队伍、加强乡村执法队伍建设、提升乡村执法人员素质放在重要位置。

从村委会组成人员、集体经济组织领导人员工资或津贴待遇看,作为乡村执法辅助和配套人员,没有他们的辛勤工作和劳动付出,农村经济社会建设和乡村治理肯定是难以想象的,所以,以工资或津贴形式给予他们必要的补偿是合情合理的。乡村执法辅助和配套人员,承担了大量乡村执法工作,实际工作量很大,他们的辅助和配合,使乡村执法工作得以有效开展。破解基层执法困境、提高乡村执法效能的有效路径之一,就是建立和完善财政补贴制度,提高乡村基层干部工资性待遇、拓展晋升空间、改善乡村教育和医疗卫生等条件,稳定乡村执法队伍,并以适度增加村级管理人员津贴、加大在优秀农村干部中招录基层公务员等的方式,稳定乡村执法辅助和配套人员队伍。

二、推动司法重心下移

提高乡村司法行政职能和基层矛盾纠纷化解能力,完善多元化纠纷解决机制,探索司法重心向基层乡村全面下移,整合乡镇司法所、律师服务所、人民法庭等司法力量,构建基层矛盾纠纷"大调解"格局,是当下维护乡村社会稳定、促进乡村经济社会发展的有效举措。

1. 提高涉农案件处置效能

提高涉农案件处置效能,应该立足于维护司法公正、促进社会和谐、增进农民福祉;应该从加强基层司法队伍建设、提高基层司法能力、增强基层司法公信力入手;应该严格区分涉农案件的性质、类型和社会影响,对不同性质和不同类型的涉农案件采取分类处理。

在保障食品药品安全、医保治理方面,现有行政处罚手段、刑事处罚手段仍有进一步优化的空间,有必要从检察公益诉讼角度入手,对危害食品药品安全、骗保等违法行为实行立体式治理,首先要正确处理食品药品安全检察公益诉讼诉前竞合问题。食品药品安全,既是民事公益诉讼办案范围,也是行政公益诉讼办案范围,检察机关办理此类案件,可能面临民事公益诉讼与行政公益诉讼交叉问题,为了提高办案效率和准确性,检察机关应当综合考虑违法行为危害的是国家利益还是社会公共利益、考虑以不同种类诉讼的成本与效益来进行选择;其次要完善食品药品安全违法行为惩罚性赔偿机制。危害食品药品安全的行为,大多基于经济不法获利的目的,因此应增强对该类违法行为治理的针对性,通过惩罚性赔偿打击违法分子的嚣张气焰,切实维护食品药品安全。

随着经济社会发展,文物价值快速增长,作为文明古国,中国有大量文物和文化遗产存在于乡野之中,对乡村文物和文化遗产保护的任务十分繁重。检察公益诉讼是一种十分重要且有效的乡村文物保护手段,但由于涉农文物和文化遗产公益诉讼保护,存在案件线索来源渠道单一、与相关部门沟通协作不顺畅、诉讼后文物修复难度大等问题,目前开展涉农文物公益检查诉讼保护工作,应遵循以下思路:第一,加强文物和文化遗产保护公益诉讼宣传,让农民群众真正认识到文物和文化遗产保护的重要性、紧迫性,主动向检察机关提供危害文物和文化遗产案件线索,拓展检察公益诉讼案源;第二,建立健全横向沟通协作机制,坚持双赢多赢共赢监督理念,加强与文物保护部门交流合作,建立长效沟通机制,不断凝聚保护合力;第三,建立健全受损涉农文物和文化遗产修复机制,加大财政支持力度,设立文物和文化遗产保护专项基金,加快解决修复资金不足等问题。健全文物和文化遗产修复督促机制,确保受损涉农文物和文化遗产得到修复。

2. 完善涉农司法服务制度措施

建立健全涉农司法服务制度,强化以人民为中心的司法服务理念,丰富和完善为民、便民、利民司法政策措施,积极推动涉农司法公开服务,提升涉农法律援助水平,有助于积极稳妥地推进法治乡村建设,具体有以下几点。

（1）坚持为民便民利民司法理念

司法权力属于国家权力,来源于人民,必须服务于人民。司法机关及司法人员应该时刻牢记,自己手中的司法权力是人民赋予的,公正行使司法权力,维护人民群众合法权益,是其义不容辞的法律责任,在任何时候、任何情况下,都不能亵渎司法权力的公共属性,不能利用手中的司法权力为自己及其亲属或特定利益群体谋取私利。进入新时代以来,随着社会主要矛盾发生变化,广大农民对美好生活的追求不再局限于经济生活层面,对民主、法治、公平、正义、生态、环境等方面的诉求日益增长。因此,围绕满足农民群众的诉求,不断改进和完善司法工作,推动司法服务重心向基层乡村下移,在偏远农村或任何有需要的农村建立巡回法庭、移动法庭,加大对农村司法工作的监督检查力度,及时征询农民群众对基层司法工作的意见和建议,提高基层司法服务质量、服务水平和服务能力,使农民群众从每一个涉农案件中感受到司法的公正性,是对新时代乡村司法工作提出的新要求。

（2）丰富和完善为民便民利民司法服务方式

乡村司法工作应该适合农民阶层的利益诉求和心理特征,不断丰富和完善为民便民利民的司法服务方式。

首先,应该从以下几个方面改善司法服务方式:一是建立健全涉农司法案件繁简分流机制。对于事实清楚、证据确实充分、案情简单、当事人对案件处理无争议或争议不大的司法案件,应该采取速裁程序进行处理,简化诉讼程序、简化案件材料、缩短办案时间;对于重大疑难复杂、当事人争议较大、社会关注度高的案件,应该采取普通程序进行认真办理,查明事实真相和案件证据,明晰法律适用,确保公平公正办理,防止冤假错案发生,切实维护当事人合法权益。二是建立健全"一站式"便民利民司法服务机制。整合司法机构内部职能、聚合内部资源,实行一个窗口对外、一站式服务平台,让当事人来到一个窗口、一个部门就能解决全部事情。三是强化便民利民司法服务异地协作机制,加强各地司法机关沟通交流,强化异地告知、异地调查、异地送达等司法协作,以自己跑腿替代乡村百姓跑腿,能由司法机关办理的尽量不给乡村百姓增加负担。四是建立由审判机关、检察机关、侦查机关、司法行政机关自行协调的内部流转机制,减少案件处理在各机构间的流转时间、节约流转成本,真正为当事人提供便利,真正体现为乡村百姓服务。

其次,大力发展线上便民利民司法服务。现代科学技术高速发展,为强化线上便民利民司法服务增添了动力、拓宽了渠道。司法服务应当顺应互联网、大数据、云计算、人工智能、区块链、量子通信等新兴技术发展趋势,为提升司法服务科技水平服务。第一,探索民事案件网上审判,主要办理平等主体之间发生的人身关系、财产关系案件,建立健全规范性制度,明确案件适用范围,细化网上庭审流程,规范证据提交方式及标准等,为网上诉讼提供制度保障。第二,推动社区矫正信息化,建立健全智能社区矫正系统,搭建端、云、网全链条无缝衔接系统,实现对罪犯位置追踪、定时打卡、实时沟通等,既实现社区矫正目的,又保障罪犯的生产生活权利。第三,促进便民利民司法服务掌上化、自助化,加大手机端便民利民司法服务 APP、小程序等软件开发和应用,使乡村百姓随时随地享受司法服务,实现百姓少跑腿、数据多跑路。

再次,推动涉农司法公开服务。涉农司法公开是服务民众、满足民众需求、服务法治乡村建设的重要方式。司法公开包括审判机关审判公开、执行公开,检察机关检务公开,公安机关警务公开,司法行政机关司法行政公开和狱务公开等。涉农司法公开有助于推动乡村司法公正,使司法权力公开运行,随时受到乡村民众、社会各界、自媒体舆论等各方面监督,促使掌握司法权力的法官、检察官、警察、司法行政人员等在行使司法权力时慎重行事、依法办案,切实维护司法公正。涉农司法公开将司法行为公之于众,有利于接受农民群众监督和评议,并根据农民群众评议,不断改进和提升司法服务质量;而民众对司法行为进行评议与反馈的过程,也是参与国家治理和社会治理并维护自己权利、社会权利的过程,因此,涉农司法公开也有助于促进农村民主政治建设。

(3)加强涉农法律援助服务

法律援助是保障经济困难公民、特殊案件当事人获得必要的法律咨询、代理刑事辩护等无偿法律服务,使国家法律得到公正有效实施、当事人合法权益得到有效保障、社会公平正义得到有效维护的国家法律制度。在涉农司法案件中,实施法律援助制度,可以通过专业法律人士介入,使农民合法权利通过法律援助途径,从诉讼程序和实体上得到有效保障,使参与诉讼的农民通过自己的亲身经历体认法律的力量、法律的价值,养成遇到法律纠纷时寻求专业人士帮助参与诉讼、表达诉求的习惯,从而推动特定案件法律援助机制的建立,保障诉讼在相互抗辩状态下运行,为司法公正提供有力保障。

三、强化执法司法监督

党中央十分重视执法监督和司法监督制度建设,党的十八届四中全会指出:"强化对行政权力的制约和监督,……形成科学有效的权力运行制约和监督体系,增强监督合力和实效"①;"加强对司法活动的监督。完善检察机关行使监督权的法律制度,加强对刑事诉讼、民事诉讼、行政诉讼的法律监督"。② 这些论述对于规范乡村行政执法、推动乡村公正司法、完善乡村执法监督和司法监督制度机制也具有深远的指导意义。

1. 完善内外结合监督机制,推进乡村行政执法监督常态化

依目前乡村整体发展水平和治理状况而言,建立和完善乡村行政执法监督机制,是不可能一蹴而就的,还有许多事情要做,有很漫长的路要走,目前尤其需要围绕有效发挥基层政府行政管理和服务职能做好以下事情。

(1)健全乡村执法机构内部权力监督机制

完善乡村执法机构内部监督制约机制,首先需要建立执法系统横向权力之间的平衡制约机制,即必须明晰基层政府内部众多执法主体即执法部门之间的权力边界。这里所说的行政执法部门,既包括直接管理、服务乡村建设和发展的职能部门,也包括专责监督管理、服务乡村建设和发展的职能部门的纪检监察机构。乡村行政执法机构内部权力监督有两层含义,一是乡村执法职能部门内部权责设置平衡,即为职能部门权力设置界限、为行使权力者设定职责,促使职能部门及其领导者按照权力设定要求及权力界限行使权力;二是明确乡村行政执法机构内部众多职能部门之间的权力分工,加强它们之间的协调联动、互相促进,同时建立乡村行政执法机构内部立案登记、批示运转、审查调查、执纪追责等相互配合、相互制约的执法权内部监督机制,形成执法权内部的自我闭环管理。

完善乡村行政执法机构内部权力监督机制,必须采取分权和责任政府两项基本原则,而且应把监督重点放在对财政资金分配使用,国有资产管理和运营,政府公共投资,政府采购和监管,公共资源开发、利用和转让,农村基础设施维护、更新以及公共工程建设等权力部门和岗位上,对这些部门和

① 《十八大以来重要文献选编》(中),中央文献出版社2016年版,第167页。
② 《十八大以来重要文献选编》(中),中央文献出版社2016年版,第171页。

岗位应该"实行分事行权、分岗设权、分级授权、定期轮岗",尤其要在权力结构设计及增强其内在制约力上下功夫,以便达到强化内部流程控制、防止权力滥用的目的。

（2）构建纵向监督与专门监督相结合的监督机制

提高乡村行政执法监督效能,除完善乡村执法机构职能分设、相互监督机制,即健全行政执法机构体制内自我监督机制外,还要完善上级政府对乡级政府的上层监督机制,尤其加强县级行政执法机构对乡级行政执法机构的监督检查,将乡级行政执法机构的内部监督与县级行政执法机构对乡级行政执法机构的综合监督结合起来。

同时,还要健全专业化的监督机制,目前国家监督机构除县级以上党委、政府等单位设置纪检、监察机构外,还专门设置了审计机构。但处于相同一级行政区域的审计部门与纪检、监察机构不属于同一层级,审计部门是同级政府的组成机构,其权重不足以充分且有效的监督与自身处于同一层级的其他行政职能部门,所以仍然需要创新和完善审计监督制度,改革审计管理体制,实行审计部门直接对人大负责的管理体制,强化上级审计机关对下级审计机关的领导和监督,保障其依法独立行使审计监督权,尤其对本区域内的国有资产、国有资源、公共资金、领导干部履行经济责任实行全覆盖的审计监督,这样才可以提高和强化各级审计部门的实际监督效果。当然,发挥纵向监督和专业化监督功效,需要构建与省级以下地方审计部门人财物统一管理相适应的制度模式,建设更加专业化的审计机构,并尽快整合各类监督机构的监督功能,将它们的功能融入以纪检、监察、审计机构为执法主体的行政执法监督体系之中。

2. 拓展司法监督范围,提高乡村司法公信力

加强对基层司法活动的监督,目的在于保障司法公正、提高司法公信力、实现司法为民。加强乡村司法监督,至少应从以下几个方面着力:

第一,完善地方检察、监察机关行使监督权的法律制度,在科学划分主体责任基础上,促进垂直监督和横向监督紧密结合,把国家监察权、检察权有序地下沉到基层乡村,加强对基层乡村干部违反政纪、失职渎职、权力腐败的法律监督。改革和完善地方国家监察制度,强化并有效发挥人民监督员法律制度,把地方监察机关对基层乡村公职人员进行的监察、调查职务违法和职务犯罪、开展廉政建设和反腐败工作的监督作为监督重点,同时要加强对检察机关查办职务犯罪的立案、羁押、扣押冻结财物、起诉等环节的执法活动进行监督。及时回应基层民众和社会关切,是监察机关和司法机关应尽的职责;在多媒体迅猛发展、影响力不断增强的舆情背景下,应加强规

范各类媒体的案件报道,形成既避免舆论失声、又积极发挥媒体监督作用的局面。

第二,保障农民群众参与司法活动。在农村司法领域,司法为民不能只限于理念和话语层面,要坚持以维护农民权益提高司法公信力,以依靠农民群众促进司法公正、维护农民权益。涉诉信访、司法听证、涉农司法调解等活动,都应保障农民群众参与权。要将人民陪审员参与审理事实认定、不审理法律适用问题的程序引入乡村司法实践,改革基层陪审员制度,吸收农民做人民陪审员,丰富和改进随机抽选方式,扩大农民司法参审范围,增强基层人民陪审员制度运行质效和公信力。

第三,在对农村司法活动实施监督过程中,破除农村人情环境影响,坚持依法规范司法人员与有关涉诉人员、组织的接触及交往行为。对于有如下行为的司法人员要依法依纪严肃处理:①私下接触当事人和律师者;②泄露案情或为其打探案情者;③接受吃请或收受其贿赂者;④为律师介绍代理和辩护业务者等。要严惩司法掮客行为,坚决防止利益输送;要终身禁止违法违纪被开除公职的司法人员、吊销执业证书的律师和公证员从事法律职业,对于构成犯罪的司法人员,要依法追究刑事责任;要制定破除潜规则的有效对策,杜绝法外开恩、办关系案、人情案、金钱案等;要破除特权思想、衙门习气、霸道作风,严厉惩治粗暴执法、野蛮执法行为,坚决清除害群之马,以司法公正和监督有效取信于民。

四、完善警示教育和责任追究机制

乡村治理中的违法乱纪、失职渎职行为主体,尤其乡镇党组织和政府领导干部、工作人员及农村"两委"成员,因为他们手中掌握着一定的乡村建设和乡村治理的决策权、公共资源分配权、公共政策执行权、法律法规实施权和公共事务管理权,最有机会和可能成为滥用权力、失职渎职和以权谋私犯罪主体。为了有效防止乡村公共决策人员、执法人员、司法人员、村"两委"干部等出于各种原因和动机而走向职务犯罪、成为危害公共利益或侵害当事人权益的犯罪主体,必须织密、扎牢行使各种权力的制度笼子,加大对失职渎职、职务犯罪行为的责任追究和惩罚力度,加快建立健全常态化的责任追究机制,形成乡村建设和治理领域决策公开、执法人员秉公执法、司法人员公正司法的乡村法治环境,建设风清气正的现代乡村社会氛围。

1. 完善警示教育机制

《中国共产党农村组织工作条例》(以下简称《条例》)、《农村基层干部廉洁履行职责若干规定》(以下简称《规定》)等党内规范性文件,都对农村基层党组织建设和干部教育工作作出了明确规定、提出了具体要求,采取多种形式学习宣传这些党内法规,做到农村基层干部和农民群众人人皆知,人人监督有关乡村治理主体遵守执行,对于促进党风廉政建设、防止农村基层干部职务犯罪是十分必要的。

实践表明,教育不是万能的,但教育是必需的。对农村基层干部要经常开展"以人为本、执政为民"的主题教育,促使他们牢固树立正确的权力观、政绩观,继承和弘扬优秀传统美德及党的优良传统和作风;教育他们学会从思想上尊重群众、感情上贴近群众、工作上依靠群众,使每个农村基层干部都要树立对人民的敬畏之心、对法律的敬畏之心,进而增强服务意识、端正服务态度、预防职务犯罪和贪污腐化。

当然,对于少数思想松懈、私心严重、作风不正的基层农村干部而言,教育的作用可能是有限的。因此,十分有必要把《条例》和《规定》作为农村基层干部学习培训的必修课程,有针对性地加大警示教育力度,通过典型案例通报、参观警示教育基地等活动,对农村基层干部有计划、有步骤地开展警示教育,对于拟提拔和晋升的干部要反复进行教育,构建警示教育长效机制,使其发挥警钟长鸣、防患于未然的功效。

2. 建立常态化案件查办机制

查办案件本身不是目的,更不可能一劳永逸。但经验证明,查处一案,教育一片,治理一线。根据查办案件暴露出来的问题,应从以下方面完善案件查办机制:一是拓宽案件查办渠道,提高办案效率,将案件侦办与群众检举结合起来,建立案件查办长效机制,发挥案件查办的治理、教育功能;二是查办农村基层干部案件,重点应放在严肃查办滥用职权、损害群众利益、贪污腐化、失职渎职案件上,要保持惩治干部违纪违法行为高压态势;三是坚持依法依规查办案件,针对办案过程中暴露出来的法治缺位、体制缺失、制度漏洞、措施不力、不作为、乱作为等现象,要找原因,挖根源,堵漏洞,坚持以查促管、以查促改、以查促建、以查促廉;四是要着力完善乡案县审和办案协作区制度,不断加强上级部门对乡镇办案的工作指导,由县纪检监察部门牵头,健全查办案件协调工作机制,形成县域查办农村基层案件的整体合力。

3. 夯实廉政建设责任制

问责制是建立在农村基层干部领导职责、依法依规行使权力和履行职责的基础之上的。夯实廉政建设责任制,首先需要明确岗位职责、履职范围、履职要求、履职途径、履职形式及失职渎职须承担的后果;其次需要明确责任追究主体、程序、罚则的掌握和运用等。严格落实问责制度,需要严格区分农村干部发生的问题的性质和责任大小,然后制定处理办法,一般除追究当事人本人、直接领导责任外,对负有不同责任的相关责任人,要根据工作关系和责任大小,适当予以追究。在落实问责制方面,基层纪委、监委及相关责任人要发挥主体作用,既要从纪委监委工作角度教育农村基层干部履行好职责,又要死守严防法律法规底线,积极主动地预防、减少发生村干部腐败问题,促进农村党风廉政建设,而不是消极被动地亡羊补牢。

4. 健全农村基层干部选拔任用监督机制

经验证明,提高乡村建设和乡村治理成效,离不开责任心强、有领导能力的基层干部担当作为,因此,选人用人对于乡村建设和治理是一个至关重要的问题。选人用人发生失误,必将对人民事业造成严重危害,所以必须始终重视干部任用制度建设,努力形成科学规范的基层选人用人制度机制。第一,应由县级党委领导、组织部门负责实施,建立常态化、长效性的农村基层干部培育机制,注意在工作实践中发现有群众基础、组织能力、领导潜力的年轻人才,有计划地开展农村基层干部培养教育工作,优先推荐使用经过培养、表现突出、群众信得过的优秀人才。第二,应进一步完善农村基层干部任免机制,加强对干部选任、使用、提拔、退出各个环节的监管,坚持有问题的干部不任用、不提拔,对于不称职的基层干部要及时调整工作岗位。第三,严格依规依法开展农村"两委"换届工作,对于那些政治可靠、有工作能力、群众信赖的人才,要及时选进村"两委"班子,为他们提供发挥才能的机会和条件,真正选准配强"两委"班子成员,为乡村发展筑牢风清气正的政治基础、社会和谐的坚强柱石,为减少发生农村干部违纪违法行为提供可靠的组织保障。第四,在基层农村干部选拔任用监督方面,要坚持党内民主和群众推荐、党委领导和纪检部门监督相结合,并使之成为常态化、长效性的干部工作机制,这是因为党管干部是党委管理干部,不能搞一言堂,要防止个别领导干部以组织名义和工作需要为借口,用自己人、搞小圈子、结党营私、侵蚀党组织、败坏党的声誉、损害党和国家事业。

第四节　完善乡村司法资源供给制度

司法资源是开展司法工作、服务农村农业发展、维护农民合法权利的重要保障。但在以往,司法资源主要集中在县城以上的城市,乡村司法资源配置明显不足,严重影响了乡村司法质量和司法服务效果。为了提高乡村司法质量和司法服务效果,亟须调整和优化司法资源配置,加大乡村司法机构、司法人员、司法经费、法律服务等方面的资源供给,建立健全适应乡村经济社会发展和乡村治理要求的司法资源供给制度。

一、完善乡村司法机制

我国监察机关、审判机关、检察机关、司法行政机关,是按照不同职级集中分布在县级以上行政机构所在地的。在乡镇基层政府所在地设置派出机构的司法机构,主要有县级法院的派出法庭、公安机关的派出所、司法行政机关派驻的司法所。然而,即使是在乡镇一级也未实现司法机构全覆盖,处于偏远山区之中的人口稀疏的乡村,就更加罕见设置司法机构了。当然,乡村有大小、人口有多寡、事务有繁简,也无须一律设置司法机构。但是,乡村司法机构供给不足,不但给村民进行诉讼带来不便,而且不利于司法机构及时办案,及时践行司法为民理念。造成这种状况的原因固然很多,而城乡二元结构、司法资源不足、重城轻乡等多方面因素影响起着重要作用。在城乡二元结构体制下,公共管理和公共服务机构主要集中在城市,司法机构配置也不例外。此外则是基于司法效率的考量,城市人口众多、高度集中,农村人口分散甚至十分稀疏,同样一个司法机构设在城市,其服务范围和服务对象远远超过其在乡村的服务范围和服务对象,因此,造成乡村司法资源配置落后于城市,乡村司法资源远远不能满足乡村日益增长的司法需求。

以上表明,目前的乡村司法机构设置是不能适应社会治理重心向基层下移的社会治理发展需要的,基层司法机构改革势在必行,而且主要应从以下方面发力。

1. 合理设置乡村司法机构

凡是人口规模较大、司法事务繁多的乡镇,除设置公安派出所、司法所等机构外,还应设置派出法庭,使"两所一庭"覆盖应该设置该机构的所有乡镇,确保司法资源下沉到每一个乡镇和村庄,确保司法服务贴近每一个有需要的村民。据河北省高级人民法院司法机构改革实践显示,河北省高级人民法院于2014年开始推行"一乡镇一法庭"试点,承德市滦平县于当年率先完成了15个基层法庭挂牌服务工作,随后河北省各地市相继建立了"一乡镇一法庭"模式。从实施乡村振兴战略、推进乡村治理体系和治理能力现代化角度看,实行"一乡镇一法庭"模式,虽然在一定程度上增加了国家司法运行成本,但可以减轻广大村民诉讼经济成本、降低诉讼时间成本,可以减少司法机关往返城乡之间的开支,尤其拉近了司法人员与村民的距离,有利于促使司法机关践行以人民为中心、司法为民的司法理念。

2. 建立流动式巡回式乡村司法机构

在乡镇增设稳定的、专业化的国家司法机构,实现乡村司法机构全覆盖,补齐基层司法短板,更好地服务乡村建设和农民利益,是解决农村社会纠纷、维护社会稳定、保障农村经济持续发展的重要举措。但是,由于受各地经济社会发展水平参差不齐的制约,在财政比较困难的一些地区,增设乡村司法机构,扩大司法人员编制,无疑会增加地方政府财政负担。因此,增设固定的乡村司法机构存在较大难度,在乡镇普遍扩大乡村司法机构供给也不现实,应该因地制宜、因需施策、另辟蹊径,等待条件更加成熟时,再普遍增设乡村司法机构。以目前状况而言,随着各地交通条件日益改善,将设置在城市或县城的司法审判和法律服务活动,定期或不定期地下沉到乡村,将法庭庭审设置在农村,将检察公开听证设置在农村,将法律服务深入到农村,通过流动、巡回等多种方式,拉近司法机关与农村居民之间的关系,更好地为农村民众服务,是最为节俭和有效的司法服务方式。

二、健全乡村司法队伍

加强乡村司法队伍建设,培养乡村司法人才,建立健全乡村司法人员供给机制,是满足乡村司法工作需要、实现乡村治理法治化对专业人才需求的最有效的路径。

1. 满足乡村治理对司法人才的需求

第一,加快培养适应乡村经济社会发展需要的司法人才。随着高科技广泛应用、乡村经济发展、新产业业态不断涌现,农村领域的人员交往、经济交往、资产流动日益纷繁复杂,法律案件伴随民商事活动、利益纠纷增多而增长,高科技犯罪案件、新的犯罪形态不断出现。当农村领域愈来愈多的民商事案件进入司法程序时,必然进一步增加本已不堪重负的司法机关办案负担。因此,必须着眼未来,未雨绸缪,防患于未然,加快培养和储备乡村司法人才,以更好地服务于乡村经济社会发展和乡村治理需要。

第二,农民法治意识提高,必然推动乡村治理法治化诉求提升,进而增加对司法人才的需要。进入 21 世纪以来,尤其近些年来,在建设法治国家和法治社会等理念影响和推动下,在法治乡村建设实施过程中,农民的法治意识明显增强,遇事找法、用法的习惯正在逐渐形成。在这种背景下,农民群众依靠基层政府、村"两委"等各类组织机构解决矛盾纠纷的现象将会发生变化,转而更多地依靠司法机关和法律途径解决矛盾纠纷,这必然增加司法机关办理案件负担,加重乡村司法人力资源供给紧张局面,从而要求加强乡村司法人才供给,建立常态化的乡村司法人才培养机制。

第三,随着法治乡村建设目标的牢固确立和强力推进,适应传统人情社会解决矛盾纠纷的治理理念和治理方式必将发生变化,乡村各类社会矛盾和利益纠纷的解决,将越来越多地被纳入法治和自治轨道,基层司法机关介入乡村治理的任务会越来越繁重,法治在乡村经济社会发展中的保障和促进作用会日益凸显,依法解决矛盾纠纷、维护合法权利,将会逐渐在农民群众中形成习惯,法治社会终将代替人治社会。

2. 推进乡村司法人员结构改革

谈及司法人力资源配置或增加司法人员编制,人们可能认为就是增加基层法官、检察官数量,扩大司法队伍规模。其实并非如此,因为在国家公务员队伍已经十分庞大、政府行政运行成本和行政性开支不断提高的背景下,加之政府仍在实行"放管服"改革,目前单纯增加政法系统专项人员编制已不现实。近年来,法院、检察院系统开展了人员分类改革,将内部人员结构分为法官和检察官、司法辅助人员、司法行政人员,其中司法辅助人员又分为法官助理和检察官助理、司法警察、司法技术人员、书记员等。而目前正在进行的聘任制书记员试点,已经把书记员从政法人员专项编制中剥离出来。这表明,顺应司法人员分类管理改革趋势,借鉴医院系统医生和护士的分工方式,把非决定性的司法辅助工作交由法官助理、检察官助理、司法技术人员、书记员等来办理,可以从增加法官助理、检察官助理、司法技术人员、书记员的角度挖掘司法人力资源,改革司法人员配置模式;同时,探索聘任制法官助理、检察官助理招录制度改革,多元化、多渠道解决政法系统专项编制限制问题,根据司法特点和工作需要,适当增加司法辅助人员编制,让法官、检察官有更多的时间和精力办理更多的案件、处理更重要的司法事务,可以有效缓解基层司法人力资源不足问题。

3. 改善乡村司法人员能力结构

在推进法治乡村建设过程中,法治文化与乡土文化的并用存在着一定的冲突和矛盾,一些农民群众在思维方式、知识结构、文化水平、行为习惯等方面与城市市民化的居民有所不同。许多乡村司法案件的属性和处置,可能更多地涉及情、法、理的关系问题,因此,对司法人员而言,办理乡村司法案件与办理城市司法案件存在不同的要求。为了更好地办理乡村司法案件,更好地为实施乡村振兴战略保驾护航,必须推动乡村司法人员树立现代司法理念、优化现代文化知识结构和专业能力结构,并具备以下素质和条件:

(1)树立以人民为中心的司法理念

乡村司法案件大多由家长里短的琐碎之事引起,在处置这些案件过程中,一些司法人员因为这些案件属于"小案"而存在轻视心理,不认真了解和研究案情,甚至盲目应付、草率结案,不能赢得当事人信任,甚至成为上诉案件,这显然与以人民为中心的司法理念不相吻合,有悖于社会主义司法制度的本质,与推进乡村治理体系和治理能力现代化要求不相适应。实际上,对于村民而言,别人看作是"小案"的事情,也关乎其生活,也可能就是大事。所以,如果不改变对因为一些琐事而引起的乡村司法案件严重性的认识,不将发生在村民身边的每一起"小案"当作大事情来对待和办理,在处置这些"小案"时出现任何失误和瑕疵,都会导致民众对司法公正失去信心。而只有让村民从每一个司法案件中切切实实地感受到公平正义,才能厚植法治乡村建设的法治基础和社会基础,这也是贯彻以人民为中心的司法理念的必然要求。

(2)具有适应乡村治理法治化现代化要求的知识结构

乡村事务的发展、农民法治意识的增强、乡村治理法治化现代化的推进,对乡村司法人员的专业素质和知识结构提出了更高要求,现代乡村司法人员不但要学习和掌握法律专业知识,还应当结合农村和农民实际,学习和了解心理学、社会学、农业知识和中国传统文化等,读懂农村社会、了解农民的行为心理,并在办理乡村司法案件中,应用这些专业知识解决"案在法外"和"案在法中"相杂糅的法律或非法律问题,助力司法案件快速公正解决,从而更好地满足农民的诉讼需求。

(3)学会并善于和农民打交道

办理乡村司法案件,首先要站在农民立场上,把握农民心理,和农民建立感情,从农民角度思考问题,清楚农民所思所想,了解农民生活习性和语言表达习惯,懂得如何与农民打交道和沟通,避免使用冷酷的纯粹的法律专业术语搪塞农民,更不能居高临下、盛气凌人,甚至轻视和蔑视农民。其次要强化司法工作者热心服务"三农"的意识,培养他们善于把专业知识转化为农民乐于接受的生活常识的能力和技巧,通过自觉地、能动地司法办案,充分发挥司法人员的主观能动性,不断改进工作态度和工作方式,运用现代科技、结合农民特点,提升办案质量和效果,推动基层司法工作与乡村其他工作协调发展、同频共振。

第四章　乡村治理体系建设的经济保障

乡村治理体系在本质上属于农村生产关系和上层建筑范畴,其发展完善程度是建立在农村经济基础之上的体现乡村治理水平和治理能力的重要标志。建立健全乡村治理体系,对于巩固农村经济基础、保障农民生产生活安全、发展农村经济、改善农民福祉具有重要保障意义。马克思指出:"人们在自己生活的社会生产中发生一定的、必然的、不以他们的意志为转移的关系,即同他们的物质生产力的一定发展阶段相适合的生产关系。这些生产关系的总和构成社会的经济结构,即有法律的和政治的上层建筑竖立其上并有一定的社会意识形式与之相适应的现实基础。"①改革开放以来,我国广大乡村发生了翻天覆地的变化,农民物质生活得到很大改善,精神文化生活日益丰富,民主法治意识逐渐增强,既有乡村治理体系的效能已经不能满足农民日益增长的美好生活需求,亟待构建更加系统和完善的现代乡村治理体系,这样的乡村治理体系必须有比现在更加深厚的经济基础作支撑。所以,调整和优化农村经济结构,发展农业产业经济,不仅是促进乡村振兴的基础工程,也是构建和完善现代乡村治理体系的根基。而且在中国这样一个土地广袤、地形地貌叠峦起伏、自然禀赋千姿百态、农村人口众多、居住环境复杂、发展极不平衡的国家,要实现乡村治理体系和治理能力现代化,必须高度重视农村经济基础建设,毫不松懈地发展农业经济。而农业经济每发展一步、农业新业态每形成一个,都将对农民的生活产生影响,都将会拓展乡村治理空间,并对乡村治理体系建设提出新的更高的要求,从而要求促进乡村治理体系进一步发展和完善。

第一节　以发展经济带动治理体系建设

中国农村占地面积大、人口数量多,农业农村发展关乎改善农民生活、满足城市居民生活需要、提高国家整体发展水平。因此,党中央和国务院一直高度重视发展农村经济,早在 2003 年就将解决"三农"问题作为全党工

---

① 《马克思恩格斯文集》第 2 卷,人民出版社 2009 年版,第 920 页。

作重中之重写入政府工作报告,要求各级地方政府统筹城乡经济发展;①
2007年党的十七大报告提出,解决好"三农"问题事关全面建设小康社会大
局,必须始终坚持把发展现代农业、繁荣农村经济作为首要任务;②2008年
党的十七届三中全会审议通过的《中共中央关于推进农村改革发展若干重
大问题的决定》,进一步把"坚持农业基础地位,坚持社会主义市场经济改
革方向,坚持走中国特色农业现代化道路"③写入了党中央规范性文件。

　　党的十八大以来,中央高度关注"三农"问题,认为"三农"问题是关系
国计民生的根本性问题,要摆到全党工作的优先位置,并提出将城乡发展一
体化作为解决"三农"问题的根本途径。④ 党的十九大在坚持以往"三农"
政策的基础上,首次提出了"实施乡村振兴战略"。⑤ 2018年全国人大常委
会开始启动《中华人民共和国乡村振兴促进法》立法程序,2021年4月29
日十三届全国人大常委会审议通过了这部法律,为全面实施乡村振兴战略
提供了坚实的法律保障。由此可见,在不同发展阶段,发展农村经济、全面
建设乡村,始终是中国共产党和中国政府农村工作的主题。进入新时代以
来,我国社会主要矛盾发生变化,农村经济发展迎来了新机遇和新挑战,并
呈现出多元化、多样化、复合化等特点。中国共产党和中国政府正在采取的
一系列具体措施,如调整农业产业结构,深化农业供给侧结构性改革,"推
动资源要素向农村配置","实施区域协调发展战略","因地制宜发展经济"
等,必将对促进农村经济全面发展、推动乡村治理体系现代化发挥重要
作用。

一、合理配置经济资源

　　在中国,乡村是一个极其重要的资源载体,既有自然资源,也有社会资
源;既有显性资源,也有隐性资源,其中还有由农村集体经济衍生和发展来
的各方面经济资源。当然,中国乡村在自然禀赋方面也存在很大差异,尤其
中西部一些乡村存在着资源匮乏或资源不足问题。改革开放以来,大量优
质资源要素不断从农村涌向城市,有力地推动了中国工业、城镇化进程。但
与此同时,不少地方的乡村出现了经济发展不景气、人才流失甚至"凋零"

---

①　《2003年政府工作报告》,中国政府网,2006年2月16日。

②　《中国共产党第十七次全国代表大会文件汇编》,人民出版社2007年版,第23页。

③　《中国共产党第十七届中央委员会第三次全体会议文件汇编》,人民出版社2008年版,第
42页。

④　《十八大以来重要文献选编》(上),中央文献出版社2014年版,第93页。

⑤　《十九大以来重要文献选编》(上),中央文献出版社2019年版,第22页。

现象。进入新时代以来,党和政府将实施乡村振兴战略作为解决"三农"问题的总抓手,提出"产业兴旺、生态宜居、乡风文明、治理有效、生活富裕"的乡村振兴目标。乡村振兴是包括产业、人才、文化、生态、组织等要素在内的乡村全面振兴,内含着中国农村现代化建设的整体性、系统性、制度性安排。"加快乡村振兴不仅需要自力更生,也需要引导优质资源要素由城市向乡村流动"①,党的十九届四中全会提出推动社会治理和服务重心向基层下移,把更多资源下沉到基层,为乡村振兴更好地提供精准化、精细化服务,同时"破除不合时宜的体制机制障碍,推动城乡要素自由流动、平等交换,进而事半功倍地构筑乡村振兴的基石"②,并从法治乡村建设方面着力,为乡村经济社会全面发展提供法治保障。

1. 构建多元投资保障机制

中国作为农业大国,农业发展对于国计民生至关重要,而长期以来农村属于资金高度稀缺地区,农业的弱质性十分明显,资本不愿进入农业领域,"资金短缺成为制约农业发展的主要瓶颈"。③ 党的十八大以来,中国政府不断加大在农村的投入力度,拓宽资金流动渠道,健全政策服务体系,创新乡村治理体制机制,保障农业农村经济持续健康发展。从 2010 年到 2023年的历年中央一号文件,都要求加大对农业农村的财政资金支持,保障资金投入总量不断增加,并保持与农村发展目标相一致。在加强国家财政支持的同时,不断出台优惠政策吸引社会资本,鼓励金融资金向农村流动,构建多元化的资金投入保障机制。已经颁布实施的《乡村振兴促进法》首次以法律形式规定,在要素配置、资金投入上优先保障农业农村发展需要,探索各种积极可行的措施促进乡村全面振兴。2022 年制定的《乡村建设行动实施方案》,就加快推进以县城为重要载体的城镇化发展步伐、确保乡村振兴战略得到有效贯彻和切实落实做出了新的具体部署。

(1)强化国家财政支持

国家财政是推进乡村振兴的政策工具,为实现乡村治理体系和治理能力现代化提供资金保障和经济支撑。农业具有很强的公共属性,拥有保供给、保收入、保生态功能,但其自身营利性较低,外部依赖性较强,尤其需要财政和政策支持,因此必须确保财政投入持续增长。2018 年 9 月 27 日,财

---

① 杨春光、孟东军等:《乡村振兴要注重引导资源要素向农村流动》,光明网,2019 年 4 月23 日。

② 韩俊:《乡村振兴战略:推动更多资源要素配置到农村》,《21 世纪经济报道》2018 年 4 月27 日。

③ 陈池波:《财政支农资金整合问题研究》,武汉大学出版社 2015 年版,第 39 页。

政部印发的《财政部贯彻实施乡村振兴战略的意见》明确提出："把农业农村作为财政支出的优先保障领域,公共财政更大力度向'三农'倾斜,确保投入力度不断增强、总量持续增加。"2019 年,《中共中央国务院关于坚持农业农村优先发展做好"三农"工作的若干意见》进一步强调,优先保障"三农"资金投入,坚持把农业农村作为财政优先保障领域和金融优先服务领域,公共财政更大力度向"三农"倾斜,县域新增贷款主要用于支持乡村振兴事业。2021 年,《中共中央国务院关于全面推进乡村振兴加快农业农村现代化的意见》提出："继续把农业农村作为一般公共预算优先保障领域,中央预算内投资进一步向农业农村倾斜。"①

　　在保障投入总量不断增加的前提下,持续扩大财政支农资金整合力度,提高支农资金聚集效应,除极少数特殊类型的专项资金如生产救灾资金、直补农民资金外,将其他财政支农资金均纳入整合范围,把各类涉农资金尽可能打捆使用,形成合力,以便集中力量办大事。财政支农资金逐步从一般性农业生产项目转移到大型农业生产项目和非营利农业项目上来,如农业科技、生态保护等,以此来为农村经济增长创造良好环境。② 新型经营主体是财政支农资金的支持重点,支持能显著带动农民增收的新型主体,发挥支农资金整合规模效益,有利于实现农业农村整体发展。发挥财政资金的杠杆作用,可以通过以奖代补、贴息、担保等方式,引导各类资本投向农业农村,尤其是投向通过市场自身较少投入的领域,这些领域往往具有公益性强、收益少、投资周期长等特点,需要政府财政支持。同时,应处理好支农惠农与资本参与的关系,鼓励社会资本投向适合企业化经营的现代种养、农业服务、农产品加工等产业,并相应地建立风险基金,加大对新型农业产业的扶持力度。

　　(2)增强金融支持力度

　　长期以来,农村金融始终是金融服务体系的薄弱环节,农业农村经济发展的金融需求得不到有效满足,严重制约了现代农业发展。③ 习近平总书记在中央扶贫开发工作会议上强调,要做好金融扶贫这篇文章,加快农村金

---

① 《中共中央国务院关于全面推进乡村振兴加快农业农村现代化的意见》,中国政府网,2021年 2 月 21 日。

② 林晓梅、钱茜:《农村经济发展的金融支持研究》,电子科技大学出版社 2017 年版,第110 页。

③ 郑博、张敏、廖乘利:《农村金融支持脱贫攻坚的途径分析》,《中国乡镇企业会计》2019 年第 4 期。

融改革创新步伐。① 中国金融机构包括农村金融机构,随着实行商业化改制,纷纷从乡镇撤离,农村金融供给主体匮乏,农村信用社、农业银行、农业发展银行作为三家主要农业金融机构,存在职能交叉和缺位情形,对农业农村发展的扶持效应没有发挥到位。同时,农村仅存的金融机构也大多从追求商业利润、控制经营风险等自身利益出发,吸纳的存款主要用于城市建设,仅有极少量资金用于农业贷款,这也直接造成了农村资金短缺,制约现代农业发展的后果。令人感到欣慰的是,近年来,中央一直在调整惠农金融政策,减轻金融机构惠农贷款风险。

摆脱农村经济发展的现实困境,首先需要健全农村金融组织体系、整顿农村金融秩序,提高金融服务农业农村发展质量,以正规金融组织为主体,以非正规金融为辅助,以为农村经济发展提供制度保障和金融支持为重心,构建覆盖所有农村和农业经济各个方面的金融组织体系。其次需要加强与金融行业的合作,"撬动信贷资金和金融资本支持农业、农村经济发展;积极搭建农业产业融资平台,积极拓宽农村信贷担保途径,推广农村小额信用贷款用于产业发展。"②2018 年 9 月,佛山高明农商银行杨和支行党支部与杨和镇石水村党委举行结对共同振兴乡村签约仪式,成为金融资本助力乡村振兴的典型范例。③

（3）鼓励社会资金流入

随着农业产业新业态不断出现,农村经济产业化、规模化不断增强,国家应制定优惠政策,引导和支持社会资金向农业农村流动。2017 年,财政部、农业部出台的《关于深入推进农业领域政府和社会资本合作的实施意见》,强调引导社会资本积极参与农业领域政府和社会资本合作（PPP）项目投资、建设、运营,调整和优化农业农村公共服务供给结构,"优化农业资金投入方式,加快农业产业结构调整,切实推动农业供给侧结构性改革"④。这些政策措施的实行,为乡村振兴注入了一定活力。

以云南省元谋县为例。"元谋县地处金沙江干热河谷地带,工程性缺水和资源性缺水十分严重,全县供水保证率只有 50% 左右。高效节水灌溉PPP 项目引入社会资本大禹节水后,不仅解决了元谋坝区老城、元马、黄瓜园、平田四个乡镇 6.63 万人产业发展'干渴'的问题,还引导村民改变了传

---

① 王海燕:《大国脱贫之路》,人民出版社 2018 年版,第 188 页。

② 黔东南日报评论员:《抓住资金筹措这个关键环节——四论牢牢把握"八要素"深化农村产业革命》,黔东南新闻网,2018 年 4 月 12 日。

③ 《引入社会资本,助力乡村振兴》,佛山市高明区政府网,2018 年 9 月 12 日。

④ 《引导社会资本进入农业领域》,《人民日报》2017 年 6 月 7 日。

统沟渠输水、大水漫灌的灌溉方式，采用管道输水有效减少水资源污染和途中损耗，通过智能水表'精准计量、刷卡取水'，项目区供水保证率达到90%以上，灌溉水有效利用系数从0.42提高到0.9，年节约用水2158万立方米以上。"①水的问题解决了，村民对种植高附加值的经济作物热情高涨，为发展产业提供了可靠的资源支持。事实表明，农村发展潜力仍是很大的，需要开发的资源很多，只要激活农村经济发展内生动力，乡村经济一定能够振兴。

2.提升土地资源价值

"三农"问题之首是农民问题，农民问题之首是土地问题。党的十九大以来，中央作出实施乡村振兴战略的重要部署，彰显了国家对实现农民共同富裕、农业现代化的高度重视，而土地资源作为农村集体存量最大的"沉睡资产"，"不仅是乡村振兴战略实现的重要支点，也是农民收入和社会保障的基础，更是实现国家全面富裕的关键要素"②。由于土地资源的直接价值和间接价值一直没有达到最优状态，在一定程度上制约了乡村振兴战略的有效实施。因此，进一步解决土地问题，激发土地资源活力，挖掘农村土地价值，是提高农民收入、实现农业现代化的重要途径。目前中国土地价值主要分为两类：一类是直接价值，主要体现为以耕地为条件的纯收益价值。土地资源的直接价值作为农民主要经济来源，属于传统农业经济模式下的农民收益方式，呈现出规模小、收入低等特点；另一类是间接价值，主要体现为通过土地流转以及在土地所有权基础上提升土地潜在价值。进入新时代以来，农村土地资源价值的提升，为实现乡村振兴提供了重要保障，充分挖掘土地价值，提升土地利用效率，则是土地管理制度改革的重中之重。

（1）加大农村土地综合整治力度

农村土地综合整治是指"在一定区域范围内，各级地方政府及相关部门按照土地利用总体规划确定的目标、原则、任务、要求和用途，对田、水、路、林、村综合整治，在改善农村生产生活条件和生态环境的同时，促进农业适度规模经营、人口适度集中居住，产业专业集聚发展，村庄合理优化布局，加快城乡发展一体化的一项技术性系统工程"③。与早期土地整治相比，土地综合整治范畴更为广泛，既包括对高标准农田综合整治，也包括对村庄用

① 《贫困地区运用PPP模式创造美好生活》，人民网，2019年12月5日。
② 袁帅、齐伟：《乡村振兴视域下农村土地资源价值提升的困境及出路》，《第十六届沈阳科学学术年会论文集(经管社科)》2019年，第5页。
③ 王国敏：《统筹城乡视域中的农村土地综合整治研究——以成都市为例》，四川大学出版社2016年版，第27—28页。

地整治,还包括对未利用土地整治和复垦。长期以来,土地整治是乡村治理的难题,要坚持具体问题具体分析,根据各地实际情况,采取不同整治措施,对于生态条件较差的乡村地区,生态移民能够有效改善农民生产生活条件。这类地区恢复生态,进而发挥生态效益,是资产价值最大化的表现;对于农村基础设施缺乏的地区,土地综合整治应以改善农村交通、水利等基础设施为重点,提高农业机械化水平,提高农业劳动生产率;有些地区的土地整治,需要改善耕地生产条件,增加高等级耕地比重,明确将"大力建设高标准农田"列为提高现代农业装备水平、促进农业发展方式转变的内容。

开展土地综合整治,是盘活存量土地,提升土地产能,优化生产、生活、生态空间格局的重要手段,对保障农村经济发展、保护耕地、统筹城乡土地配置,增加高产稳产基本农田,改善农村生产生活条件,促进农业现代化和城乡统筹发展等都具有十分重要的意义。

(2)深化农村土地确权改革

习近平总书记在安徽小岗村农村改革座谈会上指出:"新形势下深化农村改革,主线仍然是处理好农民和土地的关系。"[1]而农村土地确权是处理两者关系的基础工程,也是土地流转的前提条件,最终目的在于保障农民的土地物权,形成更为科学的集体土地产权制度。从2010年中央一号文件提出农村集体土地确权要求,到2013年中央一号文件明确提出健全农村土地承包经营权登记制度,土地确权工作一直受到举国上下重视。截至2019年底,全国各地区已基本完成农村土地承包经营权登记工作,对于增强农民物权意识,促进农民对土地进行投资和流转,促进土地流转资源优化配置,推动农业适度规模化经营发挥了积极作用。"河北省涞水县吕家铺村,原来村集体山场、农户承包的山场基本处于闲置状态。农村土地确权登记后,他们把村集体山场、农户承包的山场折合成股份,成立了新林苹果股份合作社,收入大大提高。"[2]

但需要注意的是,伴随土地确权工作结束,应该做好核查和验收工作,注意资料归档,确保确权成果完整,为保障土地关系稳定提供依据。当然,土地制度变革是深刻影响中国农村经济发展模式与党的执政基础的大事,农村土地确权已经引发了关于走个体经济发展道路还是走集体经济发展道路的思考,说明农村土地"三权分置"的政策制度还未在人们心中明确地、

---

[1] 《十八大以来治国理政新成就》(上册),人民出版社2017年版,第427页。

[2] 《让农业更强农村更美农民更富——河北省大力推进乡村振兴战略纪实》,河北新闻网,2018年3月28日。

普遍地、牢固地确定下来,这些因素将不可避免地影响对于乡村治理体系建设道路的深入探索。

（3）建立农村产权交易市场

党的十八届三中全会提出:"建立农村产权流转交易市场,推动农村产权流转交易公开、公正、规范运行。"①实现资源优化配置是资源竞争的结果,也是价值不断积累和提升的一个过程。资产流动是优化资源配置、实现资产价值的重要途径。资产的流动性能够使人们实实在在地获得资产的潜在价值,并从中获得收益,使资产的本质特性能够充分发挥,农村耕地、宅基地等集体资产,是农村的重要资源,更需要公开、公正、规范的交易平台,产权制度的改革、产权交易市场的建立,能够实现农村各种合法产权公开、公正交易,对提高农村生产要素配置效率、实现资源最大化使用、增加农民财产性收入将起到重要作用。因此,仍然需要在改革和完善农村产权交易市场方面花费气力。

（4）盘活农村集体建设用地

乡村振兴要用好深化改革这个法宝,集体土地作为集体经济组织最宝贵且有限的固定资产,若无法参加市场化配置,或市场化配置机制不完善,将会使得大量财富被闲置,或被不法市场主体侵吞。从农村长期稳定发展、实现共同富裕的需要看,农村土地问题仍然需要深入探索,而且实施振兴乡村战略,发展农村经济,不能缺少土地制度配套改革。2018年底通过的《中华人民共和国农村土地承包法》《中华人民共和国土地管理法》等修正案,重点修改了涉及农村集体建设用地流转的限制条款,对于保障土地流转政策实施以及实现土地"增值"具有积极意义。但土地是中国最稀缺的自然资源,对于改变土地原有功能的集体土地流转需要设定严格条件,严防基层农村干部为了谋取私利或眼前利益,而变相买卖农村集体土地。

3. 实现人才反哺农村

党的十九大报告指出:"人才是实现民族振兴、赢得国际竞争主动的战略资源。"②"人才强农"是乡村振兴的重要引擎,能否培养和吸引一批"懂农业、爱农村、爱农民"的"三爱"农村人才尤其是青年人才,是关乎乡村振兴战略能否顺利实施并最终实现的关键。因为"倘若没有人才,任何干事创业都是空谈"③。人才因素一直是农业农村现代化建设的短板,而农业农

---

① 《十八大以来重要文献选编》(上),中央文献出版社2014年版,第524页。
② 《十九大以来重要文献选编》(上),中央文献出版社2019年版,第45页。
③ 任欢:《反哺农村须从人才开始》,《中华合作时报》2018年6月5日。

村发展又必须依靠人才支撑、依靠农民自身现代化支撑,所以,应该进一步解放思想,创新乡村人才工作体制机制,采用"外引内培"措施,把更多城市人才吸引到乡村,把更多本地人才留在乡村,使更多农村出来的大学生毕业后回归农村就业创业,多措并举培养农村所需要的各方面人才,为乡村振兴和乡村治理储备取之不尽、用之不竭的人才资源。

(1)培养乡村本土人才

推动农业农村发展,实现乡村振兴,关键要靠高素质的现代职业农民,因此,需要吸引人才到农村去,缓解农村人才总量不足问题,但近些年来,不少地方政府在高度重视引进外部人才的同时,却忽略了培养本土人才,而引进的人才又往往"水土不服",不能和四邻八舍处好关系,难以留在农村、扎根农村,以充分发挥建设现代农业农村的作用。与之不同的是,本地成长起来的人才,对家乡怀有感情,带着对家乡的这份情怀干事创业、服务家乡,反倒做出了一番成绩。因为他们熟悉乡情村情,更加了解制约乡村发展的瓶颈,易于与家乡农民融合,能更好地将学到的专业知识、专业技能迅速转化为创新能力,容易得到村民信赖。所以,应该高度重视培养本土专业人才,不断加强农村人才队伍建设。

健全乡土人才培养机制,可以探讨建立"政府主导+高校+社会力量"培育模式,由"政府主导新型职业农民培育,采取政府补贴的方式,整合社会力量开展培训"[①]。农林类高校应建立新型农业人才培养体系,按照不同农业区域和产业类型,围绕农村经济社会发展需要、农业产业化发展趋势设计教学内容、设置教学课程,定期组织教师深入农村调研、到企业学习交流,提高教师实践能力。以实际生产为基础,为学生提供基层工作实习机会,切实培养出更接地气的乡村专业型人才。通过政府购买培训服务的方式,委托有关高校开设农业产业发展急需的专业和课程,引导社会组织参与新型农业人才培养,充分发挥第三方主体力量。

(2)吸引外部人才回归乡村

坚持问题导向和需求导向,大力引进适应农业农村发展和乡村治理需要的人才,改变人才由农村向城市单向流动局面,满足乡村发展和治理对各方面人才的需要,是农村经济社会持续稳定发展的基础和必要条件。长三角地区和珠港澳大湾区的一些乡村,通过打好"乡情牌""乡愁牌",念好"招才经""引智经",想方设法为青年人才创造创业条件、搭建适应青年人才发

---

①　蒲实、孙文营:《实施乡村振兴战略背景下乡村人才建设政策研究》,《中国行政管理》2018年第11期。

挥才能的平台,让农村的机会吸引人、让农村的环境留住人,收到了良好效果。

　　吸引青年人才回乡创业,需要政策支持、制度保障,如鼓励返乡下乡人员领办创办家庭农场、农民合作社等新型农业经营主体,组建合作制和股份制企业等,发挥现代农业产业园区创业创新的有利平台和载体作用;积极建设法治化的营商环境,通过完善农村公共服务吸引人才,保障回乡人才创业和生活方面的需求,如强化农村社会保障力度,推动城乡公共服务均衡化发展,尤其推动城乡教育均衡化发展,落实中央提出的"推动城乡义务教育一体化发展,高度重视农村义务教育"①的要求,让生活在农村的孩子公平享受高质量教育,让有意愿的农村孩子接受高中教育、更多人接受高等教育。加快完善覆盖城乡居民的社会保障体系,增强公平性,适应流动性,保证可持续性,为解除回乡创业就业人才后顾之忧,营造良好环境和氛围。

　　(3)创新人才评价激励机制

　　人才振兴是乡村振兴的关键,让人才安心扎根农村,需要改革农村人才评价制度,建立健全以新型职业农民为主体的农村实用型人才评价机制,科学合理地设置评价指标和评价方式,重点评价其在带头致富、发展农村经济、创办农业产业、培育文明乡风中的示范作用和业绩贡献。建立有效的乡村人才发展基金激励机制,"通过项目策划奖励、项目引进奖励、年度业绩考核奖励等形式,对乡村基层干部作出的贡献,进行补贴和奖励,切实提高和保障乡村人才的经济收入,消除乡村人才后顾之忧,让人才安心扎根乡村,为乡村发展和振兴献智献策。"②

　　4.改善农村生态环境

　　乡村振兴,生态宜居是关键。通过乡村振兴实现生态宜居,需要贯彻落实绿色发展理念,加强农村资源环境保护和生态环境治理,维护好人与自然和谐共生的关系。习近平总书记指出:"建设好生态宜居的美丽乡村,让广大农民在乡村振兴中有更多获得感、幸福感"③,是实施乡村振兴战略的一项重要任务。而实现乡村振兴的过程,实质上也是不断改善农村生态环境的过程。

　　(1)提高农民生态环保意识

　　"青山就是美丽,蓝天也是幸福"④,环境是人类生存、发展的基本条件,

---

①　《十九大以来重要文献选编》(上),中央文献出版社2019年版,第32页。
②　李琼会:《乡村人才振兴必须创新乡村人才工作机制》,中国新闻网,2020年3月13日。
③　《新中国70年大事记(1959.10.1—2019.10.1)》(下),人民出版社2020年版,第162页。
④　《十八大以来治国理政新成就》,人民出版社2017年版,第272页。

保护生态环境需要政府投入、制度保障,人人参与、人人尽责。首先要引导资源要素向农村流动,降低资源要素进入农村的成本,而农村重要基础设施和生态环境的改善、修复、提档升级,是降低资源要素进入农村成本的重要举措。现在仍有很多农民对农村环境污染的严重性、危害性认识不足,对破坏生态环境行为视而不见,因此仍有必要加强宣传教育,增强农民环保意识,充分调动农民积极性、主动性和创造性,推动农村生态环境持续改善。

第一,加大宣传力度。充分利用农村"宣传栏""生态墙""流动宣传车"等载体,运用电视、广播、报纸、网络等传媒载体和平台,宣传保护生态环境的重要性,使广大农民充分认识到生态环境本质上就是财富,是一种生产力,生态环境没有替代品。

第二,加快解决现实中存在的问题。针对农村环境污染状况,邀请专家学者定期对土壤环境保护、畜禽养殖污染防治、环境整治等与农民切身利益相关的问题,进行生态环保知识普及和专业培训,让农民们懂得如何利用科学先进的专业技术,开展农业生产和环境治理。

第三,加强新型职业农民队伍建设。群雁齐飞需要领头雁,培养和选拔有知识、关注生态保护、坚守农业生态红线、坚持绿色发展的新型职业农民,激发农民的主人翁精神,"走科技事农、生态兴农的发展之路"①。

（2）加强生态环境法治保障

农村生态环境保护离不开国家立法引导、规划、制度规范和法律监督。一方面,应该立足于适应农村经济发展、农民生存环境改善需要,完善农村生态环境保护立法,把降污减排、环保实绩考核、生态补偿、环境税收等纳入环境法律规范体系;另一方面,应该加强农村德治建设,提高农民公共道德素养,推进乡村自治、法治、德治相结合,将环境保护、生态保护纳入"村规民约",同时结合不同地区农村实际,"充分发挥农民民主决议、共商共议的作用,让生态保护成为全体村民共识"②,养成自觉保护生态环境的良好习惯。

（3）推进农业供给侧结构性改革

生态环境问题"归根到底是资源过度开发、粗放利用、奢侈消费造成的"。③ 改革开放40多年来,中国农村经济发展取得巨大成就,但也付出了

---

① 任志芬:《生态文明视域下乡村生态振兴的路径探析》,《绍兴文理学院学报（人文社会科学）》2018 年第 6 期。

② 华中师范大学中国农村研究院调查咨询中心课题组:《让农民在乡村振兴中有更多获得感》,《光明日报》2018 年 11 月 15 日。

③ 慎海雄:《习近平改革开放思想研究》,人民出版社 2018 年版,第 258 页。

沉重的生态代价,粗放型经济增长模式、过度追逐经济利益、掠夺式开发资源,是生态环境恶化的主要"凶手"。在新的历史时期,不能为了"产业兴旺"而破坏生态平衡,牺牲"生态宜居"的环境,必须抛弃高消耗、高污染、低产出的粗放型农业生产模式,深化农业供给侧结构性改革,扎实推进新旧动能转换,改变低端农产品过剩与高端农产品依靠进口的现实矛盾,力争农业高质量发展迈出新步伐。

党的十九大报告提出实施乡村振兴战略,积极推进农村一二三产业融合发展。农业供给侧结构性改革的本质是转变农业发展方式,实现农业现代化。为实现农业改革发展目标,农村一二三产业融合发展是很重要的路径选择。在产业融合背景下,延伸产业链是农业供给侧结构性改革的重要方面,实现各环节资源优化整合,需要不断调整和优化产业结构,全面提升农村经济发展质量和效益,更好地满足农民群众对美好生活的需要。

二、完善区域协调发展战略

党的十八大以来,中央提出了创新、协调、绿色、开放、共享的新发展理念,实施了"京津冀协同发展、长江经济带发展、港珠澳大湾区建设、长三角一体化发展"①等新的区域发展战略。2018年中共中央、国务院发布了《关于建立更加有效的区域协调发展新机制的意见》,绘就了未来区域协调发展的路线图。区域协调发展是缩小城乡差距,促进城乡协调发展,确保中国社会经济整体协调发展的战略举措,将为国民经济持续高质量发展,全面建成社会主义现代化国家发挥重大作用,但是如何持续有效地实施这些发展战略,如何使区域发展带动全国整体发展,是值得深入研究的问题。

1. 加强区域协调发展顶层设计

实施区域协调发展战略,需要加快落实国家有关方针政策和工作部署,各级地方政府应该根据中央大政方针,结合当地和毗邻区发展实际,加强区域性顶层设计,制定适合本区域发展的具体方针政策。制定区域发展方针政策,要坚持大局观念,不能局限于眼前利益和局部利益而不顾长远利益和全局利益,只有把眼前利益和局部利益融入长远利益和全局利益之中,才能保障本区域形成长期持续发展的良好状态。如中部地区农村可以根据东部区域发展需求,利用自身资源、原材料等优势,吸引东部地区投资,从而扩展生产链,逐渐缩小东、中部区域经济发展差距;位于西部地区的农村,因为处于工业化发展阶段,容易发生以自然资源换取眼前利益的短期行为,需要政

---

① 《十九大以来重要文献选编》(中),中央文献出版社2021年版,第803页。

府部门适当进行干预和调节,借鉴东部地区发展经验,更好地发挥政府在区域协调发展方面的引导作用,促进区域协调发展新机制有效有序运行,加快形成国内统一的产、销、研市场。

2. 支持中西部农村经济快速发展

随着西部大开发战略逐步实施,中西部农村经济发展得到了中央政府和发达地区政府的大力支持。然而,中西部地区农村经济底子薄、基础差的状况不可能在短期内得到彻底改变,受自然禀赋、地理环境、基础薄弱、政府发展理念、民众观念、管理服务滞后等多方面因素影响,中西部与东部农村经济发展不协调现象仍将持续较长一段时间。要解决这个问题,最根本和有效的途径,就是在国家层面加大资金投入和政策倾斜力度,加大对中西部地区文化教育事业投资,提高中西部地区文化教育水平,加快推进中西部农村地区重要公共基础设施建设和公共事业发展,如加大教育、医疗、卫生、交通、运输发展力度等,吸引更多优秀人才到中西部地区扎根创业,激发激活农村发展内生动力,彻底解决中西部与东部地区经济发展不协调问题。

3. 促进农业经济现代化

农业问题是农村区域经济协调发展面临的根本问题,农业产业化发展水平直接影响农村区域经济发展水平。因此,农业政策的制定和实施,应立足于农业安全和绿色发展,服务于农业增产和农民增收。东部地区依靠自然地理优势,实现了农业产业化快速发展;中部地区要想跟上东部地区农村经济发展速度,必须加大农业产业领域的资金和技术投入,尽快实现机械化、产业化和现代化;对于经济发展缓慢、整体比较落后的西部地区而言,由于受地理因素、环境因素制约,凡是不适合种植农作物和发展养殖业的区块,应该重点推行特色化乡村建设,加大保护传统村落和自然生态环境,加快发展文化旅游观光业,引进适合当地特色的新型产业项目,走出一条利用自然、顺应自然、改善和美化自然环境的经济发展之路。

4. 拓展生产要素流通渠道

人才、资金、技术等"生产要素的流动与农业市场经济活跃度密切相关,也是推动区域经济协调发展的重要因素"①,在生产要素当中,人才是现代市场的珍稀要素,加快农村区域经济发展,起主导作用的是人才,有了人才就可以创造出人间奇迹。因此,国家应该不断加强农业建设方面的人才培养规划,同时,要补齐制约农村区域协调发展的技术和资金短板,各级地方政府可以结合本地实际,对农民进行相关培训,拓宽农民眼界,在畅通影

---

① 何静:《乡村振兴战略与农村区域经济协调发展》,《人民论坛》2019 年第 11 期。

响农村区域经济发展的资金、技术、人才流动渠道方面,尽快消除传统的、保守的和狭隘的思想观念对农村区域经济协调发展的阻碍。

5. 扶持贫困地区转型发展

中央提出"实施区域协调发展战略。加大力度支持革命老区、民族地区、边疆地区、贫困地区加快发展,强化举措推进西部大开发形成新格局"①。现阶段推进特殊类型地区的乡村振兴,已成为实施中国区域协调发展战略的重要任务,也是建设社会主义新农村的重要环节。具体而言,就是要支持革命老区跨越发展、转型升级,补齐区域发展短板,推动赣闽粤原中央苏区、陕甘宁、大别山、左右江、川陕等重点贫困革命老区振兴发展,积极支持沂蒙、湘鄂赣、太行、海陆丰等欠发达革命老区加快发展②;推动民族地区健康发展,加大项目资金支持力度,实行差别化扶持政策,健全帮扶体制机制,增强自我发展能力,提升公共服务水平,支持少数民族和民族地区打赢脱贫攻坚战③;加快边疆地区开发建设,全面推进基础设施尤其是通水、通路、通电等设施建设,实现各地区交通、通信等基础设施互联互通,立足于国家安全战略需要,建设国内大统一市场,着力建设国际大通道,推动区域经济合作,尽快为兴边富民打好基础。

三、因地制宜发展集体经济

发展农村集体经济对于促进乡村振兴、加快完善乡村治理体系、提高乡村治理能力具有重要意义,但需要充分考虑各地具体发展条件,坚持因地制宜,"避免'村村点火'式的泛集体经济发展",④应该以各村经济基础、地理条件、资源状况等实际情况为依据,坚持分类实施、分区推进,探索集体经济发展多种途径,不能简单套用一种模式,严格防止从一个极端走向另一个极端。而涉及农村发展模式或农村经济体制方面的探索则必须慎之又慎,尤其必须严格遵循经济规律、市场规律办事,密切关照农民愿望和承受能力。中央提出:"要支持各地区发挥比较优势,构建高质量发展的动力系统","要从实际出发,宜水则水、宜山则山、宜粮则粮、宜农则农,宜工则工、宜商则商,积极探索富有地域特色的高质量发展新路子。"⑤以农业生产为主的

---

① 《十九大以来重要文献选编》(上),中央文献出版社 2019 年版,第 23 页。
② 范恒山:《十八大以来我国区域战略的创新发展》,《人民日报》2017 年 6 月 14 日。
③ 《国务院关于印发"十三五"促进民族地区和人口较少民族发展规划的通知》,中国政府网,2017 年 1 月 24 日。
④ 王晓毅:《发展集体经济需要因地制宜》,《北京青年报》2018 年 9 月 2 日。
⑤ 石泰峰:《为保护母亲河打造幸福河作出内蒙古贡献》,求是网,2019 年 11 月 16 日。

乡村,应该充分利用山林资源、农业用地等优势发展特色产业,从而带动农户或联合企业使资源优势转化为经济优势,增加村级集体经济收入;对旅游资源丰富的乡村,应该依托农业产业化相关政策,创办农家乐、度假村、休闲观光农业等经济实体,发展旅游农业,完善乡村资源开发,增加服务经营性收入。① 各地乡村都要因地制宜,开辟发展村级集体经济"行得通、靠得住、能受益、可持续"的新路径。

1. 发展特色产业经济

在坚持政府引导、政策鼓励、利益驱动、市场主导及充分尊重农民主体地位的前提下,鼓励农民大胆探索、大胆尝试,逐步形成符合不同地区实际需要的特色产业、特色经济,走以"特"取胜的发展路子。

(1)发展实体经济模式

根据产业基础和市场需求,选择与适度规模发展相适应的农业产业,形成"一村一品",走特色经营之路,是推动农村经济发展打开新格局的必然选择。例如,截至2022年,河北省共有156个村镇被评为全国"一村一品"示范村镇,石家庄市新乐市邯邰镇小刘村是第八批全国"一村一品"示范村镇,几年来,"积极实施农业种植结构调整,充分挖掘沙地资源优势,推进西瓜产业规模化发展"②,瓜农经济收入逐年增加,为农村产业发展提供了重要启示。

(2)盘活集体资产模式

农村集体资产包括农民集体所有的土地、森林、草原等资源性资产,用于集体经营的房屋、机器设备等经营性资产,提供公共服务的教育、卫生等非经营性资产等三类资产形式。做好集体资产经营管理,采取发包、租赁、经营、投资等方式,增加村集体收入,是目前需要深入探索激活集体资产的重要课题,在这方面还存在不少问题,仍有许多亟待做的工作要做。

(3)鼓励股份合作模式

引进工商领域的公司治理模式,通过将闲置资金、农业机械、生产技术、土地承包经营权入股等方式,建立股份合作社,按入股占比分配收益、承担风险,提升农产品产量和质量,保障农民生产经营收入,是近几年正在兴起的农村经济发展模式,也是促进农民增收并需要深入探讨的课题,凡是有条件的地区,应该鼓励农民探讨股份制经营模式。

---

① 《因地制宜发展集体经济助力乡村振兴》,搜狐网,2018年12月26日。
② 《河北新乐:特色西瓜成增收"甜"产业》,新华社,2020年5月20日。

（4）发展为农"服务型"模式

以集体经济组织为载体，成立服务实体，为农业种植户提供农用机械、田间服务、技术指导、市场销售等便民服务，解决农业机械化程度低、缺乏技术、劳动力紧缺、信息不畅等一系列难题，"促进一二三产业互动融合，通过收取服务费方式，助力集体经济发展，增加集体经济收入"①。探索助力集体经济发展的新路子，发展壮大集体经济规模，筑牢乡村治理共同参与的经济基础，带动乡村治理向乡村"善治"目标迈进。

2. 发展乡村旅游业

乡村旅游作为"绿水青山"向"金山银山"转化的"金扁担"，与农业供给侧结构性改革、美丽乡村建设、乡村振兴、数字乡村建设等战略要求高度契合，深入挖掘农村资源，发展乡村旅游业，促进农业与旅游业深度融合，是推动农业转型升级、实现农业现代化的重要动力。"发展乡村旅游业不要搞大拆大建，要因地制宜、因势利导，把传统村落改造好、保护好"②，要充分利用乡村资源优势，"精雕细琢"助推乡村多样化发展、农民多渠道增收。

地处一、二线城市周边的乡村，作为城乡之间的过渡地带和桥梁，可以根据城市居民需求，发展乡村休闲旅游，让城市居民感受乡土情趣，享受乡土文化。沿海地区的村落，可以充分利用地理优势和海洋资源，发展海产养殖业、特色旅游业。保护完好的自然村落，应利用传统田园乡村风貌特点，在保护好生态环境的同时，打造生态农业产业园、生态农业观光园、生态农庄等项目。交通便利、城郊乡村及具有古建筑的村落，应以当地文化特色为基础，合理利用民俗民情，做好娱乐设施、餐饮等项目，让旅游者既能享受到生活的惬意，又能更好地了解当地文化和民俗。发展底子较为薄弱的革命老区，可利用红色资源和优美环境，发展红色旅游。习近平总书记在河南考察调研时曾指出："依托丰富的红色文化资源和绿色生态资源发展乡村旅游，搞活了农村经济，是振兴乡村的好做法。"③河北太行山区和环渤海地区，农村经济较为落后，但自然风光优美，生态环境良好。根据旅游资源调研结果显示，河北省三级以上乡村旅游资源达到1035处，④大力发展乡村旅游业也是发挥河北农村比较优势的可选择路径。

---

① 段炼：《发展村集体经济重在因地制宜》，搜狐网，2019年1月20日。

② 《古老乡村的小康图景——回访河南新县田铺乡田铺大湾韩光莹家（总书记来过我们家）》，《人民日报》2020年2月17日。

③ 《古老乡村的小康图景——回访河南新县田铺乡田铺大湾韩光莹家（总书记来过我们家）》，《人民日报》2020年2月17日。

④ 《走河北特色乡村旅游发展之路》，搜狐网，2020年8月3日。

有效实施乡村振兴战略,每个地区都应该坚持因地制宜、科学规划、以市场为导向,分区分类有序推进,同时要积极开发特色化、差异化、多样化的乡村旅游产品,防止大拆大建、千村一面,或城市化翻版、简单化复制,避免低水平同质化的恶性竞争。

第二节　推动农业规模化产业化市场化

受土地分散经营、农业科技含量较低、农村人口较多等因素影响,目前中国农业整体上仍然呈现出大而不强、强而不精的特征,农业生产经营主要以家庭为单位,缺少规模化、产业化、现代化生产,市场化程度整体上依然不高。因此,需要不断提高农业生产力,推动农业生产规模化、专业化、市场化,真正实现高效增产、农民增收、国泰民安。但仅有农业规模化、产业化经营还是不够的,如果"不开拓农产品市场,各种要素活跃不起来,就没有农产品的输出,就不会带来农业规模经营和农产品精深加工"[①]。而推动农业生产规模化、产业化、市场化,就必须在以下方面下功夫。

一、挖掘整合土地资源

土地是最基本的生产要素。长期以来,国家关于国有土地流转的各项规定比较宽松,而集体土地流转却有着严格限制。当然,城乡土地二元结构很大程度上避免了集体土地流失,对于保障基本农田规模起到了重要作用,而作为一项关系国计民生的国策,基本农田的底线是必须坚守的。但随着时代发展,集体土地"一刀切"的制度安排,也会在一些地区影响土地使用价值的实现,不利于激活农村经济,促进农村经济持续发展。同时,随着改革开放不断深化,土地家庭承包责任制不适应规模化生产经营、不利于高效增产增收的缺陷已经表现出来,仍需深入研究土地制度改革和土地资源市场配置问题,尤其应在保障农民土地权益不断扩展的前提下,引导土地经营权向龙头企业流转,向专业合作社流转,向家庭农场流转,向种养大户流转。让懂农业的"能人"经营农业,让有实力、有技术、有市场牵动作用的企业参与农业规模化经营。这才是整合土地资源、发挥土地效益应有的思路,应采取的有效举措。

1.三权分置与农业规模经营

整合土地资源是发展农业规模化经营的"先手棋"。进入 21 世纪以

---

①　蹇彪:《大力推进农业规模化产业化市场化》,《农业工程技术》2016 年第 7 期。

来,中国开始重视农业适度规模经营,其目的在于通过推进农村土地流转集中,解决土地小块分散经营问题,提高农业经营的规模经济效益。2013年11月,党的十八届三中全会通过的《中共中央关于全面深化改革若干重大问题的决定》提出:"坚持农村土地集体所有权,依法维护农民土地承包经营权,发展壮大集体经济。……鼓励承包经营权在公开市场上向专业大户、家庭农场、农民合作社、农业企业流转,发展多种形式规模经营。"①这些规定要求在坚守农村土地集体所有权、坚持家庭经营基础性地位、坚持稳定土地承包关系的同时,对农村基本经营制度——集体所有制之下的以家庭承包经营为基础、统分结合的双层经营体制进一步完善,鼓励和支持集体土地使用权流转,也为土地经营治理划出了底线。

2014年11月,中共中央办公厅、国务院办公厅发布的《关于引导农村土地经营权有序流转发展农业适度规模经营的意见》指出:"坚持农村土地集体所有,实现所有权、承包权、经营权三权分置,引导土地经营权有序流转。"2015年,中共中央办公厅、国务院办公厅印发的《深化农村改革综合性实施方案》再次强调,深化农村土地制度改革的基本方向就是实行"三权分置"。② 2016年,国务院颁布《关于农村土地所有权承包权经营权分置办法的意见》,将农村土地产权中的土地承包经营权进一步划分为承包权和经营权,实行所有权、承包权、经营权分置,从而明确了农村土地产权流转的性质、范畴和要求。在上述基础上,党的十九大提出了巩固和完善农村基本经营制度、深化农村土地制度改革、完善承包地"三权分置"制度的意见。2018年,中共中央、国务院《关于实施乡村振兴战略的指导意见》提出,完善农村承包地"三权分置"制度,在依法保护集体土地所有权和农户承包权的前提下,平等保护土地经营权。这一系列政策法规的出台具有很重要的指导意义,是继家庭联产承包责任制后农村领域改革的又一次制度性创新尝试,有利于充分利用和实现土地价值,提高农民土地流转积极性,为农业适度规模化经营提供制度保障和政策依据。

2. 农村建设用地使用权流转与建设用地供给

党的十八大以来,中国政府在土地改革进程中谨慎探索,在集体经营性建设用地入市改革方面积累了一些有益的经验。自党的十八届三中全会提出"建立城乡统一的建设用地市场",开启集体土地入市改革以后,2014年

---

① 《十八大以来重要文献选编》(上),中央文献出版社2014年版,第523页。
② 韩振华、胡九龙:《深化农地"三权分置"改革:原则、目标和制度完善》,《前线》2018年第8期。

中央一号文件又明确要求"加快建立农村集体经营性建设用地产权流转和增值收益分配制度"。① 2015 年,全国人大常委会出台了《关于授权国务院在北京市大兴区等三十三个试点县(市、区)行政区域暂时调整实施有关法律规定的决定》,标志着集体经营性建设用地入市交易受到国家法律保护。2016 年,中央一号文件还提出抓紧出台土地增值收益调节金征管办法,为集体经营性建设用地入市提供配套的制度保障。2019 年,中央一号文件即《关于坚持农业农村优先发展做好"三农"工作的若干意见》提出,要深化农村土地制度改革,全面推开农村土地征收制度改革和农村集体经营性建设用地入市改革,加快建立城乡统一的建设用地市场。② 建立城乡统一的土地供给和流转市场,通过市场流转和市场价格实现土地供给城乡一体化,充分发挥市场在资源配置中的决定性作用,也是中央在农村土地产权制度改革过程中坚持不断探索所取得的重要共识。当然,鉴于农民与农村土地的特殊关系,其关乎农民安身立命、生存发展,不同于城市建设用地和商业用地,农村土地改革必须慎之又慎,而且必须始终坚持保障农民生存发展需要这一底线。

3. 土地改革的法治保障

完善相关法律法规,依法推动农村土地改革,合理确定权利归属,科学设计流转规范,既保护农民土地权利,又完善土地适度规模经营的土地产权制度,是新时代深化农村土地制度改革的内在要求和重要特征。

(1)《农村土地承包法》的修改

2018 年 12 月,十三届全国人大常委会第七次会议表决通过了关于修改《中华人民共和国农村土地承包法》的决定,标志着中国农村土地基本经营制度改革进入新的历史阶段。修改农村土地承包法的主要目的在于,将农村土地实行"三权分置"法治化,以便更有效地保障农村集体经济组织和承包经营者的合法权益,同时也更有利于发展现代农业产业。

《农村土地承包法》是稳定农村土地承包关系、保护农民土地承包经营权、推动承包经营权流转的法律依据,而农村土地承包法的修改,对于土地承包经营权和土地经营权进行区分,将承包地的集体所有权、农民承包经营权"两权"变为所有权、承包权、经营权"三权",所有权不变,经营权可以转移,即允许农民流转土地经营权,不再局限于在本集体经济组织内部转让承包地,还可以向外部的受让人流转承包地,有利于促进土地适度规模经营,

---

① 《十八大以来重要文献选编》(上),中央文献出版社 2014 年版,第 710 页。

② 沈开举、邢昕:《加快建立城乡统一的建设用地市场》,《人民论坛》2019 年第 27 期。

增加农民财产性收入。

　　修改后的农村土地承包法,不仅能够保护承包农户的合法权益,还可以保护各种新型经营主体获得经营权之后的合法权益,对于激活一些沉睡的农村土地、发展农村经济、增加农民收益具有很强的现实意义。

　　(2)《土地管理法》的修改

　　《土地管理法》于 2004 年第 3 次修改后实施至今,已经有较长时间没有修改了。2004 年对于《土地管理法》的修订,目的在于满足城乡二元制基础上的城镇化和工业化用地需求,如今"中国经济已经进入了高质量发展、城乡一体化、产业转型升级的新阶段,《土地管理法》也应当与时俱进地调整并适应这一新形势"。① 所以,2019 年 8 月 26 日,十三届全国人大常委会第十二次会议审议通过了《中华人民共和国土地管理法》修正案,删除了原法第 43 条关于"任何单位和个人进行建设,需要使用土地,必须使用国有土地"的规定,放宽了对于土地流转的限制,允许集体经营性建设用地在符合规划、依法登记,并经本集体经济组织三分之二以上成员或者村民代表同意的条件下,通过出让、出租等方式交由集体经济组织以外的单位或者个人直接使用;同时,使用者取得集体经营性建设用地使用权后还可以转让、互换或者抵押。这一规定是一次重大的制度性突破,允许集体经营性建设用地直接对接市场、实现流转,并细化规定农村宅基地如何退出和流转,为解决城镇化进程中大量农村人口进城后闲置的农村宅基地再利用问题提供了法律依据。

　　整体来看,《土地管理法》针对集体性建设用地的修改,既能提高土地使用效率,也能为农民带来更多实惠,总体上有利于加速推进农村向城乡一体化转型。

　　(3)《民法典(物权编)》的设立

　　2020 年 5 月 28 日,十三届全国人大三次会议表决通过了《中华人民共和国民法典》,并决定自 2021 年 1 月 1 日起施行。《民法典》的"物权"篇对征地补偿、土地承包经营权等相关制度予以细化和完善,具体落实了"三权分置"制度。在第十一章"土地承包经营权"中删去了原《物权法》第一百二十八条中关于"未经依法批准,不得将承包地用于非农建设"的规定,第二百四十三条明确提出征收集体所有土地的补偿标准,规定必须维护被征地农民的合法权益。

　　上述规定与原《物权法》相比,突出反映了国家现代化建设对于土地需

---

　　①　成立、魏凌:《〈土地管理法〉修订的背景、问题与方向》,《中国房地产》2019 年第 1 期。

求的强烈特征。比如，2007 年《物权法》虽然在第十一章规定了"土地承包经营权"，确认了土地承包经营权人依法对其承包经营的耕地、林地、草地等享有占有、使用和收益的权利，对农民土地权益的保护起到了非常重要的作用，但由于《物权法》关于承包经营权流转的规定存在缺陷，使得农地流转处于很不确定的探路摸索状态。所以，在《物权法》实施后的第二年，各地就已经开始了一系列改革试验，而这次《民法典（物权编）》的制定，紧密结合中国实际情况，将现行法律中不合时宜的条款予以修改，"将《民法典（物权编）》打造成为一部能够切实保护产权、促进交易、充满活力、指导未来财产法领域的良法"①，为土地改革提供了充分的法律保障。当然，《民法典（物权编）》关于土地产权流转的规定，对农民的生存发展具有非同一般的意义，因为在传统农民眼里，土地是被视为命根子的，土地产权一旦转移，意味着农民原有的生命依靠不存在了，农民必须有新的可靠的生路，这条生路完全依靠农民自己是难以开拓出来的，由此决定了农村土地权利治理和社会保障治理，必将成为未来乡村治理日益突出的重要内容，这也是在现代乡村治理体系建设的顶层设计中必须充分考量的问题。

二、调整农业产业结构

产业发展是农民实现脱贫致富的支撑，产业结构调整和优化是推进产业发展的重要抓手，也是推动乡村产业振兴的关键之举。早在 2008 年 10 月，党的十七届三中全会通过的《中共中央关于推进农村改革发展若干重大问题的决定》就指出："我国总体上已经进入以工促农、以城带乡的发展阶段，进入改造传统农业、走中国特色农业现代化道路的关键时刻，进入着力破除城乡二元结构、形成城乡经济社会发展一体化新格局的重要时期"，要"以市场需求为导向、科技创新为手段、质量效益为目标，构建现代农业产业体系"。② 在此基础上，党的十八大以来中央提出了一系列新思想、新观点、新要求，多次强调要深化农业供给侧结构性改革，走质量兴农之路，不断提高农业效益和竞争力，并提出"推动经济高质量发展，要把重点放在推动产业结构转型升级上，把实体经济做实做强做优"。③ 由此可见，发展农业产业，调整和优化农业产业结构，已经成为实现农业现代化的必由之路。

---

① 《依法保障深化农村土地制度改革》，《法制日报》2019 年 2 月 25 日。
② 《中共中央关于推进农村改革发展若干重大问题的决定》，人民出版社 2008 年版，第 22 页。
③ 《图解 2018 全国两会》，人民出版社 2018 年版，第 127 页。

1. 优化产品结构

2016年，中央农村工作会议指出："推进农业供给侧结构性改革，首先要把农业结构调好调顺调优。"①同时，习近平总书记也一再强调要准确把握新形势下"三农"工作方向，深入推进农业供给侧结构性改革；要在确保国家粮食安全基础上，着力优化产业产品结构。按照中央的战略部署和习近平总书记提出的工作要求，中国农业农村改革步伐仍然需要不断推进和继续深化。

（1）以市场需求为导向，推进供给侧结构性改革

近些年来，中国农产品市场出现供给与需求严重错位现象，一方面，一些普通农产品"供大于求"；另一方面，一些紧俏农产品"供不应求"。这说明，"我国农业发展形势很好，但一些供给没有很好适应需求变化，牛奶就难以满足消费者对质量、信誉保障的要求，大豆生产缺口很大而玉米增产则超过了需求增长，农产品库存也过大了。"②因此，必须根据市场需求变化，调整农产品生产规模和产品结构。2016年，中央一号文件首次提出以供给侧结构性改革破解"三农"问题。

供给侧结构性改革改变了以往以需求为核心的需求侧管理，注重解决供给不适应需求的结构性矛盾，提高有效供给质量与效率。从全面深化改革的要求出发，推进农业供给侧结构性改革，需要增加市场缺、销路好、质量高的农产品生产，调减滞销品种生产。"调整产品结构，大力发展绿色农业、特色农业和品牌农业，把产品结构调优调高调安全，满足居民消费结构升级需要。"③同时，要坚持市场导向，正确处理政府与市场的关系。在较长一段时间，政府出台了一系列直接干预农产品市场的政策，无疑促进了农民增收，但也直接导致农产品的产品优势和竞争力下降。所以，从2013年开始，国家逐步取消了主要农产品最低收购价和临时收储政策，回归市场价格，形成市场机制。当然，为了保障粮食安全，把中国人的饭碗牢牢端在自己手里，对关系国计民生的基本粮食种植和收购，也采取了特殊保障政策。

（2）狠抓农产品质量

2016年，中央农村工作会议指出："要适应市场需求，优化产品结构，把提高农产品质量放在更加突出位置"。④ 同年底召开的中央经济工作会议

---

① 慎海雄：《习近平改革开放思想研究》，人民出版社2018年版，第126页。
② 习近平：《在省部级主要领导干部学习贯彻党的十八届五中全会精神专题研讨班上的讲话》，人民出版社2016年版，第31页。
③ 郭新平：《农业产业化与农村人际关系》，人民出版社2019年版，第298页。
④ 慎海雄：《习近平改革开放思想研究》，人民出版社2018年版，第126页。

再次强调,要深入推进农业供给侧结构性改革,把增加绿色优质农产品供给、农产品标准化生产、品牌创建、质量安全监管摆在突出位置。党的十九大在分析我国经济社会关系发生巨大变化的基础上,提出了社会主要矛盾已经发生转变的论断,在促进粮食生产和消费方面,要求"实施食品安全战略,让人民吃得放心",同时强调坚持科技兴农,把科学技术具体运用于解决农业农村农民问题,以"加快农业现代化步伐,加快新农村建设,加快农民增收"[①]。农业高质量发展离不开高科技,要求引导农民推广应用先进技术,提高农产品质量和竞争力,把满足人民日益增长的美好生活需要作为新时代农业发展的重要课题。

2. 实现三产融合

2016 年的中央一号文件提出:"促进农业产加销紧密衔接、农村一二三产业深度融合,推进农业产业链整合和价值链提升,让农民共享产业融合发展的增值收益,培育农民增收新模式。"[②]2018 年,中央一号文件则要求进一步推动农村"三产"融合发展,同年 6 月农业农村部发出《关于实施农村一二三产业融合发展推进行动的通知》,具体阐述了推动农村"三产"融合发展的战略意义、总体要求、目标任务、保障措施等,有力地促进了农村"三产"融合与现代农业发展。整体上看,近些年来农业产业融合取得了一定成绩,新型农业经营主体不断发展壮大,在生产中利用工业标准化流程与先进管理理念对农业生产进行全程监管,并打造自己的农产品品牌,促进了农业内部第一产业与第二产业融合。[③] 但现阶段的农业产业融合仍然处于初级阶段,经营主体带动力有限,利益联结机制较为松散,先进技术要素不足,要切实推进产业融合向纵深发展,还需要进一步完善产业融合的体制机制。

(1)培育多元融合主体

重视扶持当地重点龙头企业,在税收、金融等多个领域多层面给予支持,增强企业实力,提升企业融合能力。加大支持规模较大的家庭农场、专业合作社等多元主体通过土地流转、股份合作、土地托管、运用高科技等方式发展规模经营,加快推进农业转型升级,依法推进生产、供销、信用"三位一体"的农民合作经济组织体系建设,打造多元化的产业融合主力军。

(2)构建产业融合利益联结机制

有效推进农村一二三产业融合发展,关键在于拓宽视野、创新思维、完

---

① 《科技兴农,新时代必然要求》,搜狐网,2018 年 3 月 14 日。

② 《十八大以来重要文献选编》(下),中央文献出版社 2018 年版,第 113 页。

③ 姜涛:《新型农业经营主体带动农村三产融合的动因、模式和对策》,《中州学刊》2019 年第 10 期。

善利益联结机制,不能简单地把产业融合利益联结机制理解为不同利益主体之间的"分蛋糕",而是要通过加强分工协作、优势互补,实现"帕累托最优"。马克思主义认为,"人们奋斗所争取的一切,都同他们的利益有关"①,产业融合必须以合作者取得相应利益为前提条件,否则,不同从业者之间缺乏合作动机,就不可能真正实现产业融合。因此"要引导不同类型的经营主体分层发展、分类发展,共同提升参与农村产业融合发展的能力,做大农村产业融合的'蛋糕',更好更可持续地推进'农业强、农民富、农村美'"。②

（3）推动高科技投向农业领域

科学技术也是农业发展的动力,加强产学研结合,寻找并培育核心竞争力,带动整个农业产业升级换代,首先需要鼓励、支持现代科技与传统农业产业融合发展;其次则应大力发展农业新型业态,具体途径就是在支持农业传统领域融合发展的同时,推动互联网、物联网、云计算等现代信息技术在农业生产、加工、营销各环节广泛应用,进而实现现代科技与农业产业融合发展。

河北省南和县金沙河农作物种植专业合作社,在传统的"以固定地租流转土地的基础上探索'摊股入亩,按比分红'模式,为职业农民建立风险保障基金,勒紧了合作社中企业成员、职业农民和股权农户三者之间的利益纽带,推动多元主体跨地域合作",③还在合作中引入现代科学技术,成立职业农民学校,自主培养合作社经营管理人才,收到了良好效果。

三、不断完善产权制度

农村集体产权制度改革,是全面深化农村改革的关键环节,具有全局性、长期性和根本性意义,也是实现乡村全面振兴的客观需要。近些年来,面对个体农业经营方式收益增长空间日趋收窄的形势,中央多次强调,要深化农村集体产权制度改革,发展壮大新型集体经济,推动经济增长日趋衰微的个体农业实现转型。2016 年底中共中央、国务院印发的《关于稳步推进农村集体产权制度改革的意见》,是"指导新时期农村集体产权制度改革具有里程碑意义的纲领性文件,对于全面深化农村改革、培育农村经济发展新动

---

①　《马克思恩格斯全集》第 3 卷,人民出版社 1960 年版,第 329 页。

②　姜长云:《完善农村一二三产业融合发展的利益联结机制要拓宽视野》,《中国发展观察》2016 年第 2 期。

③　《2019 年全国农民合作社典型案例之三——河北省南和县金沙河农作物种植专业合作社》,搜狐网,2019 年 10 月 16 日。

能具有重要意义"①。只有深入推进农村集体产权制度改革,才能盘活集体资产,创新集体经济发展模式,扩大集体经济积累,拓展农民增收渠道,丰富乡村治理内涵,为促进乡村治理体系建设提供可靠的经济保障。

1. 推动农村集体资产确权到户

20世纪50年代后期,我国广大农村先后成立了农业初级合作社、农业高级合作社和人民公社,形成了以共有产权制度为特征的农村集体经济组织体系。20世纪70年代末至80年代初,我国农村开始经济体制改革,实行"家庭联产承包责任制"。农民获得相对独立的经营权后,生产积极性被调动起来,有效地促进了农业增产和农民增收。但"家庭联产承包责任制"并没有从根本上改变共有产权性质,伴随农村社会关系深刻变化,共有产权制度的弊端逐渐表现出来,尤其在共有产权制度下,集体财产所有权主体缺位,直接导致集体财产"人人有份,人人不问",进而导致农村滋生了个别干部变卖、侵蚀、瓜分集体财产等腐败问题。为了改变这种状态,让农民成为集体资产的真正所有者,必须推进农村集体资产确权到户。现阶段农村集体资产包括用于经营的产房设备等经营性资产、用于公益事业的非经营性资产和集体所有的土地、森林等资源性资产三个方面。"清产核资"需要核实财物,登记造册,鼓励通过信息化手段储存信息。同时,应该尊重农村集体经济组织的历史,将属于村民小组集体所有的资产确权到村民小组,属于村民集体所有的资产确权到村集体,属于乡镇农民集体所有的资产确权到乡镇。确权是为了明晰产权归属,促使其产商保值和增值提效,挖掘其利国利民的潜在价值。但很显然,除了土地、森林、矿藏等资源性资产之外,多数乡村用于经营的产房设备等经营性资产和用于公益事业的非经营性资产已不多见,而资源性资产确权更加关乎农民根本利益、长远利益,必须高度重视相关问题的合理解决,绝不容许在事关农民根本利益问题上再发生严重失误。

确认农村集体经济组织成员身份,是农村集体产权制度改革的重中之重,也是农村改革中最为复杂的一项工作。随着城乡一体化进程持续推进,人口流动规模增大、速度增快,经营性资产较为丰富的城中村和经济发展较快的乡村集体组织成员结构日趋复杂,"科学确认成员身份,不仅涉及农民财产权益,而且是关乎农村社会和谐稳定的大事"②;集体组织"成员身份的

---

① 张红宇:《深化农村集体产权制度改革的方向》,《学习时报》2017年4月19日。
② 方帅:《农村产权改革制度安排、社会联结与乡村振兴——基于山东省东平县的实证研究》,《江汉大学学报(社会科学版)》2018年第6期。

界定要尊重历史、兼顾现实,以户籍关系为前提条件,结合土地承包、福利享受、居住状况和义务履行等情况综合考虑"①;要遵循民主法治原则,尊重村民意愿,既维护多数人利益,又照顾少数人权利。

2. 推动农村资产股份合作制改革

党的十八届三中全会作出的《关于全面深化改革若干重大问题的决定》强调:"保障农民集体经济组织成员权利,积极发展农民股份合作,赋予农民对集体资产股份占有、收益、有偿退出及抵押、担保、继承权。"②农村资产股份合作制改革,是以原村级集体经济为母体,借鉴股份制的产权组织形式、经营方式和分配方式,"在坚持农村集体资产明晰且不可分割的前提下,将农村集体资产的所有权与分配权分离,让全体集体组织成员股东享有决策权、监督权和分配权,并承担相应的义务。"③通过股份合作改革建立"风险共担,利益共享"的股份公司机制,构建以出资多元化、要素股份化、发展规模化、生产标准化、管理规范化为主要特征的新型股份制合作组织,像一般股份公司保护股东利益一样,保护集体经济组织每一个成员的权利,审慎核查其行使退出、抵押、担保权的状况,尤其严格防范其利益受到损害。

中共中央、国务院《关于稳步推进农村集体产权制度改革的意见》提出:"有序推进农村集体经营性资产股份合作制改革,将农村集体经营性资产以股份或者份额形式量化到本集体成员,作为其参加集体收益分配的基本依据。"④在城镇化地区,农村集体经济组织实力较强,拥有一定存量资产,实行经营性资产股份制改革,通过清产核资明确集体经营性资产和非经营性资产份额,通过清算分类确定集体经济组织成员资格,将集体经营性资产量化成股份,明确集体股和个人股比例,既有利于保护集体经济组织成员的财产权利,也有利于提高集体资产的经营效益。改制后组建的新型农村集体经济组织,可以按照现代企业管理要求建立"三会"制度即股东会、董事会、监事会,实行现代公司管理体制,促使其与市场经济相衔接。截止到2019年5月,"全国已经有超过15万个村完成了经营性资产股份合作制改革,确认集体成员3亿多人,累计向农民股金分红3251亿元"⑤,初步实现了农村集体经营性资产股份合作制改革的目标。

① 张兆康:《集体成员界定操作办法浅析》,《农村经营管理》2013年第3期。
② 《十八大以来重要文献选编》(上),中央文献出版社2014年版,第524页。
③ 《农村经济合作股份制改革是什么?》,搜狐网,2020年1月4日。
④ 《中共中央国务院关于稳步推进农村集体产权制度改革的意见》,中国政府网,2016年12月29日。
⑤ 《全国超过15万个村完成经营性资产股份合作制改革》,中国政府网,2019年5月3日。

四、推动农业多样化适度规模经营

党的十八大明确提出"发展多种形式的规模经营",党的十八届三中全会进一步确立了"加快构建新型农业经营体系,并鼓励承包经营权向新型经营主体流转"的改革方针。2015 年中央一号文件指出,要坚持农民家庭经营主体地位,创新土地流转和规模经营方式,培育专业大户、家庭农场、农民专业合作社、产业化龙头企业等新型经营主体,积极发展多种形式的适度规模经营。2021 年中央一号文件强调:"推进现代农业经营体系建设,突出抓好家庭农场和农民合作社两类经营主体,鼓励发展多种形式适度规模经营"。① 由于农业农村的现代化不可能建立在小农经济和一家一户分散经营的基础上,农业适度规模经营便成了近年来人们讨论的热门话题,并被认为是实现农业现代化的必由之路,甚至可能成为中国农业改革发展的第二次飞跃。但是,农村土地实行"适度规模经营"需要审慎进行,必须适应当地农村的特点和农民的要求,必须遵循农业经济发展规律,而不能盲目求大、求快和强行推进。

1. 推进土地规模经营

党的十七届三中全会审议通过的《中共中央关于推进农村改革发展若干重大问题的决定》提出:"完善土地承包经营权权能,依法保障农民对承包土地的占有、使用、收益等权利。加强土地承包经营权流转管理和服务,建立健全土地承包经营权流转市场,按照依法自愿有偿原则,允许农民以转包、出租、互换、转让、股份合作等形式流转土地承包经营权,发展多种形式的适度规模经营"②,首先是实现农业现代化的需要,同时也是提高土地使用效益、增加农民收入的需要,而农村土地适度规模经营及其所产生的关联性问题,也应纳入乡村治理体系建设所必须关注的范畴。

根据我国不同地区农村发展状况,走有自身特色的农业发展道路,是适应区域发展不平衡规律的必然选择,可以采取家庭适度规模经营的模式,通过鼓励承包农户依法采取转包、出租、互换等方式流转承包地,适度扩大家庭规模经营,发展农业种植大户;可以采取土地承包经营权入股方式,成立股份合作社,通过股权获得利润;可以采取"土地银行"经营模式,以村组集体经济组织名义,注册成立农业资源经营合作社(土地银行),"土地银行"

---

① 《中共中央国务院关于全面推进乡村振兴加快农业农村现代化的意见》,中国政府网,2021年 2 月 21 日。

② 《中共中央关于推进农村改革发展若干重大问题的决定》,人民出版社 2008 年版,第 13 页。

采取银行的经营方式,在"土地贷出"之前,由农民自己种植,待"土地贷出"之后,农民定期获得"存地利益";可以采取业主租赁经营模式,农民将土地承包经营权以租赁方式流转给龙头企业、专业合作社等具有经济实力的法人或者组织;可以采取"大园区+小业主"经营模式,由地方政府统一规划,建立现代农业产业园区,进入园区的农民按照要求进行生产,创建统一产品品牌。① 总之,要因地制宜,因应立法,因需施策,不拘一格,循序渐进。

同时,还可以引导鼓励龙头企业与农民或农民合作社等以"订单农业"等方式实现规模经营,也可以探索开展农地托管模式,在坚持农户家庭承包经营制度不变的前提下,把自己的土地委托给供销社或者农民合作社等组织,由这些专业组织对土地进行管理,收入仍归农民所有,农民只需支付托管费。土地托管模式既为农民保留了土地承包权,又得到比土地流转更多的收益,是农地由自发流转向规模经营过渡的有效形式。

从全国各地看,由于农业资源禀赋、农民就业、农民收入结构等自然经济条件差别较大,不可能只有一条放之四海而皆准的土地经营规模发展道路,要引导和支持农民自主探索,因地制宜地发展农业适度规模经营。在农村经济发展中,坚持从乡情村情民情出发,正确认识各种经营模式的优势和劣势,做好扬长补短的基础性工作。要在乡镇政府组织和协调下,村与村之间形成联动发展思路,不能各自为战、单打独斗,要根据市场变化和需要,注重整合资源,将各个村的条块资源集中共同发展。

2. 健全农业社会化服务体系

实施乡村振兴战略,健全农业社会化服务体系,实现小农户和现代农业发展有机衔接,是中央基于农村本身发展和实现国家现代化需要而提出的发展农村经济的重要思想。中国农业经济规模较小,主要以家庭为单位,存在抗风险能力弱、缺乏发展潜力、科技推广成本高等问题,难以适应农业现代化发展需要。只有健全农业社会化服务体系,以专业化、规模化、高效率的社会化服务带动农业生产适度规模经营,才能更好地推动小农户现代化改造,将小农经营纳入现代农业发展轨道,实现小农户与现代农业发展有机衔接。

(1)大力培育新型农业服务主体

当前,中国新型农业经营主体,如家庭农场、专业大户、农民合作社、农业产业化龙头企业等迅速成长,甚至出现了工商资本投资农业的"八仙过海、各显神通"景观,推动了农业规模经营发展。但农业服务主体存在小、

---

① 杨祥禄:《推进农业适度规模经营》,四川科技出版社 2015 年版,第 34—40 页。

散、松和服务种类单一、服务质量不高等问题,尚未形成规模化服务体系,不少服务主体还处于初期发展阶段,主要表现为管理水平不高、管理机制松散、章程制度形同虚设;部分服务组织缺乏专业管理人员,责任分工不明确,专业技术人才匮乏,对于人才的吸引力不足,自身培训和孵化能力很弱。农业服务主体发展现状直接影响农业适度规模经营,甚至影响农业现代化建设。各类服务主体发展水平和能力是新型农业社会化服务体系的基础,需要引导不同类型服务主体分工协作、优势互补,尤其需要大力发展农业生产性服务业。

（2）推进农业社会化服务能力建设

持续推进农业社会化服务能力建设必须做到两点:一要重视基层服务站点建设,严格按照建设标准和要求,确保如期保质保量完成区域站点建设任务,"为基层农技人员到生产一线开展技术推广服务提供工作场所,使农技推广服务真正进村、入户、到田"[1];二要狠抓农业项目实施,推动农业增产增收。落实农机购置补贴政策,满足淘汰耕牛后的农户购机需求,坚持"机型按需求定,指标随耕地走,服务向田间移"的原则,实行"全价购机、定额补贴、县级结算、直补到卡"的补贴方式,对小型耕整机应补尽补,实现农机补贴"审批由机关向基层转变,审核由单一到多层把关转变,经营和服务由县城向乡镇分散布点转变",[2]有效提高农业社会化服务水平。

（3）积极创新服务内容和服务方式

创新农业社会化服务内容和服务方式,形成覆盖农业生产全过程的社会化综合配套服务,促进农村经济高质量持续发展。

一要重视农业产业链延长,加快推进服务体系向信息、营销、生态等领域拓展。着力推动农业社会化服务向广度深度进军,满足农业生产服务多样化需求,"由生产服务向加工、流通等产业链后端延伸,培育发展新型农产品加工企业,促进农产品转化增值,着力打造服务现代农业园区建设的新载体,促进现代农业园区产业融合发展"[3],帮助农民就近尽快实现增收致富。

二要积极引导和支持服务主体创新服务模式,发展托管式、订单式、平台式、站点式等综合性服务模式,进一步建立健全农业社会化服务标准体系和操作规范体系,引导服务主体推行"约定有合同、内容有标准、过程有

---

① 《河南加大基层农技推广区域站建设力度》,央广网,2013年10月17日。
② 《江陵县"三抓"加快农业社会化服务能力建设》,江陵网,2014年7月31日。
③ 韩大勤:《促进农业适度规模经营 创新农业社会化服务方式——江苏省扬州市江都区社助推现代农业发展的实践与思考》,《中华合作时报》2018年6月26日。

记录、人员有培训、质量有保证、产品有监管"的规范服务模式,不断提高服务质量和服务水平。

三要扩大农业生产全程社会化服务机制创新试点范围,"合理确定财政补贴标准、方式和规模,强化监督管理和绩效考核,严格退出机制"①,首先在县域范围内打造一批服务能力强、服务范围广、市场化运营的农业生产全程社会化服务龙头农业企业组织。

第三节　以激活内生动力促进治理体系建设

走内涵式发展道路,激活发展内生动力,是农村走向繁荣、农民走向富裕及推动乡村治理体系走向完善的根本出路。随着"三农"领域不断推出新的改革措施,"四梁八柱"支撑作用越来越牢固,改革成效越来越明显,农村基础条件越来越改善,为农业农村持续发展增添了动能。但从农业农村持续健康发展需要看,除了需要各级政府加大政策支持力度、改善乡村发展和治理体系建设所需要的物质层面的条件外,更加需要在激活农村发展内生动力上做足文章。习近平总书记指出:"历史反复证明,人民群众是历史发展和社会进步的主体力量"。② 农民群众作为农村建设主体、消费主体和乡村治理主体,农村发展内生动力主要来自于他们自身整体素质和职业能力不断提高,能够为农村经济社会发展持续不断地提供强大的原动力。同时,乡村振兴战略和乡村建设行动的实施,也不能停留在农村的"输血式"发展上,而应该高度重视"防返贫"与"扶智""扶志"相结合,造就一批又一批、一代又一代掌握现代农业科学技术的职业农民,通过推动农村配套改革与基层治理创新,不断完善农业科技推广体系,增强农业农村持续稳定发展的自我造血功能,形成持续稳定发展的不竭动力。

一、培养和造就现代职业农民

"从农业农村发展深层次矛盾出发","激活乡村振兴内生动力","发挥亿万农民的主体作用和首创精神"③,是促进乡村发展、实现乡村振兴的关键,而"人才振兴是乡村振兴的基础,要创新乡村人才工作体制机制,充分

---

① 赵然芬:《健全农业社会化服务体系》,《河北日报》2019 年 3 月 20 日。
② 《习近平关于党的群众路线教育实践活动论述摘编》,党建读物出版社、中央文献出版社 2014 年版,第 7 页。
③ 韩俊主编:《实施乡村振兴战略五十题》,人民出版社 2018 年版,第 310 页。

激发乡村现有人才活力"。① 这些论述说明,乡村振兴归根结底要依靠亿万农民发挥主体作用和首创精神,因此,如果不提高亿万农民的整体素质尤其提高农民职业素质,不加快培养乡村振兴所需要的各类人才,激活乡村发展的内生动力和活力的愿望就会落空。发挥农民群众在乡村振兴中的主体作用,不能依靠农民群众自发行动,而是要依靠党的正确领导,依靠政府制定切实可行的乡村人才培养规划,依靠亿万农民整体素质和能力不断提升,把中央提出的乡村人才振兴任务转化为实际行动,不折不扣地落到实处。

1. 激发农民群众的历史创造力

经验证明,亿万农民的主体作用和首创精神是农业文明或乡村文明不断发展的主要动力,但由于缺乏有效的组织动员和力量整合,长期以来,个体化、分散性的农民很难充分发挥历史创造作用,即使当下一些地区的农村依然处于缺乏组织化、社会化的生产经营状态,农民群众缺少"领头雁"引领,缺乏熟知现代农业科技的行家里手带动,导致他们当中蕴藏着的历史创造潜能无法充分释放出来。例如,由于一些农村党组织软弱涣散甚至边缘化,缺乏号召力、组织力、领导力、整合力和执行力,使得本已缺乏凝聚力的农村社会更呈碎片化,急需农村基层党组织发挥领导作用和社会整合功能,加快探索适应改革开放以来中国农村经济实现第二次腾飞的发展道路,即围绕发展农业产业和乡村振兴,培养具有较高职业素养和民主法治意识的现代职业农民,使他们加快适应农业产业化、农村现代化发展趋势和要求,并在乡村治理体系和治理能力现代化进程中发挥应有的主体作用。

(1)搭建更多发挥农民主体功能的载体

保障农民主体地位,尊重农民首创精神,切实维护农民物质利益和民主权利,始终是农村工作的主题。将农民赞成不赞成、拥护不拥护、支持不支持作为制定农村政策的基本依据,把满足农民群众日益增长的美好生活需要作为各级党组织和政府的奋斗目标,为了促使农民群众的历史创造力得到充分释放,各级政府应不断加大农村基础设施建设投资规模,"持续推进城乡基本公共服务标准统一化、规范化"②,改善农村发展环境和农民生活环境,保障农民安居乐业,满足农民群众多元化和不同层次的公共服务需求,同时围绕保障农民主体地位和主体利益,深入推进乡村治理体系建设,在探索适合各地实际的乡村治理体系建设过程中,逐渐培育农民主体意识,

---

① 韩俊主编:《实施乡村振兴战略五十题》,人民出版社 2018 年版,第 310 页。
② 叶蕴岚:《遵循〈条例〉突出农民主体地位,加快实现农业农村现代化步伐》,《苏州日报》2019 年 11 月 26 日。

增强农民群众主体功能,为农民有效参与乡村建设和乡村治理搭建载体和平台,为他们融入乡村"善治"进程拓宽参与渠道、筑牢组织基础。

(2)以民主法治文化涵养农民主体意识

这里讲的民主法治文化,是以马克思主义民主法治思想为主体、以社会主义法治价值观为核心、融入了中华优秀传统法治理念和现代民主法治意识的社会主义民主法治文化,作为中国人民孜孜以求而艰难确立的民主法治理念,发挥着引领国家民主法治进程不断前进的作用,是社会主义治理体系和治理能力现代化建设强有力的和永恒的精神动力,也是现代社会主义基层民主和法治建设的行动指南。习近平总书记指出,"乡村振兴既要塑形,也要铸魂"[1],"形"与"魂"的关系是外在可见的形体与内在文化精神的表里关系,"塑形"与"铸魂"是相互适应、相互依赖、相互促进的。对于广大农民而言,只有用中国特色社会主义民主法治理论滋养、培育自己成为具有正义之魂、民主之魂、法治之魂的基层农村民主法治主体,并领导他们创造与其享有的较高水平的物质生活相匹配且相向而行的精神生活、政治生活和社会生活,使他们始终以勤劳守法公民和主人翁姿态,参与乡村建设事业和乡村治理事务,积极创造属于自己的美好乡村生活,才能实现他们所追求的价值目标。

(3)发挥农民的历史创造作用

在特定的改革发展阶段出现的产业调整、人口流动、社会结构变化,在一定程度上促使农民生存环境发生了变化,使"以个人和家庭为单位的利己主义现象较为普遍存在,农村精神文化发展停滞,因此需要加强基层党的建设,优化党员队伍,加强思想教育"[2]。基层农村党组织建设既要针对自身工作内容和具体任务,体现基层农村组织工作特点,又要注意从具有生机活力的农民群众中吸收新鲜血液,通过基层党组织机体中的新鲜血液正常流动而不断释放功能,发挥党员模范带头作用,凝聚强大思想共识,引导不适应现代农业产业和农村社会发展要求的农民群众改变传统思维,学习和掌握现代农业产业知识和科学技能,成为自己命运的主宰者、幸福生活的创造者、乡村"善治"的建设者,通过提高自身素质,使他们的潜在的历史创造力充分释放出来。

2.以先进文化涵养乡村人才

从2015年中央一号文件提出"创新乡贤文化,弘扬善行义举,以乡情乡

---

① 韩俊:《新中国70年农村发展与制度变迁》,人民出版社2019年版,第388页。

② 靖连会:《加强基层党组织凝聚力的几点认识》,人民网,2013年12月9日。

愁为纽带吸引和凝聚各方人士支持家乡建设,传承乡村文明",到 2018 年中央一号文件要求"培育富有地方特色和时代精神的新乡贤文化,积极引导发挥新乡贤在乡村振兴,特别是在乡村治理中的积极作用"①,"新乡贤文化"的内涵不断丰富和拓展,成为乡村治理体系建设的重要文化资源。

"乡贤"一词始于东汉,是中华传统文化的一部分,具有见贤思齐、崇德向善、诚信友爱等特征;后来在乡村社会建设、风习教化、乡里公共事务中贡献才思和力量的乡绅,都被称之为"乡贤。"②现代乡村社会的"新乡贤"被赋予了更多内涵,是指在继承乡贤家国情怀、担当精神等中华优秀传统文化基础上,响应党和政府关于建设社会主义新农村、实施乡村振兴战略、走乡村善治之路的号召,通过多种方式在乡村建设和治理中为实现中国梦作出贡献的社会各界人士。"新乡贤"可以分为三种类型,即"'在土'乡贤、'离土'乡贤和'舶来'乡贤,包括公务员、企业家、知识分子以及有一技之长、具有道德情操的普通人。"③在弘扬和践行社会主义核心价值观、建设社会主义新农村、实施乡村振兴战略、推进法治乡村建设过程中,应重视发挥"新乡贤"的积极作用。当然,从乡村治理体系和治理能力现代化角度看,使用"新乡贤"一词概括各类有一技之长的乡村建设和治理人才,可能还难以全面、准确地反映现代乡村建设和治理主体的本质特征,而且把"新乡贤"从普通农民中剥离出来,强调他们的特殊作用,也未必有利于广大村民之间形成平等和谐的社会关系,所以使用"现代乡村建设和治理人才"代替"新乡贤"一词或许更为合适,但为了尊重历史及其延续性,在引用以往文献和论著时则只好保留对"乡贤"或"新乡贤"概念的使用。

(1)发挥乡村人才的引领和示范作用

"新乡贤"是现代乡村的特殊人才,新乡贤文化作为一种"软约束"和"软治理"④,是打造"社会治理共同体"的重要文化资源。新乡贤既是乡村优秀传统文化的守护者,也是现代社会主义乡村文化的建设者,作为农村居民信得过的"自家人",其语言表达、行为表现具有更强的可信度和影响力,拥有利用自身人格魅力感染周边人的便利,容易扮演由传统文化向现代文化跨越的"转换器"角色,对广大农民群众具有引领和示范作用。如,河北省宁晋县依托丰富的历史文化底蕴,深入挖掘乡贤文化内涵,着力培育文明

---

① 吴莉娅:《新乡贤在乡村振兴中的作用机制研究》,《中国特色社会主义研究》2018 年第 6 期。

② 许谨谦:《充分发挥乡贤文化的积极作用》,《云南日报》2017 年 11 月 14 日。

③ 林升文:《乡贤文化,乡村振兴的正能量》,中国社会科学网,2019 年 1 月 28 日。

④ 黄海:《用新乡贤文化推动乡村治理现代化》,《人民日报》2015 年 9 月 30 日。

乡风、民风和家风。"该县苏家庄镇成立了新乡贤会,建立'乡贤和居',发挥传播文化,调解纠纷,建设美丽乡村等作用。"①这表明,被人们称为"新乡贤"且具有一技之长的各类现代乡村建设和治理人才,在乡村建设和治理过程中确实发挥着重要引领和示范作用,因此,应该为他们发挥自己一技之长提供平台、创造条件。

(2)发挥乡村人才的社会调节功能

2018年1月,中共中央、国务院在《关于实施乡村振兴战略的意见》中提出,积极发挥新乡贤作用,推动乡村治理重心下移,尽可能把资源、服务、管理下放到基层。"从提升乡村治理手段来看,在一些乡村出现'空心化'现象的情况下,促进新乡贤文化与乡村社会结构有机融合,能有效促进公共服务普及与公序良俗形成,构建兼具乡土性和现代性的乡村治理新模式。"②在传统社会形态向现代社会形态转型过程中,新乡贤文化适应由传统社会心理向现代社会心理演变的农民群众的社会心理,因此,可以在村民之间发挥桥梁作用,有利于健全村民利益表达机制。营造新乡贤参与家乡建设氛围,增强村民向心力和凝聚力,推进乡村治理体系建设,激发村民参与乡村事务积极性,有利于加快形成共建共治共享的乡村治理制度。

(3)培育和树立社会共同体理念

培育和弘扬社会主义核心价值观,必须立足于弘扬和传承中华优秀传统文化。新乡贤文化作为乡村精神文化,是推动乡村精神文明建设的重要动力,也是宣传、践行社会主义核心价值观的重要文化载体。新乡贤在保护、继承传统村落文化方面起着不可忽视的积极作用,南方地区涌现出来的新乡贤,以献计献策、出资出力方式反哺故乡的种种感人事迹,昭示的不只是事关社会个体的事迹,而是事迹背后所诠释的主流价值观对乡村社会群体所产生的深刻人文影响,其"舍己为公的奉献精神、坚持不懈的拼搏精神、与时俱进的创新精神,关乎个体的高尚人格,更关乎社会主义核心价值观的影响力、感召力"③,其实这也昭示了助人为乐的利他主义的奉献精神,对于培育社会共同体理想信念、形成和维护社会共同体的价值,以及深入挖掘这些精神文明价值对于抑制、克服市场经济负面效应和各种社会阴暗面的伟大意义。

---

① 《河北宁晋:"新乡贤"助力打造新农村》,央广网,2017年8月30日。
② 许谨谦:《充分发挥乡贤文化的积极作用》,《云南日报》2017年11月14日。
③ 胡彬彬、刘灿姣、宋雅娟、陈芝芸、梁小建:《让新乡贤文化涵养核心价值观》,《光明日报》2014年8月9日。

二、"扶志"与"扶智"相结合

党的十九届五中全会提出要从集中资源搞脱贫攻坚转向以巩固拓展脱贫攻坚成果为主,"实现巩固拓展脱贫攻坚成果同乡村振兴有效衔接"。[①]在巩固脱贫攻坚成果上持续用力,必须深入探索贫困发生规律和返贫规律,提升贫困群众自我脱贫的主观意愿和主体能力,激发激活贫困群众脱贫致富的内生动力。

1. 加强思想引导

扶志是扶思想、扶观念、扶意志、扶信心,帮助贫困农民群众树立摆脱困境的斗志和勇气。整体性的扶贫工作任务在 2020 年底已经基本完成,但回顾以往扶贫工作和经验,不难发现一个突出问题,就是部分贫困群众之所以贫困,主要原因在于存在"等、靠、要"思想和惰性。因此,要彻底摆脱贫困,必须引导、教育他们树立正确的世界观、人生观和价值观,鞭策他们继承中华民族自强不息、不甘落后、奋发向上的奋斗精神,树立坚决脱贫致富的志气,不能将"脱贫"心思放在挣帽子、靠救济和贪吃上,要把心思和力量放在谋发展和自我奋斗上。要针对贫困人口的实际状况,制定长远发展规划,宣传扶贫政策,提高贫困人口思想认识,改变其思想观念,让其感受到政府"真扶贫"、"扶真贫"和打赢脱贫攻坚战的决心;"要在贫困群众中弘扬自尊、自爱、自强精神,破除'等、靠、要'等不良习气"[②],把贫困人口要求脱贫和政府帮助脱贫有机结合起来,变"要我脱贫"为"我要脱贫",从而真正走上脱贫致富之路。

2. 提升脱贫能力

"扶智"是扶知识、扶技术、扶思路,指导、帮助贫困群众着力提升脱贫致富的综合素质,具有致富的智慧和能力。从目前实际情况看,多数贫困群众都有脱贫愿望,但一些贫困人口自身找不到脱贫门路、缺乏脱贫能力,需要政府和社会组织给予必要的技术指引和物质上的帮扶;而从长远看,必须采取"授人以渔"而非"授人以鱼"的帮扶方式,加强政府和社会组织对贫困群众专业知识、专业技能培训,推动贫困群众学习市场经济常识、专业知识、专业技能,促使他们在发展实践中开眼界、长见识、增本领,具备应变能力。尤其需要加大教育扶贫政策实施力度,加快推进贫困地区义务教育、职业教育持续健康发展,保障贫困家庭子女受教育权利,并获得均等化的教育资源

---

① 《十九大以来重要文献选编》(中),中央文献出版社 2021 年版,第 802 页。
② 陈富荣:《促进扶贫与扶志扶智深度融合》,中国社会科学网,2018 年 12 月 20 日。

和教育资助,采取倾斜政策降低贫困地区特别是深度贫困地区、民族地区义务教育阶段辍学率,稳步提高贫困地区义务教育、职业教育质量。这才是推动贫困地区和贫困群众脱贫,并且在脱贫后不致再发生规模性返贫的根本出路。

3. 改进帮扶方式

扶贫不是慈善救济,而是要激励和引导贫困群众最终靠自身努力改变命运。所以要转变扶贫方式,除"低保兜底"发放现金外,其他扶贫措施应与贫困群众参与脱贫挂钩,尽量不采取直接发钱发物、送钱送物的方式。要充分发挥群众的积极性,避免形成"养懒汉"现象;要积极探索新的帮扶方式,稳步建立贫困群众参与脱贫攻坚的利益纽带,引导贫困群众就业和发展产业,鼓励贫困群众通过就业实现脱贫;要加大改革力度,支持各类市场主体和贫困农户以土地租赁、产品回收、股份合作、产业捆绑等形式,"建立'农业龙头企业+基地+贫困户'的利益联结纽带,形成风险共担、互利互赢的紧密联结关系,最大限度激发贫困户潜能"[1],对于参与帮扶贫困群众的各类市场主体,要给予政策倾斜甚至通过立法途径予以鼓励,引导贫困群众逐渐走上自觉探寻脱贫致富之路。

三、完善农业科技创新推广体系

实现农业农村现代化,需要不断加强农业科技创新,形成与现代农业产业化、现代化要求相适应的现代农业科技创新推广体系。目前,中国农业科技创新推广体系是在计划经济体制下形成和演化发展而来的,随着时间推移和社会进步,已经呈现出与现代农业产业化、现代化发展要求不相适应的问题。比如,农业科技队伍科研能力不够强,种业培育研究比较落后,农业科技成果转化率不高,农业科研存在与生产、市场相脱节的情形,农业科技成果缺乏竞争力,等等。因此,急需从科研队伍、研究领域、科研质量、技术推广机制等方面完善农业科技创新推广体系。2015年12月,中共中央、国务院下发《关于落实发展新理念加快农业现代化实现全面小康目标的若干意见》,在第一部分即"持续夯实现代农业基础,提高农业质量效益和竞争力"当中,特别提出强化现代农业科技创新推广体系建设,并相应地做出了一些具体规定。

1. 完善投入机制

农业科技创新的关键是保障一定规模的农业科技投入。加大农业科技

---

① 刘刚:《扶贫与扶志扶智结合,增强脱贫内生动力》,《河南日报》2018 年 8 月 17 日。

投入,能够有效解决农业科技创新动力不足、科技成果转化率低的问题。长期以来,我国农业科技投入坚持以财政为主导,虽然在很大程度上提供了较为稳定的经济保障,但由于投入主体、渠道和方式太过单一,不利于挖掘市场资源、从市场层面加大投入力度。为了筹集更多农业科技创新资金,满足农业科技创新需要,必须有效发挥市场在资源配置中的决定性作用,建立多元主体合作投入机制,充分调动市场主体积极性,支持农业科技企业通过资本市场筹集研发资金,利用好政策性金融与合作性金融,加快完善农村金融服务体系,加大金融产品创新力度,优先满足农业科技创新信贷需求。

2. 健全运行机制

目前,我国农业科技创新运行机制不够健全,存在研发主体单一且效率不高、创新推广主体不明确、人才极度匮乏等情形,亟须不断改进和完善。第一,充分发挥市场"无形之手"的资源配置功能,坚持市场导向和政府导向相结合,鼓励农业科技创新主体开发满足市场需要的适用性技术;同时对部分基础项目进行重点投入、重点扶持,加大重点基础设施项目扶持力度。第二,创新研发模式,建立产学研相结合的农业科技协同创新基地,"加强农业科技创新部门、科研机构、高等院校的交流与合作,建立形式多样、协同创新的技术合作机制"①。第三,培育多元化推广主体。目前阶段,农业科技创新推广体系适用率较低,难以充分发挥推广作用;推广部门主要由政府机构组成,推广积极性不高,推广方式单一,应该加强推广部门与科研部门相互合作,建立稳定的沟通渠道和长效推广机制。

3. 优化转化机制

"农业科技成果转化是指农业科技成果由潜在的、知识形态的生产力转变为现实的、物质形态的生产力的过程"②,农业科技创新成果只有通过适当转化,才能对农业生产产生实际推动作用,提高农业科技创新成果转化率,需要不断完善农业科技创新成果转化机制。我国传统的家庭农户生产规模小、生产成本高,不利于农业科技创新成果转化水平提升,实行规模化、专业化、标准化经营,可以为现代生产要素实现组合创造有利条件,促进先进农业科技成果转化和应用。"可以考虑设立产学研一体化的农业科技推广机构,制定农业科技推广计划,负责项目资金分配和项目实施"③,在此基础上,建立和完善科技成果转化中的风险防范机制,鼓励农业科技创新和转化。

---

① 臧圣男、刘国亮:《完善农业科技创新机制》,人民网,2013年5月23日。
② 李文伟、邱凤鸣:《农业科技成果转化机制探析》,《安徽农业科学》2009年第36期。
③ 臧圣男、刘国亮:《完善农业科技创新机制》,人民网,2013年5月23日。

4. 构建激励机制

激励农业科技创新,既要关注单位整体型创新成果,又要关注每个科研人员的贡献率,具体措施就是落实科技成果转化收益、科技人员兼职取酬等制度规定,调动和激发科技人员研发积极性、主动性。当然,"也可采用'后补助'等方式支持农业科技创新"①。但从长远看,制定和实施系统的农业科研杰出人才培养计划,深入推进科研成果权益改革试点,建立常态化的科研成果转化激励机制,发展面向市场、面向现代化、面向未来的新型农业技术研发、成果转化和产业孵化机构,完善符合农业科技创新要求的基础研究支持方式,建立差别化的农业科技评价机制,才更加符合农业科技创新规律和特点。所以,制定、实施农业科研杰出人才培养计划,"应该上升为农业领域的国家发展战略"②。

5. 加强知识产权保护

随着知识经济快速发展、全球人才竞争日趋激烈,"知识产权已成为农业发展的重要资源和核心竞争力,成为现代农业建设的重要支撑和掌握农业发展主动权的关键"③。加强知识产权保护,鼓励公开公平竞争,是推动农业科技创新、提高农业科技含量、促进市场经济健康发展的基本要求。加强农业领域知识产权保护,首先,要强化有关主体知识产权保护意识。现阶段中国农业科技人员知识产权保护意识比较薄弱,在农业科技创新合作及推广过程中,知识产权遭遇侵犯现象时有发生,因此,农业科技创新人员必须学会重视和保护知识产权。第二,要完善农业技术知识产权保护法治体系。"提升现有法律法规的地位和权威性,加强农业科技知识产权执法力度,提高司法惩罚力度。"④第三,要健全知识产权管理体系,建立专门的农业科技创新知识产权管理机构,包括对于知识产权法律法规的宣传普及、制定相关保护制度以及知识产权日常管理等,组建专业化的知识产权工作队伍,使专职工作人员不仅具备专业知识,更要掌握知识产权保护国内法律法规和有关国际法,以便运用法律武器更有效地保护农业科技创新,进而发挥农业科技创新在农村经济发展中的重要作用,为乡村治理体系建设及其有效运行奠定物质基础。

---

① 《2017 年中央一号文件公布　提出深入推进农业供给侧结构性改革》,中国政府网,2017 年 2 月 5 日。

② 《十八大以来重要文献选编》(下),中央文献出版社 2018 年版,第 538 页。

③ 《知识产权为农业科技创新护航》,《农业日报》2020 年 4 月 24 日。

④ 胡扬名、吴松江:《农业科技知识产权保护存在的问题及对策》,《人民论坛》2013 年第 14 期。

第五章　乡村治理体系建设的
文化保障

　　文化在乡村治理体系建设中具有价值引领、思想保障、铸魂育人、启发心智、精神支持等功能,但这些对于乡村治理体系建设而言,仍然属于表层的、直接的功能要素,其最根本的功能终须归结到乡村社会主体和治理主体的人性改良、人格塑造、道德养成等问题上,因为只有作为乡村治理主体的人的本质属性,才是决定乡村治理体系内涵、本质特征及其发展变化和运行效果的关键要素。国家究竟需要什么样的乡村、什么样的农民,农民究竟需要什么样的乡村、过什么样的生活,如何培育这样的农民、建设这样的乡村和这样的生活,乡村治理体系如何助力建成这样的乡村、培育这样的农民、实现这样的生活,这些都不能不涉及文化问题以及发挥文化在乡村治理体系建设中的价值引领、铸魂育人和治理功能等问题。中华优秀传统文化本是为了"修身、齐家、治国、平天下"而产生的,自产生传承至今,其在中国精神文明、政治文明、社会文明演进过程中所扮演的教化和治理角色从未缺席过。在现代背景下提出的"坚持共同的理想信念、价值理念、道德观念,弘扬中华优秀传统文化、革命文化、社会主义先进文化,促进全体人民在思想上精神上紧紧团结在一起"[1],不仅为中国特色社会主义建设和改革开放事业注入了灵魂和精神动能,而且在国家治理、社会治理中发挥着不可替代的价值引领和行为规制作用。实现乡村治理体系和治理能力现代化,既需要始终坚持由中华优秀传统文化、革命文化、社会主义先进文化等凝练而成的社会主义核心价值观的引领,又需要深刻理解中华优秀传统文化的治理价值及其在农民精神世界的滋养作用,并且需要在吸收、整合、弘扬中华优秀传统文化、革命文化、社会主义先进文化的基础上,建设适应乡村发展和乡村治理需要的社会主义乡村文化,积极发挥它们在乡村治理体系和治理能力建设中的多方面功能。

---

[1]　《中国共产党第十九届中央委员会第四次全体会议文件汇编》,人民出版社 2019 年版,第9 页。

第一节　深入挖掘传统文化资源

中华传统文化早在形成初期,就有两个层面的表现形态,一个是乡土文化形态,另一个是士大夫文化形态,二者都与传统社会生活密切相连、与传统社会治理息息相关,尤其乡土文化凝聚着中华民族最深厚的精神追求,蕴含着中华民族最珍贵的精神特质,承载着中华民族最本色的精神基因。比如,求同存异、和而不同的和合思想,惠民利民、安民富民的民本思想,与时俱进、自强不息的奋斗精神等,都是中国特色乡村治理体系建设的宝贵文化思想资源,而"植根于传统文化的民族自尊心、自信心"①,则是中国特色乡村治理体系建设的重要精神支柱,是筑牢新时代乡村治理体系的文化根基。正如世人所知,脱离了中华优秀传统思想道德和人文精神的滋养,中华现代文明就失去了根,中国现代话语体系就不可能枝繁叶茂并显示出强大生命力。在中国政府、民间社会、理论界不断探索完善中国特色乡村治理体系、提高现代乡村治理能力的今天,中华优秀传统思想道德和人文精神依然是中华民族治理智慧的重要源泉,深入挖掘、充分吸收、合理利用中华优秀传统文化资源,对于建设开放、包容、面向未来的社会主义乡村文化,促进中国特色乡村治理体系建设,具有不可或缺的"铸魂"和"培根"功能。

一、和合思想

作为群居性社会动物,人类生存和发展无不需要交往,无不面对各种利益诱惑,或因价值选择不同而产生利益纠纷和观念冲突。如何应对各种利益诱惑和矛盾冲突,是每时每刻都在发生的对人类生活具有严重影响的事情,而中华传统文化给出的化解矛盾冲突的答案和最高准则就是"和合"。"和合"理念和价值诉求,也是最适合于比邻相居、守望相助的乡村社会的文化哲学,是关乎中国特色乡村治理体系建设的最具挖掘价值的人文精神,它们将永远引导着中华民族致力于构建人类命运共同体的乡村社会生活。

1. "和合"思想的缘起

自古以来,中华民族就秉承"求同存异,和而不同"的生活理念、人生哲理和处世态度,参与各种社会活动、创造美好生活家园。春秋战国时期,伴随儒、墨、道、法等"百家争鸣"格局的形成,推动了中华文化领域"和合"思想的产生和发展。中华文明发展史告诉人们,中华传统文化经历了两次大

---

① 公方彬:《大思想:中国崛起的瓶颈与突破》,广东人民出版社2015年版,第97页。

的转型:一次在汉代,法家思想被儒家吸收,墨家走向衰微,同时佛教文化由印度传入中土,融入中华本土文化,出现儒、释、道合流局面,并推动了中华传统文化继续发展和转型;另一次在近代,西方资本主义文化传入中国,中华传统文化迎来了急剧变革和再次转型,并在与外来文化冲突和交融过程中吸取新的成分和营养,再次获得生机。

但就中华文化的流变和坚守而言,注重塑造和谐有序的天人关系和人际关系,始终是一条不变的主线,其根本缘由在于强调人的心性修养、平衡主客关系和利益关系,以使自己适应自然界万事万物生长规律和社会发展规律,在与自然万物和人类和谐相处中实现自身的生存和发展。正如北宋哲学家、儒学代表人物邵雍所说:"人之所以灵于万物者,谓其目能收万物之色,耳能收万物之气,口能收万物之味。"[①]人与万物本皆偏而不全,但人能由偏合全,使"万物生于心"。质言之,中华文化之所以能够延续,没有像古代希腊、罗马、埃及等古文明那样断代或灭亡,主要在于其具有包容性、开放性、适应性和不屈不挠的抗争精神,其中包含"各美其美""美人之美"的深刻内涵及长期积累形成的多元一体的本质特征,它的这种属性能把生活在共同体中、具有不同价值取向的人和事物融为一体,即使它们之间保持必要的张力,也不致使其走向解体或灭亡。"中庸""和合"就是对这种开放、包容的多元一体文化特征最为贴切的概括,即把多族群文化融合在一起,形成既不断发展又相对稳定的"和合"思想文化传统,使不同语言、血统、生活习俗的人们和平相处,共同生活在同一共同体中。

2."和合"思想的现代诠释

与传统社会相比,现代社会的利益关系、人际关系更加复杂和多变,但"和合"思维方式依然是中国人处理社会关系、人际关系的最重要思想基础,尤其在与中华传统文化联系最紧密的乡村社会生活中,"和合"思想依然占据着主导地位,这是因为乡村社会的经济基础、生产关系具有相对的稳定性,建立在它们之上的乡土文化及村民的社会心理不易发生改变。但在当今经济社会大变革中,中国乡土文化、传统文化、民族文化或多或少受到了外来文化、新兴文化的冲击,形成了乡土文化与外来文化、传统文化与现代文化、民族文化与社会主义文化交融共存的多元文化结构。我们应当认识到,文化由人类创造并转而造福于人类,乡村文化思想由乡村经济社会基础和发展状况决定,多元文化交织共融的经济社会基础不发生质的变化,其发展趋势也不会发生根本改变。

---

① 侯外庐:《中国思想通史》第 4 卷,人民出版社 2011 年版,第 474 页。

现代乡村社会中的文化思想,依然保持着群体或个体之间求同存异、和而不同的特征,是乡村社会多元、利益多元、价值多元格局的反映。许多村民进城打工,把城市文化和生活方式带回了乡村,给乡村文化注入了新的基因,但并未改变乡村文化的本质特征。乡村文化是向着和谐、文明、民主、富强等社会主义核心价值观所倡导的目标和方向发展的,但是,这种发展只是中华传统乡村文化的历史演进,而非其固有的核心基因的质变,同时在广袤的乡村地区还会因为不同区域的社会差异性,反映出不同于其他地域文化的特点。在中国960万平方公里的土地上,生活着56个民族,不同地域的乡村和民族在宗教信仰、生活风俗、语言习惯、社会心理上具有自身特点,他们虽然生活在相同的社会制度里,但却保持着自己的特性,这些正是中华民族"和合"文化的内在属性的反映。

在探讨和构建中国特色乡村治理体系过程中,把主体多元、价值多元、制度包容、方式多样的具体化的乡村治理要素纳入现代乡村治理体系,即坚持乡村治理文化的同质性,又尊重乡村治理方式的地方性特色;即坚持以我为主,又吸纳外来文化,无不彰显了中国特色乡村治理体系的包容性、开放性和创新性。以乡村社会实际为依据、社会主义核心价值观为引领,传承中华传统和谐均衡观,并在此基础上遵循乡村治理规律,凝练、生成新时代中华"和合"文化,是实现乡村治理体系现代化的客观要求。

二、民本思想

"以民为本""水能载舟,亦能覆舟",是中国传统社会开明统治者和传统知识分子倡导的执政理念及其对执政规律的认识。"以民为本"思想的合理性在于看到了人民的力量和历史作用,但由于在传统社会统治阶级以维护自身利益为己任,惧怕人民的力量,站在统治者的地位看待人民和人民的作用,事实上,人民的主体地位和生存权利从未真正得到过他们的认可和尊重,人民始终被作为统治对象和生产工具来对待。随着近代以来民主力量的觉醒和壮大、民主思潮和民主运动的兴起,人民在经济、政治、文化和社会生活中的主体地位被社会逐渐认可,从而推动了传统"民本"思想向现代民主思想的转型。

1. 民本思想的缘起

中华传统文化是在小农经济土壤中萌生、形成与发展起来的,惠民利民、安民富民的民本思想,同样发源于农业社会和小农经济,而非发源于商业社会或工业社会。所以,中华传统"民本"思想与西方商业文明中产生的"人本"思想有着天壤之别,并且"民本"思想更加专注于乡土情怀和人文精神,其在国家治理体系中的最主要体现就是税赋制度。战国时期孟子讲过"什一而税"乃王者之政,汉代吸取秦王朝推行徭役暴政导致短命的教训,采取"轻徭薄赋""无为而治"政策,法律规定"十五税一",实际执行则为"三十税一",并在汉文帝时期免收全部田租,[①]使惠民利民、安民富民思想得以践行,且比"什一而税"又前进了一步。实行休养生息、轻徭薄赋、无为而治的"民本"政策,是西汉王朝走向强大的原因之一。汉代之后的历朝历代,凡发展富强者,均与实行"民本"思想和政治上开放、包容有关。所以,将实行民本思想作为治国之本,有利于经济繁荣、社会稳定、国家富强、人心思治、人心向善。

近代中国人民饱受帝国主义、封建主义、官僚资本主义三座大山欺凌和压迫,国家失去了践行民本思想的土壤和环境,但不少进步思想家和革命家依然致力于实现国家独立、民族解放、人民幸福,并对民本思想进行了深入探索和创造性转换,孙中山先生即为其中的杰出代表。他提倡"三民主义"以解决中国问题,指出:"我们的三民主义,便是很像发财主义。我们为甚么不直接讲发财呢? 因为发财不能包括三民主义,三民主义才可以包括发财。"[②]他认为:"社会问题才是历史的重心,而社会问题中,又以生存为重心。民生问题就是生存问题……归结到底历史的重心是民生。"[③]由此可见,近代中国仁人志士是沿着民本思想这条历史主线探讨解决中国社会问题方案的。不过,孙中山先生的三民主义毕竟是一件未完成的作品,在提到衣、食、住、行之后,本来预定要讲育、乐两题,但却骤然停止了。据钱穆先生推测,"育"是发育成长之义,"乐"是快乐满足之义,惠民利民、安民富民在满足人民物质需要的同时,也应该满足其精神需要,这样的"民本"思想才是具有创新性和完整性的民本思想。

2. 民本思想的现代诠释

在进入 21 世纪后的新的历史时期,中国政府坚持从传统民本思想中吸取营养、开本创新,在"以人民为中心"和坚持"人民至上""生命至上"理念指引下,形成惠民利民、安民富民的中国特色社会主义民生理论,为实施乡村振兴战略、实行乡村善治筑牢思想基础。

2020 年 2 月 5 日,中央一号文件指出:"发展富民乡村产业。支持各地立足资源优势打造各具特色的农业全产业链,……推动农村一二三产业融

---

① 钱穆:《中国历代政治得失》,生活·读书·新知三联书店 2018 年版,第 17 页。
② 《孙中山选集》(下),人民出版社 1981 年版,第 717 页。
③ 《孙中山选集》(下),人民出版社 1981 年版,第 812 页。

合发展。"①从政府扶持乡镇企业发展,到为民营企业持续健康发展营造法治环境,鼓励乡村企业家回乡创业、带领农民致富,甚至支持乡村企业家兴办外贸企业,参与国际流通,创造乡村物质文明,为践行民生理念筑牢经济基础。

提高农民生活水平,净化农村生活环境,促进乡村生活方式现代化,是现代乡村治理的重要内容。随着互联网技术普及、农村生产力提升,许多村民做起了电子商务,很多乡村建立了电子商务服务站,广大村民可以购买到来自全国乃至世界各地的生产生活用品,还能够将乡镇企业或村民自己生产的商品销售到全国乃至世界各地,生长在乡土中的中国农民凭借吃苦耐劳的勤奋精神,无时无刻不为建设美丽家园、创造美好生活、实现中国梦贡献自己的力量。

随着农村经济逐渐发展,农民收入逐渐增加,农民生活质量逐渐提高,如传统民居换成了楼房,天然气或电器取暖代替了烧柴或燃煤取暖,旱厕变成了冲水马桶等,"乐"与"育"开始成为村民关注和追逐的对象,农村书屋、业余艺术、高质量义务教育、中学教育进入农民关注的视线。在传统中国向现代中国全面转型的历史过程中,"民本"思想对于实现乡村"善治"依然具有重要价值,而推进乡村治理体系和治理能力现代化,需要不断从传统乡村治理文明和治理智慧中发现真谛、吸取营养。

三、奋　斗　精　神

中华文明是古代世界四大文明中唯一未曾中断的原生文明,究其原因在于中华民族具有不屈不挠、百折不回、与时俱进、自强不息的奋斗精神和坚韧性格,正是这种刚柔相济的坚韧性格和奋斗精神,使中华民族经受住了来自于自然和人类社会本身的五千年腥风血雨的洗礼、考验和艰苦岁月的磨难,创造了五千年辉煌灿烂的农业文明和万世不衰的中华传统文明,使中华子孙依然从传统文明之中吸取生存智慧和发展动力,并有效应对当下的百年未有之大变局。

1. 与时俱进、自强不息奋斗精神的缘起

中华优秀传统思想道德与人文精神的形成和发展历程,生动体现了中华民族与时俱进、自强不息的奋斗精神。从文明主体的赓续和发展而言,创造古希腊神话的古希腊人、古罗马斗兽场的古罗马人、古埃及金字塔的古埃及人,虽然都有过自己光辉灿烂的历史,但这些古老民族和古代文明无一例

---

① 《十九大以来重要文献选编》(中),中央文献出版社 2021 年版,第 363 页。

外地随着一场场残酷的战争和自然环境的变化而销声匿迹了，唯一存留下来的只有长城脚下和黄河流过的古老国家的中华民族及其创造的中华文明。中华文明之所以饱经历史沧桑而传承至今、中华民族之所以饱受战争摧残而繁衍不衰，唯有百折不挠、自强不息的奋斗精神是解读其理由的真谛所在。

在中国历史上，中华民族和中华文明虽然屡遭周边少数民族袭扰和外来民族入侵，从西晋时期的"五胡乱华"、大唐灭亡后的五代十国大分裂，到元朝、清朝时期少数民族入主中原，再到近代一百年间的西方文化入侵，都没有根本改变中华传统文化，反而是中华文化化解了外来文化的冲击并吸收了其他文化的合理内核……以上都证明了中华文化的开放性、包容性与持续性，这是保证中华民族文化与时俱进、自强不息的基础，且中国自古以来就拥有自己独特的制度体制，中华民族的凝聚力、向心力乃至骨子里的"百折不挠""自强不息"精神，形成了忍辱负重、厚积薄发、凝心聚力办大事的传统，"愚公移山""夸父追日"等神话传说，都是中华民族性格的真实写照和奋斗精神的充分展现。

2. 与时俱进、自强不息奋斗精神的现代诠释

几千年来，中华民族与时俱进、自强不息的奋斗精神得到了一代又一代的传承。在新中国成立以后的70多个峥嵘岁月当中，全国各族人民在中国共产党领导下，有序地完成了一个又一个国家建设任务。在推动工业和城市建设快速发展的同时，乡村建设也步入了正轨，并取得了历史性成就，已经胜利完成的脱贫攻坚战，正在实现与新型城镇化、乡村振兴战略紧密衔接，必将从根本上改变长期形成的城乡二元结构及其不平衡的城乡发展格局，全面实现乡村产业振兴、人才振兴、文化振兴、生态振兴和组织振兴。

自2005年10月党的十六届五中全会提出社会主义新农村建设要坚持"生产发展、生活宽裕、乡风文明、村容整洁、管理民主"的目标要求，到2007年10月十七大提出"统筹城乡发展，推进社会主义新农村建设"，再到2012年十八大提出"努力建设美丽中国，实现中华民族永续发展"，随即出台的2013年中央一号文件，依据"美丽中国"理念首次在国家层面提出了建设"美丽乡村"的奋斗目标。在各级党委和政府推动下，各地农村硬化道路、绿化环境、建造书屋、创办村民活动中心、兴建自来水工程、招商引资，经过近10年艰苦奋战，越来越多家庭和人口脱离贫困，走上小康和富裕之路。在此基础上，中央进一步系统规划城乡发展格局，于2017年召开的十九大上首次提出实施乡村振兴战略，而正当举国上下齐心协力、稳步推进城乡协同发展之际，2018年7月中美贸易摩擦加剧，外部环境发生剧烈变化，经济

运行稳中有变、喜中有忧,中央审时度势,未雨绸缪,旗帜鲜明地提出"要做好稳就业、稳金融、稳外贸、稳外资、稳投资、稳预期工作",把"六稳"作为实现中国经济稳中求进的基本要求。

2019年底暴发的席卷全球的新冠疫情,对世界各国经济社会造成了巨大冲击,面对新冠疫情冲击和世界百年未有之大变局,中央及时做出新的安排和部署,在扎实做好"六稳"工作的基础上,提出"保居民就业、保基本民生、保市场主体、保粮食能源安全、保产业链供应链稳定、保基层运转"的"六保"任务,形成了"六稳六保"的工作格局。各地城乡在中央统一领导和指挥下,科学有效地开展疫情防控和治理,积极组织复工复产,建设国内统一市场,将常态化的疫情防控和经济持续发展结合起来,使疫情造成的经济社会损失降到最低,保障了如期实现脱贫和建成小康社会目标,2020年脱贫攻坚目标任务如期完成,现行标准下农村贫困人口全部脱贫,贫困县全部摘帽。紧接着,2021年中央一号文件就提出了由集中资源支持脱贫攻坚向全面推进乡村振兴平稳过渡,在"十四五"时期全面推进乡村振兴。① 中国广大乡村每一步发展,都实事求是、稳扎稳打,都彰显了中华民族与时俱进、自强不息的奋斗精神。

四、生 活 理 念

生活理念是指人们对生活的态度和信念,是人们在生产、生活过程中处理生产和消费的关系时形成的一种生活哲学,生活理念对人们的生活方式和行为后果具有重要影响。树立积极的、健康的、向上的生活理念,对于形成和谐的友好的社会关系、人际关系和家庭关系具有极其重大的促进作用。

1. 俭约自守、中和太和生活理念的缘起

中华传统思想文化非常强调"节俭""节用""勤俭持家"等生活理念。比如,早在战国时期,墨子就高度赞扬"古者圣王制为节葬之法",反对铺张浪费,主张减薄俸禄,能满足日常需求即可。费孝通先生曾说:"知足常乐""俭约自守"是中华传统文化的基本精神,这些从中国乡土之中生长出来的生活文化,很多人都知晓,土地满足人们需要的产出是有限度的,一块土地即便施加再多肥料,用再多人工,到了一定限度之后,其产出也是很难继续增长的。如果想提高产量,就得继续开垦耕地,扩大耕种面积,然而并不是所有的荒地都适合种植,而且荒地也是有限的,如果去侵占他人土地,又会

---

① 《中共中央国务院关于全面推进乡村振兴加快农业农村现代化的意见》,中国政府网,2021年2月21日。

产生冲突,导致社会秩序混乱,不利于生产生活,但人口又是一代一代增加的,从未持续减少过。因此,在生产力发展水平尤其科技水平很低、农业业态和生产经营方式单一的情况下,中国先民首先认识到了勤俭节约、节制欲望的重要性,形成了"俭约自守"的理念和生活传统,并要求对他人讲信义、做人要厚道,反对营私和巧取豪夺。

"和"是中华民族的传统处世哲学,《易经》说:"天地人和,则道法自然。"所谓中和、太和,则是把"和"看作天道、地道、人道,只有和合,万物才能生养。所以,天道之"和"叫"太和",地道之"和"叫"中和",人道之"和"叫"保和","中"是人之本性,"和"是大家遵循的原则,达到"中和"的境界,天地便各在其位了,人就可以增加自觉性,顺着天赋本性行事,按照道的原则修养自身。[①] 墨子认为,中和、太和的基础是"兼爱",即要求人们有大爱,"视人之父若其父","老吾老,以及人之老;幼吾幼,以及人之幼",[②]平等对待一切人。夫妻之和本乎人性,别生敬,和生爱;别生义,和生仁。夫妇之道,即是仁义爱敬之道,也是阴阳之道。在大爱、节俭、忧患意识彰显的传统社会,即使出现政府不作为,经济也能自主发展,社会也不至于混乱不堪,这就是俭约自守、中和太和理念在中国传统社会发生作用的结果。

2. 俭约自守、中和太和生活理念的现代诠释

俭约自守、中和太和的生活理念,在当今中国农村社会依然有很大市场。比如,农村家庭每逢婚丧嫁娶等红白喜事,虽然都很讲究,而多数人家还是力戒铺张浪费的,不少地方的村规民约对宴请标准、礼钱数额都有明确限制,并且在主要的生产和生活领域,提倡节约水土资源,避免水土污染,有效利用环境资源,已经成为大家恪守的风尚。农民们普遍认识到,对环境资源取之有度、取之有道,才能更好地保持人与自然、人与人之间和谐共处。除此之外,地方政府和各类农村组织多数是比较重视在村民中开展思想教育工作的,如,四川省江油市大康镇官渡村就建立了"和文化"基地,以多种形式诠释"和"的内涵,并取其精髓以教育引导村民崇德向善。在官渡村"和文化"基地的宣传栏上,清晰地印着该村好习惯"十星户"评选活动介绍和道德评议制度,这些评选指标体系通俗易懂,很接地气,很受农民欢迎,容易在农村地区开展起来。同时,官渡村立足实际,提倡"孝当先、善为上、和为贵、俭为美",立足于传统文化中寻找一种向上的力量。[③] 总而言之,在乡

---

① 刘林宗:《政鉴》,人民出版社 2008 年版,第 216 页。

② 《孟子·梁惠王上》。

③ 《春风化雨社会主义核心价值观接地气融入社会生活》,四川文明网,2017 年 7 月 14 日。

村治理体系建设中,俭约自守、中和太和的生活理念是不可缺少的,村民们坚守这种生活理念,对于构建和乐生活、节约资源、美化环境、优化乡村风貌具有很大的意义。

五、教 化 思 想

人并非生来就懂得礼仪、掌握生产和生活技艺。所以,早在中国古代,民间就开始开办私塾,在官府开办学堂。文以载道、以文育人、以文化人的中国传统教化思想,除了通过这些私塾和学堂灌输之外,主要通过家庭生活氛围、长辈言传身教等潜移默化的方式进行灌输。事实上,人们为人处世的态度和习惯有很多是从父辈那里传承来的,因此,父母在孩子成长过程中起的教化作用是不可低估、不可替代的。

1. 文以载道、以文化人教化思想的缘起

中国传统教化思想包含两个方面,一方面在个体层面强调学习的重要性;另一方面,在国家控制层面强调教化的必要性。

(1)文化既可陶冶情操,也可使人懂礼数、明事理

从广义上讲,文化即是人生,亦可说是一大群集体人生和精神的共业。如政治、经济、军事,如文学、艺术,如宗教、教育与道德等皆是。而狭义的文化则是指文学、艺术、教育等。文化需要传播与学习,《论语》第一句便是:"学而时习之,不亦说乎",即教导人们学便是能尽己之性。宋代朱熹经常勉人博学,奖励人读书,不是决然守定这物事在一室,关门独坐,便可以为圣贤。自古无不晓事的圣贤,亦无不通变的圣贤,亦无关门独坐的圣贤。圣贤无所不通,无所不能,哪个事理会不得,所以圣贤教人博学。千言万语,在文化修养上,朱熹还是归到人应当博学。

在"以文化人"的方法上,清代颜习斋认为,宋儒之大误在于,只教人静坐与读书。他则强调"习"对于以文化人的重要性,"习"便是做事,便是行动,以文化人应当注重学与习与动,颜习斋理想中的学与习与动的最高范畴,就是儒家之"礼乐"。"礼乐"是文化,注入了人生哲学,反映人们的生活态度和情趣,对于陶冶情操、修身养性至关重要。

(2)制度文化的教化功能

在国家政治统治层面,中国自古以来始终是多民族共生、共存、共处的状态。古代中国文化之所以包容性强,就在于不论少数民族还是华夏民族,生活区域不同、血统不同,但只要对其实施一番教化,就能产生最根本的文化认同,而且都能融入中华民族的大家庭之中,遵从儒家传统文化,使得教化在国家统治层面显示出了强大的力量。中国古代的科举制度就彰显了制

度的教化功能,科举制度强调学习儒学思想和文化,也是中国古代社会地位
较低的人能够向社会上层流动的重要机制,为了科考能够及第,学子们寒窗
苦读十数载,求得功名利禄是目的,但参加科举考试的过程,也是学子们接
受儒家思想教育的过程,通过科举考试的人,不仅获得了为官府服务的机
会,自己也有了晋身之阶。

在乡村,"乡贤文化"发挥着重要的教化作用。纵观古今,中国乡村多
数都设私塾或学校,向村民传播官方倡导的思想文化或普及通识文化知识。
传统的中国乡村教育,在塑造村民素质、维护社会秩序等方面取得了一定成
效,而由国家建立或批准建立的各种乡村学校,在地方政府支持和倡导下,
吸纳了大批乡贤士绅;宗族创设的义学、族学、家塾、祠学占据上风之后,成
为乡村教育的中流砥柱。然而,传统教化的目的并不是为了培养乡民个人
能力、提高他们的生活水准和强民富民,而是用官府之学——儒家经典教化
他们,使其成为封建统治的忠实拥护者,加强社会控制。① 因此,其政治意
义大于社会意义。

2. 文以载道、以文化人教化思想的现代诠释

当今乡村教育与传统乡村教育有着本质区别,但依然保留着文以载道、
以文化人教化思想的传统底蕴,这种教化思想与古代教化思想的内涵、本质
和出发点有了很大不同。现代中国乡村教育,把国家发展与解决"三农"问
题紧密结合起来,把国家建设、农业农村发展、农民生活改善作为出发点和
落脚点,并在国家层面制定了加快培养农业生产经营人才、乡村一二三产业
发展人才、乡村公共服务人才、乡村治理人才、农业农村科技人才以及"实
施'一村一名大学生'培育计划"和"加强乡村教师队伍建设,落实城乡统一
的中小学教职工编制标准"②的整体规划。而发展职业教育、不断扩大职业
教育学校在农村招生规模、培养乡村发展所需要的各方面人才,是现代乡村
教育的突出特征。

20 世纪中后期,中国乡村教育搞得很有成效,地方政府在乡村办学校、
扫除文盲、落实九年制义务教育、建农场传授技艺、兴文化培育人才、重民生
创办实业,带领村民致富奔小康,很多农村孩子依靠读书学习,成为国家建
设人才,谋得自身发展,实现人生逆转。20 世纪末期以来,随着经济社会领
域改革不断推进和普及高等教育,实行大众化高等教育,农民与土地的联系

---

① 《乡村善治,教育为本——太和新农村系列调研之七》,搜狐网,2019 年 8 月 5 日。

② 《中共中央办公厅国务院办公厅印发〈关于加快推进乡村人才振兴的意见〉》,中国政府
网,2021 年 2 月 23 日。

不再紧密,常年在城市打工,或是将孩子带进城市,或是将孩子留在农村由老人照管,使得近年来乡村教育尤其是乡村基础教育出现短板,村子里孩子越来越少,有才能的教师不愿留在乡村教书,教师资源力量不足,很多乡村小学、初级中学合并,在以经济利益为主要考量的社会评价机制中,"教育无用论"抬头,对乡村振兴产生了不利影响。

近年来,党中央十分重视完善继续教育政策和制度,加强推进乡村文化和职业教育,中华传统的文以载道、以文化人的教化思想被赋予了新的内涵和时代特征,并渗透到各种模范群体和个体评选活动中、融合于社会主义核心价值观的宣传和践行中。但由于时代变迁,农村生活主题发生变化,当今乡村发展对于文化教育的诉求已非往昔所能比拟。

六、社 会 风 尚

中华传统文化不鼓励激烈竞争,而是倡导"崇德向善、见贤思齐""三人行,必有我师"。因此,这种文化有助于形成互相学习、互助友善、和谐有序的良好社会风尚。

1. 崇德向善、见贤思齐社会风尚的缘起

"崇德向善"为儒家所倡导,孟子道性善,言必称尧舜,甚至认为可以牺牲生命而成全"善",其中的"恻隐之心"被孟子奉为"仁"之开端。在他看来,仁是藏在人之内心的,露出端倪来便是恻隐之心。然而,一切善恶都是相对应的,有善必有恶,善恶之间则有中间过程,由于人们站位不同,有些事情有人认为是善,有人则认为是恶,甚至有些事情无所谓善恶,是中性的。

需要我们注意的是,崇德向善、见贤思齐社会风尚的形成,离不开社会的最基础单位——家庭的影响。每一个人的禀赋、家庭环境,生来即有所不同,生长在"圣贤"之家,环境自然优越,更有利于其"善"性的养成;生活在"土匪"之家,生长环境自然是恶的,但如果他动了善念,则在动善念时是善的。明代心学先贤王阳明提出了"良知"之说,"良知"就是能够分清善恶,人心之良知即天理。王阳明强调是非之事,是的便是善,非的便是恶。是非的判断标准就是人心的好恶,人们都喜欢好的、善良的事物,而排斥恶的、邪恶的事物。人应该知有善,必已先自善,崇尚道德、知行合一,才可以为善,好利、好色、好名之心才可以得到抑制,至少不至于过分膨胀而走向极端。

2. 崇德向善、见贤思齐社会风尚的现代诠释

"善"是一种价值判断,而"善"的内涵和评判标准也是发展变化的,在推进乡村治理体系建设过程中,积极倡导和张扬崇德向善、见贤思齐的社会风尚,无疑是有利于促进文明乡风建设和乡村振兴的。"'乡风'反映的是

特定的社会在制度安排上的基本状况,是一切社会制度还原出的最基本、最现实的元素。"①在优秀传统文化、革命文化和先进文化影响下,乡村文明建设除了遵从传统的崇德向善、见贤思齐的社会风尚之外,还凸显了社会主义核心价值观和社会主义荣辱观教育,把"崇德向善、见贤思齐"的传统社会风尚与新时代乡村文明建设统一起来,即号召村民养成科学健康的生活方式,树立科学的思想观念,倡导真善美,反对假恶丑,形成文明向上的乡风乡貌。

崇德向善、见贤思齐是在社会生活实践中逐渐形成的思想观念和道德观念,存在于社会舆论之中,反映了人们的美好追求,是德治的重要体现。而法治通过约束人们行为,实现社会治理目标,对良好社会风尚的形成和维持具有极大推动作用。现阶段,乡村治理体系建设将法治建设作为一项重点工作,在 2020 年 12 月中央印发的《法治社会建设实施纲要(2020—2025年)》中,要求多层次多领域依法推进社会治理,发挥人民团体和社会组织在法治社会建设中的作用,增强村民社会责任感,开展商会、协会等各种社会团体活动,增强乡村社会安全感,依法有效化解乡村社会矛盾等。这些法治社会建设的重要内容,有助于乡村形成良好的社会风尚。

七、荣　辱　观

社会主义荣辱观是建立在正确处理社会利益关系和利他主义、集体主义、社会主义基础之上的,但也继承了孝悌忠信、礼义廉耻等中华传统荣辱观的合理因素,因此不仅与传统荣辱观相关联,而且是按照自我修养—家庭建设—社会建设—国家建设的逻辑和路线图依次推进的,并体现在当个人利益与家庭利益、社会利益、国家利益发生冲突时所做出的利他及以牺牲"小我"、保全"大我"的抉择。

1. 孝悌忠信、礼义廉耻荣辱观的缘起

亲情在中国传统社会关系中占有重要位置,而孝悌是亲情的主要体现。在儒家思想中,"孝悌忠信"可以用一个字来概括,即"仁","仁"者乃有爱人之心。有子曰:"孝弟者也,其为人之本与? 本立而道生。"②孔子强调"孝"的重要性,这是因为孔子认为天下虽有不为父母、没有子女的人,却没有不为子女、没有父母的人。而且人必先做子女,才能做父母。讲"孝",尽

---

① 袁玲儿:《新农村乡风文明建设的风险与应对》,《理论导刊》2008 年第 8 期。

② 沈敏荣:《仁的价值与时代精神——大变动时代的生存之道》,人民出版社 2012 年版,第 265 页。

了人生之全期,父母死了,孝心还可犹在,每到重要日子会祭奠父母。而讲"慈",只是人生的一个时期。

规矩是管一个人的平常小事,而礼最要紧的是管人与人之间的大事,"三纲六纪"是它的最高原则。其中"礼"最初是从人与天、人与神、人与鬼的接触中兴起的,是一种宗教仪式,没有"仁",就没有礼。之后,孔子将"礼"的精义转移扩大到人生界,教人在人生相与中,明白得有一条彼我相交接而又为彼我所不得逾越之一线,也就是孔门儒家所谓的"礼"。孔子总是说"克己复礼",其实就是限制自己的自由,让自己安顿在"节限"之内。在"节限"之内获得其尽量之自由,由此产生了"乐"。"礼"不同于法,强调以和为贵,做事恰到好处,对个人自由进行一种干预。中国传统社会受到儒家文化中"礼"的影响,凡事都要遵循"礼节",形成了以"义"为先的君子社会。

在古代社会,儒家将"仁义礼智信"作为人的基本道德。孝悌忠义、礼义廉耻的荣辱观融入了中国传统社会控制之中,特别融入了古代的举荐和科举制度。在汉代,地方长官每年都要"举孝廉",选举孝子廉吏,这与封建社会强调"君君、臣臣、父父、子子"的伦理纲常是一致的,对于百姓个人荣辱观的引导,最终目的还是为了维护君主的至高地位与皇权,即使这样,我们还是不能否认中国传统荣辱观对于促进家庭稳定、社会和谐的作用。

2. 孝悌忠信、礼义廉耻荣辱观的现代诠释

在当今新农村建设、城乡融合发展中,对"仁义礼智信"进行现代诠释,推动其向现代转化,制定反映现代生活的社会规则或法则等,也是实现乡村治理体系现代化所需要的。

(1)推动"仁义礼智信"向现代转化

"仁、义、礼、智、信"是在自然经济或小农经济基础上建立的沉淀在中华乡土文化里的伦理基因,是在儒家文化基础上发展起来的处理社会成员之间关系的行为准则,在社会结构上以亲属和乡土关系为轴心,提倡人与人交往要重廉耻、讲信义、讲道德,反对营私、巧取豪夺、损人利己,逐渐成为中国人的一种生活方式,深嵌在中国人的日常生活和文化中。因此,在"仁、义、礼、智、信"的宣传上,基本上是没有心理障碍的,而且可以与社会主义核心价值观的引导相结合。

(2)形成社会规范

当代中国几乎每个村庄都有"村规民约",它与法律不同,是习惯化的、自动接受的、适应社会的自我控制,是一种内力。只不过在外来民族压迫和西方文化传入后,这些传统的固有道德和荣辱观所形成的村规民约一度被

冲淡了,在实行改革开放的一段时间里,国家强调以经济建设为中心,对市场经济的负面效应估计不足,没有采取有力的消解措施,精神文明建设稍有偏废,在社会转型和大变动中部分人形成了"以财富论荣辱"的观念,人们对财富、权力的过分崇拜,导致乡村社会出现了伤风败俗现象,其实城市社会也莫不如此。改善村民福祉,需要把发展经济和完善乡村治理体系、加强乡村治理结合起来,构建包容性的乡村文化,人人自觉遵守融入传统"孝悌忠信、礼义廉耻"的荣辱观的"村规民约",当然这需要一个磨合过程,这个过程需要政府聆听村民的现实诉求,建立沟通对话、民主协商、合作互动等机制,达到消除社会矛盾的目的。

八、自　然　观

道法自然、天人合一的自然观,是中华传统"和合"文化观念在处理人与自然的关系上的反映,主张对自然界进行合理开发、因时禁止,反对向自然界过度索取,是中国传统农业社会的重要特征之一,也是中国传统文化内在理性的深刻体现,这种观念在经历了经济领域一系列变革的冲击并导致人与自然的关系严重失衡之后,更加彰显了其潜在的珍贵价值。

1. 道法自然、天人合一自然观的缘起

中国古代奉行道法自然、天人合一的自然观。老子认为,宇宙的一切原本于"道"、肇始于"道","道者万物之所成也。"[①]道是惚恍窈冥的,说没有又有,说有又没有,从道中先有法象,再有万物。"道"要求尊重自然,人道中之仁义即是天道中之阴阳、地道中之刚柔,此即"道法自然"。老子强调遵从天道,尚法自然,尊道贵德,从而达到"天人合一"的境界。"天人合一"是古代先民的最高信仰或终极信仰,即天、地、人三者合一。在中国,天地可以合称为天,归结为"天人合一"。《中庸》说:"惟天下至诚,为能尽其性。能尽其性,则能尽人之性。能尽人之性,则能尽物之性。能尽物之性,则可以赞天地之化育。可以赞天地之化育,则可以与天地参。"这说明了中国古代先人最高信仰之所在,任何事物包括人与宗教都要服从上天,这与现代科技凭人的智慧征服自然是完全不同的理念。

"天人合一"之说起源于道家,而后成为包括儒家在内的所有中国传统思想流派普遍认可的观念,其要义在于强调人与自然和谐共处。儒家所谓的"天人合一",指的是一切人间之善,必然从大自然中孕育,亦必然归结于大自然而与之融为一体。天地自然,不息不已,延续而不衰,继续而不断,进

---

①　叶自成、龙泉霖:《华夏主义:华夏体系 500 年的大智慧》,人民出版社 2013 年版,第 238 页。

而得出了人类从事生产生活活动必须遵从自然规律的结论。与中国传统文化不同，西方传统文化始终缺乏对人类社会与自然关系的反思，西方人更加崇尚的是物质文明，对自然的思考较少，17世纪之后，伴随工业社会高速发展，过度开发自然资源，自然生态遭到破坏，环境严重污染，成为西方国家难以解决的问题。所以，西方文化过度向自然索取的价值取向，导致其创造出来的人文世界存在严重缺陷。与西方文化不同，中华优秀传统文化在处理人与自然的关系上更具合理性，即强调人与自然和谐共处，在农业生产活动中指引人们走人与自然和平相处、融合发展的道路。

2. 道法自然、天人合一自然观的现代诠释

中国实行改革开放以来，工业化、城镇化进程逐渐加快。当然，曾经一度无序、无节制地开发，使自然环境遭到很大破坏。因此，生态环境保护和生态文明建设提上了工作日程，古老的道法自然、天人合一的传统自然观重新受到人们重视。党的十九大报告明确指出："人与自然是生命共同体，人类必须尊重自然、顺应自然、保护自然。"[①]尤其在与自然联系最密切的广袤的乡村地区，树立道法自然、天人合一的自然观，对于保护生态环境、开展生态文明建设的重要意义是不言而喻的。新型城镇化、美丽乡村建设、实施乡村振兴战略、乡村建设行动、法治乡村和数字乡村建设、乡村治理体系建设等，"均需要广泛吸纳人与自然和谐共生的共享精神，培育人与人、人与社会、人与自然都应该建立的相互平等、相互尊重、相互促进、相互理解、相互给予的精神品格"[②]，而推进农村产业化和规模化经营，改进农村科学技术与设备，发展农村循环经济，则应该尽量少消耗、少污染、多产出，营造自然与人文相和谐的环境，促进农业生态转型，推动乡村经济和社会协调发展。

2021年2月，农业农村部印发的《2021年乡村产业工作要点》，具体体现了现代乡村产业发展理念和乡村治理要求。该《工作要点》提出："因地制宜，创建'一村一品'示范村镇，发展农村产业，打造优势特色产业集群，推动脱贫地区特色产业可持续发展。"[③]这就是说，紧密结合当地实际需要和环境承受能力，弘扬优秀传统人文精神，严格遵循自然规律，合理开发自然资源和人文资源，坚持不断创新创业，才是促进乡村产业振兴和持续发展、筑牢乡村治理体系建设经济基础的出路。

---

① 《十九大以来重要文献选编》（上），中央文献出版社2019年版，第35页。

② 刘建荣：《"天人合一"思想的乡村生态文化建设启示》，《中南林业科技大学学报（社会科学版）》2019年第4期。

③ 农业农村部：《关于印发〈2021年乡村产业工作要点〉的通知》，2021年2月7日，见 http://www.cnnclm.com/moshi/3390.html。

第二节　筑牢治理体系的文化根基

社会主义乡村文化是社会主义文化的重要组成部分,是现代乡村文明的最高表现形态,汇集了中华优秀传统乡土文化、中国革命文化、社会主义先进文化等元素。中华优秀传统乡土文化是在农耕社会和传统政治基础上产生、发展起来的,是农村生活方式和农民生活观念的集中体现;中国革命文化和社会主义先进文化,是中国共产党领导中国人民在革命、建设、改革开放过程中形成的反映中国革命、建设、改革发展要求和成果的以民族文化为表现形式、以社会主义文化为核心的先进文化。实现乡村振兴和乡村治理体系现代化,必须以社会主义核心价值观为统领,以建设社会主义乡村文化为主旨,其中对包括乡土文化在内的中华传统文化和外来文化"进行批判性反思、分清良莠、辩证扬弃"[1],以便建设积极向上的社会主义乡村文化,为推进中国特色乡村治理体系建设筑牢文化根基。

一、加强价值观引领

研究社会主义核心价值观引领乡村治理体系建设的文化基础构建问题,需要明确与本项研究相关的文化概念。这里讲的文化概念可以分为三个层面,即政治文化、民族文化、人类文化,三者分别对应着三种核心价值观,具有鲜明的时代性、民族性、空间性特征。在社会主义国家,政治文化对应着社会主义核心价值观,民族文化对应着中华民族的核心价值观,人类文化对应着人类共有的核心价值观。其中,社会主义核心价值观与中华民族的核心价值观有着千丝万缕的联系,前者奠基于政治制度,体现现行话语系统;后者奠基于文化,与现有的政治话语体系尚存距离。[2] 当今时代,价值观的最大特点是内含政治、外显文化,在大国博弈中能否成为胜者,关键看文化的先进性,看其是否有一种先进的价值观注入其中,进而看其与治国理政、国家富强的关系。所以,"在现代国家治理中,应当将核心价值观体现出来,有所突破,以此引领我们的行为和价值取向"[3],保障达成国家各领域各方面的治理目标。

在中国乡村,传统文化的根基已经扎扎实实地存续了几千年,并且有着

---

① 公方彬:《大思想:中国崛起的瓶颈与突破》,广东人民出版社 2015 年版,第 97 页。
② 公方彬:《大思想:中国崛起的瓶颈与突破》,广东人民出版社 2015 年版,第 125 页。
③ 公方彬:《大思想:中国崛起的瓶颈与突破》,广东人民出版社 2015 年版,第 128 页。

深厚的民族基础、群众基础和社会基础。然而,改革开放以来,中国社会结构和经济结构发生了巨大变化,植根于小农经济的传统道德观和价值观遭到破坏,对优秀传统文化的传承发生了断裂,而与市场经济、信息文明相适应的道德价值体系尚未建立起来,由此造成了一定程度上的价值观紊乱。①即使不发生价值观紊乱,固定在小农经济基础上而逐渐形成的文化心理,也会阻碍人们树立远大眼光、形成宽阔胸怀,无法支撑乡村治理走向"善治",尤其在"三农"问题尚未得到根本解决、乡村集体经济基础依然薄弱的情形之下,难以建立起与大国地位相适应的现代乡村治理体系。因此,必须深入探索以社会主义核心价值观引领乡村治理体系现代化建设的实施路径问题。

1. 引领文化基础建设

乡村治理体系建设的文化基础是社会主义乡村文化,建设社会主义乡村文化,必须以社会主义核心价值观为引领,而不能以别的价值观为引领,其主要原因在于以下方面:

(1)社会主义核心价值观具有包容和吸纳人类一切文明成果的本质特征

如前所述,中华传统文化延续数千年并能够与时俱进、自强不息的主要原因,在于中华民族文化具有与时偕行的内在演进动力和强大的包容度,能够吸收和容纳不同时代、不同民族、不同宗教等人类文明的一切成果,而且在这种文化孕育下成长起来的中华民族具有强大的担当精神,即使现在来看,它同样可以帮助人们为实现自己所确认的价值目标制定规则、明确方向、砥砺前行。因为"社会主义核心价值观,既立足于马克思主义科学的价值理念和追求,又源于中华民族优秀的传统文化,同时吸纳了人类共有的文明成果的精髓"②,符合中国社会发展趋势和中国人民的价值预期,可以满足中国特色乡村治理体系建设所必需的总体价值要求。

(2)社会主义核心价值观具备了所有层面共有的价值目标

就乡村治理体系建设而言,乡村治理主体众多、站位不同、价值取向存在差异,因在利益结构和社会结构中所处的地位不同而容易产生目标分歧。所以,应该在乡村治理体系建设中,探索社会主义核心价值观构成要素之间相互渗透、相互融通的实施路径,使它们凝练成为不可分割的各层面主体共

---

① 公方彬:《大思想:中国崛起的瓶颈与突破》,广东人民出版社 2015 年版,第 129 页。

② 郭建宁:《社会主义核心价值观基本内容释义》,人民出版社 2014 年版,第 30 页。

同遵守的有机整体,进而发挥其化解社会矛盾和纠纷、增加社会向心力和凝聚力、促进多元主体团结的功能。可以考虑重点以富强、民主、文明、和谐、美丽引领国家层面的价值追求,以自由、平等、公正、法治规范社会层面的价值取向,以爱国、敬业、诚信、友善作为约束公民个人的价值准则,最终形成全方位、一体化、多元主体一致追求的共建共治共享的乡村治理格局。但是,民主、法治、自由、平等、公正、诚信等不应是某一层面主体特有的核心价值观,而应该成为政府、社会、个体等不同层面主体在乡村治理体系建设中共同遵循和践行的核心价值观。

（3）社会主义核心价值观具备了开拓文明新路径的基本功能

文明作为国家整体和公民个体不同社会层面共同的核心价值,突出反映了社会主义核心价值观的根本价值取向,即以现代文明为标度,在国家和公民之间形成构建文明国度、文明社会及培育文明公民的合力,其中最关键的是对社会领域和公民范畴的农民权利进行特殊关照和有效保障、对国家领域的政府权力依法进行严格规制,使农民权利和政府权力在乡村治理体系建设中实现平衡互动,推动政治文明和乡村文明和谐发展。

（4）社会主义核心价值观具有塑造现代农民灵魂的功能

党的二十大提出全面实现乡村振兴,要扎实推动乡村产业振兴、人才振兴、文化振兴、生态振兴和组织振兴。可见,乡村文化振兴在乡村全面振兴中是不可或缺的重要元素。而乡村文化振兴,要振兴的是乡村社会主义文化,作为社会主义文化的灵魂,社会主义核心价值观对社会主义文化建设具有导向和引领作用,是社会主义文化体系建设的关键和重点。同时,对农民加强社会主义核心价值观教育,使农民接受和树立社会主义核心价值观,以社会主义核心价值观在精神层面培育现代农民、铸造农民灵魂、指导农民行动,是实现乡村社会主义文化繁荣发展的根本目的。

（5）社会主义核心价值观具有引领农村整体现代化的功能

党的十九大要求"加快推进农业农村现代化",首次将"农村现代化"与"农业现代化"并列作为实施乡村振兴战略的重要目标,表明乡村振兴要在继续推动农业现代化的同时,解决农村发展相对于国家其他领域发展滞后的问题。而农民群众作为推动农业农村现代化的主体力量和依靠力量,重塑农民社会主义核心价值观,可以更好地激发他们投入农业农村现代化建设的积极性、主动性和创造性。与此同时,农村现代化不仅包括农村事物的现代化,也包括农村人的现代化,即农民自身的现代化。"农民树立先进的思想观念是现代化的重要标志,用社会主义核心价值观武装农民是其走向现代化的必经之路。加强对农民进行精神文化教育,是促进现代乡村社会文明健康发展的主要动力"①,而且只有以社会主义核心价值观为引领,建设充满生机活力的社会主义乡村文化,加快实现农民自身现代化,才能筑牢中国特色乡村治理体系建设的文化根基。

2. 探索文化基础建设路径

坚持以社会主义核心价值观为引领,筑牢乡村治理体系建设的社会主义文化基础,应该坚持以下实施路径。

第一,将促进社会主义核心价值观引领与新时代乡村社会实际紧密结合,为乡村治理体系建设指明前进方向、增添文化动能,尤其以解决乡村社会主要矛盾为总抓手,确立文化创新与实践创新的目标;推动乡村文明发展,立足于传承中华优秀传统文化,坚持社会主义先进文化发展方向,建立健全乡村公共文化服务体系,发挥社会主义核心价值观的育人铸魂功能,从培育良好家风、淳朴民风抓起,不断推动乡村文化振兴,加快建设邻里守望、诚信重礼、勤俭节约的良好文明乡风。

第二,努力将社会主义核心价值观引入农民日常社会生活。只有以农民喜闻乐见的形式,将社会主义核心价值观融入村民社会生活,才能使其生命力得到有效发挥,产生润心化育的效果。如,在制定村规民约时引入社会主义核心价值观的内容,开展"最美家庭""父母的笑脸""晒家规家训、讲家风故事"等系列评选活动,充分展现家风家训的实际价值;通过党组织和政府的宣传、引导和激励,使基层农民群众自觉自愿地遵守村规民约。② 同时,充分挖掘和发挥乡土文化的治理价值,将社会主义核心价值观融入乡村生态环境治理之中,推动美丽乡村建设,创造绿色、整洁、干净的乡村生态环境。

第三,促进社会主义核心价值观与法治乡村建设相结合,在农村全域塑造真正的社会控制和制度约束体系。实现乡村善治,必须善于把社会主义核心价值观转化为法理,把社会主义核心价值观的要求转换为权利、义务、行为、责任等法律观念,转换为法律语言和文字,进而形成内涵精确的法律规则和法律制度,做到正确把握行为标准,合理设置行为尺度。"将核心价值观入法,既要引导、激励、约束,又不能超出高限、强人所难"③,只有循序渐进地把社会主义核心价值观整体融入法治国家、法治政府、法治社会、法治乡村建设全过程,融入科学立法、严格执法、公正司法、全民守法各个环

---

① 高斐:《乡村文化振兴中农民社会主义核心价值观的重塑——以新中国成立初期农民社会主义教育经验为借鉴》,《毛泽东邓小平理论研究》2018 年第 10 期。

② 《司徒镇培棠村将社会主义核心价值观融入百姓生活》,丹阳宣传网,2016 年 12 月 27 日。

③ 张文显:《社会主义核心价值观与法治建设》,《中国人大》2019 年第 19 期。

节,全面发挥法治对培育和践行社会主义核心价值观的规范和保障作用,才能对人们的行为产生持续的约束和导向作用,更好塑造人们的良好品行。①

第四,为了适应乡村振兴和健全乡村治理体系的需要,还应该最大限度地启发村民自觉遵循社会主义核心价值观的要求,让村民真正认识到社会主义核心价值观的引领价值,并且将社会主义核心价值观的内涵内化为精神力量和道德准则,在乡村社会生活中逐渐促进村民知、信、行有机统一,通过加大公共服务供给、农民勤奋劳动、实现乡村振兴、改善农民福祉的政府推动和群众实践,培育和彰显乡村内生发展动力,以乡村自身内生动力促进乡村文化振兴,使乡村治理体系建设建立在乡村文化振兴的基础之上。

二、文化建设方针和实施路径

在人类社会,文化总是一定的集体生活的反映。在以农民为主体的乡村社会,建设和发展乡村文化,必须坚持为农民服务、为乡村治理体系现代化服务的文化建设方针,构建集乡土性、开放性、包容性、创新性于一体的现代乡村文化。只有以文化的开放性、包容性、创新性整合乡村社会主体不同阶层的利益诉求,凝练和强化参与乡村治理的多元主体共同体意识,才能丰富乡村文化内涵,增强乡村文化的适应性,筑牢和拓展乡村治理体系建设的文化基础,发挥其在调解社会利益纷争中发挥文化的治理价值,维护社会和谐与稳定。

1. 文化建设方针

文化心理或民族精神,是在人的主观意向与其生存的自然环境、社会环境乃至政治环境碰撞下形成的,是一定社会群体的共同意志和生活情趣的反映。在当今时代,为筑牢乡村治理体系建设的文化基础而繁荣和发展乡村文化,必须坚持为农民服务、为乡村治理体系现代化服务的具有乡土性、开放性、包容性、创新性的乡村文化建设方针。

中华传统文化诞生于乡土之上的差序格局和熟人社会,深刻嵌入了农耕社会的特征,在孕育了中华民族勤劳勇敢、不屈不挠、奋斗不息的民族性格和奋斗精神的同时,其内含的纲常伦理观念、等级秩序诉求也形成了对民族创新精神和历史创造力的压抑。中国 2000 多年的封建专制统治,一直阻碍人性的解放,只有到了近代,才在中国共产党领导下推翻了压在人民头上的帝国主义、封建主义、官僚资本主义三座大山,但依然有很多"思想和精

---

① 　王淑芹:《进一步把社会主义核心价值观融入法治建设》,《淮南日报》2019 年 8 月 6 日。

神领域无形的三座大山一直没有清除,智慧与创造不可能真正激发出来。"①一方面,中华民族生存于地域辽阔、自然资源丰富并能够满足自身生存需求的国度,国民追求生活安逸、社会稳定的习性,使其养成了内敛的性格;另一方面,更重要的则是历代统治者受"大一统"的政治观和"皇权至上"理念的驱使,以实行愚民政策和"囚笼政策"压制人民服从其统治,久而久之,又使中华民族形成了宽忍的性格,不利于形成公平竞争格局、建设公平正义的社会。所以,即使在社会主义制度建立之后,中国依然需要在政治领域和精神领域继续清除封建残余因素影响,培育民众尤其教育农民学会做现实生活的创造者和主人,使他们的价值和尊严得到张扬,更具开拓性、创造性和与恶习作斗争的精神,使其固有的智慧和创造性随着思想不断解放、权利不断伸张而彻底释放出来,并以文化开放包容精神和民主法治精神相结合,为建设开放性、包容性及系统化、现代化的乡村治理体系服务。

2.文化建设实施路径

文化兴则民族兴,文化教育落后是乡村发展落后的根源之一。因此,推动中国乡村发展和乡村治理,要遵循乡村文化发展要求,重视构筑服务于乡村全面发展和乡村治理体系现代化的文化基础,既要坚持传承中华优秀传统文化,弘扬中国革命文化,发展社会主义先进文化;又要以开放、包容、创新的"他山之石,可以攻玉"的胸怀对待外来民族文化,实现以他人之优长补自己之不逮的效果。

(1)以乡风建设为切入点

任何国家、任何民族的崛起,都离不开先进思想的引导,虽然中国古代人民的天性受到禁锢,但近现代以来中国共产党高举马克思主义旗帜,推动马克思主义中国化,带领人民从新民主主义革命走向社会主义革命、建设和改革开放新时代。中国化的马克思主义既是中国人民思想解放的产物,又是中国人民思想解放的助推器,其本身即具有开放性、包容性、科学性和先进性等特征。因此,在推进乡村治理体系现代化过程中,应毫不动摇地坚持马克思主义,坚持社会主义核心价值观,鼓励村民多渠道交流,包容不同声音和尖锐批评,建设充满生机活力的乡村文化。国家执政者、手握公权力的各级公务人员,应当容得下各种创新性思想、创新要求和创新行为,平心静气地聆听社会基层和农民的心声,感受历史发展和中华民族复兴的强烈脉动,培育基层创新和农民思想解放的肥沃土壤。除此之外,应该鼓励思想活跃、文化素养较高的农民从事民间文化建设工作,以新时代乡村各类先进模

---

① 公方彬:《大思想:中国崛起的瓶颈与突破》,广东人民出版社2015年版,第240页。

范人物为楷模,鞭策村民树立优良人文品质,促进人文素质提升。尤其要破除农民中存在的一些思想僵化、低级庸俗、不思进取现象,从强化家教家风、村规民约建设抓起,从加强个体农民文化修养入手,推动乡村文化建设和创新,繁荣社会主义乡村文化。

(2)拓展文化建设内涵

就乡村文化建设和发展而言,政府公共文化服务供给固然重要,但乡村文化建设不应当停留在画报、文化长廊、农民书屋等形式的外在文化基础设施建设层面,而应该深挖文化建设内涵,以解构人性、通晓民族大义、铸魂育人、形成良好乡风等更深层的乡村文化建设为着力点,为培育现代职业农民创造文化氛围。解构人性,必须解决什么是人、人的本质追求和发展规律、从哪里来到哪里去等终极命题。而在乡村治理体系建设视野下,应当回答什么是农民、农民最关心和追求什么、农民阶层最终发展趋势等问题。通晓民族大义,需要了解中华民族的来源与发展、文化传统与思想基础,为农民树立包容、互助、团结、友爱的民族大局观提供历史依据,让农民懂得如何在自身利益与社会利益、国家利益、民族利益之间进行平衡。以上命题依靠农民自身是不可能完成的,需要在国家全力帮助下,在政府推动下,在乡村世界营造能够保障农民健康生活、使农民养成良好人文素质的文化氛围和生活环境。

(3)面向未来和世界建设乡村文化

就乡村治理体系建设的文化基础构建而言,传承和弘扬优秀传统文化并不能达成乡村文化基础建设的目的,关键是从根本上创新和重构富有民族精神的现代乡村文化,并推动其走向未来和世界。中国绝大部分村庄历史悠久,多则上千年,少则几百年,有深厚的传统文化底蕴,可依托传统文化,结合乡村人文地理特点,打好文化特色品牌,吸引外部资源回流。一方面,要整理、续写村史,通过挖掘山川河流等自然资源和古建筑、古村落等人文资源,结合历史人物和故事,赋予乡村文化以爱国、廉政、孝道等精神实质,彰显乡村文化特色。以文化为切入点,促进文化产品开发和功能发掘,带动乡村经济发展。比如,四川省江油市大康镇官渡村以建设"和文化"基地为依托,以多种形式阐述"和",并取其精髓,教育引导村民崇德向善;福建漳浦县赤湖镇通过翻阅《漳浦县志》及其他相关文史资料,确定明代监察御史——詹惠为该镇"孝廉"典范,以孝廉文化宣传教育为抓手,依托当地自然资源,打造孝廉文化品牌,建设孝廉文化公园;[1]另一方面,以特色节庆

---

[1] 《依托历史名人　弘扬孝廉文化》,《福建日报》2019 年 10 月 14 日。

活动为载体,扩大旅游影响力。比如,内蒙古鄂尔多斯市鄂前旗,每年那达慕大会上都举办民歌才艺大赛等活动,吉林长白县依托长白山天池、朝鲜族特色文化和异乡风情,举办朝鲜族民俗文化节,吸引了大批游客,实现了节庆活动和乡村旅游主体融合发展。① 各地乡村均可借鉴这些经验和做法,举办具有本村特色的节庆活动,在使农民受到文化熏陶的同时,还可推动其增收和创业。

(4)发挥党组织领导功能

中国共产党在农村全部工作和战斗力的基础是农村基层党组织。要创新和重构现代乡村文化,尤其建设社会主义乡村文化,需要发挥基层党组织的先锋队作用,在基层党组织领导下,将马克思主义、社会主义核心价值观、人类命运共同体等思想理念作为思想保障。支撑中国现今社会政治信仰大厦的是共产主义信念,面对"乡村文化建设普遍存在农民主体地位弱化、组织缺位等现象",②进入21世纪后党中央和中国政府对"三农"问题的认识日益深化和全面,把解决"三农"问题提高到了党和政府工作重中之重的地位,直到形成具有完整体系和深远意义的乡村振兴战略。

为了适应农村形势和改革发展要求的变化,中央重新修订了《中国共产党农村基层组织工作条例》。新修订的《条例》要求坚持和加强党对农村工作的全面领导,提高党的农村基层组织建设质量;全面打赢脱贫攻坚战,深入实施乡村振兴战略;全面推动从严治党向基层延伸,巩固党在农村的执政基础;要求"持续整顿软弱涣散村党组织,发挥党组织在农村各种组织中的领导作用"③。加大在青年农民中发展党员力度,让更多具有广阔视野、积极向党组织靠拢的农民工、大学生、复员退伍军人、退休人员成为乡村"两委"等治理机构的组织者和管理者,成为乡村建设和治理的主力军。乡村事业的发展,必将为乡村文化繁荣提供资源和素材;大批新生力量加入乡村建设和乡村治理,必将为乡村发展注入活力、增添动力,把乡村文化建设带入新的境界。

三、乡村物态文化建设

乡村物态文化是传统乡土文明和现代乡村文明的物化形态,由于改革开放以来中国城镇化进程加快,在一定程度上导致传统乡村物态文化流失,

---

① 崔雪莹:《乡村文化建设要走好特色之路》,共产党员网,2019年3月29日。
② 田琳琳、李坤:《新时代中国乡村文化建设的调研报告》,国务院发展研究中心,2019年8月30日。
③ 《十九大以来重要文献选编》(中),中央文献出版社2021年版,第364页。

而现代乡村物态文化建设又因缺乏科学规划、精心设计和投入不足,难以充分彰显具有传承性、创新性、现代性等鲜明民族特色和时代特征的现代人文精神。因此,如不对传统乡村物态文化进行保护性挖掘、传承、创新,并结合乡村发展趋势积极建设现代乡村物态文化,则可能会在一些村落文化古迹灭绝的同时,而导致乡村人文精神缺失。所以,非常有必要加大古村落和村落文化古迹保护力度,使其与城市文化遥相辉映、相互促进、共同繁荣,以满足城乡人民多样化精神需求。

1. 乡村物态文化建设内涵

乡村文化建设内涵取决于乡村文化内涵,国内学者将中国乡土文化分为四个层次:"表层的乡村物质文化,里层的乡村行为文化,深层的乡村制度文化,核心的乡村精神文化"。① 其中,乡村物态文化包括乡村山水风貌、乡村聚落、乡村建筑、民间民俗工艺品等;乡村行为文化包括生活习惯、传统文艺表演、传统节日等;乡村制度文化包括农村生产生活组织方式、社会规范、乡约村规等;乡村精神文化即乡村观念文化,包括孝文化、家族宗族文化、宗教文化等。当然,就一个国家或一个民族的文化而言,四个层次的划分不一定科学、准确,因为任何一个民族的文化都在整体上贯穿着本民族的精神,物质文化当中渗透着精神文化,行为文化是精神文化的表现,制度文化则是精神文化的转化形态,精神文化作为最高层次的文化贯穿于本民族各种形态的文化之中,而且一个特定民族的各种形态的文化之间具有紧密的和不可分割的联系性,是一个有机整体。各种形态的文化都具有相同的文化属性,不能死板地、僵化地划分和理解其形态结构。②

乡村物态文化是将物质与文化相结合的产物。通常讲的物质文化,在乡村情境下亦可表述为乡村物态文化,是指投入乡土社会中的劳动资料和劳动对象,它们是衡量乡村地区人们实际控制自然的水平和程度的指标,也是在乡村地区生活的人们改造自然界以满足人类物质需要为主的那部分文化物,包括生产工具、技术文化、生态文化、自然文化景观等。"物态文化是人类生活的第一需要,它直接体现了文化的性质、文明程度的高低"③,以保护乡村山水风貌、乡村聚落、乡村建筑、民间民俗工艺品和创造新的人文生态景观等为内容的乡村物态文化建设,尤其应该受到重视。

---

① 张岩、王立人:《挖掘乡村文化 促进乡村旅游可持续发展》,《农业经济》2008 年第 12 期。
② 这里对文化层次所作的划分,主要是为了分析和论述方便起见,并且是在坚持文化整体性的前提下进行的大致划分。
③ 王雨容:《明清黔东南书院研究》,贵州人民出版社 2015 年版,第 214 页。

2. 乡村物态文化建设实施路径

中国共产党和中国政府十分重视乡村物态文化建设。2021年2月21日发布的中央一号文件提出:"实施脱贫地区特色种养业提升行动,广泛开展农产品产销对接活动,深化拓展消费帮扶",其中就包括"在脱贫地区重点建设一批区域性和跨区域重大基础设施工程"①等物质文化建设的内容。其实,2017年召开的党的十九大就提出了"建立健全城乡融合发展体制机制和政策体系"的要求。实现城乡协同发展,就是要逐步实现城乡居民基本权益平等化、城乡公共服务均等化、城乡居民收入均衡化、城乡要素配置合理化,以及城乡产业发展融合化,实现城市和乡村共生共荣,共同发展。②在乡村物态文化建设层面,也要坚持城乡优势互补原则和方针,具体要求如下:

(1)加快农业产业发展

在乡村生产建设与产业发展方面,把城市先进的生产方式与科学技术引进到乡村,将城市资金吸引到乡村,发展加工业尤其是农产品加工业,大力发展服务业包括金融服务业、运输服务业、建筑服务业、商业流通服务业、旅游餐饮服务业等,使农民在当地安居乐业、兴业发展。基础设施投资重点也应该从以城市为主向以城乡均衡发展转变,尤其加快发展以县城为重要载体的城镇化建设,通过县域城镇化缩小和消除城乡居民在物质生活方面存在的实质性差距,使农村居民享受与城市居民同等的公共服务。

(2)坚持城乡统筹、整体建设方针,促进城乡融合高质量发展

构建现代乡村产业体系,提升粮食和重要农产品供给保障能力,加强农业种植资源保护开发利用,强化现代农业科技和物质装备支撑,巩固拓展脱贫攻坚成果与乡村全面振兴相衔接。通过技术扶贫、文化扶贫,支持高校、科研机构为乡村振兴提供智力服务;加强农业科技社会化服务体系建设,深入推行科技特派员制度,打造国家热带农业科学中心;提高农机装备自主研制能力,支持高端智能、丘陵山区农机装备研发制造,加大购置补贴力度,开展农机作业补贴等。③

推进现代农业经营体系建设,首先实现县域内城乡融合发展,统筹推进

---

① 《中共中央国务院关于全面推进乡村振兴加快农业农村现代化的意见》,中国政府网,2021年2月21日。

② 宋立、郭春丽等:《新时代　新方位　新趋势——"十三五"时期我国发展环境、发展趋势和战略思路研究》,人民出版社2018年版,第271页。

③ 《中共中央国务院关于全面推进乡村振兴加快农业农村现代化的意见》,中国政府网,2021年2月21日。

新型城镇化和农业现代化,丰富促进城乡融合发展的基础性措施。① 城镇化是乡村治理现代化深入发展之路,在打造新型城镇化时,需要在"城乡融合、生态宜居、特色互补、内涵提升"上下功夫,尤其应把土地城镇化转变到人的城镇化上来,在这些方面,一些省市以打造特色"小镇"为切入点,既发展了特色产业,又改造了人的精神世界。以天津市为例,自 2016 年开始,已经培育出了 29 个特色小镇,其中包括北辰区宜兴埠普育科创小镇、宁河区板桥甑乡特色小镇、蓟州区白涧蓟州世界自然乡村度假小镇等。天津市提出:"做好特色小镇,产业是关键,特色是核心,文化是灵魂;小镇之美,不仅在形,更在于魂。做强产业、做足特色、做深文化、做优环境,打造'一镇一业'、'一镇一品'、'一镇一特色',构建支撑特色小镇可持续发展的产业体系"②,是特色小镇建设成功的基本经验。

(3)加强乡村生态文化建设

按照城乡融合发展要求,统筹推进城乡生态环境建设,重点支持农业农村基础设施建设,推动城乡基础设施共建和功能互补,是解决农业农村基础设施"最后一公里"问题,③实现乡村生态文化建设目标的重要任务。中华传统文化强调"天人合一",提倡相时而耕的理念,中国历朝历代立法对于何时封山、育林、休渔、停猎等都有严格规定。然而,随着崇尚西方物质文化思潮的一度泛滥,本国传统的"天人合一"思想受到很大冲击,尤其在改革开放初期,一些地区和个人为了追逐经济利益和个人私利,无节制地、掠夺性地开发自然资源,甚至盗采盗掘盗挖矿藏,使自然资源和农业农村基础设施遭到严重破坏,水、土、空气污染一度成为乡村治理的难题。当土壤退化、水资源流失、空气污染造成的严重恶果凸显、危及人的生命健康之后,人们才认识到保护自然环境的重要性,国家不仅开启了自然资源环境保护立法,而且采取一系列实际步骤,实施自然生态恢复和保护工程,促进人类与自然和谐相处。

在广大乡村,通过"美丽乡村"建设行动,推动自然环境保护,促进基础设施建设。像道路硬化、路面亮化、建筑规整、污水处理、环境美化,不仅让农民感受到了环境改善和生活质量提升,而且在更高层次上实现了人与自然和谐相处。当然,农村生态环境保护和改善,尤其现代乡村生态文化建设,始终需要从大处着眼、小处入手,应该坚持不懈地教育农民做好身边的

① 班娟娟、金辉:《城乡融合发展是乡村振兴的治本之策》,《经济参考报》2019 年 8 月 21 日。
② 《建设培育 29 个特色小镇　即将开展首批验收》,天津政务信息发布,2020 年 1 月 23 日。
③ 班娟娟、金辉:《城乡融合发展是乡村振兴的治本之策》,《经济参考报》2019 年 8 月 21 日。

每一件小事,使他们知晓为什么要保护自然环境、怎样保护自然环境,甚至要细化到院墙如何统一堆砌、草垛如何统一堆放、家畜饲养棚如何统一搭建,垃圾如何进行分类和处理、家庭卫生经常打扫等等,这样才能促使农民养成保护生态环境的习惯,进而在生态环境保护中逐渐实现现代乡村生态文化建设目标。

(4)在保护乡村自然文化景观上下功夫

2021年2月21日发布的中央一号文件明确要求:"深入挖掘、继承创新优秀传统乡土文化,把保护传承和开发利用结合起来,赋予中华农耕文明新的时代内涵。"[①]2017年1月25日,中共中央办公厅、国务院办公厅印发了《关于实施中华优秀传统文化传承发展工程的意见》,强调文化自信是更基本、更深层、更持久的力量,其中提出"实施中国传统村落保护工程,做好传统民居、历史建筑、革命文化纪念地、农业遗产、工业遗产保护工作"。

传统村落是生态自然资源与人文资源相结合的产物,是中华民族传统文化的重要体现,保护传统村落与民生、文化事业发展息息相关。然而,在社会转型过程中,乡村出现了"老龄化"、"空壳化"、破坏性商业旅游开发、"大拆大建"等问题,使传统村落的原真性、完整性遭到破坏,很多地方出现了不中不西、不古不今、不伦不类的毫无美感的"四不像"建筑。保护传统村落和传统建筑,首先,应该引起当地政府和地方领导干部的重视,他们需要了解村落传统文化内涵,需要深入认识传统村落作为一笔珍贵的精神财富和物质财富具有不可替代性,不能轻易搬迁和破坏。其次,应当注重培养当地农民的文明风气,大力开展精神文化建设活动,弘扬传统美德,利用乡"景"乡"魂",留住美丽乡愁,让农民们认识到传统村落和古建筑不是"破烂",而是真正的"宝贝",是祖先馈赠给子孙后代的珍贵精神和物质遗产。

在人口结构变化、城镇化迅速发展、经济利益为上的现实境况下,如何保留祖先遗留下来的古建筑文化,如何树立传统文化保护意识,如何让文物管理者、使用者及生活在文物周边的人们都自觉履行保护文物古迹和古建筑的责任,这些问题都有待于抓紧解决。

四、乡村行为文化建设

从行为文化视角看,城乡融合发展的基础是由传统性因素和现代化因素共同构成的现代性要求,城乡融合发展表现为以乡村的传统性适应城市

---

① 《中共中央国务院关于全面推进乡村振兴加快农业农村现代化的意见》,中国政府网,2021年2月21日。

的现代性和以城市的现代性兼容乡村的传统性,而不是以城市的现代化完全取代具有独特价值的乡村的传统性,更不是使乡村文明走向消亡。所以,建设适应城乡融合发展的行为文化,需要在促进传统文化向现代文化转型过程中吸取乡村文化并坚守其独特价值。

1. 乡村行为文化建设内涵

乡村行为文化包括生活习惯、传统文艺表演、传统节日活动等,乡村行为文化建设则应该从这些方面入手。2021 年,中央一号文件提出:"加快县域内城乡融合发展,发挥小城镇连接城市、服务乡村作用。"①城乡融合发展关键在于"融",即城乡之间要融为一体,水乳交融。② 随着国家现代化建设进入新发展阶段,城乡融合发展成为乡村发展新态势,乡村社会将迎来新的人文世界与传统文化相冲突的境况,其生存和发展价值必然受到城市文化的影响和冲击。与城市文化具有更多的同质性、现代性因素不同,乡村文化表现出更多的区域性、民族性、多样化、传统性特征。实事求是地讲,所谓中华传统文化的载体主要是乡村,并且是通过乡村的独特价值和乡村文化表现出来的。所以,乡村行为文化建设,既要适应城乡融合发展趋势,坚持城乡融合发展方针,以争取自身生存和加快转型发展;又要坚守自己的独特价值,以保留文化多样性,适应民众生活的多样化需求。

2. 乡村行为文化建设实施路径

建设乡村行为文化,应该以形成现代文明生活方式为重点,把改善农民生活行为习惯和新时代新生活发展要求结合起来。

(1)坚持弘扬乡村优良习俗与养成现代文明生活方式并重

认知和保留农民从先民那里继承下来的健康的生活方式,如,"俭约自守"的生活理念,不暴饮暴食,不铺张浪费,不偏食、不吃生食,防止不洁净食物进入体内等生活习惯;遵循"道法自然、天人合一"的理念,坚守作息规律,无论是一年四季还是一天 12 个时辰,都要按照相应的时间劳作、生活,不过度操劳、不懒散,保持形神俱旺、身心愉快等。同时,还要教育农民与时俱进。如,保持环境卫生、饮食卫生、勤洗手洗澡,讲礼貌、语言文明,等等。

(2)坚持继承优秀传统文化与紧跟时代发展脉搏并举

在发展乡村经济、振兴乡村产业大背景下,随着农村居民物质生活水平

---

① 《中共中央国务院关于全面推进乡村振兴加快农业农村现代化的意见》,中国政府网,2021年 2 月 21 日。

② 班娟娟、金辉:《城乡融合发展是乡村振兴的治本之策》,《经济参考报》2019 年 8 月 21 日。

不断提高,文化消费需求不断增长,需要公共文化服务建设及时跟进。如,鼓励农民自发建立民族民间文艺表演艺术团体,改良农村或民族表演艺术中的粗俗内容,陶冶农民道德情操,建设美丽特色乡村,吸引城市游客观光旅游。在这方面,已有很多成功案例,如云南红河哈尼族彝族自治州石屏县的花腰彝歌舞团,除在本地长期演出外,还积极探索与旅游业相结合的路子;安徽省蚌埠市禹会区冯嘴子村,家家都有学习花鼓灯舞蹈的传统,并成立了民间舞蹈艺术团,2005年该艺术团还被文化部评为"全国先进民营文艺表演团体";河北藁城宫灯制作、天津杨柳青年画、河北永年年画等,都探索出了一条与新时代流行文化相结合的路子,精心制作深受广大民众喜爱的宫灯年画,极大地丰富了当地农村文化市场,吸引了众多外地游客前来参观和购买,增加了村民收入。民间传统技艺在农村地区富有发展空间,内容素材取自当地,形式喜闻乐见,人才后继有人,应当比任何外来艺术形式都具生命力和影响力。

五、乡村制度文化建设

乡村制度文化所要回答的不是制度本身的问题,而是要回答为什么要构建乡村制度、构建什么样的乡村制度、如何贯彻落实这些乡村制度问题。因此,乡村制度文化反映了乡村制度建构的目的和宗旨以及乡村制度建设的基本规律,是为乡村治理体系建设提供价值引领和思想遵循的基本保障。

1. 乡村制度文化建设内涵

乡村制度文化包括农村组织机构、生产生活组织方式、社会规范、乡约村规等。当前农村大量非正式组织(又称非政府组织、民间组织、非正式制度等)也属于制度文化范畴。建设反映乡村治理规律和发展要求的制度文化,应该对应着乡村制度文化构成的要素逐一有序展开,首先需要明确制度文化反映乡村发展要求的属性,即应将其归结于村民参与乡村治理的政治诉求。孙中山先生曾经说过:"政是众人的事,治就是管理,管理众人的事便是政治。"①中国几千年的风土习俗、文化内涵与欧美大不相同,管理"物"的方法可以学习借鉴西方,管理"人"和建构组织制度的方法则不能效仿西方,主要应从本国传统治理制度和治理文化当中吸取治理经验和治理智慧,进而在社会主义核心价值观引领下,通过制度文化转型和制度文化创新,构建以公平正义为核心、合作协商为实现形式的

---

① 《孙中山选集》(下),人民出版社2011年版,第719页。

反映乡村发展需要和治理要求的制度文化。

2. 乡村制度文化建设实施路径

建设反映乡村发展和治理要求的制度文化,主要应从构建村规民约的需要、建立和完善乡村社会组织的目的、健全乡村建设和治理工作制度的价值诉求等方面入手,关键是使村规民约、乡社组织、乡村工作制度凸显社会主义核心价值观的本质诉求。

(1)完善与社会主义核心价值观相适应的村规民约

乡村社会规则主要指村规民约,是村民基于一定地缘和血缘关系,为实现某种共同的生活目的而设立的组织和生活规则。传统村规民约在中国社会秩序构建中发挥过重要作用,费孝通先生认为,村规民约的制定非"人治",也非"法治",而是以中国传统文化中的"礼治"为主要原则,用来促进教化、维护家庭成员间的稳定关系和村民间的邻里和谐、促进农业生产协作、维护山林保育而不至于资源耗尽以及维护乡村社会良好风气的,它是乡村领域中社会规范的重要形式,在法律规范没有涉及的领域起着重要作用。

中国许多乡村具有非常好的精神文明和伦理道德传统,有非常规范的社会控制或社会管理机制,民风真诚淳厚、村民相处融洽,如河北一些农村的村规民约规定红白事礼金上限,要求新建房屋不得影响邻居采光、通风,保护生态环境,不乱扔垃圾等;同时建立配套的监督执行和奖惩机制,将自觉遵守村规民约的村民上"红榜"并予以奖励,让违反村规民约者上"黑榜"并进行批评教育,提高村规民约的约束力,发挥了维护乡村社会和谐稳定的积极作用。

村规民约虽然缺少强制力,但在乡村这种熟人社会,村民十分在乎"面子"和乡亲的评价,所以村规民约能够在基层社会治理中发挥作用。正因为如此,地方政府应当重视通过村规民约建设,弘扬社会主义核心价值观,深入挖掘村规民约在乡村治理中的价值,提倡用村规民约这种既节省成本、又简捷高效的纠纷解决模式,来化解民间纠纷,促进村民团结,满足乡村和谐发展诉求。

(2)发展和完善乡村社会组织

建立适应乡村发展和治理要求的社会组织,规范乡村社会组织活动,使其在乡村建设和治理中发挥更多的正能量,是发展和完善乡村社会组织的初衷。非正式组织是把双刃剑,当其与正式组织兼容时,则对乡村发展和治理发挥积极推动作用;反之,则会产生减损正式组织治理绩效的负面影响,所以要积极引导和规范乡村各类社会组织发展,使其发展规模与社会健康发展要求相适应。

当前中国农村非正式组织有政治性组织、经济性组织、社区服务性组织、文化组织、娱乐组织,等等。中国宪法规定,宗教自由是公民的基本权利,目前中国农村地区尤其北方地区的很多乡村设有各种宗教组织,有的宗教组织在提升村民道德修养方面起到一定作用,但必须坚决反对各种利用宗教自由发展邪教组织、传播封建迷信思想、妨碍乡村社会和谐稳定、制造社会矛盾和混乱、瓦解地方政权、颠覆国家政权的行为。此外,还有一些乡村农民自发地建立了维权组织以及各类新型合作经济组织,为生产力的提升、生产种植技术的升级、为农民自身权利的维护起到了重要作用。[①] 地方政府应当积极引导乡村社会组织发展,充分利用好乡村非正式组织的作用,激活乡村民间力量,让村民主动参与乡村治理,成为乡村治理体系和治理能力建设的主力军,为形成和谐有序的乡村社会环境做出应有贡献。

（3）健全乡村治理工作制度

2020 年 12 月,中共中央印发的《法治社会建设实施纲要（2020—2025年）》明确提出推进多层次多领域依法治理,要求健全村级议事协商制度,鼓励农村开展村民说事、民情恳谈等活动。实施村级事务阳光工程,完善党务、村务、财务"三公开"制度,梳理村级事务公开清单,推广村级事务"阳光公开"监管平台;开展法治乡村创建活动,加强基层群众性自治组织规范化建设,修改村民委员会组织法,并要求继续发挥人民团体和社会组织在法治社会建设中的作用,依照宪法和法律规定,通过各种途径和形式参与管理国家事务,管理经济文化事业,管理社会事务。2021 年的中央一号文件在乡村治理工作机构设置方面,强调"村'两委'一肩挑"的组织模式。在乡村治理体系建设中,行政村是基本的治理单元,通过强化行政村的自我管理、自我服务、自我教育、自我监督功能,不断健全基层民主制度,完善村规民约,推进村民自治制度化、规范化、程序化、法治化;扎实开展自治、法治、德治相结合的乡村治理体系建设示范点,注重推广乡村治理创新性、典型性案例和成功经验;注重发挥家庭家教家风在乡村治理中的重要作用。中央提出的这些发挥民间智多星作用的措施,对于乡村治理制度化、法治化、规范化发展具有极为重要的意义。

---

① 何兰萍、陈通:《农村社会控制弱化与农村非正式组织的兴起》,《理论与改革》2005 年第 5 期。

六、乡村精神文化建设

精神文化建设在文化建设中处于最高层次、居于引领地位,也是短期内不易见效的工作,必须和各地乡村实际及其他文化建设紧密结合,坚持循循善诱、循序渐进的方针。

1.乡村精神文化建设内涵

引领乡村和谐发展的精神文化(观念文化)建设,包括人的政治思想的树立、人文精神的塑造、道德修养的熏陶、科学精神的培育、思维方式的训练等方面。在社会主义乡村文化建设中,对乡村社会持续产生影响的精神文化包括政治文化、宗族文化、宗教文化、孝文化等,这些文化在引领乡村和谐发展方面发挥着极其重要而又复杂的作用,必须以社会主义先进文化加以引导,在挖掘其合理成分并充分发挥其积极作用的同时,剔除对乡村社会发展仍然具有重要影响的传统文化的一切负面的、消极的与社会主义文化发展方向不相适应的成分,同时弘扬光大其一切优秀的、有积极意义的与合理的成分。

2.乡村精神文化建设实施路径

建设引领乡村和谐发展的精神文化,应从清理本民族的传统文化入手,分清糟粕与良莠,再从具体的文化要素建设抓起,一点一滴地浇灌、培育,一砖一瓦地搭建,最后在广大乡村地区建立起农民自己的精神家园。

(1)摈弃愚昧落后的思想文化

如前所述,中华传统文化的初创时期,形成了具有不同价值取向的两个不同层面的文化,一个是乡土文化,另一个是士大夫文化。之后,上层社会阶层将乡土文化进行了系统化、文字化、精致化的提炼和表达,摒除了一些潜在的与士大夫文化不相适应的或相对立的"地下"文化。如,怪力乱神的邪教、封建迷信、粗俗污秽的语言文字等,这种文化即使今天也是有害的。但是,由于这种"地下"文化存在了数千年,难以完全根除,成为不能摆在明面上但被一些社会群体认可的"俗文化"。这就需要在乡村文化生活中加强社会主义核心价值观的引领和推动,发挥乡村基层干部"半官半绅"的作用,充分利用多数乡村干部在社会主义文化和现代科学精神熏陶下成长及其所具有的社会主义文化信仰的优势和特点,推动其在村民当中开展除旧布新工作,发挥文化的教化功能和治理功能,引导村民树立正确的世界观、人生观、价值观,并利用乡村学校教育、社会教育、家庭教育、各类农民培训组织等载体和平台,宣传中国化时代化的马克思主义和社会主义文化,抵制各种非社会主义文化和低俗文化的侵袭,使村民的精神境界得以升华。

（2）传承和弘扬传统宗族文化和家庭文化的合理内核

"宗族是扩大了的家庭"[1]，自古以来，宗族就是乡村的重要组织形式、乡村治理体系的主体构成单元，在人文教化和乡村治理中发挥着一定作用。然而，随着经济社会发展，人员流动性增强，外来文化涌入，宗族的地位和功能呈现颓势，宗族文化逐渐式微，其在人文教化和乡村治理中的功能被严重削弱、甚至被扭曲。

中国共产党对于包括宗族文化、家庭文化在内的传统文化的政策经历了发展变化的过程，改革开放以来逐渐重视保护与弘扬优秀传统文化，宗族文化作为传统文化的组成部分，出现了"复兴"之势，表现为修族谱、立宗祠、祭祖宗、恢复或重定族规族约等，让当代人和后代人知晓其归属和来源，这既是一个身份再认同的过程，也有助于社会秩序的重构，为保存普通百姓的生活历史、研究乡村文化与百姓日常生活史提供了重要资料。儒家倡导"修身、齐家、治国、平天下"，家是国的基础，"君君、臣臣、父父、子子"是中国传统纲常伦理，强调遵循礼制以及和谐有序的政治关系、社会关系、家庭关系，淡化个人主体意识和个人私利。制定这些规制的目的在于，明确维持以礼制为基础的政治和谐及人际关系和谐，与建立在主体平等基础上的现代意义的社会和谐不可同日而语，但其中内含着可资借鉴的程序合理因素，应该进行挖掘和整理，充分利用其正面效应，为筑牢社会主义乡村文化基础增添动能。

（3）发挥宗教文化在乡村文化建设中的辅助作用

中国宪法赋予了公民宗教自由权，在实践中，随着近年来政府对宗教信仰自由政策的落实，宗教活动实现了正常化、公开化、合法化，乡村领域各种宗教信众人数都有较大幅度增长，同时宗教组织作为基层社会组织的重要存在形式，对乡村治理具有一定影响。如：河北省正定县拥有众多佛教寺庙，当地村民集资修寺庙，传统节日举办法会等宗教活动。这些宗教活动聚集了众多村民，使村民的组织活动力有所增强，如果地方政府严格执行国家法律和宗教政策，又加以正确引导，就能够使这部分社会力量在参与乡村治理体系建设中发挥正能量，对于构建和谐有序的乡村社会环境起到积极作用。当然，北方一些乡村地区的基督教、天主教也有较大发展，其对社会和谐稳定也产生了一定影响。所以，一定要深入研究各种宗教影响乡村社会和谐稳定的方式、渠道、程度和前景，引导和规制各种宗教文化与社会主义

---

[1]　费孝通：《乡土中国》，人民出版社 2008 年版，第 44 页。

文化发展要求相适应,促使其为社会主义建设和社会治理服务。

(4)引导村民遵守孝道、孝敬父母、友爱手足

家庭是社会最基本的组织单位,农村家庭的功能胜于城市居民家庭,儒家倡导的孝悌文化对农村家庭成员影响更大。乡村治理如何走向善治,与大国如何走向强国的道理是相通的,无论依赖何种路径、方式促进乡村振兴和大国复兴,都离不开深层次的内在的精神文化建设和创造。只有站得高,才能看得远、走得正,乡村振兴和乡村治理不能只顾物质层面,不顾精神层面,不能急功近利、只顾眼前,在物质生活满足基本需要之后,心理建设或精神文化建设显得更加重要,而且精神文化建设必须吸收人类创造的文明成果,建设好、守得住自己的精神家园,其中最重要的就是深入挖掘祖先曾经创造的文明成果,保证中华民族的文化血脉不断延续,通过筑牢新时代乡村治理的文化根基,实现中华民族人文品质的整体提升,切实推动从最基层的农村社区到县域、到省域、到国家层面的协同发展和协同治理,加快实现民族文化、民族精神、民族心理上的创新和振兴。

第三节　充分发挥文化的治理功能

这里讲的文化包括中华优秀传统文化、中国革命文化和社会主义先进文化。中华文化是埋在土里的,是在长达数千年的乡土中产生、形成、发展起来的,它虽然带着些许"土"味,但却饱含着丰富的思想内涵、人生真谛、生活智慧、看待世间万物的理念……因之,其为大到国家治理和社会治理、小到个体的人生和发展,都提供了取之不尽、用之不竭的滋养价值和智慧源泉。然而,近代以来在其遭遇诸多国难与浩劫洗礼之后,人们反而开始反思其优劣性,并伴随着改革开放以来人民物质生活水平不断提高,对文化本身的价值和精神生活有了更高追求。在乡村领域,从中国政府到知识界、再到社会各界和普通民众,逐渐对中华优秀传统文化的价值引领、利益协调、息讼止争、凝神聚力、惩恶扬善等功能重新产生并增强了认同感,在文化传承上坚持"守正创新"成了社会各阶层人民文化自觉、文化自信的显著特征,从而使中华优秀传统文化、中国革命文化和社会主义先进文化在社会建设和社会治理中的整体性价值充分展现出来。

一、价 值 导 向

2019年10月31日,党的十九届四中全会通过的《中共中央关于坚持和完善中国特色社会主义制度、推进国家治理体系和治理能力现代化若干

重大问题的决定》强调:"必须坚定文化自信,牢牢把握社会主义先进文化的前进方向,激发全民族文化创造活力,……更好构筑中国精神、中国价值、中国力量。"①中国精神、中国价值明确了一个需要国人深入认识和思考甚至带有启蒙性质的重大命题——大国崛起与精神。②每一个民族秉承的价值观念和精神都有着深厚的文化基因,中华文化具有十分强大的价值引领作用,正如儒家经典《大学》所言:"格物、致知、诚意、正心、修身、齐家、治国、平天下"③,其所强调的是由个人修身做起,一个层次接一个层次地逐渐推演到平天下为止。这种由内到外,从个人到家庭、到国家、再到天下层层递进的文化思想等中华优秀传统文化,结合中国实际并与中国革命文化、社会主义先进文化相融合、重构、创新而形成的社会主义现代文化,对于个人身心健康、家庭和谐、社会进步、国家发展的指引作用,体现在以下多个层面:

1. 对个人成长的价值引领

在与土地感情最为深厚的乡村,传统文化在个人"修身"方面的价值引领作用表现得十分突出。儒家经典《大学》指出:"自天子以至于庶人,壹是皆以修身为本。其本乱而未治者否矣,其所厚者薄,而其所薄者厚,未之有也。"④修身是齐家的基础,更是治国、平天下的源头,"修身"是在道德方面努力,积极主动"实现自我",这种自我实现的方式,不仅是一种"术"或方法,而且是被儒家视为一种信仰或者价值观。"修身"能够让人练就"通达人情,洞明世事"的本领,而在自我成长过程中,在对待自己时,遵从"慎独"和"严于律己"原则;在对待父母、夫妻、子女、邻里、朋友、师生时,遵从"孝""仁""礼"等原则。村民们可以通过学习、生活和劳作,学着变得文明、守礼、友善,并树立正确的世界观、人生观、价值观,而人们普遍认同了中华优秀传统文化诸如"孝""礼""俭约自守""崇德向善"等理念,就会更加孝敬父母、尊敬师长、友爱朋友、热爱祖国、热爱中华民族、关心民族安危。因此,在中华民族几千年的发展历程中,中华儿女在中华优秀传统文化和民族精神引领下,无时无刻不为国家发展做出自己应有的贡献,尤其在民族危难和国家命运转折的关键时刻,涌现出无数爱国志士,无数犹如涓涓细流的普通民众汇聚成汪洋大海,成为让世人赞誉的伟大民族。

---

① 《十九大以来重要文献选编》(中),中央文献出版社2021年版,第283页。
② 公方彬:《大思想:中国崛起的瓶颈与突破》,广东人民出版社2015年版,第226页。
③ 罗安宪主编:《大学·中庸》,人民出版社2017年版,第1—2页。
④ 罗安宪主编:《大学·中庸》,人民出版社2017年版,第2页。

2. 对家庭和谐的价值引领

家庭是社会最基本的组织单位,民族性格的形成经历了长期的家庭文化熏陶和塑造过程。"千年历史造就百年世家""百年世家成就一世淑女""三百年出绅士"等,都说明了一个道理,就是优秀家庭文化传统和精神品质必然造就伟大的人民。中华文化体系在最初始创立之时就是以家庭、宗亲为起源的,宗亲文化是中国传统文化的重要组成部分,也是西方文化所欠缺的。比如,每一个同姓氏的村庄,必定有一个祠堂,祠堂里供奉着家训、族规,这些家训、族规教导后人如何做人、如何管理家庭、如何参与社会活动、如何创业、如何报效国家,等等。但是,随着 20 世纪 60 年代"破四旧"等各种运动的冲击以及改革开放后人们过度追求经济发展过程中的利益获取,宗族文化一度被当成了糟粕而受到批判。近些年来,中国共产党和中国政府对中华传统文化的认知开始发生变化,重新认识到了继承传统家国精神的重要性。因此,乡村宗族文化也呈现出复兴之势,一些乡村开始修缮家谱、族谱、祠堂,但这种表面化的行动是远远不够的,应该从根本上恢复村民对优秀传统文化的认同,促进其开枝散叶深入村民内心,只有这样,积极健康的宗族文化才能正常发展起来,使家族中的合乎道德、社会规范和法律规范的族规祖训,在促进形成和谐家庭关系的同时,去影响乡村文化建设和乡村社会和谐发展。

3. 对国家和社会治理的价值引领

中华优秀传统文化是中华民族的"根"和"魂",中华文化积淀着中华民族最深沉的精神追求,包含着中华民族最根本的精神基因,代表着中华民族独特的精神标识,是中华民族生生不息、发展壮大的丰厚滋养。纵观中华文化思想发展历程,儒家思想的价值引领作用最为深刻,"孔子集前古学术之大成,开创儒学,成为中国文化传统中一主要骨干。北宋理学兴起,乃儒学之重光。"①西方任何一个文明古国都没有出现过类似儒家思想这种有崇高地位的思想流派,可见中华传统思想道德与人文精神之伟大,尤其影响着几千年来乡土之上生产生活的祖先们的道德和行为表现,其价值引领作用不容小觑。

然而,近代以降百余年间,中华民族沦为被压迫、被侵略之民族,孕育了五千年灿烂文化、文明智慧的中华大地遭到外来入侵者的践踏和蹂躏,人民大众生活在水深火热之中,对于生存发展和生活幸福充满渴望,救民于倒悬

---

① 王宪明:《本来·外来·未来——中外文化交流与中国思想文化的现代转化》,人民出版社 2018 年版,第 48 页。

的新观念、新思想孕育而生,固有的传统文化虽然有所流失,价值引领功能衰微,但也预示着其凤凰涅槃浴火重生。孙中山先生曾经说过:"主义是先由思想再到信仰,次由信仰生出力量。"①因此,我们应当在社会急速转型的历史时期,重温中华传统文化精髓,重新树立思想和信仰,在乡村治理中以多种多样的形式反复宣传和贯彻,重新恢复对中华传统文化的研讨和传承,并与走向"善治"时代的乡村治理紧密结合起来。如果因为诸多急速变化或动荡的历史进程而使中国失去了一些固有的民族精神,就认为西方的和资本主义的文化思想无论古今都对,中华民族自己的文化思想无论古今都不对的话,那只能是一种无知,并且是极其有害的无知,因为适合于中国现在需要和未来发展的只有流淌着本民族血液的中华优秀传统文化、革命文化和社会主义先进文化,才是从本土生长或结合中国实际发展起来的文化,才具有中国风格和中国精神,才能在中国基层社会建设和社会治理体系建设中发挥自身所具有的功能,像处理物质利益关系的传统义利观、反对向自然过度索取的自然生态观以及群体生活中的集体观、利他主义、中和太和、诚信和睦等价值观,都可以助力构建公平、正义、和谐的社会生活,抑制见利忘义、损人利己、恶性竞争、尔虞我诈、破坏生态环境等现代生活中存在的丑恶现象。

二、利益协调

党的十九大报告提出:"加强农村基层基础工作,健全自治、法治、德治相结合的乡村治理体系。"②协调各方面利益关系是农村基层党组织、自治组织的一项重要职能,农村居民的利益关系错综复杂,矛盾纠纷时有发生,已经成为构建和谐乡村的重要障碍。矛盾无时不在、无处不有,利益协调过程自然没有止境,需要通过健全社会规范和法治体系,并将自治、法治、德治紧密结合起来,才能有效发挥作用。而任何完善的社会规范和制度体系的建构,都需要在一定的思维方式引领下进行,尤其乡村治理体系建设,更离不开文化价值的引领,中华优秀传统文化和社会主义先进文化有充分的资格担当这一使命。

1. 创造乡村和谐生活

自古以来,"礼"是中华民族公认的行为准则,"三纲五常"是其最高原则。古代人见面行礼,"礼"是一种仪式、一种文化,不需要任何强迫,是大

---

① 《孙中山选集》(下),人民出版社 2011 年版,第 639 页。
② 《十九大以来重要文献选编》(上),中央文献出版社 2019 年版,第 23 页。

家共同遵守的礼仪。在现代乡村,村民们共同生活在一起,大家以礼相待,有利于维护家庭成员之间以及家族关系、邻里关系、村民关系和谐。

　　在中国,由单一姓氏成员组成的村庄居少数,多数村庄是由不同姓氏、不同家族、不同利益群体组成的生活共同体,不同家族、群体之间存在不同的利益诉求是正常社会现象,即使同性家族甚至一个家庭内部成员之间也不免发生纠纷。儒家代表人物荀子从"人性恶"的角度解释人的欲望,指出:"凡人有所一同,饥而欲食,寒而欲暖,劳而欲息,好利而恶害,是人之所生而有也,是禹桀所同也。"①好利恶害是人的自然本性,"若夫目好色、耳好声、心好利、骨体肤理好愉佚,是皆生于人之情性者也,感而自然,不待事而后生之者也。"②荀子认为人性恶,目的在于强调节制人欲,说明实行"礼法之治"、协调利益的必要性。他还从人的社会性出发,指出"人能群,彼不能群也。"③说明人与人之间的利益具有协调的可能性。那么,如何进行利益协调呢?荀子提出的解决办法就是"先王恶其乱也,故制礼义以分之,以养人之欲,给人之求。"④亦即"以义制利""以礼制利",相较于孔、孟,荀子虽然沿袭儒家内省外治相结合的传统,但其利益协调理论的重心已经从内省转移到外治的"礼"和"法"上,为法家提倡法治埋下了伏笔,使得乡村治理体系中的利益协调有了明确的切入点,充满了更多现实主义的色彩。

　　2. 促进城乡协调发展

　　人类不停地追求美好生活,社会才能不断地发展进步。恩格斯说:"人们首先必须吃、喝、住、穿,然后才能从事政治、科学、艺术、宗教等等。"⑤生存和发展需要是人类进行交往的前提,这种交往自然包括因利益诉求而形成的社会关系和交往方式。所谓"以民为本"就是以人民的生存和利益诉求为本,中国传统的"利民惠民""安民富民"思想,对社会成员的利益协调产生过积极作用。党的十九届五中全会在探讨贫困治理和实施乡村振兴战略时,提出了"脱贫攻坚成果巩固拓展,乡村振兴战略全面推进"的要求。无论脱贫攻坚还是乡村振兴,首先需要考虑人民福祉,不仅要考虑民众衣食住行,还要考虑民众的民主法治诉求和文化娱乐需求。

　　2020 年 1 月发布的中央一号文件反复强调"人民至上"思想,并从政府角度就如何满足农民利益需要,制定了 2020 年农村工作规划,一是打赢脱

---

①　吕振羽:《中国政治思想史》(上),人民出版社 2008 年版,第 184 页。

②　安小兰译注:《荀子》,中华书局 2007 年版,第 271—272 页。

③　安小兰译注:《荀子》,中华书局 2007 年版,第 90 页。

④　安小兰译注:《荀子》,中华书局 2007 年版,第 158 页。

⑤　《马克思恩格斯选集》第 3 卷,人民出版社 2012 年版,第 1002 页。

贫攻坚战,二是补齐"三农"领域全面实现小康的短板。中国最令农民担忧的事情,是医疗、养老、子女上学问题,农村医疗卫生和养老条件落后、基础教育十分薄弱,为了铲除代代贫穷沿袭的"穷根",农民不得不走出大山、走出乡村,携带子女奔往县城和城市谋生,为后代争取好的生存环境和教育环境,这也导致了农村人口急剧减少,不少地区乡村经济发展、农民增收十分缓慢。2020年的中央一号文件尤其强调提高农村教育质量,加强乡镇寄宿制学校建设,改善乡村办学条件,以及加强农村医疗卫生服务,推进乡镇卫生院建设,改造提升乡村卫生室。同时,还要求加强农村社会保障,提高低保救助水平,发展农村互助式养老。

在我国发展战略中有两个百年目标都跟农业农村有着密切关系,第一个战略目标是在建党100周年的时候,全面建成小康社会。全面建成小康社会,就是不能有贫困人口,所以在2012—2020年,国家打了一场脱贫攻坚持久战,解决了近亿贫困人口的脱贫问题;另外一个百年战略目标,是在建国100周年的时候,实现中华民族伟大复兴。习近平总书记指出,实现中华民族伟大复兴,最艰巨最繁重的任务依然在农村,最广泛最深厚的基础依然在农村。实现乡村振兴的根本是以人为本,因此,必须挖掘和利用中华优秀传统文化资源,探索弘扬社会主义核心价值观的路径,遵循以人民为中心和"人民至上"理念,坚持以农民为主体,加强乡村公共产品供给,完善乡村公共服务体系,健全乡村治理体系,有序推进乡村治理,畅通农民群众利益表达渠道,满足农民整体利益需求,解决城乡经济、文化、教育、医疗、社会保障水平不均衡等问题,使农民的根本利益得到长期有效的保障。将维护和实现农民利益放在优先位置,才能把乡村振兴上升到民族复兴的高度;缩小城乡差距,促进城乡协调发展,实行城乡公共服务均等化,全国各阶层人民都过上幸福美好的生活,才称得上中华民族真正复兴。

3. 促进人与自然和谐共生

西方文化从没有提出过"人与自然和谐相处"的发展理念,征服与掠夺是西方文化的主旋律,所以在现代科技和征服自然的能力高度发展的同时,也加剧了人与自然、人与人之间的紧张关系,使西方世界中的生态失衡、社会冲突成了难以解决的问题。与西方文化不同,中华传统文化强调"天人合一",要求人们学会利用自然、与自然和谐相处,并在尊重自然的基础上,创造一个美好的物质与精神世界。尤其在社会主义新农村建设中提出的"生产发展、生活宽裕、乡风文明、村容整洁、管理民主"的总要求,仍是摆在新时代党和政府面前的紧迫任务。近些年来,广大农民对美好生活的需要和向往日益强烈,需要进一步完善乡村治理体系,把生态环境治理纳入体系构建范畴,并挖掘传统天道自然观的合理因素,助力创建环境友好型社会。

总之,推进乡村治理体系现代化,应积极吸取传统"民本"思想的合理成分,促进"礼法"治理方式向现代法治方式转型,充分发挥"和合"思想在调整乡村利益主体关系方面的功能;以"天人合一"、人与自然和谐相处思想,调整农民生产生活需求,保护自然生态平衡;深刻挖掘、合理运用传统文化蕴含的利益协调机制,服务于社会主义新农村建设,推进乡村振兴战略有序实施;以公平理念和法治精神处理多元主体利益关系,防范和化解利益冲突,维护社会秩序和谐稳定,推进乡村治理结构优化升级。

三、凝 神 聚 力

与西方思想文化强调民主、自由、个人权利相比,中华传统思想文化尤其是儒家思想文化更加重视礼仪和秩序,强调中庸、利他、和合,张扬集体主义,要求行为主体从整全性视角看待问题,这里"所谓的整全性视角,就是以包括交往的他者和自身在内的整个行动体系,而非自己所属的社会体系为参照体系。"①这种整全、综合、集体性视角使中华民族每每遇到国家危难之时,都能够发挥上下一体、凝神聚力作用,保障了中华民族在生命长河中延绵不衰,卓然创造了人类历史上最有价值的"和平"文化。

1. 以自强不息的精神实现共同富裕

2017 年 6 月,习近平总书记在山西吕梁调研时指出,"吕梁精神"是在吕梁山脉这一特殊地理环境中孕育而成的精神财富,是人民群众在长期社会实践中形成的独特的精神风貌,是吕梁人民革命和建设制胜的法宝。"吕梁精神"被概括为"艰苦奋斗、顾全大局、自强不息、勇于创新",其中艰苦奋斗是基石,顾全大局是核心,自强不息是精髓,勇于创新是灵魂。② 吕梁精神是中华优秀乡土文化和先进文化相结合的产物,而凝神聚力不仅仅需要依靠国家制定法律、政府制定政策,还需要广大民众的政治认同和积极参与。中国人民在积贫积弱中努力奋斗了将近两百年,对改善中华民族生存环境、提高人民生活水平有着发自内心的殷切向往,也有劲往一处使、刚强不息、不达目的誓不罢休的人文情怀和"大一统"的全国一盘棋的制度关照。因此,中央推进贫困地区农民脱贫致富、防控疫情、发展经济协调并举的举措,能够迅速赢得举国一致的热烈响应和支持。

---

① 张德胜、金耀基、陈海文等:《论中庸理性:工具理性、价值理性和沟通理性之外》,《社会学研究》2001 年第 2 期。

② 《习近平山西调研再提"吕梁精神" 凝神聚力攻坚深度脱贫》,央视网,2017 年 6 月 24 日。

钱穆在《中国历代政治得失》中说:"政治制度是现实的,每一制度必须针对现实,时时刻刻求其能变动适应。"①在乡村振兴和乡村治理面临着艰巨复杂的社会形势下,贯彻落实中央做出的顶层设计,必须建立相应的组织保障系统、制度执行系统,并在国家层面有专门机构负责实施。因此,2021年2月25日,国家成立了乡村振兴局②,这一机构绝对不是简单地分担国务院扶贫办职能,其职责范围被极大地拓展,以便充分发挥社会主义制度优势,推动贫困乡村由全面脱贫向全面振兴转化。在党中央和国务院领导下,乡村振兴局具体负责预防规模性返贫和乡村振兴事务,既可以监督中西部欠发达地区落实主体责任,推动东部发达地区落实帮扶任务,要求主管部门落实行业责任,监督各级党政机关、国有企事业单位、军队和武警部队落实定点扶贫任务,还可以要求民营企业、社会组织、公民个人履行社会责任,形成全面助力乡村振兴的强大合力,积极稳妥地、全面有序地实施乡村振兴战略。可见,"加强顶层设计就是要强化统筹布局,进行长远规划,在乡村振兴中坚决不能急功近利,必须要久久为功。"③只有立足长远和可持续发展,以更强而有力的举措汇聚更强大的力量,才能促进乡村全面振兴,实现全体人民共同富裕。

2. 以"家国情怀"助力乡村善治

中国实行的村民自治即基层民主治理,不同于一般意义上的"自治",而是在党组织领导下,广大村民依照宪法和法律,实行民主选举、民主决策、民主协商、民主管理和民主监督,是村民实行自我管理、自我教育、自我服务、自我监督的组织形式和治理形态。但在国家治理体系下,村民自治或基层民主治理只是构成中国特色社会主义制度的一个要素,并非独立运作的治理形态或治理系统,其发展进程始终受传统"大一统"观念和全国一盘棋制度的影响,一刻也离不开党的领导和政府推动,因此必然与党的建设尤其与基层党组织建设密切关联,从而使得乡村党组织建设对于凝神聚力、提振乡村发展、促进乡村治理体系建设具有根本保障意义。第一,《村民委员会组织法》是在党中央领导下制定的,从而保证了村民自治沿着党中央指引的目标和方向前进;第二,村民委员会相关政策的实施是在基层党组织领导下进行的,从而保证了村民自治应该始终按照党的意志和村民意愿来进行;第三,村民委员会的运行是在农村基层党组织直接领导下、农村党员干部示

---

①　钱穆:《中国历代政治得失》,生活·读书·新知三联书店 2018 年版,第 55 页。

②　《我国首设国家乡村振兴局全面推进乡村振兴》,中国政府网,2021 年 2 月 26 日。

③　《你好,国家乡村振兴局》,川观新闻,2021 年 2 月 17 日。

范带动下进行的,从而保证了村民委员会的运行有活力、有秩序;第四,村民委员会的产生和日常工作,是在党组织领导和监督下进行的,从而使村民选举权、监督权具有可靠的政治保障。

就我国乡村治理经验和现实需要来看,农村党组织一般是由当地有威望、受尊重、有能力的先进分子所组成的,对当地民众和一草一木有着深刻的了解和深厚的感情,因此十分有利于基层党组织发挥领导核心和凝心聚力作用,对于增强村民亲和力、凝聚力,调动村民参与乡村治理体系建设的积极性、主动性和创造性,实现乡村振兴和乡村善治具有不可替代的作用,也有助于推动中国传统"大一统"观念和"家国情怀"向人类命运共同体理念和爱党、爱国、爱民、爱家的情怀转变,以便充分适应乡村治理体系建设要求和构建现代乡村文明生活的基本需要。

第六章　乡村治理体系建设的
社会规范保障

　　乡村社会规范既是乡村治理体系的重要组成部分,也是保障乡村治理体系有效运行的重要元素。其有广义和狭义之分,广义的乡村社会规范包括法律规范,这里讲的乡村社会规范是指法律规范之外的处理乡村社会关系的风俗习惯、道德规范、宗教规范、社团章程等行为准则,是狭义的乡村社会规范。与法治社会建设条件下解决城市社会问题更多地适合运用法治方式相比,由于乡村社会结构的内在稳定性和封闭性更加突出,通常情况下,解决乡村社会矛盾和社会问题更多地适合运用非法律性社会规范,这些非法律性乡村社会规范在约束行为人行为、疏导乡村社会关系、化解乡村社会矛盾纠纷中发挥着很大作用。在建设中国特色乡村治理体系、推进乡村治理现代化进程中,非法律性乡村社会规范具有不可替代的治理价值和治理功能,也是实行村民自治和德治的重要遵循。因此,应该不断强化非法律性乡村社会规范建设,促使其在乡村治理中发挥应有的作用。

第一节　丰富乡村社会规范内涵

　　了解乡村社会规范的概念和价值,首先应弄清楚规范的起源和社会规范的含义。规范的英文 norm 一词来源于拉丁文 norma,原义为木匠使用的规和尺,后被引申为人类社会的行为标准,用来约束人的社会行为。在社会科学领域,社会学以社会规范为主要研究对象,以一定的社会关系为研究内容,并将社会规范作为调整人与人之间社会关系的行为准则,其目的在于维护一定的社会关系。社会规范包括风俗习惯、道德规范、宗教规范、村规民约、社团章程、法律规范等,这些规范的产生和发展源于人们共同的生产生活需要,是人们共同生产生活的活动规律的反映。不同的社会规范反映了人们共同生产生活的不同方面,在调整社会关系中起着不同作用。社会规范也是哲学、伦理学、文化学、心理学等学科研究的对象。

　　有些学者把法律、条例等看作明文规范,把未成文的行为标准看作隐性规范,体现了社会规范是为了达到某个目标并根据需要而提出和形成的用以规范社会成员行为的准则,其对于个体行为的约束是隐性的和强有力的。

因此,社会规范既不同于以命令形式对行为主体作出规定的法律条文,也不同于经过长期演进而形成的固定的风俗习惯。综合各有关学科理论和观点,社会规范是指用于指导、规范社会成员行为的规则和标准,它以达到社会成员的目标及其活动的一致性为目的,更确切地说,是为了满足社会成员对于彼此期望的对方行为表现而做出的行为规范准则。相对于具有强制性的法律规范或国家制度规范而言,社会规范是大部分社会成员约定俗成的不成文的行为规范,每个人自觉地将其视为自身行为准则以获得认同感,进而促进社会和谐发展。而社会成员约定俗成并被作为自身行为准则的行为规范,虽然与体现国家意志的法律规范或制度规范不同,却对法律规范或国家制度规范的制定和实施具有重要作用。具体而言,乡村社会规范是影响个体村民社会行为、维护乡村社会秩序、规制乡村社会活动沿着一定轨道运行的重要社会规范,对个体农民和乡村社会的存在与发展比法律规范和国家制度规范有着更加普遍、更加广泛的意义。

一、加强公德建设

在乡村社会领域,社会公德是指在乡村社会交往和公共生活中所有村民必须严格遵守的道德准则。《新时代公民道德建设实施纲要》指出:"要把社会公德、职业道德、家庭美德、个人道德建设作为着力点。践行以文明礼貌、助人为乐、爱护公物、保护环境、遵纪守法为主要内容的社会公德,鼓励人们在社会上做一个好公民。"[①]这是在整体意义上对社会公德基本内涵的概括,涵盖了如何处理乡村社会人与人、人与社会、人与自然之间的关系问题。从乡村社会来看,在人与人之间的关系上,社会公德主要表现为举止文明、尊重他人、和睦友善、互帮互助;在人与社会之间的关系上,社会公德主要表现为爱护公共设施、维护公共秩序、保护公共利益;在人与自然之间的关系上,社会公德主要表现为热爱土地、河流、山川,节制土地开发利用,保护自然生态,与自然和谐相处等。作为社会交往和公共生活中的村民,只有严格遵守以上基本道德规范,才能真正成为社会主义国家的合格公民,才能建成社会主义文明乡村。

1. 乡村社会公德建设的价值

在任何国家和任何社会,法律都不是万能的,任何时候都存在不适用法律处理而必须依靠法律以外的社会规范进行调节的社会关系,这也就是中国为什么在乡村治理中强调德治,并以其弥补法治和自治之不逮的重要原

---

① 《十九大以来重要文献选编》(中),中央文献出版社 2021 年版,第 228—229 页。

因。所以,加强公共道德建设,完善乡村社会规范体系,关乎乡村治理体系能否完善和有效运行,并且对于推进中国乡村治理体系和治理能力现代化具有非同一般的意义。

　　一般而言,乡村社会公德或村民道德建设需要从两个方面做起,即思想层面的教育和实践层面的培育,思想教育和实践培育相结合,可以逐步增强村民的社会公德素养。思想层面的社会公德教育是多样化的,开展多种形式的思想道德教育,有利于村民更好地理解社会公德的深刻含义,并在潜移默化中引导他们形成正确的社会公德意识;实践层面的公德培育,可以通过开展丰富多彩的社会活动,促进村民公德意识提升。在实践活动中,引导村民遵守并践行道德规范,促进村民养成良好的行为习惯。此外,还可以通过营造良好的社会氛围涵养乡村社会公德,因为在特定氛围烘托下,村民的内心世界会受到一定刺激,其认知水平会逐步得到提升,乡村道德规范会逐步得到完善。

　　随着乡村经济增长和高科技快速发展,乡村新生社会事物纷纷涌现,村民公共生活空间不断扩大,村民之间的交往内容、交往方式、交往手段不断丰富和发展,村民利益关系更加复杂。由于现阶段受到国家立法和法律适用的限制,更加需要发挥社会公德在乡村治理中的规范和约束作用,以有效调节国家政策和法律规范无法强制解决的乡村社会矛盾和社会问题。倘若乡村社会成员都能自觉遵守社会公德,按照社会规范行事,改正违背公德的不良行为,不仅可以形成人与人之间和谐相处的社会关系,而且可以促进乡村社会和谐发展和良好社会氛围快速形成。

　　2004 年,党的十六届四中全会明确提出了"构建社会主义和谐社会"的目标和要求,并且将社会主义和谐社会的基本特征概括为:"民主法治、公平正义、诚信友爱、充满活力、安定有序、人与自然和谐相处。"①同时要求把和谐理念贯彻到人与人、人与社会、人与自然之间的关系构建当中,使每一个村民养成遵守社会公德、维护公序良俗的习惯,形成尊老爱幼、互帮互助、见义勇为的良好社会风尚,使一切不道德和违背公序良俗的行为遭到社会唾弃,以此彰显了社会公德在乡村治理中的价值和功能。

　　2. 乡村社会公德建设面临的问题

　　公共交往信任度低、人际关系冷漠化,漠视公共规则、破坏公序良俗,虚拟空间约束失禁、网络道德失范,欺行霸市、以次充好、以假乱真、坑蒙拐骗偷,等等,是当前基层社会包括乡村社会公德建设面临的带有普遍性的问题。

_____

　　①　习近平:《之江新语》,浙江人民出版社 2007 年版,第 131 页。

　　改革开放以来,随着经济发展和社会生活方式发生变化,公共交往成为社会普遍现象,而在乡村社会由于实行土地个体经营,多数乡村集体财产不复存在,失去了连接村民紧密联系的经济纽带和基础,公共交往顺利进行所需要的信任基础难以建立起来。一般而言,如果人与人之间在交往过程中彼此信任,社会关系就会和谐,社会秩序就会稳定,社会交往就能顺利进行。否则,人们之间一旦失去相互信任,自然会相互产生戒备,并因为过度警惕对方而相互缺少信任感,使正常公共交往变得困难;另一方面,在公共交往过程中,网络媒体的作用越来越大、越来越重要,几乎成为人人不可或缺的交往工具和联系手段,同时因为缺乏相互信任使其在社会交往中的负面效应也显现出来。近年来中国经济虽然因为新冠疫情影响和国际经济形势变化而有所放缓,但一旦得到恢复就仍然会处于持续和稳定发展阶段,科学技术发展突飞猛进,城镇化、数字化持续不断地向前推进,人与人之间交往的基础和平台已经发生深刻变化,这种情况在乡村也不例外,必然要求尽快建立一种使人们能够普遍接受和认同的公共道德规范,以扭转公共交往信任度走低、人际关系逐渐趋向冷漠的乡村社会发展趋势,进而维护乡村人际关系的友好和谐与社会秩序的稳定。

　　遵守公共规则是公共交往正常进行的前提条件,其目的在于通过维护乡村公共秩序和社会稳定,以实现公共利益最大化。随着新型城镇化和农村现代化进程不断深入,农村居民的公共生活空间日益拓展,这就需要每一位乡村社会成员在与他人进行交往时,必须遵守基本公共规则,懂得尊重他人并与他人和谐相处,自觉维护乡村社会秩序。然而,在当下广大乡村,社会成员尚未普遍形成对于公共规则的认同感和敬畏之心,公共财产流失、公共资源浪费、公共环境污染、公共秩序失范等一系列不符合现代公共规则的现象一直存在,成为严重影响乡村社会公共道德建设的重要问题。

　　但是,时代在发展,社会在进步。随着互联网、物联网、大数据、人工智能等现代信息技术在乡村普及和中国已经进入互联网社会,网络已经成为村民生活中不可缺少的一部分,并推动着他们的生产生活和思想观念发生巨大变化。值得一提的是,在网络社会背景下,必然要求村民在思想和行为上形成信息社会所需要的网络道德,但由于信息时代迅速来临,村民们并未做好迎接其到来的充分心理准备,网络道德意识还仅仅处于初步生成时期,还没有形成系统的具体规范。所以,当下乡村社会出现了一些与传统公共美德相悖的现象。一些网民利用网络发布不负责任的虚假、不良信息,影响他人心理健康,侵犯他人隐私,危害公序良俗,破坏乡村社会稳定,而随着经济和现代科技高速发展,具有开放性、便捷性的网络空间的地位日益凸显,其对于乡村公共生活领域的影响越来越重要。因此，网络空间道德失范也必然成为乡村社会公德失范的重要表现，解决这些问题，也是当前乡村社会公德建设面临的重要课题。

3. 加强乡村社会公德建设的主要途径

与重视培养个体私人道德相比，中国传统的乡村社会对于培养公共道德明显重视不够，一些村民公德缺失，实与不重视公德教育和培养有着很大关系。其实，某些村民甘于堕落甚至犯罪，是从公共道德流失开始的。因此，在推进乡村治理体系和治理能力现代化的语境下，必须高度重视村民公德教育和培养，并将其与建设数字乡村、法治乡村紧密结合起来，唯有如此，才能使农民群众养成与现代乡村治理体系建设要求相适应的公共道德，走出一条符合中国国情和乡情的乡村治理体系现代化之路。

（1）坚持"四位一体"的公德教育

启蒙时期的公德教育最为关键，对儿童成长和发展具有塑形和铸魂双重作用，尤其对于教育水平相对落后的乡村社会和农民家庭而言，更应该重视公德教育和培养。生活在不同时代的中西方古代先贤们，几乎都很重视幼年时期的德行培养问题，《论语》中曾经说过："子以四教，文、行、忠、信"，"弟子入则孝，出则悌，谨而信，泛爱众而亲仁，行有余力，则以学文"①，并把"礼"和"仁"作为道德教育的核心内容。古代希腊哲学家亚里士多德也说："人们所由成德达善者，出于三端，禀赋、习惯、理性"，"习惯和理性必经培养而得发展"，而"早年的感染特别难于改变，必须正其视听，勿令接近下流的伙伴，勿使听到谰言恶语，勿使看见秽亵的图像"。② 今天看来，公德教育仍然应该从启蒙时期抓起，尤其在广大农村地区，教育环境、教育设施、教育条件相对落后，家庭教育存在不够重视或各种价值偏向等诸多问题。而孩童和青少年就像一张白纸，无论给其涂上什么印记，都是难以抹掉的，所以必须足够重视人的思想生成和习惯养成时期的公德教育及培养。长期以来，我们坚持向青少年传授爱祖国、爱生活、讲文明、讲礼貌、尊老爱幼、见义勇为、爱护公物、诚实守信等社会公德和价值观，并将其置于比培养儿童和青少年学习能力及良好学习习惯更优先的地位，原因就在于社会发展进步、国家繁荣昌盛，需要把他们培养成为既具备专业能力又具备健全人格和高尚品德的人，真正做到德智体美劳全面发展。

从当下中国教育效果来看，已经到了必须正视和反思教育目的、教育内

---

① 罗安宪主编：《论语》，人民出版社 2017 年版，第 2 页。

② ［古希腊］亚里士多德：《政治学》，吴寿彭译，商务印书馆 1965 年版，第 460—461 页。

容、教育过程、教育方式、教育方法的时候了。具体而言,就是必须从检视中国公德教育是否符合"四位一体"的要求及价值一致性原则入手,亦即无论城市还是乡村,无论学校教育还是社会教育,都应该检讨是否把家庭教育、学校教育、社会教育、国家教育有机地结合起来。而从社会主义核心价值观的要求来看,目前的国家教育体系或教育结构在一些环节上似乎存在某种脱节现象,亟须在国家层面由国家教育机构制定统一的幼儿公德教育、学生公德教育、国民公德教育大纲,使学校教育和国民教育在价值取向上始终保持高度的一致性。同时,为了使公德教育适应不同社会群体、不同年龄阶段的人的特点及其发展需要,在保持其根本性质相一致的同时,还应该在内容和形式上实行差异化的教育,从而实现培养人的高尚道德情操和使受教育者全面发展的目的,并与社会发展要求和国家前途命运紧密连接起来。

(2)严厉惩治失信,提高失信成本

目前中国社会整体上处于转型时期,解决社会转型过程中传统诚信体系瓦解问题,首先应该到市场经济关系取代传统经济关系、工业社会取代农业社会引发的社会变革中寻找问题的根源和答案。

统观当下,乡村农民或法人失信,多与人们的经济活动或经济利益交往集中的领域有关。无论是个人和企业组织,都存在一些通过技术性、间接性、隐蔽性手段在经济社会活动中失信的现象。失信现象降低了人与人之间甚至公民与政府之间的信任感,严重危害互帮互助的和谐社会形成。因此,必须深刻认识诚信建设在法治乡村、服务型政府建设中的重要地位,必须坚持以法治化的市场经济体系建设倒逼乡村社会诚信体系和政府诚信体系建设,即从思想和实践两个方面着手,在思想上首先应该明确市场规则、政治规则和社会规则的辩证关系,通过健全诚信教育体系促使包括村民在内的全体社会成员严守诚信;在实践中则应将市场经济体系建设与乡村社会诚信体系建设、法治乡村体系建设紧密结合起来,建立健全村民失信记录、处罚制度和守信褒奖制度,在保障守信者最大限度获取合法利益的同时,严厉惩处失信者的失信行为,甚至通过采用法治手段,使其受到应有的惩罚,在保障机制和惩罚机制共同作用下,使守信者更加守信、失信者付出更大代价,进而促使人与人之间相互信任,并建立起风气优良的诚信社会。

(3)加强公共环境治理,培养村民公共道德

现阶段中国乡村存在的问题,以公共环境混乱问题最为普遍和突出。无视吸烟标志,随处吸烟,随地吐痰,损坏公共设施,无视交通规则,乱丢垃

坂……这些与经济技术进步、现代文明乡村、和谐社会背道而驰的现象数不胜数，像"顽疾"一样吞噬着整个社会肌体健康，以至于进入21世纪20年代之后，为了治理农村社会恶习，仍然不得不从培养农民的文明生活习惯入手。对于农民而言，文明习惯的养成绝不是一朝一夕的事情，也不是一劳永逸的事情。在广大乡村，除了培养农民文明习惯之外，还要有目标、有计划、有步骤地美化乡村公共环境，持续开展美丽乡村建设活动。养成农民文明习惯，方式、方法固然很多，但最重要的仍是教育农民遵守公共规则，批判地继承上到国家社稷、下至黎民百姓都遵守的"礼义廉耻"价值观，大力弘扬传统"礼制""礼仪"中的合理内核。在推进乡村治理体系现代化过程中，要始终坚持以社会主义核心价值观为引领，积极吸收一切优秀的传统文化思想，加快制定或完善《村民文明行为促进条例》《公共场所禁烟法》《公共环境保护法》等法律法规或社会规范，对不文明行为及应承担的后果作出明确规定，使村民们时刻铭记：什么是不文明行为及其必须承担的后果，应该怎样做一个文明村民。

（4）加强网络乱象治理，建设文明网络空间

健全网络管理制度是有效管理网上行为的重要途径，用法治思维和法治方式推动网络道德建设，是提高网络治理实效性的最佳路径选择。当今世界互联网、物联网技术飞速发展，微博、微信、云计算、人工智能……各式各样的软件正在成为生活必需品，村民的经济生活、社会生活、个人生活也已经离不开网络。为了适应这种形势的发展需要，中国政府制定了一系列网络发展战略。2019年5月，中共中央办公厅、国务院办公厅印发了《数字乡村发展战略纲要》，许多省市县制定了《数字乡村建设实施方案》。然而，网络是一把双刃剑，网络空间不强求实行实名制，必然增加网络空间治理难度。因此，必须在保护人们隐私权的前提下，研究制定网络空间开放性、公共性规则。

近年来，网络暴力、人身攻击、鬼畜恶搞等不文明现象频繁发生，乡村社会的类似现象更加突出，公共道德缺失和公共意识淡薄成为日益严重的社会问题。因此，必须把网络道德教育和培养作为新时代乡村治理的一项重要任务，确保网民道德教育涵盖城乡社会各个领域各个方面。为了提高网民道德教育的实效性，必须以现代科技为支撑，加强网民法治意识培养，严格规范网络行为，加大网络侵权惩治力度，多方面提升网络法治水平。同时必须完善网络技术监督系统，加快健全网络监督规则，推动网络技术研发与创新，提高网络技术监督能力和水平，加快实现网络治理现代化，使网络环境更加干净、健康和优美，使各种网络犯罪分子无处藏身。

二、健全村规民约

　　村规民约是乡村社会规范的重要构成元素,以社会主义核心价值观引领村规民约建设,形成符合新时代乡村发展和治理需求的村规民约,对于实现乡村治理体系和治理能力现代化具有积极的推动作用。

　　1. 村规民约的价值功能

　　村规民约是村民自治的重要依据和具体体现,与村民自治法律、公民道德规范共同构成现代乡村治理的基本社会规范。因此,应该把制定反映社会主义乡村本质特征、新时代乡村治理要求的村规民约作为中国特色乡村治理体系建设的重要内容,以便发挥其在乡村治理中的积极作用。

　　(1)维护生产生活秩序

　　首先,"乡规民约来源于乡村社会中人们日常共同生活,基于血缘、地缘而产生,人们要在共同体内生活,不仅要接受,而且必须遵守。"[1]村规民约可以有效节约国家的社会治理成本,减少无效资源配置,使国家对乡村治理资源分配更加合理。城乡地理环境存在的差异导致二者发展程度不同,国家投向城市的资源多,城市发展快;而投向乡村的资源少,乡村发展则相对缓慢,说明乡村发展对国家投资具有很大的依赖性。另外,城乡和不同地区之间法治资源不均衡也是较为突出的问题,由于乡村环境相对闭塞,村民教育资源比较匮乏,村与村之间民风民俗存在差异等,使得偏远乡村的村民法治意识薄弱,难以形成敬畏法律和自觉遵法守法的习惯。针对这种情况,作为有着根深蒂固的民间法和实行乡村自治的深厚传统的国家,为了积极推动乡村治理进程,制定和完善村规民约无疑是有效的途径和方法。根据村民生活中存在的具体问题,制定相应的解决办法,规定日常生产生活规则,既可以减轻国家负担,促进资源合理分配,又可以使乡村生产生活秩序得到有效维护。

　　其次,制定和完善村规民约,可以弥补国家法律不便干预的领域和行为的空白。以村规民约惩戒和处罚村民的不良行为,有利于营造良好的乡村风气,维护乡村社会治安。聚众赌博、寻衅滋事、小偷小摸……这些现象在乡村尤其在偏远地区的农村偶有出现;教育资源缺失、基层执法力量不足、环境闭塞等问题,又助长了这些行为肆意生长和蔓延。所以,制定和完善村规民约,对不良行为进行约束和制裁,是在城乡发展不平衡、地区发展不平衡的背景下,在乡村地区实现"三治"结合的具体要求和生动体现。因为村

---

　　① 　徐勇:《"法律下乡":乡土社会的双重法律制度整合》,《东南学术》2008 年第 3 期。

规民约是适应不同地区的乡村特点的,是由多数村民共同参与制定的,代表着乡村多数人的意志和切身利益,一旦有人违背,就意味着侵犯了大多数人的利益,势必受到严厉谴责和惩罚。所以制定和完善村规民约,使村民自觉遵守并互相监督,是维护乡村正常生产生活秩序的有效途径。

（2）传承和发扬民间优良习俗

村规民约早在古代就已经出现,以早期家族宗族为代表,制定家训族规,对本族内事务进行管理,约束族民的行为,为制定早期村规民约奠定了基础。古代中国,由于受交通条件和地理环境制约,信息传播极为缓慢,地区之间相对闭塞,外界的变化很难影响到乡村。这样一来,在乡村之中村规民约不仅成为乡村治理的依据,而且其内容深入人心,通过长期耳濡目染,使村民们逐渐形成了大体相同的价值观,这种价值观也是维系村落社会共同体的纽带。

古代生产力水平很低,经济社会发展缓慢,村规民约的内容和结构相对稳定。与古代依据渗透着浓郁的乡土气息、承载着传统文化和民族精神的村规民约开展乡村治理不同,现代村规民约是以社会主义核心价值观为引领、在宪法法律框架下制定的,虽然也传承着传统文化因素,比如提倡积极向上、修身为善、助人为乐、崇尚公平等传统观念,但其在乡村治理中发挥作用的主要依据,已不像古时那样巨大,而是随着时代发展而不断变化,并经过对传统文化和传统道德"去其糟粕,取其精华",将其积极成分融入到了现代村规民约之中。与此同时,依据乡村建设和治理面临的新形势、新任务、新诉求,如实施乡村振兴战略、建设美丽乡村、法治乡村建设、数字乡村建设、统筹城乡规划和发展、生态文明建设等,结合新时代发展潮流和价值取向,制定具有现代气息、现代风格、符合社会主义核心价值观要求和乡村治理体系建设需求的村规民约,才能让其在传承传统文明中不断散发新的活力、发挥积极作用。

（3）促进村民自治

第一,以王阳明的《南赣乡约》、吕氏四贤的《蓝田乡约》为代表的乡约圭臬,主要包括强调相互帮助、维护社会治安、进行社会监督、移风易俗等方面的内容。其目的在于整饬社会秩序,加强以自我制约为基本特征的乡村社会治理模式,从而使"各安生理,勤而农业,首尔门户,爱尔生命,保尔家室,孝顺尔父母,抚养尔子孙",避免"以众暴寡,以强凌弱",使民"永为善良,父慈子孝,兄爱弟敬,夫和妇随,长惠幼顺","小心以奉官法,勤谨以为国课,恭俭以守家业,谦和以处乡里"等"兴礼让之风,成敦厚之风",以实现社会长治久安。

第二,村规民约的制定是村民自治的实践过程,是通过村民投票或提建议,以民主协商方式将自己的合理诉求编订成册的社会规范形成过程。村规民约制定的流程表明,在制定前期,需要经过普遍征求村民意见程序,以充分反映民意并保障其根本利益;在制定中期,将收集到的意见草拟成样稿,并经过反复酝酿和讨论;在制定后期,召开村民大会,进行投票表决,经过多数认可,形成最后的村规民约。这一流程在运行过程中,不仅能够确保多数村民参与,确保有代表性的意见被采纳,以实现制定过程的民主性;而且能够确保投票过程公平公正,在村民监督下,不会出现或较少出现作弊及消极投票现象,因为村规民约的制定关系到全体村民利益,广大村民都会认真对待。

第三,村规民约是实现村民自治的重要途径。村民自治之所以成为现代中国农村的治理制度,因为其是实现村民当家作主的主要平台,是村民能够有效行使法定权利并履行法定义务的保障。所以,其一,依据宪法和自治法制定村规民约,使村民们能够表达自己的合理诉求,维护自己的合法权益,尤其对于农村女性和空巢老人,在一些相对落后的农村环境中,他们不为或不敢为自己发声,而村规民约的制定,使他们在一定程度上有了合理渠道来表达自己的主张,这在一定意义上体现了农村基层民主。其二,村规民约的制定,符合中国依法治国理念,因为直接选举、公开投票,毕竟是现代民主和现代法治的直接体现。

综上可知,村民自治的目的在于通过建立规章制度,推动乡村治理法治化建设,其本质是依法治村,而作为民间法的村规民约,不仅是村民自主制定的,还是国家法的有益补充。通过村民大会制定村规民约,规范村民行为,惩戒违法行为,是在法律基础上进行的。因为使用明文规定,更有利于提高村民对法律的重视程度,自觉遵守法律,才能使得像聚众赌博、欺软怕硬、寻衅滋事这类违法行为得到有效遏制,以维持村民日常生产生活秩序稳定。

2. 健全村规民约的路径选择

现代村规民约的制定和完善,需要从维护乡村社会秩序和村民共同利益、提升村规民约的权威性出发,需要将"传承"和"创新"有机结合起来,既不能为了"传承"而"传承",也不能为了"创新"而"创新",应该根据乡村治理实际需要,始终重视实际效果,坚持在传承中创新、在创新中传承和发展。

(1)提升村规民约的权威性

提升村规民约的权威性,是在乡村治理中发挥村规民约作用的关键。第一,村规民约既是村民价值观的体现,又是乡村治理的重要依据,要保证其效力,提升其权威性,就必须建立在村民共同利益和共同认知的基础之上,以合法性为基石。第二,村规民约对于保障村民自主管理村级事务的民主权利至关重要,因此,在制定和实施村规民约过程中,要避免乡镇政府强行介入和"越俎代庖",以免造成与村民自治初衷相违背的后果。但在目前,由于城乡之间存在较大差距,农村发展相对缓慢,必须依靠政府支持和引领,而政府不能干涉法律规定的村民自治范围内的事宜,村民委员会在遇到困难时,可以寻求乡镇政府帮助,乡镇政府应该积极给予指导和引导。第三,必须充分发挥农村基层党组织的引领作用,中国农村正处于亘古未有的转型发展时期,农村基层党组织在村级事务中发挥着愈来愈重要的领导核心作用,一个好的农村基层党组织可以有效保障农村各项工作顺利开展。

（2）发挥村规民约的文化传承功能

通过完善村规民约的文化传承功能,增强其对村民的教化作用。现代村规民约实际是在政府、自治组织和广大村民认同的基础上形成的合约,因此,首先需要政府对于制定村规民约的目的、价值保持清醒的和正确的认识,既要关注国家法律、社会主义核心价值观对村规民约的制约和引领作用,以充分发挥其对村民的思想教育功能,又要保障村民在制定村规民约中的主体地位,充分发挥村规民约在依法治村中的辅助功能,从而实现法治和道德教化在乡村治理中有机结合。村规民约承载着一定民族的传统文化、传统理念、传统心理和治理方式,是特定地域范围内、特定时间阶段和特定民族精神的生动而具体的反映,在历史上曾发挥着国家法律所不能替代的作用。所以,在关注村民实际生产生活状况的同时,应特别加强村规民约制定和执行过程中的文化传承和创新问题,并在乡村治理实践中不断拓宽村民公德培育渠道,强化村民社会公德培育力度,克服乡土文化建构中的重功利、轻道德倾向,造就与乡村治理体系现代化要求相适配的新生代农民。

动员村民参与村规民约的制定,充分表达自己的意志和愿望,是充分发挥村规民约的乡村治理功能的有效途径。村民参与应是全方位的,包括村规民约的制定、实施、修订等各个环节。在正式制定村规民约之前,首先应该做好宣传动员工作,充分利用村务公开栏、广播、村民会议、微信群等多种途径,提高村民对制定、实施村规民约的重要意义的认识,让村民们认识到制定村规民约不仅是民主管理村务的大事,也是关系到自身权益的大事。其次,应该成立由德高望重的离退返乡人员、老教师、老村民参加的村规民约制定工作领导小组,为村民参与制定村规民约提供答疑和咨询。这些德高望重的人员应该与村民长期生活在一起,深谙乡村历史,熟悉乡村现状,了解村民的想法和要求,在村民中享有崇高威信,村民对其意见、建议具有信赖感。在引导村民参与村规民约制定过程中,采用多种形式,坚持问题导向,鼓励村民发表意见,开展广泛讨论,消除随大流思想,减少对他人的依赖性,杜绝搭便车现象,形成由群众带动群众的舆论氛围,使村民们在充分体会到自身主体地位的同时,受到深刻而生动的教育。

三、创新家训家规

传统儒家政治学说是从强调个人修为开始的,以此推及到家、国、天下,所谓"家国同构""修齐治平""无规矩不成方圆"等,都把个人德行、家教家风与国家前途命运联系在一起,是古代中国重视个体修为和家教家风建设的充分体现。在现实生活当中,国家、社会的健康运行也都以个人修行、家教家风建设为基础,正如儒家经典所云:"古之欲明德于天下者,先治其国。欲治其国者,先齐其家。欲齐其家者,先修其身。欲修其身者,先正其心。欲正其心者,先诚其意。欲诚其意者,先致其知。致知在格物。"①而人在德性修养方面存在的差异性、不可靠性及管理家庭事务、社会事务和国家事务的复杂性,客观上都需要订家训、立家规,以弥补德行修为和法律规制之不逮,这也正是传统国家鼓励制定家训家规的原因之一,即使今天法律体系已经比较完备的情况下,法律也不可能管束、调整个人道德领域和社会生活领域的一切主体行为,所以家训家规对人的润育作用仍是不能忽视的。

1. 家训家规的价值功能

古时制定家训家规,以维持家庭秩序、和睦关系、家事兴旺为目的,家训家规具有大体相同的内涵和价值取向,当把家训家规的价值推及社会领域之后,其作用便跃出了家庭小圈子,为维护社会和谐、建设人类精神家园发挥了积极作用。在现代生活中,对传统家训家规内容、价值取向加以调整、改造和创新,不仅可以使其在培育良好家教家风方面发挥积极作用,还有利于形成良好的社会风尚,促进社会和谐稳定、健康发展。

(1)维护家庭内部秩序和谐

在中国,家训家规是约束家庭成员行为的"民间法"或社会法,而且无不要求幼者尊敬长者、长者提携幼者、个体服从整体、整体包容个体。而基于家庭内部成员普遍认同的准则及人们普遍向往、追求美好生活境界的夙愿,家训家规必然以其对家庭成员的引导、鼓励、鞭策、惩戒等功能,在处理个体与群体、群体与社会之间的关系中发挥协调作用,并由此确定、鼓励家庭成员的协同行为。所以,制定家训家规的初衷也就显而易见——规范家

---

① 罗安宪主编:《大学·中庸》,人民出版社 2017 年版,第 1 页。

庭成员行为,调和家庭内部关系,整合家庭力量,实现家业振兴。所以,一旦家庭成员中出现违背家训家规关于恪守道德操守和准则的行为,必将受到家规家法的惩罚。因此,家庭成员在家训家规训导下,自然学会了在家庭中严格按照家规家法约束自己的行为,扮演一个符合道德要求的"正面"形象。

（2）提供构建和谐社会的道德力量

儒家思想将家庭成员之间的情感和伦理关系作为凝聚人心的纽带,并形成了中国特色的家庭伦理思想和家族文化,这种张扬家庭观念的家文化,影响了中国数千年,而且至今仍然具有强大的生命力和影响力。究其原因,在于中国人深信血缘关系会使家庭成员之间产生相互牵绊而又无法分割的亲情及知恩图报心理,并认为只有血缘关系才能经受住生离死别的考验,所谓"打虎亲兄弟,上阵父子兵",无非告诉人们:血浓于水,你的同胞兄弟姐妹是陪伴你人生最长的人,也是你最忠实、最稳固的依靠。这种基于血缘关系而形成的家庭观念,一旦延伸到政治生活和社会生活当中,也可能产生任人唯亲的狭隘思想和用人路线。家训家规无疑是中国历史长河中影响一代又一代人的文化传统,其正面效应在于维护家庭长治久安,增强家庭成员凝聚力、活力和向心力;其消极方面在于,如果不加以规制,会侵蚀政治和社会生活中应当张扬的公平公正理念。所以,既要发掘家训家规在约束人心方面的功能,又应该将家庭成员之间的信任关系援引到构建人类命运共同体的实践中去,变小家为大家,使家庭成员之间诚实守信、互帮互助的家庭伦理,转化为构建社会生活共同体的社会伦理和人类命运共同体的政治伦理,以伦理道德的力量推动社会发展和政治进步。

（3）满足精神文明建设的现实需要

思想道德是精神文明的根本和灵魂,决定着精神文明建设的性质和方向,社会经济、政治、文化发展无不深受思想道德推动。千百年来,家庭文化为国家培养出了无数尽忠报国的有为英才,并将继续在提高人民道德素质、张扬"为国尽忠,为家尽孝"的家国情怀方面发挥巨大作用。对于家训家规的合理内核,应该在社会主义精神文明建设中加以继承和发扬光大,以强本健魂、激发人民爱国情怀、增强民族和社会凝聚力,加快推进传统道德文明向现代道德文明转化,形成繁荣昌盛的社会主义精神家园。

2. 创新家训家规的现实路径

改善和创新家训家规,不仅涉及对待传统家训家规的态度问题,而且关乎如何构建积极向上的现代家庭生活和社会生活。因此,必须站在历史的传承性和创新性相统一的角度,以面向未来、面向现代化的开放胸怀检视传统家训家规,从中发现和把握道德文化演进的基本规律。

（1）以科学的文化传承理念实现"活态传承"

历史的总体趋势是向前发展的,沉寂在历史荣光之中的人,必将面对新生事物而束手无策。而只要选准前进方向和目标,就应该沿着历史发展轨迹和选定的道路走下去。我们虽然一直在强调保护历史文化、传承传统家训家规,但我们的保护理念和传承方法不应该停留在过去时,因为这样很难实现对历史遗产的真正传承和发展。历史是一面镜子,现实和未来才是我们面对的主题,所以必须改变非理性的文化保护理念,树立与时俱进的科学态度和创新精神,为传统家训家规及其道德文化注入新的活力,加速实现其向现代转型。比如,改革开放以来,传统的小农经济已经实现向社会主义市场经济转型,以公平竞争为特征的市场经济已经取代了个体经营的小农经济和高度统一的计划经济。进入 21 世纪以来,新媒体技术层出不穷,数字经济兴起,人们已经进入新媒体时代或数字经济时代,个体生活、家庭生活从内容到形式都发生了翻天覆地的变化。当今社会除了需要对传统家训家规的写作风格和表现形式加以重塑,还必须探讨其实现现代转型并充分释放当代价值的传承方法,这种方法可以称为"活态传承",而要实现对家训家规及其道德文化的"活态传承",必须处理好"传统"与"现代"、"守成"与"创新"之间的逻辑关系,既要防止食古不化和复古倒退,又要防止陷入否定传统的新历史虚无主义泥潭。

（2）以理性交际模式实现话语民主

所谓"话语",是在特定语境中围绕某一对象而展开并对其进行系统构建,以塑造人们的相关知识与价值立场。在当今时代,中国共产党提倡传承和重构家训家规、家教家风,目的在于使其本身拥有话语权,成为价值观和立场的一部分,而传统家训家规的延续也需要话语交际模式。令人欣慰的是,伴随着传统家训家规不断变化和发展延续,传统家训家规的现代化转型越来越呈现出多样化格局,其受话语转换趋势与话语主题实践活动的影响越来越深刻,而且社会主流话语体系正在引领着传统家训家规建设,家训家规则顺应社会发展趋势形成合理的话语交际模式,在话语模式转型过程中,政治的和社会的现代化因素即要求平等和民主,已经成为推动传承家训家规的话语体系完成转型的两个主要因素。

第二节　强化乡村社会规范功效

实现乡村社会和谐稳定发展,必须有一定准则与规范,以便将有着多元价值诉求的村民聚拢起来,朝着相同方向和目标发展。制定乡村社会规范体系并以其规制村民行为,是乡村社会得以常态化运行的前提条件和基本要求,若没有这一前提条件作为基础和保障,乡村的生产生活秩序就不可能建立起来。乡村社会规范之所以能够建立起来,并在历史长河中得以持续发挥作用,就在于其能够维护正常乡村社会秩序,能够促进乡村社会公共管理向着现代化、科学化、规范化方向发展。

一、价值取向

价值取向由价值观决定并受核心价值观支配,这里讲的核心价值观是指社会主义核心价值观。党的十八大将社会主义核心价值观的内涵明确确定为"富强、民主、文明、和谐,自由、平等、公正、法治,爱国、敬业、诚信、友善",从此,党中央一再要求"增强各阶层核心价值观的教育",这不仅体现了中国社会对于加强社会主义精神文明建设的紧迫需要,而且体现了中国共产党对于加强社会主义精神文明建设的高度重视。在乡村治理过程中,对农民和其他治理主体进行社会主义核心价值观教育和培养,不仅有利于推进乡村社会主义精神文明建设,而且也是引领和加强乡村社会规范体系建设所必需的。

1. 强化乡村社会规范的价值取向

社会主义核心价值观在强化乡村社会规范体系建设中的价值引领作用,主要体现在两个方面:一是突出了乡村社会规范体系建设必须坚持以农民为中心的发展思想,在乡村治理中则表现为"保障农民主体地位""以改善农村民生为根本";二是确定了构建政府、乡村社会、个体农民不同层面和谐关系的价值尺度。

(1)保障农民主体地位

从政府主体的角度讲,乡村治理的本质是维护乡村和谐稳定,为广大农民提供高质量、高水平的公共服务。所以,一切乡村治理活动都应该把广大农民利益放在首要位置。坚持以人民为中心的发展思想,实质上就是要求各级党委和政府努力做到学、思、用相贯通,知、信、行相统一,在乡村治理领域则体现为要求采取农民群众可以接受的形式,搭建便于其参与公共生活的桥梁和平台,拓宽其便于参与公共生活的渠道,把他们对于美好生活的向往作为各级党委、政府的奋斗目标,并促使各级党委政府在乡村治理实践中依靠农民群众的力量,发挥农民群众的主体作用,积极为农民群众谋取利益和幸福。

第一,坚持深入扎根农民农村之中,切实走好群众路线。一切为了群众,一切依靠群众;从群众中来,到群众中去,是中国共产党长期以来战胜一切艰难险阻的法宝。回答农民关切,解决好农民群众最关心、最现实的利益问题,践行全心全意为人民服务的宗旨,把群众路线贯彻到乡村治理活动全过程,坚持乡村发展为了农民群众、发展依靠农民群众、发展成果由农民群众共享,始终是中国特色乡村治理体系建设应该坚持的发展路线。

第二,坚持农民主体地位,保障农民政治权利和其他合法权益。在乡村建设、发展和治理中,深刻认识和发扬社会主义基层民主的法治意义和政治意义,真正维护农民根本利益,把农民群众的智慧和力量吸收、凝聚到党和国家事业中来。依靠农民群众全面深化农村改革、建设法治乡村、实现乡村全面振兴的历史伟业,是中国共产党和政府必须坚持的农村改革路线和乡村治理目标。

第三,坚持一切为了农民群众,努力提高农村公共服务质量。推动乡村发展和乡村治理,需要各级党委和政府提高政治站位,但这种站位必须是将维护中央权威与维护农民群众利益相统一的政治站位,所以,必须深入农村一线,深入了解农民所思、所想、所需,掌握为农民服务的业务知识,切实解决好农民群众的生活难题,维护好农民群众的根本利益。同时,要不断提高应对来自乡村社会的重大挑战、重大风险、重大阻力、重大矛盾、重大问题的能力,真正做到"历经沧桑而初心不改,饱经风霜而本色依旧"。

(2)坚持国家、乡村社会、个体农民和谐发展

在社会主义民主政治体制下,党和政府关于乡村发展和治理的重大决策和实践活动,都是为了实现和维护广大农民群众的根本利益。党领导乡村社会治理,政府负责行使乡村治理权力,各类乡村组织和农民群众在党领导下合作互动、积极参与乡村治理,在共同的乡村治理事业和价值目标诉求中,党和政府、各类乡村组织、农民群众之间形成了党把握政治方向、政府提供公共服务管理、各类组织和农民群众参与乡村治理并共享治理发展成果的关系,这种关系集中体现为农民群众寻求构建安全、公平、正义、和谐的乡村政治关系和社会关系。当然,必须切记,乡村政治关系和谐以政府权力服务于农民、保障农民权利并受农民权利制约为前提;乡村社会关系和谐则需要国家权力、社会权力、公民权利形成平衡制约状态,并始终以公民集合体的农民意志和利益而非以个别人或少数人的意志和利益为核心。在国家、社会、农民群众关系和谐状态下,国家权力、社会权力、农民权利均须遵循共同的价值目标和价值尺度,并在法律确定的范围内行使各种权力(利)。

2. 强化乡村社会规范须以核心价值观为引领

社会主义核心价值观不仅为多元主体参与乡村治理指明了方向,更为

推动乡村社会发展提供了内在精神动力。不同国家或民族都有自己的价值观,对于一个国家或民族来说,其价值观尤其是核心价值观的形成,是保证政治社会安全与稳定的基础。价值观就像精神导师一样,为国家和社会发展照亮前途,并引导着全体社会成员不断前进。面对乡村社会存在的精神信仰缺失问题,更加需要明确精神文明建设的核心任务,积极主动地建构和践行核心价值观,发扬其在乡村治理及其创新中的引领作用。只有这样,才能将国家、社会、个人的价值追求凝练为共同的价值目标,举全国、全民族、全社会之力,为实现共同理想而奋斗。

现代乡村治理代表着多元主体以共同的根本利益、统一的核心价值观为基础而达成协作共识,并始终坚持以满足农民生活需要和充分发挥农民主体作用为核心,这种治理模式一旦形成、治理目标一旦实现,即意味着已经形成了国家、市场、乡村社会之间的和谐互动关系,形成了以农民为主体的乡村"善治"局面。但在当今经济社会领域,由于人们获得了更多自由,其多元价值诉求的实现机会比以往任何时候都多,并且这种机会将随着经济社会持续发展而更加凸显出来。在国内经济发展模式持续完善与经济效益不断提升的过程中,乡村社会阶层分化也将越来越加速、越来越复杂,乡村不同阶层同样会朝着不同方向转换,而受全球经济形势变化和构建人类命运共同体的影响,乡村文化思想层面同样会出现新的发展态势。可以肯定的是,乡村社会思想层面已经呈现出复杂多变局面,这就决定了乡村社会共同认知和遵循的核心价值观的凝练与完善更加显得重要。处于这样一个发展阶段的农民阶层,同样需要学会理性地看待价值诉求多元化问题。所以,核心价值观的凝练和发展,必须体现出乡村社会的开放性、包容性、乡土性等特征,并在一定程度上与农民群众要求思想解放和政治民主相适应。构建这样的价值观体系和乡村治理格局,能够使乡村社会更加充满活力,并在"良政善治"之下获得持续稳定发展。而需要特别说明的是,国家、农民阶层及其他社会成员的价值诉求、奉行的核心价值观是两个不同的范畴。在一定历史时期,一个国家和全体社会成员所遵循的核心价值观是统一的,如果两者奉行的核心价值观存在矛盾或冲突,这个国家和社会就会经常处于分裂、对抗和动荡状态。由此可见,任何一个国家和社会都必须以统一的核心价值观引领、塑造社会生活,乡村社会生活的塑造也不能例外。

乡村社会规范是乡村社会生活运行的基本依据,乡村稳定和健康发展,离不开以核心价值观为引领的乡村社会规范、社会秩序的构建和完善。乡村社会实现真正意义上的进步与繁荣,必须建立系统、完善的乡村社会规范体系。乡村社会规范体系的价值在于促使乡村各社会阶层在统一的规则约束下进行社会交往,在公正的社会秩序保障下实现乡村和谐稳定和社会成员交往的目的。反映乡村社会成员共同价值观的系统完善的社会规范,一方面能够增强乡村社会各阶层的认同感和归属感,让每一个农民、每一个团体、每一个社会阶层之间做到和平相处;另一方面,又能够提高乡村社会各阶层的向心力和凝聚力,让多元的社会各阶层建立共同的理想和价值目标,实现相互信任、协作奋进。所以,在价值诉求多样化的时代,必须建立系统完善的乡村社会规范,以促进社会主义核心价值观的社会引领和塑造功能。

3. 乡村社会规范价值的实现途径

公平、秩序、和谐也是现代乡村社会规范制定主体追求的基本目标,而乡村社会规范自身价值的实现,又以一定的执行机制和执行力为条件,从而保障社会利益在全体乡村社会成员当中进行公平分配。质言之,乡村社会规范的有效执行和社会利益的合理分配,是乡村社会规范价值得以实现的主要路径。

(1)以强化执行机制保障乡村社会规范价值的实现

乡村社会规范的实施,既是化解乡村多元主体利益纠纷和社会矛盾的过程,也是整合乡村社会成员价值观的过程。因此,在农民群众认知的乡村社会规范确定之后,其有效实施便成为实现乡村社会规范价值的先决条件,而这种先决条件又突出表现在乡村社会规范实施的执行机制及其执行力上。就是说,如果我们把乡村社会规范当作一种特殊的制度形态来看待,那么,它由文字或记忆中的行为规则变为实际行动中的鼓励和禁忌,就需要有一定的机构或平台来保障其有效实施,即必须有一定的乡村社会规范执行机制和执行力作为实现其权威性的支撑,否则,乡村社会规范就不会形成,即使制定了也会失去实际意义。因为在乡村的现实社会生活中,总是存在着不同的价值主体和利益主体,他们在价值追求、看待问题的角度、处理问题的方式方法等方面总会存在差异,甚至发生个别社会主体违背社会公德和社会价值观的行为,从而导致维护乡村社会公正运行的公序良俗遭到破坏,这正是需要构建和不断强化乡村社会规范执行机制、提高乡村社会规范执行力的原因。

但是,值得注意的是,个体农民的需求及其目的都是在与乡村社会需求和社会目的相统一的过程中实现的。因而,乡村公共社会应该制定统一的价值评判标准,以规范乡村社会成员的社会行为和社会实践活动,诸如通过制定乡村社会规范、发展公益事业等形式,将个体意志、目标、梦想、信仰等心理活动吸引到实现社会价值、社会梦想、社会信仰的集体实践活动中来,将乡村社会成员对个体利益的追求与实现社会整体利益相结合,由此推动乡村和谐社会的形成和社会事业的繁荣发展。实践证明，只有整合个体价值和社会价值，才能促进乡村社会规范有效落实；只有兼顾公共利益和个体利益，才能保障乡村社会规范实施机制的合理性、排除乡村社会规范的实施障碍。目前，我国政府通过改革教育体制，完善教育机制；通过社会保障体制改革，构建和完善城乡一体化的社会保障体制；通过治理制度创新，建设法治化的服务型政府和法治化的诚信社会，推进社会主义精神文明建设，提高中华民族整体思想道德水平和科学文化素养。

在上述当中，讲诚信和守规矩是实施乡村社会规范的最重要方面，它们能够有效地把坚持党的领导和乡村农民创造热情汇聚到实现社会主义整体性价值上来，并形成团结统一的强大的社会创造力量。

（2）以公平分配利益实现乡村社会规范的价值诉求

公平分配利益是促进公共资源合理配置、实现互惠互利及合作共赢的社会发展过程，因为乡村社会是由许多有着特定自身利益和特殊意愿的个体组成的极其复杂的群众集合体，每个社会群体中的个体在寻求自身利益最高点、谋求最大化酬劳、实现自己心愿的过程中，都希望能以最小代价和最低成本换取最大化回报，以此来满足自身的欲望。所以，在农村生产分配活动、人际交往活动的相互合作及相互竞争过程中，所有社会成员都会利用法律所不禁止的各种途径和手段，以达到自己的目的。由于目标和利益实现途径的多样性和可选择性，很容易引发个体与个体、群体与群体、个体与群体之间的各种矛盾和纠纷。乡村社会作为一个整体，要为每个个体成员与社会群体提供和创造满足自身利益，实现自己心愿的条件和机会，就必须使每个乡村社会参与者之间的矛盾和冲突达到最小化，并通过乡村社会规范来引导和约束每个社会成员的思想和行为，甚至用特定的乡村社会规范约束一些不负责任的社会成员的行为，规避与调解可能产生的或已经产生的矛盾和冲突，以此保障乡村社会生活能够正常地和有秩序地运转。

乡村社会整体性规范的背后承载着差异化的精神观念与意识形态，良好的乡村社会规范得以实施的背后，都反映并承载着乡村社会全体成员对某种特定价值观的认可、尊重和敬意。从宏观角度来讲，价值观是社会整体意识的综合印证，是引导社会发展的最深层次的精神核心内涵；从微观角度来讲，价值观是社会成员对于各种现实问题的观点和对将来"应然"的价值诉求，是社会成员内心深处的信念聚合体，它带领和指引着个体的实际行动。在马克思主义理论视角下，判定一种价值观是不是科学的、有意义的、合乎情理的，最终还是要看它代表了什么样的主体，怎样反映以及反映了什么人的利益，展现了什么样的基础条件和需求，更要看它是不是与客观事物发展规律以及人类文明历史长河前进的趋势相符合。所以拥有一致的乡村社会规范精神及与之相对应的价值观,能强化乡村社会成员彼此之间的认同感,从而起到价值引领作用,这样就会有力增强乡村社会应对危机和挑战的能力,当下中国广大农民所需要的正是这种价值观引领和支撑下的并受乡村社会规范约束的价值诉求。

二、维 护 稳 定

维护稳定是乡村社会规范的基本功能,也是制定乡村社会规范的初衷,其维护乡村社会稳定的功能主要表现为柔性的道德教化和行为规范性质。与国家制定法律规范以调解公民或法人的法律关系为目的不同,许多乡村社会规范是由乡村社会组织、社区组织或家族组织等主体制定的,是在乡村社会发展过程中自然演化形成的,主要功能在于调节"社会人"因实施了某种社会行为而形成的乡村社会关系,因此充斥着民间法特色。在乡村社会生活领域,许多社会关系和社会行为可以由乡村社会规范来调解,这种规范甚至比法律调解的范围更广泛、更具体,其社会效果也更好。

1. 维护乡村稳定的规范之义

人类文明发展进程说明,一个和谐稳定、井然有序的乡村社会环境,是乡村经济发展、文化繁荣、农民建设美好生活不可缺少的条件。从古至今,社会稳定发展一直是广大农民的共同愿望,也是当今乡村社会的时代主题。

从某种程度上讲,稳定代表着秩序,是农民安全生产生活的前提,是乡村文明发展和进步的首要条件。人类的两大基本价值诉求就是秩序与自由,在这两者的关系问题上,有学者指出:"人类可以无自由而有秩序,但不能无秩序而有自由。"①很显然,这句话也凸显了秩序即稳定对于乡村社会存在和发展的极端重要性。国家行政职能中的最基本职能即政治职能,所强调的就是政府之所以为政府,必须能为维护社会稳定采取相应措施,进而调解社会成员的利益纠纷、防范和化解社会矛盾和社会冲突,最后实现社会长治久安。

改革开放以来,我国农村进入了急剧变革的社会转型期,当前的乡村社会现状主要有以下特征:第一,社会总体稳定。改革开放推动了乡村社会快速发展和转型,并为乡村社会长期稳定打下了坚实的经济基础和政治基础。第二,乡村社会矛盾错综复杂、纵横叠加、内外联动,深层次矛盾凸显。在由

---

① [美]塞缪尔·P.亨廷顿:《变化中的政治秩序》,王冠华译,上海人民出版社 2017 年版,第 201 页。

农业社会向工业社会、信息社会发展转型过程中,国家开放和市场因素对经济生活、社会生活的深刻影响,使中国传统的相对单一和稳定的乡村社会结构变得异常复杂和多变,乡村社会各阶层及其成员之间的矛盾冲突和利益纠纷呈发展趋势,亟须全方位、多视角审视和正确处理乡村社会关系变化,当前尤其应该加强相关立法,引导乡村社会组织及城乡社区组织制定和完善社会规范,同时应该重视家训家规在维护社会和谐稳定中的积极作用。可以预知,随着改革开放不断深入、经济持续高质量发展,中国农民的生活幸福感会逐渐提升,同时一些影响社会稳定的消极因素也会在乡村社区不断滋生,因为法治跟进不及时或社会规范调解不到位,经济关系、经济利益、经营机制、资源分配与共享、社会管理与分配等方面的问题,也会严重影响乡村社会和谐稳定。

任何一个国家如欲推动农村经济发展,促进乡村振兴,必须严格遵循经济发展规律和社会发展规律办事,除了运用经济和政治手段之外,也需要充分运用法律手段和其他社会规范来维护乡村社会稳定,吸引农民积极从事农业生产、发展产业经济。但是乡村社会稳定和繁荣,应该以改善农民福祉为目的,并使其建立在城乡均衡发展、城乡居民共同富裕的基础之上。否则,乡村经济持续高质量发展、乡村全面振兴的构想就会落空。在中国决战实现中华民族伟大复兴的中国梦的当下,制定和完善乡村领域各方面社会规范,加强乡村社会建设和治理,维护乡村经济稳定持续发展,不但能够增强农民的幸福感,而且能够加快实现中华民族伟大复兴的中国梦。

2. 维护乡村稳定的方式

在过去一个时期,针对城乡社会矛盾频发而形成的刚性维稳模式,具有鲜明的政治性与目标性。所谓政治性,是指主要依靠政府组织的推动和管控措施来维护社会稳定;所谓目标性,是指通过设定指标体系、依靠行政手段实现维稳目的。中国学者曾将过去一个时期的维稳概括为:第一,国家运用各种资源和手段包括强制性手段来应对维稳压力、控制社会成员思想,以达到社会稳定。第二,采取分工和责任明确、多层次的评价方式,通过对某些社会成员施加压力来达到社会稳定。这种维稳机制虽然能够促进社会暂时稳定,但与维护社会长期和谐稳定的法治化、制度化、规范化要求,显然存在巨大差异,而且不可能从根本上解决"维稳"问题,甚至会助长不良社会风气,激化社会矛盾,妨碍社会进步和长期稳定。党的十八大以来,党中央更加强调运用法治思维和法治方式,推进国家治理体系和治理能力现代化,提出了运用法治手段维护社会稳定,坚持以社会主义核心价值观为引领、以问题为导向、以法治为保障、以科技为支撑,彻底转变过去那种与法治化、制度化、规范化的社会治理发展趋势不相适应的维稳理念、维稳模式,逐渐形成了维护社会稳定的新思维、新方法,正在走出一条适应中国国情、社情、乡情的法治化、制度化、规范化、常态化的维护乡村社会稳定之路。

3. 乡村社会规范的优越性

乡村社会规范的制定,不仅关系到能否维护乡村和谐稳定,还关系到乡村社会能否持续健康发展。从某种意义上讲,乡村社会规范的完善及其实效性,也关系到国家治理基础的稳固。具体到乡村治理,国家在推进乡村建设和发展的同时,也会将其所倡导的意识形态、价值观、行为准则等国家意志输入到乡村社会,并在国家与乡村社会之间构建起良性互动的关系,从而有利于实现农民所期盼的社会稳定和国泰民安局面。但在乡村治理实践中,从乡村社会和村民角度来看,当民间社会发生各种矛盾和纠纷的时候,乡村社会主体解决矛盾纠纷的首选方式,是由乡村组织或民间调解人进行调解,而乡村组织或民间调解人进行调解的依据就是道德规范、村规民约等乡村社会规范。所以,乡村社会规范在化解乡村社会矛盾和利益纠纷方面,具有优先适用性,这是由以下原因决定的。

(1)乡村社会规范具有共同认知属性

乡村社会规范是乡村社会成员适应乡村生产生活需要而在生产生活实践中逐渐形成、不断创造和发展的产物,并为乡村社会成员所接受。对于乡村全体社会成员自己创造的社会规范,他们自然会产生认同感,容易被接受并自觉用于规范自身行为,而任何外来的与乡村社会规范不相符的其他强制性力量,都可能会遭到社会群体的集体排斥、抵制而无法产生实效性。乡村社会规范具有共有性和排他性特征,既有利于形成并增强社会凝聚力,也有利于增强社会成员归属感与认同感,从而增强整个乡村社会成员的凝聚力和向心力,促进乡村社会长治久安、和谐稳定。

(2)乡村社会规范具有相对稳定性

乡村社会规范一旦被系统化并形成具体表现形态,就不会在短期内和有效适用范围内发生改变,这是由其反映的农民群体的社会性思维和行为方式的内在性质决定的,同时也是乡村社会存在及其持续发展的必然要求。乡村社会成员的思想和行为被经过社会更迭所保存下来的社会规范所约束,有助于乡村社会安定与社会关系和睦,有助于乡村呈现出积极向上、井然有序的发展态势。与此相反,如果乡村社会规范经常改变,必然会影响其功能的正常发挥,从而导致乡村社会成员无所适从,进而引起社会秩序混乱,影响人们正常的生产生活。从这种意义上讲,乡村社会规范的稳定性,保障了乡村社会有序运行与和谐稳定。

（3）乡村社会规范体现农民群体的共同利益

乡村社会规范所维系的稳定，是指通过其自身不断调整、进化和完善，而达到的各个利益相关方利益平衡，实现所有资源社会共享的一种动态稳定。乡村社会规范不但探究如何避免不稳定的根源，同时也力求根除阻碍、破坏乡村和谐稳定的根源。乡村社会规范维护稳定的主要方式是"疏"和"导"，即通过与乡村社会成员进行交谈和沟通，充分了解和听取他们内心的真实想法，对乡村社会规范进行适当调整，采取民主方式，开展社会协商，维护村民正当利益，最终形成乡村社会动态稳定的现实基础。与刚性稳定不同，韧性稳定是更加稳定的社会状态，其主要表现就是通过引导和疏通，避免社会不稳定因素造成不良影响，推动其成为乡村社会常态化发展的正能量，韧性稳定是动态维稳所需要的社会稳定。

三、规　制　范　畴

乡村社会规范是农民群众生产生活活动的产物，是基于乡村社会生活本身的客观需要而逐渐形成的，目的在于规制乡村社会成员的生产生活行为、政治主体参与社会关系的行为、村民组织管理乡村事务的行为，以保障一定的乡村制度和社会秩序有序运转，使全体村民享受和平的有秩序的乡村社会生活。

1. 对村民的规制

作为人类社会的产物，乡村社会规范可以用来引导和规范全体乡村社会成员的行为目的及行为方式。没有乡村社会规范，就没有乡村秩序可言，乡村社会将会永远处于"每一个人对每个人的战争"状态。[①] 同时，乡村社会是一个有机整体，每一个体成员都是乡村社会的组成细胞，任何个体成员脱离了社会，都不可能独立生存和发展。人类社会发展呈现出这样一条规律：任何形态的社会都会有与自己相适应的社会文化，其中包括规范文化。尽管社会规范文化不尽相同，但总归都是有的，而且这种规范文化不因为地方大小、人口多少而缺失，乡村社会亦然。乡村社会规范以各种形式存在于乡村社会之中，对乡村社会成员有着广泛而深刻的影响，鼓励其善行，惩罚其恶行，制约其不当行为。乡村社会规范的普遍存在就如同空气一样，在乡村社会无处不在，无时不有，时时处处维护并推动着一定乡村社会有序发展，这便是乡村社会规范的价值和作用。

每个村民在乡村社会中都扮演着一定角色，其权利和义务与其所扮演的

---

① ［英］霍布斯：《利维坦》，黎思复、黎廷弼译，商务印书馆1985年版，第94页。

社会角色密切相关,不同角色亦有不同的行为方式。马克思曾指出:"作为确定的人,现实的人,你就有规定,就有使命,就有任务,至于你是否意识到这一点,那是无所谓的"①。为了维持乡村社会正常运转,每个村民都享有与自己角色相适应的社会权利,都必须承担与自己角色相适应的社会义务。

乡村社会规范既是对全体乡村社会成员的约束,也是对其自由的保护,他们在社会规定范围之内行使权利、履行义务,就会受到乡村社会规范保护和社会褒奖;反之,如果在社会规定范围之外行使权利,而且不履行应尽之义务,就会受到社会谴责或惩罚。农民群体对不遵守乡村社会规范行为的排斥,是乡村社会规范的制约功能的外在表现。同时,由于乡村社会规范是基于大多数乡村社会成员意志而设立的,如果在乡村社会规范以外进行社会活动,就势必侵犯他人自由,这正是乡村社会规范对村民自由的保障。这里所说的乡村社会规范,是与社会角色相对应的,是大多数乡村社会成员所同意的和尊重的行为方式。在乡村社会中有许多角色,也有许多准则。例如:乡村教师要教书育人,乡村医生要治病救人,农民要从事农业生产或其他相关活动,基层政府官员要清正廉洁。教师、医生、农民与官员都是"社会人",都扮演着不同的社会角色,而教书育人、治病救人、农业生产、清正廉洁,正是他们所必须遵守和履行的行为规范。任何个人如果要想扮演好一个社会角色,就必须遵守社会规范。只有遵守社会规范,才能被社会所认可,被他人所接受,才能达到实现社会角色的真正价值。乡村社会规范对个人的基本要求是各居其位,各得其所,这也是现代和谐乡村社会的应有之义。

现代社会崇尚善良和美好的情感,但如果没有乡村社会规范,善良和美好的情感就会像埋在尘埃里的珍珠一样,不能散发出原本的光辉。善良和美好的情感,是通过乡村社会氛围的熏陶、乡村社会规范的约束等方式形成并对乡村社会环境发挥美化作用的,而乡村社会成员缺失了善良和美好的情感,乡村社会就不会达到人人向往的至善境界。

2. 对政治行为主体的规制

德国著名哲学家休谟在《人性论》中指出,"一切学科对于人性或多或少有些关系,任何学科不论似乎与人性离得多远,他们总会通过这样那样的途径回到人性"②,这句话也体现出了社会规范对政治行为主体的规制作用。在乡村社会发展和治理过程中,政治应是引领乡村社会健康发展、衷心为社会成员提供高质量公共服务的力量。纵观人类社会发展史,主体因素

---

① 《马克思恩格斯全集》第3卷,人民出版社1960年版,第329页。

② [英]大卫·休谟:《人性论》,石碧球译,中国社会科学出版社2009年版,第335页。

在所有政治中都是必不可少的因素,而谈到主体因素又往往关涉人性的善与恶,因为人性对政治实践的影响是不能忽视的。由于政治主体拥有特殊身份,其道德修养和实践行为的结果会直接影响民众对于政府和政治组织的认知度及信任度,对于培养民众的社会道德观及其明辨是非善恶的能力有着至关重要的引导作用。

在社会实践中,存在着一种社会现象,就是一些拥有权力的人容易迷失自我,他们容易利用权力及其附带的各种便利,让自己凌驾于权力之上,甚至凌驾于国家之上,从而导致权力的公共性发生蜕变。正如英国历史学家阿克顿在《自由与权力》一书中所说:"权力导致腐败,绝对的权力导致绝对腐败"。① 在社会主义制度条件下,无论是在精神层面,还是在法律制度层面,都明确显示出人民群众坚决反对权力私有化倾向。但在社会现实中,腐败依然无法根除,一些为官者不能做到洁身自好,将为人民服务的宗旨抛置于脑后,上演着一幕幕自私自利和贪污腐化的闹剧,基层乡村领域也不例外。因此,为了防止政治行为主体腐败并危害社会,首先应该建立能够有效保障权力公共性的法律和制度,同时必须构建和完善乡村社会规范体系,以确保一切基层权力属于农民群众,让基层权力在阳光下运行。

在中国乡村政治实践中,由于规范权力的制度规范和社会规范不完善,一些政治行为主体滥用职权、失职渎职、不作为甚至腐化堕落,已经成为影响乡村社会和谐稳定的深层原因。这些现象的产生,固然有立法不完善、监管不严格等方面的原因,但更根本的原因仍然是一些政治主体的社会服务理念没有在内心深处扎下根来,约束个体行为的政治伦理规范严重缺失。在乡村社会建设和治理实践中,以他律为主的法治建设的基础作用和重要意义不可否认,但在具体的以人为主体、社会关系越来越复杂的现代乡村社会中,行政理念及政治行为的正当性和有效发挥,更加取决于乡村社会规范对个体的自律、规导和内化程度。推动法治政府建设和法治乡村建设相统一,通过乡村社会规范规制基层政府和政治组织的行为,实现政府职能和服务理念的转变,建设责任政府和服务型政府,是建设社会主义和谐乡村社会的必要前提和条件。

3. 对乡村治理方式的规制

以往的乡村管理总是采用强制性、指令性方式,这种自上而下的管理方式与计划经济体制对经济生活的严格控制密切相关。但是,计划指令的强制性以及过度对乡村社会进行直接管理和微观管理,使政策到达基层社会

---

① ［英］阿克顿:《自由与权力》,侯健译,商务印书馆2001年版,第136页。

之后,又往往不能实现预期效果,不仅导致基层政府不能有效完成上级委派的任务,严重影响乡村民众对政府的信任度,而且随着乡村治理理念变革,以往的"单向控制"思维,单纯利用自上而下的管理方式,已经不能有效地解决纷繁复杂的乡村社会矛盾,甚至造成管理模式僵化等一系列严重问题。实践表明,为了避免一次次的走过场、瞎折腾,既不能采取过于强硬的态度和简单程序化的方式进行乡村治理,也不能采取一味妥协退让的态度维持所谓稳定,而应该在乡村社会成员相互信任的前提下,依靠灵活有效的机制、合乎实际的乡村社会规范的规导和内化作用,构建乡村社会信任机制。让农民群众充分认识并感知乡村社会规范对于发展和改善自己生活的益处,从而提高总体社会信任水平,有效促进乡村治理进程。

在现代乡村治理中,通过乡村社会规范这种软法作为规制村民行为的尺度,确认他们的社会权利和社会责任,已被学理逻辑证明是最符合现代乡村治理要求的,也是现实中受乡村社会所欢迎的。发挥乡村社会规范对乡村社会关系的调整作用,有助于提升乡村治理质量和水平,有利于培育乡村自治主体,保障乡村社会和谐稳定。

四、行 为 导 向

乡村社会规范对于村民和其他行为主体参与乡村治理的目的和方式,提供了价值评判尺度和是非判断标准,是指导、引领和促进乡村经济社会发展和乡村治理的重要价值工具。

1.对村民等乡村社会主体行为的导句

早在古代社会,礼仪制度、村规民约、家训家规等乡村社会规范,就规定了村民等乡村社会成员应该做什么、不应该做什么。中国古代为农业社会,乡村社会是构成中国古代农业社会的主要领域,乡村社会规范在社会规范体系中占有特殊地位,传统的士、农、工、商各阶层无不与乡村社会规范有着密切关系。先秦时期儒家代表人物从道德、伦理等多个侧面对社会规范问题进行了深入思考,孔子强调以"礼"作为社会最高道德规范来指导人们的行为。坚信"性善论"的孟子,虽然认为人性本善,但也承认人性需要约束和引导,否则,就不能保持善良的本性。坚信"性恶论"的荀子,认为人性本恶,如果不加以约束,社会就会陷入极度混乱。虽然他们的具体道德理念、政治理念存在些许差异,但一致认为只有建立社会规范,才能引导民众正确的生活,社会才能和谐发展。当民众的欲望和需要不能得到满足时,如果没有社会规范进行引导,那么,他们就有可能在达不到自己预期目标时,脱离应该遵守的道德轨道,甚至做出危及社会和他人利益的行为。所以,社会规范犹如茫茫黑夜中的一束灯光,指引着人们沿着正确的人生道路前行,并帮助人们选择正确的道路,实现自己追求的人生目标。因此,不管是穷人还是富人,不管人们处于什么地位,在追求自己理想生活过程中,都应该遵守社会规范,坚守道德底线,这是对官之所以为官、民之所以为民、人之所以为人的起码要求。

在古代农业社会,不管是完全依靠田间劳作为生的农民家庭,还是生活较为富裕的耕读之家,都将家庭成员的道德修养作为首要的必修课程,而修行的基本依据就是社会规范,其中包括道德规范。人们首先通过家长言传身教或其他学习方式,知晓并掌握各种社会规范,然后成为一个真正的社会人,并在社会交往中理解讲道德、守规矩的重要性。在中国语境下,不遵守规范即等于失范,而如果每个人都遵守规范,没有失范之人和失范之事,社会就能保持有序运行。因此,人们需要通过学习掌握各种社会规范、遵守社会规范,变得不再生物化,使自己成为社会关系中的和谐因子,并且找到适合自己生存发展的位置,以适应农业社会发展要求。

在社会生活中,"角色"是社会规定的某种特定期望或模式,对人们应该做什么、怎么做提出了具体要求,人们所做的任何事情,能够促进人自身和社会的某种发展需要,才能充当有益于社会的合格"角色",而且能够促进社会发展的行为,也必然对自身发展有所裨益,人的行为有益于自己,同时不妨害他人和社会,才称得上是一个合格的社会成员。

不同层面的社会规范规定了人们的不同角色,例如,家庭制度中存在多重关系,每个人都只有遵守适合自己角色的规范,才能扮好自己的角色。商业制度中有属于本领域的特有规则,各个参与者都应该遵守,既要把追求自身利益最大化放在合适位置,也要时刻关注社会利益,一个好的成功的商人,是能够把追求自身利益最大化和实现社会利益最大化结合起来的人。

在乡村社会,社会规范在指导人们参与社会生活过程中不断完善自己,并不断提升指导人们社会行为的价值;村民则需要根据社会规范对自己的行为作出选择和价值判断,并与不断发展的社会规范的要求相适应,从而以自己的付出获得相应的社会利益。久而久之,遵守社会规范便会使人们渐渐地感觉到:自我管控而不是一定通过政府或其他社会力量管控,就能够在实现自己利益的同时,做出促进社会发展的行为,从而真正扮演好"社会角色",满足社会期望。由此可知,一方面,遵守社会规范是个人社会化的标准之一,是个体的人成为社会成员的条件之一;另一方面,社会规范不只是约束人们行为,保障人们的正常欲求得以实现,而且人们也需要依靠社会规范指导自己的行为,并在约束全体社会成员行为过程中使个人和大家共同获益。

2. 对政治主体行为的导向

政治权力和社会权力之间存在张力,尤其在政社一体和大政府小社会的关系模式下,政治权力扩张是常态,社会权力扩张是个案,政治权力常常渗透到社会各个领域,挤压社会权力空间。因此,为了避免或减少政治权力对社会成员的自由权利造成更大威胁和侵害,政治行为主体在处理其与社会的关系时,做到"公正自律"是十分必要的,这也许是古代先哲重视政治伦理建设的原因。在乡村社会,所谓公正首先应指政治正义或政治合法性,其次才指社会公平或分配公平。公正既要体现在社会层面,也要体现在个体层面,实现社会层面或个体层面的公正,都需要有良好的政治体制和社会体制作保障。就是说,强化和优化政治权力内部制约机制和社会权力对政治权力的制约机制,才能促使政府机构及其组成人员秉公执法、乐善好施。当然,实施善念和善行,不能完全依靠法律或政治设计,社会规范对政治主体行为的引导和规制是不可或缺的。

当今,乡村社会规范深刻嵌入了社会主义公平正义原则,这些原则既是执政党和政府进行乡村治理活动的价值引领,也是评价其治理行为和治理效果真实价值的根本准则。社会主义公平正义的目标,是保障全体社会成员的经济地位、政治地位和社会地位平等,实现全体城乡居民共同富裕,而不是限制特殊人才、特殊群体的利益诉求和财富积累。比如,在实施乡村振兴战略、推进基层民主治理的当下,坚持社会主义公正原则,促进社会主义社会和谐,需要在基层社会各方面、各领域坚持人民至上和人民本体价值优先原则,需要保障人民主体地位和基本权利;同时必须坚持效率与公正的辩证统一关系,坚持以效率保障公正的真实性和可靠性。但在乡村治理中坚持社会主义公正原则,不能脱离土地经营权的个人支配和自主经营现实,政府所能做的是在整体上为乡村建设、发展提供均等化的公共服务和依法为贫困群体提供更多更有效的扶助,这种扶助必须以承认个体农民自然禀赋的差异性及其自由发挥的权利为前提,而不是人为地取消贫富差距、实行平均主义。

3. 对乡村经济发展的导向

道格拉斯·诺思①通过对制度与经济增长关系的深刻分析,得出了良

---

① 道格拉斯·诺思,Douglass C.North,1920—2015),美国经济学家、历史学家,新经济史的先驱者、开拓者和抗议者,建立了包括产权理论、国家理论和意识形态理论在内的制度变迁理论。20世纪80年代开始,他运用新制度经济学派的产权理论,分析西方世界最近两个世纪中的工业化理论,探讨其经济增长的原因、经济增长与制度变迁的联系、产权制度与经济发展的互动趋势、经济发展对制度的内在要求。其代表作有:《美国过去的增长与福利:新经济史》《制度变化与美国的经济增长》(与戴维斯合著)《西方世界的兴起》(与托马斯合著)《经济史中的结构与变迁》等,1993年获得诺贝尔经济学奖。

好合理的制度是一个国家经济持续健康发展的动力支撑的重要结论。一个国家的经济增长与其自身制度等因素有关,资本、劳动等生产要素并不是一个国家经济增长的原因,而仅是增长本身。一个国家发展的良好制度,至少包括健全的国家法治体系、明确的产权责任、积极的市场机制、良好的契约执行等方面内容。从世界发展经验来看,在制度变革浪潮下,许多国家依据自身制度变革,实现了经济稳步增长。但相比之下,当今中国的良好制度并不十分健全,主要体现在法治体系建设依然滞后于经济发展、产权保护不公、市场机制仍有漏洞、契约实际执行有较大偏差等方面,但中国经济的持续增长却在现实中发生了。人们不禁要深思,促使中国经济增长的激励因素,除了经济制度还有什么? 美国著名社会学家帕森斯提出"延伸内纳"的概念,即新规范和新规则的发展要对新产生的社会结构的演化形态最终走向提供导向作用,规范要坚持不断"延伸内纳"。社会规范系统内部能够产生协调社会规范系统的新结构,以消除规范负面影响累积效应带来的不良后果,其作用是提高社会运行的规范性和效率,协调社会关系,减少社会转型所带来的负面效应,促进社会健康发展,实现社会经济良性循环发展。我国推进乡村治理体系和治理能力现代化论断的提出和实践,实际上就具有通过内涵调整和完善乡村社会规范,促进乡村社会稳定、经济发展、分配结构合理、民生改善等意蕴,自然也会起到影响社会经济发展和乡村治理的导向作用。

第三节　推动乡村社会规范变革

农村经济持续增长和农民物质生活不断改善,引起农民生活内容、生活质量、生活观念、生活方式、交往方式发生变化,进而推动了乡村社会结构深刻变革。乡村社会结构变革不是自发的和超然的过程,而是基层政治主体、乡村社会主体自觉适应和遵循乡村社会发展规律,在社会主义核心价值观引领下,坚持因需调整乡村社会规范、因势变革乡村社会规范的过程。在这个过程中,为了保障乡村社会和谐有序发展,必须加快构建与变化中的乡村社会结构相适应并引领其良性发展的乡村社会规范。

一、以核心价值观引领变革

任何社会变革都是由经济结构变化引起的,都受物质利益或其他社会利益驱动,都离不开人的推动及其主观意识的嵌入,都需要一定价值观的引领并进行顶层设计。乡村社会规范变革和重构,也需要在社会主义核心价值观引领下进行顶层设计,以保障乡村社会规范变革目标与乡村治理规律相适应,反映人民根本利益和意志,体现乡村社会健康发展的基本趋势。

1. 将核心价值观融入乡村社会规范变革的顶层设计

社会主义核心价值观是在中国共产党领导下,经过人民不懈探索和深入实践而形成的,反映了社会主义经济基础和社会主义制度的本质要求,也是乡村社会规范变革必须遵循的价值尺度。价值是有用性需求的关系,受到不同阶层民众的广泛认同,核心价值代表着价值关系中的精粹,而核心价值观则体现了社会普遍认同的价值信仰、价值理想,并内化为人们普遍遵循的价值取向和价值追求。

乡村社会规范是乡村社会成员约定俗成的成文或不成文的行为规范,每个人自觉地将其视为自身行为准则,从而使其获得人们的认同,并在规范、指导乡村社会生活中发挥促进社会和谐的作用。目前的社会主义核心价值观,内含着对国家、社会、公民三个层面的要求,有着内在的不可分割的联系,是国家、社会、公民三者共有的价值观。所以,将社会主义核心价值观融入乡村社会规范构建和改革的顶层设计,应该充分考虑三者之间互相关联、互相依赖、互相影响的关系,不能割裂三者之间的辩证统一、合作互动的关系。质言之,在中国语境下,乡村社会规范变革必须反映社会主义国家、乡村社会和个体农民的共同利益和共同价值诉求,并使三者在乡村社会变革规范中保持必要的张力,以期最大限度地实现三者之间的关系和谐与共同利益。

2. 根据核心价值观要求确定乡村社会规范变革内容

随着乡村社会不断发展变化,一些过时的价值观念和乡村社会规范愈来愈不合时宜,对人们的约束力越来越弱化,或负面影响日益凸现,而新的价值观念和乡村社会规范正在逐渐形成过程中,被民众普遍认同和接受尚需一定时日。如何最大限度地激发乡村社会活力,使广大农民保持积极、向上的心态并树立正确的价值观,如何使农民学会理性、正确地认识和处理乡村社会矛盾和利益纠纷,保障乡村有序和谐发展,首先需要在推动乡村社会规范变革中,积极运用社会主义核心价值观的内在"软约束"作用,合理确定乡村社会规范变革的目标、方向、任务和重点,科学设计乡村社会变革的步骤和程序,充分发挥其在乡村社会规范调整和变革中的聚合与统领作用,有效整合乡村不同利益主体、不同群体达成共识,增强他们的认同感。在推动广大农民整体道德水平提升的同时,将社会主义核心价值观转化为具体的道德实践,促进风清气正的乡村社会环境和社会氛围加快形成,为乡村治理现代化增强软实力。

其次,以建设社会诚信体系为目标,在乡村制度规范变革中发挥社会主义核心价值观的指导价值,将社会主义核心价值观转化为具体的道德要求和制度规范,不断增强乡村社会组织和个体农民的诚信观念,强化道德规范、规章制度、村规民约的实施力度,从而规范农民的行为方式、指导农民形成健康的生活方式,"在日常治理中鲜明彰显社会主流价值,使正确行为得到鼓励、错误行为受到谴责,对全体社会成员的行为进行规范和引导,使人们明确宗旨观念,自觉维护社会和谐稳定。"①

3. 以核心价值观规制乡村社会规范变革走向

以社会主义核心价值观引领乡村社会规范变革,目的在于培养和造就现代职业农民,推进社会主义新型农村建设,促进城乡融合发展、共同繁荣。因此,必须完善农村产权制度,挖掘乡村社会发展潜能,优化乡村价值生态环境,推动乡村治理体系变革和发展。

(1)发展农村集体经济

党的十九大以来,伴随以县城为重要载体的城镇化进程逐渐推进、乡村振兴战略全面实施,农村人口流动呈现出向城市和乡村双向流动迹象,但农民工返乡和市民向乡村流动尚属个案,农村空壳化现象依然严重,农村经济增长依然比较缓慢。在市场经济背景下,无论城市还是乡村,经济利益始终是推动人口流动的主要动力。在农村人口流动取向走向物质化的趋势中,乡村社会规范体系变革和重构,需要以发展集体经济或合作经济作为支撑,否则,就难以充分发挥社会主义核心价值观在乡村发展和治理中的引领作用。由于产权制度是影响分配公平、和谐稳定的基础性因素,发展一定规模的农村集体经济、合作经济,满足乡村公共事业发展需要,增加乡村就业机会,减少乡村人口盲目流动,留住和吸引一定规模的高素质农民在乡村就业创业,仍是推动农村经济增长、农民增收和乡村振兴的必要条件。通过发展乡村经济和新兴产业,增加农民经济收入,丰富农民生活内容,改善农村人际关系,扩大农民公共生活空间,仍是从根本上解决乡村社会问题的关键。而且只有发展农村集体经济、合作经济,增强农民对乡村社会共同体的认同感,才能发挥社会主义核心价值观的"农村精神引领者"功能。

以社会主义核心价值观引领我国乡村建设和治理实践,构建适应乡村治理规律和特点的具体化、系统化的乡村治理价值体系,是当今中国乡村社会规范变革面临的重大课题。而在目前条件下,只有将乡村社会规范变革与农民利益诉求、全面实现乡村振兴结合起来,在全面建成小康社会的基础

---

① 《将核心价值贯穿于经济发展社会治理》,《人民日报》2014年1月18日。

上,进一步激活农村发展内生动力,促进农村经济高质量增长,提高农民生活质量和生活水平,创造和积累更多社会财富,使乡村社会规范变革建立在坚实的经济基础、社会认同之上,才能将社会主义核心价值观的引领作用落到实处,才能有效开展丰富多彩、健康向上的乡村文化活动,才能使社会主义文化发挥润物细无声的浸润功能,把农民的精神世界从"贫瘠"引向"富饶"。

近年来,许多地区在发展乡村公共事业、推进乡村治理体系和治理能力现代化过程中都遇到了资金困难问题,因此纷纷探讨新的经济发展模式,其中包括发展新型农村集体经济。据华中师范大学开展的农村调查显示:2019 年 6 月至 8 月,该校社会学院调研团队通过收集、分析皖南地区 T 市 Y 区三个村庄的经济资料发现,三个村庄分别选择外生型、合作型、内生型三种不同途径发展集体经济,都收到了良好效果。[1] 集体经济的发展,改变了乡村经济结构和分配模式,对乡村治理方式和社会规范变革起到了推动作用。

(2)培育良好的乡村价值生态环境

受自然环境和社会环境变化的深刻影响,人们的生活环境也在不断变化。在复杂多变的生存环境中,安全感缺失对人们的价值观产生了很大冲击,甚至价值观本身也存在不稳定性。在这种状态下,如果没有适时的合理的规范伦理作指导,极易发生社会失序现象。在社会规范伦理缺失的环境中,卑鄙者可以拿着卑鄙的证件通行无阻,而高尚者只能在死后有一个高尚的墓志铭。所以,当下亟须重构或完善乡村生态系统,培育乡村良好的价值生态环境,建立符合当代社会治理需要的社会规范作支撑。只有在完备的社会规范不间断的引导下,乡村价值体系的构建才能够在润物细无声中实现。因此,构建乡村生态价值体系,应该以社会规范建设为前提,并以此为培育优良的乡村生态环境提供保障。

4. 推进传统村规民约现代化

《吕氏乡约》是中国历史上最早的村规民约,其源头可以追溯到《周礼》的"读法之典",其要旨在于"德业相劝、过失相规、礼俗相交、患难相恤",并确立了以罚式、聚会和主事为主要内容的相关制度,其主要目的在于利用封建宗法思想和儒家伦理纲常,对乡村社会进行教化,在乡村社会中形成以儒家士大夫伦理为主导的社会秩序。[2]

---

① 丁波:《乡村振兴背景下农村集体经济与乡村治理有效性——基于皖南四个村庄的实地调查》,《南京农业大学学报》(社会科学版)2020 年第 3 期。

② 牛铭实:《中国历代乡规民约》,中国社会出版社 2014 年版,第 3 页。

如果说村规民约是乡绅"自治"的开始，那么从明代开始，以官吏为代表的国家政权就将国家意志逐渐渗透到了村规民约之中。洪武三十年（1397），朱元璋颁布了"洪武六训"："孝顺父母，尊敬长上，和睦乡里，教训子孙，各安生理，毋作非为"，到清代宣讲圣谕时，对村规民约的重视则达到了顶峰。

从北宋的《吕氏乡约》到明朝的《南赣乡约》，再到新主主义革命时期的根据地或解放区制定抗日爱国公约、防奸公约、支前公约，进而到 20 世纪 90 年代初根植于村民自治的《村民委员会组织法》以及各地乡村据此而制定的村规民约，标志着村规民约建设是一个绵延不断的过程，而当前则发展到了一个新的历史阶段，其文本规范化、法治化程度，已非传统村规民约所能比拟。

在近代，传统村规民约与乡村自治制度相结合，是当时建设乡村社会规范、重振乡村的重要举措，展现了传统法律文化与现代文化制度相结合的发展前景。在社会主义改革开放新时期，要重建乡土价值体系，仍然需要重视村规民约建设，并推动村规民约与乡村实际相结合，有效配合村民"以规治村"。

为了建立新型乡村社会交往关系，促进乡风文明发展，使村民认同美丽乡村建设和乡村振兴战略，需要采取因地制宜、因时而变的方针，以培养良好淳朴的乡土习俗，制定符合农村发展的新型村规民约。使村规民约这种古老的社会规范，经过改造和扬弃，服务于今天的基层自治、社会主义新农村建设和乡村全面振兴。充分挖掘村规民约之中的"礼仪""德治"等积极因素，使之与现代法治、德治、自治相结合，成为现代乡村社会规范的重要组成部分，加快形成"法安天下，德润人心"的乡村大治格局。

二、因需调整乡村社会规范

经济发展和社会变化，使乡村社会交往内容和形式出现了许多新特点，原有乡村社会规范已经不能适应调整新的乡村社会关系的需要，必须根据新形成的乡村社会关系的特点及发展要求，对现有乡村社会规范进行调整、改革和优化。

1. 乡村社会规范调整缘由

群体间的互动有时也体现为个体间的价值冲突，即出现对于两类竞争性的社会规范的选择，或者说，个体在不同社会规范情境下，会基于追求自身利益最大化而采取策略选择，这样就会出现由于个体微观行动所导致的社会规范失衡状态。众所周知，当前的乡村社会行为规范有相当一部分内容已经逐渐脱离了社会变革浪潮,同时由于刚形成不久的新的乡村社会规范自身也存在滞后性,不免导致社会失范现象发生。而随着时间推移、时代更迭,社会不断向前发展,充当乡村社会发展重要动力的乡村社会行为规范,也需要不断随着社会进步而发展。

一方面,在市场机制刺激下,国家现代化进程持续深入,社会生产力不断获得解放,多数乡村社会成员的趋利性逐渐增强;另一方面,个别乡村社会成员为了达到自己所追求的私利而不择手段,利益冲突和矛盾纠纷频繁发生。当乡村各种矛盾纠纷和利益冲突激烈发生时,社会却没有相应的治理制度和应对措施及时跟进,从而助长了少数人的侥幸心理,其所作所为时常突破道德底线甚至法律红线,但却没有受到应有的制裁。如果社会运行经常处于这种失范状态下,社会生活必然面临巨大危险,甚至陷入崩溃的边缘,从而使善良守信的人再也无法运用公正合法的手段维护自己正当权益,违反规定反倒成为少数人达到个人目标的捷径。如果这种现象屡屡发生并被人们所接受,就会给多数社会成员的生活造成严重危害,道德规范、法律规范就会变得毫无意义。

2. 乡村社会规范调整的价值取向

调整乡村社会规范,必须充分考量人性的复杂性、社会整体接受能力,既要反映人性中的积极、善良、向上的一面,又要关注并抑制、改造人性中的阴暗面和灰暗面,将人性修养聚焦到服务于实现公平正义的目标上来,构建适应"人的自由全面发展"①所必需的社会规范体系,推动和规制人性向着整体善良方向发展。

(1)体现农民阶层的特性

调整和完善乡村社会规范,应该有利于发扬和强化农民阶级勤劳、善良、淳朴、率真的本性,有利于引导基于社会开放、流动性和结构变化而不断发生变化的生活观念、行为方式朝着积极进化和更加文明的方向发展,并始终坚持以此为导向,调整和完善乡村社会规范。

第一,必须充分满足农民的基本生存需要。乡村社会规范应当在维护农民生命价值、人身自由、人格尊严的同时,满足农民不可缺少的物质生活和精神生活需求,而且应该严格遵循由满足物质生活需要到满足精神生活需要的发展路径,推进乡村社会规范调整和建构。

第二,必须充分满足个体农民的社会生活需要。按照马克思主义关于人的发展理论,现实的人是生活在群体和社会之中的一员,而不是离群索

---

① 《马克思恩格斯选集》第 1 卷,人民出版社 2012 年版,第 422 页。

居、孤立存在的个体;按照社会发展的规律来讲,个体成员的生存和发展需要参与到社会实践当中,这是社会持续发展的必然要求。按照人参与社会生活的需要,健全乡村社会规范体系,使个体能够在稳定有序的社会环境下,在参与公共生活的同时,不断发挥自己的才能与个性,从而为开辟新的生活空间、营造丰富多彩的乡村社会生活提供有效的规范保障。

第三,必须满足人们追求享受的正常欲望。追求幸福和美好生活,不断改善和提高生活质量,是人类共同追求的目标,也是由人的本性决定的,正如恩格斯在《致彼·拉甫罗夫》的信中所指出的那样:"人不仅为生存而斗争,而且为享受,为增加自己的享受而斗争。"[1]

第四,必须最大限度满足人的发展需要。追求发展是人类社会进步的主题,是人类进步的动力。改革开放40多年来,中国社会经济快速发展、农村产权关系发生了巨大变化,但政策措施跟进不及时,乡村社会矛盾愈益复杂,不同群体之间的利益纠纷和冲突,此起彼伏。这就需要站在全新的立场上,用符合时代发展要求的新视角、新观点,重新审视既有的乡村社会关系、社会规范和社会秩序,深刻认识和把握乡村社会发展规律,加快推进乡村社会改革,在乡村社会成员之间加快建立和谐、有序、稳定的人际关系。这是现代乡村社会规范必须具备的调解功能和重要作用。

(2)反映乡村社会和谐发展要求

无论从何种意义上讲,现代乡村社会都应当是一个以新型职业农民为主体的独立自治、平等参与的社会共同体。以乡村现代化为旨归的乡村社会共同体,其社会规范体系必须充分反映和保障乡村社会共同体的利益。

第一,必须充分体现和保障农民个体的自由性。现代社会规范体系应当充分体现社会个体相对于国家和社会结构所具有的独立的自由性质,保障农民个体的自由权益。

第二,必须充分体现和保障乡村社会的自治性。在乡村治理的所有形式中,应该始终贯穿乡村社会自我治理的本质属性,这是实现社会自由发展、公平竞争、不断成长的重要基础。现代社会规范体系应当为创造民主化、有序化的村民自治提供良好的秩序规范和制度环境。

第三,必须将契约性引入现代乡村社会。契约性是现代社会规范体系的基本特征,是现代社会存在的基本规范条件。中国传统社会尤其乡村社会,从不缺少产权意识,而所缺少的恰是契约精神和社会诚信,无论在国家与社会之间,还是在社会成员之间都是如此,即人们社会生活的各个方面要

---

[1]　《马克思恩格斯全集》第34卷,人民出版社1995年版,第163页。

受到契约观念的影响,具有契约意识,且社会成员之间的行为应以契约方式规范下来。和谐稳定的乡村社会也不能指望完全建立在道德基础之上,而应当建立在村民权利和义务同受法律、社会规范保障和制约的基础之上。契约的最高形式就是国家统一的法律规范,它使社会成员和社会组织的一切行为都处于一种适当的位置上,促使社会成员之间形成既有区别又相互联系的社会秩序。

3. 乡村社会规范调整趋势

未来的乡村社会既应该是充满生机活力的社会,又应该是开放、包容的社会。所以乡村社会规范的调整和重构,必须立足于维护人际关系的和谐与相互信任,并通过引入竞争机制和包容性规范,增强乡村社会活力和内生发展动能。

(1)实现人际关系和谐与信任重建

乡村社会规范的形成以个体农民之间的交往和互动为前提,乡村社会生活中存在的冲突可归结为两类:"个体内外部冲突"和"个体间冲突"。如果将个体行为选择比作"机动车零件",那么,特定时期社会规范实施的效果,就是由无数"机动车零件"所构成的"机动车"运转状态。在乡村社会的特定群体内,社会成员解决生存困境的路径,表现为求助于"内化社会规范",体现为内在情感表达方式的转变。个人将社会规范和群体认同内化为个体意识,转变个人的内在情感表达方式,并以此与所属群体开展互动,而这种个人与群体之间的互动交流,就产生了推动社会整体朝着行为规范秩序方向发展的效果。

站在个体行为的角度来看,微观个体行为对于社会规范来说至关重要,"内化社会规范"不仅表明个体需要把规范秩序内化为外在行为方式,而且表现为个体对于社会整体的价值认同,即个人思想的成长和成熟。所以,微观个体行为对社会规范的重要作用不容忽视。纵观中国农民的情感世界,在社会伦理方面,传统社会伦理以家庭伦理为本位;在思想价值方面,以儒家思想体系的"亲亲尊尊,亲疏远近"为意识形态主流。据此可知,我国传统思想价值是由传统社会伦理决定的,因此,完善社会伦理道德规范,促进人际关系和谐,可以维护社会有序稳定和持续发展。

而对于正在向富强、民主、文明、和谐发展的中国社会,经济、政治、文化、法律、道德等各方面的巨大变化,将传统价值体系和社会结构拆解,转型期的社会主体包括农民,面对情感价值和物质生活的激烈冲突,往往陷入两难的选择境地,难以树立正确的个体精神,无法修正个体对社会和物质的价值观念。

（2）增强乡村社会规范的包容性

稳定型人群更加习惯于循规蹈矩,遵守既定的社会秩序规范;可塑型参与者却不受从众心理影响,不在乎社会大多数人的行为,而是坚持自己的原则主张,因此可塑型人群最有潜力成为社会创新的中坚力量,并基于个性的创造而增添社会发展动力。流动的社会、变化中的个体思维和行为方式,为开放性、包容性社会给予勇于创新的个体提供了相对广阔的个人发展空间,创新个体不断提出符合时势的新举措,由此推动了社会进步,也引起社会规范变革和社会不稳定性。开放性、包容性的社会规范对个人言论和个性的束缚较少,使不同的思想得以交流碰撞,推动社会思想进步和社会变革,并为重构新的社会规范提供了契机。

在对乡村社会规范进行调整和重建时,政府应当给予个体思想适当宽松的发展空间。乡村社会规范包容空间越大,个体农民思想创新空间就越大,多样的个性就越容易被乡村社会群体接受,个体独树一帜的行为就越容易被乡村社会理解和包容。也就是说,乡村社会规范制定的目的,不是强制要求其农民执行命令,而是为了激发农民群众的创造力,从而推动乡村社会持续进步。营造自由宽松的基层改革环境,建立更容易使乡村社会个体适应的包容的社会规范,以加强个体适应能力和应变能力,让改革观念深入人心,则有益于乡村社会规范进步,像改革开放初期的小岗村农民创举,改革开放过程中的华西村创举,都是在冲击传统政策和社会规范中推动规范变革,并形成新的乡村发展格局的。

（3）将竞争性引入乡村社会规范

允许遵循不同社会规范和持不同价值观的人群进行交往,使不同社会规范相互交流碰撞,取长补短,有利于推进乡村社会规范与时俱进。当受不同社会规范约束的人互相交往时,为了形成人与人之间相互和谐的社会关系,需要微观个体解决不同社会规范碰撞所带来的矛盾。和谐共生的事实和理念告诉人们:只有选择尊重对方,化解不同社会规范之间的冲突,以持中调解态度和方式求同存异,才能既使不同社会规范保持和谐关系,又使修改后的社会规范依旧适用于其他社会群体,这也指明了乡村社会规范变革方向和演化规律。

社会规范的稳定性与不同社会规范之间的竞争性强弱相关,当引入其他竞争性较强的社会规范时,本体社会规范与被引入的社会规范产生较强的竞争,而这种竞争可以倒逼本体社会规范内部追求稳定性,并促使其通过自我完善而得到加强,由此增加社会规范的延续性。同理,若要减弱某一社会规范的稳定性,则需要引入竞争性较弱的社会规范,促进不同社会规范之间的吸收借鉴和融合,这样也就变相地实现了社会规范变革。

乡村社会规范需要随着社会发展而不断完善和进步。在乡村社会规范体系健全的状态下,不仅有利于建立公正合理的乡村社会规则,而且可以促使人们遵守这种规则。纵观人类历史进程,尤其通过重点剖析近代以来的社会历史发展,不难发现早期社会规范多为自然形成,而随着其近代性因素逐渐增加,社会规范开始朝着有组织的方向发展,这一理性行为的特点在近代表现得十分明显,而且对市场运行和协调政府行为的作用至关重要。所以,建立合理有序的乡村社会规范,是维持乡村社会秩序和谐稳定的基石,而且只有当民众信仰公正合理的乡村社会规范并对其产生共鸣时,人们才会自觉遵守和努力执行,乡村社会的有序性和凝聚力才会加强。

在制定和践行乡村社会规范过程中进行综合,将乡村社会发展转型中人们认识和处理新生事物的科学态度和有效方法确立为新的乡村社会规范与制度,借以帮助转型社会中的行为人确立相应的行为规范,防止乡村社会产生无序现象,是乡村社会建设和治理面临的重要课题。

三、因势变革乡村社会规范

新的经济因素产生和增长,导致乡村社会关系发生变化,是乡村社会规范变革的根源;乡村社会规范变革具有自然属性和社会属性,需要以马克思主义社会理论为指导,适应农民农村自身发展特点,符合乡村建设规律,反映乡村社会发展趋势。

1. 乡村社会规范变革的基本遵循

乡村社会规范变革是不能通过自发方式完成的,而需要在顶层设计引导、规制下自觉完成。因此,必须立足于乡村社会现实和村民思想实际,正视乡村地区的差异性和不同地区的社会习俗,坚持用马克思主义基本理论、基本方法分析、研究乡村社会矛盾运动及乡村社会规范变革问题。

(1)坚持马克思主义与乡村实际相结合

党的二十大提出了马克思主义中国化时代化命题,解决乡村发展和治理过程中出现的各种矛盾和问题,不能简单套用马克思主义某些只言片语,必须深刻认识和把握乡村社会发展规律和治理规律,通过丰富和发展马克思主义社会治理理论,解决乡村社会规范变革面临的问题。马克思主义从事物发展的对立统一、否定之否定、由量变到质变的辩证规律出发,运用唯物辩证法分析人类社会发展过程、揭示社会发展规律、反映时代发展主题,深刻阐明了社会存在和社会意识的辩证关系。因此,解决乡村社会规范体系变革和重构问题,必须坚持以马克思主义为指导,并建立马克思主义中国化时代化的知识体系、话语体系和理论体系,用中国化时代化的中国马克思主义指导乡村社会变革。

马克思指出:"一切划时代的体系的真正内容都是由于产生这些体系的那个时代的需要而形成起来的。"①这一观点表明,乡村社会规范体系变革或建构的根源也存在于现实的需求当中,所以乡村社会规范体系变革必须坚持马克思主义基本原理与乡村社会实际相结合,必须不断解放思想、更新观念、发展理论、创新实践,使乡村社会规范体系变革始终与坚持以人民为中心、保障农民主体地位相结合,与时代发展脉搏相一致,不断在物质层面和精神层面满足农民的合理诉求,维护乡村稳定与社会和谐发展。

（2）坚持社会性与个体性相统一

从古至今,社会规范体系的调整和变革,都与一定社会群体的利益诉求密切相关,都是通过约束社会个体行为,实现维护社会群体利益的。因为受到主客观因素制约,任何社会规范体系的调整和变革,都不可能无差别地、均衡地反映全体社会成员的意志和利益,主导社会规范体系变革的力量并非源自最底层的少数社会成员,而是往往来自社会的多数成员和中上阶层。所以,如何认识和处理群体利益和个体利益或社会性与个体性的关系,绝不是空穴来风,而是有着充分的事实根据的,这也是变革和调整社会规范体系时必须关照的问题。在传统社会,乡村管理阶层更多地倾向于把权势家族的利益、少数管理阶层的利益置于社会多数群体利益之上,乡村社会规范体系构建和变革的重心,不在于保护乡村下层社会和少数个体的利益,而在于保护上层社会权势家族和权势阶层的利益。

但是,由于社会规范体系是用来调整一定社会关系的行为准则,它不能置社会利益和社会关怀于不顾,而一味地把关照少数特殊群体利益放在首位,否则,社会就会永远处于紧张或对立状态,永远得不到安宁。所以,现代乡村社会规范的制定、调整和变革,必须兼顾社会性与个体性、集体利益与个体利益、眼前利益和长远利益以及城乡融合发展的需要,并以社会共同体理念整合个体利益和不同群体利益。

（3）遵循社会运动规律

当下中国乡村社会,广大农民的最大心愿就是过上美好生活,而实现这一梦想,仍须谨慎处理生产力与生产关系、经济基础与上层建筑之间的矛盾,坚持生产关系变革与生产力发展要求相适应、上层建筑变革与经济基础的发展要求相适应。乡村社会规范内含的制度规范、道德规范等非法律规

---

① 《马克思恩格斯全集》第3卷,人民出版社1995年版,第544页。

范,属于上层建筑范畴,其调整和变革必须适应农村生产力发展要求,以乡村经济基础、生产关系变革为前提和依据。在现阶段,广大农民追求的美好生活及其实现路径和程度,取决于他们掌握和支配的生活资料的质量和丰富程度,或者说,决定实现人民美好生活理想的是生产力的发展程度、生产关系的完善程度。而乡村生活资料的社会总量直接决定农民生活富裕水平,制约着每个乡村社会成员生活资料所得;乡村社会生产关系则控制着乡村社会成员占有社会生活资料总量的比例,决定不同乡村社会群体的收入差距,决定由收入差距导致的村民社会存在感受、社会地位、社会权利的差别。

农民的社会理想是提高生产力水平、社会分配公平、经济收入增加,而对于中国这样一个发展中大国来说,不仅乡村人口众多,而且各地区经济发展水平、农民收入差距较大,由此决定了不同地区农民的生活观念、社会观念存在一定差异,所以真正实现整体意义上的农民理想生活仍有很遥远的路要走。因为当下中国大部分乡村地区还算不上生产力发达、生产生活资料丰富且质地优良,而这两点恰是实现乡村社会理想生活的前提条件。

在农业农村发展过程中,大力发展生产力与追求和谐生产关系之间存在尖锐矛盾,原因在于发展农业生产力必须调动全体农民的积极性,而调动农民积极性的前提条件,需要基本保持所有农民的收益与其对社会的贡献成正比,但由于市场经济奖优罚劣、奖勤罚懒的游戏规则,加之个体农民的生长环境、学识、能力、机遇等不同,决定了他们的日后收益与贡献之比必然存在巨大差异。相反,如果保持所有农民的社会收益平均化,像计划经济时代那样,干多干少一个样,采取吃大锅饭的办法,就不能激发农民的劳动热情和生产积极性,乡村社会进步就无从谈起。因此,改革和完善乡村社会规范,不谈解放和发展生产力不行,而仅仅追求发展生产力和农民收入,不适时改革和完善生产关系,建立健全公平公正的社会分配制度和分配政策,也不可能真正实现生产力快速发展、农民收益快速增加的愿望。

2. 乡村社会规范变革趋势

国家现代化的总体趋势不可逆转,乡村社会事务包括社会层面和个体层面的行为规范,都必须按照国家现代化发展目标的总体要求,结合不同地区乡村建设和治理的具体要求,积极稳妥地推进乡村社会规范变革。

（1）建立适应市场经济发展要求的乡村社会规范体系

在1982年,党中央就明确提出了走中国特色社会主义道路,时隔10年后的1992年,中国经济体制改革就正式步入了建立和发展社会主义市场经济轨道。走中国特色社会主义道路,发展社会主义市场经济,为中国社会总体发展蓝图指明了方向。建立由市场配置资源的经济体制,意味着乡村经济成为社会主义市场经济的重要组成部分,发展乡村经济必须遵循市场经济规律,这也要求在传统经济和计划经济条件下形成的乡村社会规范体系,必须按照新时代乡村发展特点和市场经济发展要求进行系统变革和调整,而乡村社会变革和乡村社会规范体系的重构,已经成为中国现代化进程中面临的重大现实问题。

要发展社会主义市场经济,就要构建与其相适应的乡村社会规范体系。那么,农民的传统价值理念也需要向与发展社会主义市场经济要求相适应的现代价值理念转变,并摒弃传统的和计划经济时代的与发展社会主义市场经济要求不相适应的传统价值理念,同时还应该积极摄取、吸纳传统价值理念中有益于发展社会主义市场经济的合理因素,即在整合新旧理念的基础上实现价值理念和治理理念更新和替代。目前阶段,我国在国家层面初步形成了与发展社会主义市场经济要求相适应的现代价值理念和治理理念,但从乡村社会层面来看,构建与乡村治理现代化要求相适应的价值理念和治理理念,进而以它们为指引建立和完善现代乡村社会规范体系,将反映社会主义市场经济关系、乡村社会发展规律的现代价值理念和治理理念以社会规范或制度形式确定下来,对广大农民参与社会活动及其行为选择给予正确引导,依然是乡村社会建设面临的十分重要的任务。

（2）强化道德规范和价值理念的社会控制功能

中国有着5000多年文明发展史,历朝历代都很重视对民众进行道德教化,并把道德教化和价值理念的灌输作为有效管理乡村社会的工具。由于当下中国经济结构和社会结构仍然处在剧烈变动时期,乡村社会道德规范和农民价值理念也呈现出很大变化,传统道德和价值理念因其不能适应乡村社会发展变化而流失,以往社会共同认知并接受的道德规范和价值理念日渐衰微,新时代社会共同认知并接受的价值理念和道德规范尚在建构过程之中。经过几十年的市场化改革,人们追求物质利益和生活享受的天然本性受到刺激和鼓舞,乡村经济环境和社会生态变化使得思想教育、习俗制约、社会舆论等道德控制方式对乡村社会的约束力变得越来越小,世代累居、守望相助的乡村社会特性,又使得道德规范和价值理念在乡村社会关系、社会模式、社会发展中的调整、整合功能显得十分重要。所以,现代乡村治理仍然不能忽视社会主义道德规范及其价值理念的构建和完善。

在社会主义市场经济条件下,推进乡村道德规范和价值理念建设,应该立足于传统社会向现代社会转变的现实,既要吸收传统道德规范、价值理念中有益于社会主义市场经济和乡村社会发展的合理成分,诸如取之有度、生财有道、与人为善、诚实守信,等等;又要弘扬社会主义市场经济和乡村社会发展过程中产生的新道德、新理念,诸如公平竞争、讲究效率、发展个性及财产权、契约观念,等等。而正确处理乡村社会中的传统道德和价值理念与现代道德规范和价值理念的关系,统摄、整合传统道德规范和价值理念与现代道德规范和价值理念中的精髓,形成适应新时代乡村社会发展要求的道德规范体系和价值理念,是推进乡村发展和乡村治理现代化的迫切任务。

在构建和完善社会主义道德体系、推动价值理念更新并使它们与社会主义市场经济发展要求相契合的同时,尤其需要提升农民阶层对社会主义道德规范和价值理念的"接纳"感。社会主义道德规范和价值理念对于乡村社会的约束和引领功能,只有被全体农民阶层所理解、认同、悦纳并形成共识,才能成为大家共同遵守的行为准则;社会主义道德规范和价值理念只有植根于全体农民心中,才能起到社会控制作用。

（3）强化乡村社会规范实施手段

在推进乡村社会现代化过程中,乡村社会规范的顺利实施,除了需要农民主体共同认知外,还需要一定的控制手段来保证其实施,即离不开一定的外部力量推动。通过一定的控制手段使社会规范作用于全体农民,其理解、接受、认知的新的社会规范则会通过农民主体的具体行为方式表现出来。乡村社会的控制手段主要有司法救济、行政措施、道德规制、社会舆论监督等。

法律规范对所有社会成员具有威慑作用,原因在于其以司法强制力作为后盾。任何社会成员不遵守法律,就代表着对国家统治秩序的挑战,这种违法行为必然受到法律的严厉制裁。在广大乡村,既需要在农民中普及法律常识,教导农民知法、尊法、畏法、守法,树立法治意识,养成依法办事习惯;又需要完善司法制度、提高司法水平、健全法律监督制度,保障国家法律有效实施。

在互联网、物联网、云计算、大数据、人工智能等高科技和新媒体日趋发达的背景下,社会舆论的影响力越来越大,可以保障社会公德和公共习俗有效发挥作用。因为社会公德、公共习俗的社会控制功能是植根于全体社会成员内心的,并依靠社会舆论的威慑力和社会成员的良知而实现其功能,尤其对于累世共同生活在一个村庄的农民来说、社会舆论的作用尤其如此。所以,在社会舆论的压力下,社会公德和公共习俗能够成为有效约束多数社会成员参与社会生活的行为规范。社会舆论具有导向、监督、激励等功能,赞扬和支持合法及一切高尚、文明行为,谴责和反对违法及一切不道德、不文明行为,可以引导社会成员重新审视自己的行为,监督社会成员检讨和改正自己的不当行为,而且可以帮助政府作出合乎民意、顺乎民心的决策。

社会舆论会对行为不符或背离道德规范的人施以巨大压力,迫使其行为回归到公共道德和公共习俗允许的范围内。社会舆论监督是规范社会个体行为的圭臬,其监督力度大小取决于监督机制是否科学合理,并与社会道德风气好坏息息相关。合理有效的社会规范需要科学合理的控制机制来保障实施,一旦这种外力机制功能弱化,则违法和不道德行为就难以得到有效控制,社会规范的神圣性、不可侵犯性就会受到冲击。充分发挥社会舆论的监督作用,是改善社会转型期无序和失范现象的重要手段。所以,在乡村社会转型时期,不仅要重构乡村社会规范和秩序,还应该完善和强化舆论监督机制及外力控制机制。

完善乡村社会控制机制,需要注意两点:一是乡村社会控制机制之间需要相互协调、相互补充。国家法律是最根本的乡村社会控制机制,任何乡村社会控制机制都不能与国家法律相抵触,必须在法律允许或认可的范围内运作。司法机制是作为上层建筑的国家对乡村社会进行控制的主要依靠,保障法律的权威和不可侵犯性,才能有效发挥司法功效。作为一种独立的乡村社会控制力量,社会舆论是用来监督人们言行,引导人们明辨是非、纠正错误行为、惩罚邪恶行为,并促使人们做出正确选择的外在力量,因此,必须构建积极健康的舆论环境,将各种乡村社会主体行为置于舆论监督之下。二是乡村社会控制的强度要适当。社会控制强度过大,人们的神经经常处于紧张状态,就可能因不可承受之重而引起强烈抵制;社会控制强度过小,则起不到应有的作用,社会和谐稳定就得不到有效保障。

(4)对"社会动员"过程的限制

在社会变革初期,民众心理准备不足,社会规范执行者能力受限,整个社会不能达成统一的共识,缺乏实行变革所必需的基本经济条件和社会组织制度,社会变革则难以顺利进行。社会准备不足表明人们面对新生事物缺乏心理准备、行为认同和承受能力,同时说明人们对社会变革的认识与实际社会状况存在一定落差。历史经验证明,由于立场和身份不同,任何时代的社会变革都难以形成全面、一致的社会认识,而且即使在相同的社会阶层及同一阶层社会成员之间,也往往难以形成完全统一的关于社会规范变革的认识。所以,在乡村社会变革过程中,社会动员是一个必不可少的过程。所谓社会动员,是指在乡村社会现代化过程中,必须推动广大农民重新塑造自身在经济、政治、文化、社会、心理上的主要信仰,以接受新的社会化成果和新的行为模式的一个过程。社会动员是现代化初期及其进行过程中的必要行动,其在传播人们对现代化所需要的意识、冲破旧的社会规范对创新行为的障碍及其造成的束缚状态,并向民众宣传全新的价值观和行为模式,使现代化过程得以正常进行等方面发挥着不可或缺的作用。

在乡村社会及其规范变革过程中,一方面,社会动员可以提高村民参与乡村变革和创新的积极性;另一方面,也会因为变革必然打破传统规范,从而使乡村社会失去基本的较为稳定的基础。如果不能有节制地、适时地、循序渐进地进行社会动员,很容易使社会发生混乱。对于乡村治理而言,不恰当的社会动员很可能破坏人们对传统政治权威合法性的信仰,使一些过激行为发生概率增大,甚至造成社会动荡和社会危机,所以社会动员有可能伴随秩序混乱发生。发生秩序混乱现象的潜在危险表明,社会动员一经超越社会规范新发展的程度,社会承受能力的最大限度可能得不到有效控制。

在传播新的价值理念和行为方式、开展社会动员的同时,应该高度关注"适宜和适度",即社会动员不宜逾越现行乡村社会规范太远,现行的乡村社会规范可以根据乡村社会发展提出的要求及时加以调整和创新,进而使新的乡村社会规范既能提供符合新的乡村社会条件的目标和途径,又能减少反对乡村社会及其规范变革的力量,减少乡村社会秩序混乱的发生概率。

第七章　乡村治理体系建设的
实施路径

乡村治理"是以农村为对象范围,以基层党政组织、社会组织、乡贤、普通村民为主体,通过官方、民间或二者同时发力,推进乡村社会公共利益最大化实现善治的过程。"①基于实现国家治理体系现代化与实现乡村善治的包容互动关系,城乡融合发展、一体化治理自然是实现乡村善治不可少的。但乡村始终是一个自成体系的领域,无论乡村治理进程对于国家治理现代化有着怎样的价值和意义,乡村治理都应该首先立足于农民农村农业发展需要,通过党建统领和多元主体参与,运用自治、法治、德治等方式和手段,在探寻适应农村集体经济发展、促进乡风文明、改善生态环境、培养职业农民的路径上不断取得新进展,走出一条中国特色乡村治理之路,为实现乡村振兴和乡村善治作出新贡献。

第一节　加强党建统领

中国特色社会主义的突出特征和最大优势就是坚持党的领导。习近平总书记指出:"党政军民学,东西南北中,党是领导一切的。"②2019 年新冠疫情暴发以来,在党中央领导下,全国人民团结一致,共同抗疫,最终战胜了疫情,再次彰显了社会主义制度的优越性,而"制度优势得以彰显的根本原因,在于中国共产党的正确领导"。③ 20 世纪 80 年代初期中国农村实行家庭联产承包责任制以来,逐渐确立了"三权分置"的土地制度。目前的农村经济,仍以各家各户分散独立经营为主要形式,个体农户之间鲜少经济往来,家庭本位主义依然盛行,农民的诉求多从个体的具体利益出发。在这种背景下,为了防止乡村社会碎片化,更加需要发挥党建引领和凝聚人心的作用,并且需要不断推进"党的领导制度化、法治化、规范化",提高各级党组织和党员干部"运用法治思维和法治方式深化改革、推动发展、化解矛盾、

---

① 黎珍:《健全新时代乡村治理体系路径探析》,《贵州社会科学》2019 年第 1 期。
② 《习近平谈治国理政》第二卷,外文出版社 2017 年版,第 21 页。
③ 张继良、郑亚雪:《筑牢防控疫情的制度基础》,《中国社会科学报》2020 年 3 月 12 日。

维护稳定、应对风险的能力"①,为乡村治理现代化提供强大的、持久的内生动力和政治保障。

一、强化基层党组织功能

近代以来,中国真正意义上的政治社会变革是从农村开始的,而且是在共产党领导下发生和进行的。从新中国成立到目前,统治中国乡村社会的宗法制度已经被铲除,家庭结构、社会结构发生了巨大变化,制约乡村社会发展的土地制度几经改变,农民先是成为土地的主人,后又成为人民公社社员,进而从土地的束缚下解放出来,由被捆绑在土地上的乡下人,成为乡村自治组织成员,并为谋求生存和发展而穿梭于城乡之间。

但是,从个体经营到集体经营、再到自主经营,土地制度虽然仍然处在发展变化和逐渐完善过程之中,而农民群众在整体意义上远未成为现代职业农民,传统的生活观念和生活方式依然在农民中占据主导地位,许多传统的、陈旧的、落后的思想和习俗仍然在农村有着很大市场。由传统向现代转型中的乡村经济,依旧处于分散的和独立经营的状态,自然环境和自然禀赋依然是影响许多乡村和农民走向富裕的决定性因素。乡村发展和治理的路径选择,不仅受到主观因素影响,而且受到客观因素制约,所以没有先进的政治力量的领导和推动,乡村经济就不会实现现代化,乡村社会就得不到整合,农民主体作用就不会充分发挥出来。因此,提高乡村自治水平,推进乡村治理体系现代化,除了依靠基层党组织发挥引领和推动作用外,没有其他有组织的政治力量可以依靠。

1. 坚持党的领导制度

在乡村治理中,强调党建引领作用,主要基于中国有着两千多年的宗法制度统治的历史,农村的传统家族观念、地方主义、地缘关系、血缘关系以及在发展市场经济过程中兴起的个人主义、拜金主义等,不可避免地给乡村治理带来消极影响,严重妨碍乡村治理体系和治理能力现代化进程。因此,特别需要在乡村发展和治理中形成坚强的组织领导核心,需要农村党组织永远保持先进性和战斗性,有效发挥战斗堡垒作用。而加强农村基层党组织建设,提高基层党组织领导力和执行力,是消除各种妨碍实现乡村治理体系现代化的新旧因素的关键。

2019 年召开的党的十九届四中全会,提出了以坚持和完善中国特色社

---

① 习近平:《推进全面依法治国,发挥法治在国家治理体系和治理能力现代化中的积极作用》,《求是》2020 年第 22 期。

会主义制度体系为根本途径,推进基层党组织建设、发挥党建引领作用的设想和制度安排,并明确指出:"构建城乡之间、经济与社会之间、人与人之间和谐发展的局面,客观上要求基层党组织大力推进农村社区建设,充分发挥党建工作优势,把农村各种力量有效凝聚起来,形成推动农村经济社会全面发展的强大动力。"①2020 年 1 月 2 日,中共中央和国务院《关于抓好"三农"领域重点工作确保如期实现全面小康的意见》进一步强调,充分发挥党在乡村治理中的领导作用,必须充分认识"农村基层党组织是党在农村全部工作和战斗力的基础",②并根据《中国共产党农村基层组织工作条例》的规定,要求农村党组织除了带领村民发展集体经济、密切联系群众以提高党的执政基础之外,一个重要的职责就是"动员群众参与乡村治理,增强主人翁意识,维护农村和谐稳定。"③实践证明,推动乡村治理良性运行,还需要基层党组织不断加强德治建设,"教育引导群众革除陈规陋习,弘扬公序良俗,培育文明乡风"。④

2. 选优配强基层党员干部队伍

党的十九大特别强调人才对民族振兴的重要性,实际上,就成就任何一项伟大事业的需要而言,组织工作、领导人才培养和成长尤为重要。在实施乡村振兴战略、推进乡村治理现代化进程中,人才的作用仍然是不可替代的。乡村基层组织特别是村"两委"领导班子,是实行村民自治的领导力量,发挥着战斗堡垒作用。在干部任用上,应该高度重视选用政治站位高、熟悉农村社情民情、善于协调各方面利益关系做群众工作、能够把握市场规律、善于抓基层治理的实用型干部充实到基层党组织班子中来,激励村干部干事创业。要坚持"持续向贫困村、软弱涣散村、集体经济薄弱村派驻第一书记。"⑤要善于利用党和国家的优惠政策,把优秀农村青壮年劳动力留在乡村,把从农村走出来的大学生吸引到乡村,为促进乡村振兴提供强大而持续的内生动力。

同时,为了适应乡村治理法治化、制度化、规范化发展趋势,要加强建设高素质的乡村治理工作队伍,研究谋划新时代乡村"法治人才培养和法治队伍建设长远规划,创新法治人才培养机制","提高法治工作队伍思想政

---

①　万小艳:《乡村治理与新农村建设:湖北秭归杨林桥社区建设与治理的实践探索》,知识产权出版社 2011 年版,第 151—152 页。

②　《十九大以来重要文献选编》(中),中央文献出版社 2021 年版,第 364 页。

③　《十九大以来重要文献选编》(中),中央文献出版社 2021 年版,第 364 页。

④　《十九大以来重要文献选编》(中),中央文献出版社 2021 年版,第 364 页。

⑤　《十九大以来重要文献选编》(中),中央文献出版社 2021 年版,第 365 页。

治素质、业务工作能力、职业道德水平,着力建设一支忠于党、忠于国家、忠于人民、忠于法律的社会主义法治工作队伍"①,为加快推进乡村治理法治化、制度化、规范化提供强有力的人才保障。

3. 探索乡村"党建+"工作机制

农村党组织作为联系农民群众的桥梁和纽带,作为落实党的农村政策和工作任务的基层战斗堡垒,作为农村各类基层组织中的领导核心,是党在乡村开展各方面工作的组织基础和中坚力量。在乡村治理中,尤其需要坚持党建引领,完善和落实"党建+"工作机制,不断提高基层党组织的领导力、凝聚力和影响力,有效发挥基层党组织的政治优势。在这方面,湖北秭归杨林桥基层党建便是一个成功范例。杨林桥的做法是,对基层党组织从功能上进行划分,使党组织涵盖乡村各个领域,对乡村治理实施全程领导和全程监督,选拔谙熟农村、懂得农业、了解农民的党员干部分担治理工作,摆脱了外行领导内行的尴尬局面,加强了党与农民群众的血肉联系,提升了党的亲和力和执政能力。

强化党员干部与农民之间结对帮扶机制,要求基层党组织及党员干部心中有群众,胸中有理想,身上有本事,上贴政策,下接地气,转变工作作风,坚持群众路线,把全心全意为人民服务落到实处。② 支持基层党组织之间不断交流经验,乐于进行"攀比",形成鼓励先进、鞭策落后的氛围。同时,让优秀基层党员干部到后进基层党组织中进行交流,让后进党组织成员到先进党组织中进行学习,帮助后进基层党组织和基层党员干部不断提升乡村治理能力和水平,形成基层党组织整体进步的局面。③

二、强化村支书职责

在中国政治体制下,党和国家的方针政策需要自上而下地贯彻实施,落实到基层乡村每一家一户,因此,形成了"上面千条线,下面一根针"的局面。作为村级治理的关键人物,党和国家政策的贯彻落实,需要村书记发挥关键作用。而目前中国农村地区的基层党组织,发展状况千差万别,最关键的是村级党支部书记整体素质差别很大,每一个发展好的乡村,都离不开一个优秀的村支书领导。所以,发挥基层党组织作用,必须抓住村党支部书记这个"关键少数",当然也需要一批政治素质过硬、富有创新精神、能够带领

---

① 习近平:《推进全面依法治国,发挥法治在国家治理体系和治理能力现代化中的积极作用》,《求是》2020 年第 22 期。
② 黎珍:《健全新时代乡村治理体系路径探析》,《贵州社会科学》2019 年第 1 期。
③ 黎珍:《健全新时代乡村治理体系路径探析》,《贵州社会科学》2019 年第 1 期。

村级经济组织共同发展致富,进而通过各方面建设,推动基层治理有序运行,从而实现善治目标的领导群体,而"两委"干部队伍树立集体观念和责任意识,一心一意投身乡村事业,是目前农村发展和治理特别需要突破的重要课题。

1. 加强村支书理想信念教育

不可否认,目前有些村支书的理想信念模糊,忽视自己作为一名基层党员干部应该承担的责任和使命。也有些村书记把理想信念挂在嘴边,搞形式主义,空讲大道理,缺乏求真务实的工作作风;更有甚者,少数村支书利用公权做着假公济私的事情,甚至不惜损害群众利益。当然,不少地方的农村在党的思想感召和法治建设推动之下,确实涌现出一大批优秀村支部书记,成为带领农民致富和引领农村发展的典型。如河南省新乡市,"新中国成立以来,新乡市、县两级数得上来的先进典型就有 1000 余个,全市 45%以上的农村党员、60%以上的村党支部书记达到'双强'标准,1 万多名'双强'党员、致富能人进入了村级两委班子,平均每名党员干部帮带增收致富对象2. 45 户。"①对于村支书而言,如果只想着自己从村集体中捞取好处,就不可能得到当地老百姓的尊重和拥护。要站在农民角度思考问题,调动乡村乃至全社会的一切积极因素为村集体发展服务,这就需要村干部具备高度的政治责任感与"干事创业"的思想观念。由此可见,加强村书记思想道德建设和理想信念教育至关重要。

2. 培养村支书创新意识

中国乡村地区的差异性很大、经济社会形势错综复杂,作为农村的当家人,需要村支书时刻了解和熟悉本村形势变化,并在全面了解和具体分析村情基础上,做到敢于担当,有的放矢,科学决策,这就需要作为乡村领导核心和"关键少数"的村支书,不断转变观念,敢于实践,勇于创新,能够激发乡村发展内生动力。从中国发达地区乡村发展经验来看,村书记不唯书、不唯上、只唯实,敢想、敢做、敢当,才能干出一番事业,让当地农民有信任感和获得感。比如在江苏、浙江等地区,村支书必须有带领村民发家致富的能力,这种能力意味着村支书必须具备奉献精神和创新意识。作为基层社会治理的"先进少数",自然也是"关键少数",在推进乡村振兴过程中,一方面需要村支书有宽阔的视野、开放的胸怀,能够了解市场和外界变化,自觉学习先进地区典型经验;另一方面,更需要村支书在现有条件下,发挥模范带头作用,敢于带领村民走出一条适合本地区实际的

---

① 李磊:《村支书应该是什么样的人》,《群众》2018 年第 14 期。

致富道路,经得起时代检验,不辜负当地老百姓的信任和厚望。

3.提升综合治理能力

村支书是乡村发展的领头羊,建立健全村支书培养和选拔任用机制,保障一代又一代德才兼备的优秀党员担任村支书,关系到能否带领乡村"两委"有效开展工作,关系到乡村能否快速发展和全面振兴,也关系到党在基层农村的执政基础能否巩固。按照"产业兴旺、生态宜居、乡风文明、治理有效、生活富裕"的五项要求,提高乡村经济社会发展水平,实现乡村治理目标,对村支书的思想、政治、道德、能力素养等方面的要求愈来愈高,他们仅仅具有理想信念是不够的,还必须深刻领悟并在实际工作中能够切实贯彻新发展理念;需要熟悉、掌握各项惠农强农和富民政策,并利用这些政策不失时机地推进当地经济社会发展;需要密切联系群众,为群众办实事,得民心,促和谐;需要维护一方平安,维护社会和谐稳定,尤其在发生突发事件时,能够第一时间到场,了解村民需求,并及时做出有效应对,最大限度减少不稳定因素,维护社会秩序;需要严格要求自己,不搞特殊化,管好自己家人,不搞裙带关系和地下活动,带头加强党支部建设,并依据党的选人用人政策和规定,培养好接班人,使乡村各项事业持续发展。

山西省长治市振兴村的牛扎根书记,在提高村支书综合治理能力方面堪称典范。他长期担任山西省长治市上党区振兴村党总支书记、山西上党振兴集团董事长,几十年来,带领村民走集体富裕之路,把当地出了名的穷村变成全国闻名的社会主义新农村建设典型,作为全国劳模,2017 年他又被评为"中国农村十大新闻人物"。事实上,早在 1986 年,他就通过开发当地煤矿资源,实施了村民多项福利,在电费、种子费、化肥费、学费、粮食加工费、大病补助报销费方面实现了全额免费。在牛扎根书记带领下,振兴村以党建为引领,发展乡村经济和社会福利事业,依靠特色旅游业,建设特色小镇,实现了"环境生态化、农村城市化、生活保障化、服务功能化、就业均等化美丽乡村五化目标。"①山西省振兴村的发展,很大程度上与牛扎根书记在农村发展和基层治理中的坚守密切相关,他凭着自己的品格、良心和情怀,交出了一个基层村干部在产业发展、生活富裕、生态美丽、乡风文明等方面的完美答卷,凸显了基层干部的能力和水平在基层建设和治理中的重要性。

---

① 《牛扎根:扎根基层四十年乡村振兴换新颜》,黄河新闻网,2019 年 1 月 6 日,见 https://baijiahao.baidu.com/s? id=1621894925142245772&wfr=spider&for=pc。

三、健全村级党组织考核机制

在新的时代,不仅要求农村基层党支部有明确的工作目标、完善的乡村发展和治理制度,而且要建立健全适合本地区农村实际的党内考核制度,不断加强对基层农村党支部工作的监督。建立健全农村基层党支部考核制度,首先要明确党支部书记的岗位职责和目标任务,把对村党支部书记的日常监督与任期考核结合起来,具体可从以下两个方面进行。

1. 村党支部考核

建立健全农村党支部工作考核制度,主要目的是为了客观评价基层党组织及其领导干部履职情况和工作业绩,是完善乡村治理体系的重要环节。农村党支部工作考核制度应包括以下内容:

(1)党员、村干部身份认同及履职情况考核

对于一个好的农村党支部而言,仅仅村书记具有担当意识、责任心和工作能力是不够的,还必须有团结奋进的"两委"班子和党员群体。因此,坚持对广大党员干部进行理想信念教育,充分发挥"两委"班子和党员模范带头作用,加强对村"两委"和党员进行纪律监督和工作考核,是十分必要的。

评估村书记和"两委"班子履职情况,可通过建立权力清单、责任清单、负面清单等制度进行;对普通党员工作业绩进行评估,可以从身份认同、思想和行为表现等方面进行。可以借鉴安徽省天长市做法,该市从2015年起开始实行权力清单制度,对村书记和党员干部的考核评估,不仅有正面清单,还有负面清单,通过加强监督村级小微权力以及村干部履职情况,强化了党员干部领导意识、服务意识和廉政意识。[1] 但需要注意的是,村干部考核评估指标的制定,要充分考虑农村工作实际和干部承受能力,要防止将乡镇党委、政府或上级党组织和政府应该承担的工作任务分摊给农村"两委",任意加重农村基层干部工作负担,也不能像考核党政机关及其领导干部履职情况那样,在考核内容、程序上过于固化和模式化,因为农村事务并不都按照规则、程序产生和运行,所以考核农村干部工作的内容和尺度不可过于固化,而应有一定弹性,尤其要重点考核群众对农村党组织及其领导干部工作的认可度和满意度。

---

[1] 《安徽天长:"清单+积分"将村级小微权力关进笼子》,新华网,2019年9月3日,见 http://www.xinhuanet.com/2019-07/03/c_1124704510.htm。

（2）组织程度考核

农村党支部履行职责、发挥战斗堡垒作用，实质上是其整体效率的发挥，而其发挥到什么程度，主要取决于党组织结构优化组合程度。所以，应该把农村党支部组织规范程度、组织凝聚力程度、对群众黏合度这三个方面作为考核评估的关键指标。"组织规范就是党对组织成员和基层组织本身的行为活动及组织结构符合自身价值的合理期待。党自身一直保有着自成立以来的一些价值，如严明的纪律、与社会的融合、超强的组织能力等等，这些价值是党作为一个整体组织希望它的基层组织所具有的。"①或者说，组织规范是农村党组织发展的基础，是一个农村党支部朝着正确方向前进所必须具备的内在因素。就农村党支部自身凝聚力而言，一方面是指党组织内部的凝聚力，即党员之间能够互帮互助、互相监督，形成有力量的团队；另一方面，还包括党组织成员对群众以及其他社会阶层的影响与带动效应，这是农村基层党组织凝聚力的重要表现。群众黏和度是指农村基层党支部联系群众的紧密程度和对群众的吸引力。基层党支部是党治理农村的"神经末梢"，是党联系群众的桥梁和纽带。基层党员干部更是党在农民群众中的"形象代言人"，只有不断增强农村党组织对群众的黏和度，才能加强党与人民群众的血肉联系，更好地发挥农村党支部的战斗力。

（3）社会治理情况考核

对于村党支部的考核，必须把其服务当地、领导乡村治理情况作为考核评估的重要指标。

第一，应该考核村党组织领导开展社会治理情况。《中国共产党农村基层党组织工作条例》规定，村党组织"领导本村的社会治理，做好本村的社会主义精神文明建设、法治宣传教育、社会治安综合治理、生态环保、美丽村庄建设、民生保障、脱贫致富、民族宗教等工作"，并通过处理基层遇到的各种问题和矛盾，维护社区的良好社会秩序。

第二，应该考核村党组织服务当地群众情况。农村党支部及其成员应该为当地居民提供各方面的服务，帮助本地居民解决工作、生活中遇到的各种问题和困难，有效化解各种社会矛盾和纠纷，以及满足当地居民对农村党支部提出的其他合理要求。

第三，应该考核村党组织整合各种社会资源情况。"社区党支部应当对辖区的各种资源进行整合，一方面可以更好地服务社区，另一方面可以为

---

① 杨洋：《城市社区基层党支部组织力评价体系问题初探》，《理论与改革》2019年第1期。

辖区内各类组织更好地服务,将辖区内组织更好地融合起来。"①

（4）治理效果考核

对于农村基层党组织治理效果的考核,我们认为,最主要的要看居民的参与度。乡村"善治"的理想状态,就是在村党组织领导和村"两委"主持下,让村民根据自己的意志和利益诉求,自主管理自己的事,通过村民之间民主协商,以最低的管理成本达到最理想的治理效果。在"善治"状态下,当地居民会认可村党支部在政治、思想、组织等方面的管理,自然会自觉地参与到乡村治理中来,从而实现多元互动的乡村治理局面。

考核评估乡村治理效果,还可以通过设计调查问卷,或者深入乡间地头访谈等方式,对居民参与程度进行调查。除了居民参与程度,还应该关注村党组织是否重视对国家法律法规的宣讲、对党和国家政策的宣传贯彻,以及当地居民价值观、人生观、世界观被引导的情况,最后则应该看村党支部是否有效组织村民以及组织程度如何。②

2. 健全农村党支部工作激励机制

通过考核农村党支部履职情况,落实党员和群众对党支部的民主监督制度,并将监督结果定期向社会公布,以达到真正监督农村党支部工作的效果。

在对农村党支部工作考核的同时,还需要强化考核结果的运用。对考核优秀的农村干部,应该提拔重用,或给予必要的物质和精神奖励;对于工作懈怠、拖拉、不负责任、存在劣迹、考核不合格的农村干部,可根据具体情况,通过给予诫勉谈话、批评、警告、限期改正、转岗、纪律处分等不同方式,进行组织处理。安徽省天长市在对村级小微权力进行监督的同时,还建立了村干部善治行为褒扬激励机制,并探索出了"责任清单+积分"的管理模式,即"建立村干部积分制管理办法,对村干部个人履行权力清单和责任清单情况进行量化评分,最终所得积分与村干部薪酬待遇和绩效挂钩。"③以此激励村干部廉洁奉公、努力工作。

第二节　挖掘乡村治理资源

乡村治理是一项多元主体参与的系统工程,不应该成为政府的独角戏。在现代社会,政府虽然在乡村治理中具有至关重要的作用,但不可能包揽一

---

① 杨洋:《城市社区基层党支部组织力评价体系问题初探》,《理论与改革》2019年第1期。
② 杨洋:《城市社区基层党支部组织力评价体系问题初探》,《理论与改革》2019年第1期。
③ 《安徽天长:"清单+积分"将村级小微权力关进笼子》,新华网,2019年7月3日,见http://www.xinhuanet.com/2019-07/03/c_1124704510.htm。

切事务,需要多元主体共同参与、合作互动,因为"政府在治理中所扮演的角色是一个变量,而不是一个常量",①政府需要调动多方面主体参与乡村治理的积极性,尤其在建设和发展社会主义市场经济条件下,需要激发市场活力和社会发展内生动力。"农村社区作为社群的生活共同体,它的有效治理离不开社区社群共同体的组织支撑和动力支持","只有实现多元主体的联动参与,才能筑牢乡村振兴的根基"。② 同样,多元主体合作共治,也应该成为常态化的乡村治理。

一、发挥市场作用

从国家、市场、社会三维视域来看,任何社会成员的利益得以实现,最终都离不开市场,正是市场的存在,才使得国家与社会的关系更加紧密。所以,在现代国家理论中,既应该把市场作为治理对象,又必须发挥市场在国家和社会治理中的积极作用。

1. 鼓励和引导社会资本投资农村基础设施建设

改革开放以来,我国城镇化水平不断提升,在城市市场不断扩大的同时,农村市场的重要性也凸显出来。据"国家统计局 21 日公布的数据显示,从城乡结构看,2018 年我国城镇常住人口 83137 万人,比上年末增加1790 万人;乡村常住人口 56401 万人,减少 1260 万人;城镇人口占总人口比重(城镇化率)为 59.58%,比上年末提高 1.06 个百分点"③。虽然中国城镇化率在 2018 年就已经达到了 59.58%,但农村人口仍然较多,乡村常住人口仍有 56401 万人,在实行以县城为重要载体的新型城镇化战略以后,农村人口变化将会出现新的特点,而且不会再像以往那样形成向城市单向流动的大潮,这说明农村依然具有潜在的和广阔的市场。

从需求角度来看,农村市场存在着巨大潜力和发展空间。由于中国农村消费水平整体较低,尤其中西部地区,不少农村居民消费水平仍然停留在生存需要层面,缺乏发展型和享受型的消费支出。农村较低的消费水平,不足以构成农村经济发展的强大动力。如果单靠农村自身缓慢发展而没有外部动力助推,农村发展是无法跟上时代步伐的。

---

① [瑞]乔恩·皮埃尔、[美]B.盖伊·彼得斯:《治理、政治与国家》,格致出版社、上海人民出版社第 2019 版。

② 袁方成:《新时代乡贤兴村的逻辑及路径》,2020 年 3 月 10 日,见 https://mp.weixin.qq.com/s/KLvkd3rgADL8h8x30TrQHQ。

③ 《城镇化率达 59.58%,中西部潜力乃很大》,第一财经网,2019 年 1 月 21 日,见 https://baijiahao.baidu.com/s?id=1623246255372270648&wfr=spider&for=pc。

进入 21 世纪以来,国家愈发重视解决"三农"问题,把乡村振兴摆在首要位置,开启了新农村建设、美丽乡村建设、特色小镇建设、乡村振兴等行动。为了实现全面建成小康社会目标,在扶贫攻坚过程中对农村基础设施进行改造,保障人民对基本饮水、供电、交通、卫生等基础设施及农村基本公共服务发展需要,但这远远不能适应乡村全面振兴的需求。2017 年 2 月 17 日,国务院办公厅颁布的《关于创新农村基础设施投融资体制机制的指导意见》,指出虽然乡村基础设施建设在有些方面取得了发展,但"由于历史欠账较多、资金投入不足、融资渠道不畅等原因,农村基础设施总体上仍比较薄弱,与全面建成小康社会的要求还有较大差距",①为了创新农村基础设施投融资体制机制,必须加快农村基础设施建设步伐,吸引外部社会资本介入农村发展,助力"乡村建设行动实施方案"顺利实施,使农村在外部资本推动下,利用国家的好政策,实现农村经济快速发展,让农村焕发新的生机和活力。

2. 引导社会资本振兴农村实业

2021 年是"十四五"开局之年,新阶段、新理念、新格局成为党中央的总基调。引导社会资本向下流动,不仅可以完善农村基础设施,而且可以助推乡村产业发展。国家实施精准扶贫战略以来,一些大的社会资本开始进军农村实业,阿里巴巴 5 年内投入了 100 亿资金,用于帮助贫困农村脱贫,2018 年在电商、女性、教育、生态、健康方面与政府密切合作,对于推动扶贫攻坚事业发展发挥了积极作用。在电商扶贫方面,通过平台、一县一品、一村一品、直播等模式,助力农产品研发与销售;为满足城乡居民消费需求,以现有农产品为基础,加大科技投入,改进生产技术,研究开发新型农产品,增加产品附加值,为帮助当地村民实现致富目标,做了一些有益的事情。从河北省来看,"2018 年 1—10 月份,全省 62 个贫困县网络零售额达到 124.18 亿元,同比增长 21.11%,全年网络零售额将超过年初设定的 130 亿元的目标,其中在阿里巴巴平台上的销售额就高达 90 多亿元"。② 再以教育扶贫为例,在实行乡村教育和职业技术教育方面,阿里巴巴蔡崇信公益基金会制定了未来三职校人才培养计划,主要从学生奖学金、教师赋能、双师教学、就业帮扶四个方面着力,"计划要服务 100 所贫困地区中职学校、8 万名学生、1 万名中职教师"③,为贫

---

① 《引导和鼓励社会资本投向农村基础设施领域》,中国新闻网,2017 年 2 月 17 日,见 http://www.chinanews.com/gn/2017/02-17/8152804.shtml。

② 《今天! 马云来石家庄了,为了这件大事》,长城网,2019 年 1 月 10 日,见 https://baijiahao.baidu.com/s? id=1622285013444052989&wfr=spider&for=pc。

③ 《今天! 马云来石家庄了,为了这件大事》,长城网,2019 年 1 月 10 日,见 https://baijiahao.baidu.com/s? id=1622285013444052989&wfr=spider&for=pc。

困地区培养专业技术人才,这些设想如能付诸实施,当然是好的。不过,不少民营企业或股份制企业在国家各种优惠政策扶持下,利用国内巨大的市场潜力,赚取了巨额利润,积累了庞大的资产,也应该积极回报国家和社会。

2019 年,课题组曾深入河北省平山县李家庄村史馆、文化活动中心、民俗一条街调研,目睹了李家庄村容村貌的变迁。在全国解放前夕,李家庄村一度是中共中央统战部住址,为了改变资源困乏、贫困落后的乡村面貌,在上级党委和政府帮助下,直接吸引社会资本参与乡村建设,由 2015 年之前的一个贫困山村,变成了集特色农产品开发、旅游休闲、承揽会议于一体的美丽乡村。由于引进荣盛集团、富通公司投资,全村土地和山场得以流转,居民和集体房屋得以改建或重新装饰,全村实行公司化管理,解决了本村及周围一些村民就业问题。公司化管理不仅使全村基础设施逐渐完善,而且在生态农业、旅游观光、风情小镇建设上取得发展,成为远近闻名的美丽乡村。

目前,李家庄村正与荣盛集团合作,开展新的建设项目,其中"一期占地 15 亩,建筑面积 2383 平方米的荣馨精品农家院已经具备接待能力。二期占地 105 亩,建筑面积 26000 平方米的荣盛(荣逸)乡村客栈已完成,园林绿化完备,共 246 间客房,另外还有 7 个单独庭院 21 个房间,最大会议厅可以同时举办 500 人会议,所有会议厅共容纳 630 人举行会议、400 人住宿、660 人就餐。"①当下的李家庄村已经成为河北省美丽休闲和发展红色旅游示范村,并被住建部列入第四批"国家级美丽宜居村庄"。

二、发挥现代人才的价值

在传统社会,乡贤一直扮演着乡村治理的重要角色。作为民间社会德高望重的群体,他们是农村的精英,是连接农村居民和政府之间的桥梁和纽带,在乡村治理中具有不可替代的作用。但随着中国社会转型,市场经济迅速发展,工业化、城镇化进程加快,国家行政权力介入基层事务等多方面因素影响,"传统乡贤在乡村治理中的权威地位逐渐式微。"②鉴于乡村治理对于多元主体尤其对于高品质主体的需求日益迫切,重新发现和培育乡村各方面各类现代人才的任务已经提上了乡村治理日程。

1. 农村各类现代人才的价值

中共中央和国务院规范性文件充分肯定了各方面各类人才参与乡村治

---

① 《平山倾力打造"全域生态地　红色山水城"》,河北新闻网,2018 年 3 月 12 日,见 http://www.hebei.gov.cn/hebei/11937442/10756595/10756614/14418439/index.html。

② 刘昂:《新乡贤在乡村治理中的伦理价值及其实现路径》,《兰州学刊》2019 年第 4 期。

理的重要性,并于 2018 年明确提出"积极发挥新乡贤作用",乡贤这一在传统社会治理中起过重要作用的群体,重新受到政府和社会各界重视。当然,在当今社会用"新乡贤"一词指称德高望重的乡村治理人才,未必能够准确反映农业农村发展对各类现代人才的需求状况和特点,也难以准确概括农业农村发展所急切需要的各方面各类现代人才,而且即使民间保留着传统技艺的传承人,他们也已经是现代人而非传统人,如果使用"新乡贤"表达对乡村杰出人才的肯定和重视,容易使一些人产生不良认识,甚至在农民群众中造成认知混乱,所以用"现代人才"表述农业农村发展对人才的需求更能体现现代意蕴。农村各类现代人才的价值主要体现在以下四个方面:

(1)维护当地社会稳定

在农村,各方面各类现代人才不见得都有正式的头衔,但一般都具有较高社会声望和较大影响力,他们了解村规民约和当地风土人情,有着其他社会群体所不具有的良好人际关系网络。因为这些人才当中的一些人"出自于乡村,成就于城市;成长于乡土,弄潮于商海,在乡村与城市的内在关联上,具有天然独特的优势"①,正是这些得天独厚的优势,使得他们在传统与现代、城市与农村之间架起了人们沟通的桥梁。当乡村发生各种矛盾和纠纷时,他们能够凭借自身良好的道德素养、丰富的社会知识挺身而出,在维护当地和谐稳定中发挥积极作用。他们在乡村治理格局中始终是不可多得的维稳因素,是推动乡村社会不断向和谐目标迈进的重要力量,是促进乡村善治的不可缺少的人才。

(2)带领发展乡村经济

农村各类现代人才成员构成比较复杂,既有农村的私营企业主、乡镇企业管理者、农业专业大户,也有一些从城市、乡镇等工作退休回乡村的当地精英,还有致力于农村发展的公益热心人士。作为经济领域的现代人才,他们往往有一定的经济基础和经济网络,能将资本、技术直接输入到乡村之中,因此在带领当地村民发家致富或者传授先进经验方面,具有不可小觑的能力。"作为其他领域的乡贤,则通常援引个人和村庄的存量社会资本,尽可能地引入企业或合作社,提升村庄发展的产业潜能。"②因此,发展乡村经济、改善农民生活,创造民生福祉,不可不挖掘并发挥农村各类现代人才的潜能。

---

① 王先明:《"新乡贤"的历史传承与当代建构》,《光明日报》2014 年 8 月 20 日。
② 袁方成:《新时代乡贤兴村的逻辑及路径》,2020 年 3 月 10 日,见 https://mp.weixin.qq.com/s/KLvkd3rgADL8h8x30TrQHQ。

（3）宣传国家政策，监督权力运行

农村各类现代人才往往具有先进的理念和比较丰富的知识，熟悉本地社会实际，了解国家法律，知晓中央大政方针和政策。因此，在制定本地区发展规划和具体发展指标方面，往往具有独到见解和价值判断，不仅能够宣传国家法律、制度、政策等规范，而且能够运用其帮助当地政府、村"两委"制定符合当地民生要求和发展愿景的经济社会发展规划。此外，他们在促进当地乡村发展和治理方面具有明显的眼界开阔和专业优势，能够"有效监督村庄权力的运行，促进乡村善治格局的形成"[1]。

（4）凝聚当地村民共识

农村各类现代人才能够运用自身道德优势、专业特长，利用自身在地缘、血缘、人缘等方面的有利条件，并以率先过上好日子的现身说法，宣传党的方针政策，向上级传递村民诉求，与当地百姓沟通具体问题，协调解决村民纠纷与矛盾，有效调节微观社区运行，维护良好社会秩序，从而潜移默化地影响当地民众思想、价值观的形成，并使他们适时地发生变化，以达到凝聚当地居民共识、提高民众精神生活的效果。

2. 深入挖掘现代人才的当代价值

新时代的乡村治理，必须践行以人民为中心的发展思想，自觉维护农民主体地位，动员一切社会主体参与乡村治理。只有这样，才能助力实现乡村善治目标。为此，需要从以下四个方面推动各类人才发挥自身价值。

（1）建设现代乡土文化和人文精神

农村各类现代人才或者是市场经济的弄潮儿，或者是乡村发展的领头羊，建立农村各类现代人才工作机制，采取一定激励措施，激发他们的使命感，增强其对乡村治理的认同感，使其认识到自身价值和使命，是推动农村各类现代人才参与社会事务治理的良好途径。培育农村各类现代人才，促进现代乡土文化和人文精神的形成和发展，营造农村各类现代人才成长的社会环境和文化氛围，形成多元合作互动的乡村治理格局，是基层党委和政府的重要使命，而把现代乡土文化和人文精神"作为一种'软约束''软治理'，有利于健全乡村居民利益表达机制"，[2]营造农村各类现代人才参与家乡建设的氛围。

现代乡土文化和人文精神建设是乡村治理的重要内容。在社会转型过程中，建设现代乡土文化和人文精神，应该摒弃传统乡贤文化中的家长制、

---

[1]　刘昂：《新乡贤在乡村治理中的伦理价值及其实现路径》，《兰州学刊》2019年第4期。

[2]　黄海：《用新乡贤文化推动乡村治理现代化》，《人民日报》2015年9月30日。

宗法观念等与时代不相符的因素,适应培育和践行社会主义核心价值观的要求。同时,现代乡土文化和人文精神建设,必须在继承优秀传统文化成果的基础上,随着时代发展和社会进步而不断丰富新的思想和内容,以适应新时代乡村治理对建设现代乡土文化和人文精神的要求,激励更多农村各类现代人才参与乡村振兴和乡村建设行动,凝聚更多农村居民参与到乡村振兴事业上来。

乡土文化思想源远流长,在中华民族的血液中流淌了几千年,但建设现代乡土文化和人文精神,不能局限于传承传统乡土文化,而应面向现实和未来,适应新时代发展要求,促使它们为社会主义新农村建设服务。只有这样,才能"深入挖掘农耕文化蕴含的优秀思想观念、人文精神、道德规范,充分发挥其在凝聚人心、教化群众、淳化民风中的重要作用"[1];同时,深入挖掘乡村熟人社会蕴含的道德规范和农村传统道德教育资源,推进社会公德、职业道德、家庭美德、个人品德建设,还需要结合时代要求进行创新,重塑现代农村道德规范,使其发挥引导农民向上向善、孝老爱亲、重义守信、勤俭持家的教化功能。

具体而言,就是支持和鼓励基层政府"建立道德激励约束机制,引导农民自我管理、自我教育、自我服务、自我提高,实现家庭和睦、邻里和谐、干群融洽"[2];"建立有效激励机制,以乡情乡愁为纽带,吸引支持企业家、党政干部、专家学者、医生、教师、规划师、建筑师、律师、技能人才等,通过下乡担任志愿者、投资兴业、包村包项目、行医办学、捐资捐物、法律服务等方式服务乡村振兴事业。"[3]当然,通过喜闻乐见的形式,比如茶话会或者其他传统交流方式,加强与农村各类现代人才交流与沟通,从情感上感染他们,激发他们参与家乡建设的热情和使命感,也是当地政府应该采取的凝聚民心的有效举措。

此外,还可以通过宣传农村各类现代人才中的典型代表,对他们的善举进行褒扬和鼓励,从而起到典型示范效果。这种宣传在增强村民认同的同时,也提升了农村各类现代人才的影响力,可以激励更多各类现代人才投入到当地经济社会建设之中。以江苏省宿迁市宿豫区为例,近些年来,当地政府利用《宿迁乡愁印记》《宿迁当代乡贤录宿豫卷》编撰机会,介绍典型人才事迹,展示他们的风采,弘扬优秀乡土文化,对于引领道德风尚,激励农村各

---

①　《十九大以来重要文献选编》(上),中央文献出版社 2019 年版,第 166 页。
②　《十九大以来重要文献选编》(上),中央文献出版社 2019 年版,第 168—169 页。
③　《十九大以来重要文献选编》(上),中央文献出版社 2019 年版,第 176 页。

类现代人才参与当地社会治理,充分发挥各类人才作用产生了很好效果。

（2）保障农村各类现代人才的经济利益与政治参与

现代乡土文化是乡村特定群体基于一定的经济社会基础而产生的思想观念与价值判断,具有与当前社会主流思想和价值观念相契合的特征。农村各类现代人才在农村能够发挥作用的缘由,除了有较高声望和社会影响力之外,还应有一定的经济基础作支撑。所以,基层党组织和政府应当尽其所能,保障农村各类现代人才的经济利益,为其参与乡村治理活动提供便利。只有这样,才能调动他们参与当地乡村建设和治理的积极性,使他们获得村民认可和拥护。具体而言,就是从改善乡村治理结构的目的出发,在政治上保障他们的权利,鼓励他们参与民主选举乃至进入"两委"班子,地方党委和政府则应该"研究制定管理办法,允许符合要求的公职人员回乡任职"[1],为农村各类现代人才参与乡村建设和治理提供政策支持。

确保各类现代人才参与渠道畅通,鼓励退休干部、学者专家等有着良好知识背景与政治资源的地方精英参与乡村各项事务。调动他们参与乡村事务积极性的其他途径和方式,还包括聘任他们担任处理基层事务的"顾问",也可以组建各种社会组织,比如村民议事会、群英会等,使他们以社会组织负责人身份参与乡村治理、化解社会矛盾、维护一方平安、促进乡村发展。这样既能减轻村"两委"工作负担,又能巩固乡村社会道德根基。

以宿豫乡贤议事会为例。为了更好地开展乡村治理,江苏省宿迁市宿豫区充分发挥农村各类现代人才的积极作用,邀请乡贤议事会参与当地社区治理、文明乡风培育等与经济社会发展密切相关的事宜,已经实现常态化、制度化。早在 2017 年,宿豫区就开始发掘农村各类现代人才,并在当时的舆论氛围下启动"荐乡贤、留乡愁"工作,"以有德、有技、有功为标准,各乡镇（街道）、园区开展乡贤人物推荐评审,全区共推选出当代乡贤 650 余人。同时,在全市率先成立区级乡村发展促进会,在全区各乡镇（街道）、园区、村（居）推动成立乡贤参事会,吸纳乡贤协会会员 500 余人"[2]。目前,宿豫区已经形成了"谋事见乡贤,办事找乡贤",充分发挥农村各类现代人才潜能服务于乡村发展和治理的良好氛围。

（3）凝聚各类现代人才力量,发挥其监督作用

在中国乡村地区,各类现代人才的力量是分散的,聚合他们的力量,为

---

① 《十九大以来重要文献选编》（上）,中央文献出版社 2019 年版,第 176 页。

② 《宿豫:乡贤参事议事助力乡村振兴》,速新闻,2018 年 4 月 22 日,见 http://www.suxinwen. cn/news/637795。

他们搭建平台,成立相关组织或者团体,发挥他们在财力、智力、人际关系等方面优势,形成发展合力,助力当地社会治理、招商引资、乡风文明建设及其他社会事业发展,无疑是利好的事情。目前一些农村通过各类现代人才引进的产业项目,增强了当地经济活力,吸纳了当地村民就业,解决了当地贫困人口基本需求问题,促进了当地乡村经济社会发展。

在中国,村民自治被定位为村民自我管理、自我服务、自我监督、自我教育。农村各类现代人才参与村民自治,是完善和发展村民自治制度的有益探索。在村民自治过程中,农村各类现代人才以其在政治知识、经济条件、社会阅历、文化修养、社会影响力等方面具有的优势,通过建言献策、社会监督等方式,拓宽监督渠道,创新监督形式,强化监督效能,对于推动乡村发展和乡村治理顶层设计的贯彻实施,监督村"两委"依法决策,提高小微权力运作透明度,都会起到较普通村民更大的积极作用。

三、激发自治内生动力

新中国成立 70 多年来,农民生活有了显著变化,特别是进入新时代以来,为了全面建成小康社会,实现社会主义现代化目标,党中央制定了一系列关涉农业农村农民问题的新的国家发展战略。但在精准扶贫和脱贫、促进乡村振兴方面,一些贫困地区和贫困农村由于长期缺乏造血功能,内生发展动力严重不足;一些地区的基层政府和贫困农民"等、靠、要"思想严重,一旦停止外部"输血",生活就会无保障,经济社会发展就会陷入停滞状态。而彻底实现贫困地区和贫困人口脱贫并走向富裕道路,急需激发农民和农村内生发展动力。从不发达地区来看,多数贫困农村内生动力不足,除受自然环境和外部因素影响之外,关键是当地政府和一些农民缺乏自强自立、奋斗不息的精神,不能全面客观地认识致贫原因和自身生存发展问题。所以,激活贫困地区内生发展动力,除政府加大扶持力度和动员社会力量支持外,尤其需要加强这些地区的党组织和政府职能建设,通过对农民进行宣传教育和专业技能培训,激发他们积极向上、奋发有为的精神,使他们人人掌握创新创业的致富本领和技能。

1. 围绕激活农村内生发展动力发挥党建功能

发挥党建引领作用,关键要看基层党组织建设状况和基层干部担当精神、工作态度及工作方式。比如,在精准扶贫和精准脱贫问题上,对于贫困农村和贫困农民的帮扶态度和帮扶方式,直接决定着能否有效地激发农业农村内生发展动力。农村基层党组织、政府和领导干部,需要在不断学习先进理论、先进经验、先进知识过程中,转变传统理念和思维方式,提高运用新理念、新思维、新科技发展乡村产业和乡村治理的能力。就是说,需要在基层党建引领下,使每一位基层干部成为掌握发展方向、懂得生产经营、善于管理基层农村事务的引路人和"多面手"。

近年来,一些农村基层党组织、政府和党员干部,立足于当地资源优势,积极引导村民发展特色农业、特色旅游业,盘活当地现有土地、矿山等自然资源,走合作发展道路,农业农村内生发展动力得到挖掘和开发。在激发村民内生动力方面,一些基层党组织帮助当地贫困户探索贫困原因及摆脱贫困的方法,不是单纯给钱、给物、修路、建桥,而是以激发内生动力为着力点开展帮扶,引导"民间高手"带领村民共同致富,激活了贫困农村和农民的造血功能。比如,福建省南平市建瓯市东峰镇井歧村,采用"支部协调、五户联保、统贷统还、分散使用"的金融扶贫创新推动计划,"向银行低息贷款560多万元",用于村民栽种竹子,通过竹子种植,村民不仅能够实现脱贫目标,而且走上了富裕道路。① 邓小平提出的"先富带动后富"设想,在这些地方变成了现实。

2. 大力发展农村职业教育

通过调研得知,很多农村居民不能走上富裕道路,主要原因是缺乏劳动技能,无法外出打工,也不能在当地从事具有一定技术含量、收益较高的工作。很显然,依靠传统农业获得的收益,已经远远不能满足农村居民的生活需要,所以采用定期劳动技能培训或其他专业技能培训,使村民掌握更多种植业、养殖业、建筑业等方面的专业技术,为村民过上更好的生活奠定基础,是帮助农民增加收入的有效途径。调查发现,通过技能教育和培训、掌握专业技术而走上富裕道路的农民越来越多,表明农村发展、农民增收越来越离不开科学和掌握现代科技。贵州省毕节市威宁县成立脱贫攻坚讲习所,是通过技能培训带动村民致富的一个典型范例。

发展农村职业技能培训,应该联系当地实际、注重实用性,把技能培训与当地职业需求联系起来,通过定向培训、订单培训或其他业务培训,实现培训与就业紧密结合,增强就业培训的针对性、实效性。为了避免使培训流于形式,一些地方政府坚持培训一户、解决一户实际问题,并建立动态调整和建档立卡机制,及时调整不同农户的职业培训计划,让村民真正成为掌握技术、具有本领、肯干、会干的职业农民。山西省阳曲县也是一个成功范例,该县于 2016 年 5 月建立"周末学堂",通过常态化的职业培训,村民学到了

---

① 黄承伟:《激发内生脱贫动力的理论与实践》,《广西民族大学学报》(哲学社会科学版)2019 年第 1 期。

知识和技能,获得了致富的精神动力和智力支持,学习热情愈来愈高。"据统计,一年来参加学习的党员干部 6600 余人,群众参与 89000 余人,送学下乡 225 人次,有 2000 余名困难群众找到了新的创业就业门路"①。

3. 积极引导农民参与乡村治理

多年来,国家不断出台惠农政策,各地惠农项目日益增多,为帮助农民致富创造了更多机会和条件。例如,在扶贫攻坚中,有电商扶贫、教育扶贫、光伏扶贫、旅游扶贫等各种扶贫项目,村"两委"和驻村干部负责指导村民参与项目申报和项目实施。考虑到村民具体需要,很多地方的村"两委"都积极落实国家惠农政策,作为贫困户或普通村民,亟须了解国家惠农政策,并学会利用这些政策解决资金不足、缺乏技术和项目等方面难题。除此之外,作为村民还应该主动行使监督权力,如,关注一些项目申报、实施和进展情况,参与村集体活动,参与项目验收,等等。村民在参与过程中,可以掌握资源信息、提高素质能力,阻断代际之间贫困传递,激发奋发向上的动力。

除了激活经济发展动能,农民在政治、社会参与方面也需要接受教育和引导,以培养他们的主人翁精神和责任意识,成为知荣辱、懂责任、知奋进的新型职业农民。可见,通过喜闻乐见的多样化形式,提高农民生存本领和能力,激发农村内生发展动力,是实现农业农村发展、农民家庭富裕的根本出路。

4. 激发扶贫致富内生动力

在促使乡村发展的诸多因素当中,农民自身的主观因素是第一位的。激发村民内生动力的关键,是激发村民从自己内心深处产生摆脱贫困的欲望和诉求,而作为外在的力量——各级党委、政府和社会组织,更应该积极探索精神扶贫的新思维、新思路、新途径,综合运用经济、政治、文化、教育、法律等多种扶贫措施,加快提高村民思想素质、政治素质、道德素质、文化素质和谋生本领,引导和教育农民去除自身惰性,长志气、强心智、想致富、能致富,做自强自立的人和有益于社会的人。

中国不同地区农村情况千差万别、十分复杂,探索激发不同地区村民内生动力的做法,必须牢牢把握两点:一是坚持施策的差异性和灵活性,二是注重施策的具体性和针对性。以山西省天镇县薛牛坊村为例②,为了激发村民摆脱贫困、走向富裕的积极性,驻村第一书记俞鹤楠和"村两委"紧密结合当地实际,从以下方面进行了积极探索:

---

① 黄承伟:《激发内生脱贫动力的理论与实践》,《广西民族大学学报》(哲学社会科学版)2019 年第 1 期。

② 俞鹤楠:《激发贫困人口内生动力》,《中国劳动保障报》2020 年 1 月 21 日。

（1）建设扶贫车间，激励村民树立劳动致富信心

从 2019 年 3 月开始，驻村工作队筹建了"扶贫车间"，同年 6 月份组织本村 30 名赋闲在家的妇女，学习缝纫技术，经过 10 天专业培训，在她们基本掌握了缝纫技能之后，便被安排在当地就业。同年 7 月份扶贫车间挂牌，考虑到车间运行初期妇女技术不娴熟、计件工资低等情况，村集体为了激励更多妇女掌握劳动技能的决心和信心，规定在车间工作 6 个小时以上的妇女，每人每天领取 10 元补贴，以资鼓励。

（2）实施电商扶贫，增加村民的产品附加值

2019 年初，驻村扶贫工作队为本村安装配置了真空包装机、肉类切割机、玉米粉碎机等机器设备；为了拓展村民就业渠道，帮助村民注册电子商务平台，在薛牛坊村建立网店，申请注册"紫玉山庄"商标。2019 年底，又组织村民进行电商培训，发展致富带头人。

（3）加大文化帮扶，丰富村民文化生活

由人社部门筹措资金，在薛牛坊村配备播音设备、组建舞蹈队、建立农家书屋。目前薛牛坊村农家书屋根据村民需要，购置了报纸、杂志、农业科学技术和文化书籍，还组建了 20 支舞蹈队。乡村文化建设丰富了村民精神生活，加强了村民之间的交流、沟通和凝聚力，使村民更加团结、社会更加和谐，既提高了村民素质，又增强了农村经济内生发展动力。

第三节　完善"三治"结合治理体系

2020 年 10 月 29 日发布的《中共中央关于制定国民经济和社会发展第十四个五年规划与 2035 年远景目标的建议》指出："完善社会治理体系，健全党组织领导的自治、法治、德治相结合的城乡基层治理体系，完善基层民主协商制度，实现政府治理同社会调节、居民自治良性互动。"[①]目前，走自治、法治、德治相结合的治理道路，已经成为举国上下推进乡村治理现代化、实现乡村善治的共识，并纷纷建立了反映当地社情民情的"三治"结合治理体系。在此之前，中共中央和国务院制定的《乡村振兴战略规划（2018—2022 年）》就曾经提出，在优化乡村治理体系与治理结构过程中，要坚持"自治为基、法治为本、德治为先"[②]的治理理念。由此可知，"三治"结合已经

---

① 《十九大以来重要文献选编》（中），中央文献出版社 2021 年版，第 811 页。

② 《乡村振兴战略规划（2018—2022 年）》，新华网，2018 年 9 月 26 日，见 http://www.gov.cn/zhengce/2018-09/26/content_5325534，Htm？trs＝1。

在国家层面作为引领、指导多元主体参与乡村治理的治理理念和治国方略而确定了下来。

一、提升自治能力

中国现行宪法第 111 条规定："村民委员会是基层群众自治性组织"，由此可知，村民自治的主要机制在于村民委员会的有效运作。2019 年 3 月 5 日，第十三届全国人民代表大会第二次会议提出了夯实社会治理根基的意见，习近平总书记在讲话中提出：要"强化农村基层党组织的领导作用和深化村民自治实践两个方面的任务"。这些意见和要求表明，乡村基层治理体系建设主要应围绕发挥基层党组织领导功能和加强村民自治功能展开，其中增强村民自治功能和自治能力更具有根本性的意义。所以，中央一再强调要不断"加强自治组织规范化制度化建设，健全村级议事协商制度，推进村级事务公开，加强村级权力有效监督。指导农村普遍制定或修订村规民约。推进农村基层依法治理，建立健全公共法律服务体系。"①

1. 完善村民自治制度

村民自治制度是村民当家作主的重要形式，是中国农村民主建设的重要内容，也是推进全过程民主在基层落地、实现乡村善治的重要任务。实行乡村善治，需要国家强有力的政策支持和相对稳定的政治社会环境支撑。所以，必须健全自治、德治、法治相结合的乡村治理体系。而要形成以"三治"结合治理体系为架构的乡村善治格局，首先需要搭建乡村治理体系的有效载体，即坚持和完善村民自治制度。近年来，村民自治进程举步维艰，受到理论界一些学者批评，问题就出在当前的基层民主建设，在保障村民参与权利，提升村民参与意识和参与能力，调动村民参与的积极性、创造性等提高村民主体地位、发挥村民主体作用方面进展缓慢，甚至在一些地区出现了停滞和倒退现象。实际上，作为实现乡村善治的制度选择——村民自治发展过程在本质上是实现"以人民为中心"和"保障农民主体地位"的不断强化的过程，这也是由乡村善治的内在属性所决定的。

中国的村民自治始于 1981 年，1982 年修改后颁布实施的《中华人民共和国宪法》确定了村民委员会的性质，1987 年颁布、1998 年正式实施的《村民委员会组织法》，对村民自治进行了法律规范。随着乡村经济社会发展和乡村治理实践不断深化，村民自治已经积累了一些经验，村民法治意识有

---

① 《乡村振兴战略规划（2018—2022 年）》，政府网，2018 年 9 月 26 日，见 http://www.gov. cn/xinwen/201—09/26/content_5325534.Htm。

了很大提高,但村民自治制度还不完善、村民自治实践还不够深入,而推进村民自治进程也是完善乡村治理体系的重要任务和必然要求。

如何完善村民自治制度,最重要的就是按照乡村社会发展基于对于法治政府、法治乡村建设的要求,丰富乡村自治形式、提高农民法治素质,把加强法治政府、法治乡村建设同培育现代农民结合起来。在村民自治实践中,提高农民参与意识,保障农民主体地位,发挥农民在乡村治理中的主体作用,使其能够积极有效地参与农村经济、政治、文化和社会生活。同时,还要不断完善乡村各项规章制度尤其是民主参与制度,通过体制机制创新,把村民自治中的民主选举、民主协商、民主决策、民主监督等制度具体化、实践化,确保村民自治制度朝着正确方向运行和发展。

2. 探索村民自治途径

实现乡村善治,需要探索与实现乡村治理体系和治理能力现代化要求相适应的村民自治实施路径和有效促进村民自治的方法及手段。

(1)调动村民参与积极性

在中国传统社会治理中,往往都是地方精英参与和主导社会治理,普通村民主体资格存在缺失,经常处于被排挤、被边缘化状态,参与社会治理的积极性并不高,甚至是消极被动的。现代社会实现了社会主体资格法律上的平等化,所有村民都有参与社会治理的正式或非正式渠道,但要调动村民参与治理的积极性,传统的治理方法显然已经不能适应法治化要求,需要开拓更多农民参与渠道、创新社会治理方法。尽管各地村民自治的条件存在差异,但可以肯定的是,任何有效的反映现代特征的乡村治理,都需要调动村民参与治理的积极性,而要使农民成为乡村自治的真正主体,并热心于参与乡村治理活动,只有将农民的主人翁意识激发出来,否则,就不会产生建设社会主义新农村的强大社会力量,不能推动国家政策在农村落地生根。

推进乡村治理,需要构建科学合理的村民自治组织结构,尤其需要建立和完善村民自治组织协调机制,这是目前推进村民自治亟须采取的重要举措。完善村民自治组织协调机制,发挥乡村自治优势,提升乡村治理水平,有利于实现乡村善治目标。以湖北省宜昌市秭归县实行村落自治为例,湖北秭归实行"村里事村民管",建立"村落理事长"制,负责调解村民纠纷;建立党员与群众交流机制,共谋善治对策和发展道路。该县通过创新村民参与机制,探索出了一条走向"善治"的有效途径,这就是时刻订立规矩,保障村民参与权利,保护村民参与积极性,为当地村民带来安居乐业的发展格局。

再以贵州省安顺市平坝区乐平镇塘约村创新村民自治形式为例,该村通过村民自治、协商共治,建立了完整的村民自治体系。即"通过广泛收集民意并以民主商议的形式,就村组村民关心的议题和重要事项进行公开讨论,在推进村民自治过程中彰显村庄本位,突出村民的主体性和自主性,进而体现民主决策、协商共治、村组自治与村民治村的自治精神,这是塘约村实现村庄有效治理的主要经验。"①

（2）健全社会组织或团体

建立健全村民小组委员会、村民自治组织、村民代表委员会,搭建更多反映民意的参与平台,是创新村民自治的重要途径。这些群众性组织,在调解当地社会纠纷、化解当地社会矛盾、表达老百姓诉求、组织村民参与集体事业以及公益事业、发扬公共精神等方面都发挥着重要作用。有些地方的农村成立农村建筑队、农村运输队、农村妇女创业中心、农村舞蹈队、农村乐器队等民间社会组织,对于团结当地村民,提振村民奋发向上的精神,丰富农村物质和文化生活有着积极影响。2019年以来的新冠疫情使我们清醒地认识到:社会治理需要发挥社会组织凝聚人心、协调关系的作用,因为在多方参与并形成开放治理新格局的基础上,"构建以社会组织与志愿者为重要支撑的社会治理新格局"②,离不开培育对于当地经济社会发展密切相关的社会组织,并发挥社会组织的积极作用。此外,这些组织通过各种合适的方式,在培养村民自主意识和民主协商精神方面日益发挥着纽带作用。

在乡村治理结构体系中,村民委员会和村党支部通过定期召开会议,就公共利益和集体问题进行协商,最终通过村"两委"沟通,以村"两委"名义制定和下发一些相关规定。如果村民对村"两委"决议或者下发规定有意见,可以通过村级议事协商机构表达自己愿望及诉求,或通过召开村民代表大会的形式,以集体投票方式对重要问题进行表决,这种做法充分体现了村民的意见和想法,体现了"村民自治"的本质特征。发挥社会组织的作用,为实现村民自治权利搭建平台,有助于提升村民自治水平。为了解决村民遇到的各种困难和问题,在加强党组织建设基础上,村民可以以每10户或者每5户为单位选举1名村民代表,在自然村选出村民小组长,由村民代表选举产生村民委员会,村民委员会要时刻对村民负责。乡村治理需要村民委员会享有并行使相应的权力,同时也需要确保其权力更加有效和规范。

（3）优化自治结构

乡村治理结构直接决定着乡村治理的合法性、公正性和有效性。在乡

---

① 　马良灿:《实现乡村社会有效治理的路径探索》,《甘肃社会科学》2019年第4期。
② 　郑功成:《多管齐下推进社会治理现代化》,《社会科学报》2020年3月6日。

村治理体系建设中,优化乡村治理结构,调动和挖掘多元主体潜能、合理发挥他们参与乡村建设与治理的作用,有助于提高乡村治理效果和水平。优化乡村治理结构,关键在于科学设置乡村治理机构、合理配置乡村治理主体职能。

农村党组织掌握着乡村治理方向,承担着领导和实施乡村振兴战略、推进乡村治理现代化的具体责任。但是,目前农村党组织领导乡村建设、满足农民追求美好生活需要、解决乡村社会矛盾、化解具体利益纠纷的能力普遍有待提高。所以,优化乡村治理结构,应该把工作重点放在加强党组织领导能力建设上,使农村党组织成为谋划发展、凝聚民心、改善民生、维护社会和谐的领导核心。在加强农村党组织建设过程中,应该深入认识和正确处理各类乡村组织之间的关系,建立有利于发挥党组织领导功能和其他组织参与功能、适合乡村发展和治理要求的组织体系及其职能配置机制,尤其应该实行符合农村现状和特点、具有一定弹性的党支部书记任期责任制度,以不断强化农村党员干部的责任意识、规矩意识和法治意识,保证党性强、素质高、有能力、敢担当的优秀党员担任农村党支部书记。

优化乡村治理结构,需要深刻认识乡村自治和法治发展趋势,把握乡村发展和治理规律,根据构建社会主义现代乡村治理体系的本质要求,坚持正确处理基层党组织、村民自治组织、各类合作型社区组织、个体农民等多元主体之间的关系,充分发挥党组织领导职能,有效发挥自治组织自治职能,深入挖掘各类产业组织和社会组织治理潜能,加大对农民主体培养力度,提高农民主体地位和主体意识,贯彻以农民为主体的理念,逐渐消除对农村社会组织不放心、不信任的心态,使各类组织和个体农民尽快成长为各司其职、适应农业农村现代化发展要求的建设者和治理者。

3. 加强民主监督

民主监督是全过程民主的重要环节,不可或缺。民主治理是乡村治理的本质特征,加强基层民主建设自然包括强化基层民主监督。基层民主监督的实施路径可以包括以下方面:

(1)落实村党组织书记县委备案管理制度

"全面落实村党组织书记县级党委备案管理制度,建立村'两委'成员县级联审常态化机制,持续整顿软弱涣散村党组织,发挥党组织在农村各种组织中的领导作用",[1]这既反映了加强农村基层党组织建设的实际需要,也是中央关于加强农村基层党组织干部队伍建设、管好"关键少数"的要求。

---

① 《十九大以来重要文献选编》(中),中央文献出版社 2021 年版,第 364 页。

（2）严格监督管理村党组织书记

村务公开、民主参与是实现民主监督的关键，"严格村党组织书记监督管理，建立健全党委组织部门牵头协调，民政、农业农村等部门共同参与、加强指导的村务监督机制，全面落实'四议两公开'（即党支部会提议、"两委"会商议、党员大会审议、村民代表会议或村民会议决议；决议公开、实施结果公开）"①是目前正在实行但仍需继续强化和完善的村务监督机制。

（3）加大基层巡察工作力度

根据农村基层干部暴露出来的失职渎职和各类贪腐案件，建立农村基层巡查制度是必要的，而且目前很有必要加大农村基层巡查工作力度，规范农村"三资"管理，促进农村基层干部工作作风转变，尤其应该"强化基层纪检监察组织与村务监督委员会的沟通协作、有效衔接，形成监督合力"，②努力杜绝或减少农村基层干部严重腐败案件发生。

（4）强化村民监督机制

村民监督是发展农村基层民主、促进村民自治、实现乡村善治的基本要求。村民监督的前提是信息公开和村民参与，公开决策信息、村民参与决策、实行民主管理和民主监督，是紧密衔接的基层民主发展过程，缺少了其中任何一个环节，村民自治就有可能流于形式，所以为了确保村民对农村政策、村务等方面的知情权，及时发现损害村民利益行为并迅速加以纠正，必须鼓励村民通过适当参与决策、监督决策实施和举报等方式维护自身权益。

（5）完善民主评议制度

党组织书记、村委会主任、党员、村民小组长等担任一定职务和履行一定公职的人员，都要定期接受民主评议与考核，考核结果必须定期公开，并把考核结果与待遇联系起来，对所有担任管理职务的人员实行能上能下的动态管理，以便淘汰不合格、不称职人员，保持乡村治理的活力与动力。

（6）健全绩效考核机制

健全村级绩效考核机制，是确保村级组织发挥作用的重要环节。对基层干部进行考核，目前还没有制定适应提高考核绩效需要、更加科学合理和简便易行的考核指标体系，而单纯按照"德、能、勤、绩"的指标进行考核，不把考核指标体系具体化，对基层干部考核可能会流于形式，起不到保障乡村治理实效性的作用。为此，应把建立和完善农村党组织干部考核指标体系，作为提高乡村治理实效性和实现乡村善治的重要内容。

---

① 《十九大以来重要文献选编》（中），中央文献出版社2021年版，第364—365页。
② 《十九大以来重要文献选编》（中），中央文献出版社2021年版，第365页。

此外,发挥乡村治理监督职能,保障监督职能的实效性,还需要强化基层巡视巡察制度,以便纠正乡村各类基层组织和党员干部不利于改善民生。甚至危害群众利益的失职渎职行为和错误做法。

二、完善法治保障

在治理方式上赋予德治和法治以新的内涵,促进法治与德治相结合,是中国现代乡村治理的重要特征。实质上,"德治和法治一样,都是作为乡村社会基本调整手段而存在和发挥作用的"①。在推进德治的同时,重视乡村法治建设和发展,是实现乡村善治的客观要求。"全面提升社会治理法治化水平,依法维护社会秩序、解决社会问题、协调利益关系、推动社会事业发展","开展法治乡村创建活动"②,则是实现乡村善治的重要路径。现代乡村治理与传统乡村治理最大的差异,集中表现在多元主体参与乡村治理,必须尊法、守法、用法;村规民约等民间法的制定和适用,必须与国家法律保持一致;而实施法治的最终依靠则是培养农民的法治人格、法治精神、法治思维和法治素养,并且养成遵法、守法、用法的习惯。

1. 坚持依法治理

依法治理是实现乡村善治的主要途径和基本方式,是乡村治理体系现代化的突出标志。在乡村治理中,地方基层政府的作用至关重要,但其必须带头遵守宪法和法律,严格履行依法治理职责。这是因为,基层政府不仅是乡村治理的重要主体,而且是乡村治理资源和公共服务的主要供给者。所以,在落实国家政策、实施治理方略时,必须首先强化政府法治思维,促使其严格依法办事。广东省惠州市推行一村一法律顾问的经验,就充分体现了政府在提供法律服务方面的作用。该市通过组织律师团队下乡方式,把法治服务送到老百姓家和田间地头,通过律师团队化解村民之间、村民与集体之间的矛盾,收到了良好效果。"据市司法部门统计,截至2018年底,全市712名村(社区)法律顾问共解答法律咨询超过20万次,开展法治宣传讲座超过2万次,调解矛盾纠纷约2万宗,提供法律援助4000余次。"③惠州推行一村一法律顾问制,树立了法律权威和律师的良好形象,提高了村民对法律的信仰。实行律师下乡服务活动以后,村民遇事不再找人托关系,而是遇

① 黎珍:《健全新时代乡村治理体系路径探析》,《贵州社会科学》2019年第1期。
② 中共中央印发《法治社会建设实施纲要(2020—2025)》,2020年12月7日,见http://www.gov.cn/zhengce/2020-12/07/content_5567791.htm。
③ 凌康康:《惠州"一村一法律顾问"入选全国首批乡村治理典型案例》,《惠州日报》2019年6月12日。

事找律师咨询处理,减少了矛盾纠纷,节省了诉讼成本,促进了社会和谐,为乡村治理提供了法治保障。

2. 培养农民法律素养

通过举办农民讲习所、农民业余学校等方式,加强对农民的法治教育,为他们提供法律服务,强化农民信法、尊法、敬法、守法思维和意识,以增强农民法律素养,这是目前一些治理成效较好的地区普遍实行的做法。在乡村治理过程中,基层党组织和行政部门,加强法律宣传,注重在乡村普及和运用法律知识,引导农民依法办事,成为自觉尊法、守法典范。此外,当农民遇到利益纠纷或发生矛盾时,运用法律武器或争取相应的法律援助,依法维护自身权益,避免采用极端方式解决问题,则有利于加快推动农村走上法治化轨道。

3. 完善村规民约

随着经济社会发展,传统村规民约已经不能适应社会发展实际和法治乡村建设需要。因此,在新时代调整村规民约内容,完善村规民约,注入现代理念,已经成为农村社会发展和有效治理的必然要求。对原有村规民约进行深入研讨与反思,对适应现代社会发展并符合法律规范的内容进一步细化,提高村规民约的可操作性,使其更加科学合理,更加体现法治精神和现代化要求,是制定和完善现代村规民约的基本趋势。"用法治思维引领乡村治理,严格依照法律法规和村规民约规范乡村干部群众的行为,让依法决策、依法办事成为习惯和自觉。"[1]以贵州省安顺市平坝区乐平镇塘约村为例,该村于2017年11月被评为第五届全国文明村镇,2019年12月被列入全国乡村治理示范村。"塘约村民甚至以村规民约的方式将道德伦理作为衡量村民行为是否合格的基本道德尺度"[2],把不孝顺父母、不管教未成年子女、不勤俭节约反而铺张浪费、不参加村集体公共事务的村民都列入黑名单,而一旦被列入黑名单,除了受到道德谴责和村民批评外,还不能享受优惠政策,不能得到集体服务。

北京市顺义区从2015年开始,大力推行村规民约建设,推动乡村治理走上规范化道路,并实现了乡村治理法治化、规范化。该区每一个行政村,都有自己各具特色的村规民约,用于规范村民日常生活。村规民约的关键功能是管事,需要内化于心,外化于行,通过对村民潜移默化的影响,引领良

---

① 中共全面依法治国委员会印发《关于加强法治乡村建设的意见》,2020年3月25日,见 https://www.chinanews.com/gn/2020/03-25/9137439.shtml。

② 马良灿:《实现乡村社会有效治理的路径探索》,《甘肃社会科学》2019年第4期。

好社会风尚建设。以该区马坡镇石家营村"婆媳澡堂"为例,该村规定:"儿媳陪着婆婆、孙女陪着奶奶、儿子陪着父亲、孙子陪着爷爷以及陪着邻居家的老人一起前来的沐浴者,实行免费。"①这种做法不仅弘扬了孝道文化,而且融洽了家庭以及邻里关系,有助于形成互助友好的社会氛围。

三、强化德治建设

乡村治理是多元主体共同参与的社会活动过程,其中农民既是乡村治理的利益攸关者,又是人数众多和最直接的治理主体。所以,实现乡村善治,归根结底要依靠农民综合素质的提高,要结合乡村社会特点,把德治贯穿于乡村治理全过程。正如《乡村振兴战略规划(2018—2022 年)》所言:"德治滋养法治、涵养自治,让德治贯穿乡村治理全过程",②这是强化乡村治理价值引领的客观要求。强化德治,需要做好以下工作:

1. 抵制不良风气侵袭

随着改革开放持续推进,中国乡村经济呈现整体进步势头,但乡村精神文明在城镇化、信息化、现代化过程中受到了前所未有的冲击,其突出表现就是传统乡村文明日渐式微,而新的适应经济社会快速发展要求的道德风尚和社会规范却没有建立起来。在物质生活上盲目攀比,忽视道德和国民精神教育,忽视培养青少年的社会公德和健全人格的现象还有出现,尊老敬长、邻里相助的传统美德淡化,甚至在一些地区不复存在了。"这一切都在腐蚀乡村,都在从根本上动摇乡村治理的道德根基,摧毁乡村居民的精神大厦"。③ 抵制农村不良风气侵袭,应该纳入国民精神整体教育范畴,需要推进乡村精神文明建设,重建农村居民精神家园,重建村民道德规范,通过现代村民精神和道德重建,为实现乡村善治注入动力。

2. 弘扬优秀传统文化

习近平总书记提出:"推进国家治理体系和治理能力现代化,要大力培育和弘扬社会主义核心价值体系和核心价值观,加快构建充分反映中国特色、民族特性、时代特征的价值体系。"④中华优秀传统乡土文化所反映出来

---

① 王昊男:《北京市顺义区委书记王刚:村规民约填补法制洼地》,《人民日报》2016 年 5 月 18 日。

② 王昊男:《北京市顺义区委书记王刚:村规民约填补法制洼地》,《人民日报》2016 年 5 月 18 日。

③ 良灿:《实现乡村社会有效治理的路径探索》,《甘肃社会科学》2019 年第 4 期。

④ 《习近平谈治国理政》第一卷,外文出版社 2018 年版,第 106 页。

的包容、理解、谦让、换位思考、守望相助等文明特征,是构建现代多元互动、合作共治的乡村治理体系的根脉,为实行乡村自治和法治提供了思想文化源泉。此外,在长期历史发展过程中,村规民约的形成、演进及其对乡村社会的深刻影响,为乡村建设和治理提供了制度性参考;长期积累和传承下来的伦理规范、风俗习惯等,则是乡村德治建设的丰富资源。"农村精英"及各类现代人才的道德影响力和良好的沟通协调能力,架起了政府与乡村之间的沟通桥梁,对村民践行村规民约起到了引领和促进作用,更使得村民行为有所归依,维护了乡村社会长期和谐稳定。

传承优秀传统乡土文化,构建现代乡村文化,必须以社会主义核心价值观引导农民崇尚真、善、美,在整体上提升道德素质。广大农民在遵纪守法基础上,逐渐养成崇尚科学知识、讲究文明礼貌、提倡尊老爱幼、爱护卫生保健、追求和营造美好人文环境的社会风尚,并树立依靠自己艰苦奋斗、创造美好生活的理想,方可使乡村治理的文化根基更加稳固。

3. 加强家庭家教家风建设

加强农民道德教育,规范村民生产生活行为,离不开弘扬优秀传统乡村规范、中华传统美德等社会规范,需要"在推进乡村治理中发挥非强制性约束规范作用,进一步厚植推进乡村善治的基础"[1]。精神文明建设是乡村治理现代化的重要评价指标,在农村精神文明建设进程中,中国曾经开展过"五讲、四美、三热爱""八廉八耻""职业道德、社会公德、家庭美德"等教育活动,各地结合实际开展了各类模范家庭、道德人物、先进人物等评选活动,注重从家庭、家教、家风建设入手,推动社会文明整体发展,这也是加强农村精神文明建设、促进乡村良好社会风尚加快形成,实现乡村善治应该遵循的路线。

以推进"三德"教育为例,在实施乡村振兴战略和乡村建设行动背景下,深入开展以"社会公德、职业道德、家庭美德"为内容的道德教育,可以为提高乡村德治水平提供有力支撑。在社会公德方面,要引导农民在遵纪守法基础上,争做文明礼貌、互帮互助、保护环境、热爱集体和有道德、有素质、有文化的公民;在职业道德方面,要积极引导农民通过诚实劳动、合法经营发家致富;在家庭美德方面,积极提倡尊老爱幼、夫妻恩爱、邻里相助,发挥德治在乡村治理中的独特价值和社会整合功能,进而形成张扬乡村良好风尚的强大社会力量,形成家庭和睦、社区和谐的良好社会局面。

---

① 黎珍:《健全新时代乡村治理体系路径探析》,《贵州社会科学》2019年第1期。

四、以优化整体结构促进"三治"结合

自从 2018 年中央一号文件提出构建乡村治理新体系,坚持自治、法治、德治相结合,加强农村基层党组织建设、深化村民自治实践、建设法治乡村、提升乡村德治水平、建设平安乡村,并及时制定了《乡村振兴战略规划(2018—2022 年)》,到 2021 年 4 月 29 日全国人大常委会通过《乡村振兴促进法》,"三治"结合从中央政策规范上升到了国家法律,由此可见,"三治"结合是深刻反映中国乡村治理经验、治理规律的现代理念和现代规范,不仅对于走出乡村治理困境、实现乡村善治具有指导意义,也是推进乡村治理体系和治理能力现代化必须遵循的基本国策和法律规范。

1. 摆脱乡村治理困境

谈到乡村治理,人们常把缺乏资金、技术、人才三大要素作为影响或制约乡村发展和治理绩效的主要因素。实际上从现实来看,资金、技术、人才问题不是立即可以解决的问题,与其空谈这些问题,不如在逐渐创造条件有序解决这些问题的同时,加紧解决同样影响乡村治理效能而马上又可以解决的治理结构缺乏内生动力、村民公共精神缺失,某些治理主体对乡村社会矛盾和治理规律缺乏认识以及对这些矛盾和规律把握不够全面和准确的问题,这才是摆脱乡村治理困境应采取的正确态度。

(1)优化治理结构

优化治理结构的第一要义,是指优化治理主体及其功能结构。目前的乡村治理结构存在着主体地位不平等、功能发挥不均衡,不利于相互制约、相互激励、相互促进等缺陷,关键主体职责重大而动力不足,自治组织和农民群众参与热情高而功能发挥受限,其他社会主体参与愿望强烈而参与渠道不畅,突出表现在以下几个方面:

一是社会组织力量没有跟进,乡村治理依靠党组织引领和政府主导,缺少社会力量的参与和推动,难以形成组织化的乡村治理格局。

二是共谋共建共治共享的治理机制没有建立起来,农民群众一方面希望表达自己诉求,另一方面又存在参与渠道不畅、参与治理的积极性和主动性总体不高等问题。

三是一些地方家族势力、宗族势力、黑恶势力影响较大,甚至"两委"选举及其成员受他们控制,堵塞了多数村民参与治理的道路。在一些农村,家族势力、宗族势力并没有随着经济社会发展而衰落,个别地方的家族势力、宗族势力甚至有所膨胀,黑恶势力横行乡里的现象也时有发生,经常干预农村党组织、自治组织的决策及其执行。

四是基层党组织发展缓慢,难以把一些优秀群众吸引到党内来,这与城镇化快速发展导致农村人才外流有很大关系。一些地方老、妇、幼居多的乡村人口结构,使得农村建设和治理人才极其匮乏,对于选拔农村基层干部造成很大困扰,直接影响了乡村发展和治理能力提升,很难适应新时代乡村治理对于治理主体综合素质和能力的客观要求。

以上可知,提高乡村治理实效性,需要调整和优化乡村治理结构,关键是在基层党组织领导下,加强基层政府服务管理,适当提高自治组织和农民群众的主体地位和治理功能。应把培育和发展乡村社会组织作为基层党委和政府的一项日常性工作来抓;应通过建立健全共谋共建共治共享机制,保障村民参与权利,畅通村民参与渠道;应采用法治方式和法治手段,必要时也可通过特殊立法或制定特殊政策,加大对家族势力、宗族势力和黑恶势力干预、把控"村政"问题的治理;应采取经济、教育等手段,把一些有培养前途的年轻村民和有一技之长的群体挽留在乡村,并制定优惠政策吸引大学生和城镇市民回乡创业,为乡村发展和治理贡献力量。

(2)提升村民公共精神

新中国成立以来尤其改革开放以来,不少村民通过艰苦奋斗走上了致富道路,但也有部分村民"等、靠、要"思想严重,缺乏自强意识和奋斗精神,安于现状或被动等待救济。前些年,一些地方的民政系统干部在扶贫过程中发现,文化扶贫非常重要,因为有些村民自己没有发展思路或者致富想法,国家救济过后,生活又回到原点,贫困在代际之间不断传递,甚至出现贫富固化及其差距拉大现象。必须高度重视乡村教育和人才培养问题,尤其要重视普及法律知识,不断开展做好村民、好公民的教育。

(3)加快解决乡村社会矛盾

在传统农业经济向现代市场经济转型过程中,村民的世界观、人生观、价值观发生了重大变化,但社会主义核心价值观尚未普遍树立起来,形成了思想领域新旧冲突、新旧交替、错综复杂的局面。同时,在经济社会快速发展、国家各项惠农政策实施过程中,乡村社会也出现了新的矛盾和新的问题,有些矛盾和问题产生的根源,由于涉及土地、财产、生存环境等农民切身利益,而且伴随改革开放不断深化而开始发生结构性变化,即由个体农民之间的矛盾向群体性或阶层之间的矛盾转化,这些矛盾如果不能得到合理解决,经过长期积累,就会引发局部冲突和社会混乱,影响乡村社会长期和谐稳定。另外,当前农民的生活需求呈现出多样化、多层次化趋势,当农民的利益诉求和愿望没有得到满足时,各种社会矛盾和社会问题与农民的利益诉求和愿望得不到满足交织在一起,就会给乡村社会治理增加难度,严重影响乡村治理走向善治。

2. 促进自治、法治、德治有机结合

"三治"结合是治理方式层面的不同方式相结合。提高乡村治理的实效性,最重要的莫过于建立有效解决乡村社会各种矛盾和问题的机制、搭建走向乡村善治的平台,使得优化乡村治理体系成为历史必然。党的十九大报告指出:"要加强农村基层基础工作,健全自治、法治、德治相结合的乡村治理体系"①,这就为如何有效开展乡村治理工作指明了方向。

(1)走乡村善治之路

从2013年党中央提出实现乡村治理现代化以来,善治成为乡村治理的重要目标和发展方向。在习近平总书记强调"创新社会治理体系,走乡村善治之路"之后,如何实现乡村善治,已经成为理论工作者和实务工作者普遍关注的课题。早在2000年,国内学者在推介"善治"理论时就指出:"善治的本质特征就在于它是政府与公民对公共生活的合作管理,是政治国家与公民社会的一种新颖关系,是两者的最佳状态。"②从此以后,"善治"概念被广泛运用于国家治理和社会治理领域。在新时代,中国共产党不断推进马克思主义治理理论同中国社会实际相结合、中华民族传统治理智慧同社会治理创新相结合,把推进乡村治理的历史逻辑、实践逻辑、理论逻辑、制度逻辑有机统一起来,坚持以农村基层党组织建设为抓手,深入探索推进自治、法治和德治相结合的具体实施路径及有效实现方式,筑牢乡村"善治"根基,严查、严惩"小微权力"腐败,维护乡村和谐稳定大局,已经开启了乡村"善治"的新征程。

面对乡村治理进程不断深化,国内学者指出:"乡村善治是乡村的良好治理,即有效保障乡村居民基本权利和自由、维系社会公平正义、保持和谐有序与生机活力的乡村社会状态。乡村善治既是一种治理理念,也是一种治理过程、治理状态和治理目标",③因此必须毫不动摇地沿着这一方向走下去。

(2)健全县、乡、村三级治理工作系统

实现乡村"善治"目标,需要健全乡村治理工作体系。2020年1月2日,中共中央、国务院《关于抓好"三农"领域重点工作确保如期实现全面

---

① 《十九大以来重要文献选编》(上),中央文献出版社2019年版,第23页。
② 赵一夫、王丽红:《新中国成立70年来我国乡村治理发展的路径与趋向》,《农业经济问题》2019年第12期。
③ 赵一夫、王丽红:《新中国成立70年来我国乡村治理发展的路径与趋向》,《农业经济问题》2019年第12期。

小康的意见》提出："坚持县乡村联动,推动社会治理和服务重心向基层下移,把更多资源下沉到乡镇和村,提高乡村治理效能。"①在县、乡、村三级行政管理体制之下,县级党委和政府需要做好基层统筹管理与规划,把握基层工作方向,上述意见还要求"建立县级领导干部和县直部门主要负责人包村制度"。② 此外,县级党委和政府要具体探索自治、法治、德治相结合的乡村治理体系,并将在乡村治理实践中积累起来的典型经验,在全县范围内推广;乡镇党委和政府作为联系县和乡村的桥梁纽带,需要发挥好上传下达的作用,履行好审批、服务等管理服务职能,具体负责实施搭建管理服务平台工作,提高服务水平和效率;村级党组织和村委会等基层治理机构的职能配置和履行,要走向制度化、规范化、程序化道路,要健全基层自治体系,不断强化自我管理、自我服务、自我教育、自我监督职能。

（3）以"三治"结合实现乡村"善治"

"三治"结合是农村事务的复杂性及科学处理农村复杂事务客观要求的反映,是中国语境和条件下实现乡村"善治"的根本途径和主要方式。

"善治"是现代农民对乡村治理目标和场景的美好追求,实行"善治"既需要正确处理多元治理主体的关系,突出农民主体地位和作用,又需要正确的价值导向和可靠的制度保障。而将根本价值取向一致但具体治理方式又存在差异的自治、法治、德治结合在一起,达到最理想且可行的善治状态,仍然需要在理论上进行系统论证、在实践中进行深入探索。

从理论和实践双重维度看,法治须是包容德治价值、融合自治要求的最根本制度形态和实践形态,德治引领法治,自治以法治为前提,法治包容自治和德治,从而实现三者统一。在实践操作中,乡村"善治"需要不断加强法治建设,在任何时候、任何情况下,都不得违背法治精神、脱离法治轨道,以确保公共权力在法治规范下运行,确保村民行使合法权利不受妨碍;德治作为实行"三治"结合治理体系的价值支撑,正如习近平总书记所言:"作为礼仪之邦的中国,要发挥德治的功能,要推进德治建设、培育公民公共意识和公共精神,夯实良好的道德根基,要发展自治建设,激发自治建设主体参与乡村治理的积极性。""只有厘清乡村治理中自治活力、法治秩序、道德规范相契合的源生内需与契合机理,才能通过文化塑造、角色定位、功能优化和政策调适,实现自治、法治和德治的价值融合、主体协同、聚合效能和制度

① 《十九大以来重要文献选编》(中),中央文献出版社 2021 年版,第 365 页。
② 《十九大以来重要文献选编》(中),中央文献出版社 2021 年版,第 365 页。

优化,构建契合中国场域的三维互动现代乡村治理新体系。"①

第四节　实现社会化专业化现代化治理

构建共谋共建共治共享的乡村治理格局,需要"充分调动各种社会力量有序参加社会建设与社会发展的积极性、主动性,真正尊重社会成员在社会治理中的主体地位和自主性,做到社会事务共同负担,社会建设共同参与,社会风险共同应对,社会成果共同分享"②,即加快实现社会化专业化现代化乡村治理。

一、实现社会化治理

乡村治理社会化是实现乡村善治的重要特征,主要体现为乡村治理主体的社会化、资金来源的多元化和治理监督的社会化。

1. 治理主体社会化

传统乡村治理,主体比较单一、活动较为封闭,出现这种情况的原因,主要在于传统国家过度放任精英阶层垄断治理权力,形成少数家族或乡贤治理格局,由于乡村治理存在灰色地带,乡村弱势群体利益得不到保护,其诉求不被重视,这也是传统乡村治理缺乏公正性、合理性的重要表现。目前我国经济社会发展仍然处于由传统向现代转型过程中,不少农民在市场经济和新型城镇化裹挟下,为了谋生或改善生活,而穿梭于城市和农村之间,在乡村治理中的角色缺乏清晰定位,主体功能得不到发挥。

在封闭条件下,传统乡村治理所依靠的力量只能是少数人,即使在强大的宗族血缘势力治理下,其作用仍然是有限的,而且在价值取向上存在社会阶层偏向或社会地位偏向。随着经济发展和社会演进,进入改革开放时期以来,中国城乡分割的二元社会结构逐渐被打破,城乡发展呈现出相互融合趋势,这既是国家整体现代化发展的需要,也是农村实现飞跃性发展的机遇。乡村治理需要多元主体合作共治,即促进治理主体社会化,打破以往由于主体单一而导致的治理路径依赖,为最终实现乡村善治奠定社会基础。

实现多元合作共治,首先需要合理发挥多元主体治理功能,"构建以乡镇党委领导、乡镇政府主导,农村基层党组织和村委会为基础,农民群众为

---

① 姜晓萍、许丹:《新时代乡村治理的维度透视与融合路径》,《四川大学学报(哲学社会科学版)》2019 年第 4 期。

② 郑功成:《多管齐下推进社会治理现代化》,《社会科学报》2020 年 3 月 6 日。

治理主体,合作社等社会组织和新型家庭农场等经济组织为重要组成部分的乡村多元治理格局。"①多元主体在乡村治理中发挥作用,适应乡村治理现代化发展趋势,需要"树立多方参与、开放治理的社会治理创新理念"。②除此之外,多元共治不应该是分子式的个别参与,而应把独立存在的治理主体聚合为整体性的社会存在。就是说,"乡村社会治理主体系统是乡村治理各个主体作为系统的一个要素,按照有序的结构组成的一个整体,乡村治理主体系统化就是要协调好各个主体之间的关系,每个主体之间要有限制也要有合作"③。促进和形成乡村治理主体系统化,需要从以下两个方面努力:

（1）推动和优化乡村治理主体资源整合

正如费孝通先生所言,乡村社会是一个社会关系网,就像往湖的中心投入一个石子,由此引起一圈又一圈的涟漪,这就构成了中国社会关系的网络。在新时代乡村治理中,不仅要发挥正式的治理主体职能,也需要发挥非正式社会治理主体的积极性,并逐渐形成乡村治理的良好社会关系网络。

（2）建立和完善乡村社会主体协同治理机制

建立和完善多元协同治理机制,需要多元主体在参与治理过程中明确分工、加强合作,做到垂直分工与水平分工相组合,克服单一垂直分工和水平分工造成的条块状弊端,改变分子式参与的势单力孤现象,降低乡村社会治理中物质资源和人力资源浪费,实现乡村治理高效率发展。

乡村治理主体体系整合是一个动态的过程,各个主体需要做好分工协作,"在充分合理的分工基础上,可以按照每个治理主体自身的特点和作用,统筹兼顾、协调配置、扬长避短,充分地发挥各自优势,实现效益互补。运用和发挥好这种协作能力,对于乡村治理来说是非常重要的。"④目前乡村治理主体有党组织、政府、自治组织、村民、农村精英、社会组织等社会力量,只有政府与各种社会力量团结协作,加强合作与交流,明确各自分工,发挥各自优势,才能优化乡村治理体系结构,提高乡村治理效能,促进乡村善治。

2. 治理资金来源多元化

乡村治理是乡村发展和乡村振兴的重要保证。治理需要一定物质条

---

① 赵一夫、王丽红:《新中国成立 70 年来我国乡村治理发展的路径与趋向》,《农业经济问题》2019 年第 12 期。

② 郑功成:《多管齐下推进社会治理现代化》,《社会科学报》2020 年 3 月 6 日。

③ 王云飞、高源:《乡村治理主体系统化的建构及其策略》,《长白学刊》2015 年第 1 期。

④ 王云飞、高源:《乡村治理主体系统化的建构及其策略》,《长白学刊》2015 年第 1 期。

件,离不开资金支持,而以往的乡村治理资金投入不足,治理效能和水平相对较低。近些年来,乡村发展战略不断升级,社会主义新农村建设、美丽乡村建设举措先后出台,新型城镇化战略、乡村振兴战略、乡村建设行动、法治乡村建设相继实施,国家对乡村建设和治理的资金投入逐年增加,不少地区的村容村貌、生态环境治理等较以前有了很大改观。

但由于工业重心、人口重心、经济金融重心、政府工作重心始终在城市,与城市建设和治理相比较,农村发展与治理依然滞后,治理能力和水平依然较低。要提升乡村治理效能和水平,必须投入大量人力、资金和技术,同时需要城市反哺农村,促进城乡均衡发展。"据了解,河南2013年启动'美丽乡村'建设试点的工作,重点培育建设美丽宜居小镇、中心村及特色村",截至2016年底,"省财政奖补资金52亿元,实施562个美丽乡村建设项目,引导市县财政投入、村民筹资筹劳、整合其他财政涉农项目资金、带动社会资金投入约400亿元,美丽乡村建设取得显著效果"①。

乡村治理需要多方筹集资金,除了中央政府及地方各级政府资金投入外,还需要引入市场力量,吸引社会资本和民营企业等多方投资。一些有实力的企业可以通过直接投资形式,助力部分地区农村经济发展,从而实现双赢战略。从国外来看,日本、韩国融合发展实践中有一条非常重要的经验,就是推动企业与农村合作发展,通过企业与农村对接和帮扶,实现了城乡融合发展目标。在中国乡村治理实践中,也应该通过完善营商政策、优化营商环境,加大引入社会资本力度,推动社会资本、民营企业等在乡村治理中发挥更大作用。

3. 治理监督社会化

提高乡村治理水平,需要落实乡村治理社会监督机制,即实现乡村治理监督社会化,保障乡村治理资本充分发挥效能。在乡村治理过程中,中央制定了一系列"把权力关进笼子里"的政策措施,地方各级党组织和政府为了保障权力在阳光下运行,在实践层面进行了有益探索。

但是,随着"放管服"改革逐渐展开和以高科技为载体的信息化快速发展,乡村治理形势和任务也在不断发生变化,新事物的出现不断冲击既有的生产生活秩序,适应日趋严峻复杂的社会治理形势,需要治理主体更加多元化、治理手段更加多样化;相应地,也需要治理监督主体更加多元化、治理监督技术手段更加多样化。因此,可以考虑在农村社区建立监督平台,对农村

---

① 樊霞:《河南省投入52亿元资金实施562个美丽乡村项目建设》,2016年12月19日,见 http://www.henan.gov.cn/2016/12-19/368185.html。

财务、集体资产交易、集体经济收益和去向等情况进行监督和跟踪。早在2012年,广东肇庆市端州区在建立党风廉政建设信息公开平台的基础上,就尝试着建立了集体资产和财务监督综合平台,在平台内部还建立相应的管理平台,负责农村集体资产管理交易、农村审计、农村财务等,形成了农村资产管理、财务管理和监督一体化,提高了治理监督的社会化水平,实现了农村集体资产规范管理和乡村治理监督机制的重要创新。

为了打通农村基层监督"最后一公里",2018年5月25日,广东省梅州市梅江区从"区纪委监委选聘了10名扶贫领域义务廉政监督员,并对该区10个省定贫困村开展廉政监督全覆盖,全力拓宽农村基层监督渠道,有效打通农村基层监督'最后一公里',推进扶贫领域监督执纪工作",①收到了良好效果。

在自媒体时代到来之际,舆情监督发挥着越来越重要的作用,有些地区在乡村治理中引入了舆情软件,发挥其在收集舆情信息方面的优势,为当地相关部门防范风险提供了信息支撑。在乡村治理中,为了提高村民参与监督的积极性,可以考虑引入舆情软件,拓展监督渠道,创新监督方式,发挥现代科技在监督方面的积极效能。

二、推动专业化治理

在众多乡村治理主体中,人口规模最大的主体是农民,只有农民广泛深入参与乡村治理,实现社会化治理和专业化治理相结合,才能实现乡村善治。因此,必须增强乡村治理的针对性,培养专业化人才,提高专业化治理水平。

1. 坚持问题导向

实现中华民族伟大复兴和"两个一百年"奋斗目标,农村地区的发展状况和治理水平是关键的影响因素。随着农村生产方式和农民生活方式逐渐改变,乡村治理要求也需要相应改变。党的十九大强调建立"三治"结合的乡村治理体系,目前全国各地正在积极践行"三治"结合理念,积极探索实现乡村善治的途径和方式。

推进自治、法治、德治相结合,必须坚持问题导向,在发现和集中梳理农村地区具体问题的基础上,制定针对性较强的应对之策。在自治方面,要及时发现乡村治理中基层党组织领导不力、社会组织滞后、群众参与程度较低

---

① 肖惠媚、黄思华:《打通农村基层监督"最后一公里"》,见 https://www.sohu.com/a/233648782_161794。

等问题;在法治方面,要及时解决乡村干部和农民法治意识不强、村集体经济组织人治色彩明显、违法乱纪现象难以杜绝等问题;在德治方面,要克服只注重发展经济,而忽视文化建设、不重视核心价值观培育、不重视群众教育等问题……只有这样,才能发现问题的根源及其相互关联性,才能集中力量解决突出矛盾,找到乡村治理发展的有效途径,进而加快实现乡村善治目标。必须特别指出,自治、法治、德治三者的边界不是绝对的,乡村治理中面临的许多问题,不是单独依靠自治、法治或德治可以解决的,自治要以法治为前提,法治要以德治为价值引领,德治离开法治保障就会变得苍白无力,三者必须互相依赖,相互协调,相互促进,相互融合,共同致力于乡村善治目标的实现。

2. 加强应急管理能力

风险就是事件未来可能发生的一切不确定性,其客观存在,无处不在,无时不有。社会风险是指对社会生产及人们生活造成损失的风险,包括导致社会冲突、危及社会稳定和社会秩序的可能性。风险的存在使乡村治理增加了治理难度,其损害性和危害性在不断提醒人们,必须重视和加强乡村治理,提升应急管理能力。

2019 年新冠疫情暴发以来,我们亲眼见证了党和政府的社会动员能力、组织能力和治理能力,也暴露了在社会治理方面存在的短板和问题。为了规避农村地区面临的风险,促进和谐美丽乡村建设,迫切需要加强乡村治理中的应急管理体系和管理能力建设。习近平总书记不止一次地谈到应急管理体系建设问题,尤其新冠疫情发生以后,应急管理体系建设被提到了社会治理的重要位置。2020 年以来,浙江省金华市、淮南市、义乌市等地党委纷纷制定《关于推进"基层党建+应急管理标准化"工作的实施意见》,对于推进城乡应急管理建设具有十分重要的示范意义。

在乡村治理中加强应急管理建设,提升应急管理能力,尤其需要做到以下几点:

(1)完善并落实主体责任

实施网络化管理,合理配置各级政府职责,明确各级领导干部岗位职责,严防推卸责任;培育和增强民众的主体意识,发挥民众的主体功能和创新精神,责任到岗、责任到人,各尽其责、合作互动,保障村民人身和财产安全。

(2)建设高质量的应急管理体系

乡村治理中的应急管理体系建设,要坚持以人民为中心、以农民为主体的建设理念,一切为了提高农民福祉、一切依靠农民群众,是建设高质量应急管理体系的出发点和动力源泉。

（3）加强"基层党建+应急管理"标准化建设

应急管理标准化建设为乡村应急管理规范化、专业化、标准化提供制度保障，有利于有效应对突发事件，保持乡村社会稳定，助力实现乡村善治。即使在常态化的社会运行时期，也要加强风险防范演练，提升应对风险的能力和水平。加大应急设施建设、战略物资储备和积累，提升应对风险的能力，防止出现"平时不积能，用时显无能"局面。

（4）提升基层防控能力

基层防范风险意识不但要有，而且要做好防范风险物资储备、人才储备、技术支撑，要建立常态化和长效性的防控机制，通过群防群控，做到早发现、早治理，规避和降低风险，实现风险防控依法决策、科学决策、科学防范。

3. 实行网格化管理

社会风险具有客观性、突发性、损害性、不确定性等特点。目前农村地区面临的风险考验，影响着农民人身安全、财产安全、民生改善、社会和谐。现代乡村社会与传统乡村社会面临社会风险只能被动地等待国家或政府救助不同，而是强调防控结合，群防群控，强调构建常态化、长效性的防控机制和网络化风险化解机制。

目前各地都在探索社会治理创新，实施乡村振兴战略、实施乡村建设行动、实施法治乡村建设、实现乡村善治等，这些举措必将推动乡村治理体制变革。目前的网格化管理，已经在一线、二线城市社区治理中得到推广。比如，以南京市栖霞区仙林街道为代表，在社区治理中虽然实行的是网格化管理而非网络化治理，但也取得了较好效果，不仅为其他城市社区治理提供了先进经验，也对中国乡村治理变革提供了可供参考的模式。

但是，网格化管理在治理主体确定、治理价值选择上更多体现了国家视角、政府视角，与网络化治理视角下对民众主体地位的认知及对民众主体性的强调显然存在差异。因此，应该更加提倡网络化治理，因为它能更多地体现人民群众的主体性和利益诉求，在实践上与以人民为中心、坚持农民主体地位、保障农民基本权利的治理理念更加契合。

三、促进现代化治理

乡村治理的最终目的是实现发展成果由全体人民共享，这需要通过不断推进乡村治理体系和治理能力现代化来实现。要让村民分享社会发展成果，在目前情况下，必须促进城乡融合发展和城乡一体化，实现城乡基本公共服务均等化、同质化，尤其需要完善农村社会保障制度，加强医保、养老、社保领域的治理等,整体提升农村社会保障水平。

1. 城乡融合发展

据 2019 年国家统计局统计公报显示:"2019 年末,全国城镇常住人口占总人口比重为 60.60%,户籍人口城镇化率为 44.38%。这组数据,是我国城镇化水平和质量稳步提升的重要标志,意味着我国提前一年完成《国家新型城镇化规划(2014—2020)》提出的'常住人口城镇化率达到 60% 左右'的发展目标。"①新型城镇化是乡村振兴的支撑,也是乡村治理体系现代化的重要引擎。新型城镇化的关键是人的城镇化,更多应体现在人民整体素质提升上。以城乡融合发展促进乡村治理现代化,需要"健全城乡融合发展机制,推动城乡要素平等交换、双向流动,增强农业农村发展活力。"为此需要在以下三个方面有所突破:

(1)推动户籍制度改革

改变户籍管理制度不合理给乡村流动人口带来的种种不便,加强乡村流动人口及其子女的权利保护,保障农民有稳定的收入,使有城市就业能力的进城务工人员及其子女及时落户城市,享受城市基本公共服务及其他方面的福利待遇。现在县城户籍落户已经全面放开,三、四线城市已经基本放开,下一步应该进一步完善县城和二、三线城市相关政策,一、二线城市户籍落户则应该随着条件逐渐成熟,实行动态管理。

(2)推动具备适宜条件的特色小城镇加快发展

特色小城镇建设和发展,在充分吸收当地村民就业、繁荣地方经济、满足农民追求美好生活等方面发挥着重要作用。因此,推动特色小城镇发展,可以优化农村人居环境、改善农村人居结构、助推乡村治理现代化。

(3)推动城乡融合地区实现区域性协同发展

城乡融合发展可以创造更多物质、人才、技术资源,促进城乡公共设施联动发展,促使生产要素向农村流动,增强乡村发展和治理动能,从而提高乡村治理能力和水平。

从国外推动城乡融合发展的经验来看,自 20 世纪 80 年代开始,在基础设施、公共服务等方面就出现了城乡融合发展趋势。发达国家推动城乡融合发展有很多经验值得中国学习和借鉴。比如,英国为了推动城乡融合发展,以建设中心村为重点,制定统一的城乡规划体系,扶持乡村农业发展,保护农村环境。日本统筹城乡发展的做法是,制定城乡综合开发规划,推动

"市町村"大合并,扩大城区范围,建成"城中有乡,乡中有城"的田园城市,实现乡村和城市融合发展,通过实行"二地域居住"政策,打破人们生活的地域限制,促进城乡人员流动。同时,日本还开展了企业与乡村结对子运动,由地方政府牵线,在企业与乡村之间架起桥梁,开展技术推广、观光旅游、农产品加工和销售等活动,加强城乡交流。韩国开展了新村运动,通过改善农村环境和农村精神风貌,在农村建设非农产业和农民协会,提高农民社会化组织程度,通过促进企业与乡村建立帮扶活动等方式,实现城乡融合发展。

　　总起来看,值得中国借鉴的国外城乡融合发展方面的经验主要有以下六个方面:第一,制定城乡融合发展规划;第二,推动企业与乡村合作、互助、共赢;第三,制定促进城乡居民流动的社会政策;第四,加强城乡环境一体建设;第五,促进城乡精神文明共同发展;第六,充分发挥社会组织的作用。

　　2. 基本公共服务均等化

　　实现乡村善治,需要打破城乡二元结构,促进城乡融合发展,进而实现城乡一体化。中国 1958 年建立起来的户籍制度,把城市人口和农村人口截然分开,建立了城乡分割的社会保障制度以及资源配置方式,"在城乡二元结构的体制框架下,城乡居民身份、公共服务、社会保障、发展机会等完全不同,形成了固有城乡差别对待观念……70 年来的乡村治理发展路径都是在城乡分治的治理思维下调整和演变的。"[1]在这种情况下,城乡居民享受到的基本公共服务存在很大差距,对于长期占国民多数的农民也是不公平的。

　　实行乡村善治,最终目的是满足村民各种需求,实现村民各项权利,提高村民生活质量。而在当下,实现农村居民与城市居民共享经济社会发展成果,城乡二元结构仍是一个重要障碍,如果允许这种状况继续存在,或不从根本上改变这种状态,就难以实行城乡统一的社会政策,并彻底改变因身份差异而造成的城乡居民在享受基本公共服务方面的非均衡化格局。随着经济社会快速发展,城乡在资金投入、公共服务方面的差距应该逐步消除,在公共服务方面的非均衡状态应该尽快改变。实行乡村善治,不应该被看作单纯的乡村治理、与城市没有关系,而是关乎国家整体现代化实现程度的问题,仅就此而言,村民在公共服务、社会保障、教育文化服务、医疗卫生服务及其他方面的需求和面临的问题也应该加快得到解决。

　　3. 完善农村社会保障制度

　　中国的农村社会保障体系由社会救助体系、养老保障制度体系、医疗保

---

① 赵一夫、王丽红:《新中国成立 70 年来我国乡村治理发展的路径与趋向》,《农业经济问题》2019 年第 12 期。

障制度体系、关爱服务体系等共同构成。目前,农村社会保障相对于城市社会保障而言,依然比较滞后,所存在的一些问题已经成为中国民生短板。比如,农村最低生活保障制度执行过程中,出现了低保对象错位,低保成本高、呈现碎片化等问题,在监管不力的乡村,影响了对低保资源公平分配的判断。城乡居民基本养老保险制度在运行中出现的问题,主要是人均缴费水平较低,过度依赖财政补贴,集体补助难以发挥作用等。城乡居民基本医疗保险制度在制度设计上需要统一基本医疗保险的缴费标准、待遇发放和经办管理,但在政策执行效果上差强人意。目前农村关爱服务体系虽取得了一些进展,但"三留守"人员的数据信息未实现共享,相关部门未形成协调联动机制。

新时代需要完善农村社会保障制度,重点是完善农村最低生活保障制度,提高非缴费型农村养老保险制度,完善农村居民基本医疗保险制度,加强农村关爱服务体系建设。具体需要做好以下几个方面的工作:第一,准确界定最低生活保障范围与对象,科学选择保障标准,多渠道筹集资金,加强监督与管理,完善保障措施;第二,完善非缴费型农村养老保险制度,提高基础养老待遇水平,建立基础养老金正常调整机制,并推进基础养老金全国统筹;第三,全面整合城乡居民基本医疗保险制度,建立城乡统一的医保管理体制、经办机制及基本医保筹资和待遇支付机制;第四,加强关爱服务体系建设,要针对不同群众的需求特点,丰富关爱内容,发挥关爱体系的长效作用。

完善农村社会保障制度,还需要统筹城乡社会保障,因此,必须坚持农村社会保障制度治理中的公平理念,加强多方面筹集资金,完善农村社会保障项目内容,建立健全农村社保制度监督机制,不断提高农村社会保障水平。

第五节　加强"善治"实现条件建设

解决乡村治理面临的诸多矛盾和问题,首先需要分清它们当中哪些是主要矛盾、哪些是次要矛盾,并正确认识主要矛盾和主要问题及其与其他次要矛盾和次要问题的关系变化。根据乡村社会矛盾和社会问题的轻重缓急,有效推进乡村治理体系建设及其所需要具备的主客观条件,依法科学制定解决乡村社会矛盾和社会问题的方案,才能牢牢抓住主要矛盾、有效解决主要问题,同时相应地解决次要矛盾和次要问题。具体而言,就是遵循以下路线图,创造乡村治理体系建设及其有效运行所必需的基本条件,在着力解决乡村主要社会矛盾和主要问题的同时,有条不紊地协同处理乡村治理面临的其他问题。

一、发展集体经济

发展集体经济,增加农民收入,不仅可以化解因为经济原因而产生的一些社会矛盾和利益纠纷,而且可以有效满足乡村日常治理所需要的基本物质条件。目前,一些农村发展集体经济面临困境,原因是多方面的,除了政策实施环境方面的因素外,缺乏有热心、有能力带领农民发展集体经济的带头人,则是其中很重要的一条。在城镇化进程中,不少懂技术、有能力的年轻人都去了城市打工,或一心经营自己的产业,能够带领当地农民发展集体经济的带头人越来越少。留下来的一些乡村干部,有的不愿意走集体发展道路或缺乏发展集体经济的思路,有的没有带领农民发展集体经济的能力。在一些地方的行政村,由于受自然资源、地理环境等客观因素制约,很难组织起来发展集体经济,村干部存在为难情绪,不愿意为集体事业承受过多压力,缺少发展集体经济的动力。

从农民自身情况来看,改革开放以来,农民自主经营意识在不断提高,发展集体经济的意识却在淡化。有些农民虽然期待着发展集体经济,以便为自己就业提供机会,并获得相应的收益,但多数农民只能通过自己努力解决就业问题,加之发展市场经济的基本国策长期运行,20世纪70年代以来出生的作为农村主体部分的农民,已经形成了不利于发展集体经济的思想观念和思维方式。

目前,农村集体经济发展情况不容乐观。有些农村的集体经济资源由于缺乏合理开发和有效利用,存在着严重闲置和浪费现象;有些农村对集体财产和收益保护不够,导致集体财产流失、公共利益受损;有些农村资金流动不透明,缺乏有效的监督机制,群众无法监督,集体基础设施、固定资产和集体土地等公共资源被个别人或不法利益集团所控制。在这些农村,集体经济发展已经失去了基础和动力,因此,发展农村集体经济不能脱离中国农村现实,或一哄而上,或搞一刀切,而是应该在全面总结农村改革经验的基础上,根据农村农民实际需求和农业发展趋势,制定科学可行的长远发展规划和具体实施措施。

1. 因地制宜地发展农村集体经济

第一,需要针对农村当地条件制定具体发展战略,明确发展方向,厘清发展思路。促进农村集体经济发展,探索适合本地的具体发展方式,村"两委"需要有开阔的视野,不断解放思想,坚持实事求是,积极学习先进地区发展集体经济的经验,形成良好的经济发展环境。发展和壮大农村集体经济的关键,是发展现代农业产业。

第二,需要综合利用开发现有资源。有些地方水草丰美,适合发展养殖业;有些地方山林资源丰富,应以发展种植业为主;有些地方土地资源丰富,道路交通方便,可选择土地规模化经营;有些地方有人脉资源优势,可以招商引资,利用市场力量,加大政府推动,实行农业产业化规模经营;有些地方交通发达,可以对土地和其他资源实行租赁经营。

第三,需要加强对农村公共事务的管理和制度监督。在公共事务管理方面,要根据农村可持续发展需要,建立健全和全面落实各项规章制度,严格专项管理,通过发挥党组织、村委会、村民代表委员会及其他社会组织的作用,畅通民意渠道,加强民主决策、民主管理、民主监督,尤其应加大村级财务管理,争取在发展集体经济基础上,通过建立和完善乡村治理制度,丰富乡村治理方式,让村民共享经济社会发展成果。

2. 着力解决影响农村集体经济发展的关键问题

一是土地产权制度问题。目前实行的"三权分置"的农村土地制度,所有权是集体的,但经营权、使用权、收益权是村民的,土地的分散化、碎片化,不能完全适应土地规模化经营要求,更不利于发展集体经济,需要围绕土地流转、提高土地使用效益,进一步完善土地制度,探索发展集体经济的新途径。在新型城镇化过程中,因大量农民外出务工,有些土地被闲置起来,土地收益大大降低,需要找到合适的土地流转方法。家庭联产承包责任制确立了农民30年的土地承包经营权,现在已经进入第二个承包经营期。《中共中央关于制定国民经济和社会发展第十四个五年规划和二○三五年远景目标的建议》明确提出:"落实第二轮土地承包到期后再延长三十年政策,加快培育农民合作社、家庭农场等新型农业经营主体"[1],但在新形势下,一些地区土地被撂荒、闲置、不能有效利用等问题依然没有得到很好的解决,只有对家庭联产承包责任制进行改革和进一步完善,才能适应新型城镇化和乡村全面振兴发展需要。所以,如何充分发挥土地价值,是目前仍然需要深刻思考和抓紧解决的问题。早在进入21世纪之初,中国南方一些地区就出现了土地流转现象,产生了一些新式农场主和新式农民。这种现象的出现,不应该被简单地认为只是土地兼并,其实是进一步发挥土地价值的重要经营方式,这种方式既保护了农民的土地承包经营权,又使得土地价值得以充分实现,确保中央关于"保障进城落户农民土地承包权、宅基地使用权、

---

[1] 《十九大以来重要文献选编》(中),中央文献出版社2021年版,第802页。

集体收益分配权,鼓励依法自愿有偿转让"①的政策落地。

二是农村产业如何发展问题。2021年农村工作会议提出:"以推进高质量发展为主题,以深化农业供给侧结构性改革为主线,以农村一二三产业融合发展为路径"②,"依托乡村特色优势资源,强化创新引领,聚集资源要素,纵向拓展农业增值增效空间,横向拓展农业功能价值,打造农业全产业链,构建现代乡村产业体系。"③促进一、二、三产业融合发展,借以推动农业现代化和乡村振兴,而由于中国东中西部不同地区的自然条件、人文环境、经济社会发展水平尤其农业产业化程度存在较大差异,在产业布局、切入点选择、具体实施路径等方面都存在很多需要深入探讨的问题。可以肯定的是,以传统思维固守传统的农业生产方式,是难以适应新的社会形势、满足农村发展和农民生活需求的,不同地区只有结合本地实际,找到三大产业融合发展的具体道路,才能进一步优化"三农"政策,合理配置农业农村资源,实现以农业供给侧结构性改革引领消费市场需求,促进农业产业化并保持高质量持续发展,继而以满足农产品市场需求推动农业产业化发展,实现农民增收和提高农民生活质量的目的。一般而言,促进传统农业转型并与现代工业、现代服务业相结合,必须有新的载体、发展模式和实施路径。比如,采用"电子商务+农业深度发展模式",将会在提高农产品附加值、改善农民生活、就近解决农村劳动力就业等方面发挥重要作用,有助于实现乡村振兴目标,应该鼓励诸如此类的创新发展模式。

二、营造文明乡风

"乡风文明"对于培养村民良好的道德风尚,提升农村社会文明化程度具有重要意义。"乡风文明"建设是新农村建设的重要内容,也面临着一些亟待解决的问题。比如,一些地方和基层干部对"乡风文明"的认识存在误区,认为"乡风文明"不是乡村建设和治理的重点,在实际工作中不够重视,因而影响了"乡风文明"建设进程;有些地方乐于搞各种形式主义,而唯独不肯投资文化建设,对于丰富农民文化生活的书籍、文化设施等投入不足;农村地区教育人才短缺且流失严重;等等。以上问题严重制约着农村先进文化传播,阻碍乡村振兴进程,并由此加剧了公共道德滑坡和违法犯罪上

---

① 《十九大以来重要文献选编》(中),中央文献出版社2021年版,第802页。
② 农业农村部乡村产业发展司印发《2021年乡村产业工作要点》,2020年2月3日,见https://baijiahao.baidu.com/s? id=1690604880663916374&wfr=spider&for=p。
③ 农业农村部乡村产业发展司印发《2021年乡村产业工作要点》,2020年2月3日,见https://baijiahao.baidu.com/s? id=1690604880663916374&wfr=spider&for=p。

升。因此,必须改变只注重发展经济和治安管理,而忽视乡风文明建设的短视行为,切实加强乡风文明建设,为乡村振兴提供思想保障。

党的十九大提出实施乡村振兴战略,"乡风文明"既是乡村振兴的重要目标和内容,也是实现乡村全面振兴的精神保障。因此,需要不失时机地推进"乡风文明"建设,营造奋发向上的文明乡风,提高农民文化素养和农村文明程度,尽快扭转农村文化建设与经济发展不协调现象。整体而言,"培育健康文明的乡风,就要以科学发展观为指导,切实做到三个统筹发展:统筹城乡文化、教育事业的共同发展,统筹农村经济、政治、社会、文化的协调发展,统筹乡风文明建设的整体发展。"①具体而言,应该从以下四个方面努力:

1. 营造重视乡风文明建设的良好氛围

把乡村文明建设工作提升到基层党委、政府、村级"两委"日常工作的位置,让乡风文明在助力乡村经济社会发展和乡村治理中发挥重要作用,筑牢乡村经济社会发展和乡村治理的文化根基。

2. 协同推进乡村经济与乡风文明建设

伴随农村市场经济发展与新型城镇化不断推进,邻里守望相助的乡土文化和优良传统遭到了一定程度瓦解和破坏,急需建设适应乡村经济社会发展和新型城镇化要求的文明乡风。

3. 积极发展农村文化教育事业

相对于教育资源向大中城市集中、城市文化教育发展状况比较好,农村教育资源十分匮乏、文化教育发展状况比较落后,无论从硬件设施投入,还是从教师配备来看,城乡在整个教育体系上的差距非常巨大,加之农村优质生源向城市流动,毕业后千方百计留在城市就业,使本已与城市非均衡化发展的乡村文化教育更显萧条、农村人才更加奇缺。从中学教育看,目前县城以下几乎不再有名校名师,优秀生源也几乎全部被省级以上名校吸收。大力发展农村文化教育,缩小城乡文化教育发展落差,乡村没有一流的学校、一流的师资、一流的生源,是难以办到的。只有在推进农村经济社会快速发展的同时,国家出台相应的政策措施,加大对乡村文化教育的各方面资源投入,才有可能逐步改善城乡文化教育发展不均衡状况。

4. 引导农民践行社会主义核心价值观

社会主义核心价值观是当今中华民族精神的集中体现,是保障乡村社会长治久安、全面协调发展的价值引领。但是,脱离农村实际和农民需要,

---

① 刘本锋:《试析乡风文明建设的"瓶颈"》,《求实》2006 年第 12 期。

解决不了农民面临的实际问题和思想上的困惑,只对农民讲一些大道理、搞一些形式主义的口号宣传,已经难以收到任何实际效果,必须把向农民宣传社会主义核心价值观与解决农民生活中遇到的实际问题和思想上的各种困惑紧密结合起来,才能彰显社会主义核心价值观的价值,从而令农民信服地接受和自觉践行社会主义核心价值观。

三、建设生态文明

党的十九大报告指出:"我们要建设的现代化是人与自然和谐共生的现代化,既要创造更多物质财富和精神财富以满足人民日益增长的美好生活需要,也要提供更多优质生态产品以满足人民日益增长的优美生态环境需要。"[1]党的二十大提出了中国式现代化概念,其中将"人与自然和谐共生的现代化"作为中国式现代化的重要内涵。但是,改革开放以来,一些地区的农村经济增长、少数人致富,以牺牲生态环境为代价,导致当地居民身心健康受到伤害,也引发了一系列社会问题。如何从根本上保护生态环境,建设生态文明,促进农业绿色发展和高质量发展,使农村人居环境更加优美,是乡村治理需要解决的难题。党的十八大以来,随着习近平生态文明思想的提出、党中央一系列关于保护生态环境的重要规定的制定,为新时代加强乡村生态文明建设提供了根本遵循。

1. 优先保护农村生态环境,避免走先破坏后治理的老路

在中国农村经济发展过程中,出现了毁林开荒、乱挖乱采、水土和空气污染,为了短期和眼前利益乃至少数人私利,不惜破坏自然生态等情况。有鉴于此,党的十八大以来,党中央提出了不仅要"金山银山"、更要"绿水青山"的绿色发展理念,将保护农村生态环境放在了突出位置。

2. 鼓励发展绿色农业,注重生态文明保护

在生态绿色农业发展过程中,中国政府既坚持市场导向,又注重生态文明建设,形成以农民为主体、政府与社会积极联动的格局,美丽乡村建设取得了明显成效。中央不断出台优惠政策,要求地方政府和农民在进行充分的市场调研基础上,选择适合本地区发展的特色农业,逐渐形成规模化经营的绿色产业,以创造名优品牌扩大了市场影响效应;同时,鼓励有条件的地方,探索农业发展与乡村旅游相结合的发展新路,实现农民增收与美丽乡村建设有机结合。

---

① 《十九大以来重要文献选编》(上),中央文献出版社 2019 年版,第 35 页。

3.建设全新城乡融合社区,实现基础设施和公共服务均等化

鉴于农村基础设施落后的状况,在发展以县城为重要载体的城镇化的同时,可以根据中央关于实施新型城镇化战略、乡村振兴战略、乡村建设行动等关涉农村发展的战略部署和总体要求,考虑利用后发优势,以政府统筹和投入为主,采用村集体与当地政府部门合作方式,完善社区基础设施建设,实施环境工程项目建设,美化村民生活环境,提高村民生活质量。

除上述之外,还应该将提高农民对于绿色发展、科学发展重要性的认识,调动农民参与生态文明建设的积极性,加大惩治破坏生态环境行为的力度,加大政府有效投资,吸引社会资本和民营企业投资生态工程建设等结合起来,形成多元主体合作互动、共建乡村生态文明的格局。

四、培育专业人才

人才是乡村振兴的基础,如何培育农村专业人才,始终是推进乡村治理体系现代化的关键环节和重中之重。由于农村专业管理人才和现代职业农民比较缺乏,而新型城镇化又对各类人才具有很大的磁吸效应,可以考虑通过重点培养农村专业人才与提高乡村治理实效性相结合的途径及方式,从根本上解决农村人才需求与供给之间的矛盾。

1.培育现代职业农民

由于受农村教育发展水平较低的制约,留在乡村的年轻一代农民,文化程度普遍偏低,而且缺乏市场经验和现代农业知识;年龄大一些的农民,往往墨守成规,缺乏闯劲和创新意识。因此,应该通过定期的或常态化的培训方式,对农民进行正规的产业知识、农业技术和工业技能培训,提高农民职业技能和就业能力,提高农业劳动生产率。

除此之外,还可以通过电视视频、新媒体等传媒途径,为农民学习农业技术和其他专业技术创造更多机会;可以通过县级或乡镇政府加强对专业技能典型人物的宣传,采用灵活多样的形式引导农民认识学习、掌握职业技能的重要价值,激发他们对职业技能培训的兴趣。比如,采用线下和线上相结合的方式,线上培训可以综合利用互联网、微课、其他媒体方式;线下培训可以采用讲座、一对一指导等多种形式。但不管是线上培训,还是线下培训,都要以满足农民的实际需要为目的,集中解决农民迫切需要的职业技能问题。

农民职业技能培训,应该着眼于统筹城乡发展需要,明确职业技能培训目的、方向和重点,加强对于从事种植业、养殖业、生产服务等第三产业农民的技能培训,使每位农民都能掌握1—2门专业技术。但目前针对农民的职

业培训还没有在全国普遍推开,尤其没有建立常态化、长效性的培训机制,应该尽快建立健全适应不同地区发展实际的农民职业培训体系。

实行和完善订单培养模式,是培养专业技能人才的有效途径,各地农业高校应该与相关部门签订协议,通过在技术传播、人才培养、实训实习等方面全方位合作,达到双赢目的。现代职业农民培训不是一蹴而就的,需要政府在政策、资金、人力等方面积极推动,并借鉴先进地区经验,循序渐进地开展此项工作。

2. 培养农村领军人才

农村领军人才是农村实用型人才,对于推进乡村建设和治理具有关键性作用。"顺应时代发展对农业人才的需求,着力培养复合型创新人才,并期待成为未来农业领域的领军人才,这是农村人才资源开发的重要途径。"[①]但是,目前中国农村人才市场体系尚不健全,实用型人才培养还不能满足农村发展需求,农村人才结构严重失衡,尤其缺乏农村领军人物。据统计,"农村领军人才仅占1‰—5‰,农村骨干人才也约占1%—5%,绝大多数是初级的农村实用人才,而初级的实用人才真正合格的不到50%。"[②]由此可见,开发农村人力资源,培养能够适应农村市场经济发展要求的专业人才,应该加快提上实施乡村振兴战略、实现乡村善治的日程。

近些年来,一些农业大省和东南地区较为发达的省份,都开始启动农业实用型人才培养计划,并培养了一批适应农村急需的职业农民和领军人物。从2019年四川开展的乡村职业农民和乡村领军人物评选活动来看,当时四川省"有农业企业经营者1万多人,农民合作社带头人9.9万余名,农技推广人员3.7万余名,新型职业农民18.2万名",[③]其中评选出的2019年四川乡村工匠领军人才,有攀枝花市米易县省级非遗项目傈僳族歌舞和刺绣省级传承人贺春艳、泸州市合江县国家级非遗项目先市酱油传承人陈思维、乐山市夹江县制茶工匠方义开等,这些非遗传承人是四川省实施乡村振兴战略的重要代表人物,对于带动当地产业发展和农民致富发挥了重要作用。

为了实现乡村振兴和乡村"善"治,不仅要激发现有人力资本活力,调动他们参与乡村建设的积极性、主动性和创造性,还要通过制定和实施相关政策措施,确实做好留住人才、吸引人才工作。鼓励城乡社会精英投身于农

---

① 吴晓谊、应义斌、楼程富等:《交叉复合型农业领军人才培养方案的设计与实践》,《高等农业教育》2010年第9期。

② 朱奇彪、黄莉莉、徐仙娥:《农村领军人才培养模式创新与实践——以浙江省云和县为例》,《浙江农业学报》2013年第1期。

③ 刘佳:《2019乡村领军人才名单出炉》,见 https://www.sohu.com/a/339888033_100148222。

村大舞台创业,带动农村经济社会发展,这是农村发展的需要,也是实现城乡融合发展的重要途径;鼓励有一定专业特长的社会精英投身于乡村振兴和乡村治理,"不断汇聚各方面的人才,壮大乡村振兴的人才队伍,使其成为党的'三农'政策的宣传队、农业科技的传播者、科技创新创业的领头羊、乡村脱贫致富的带头人,助力乡村振兴"①,应该加快纳入地方党委和政府的重要工作日程。

第六节　加强和规范第三方评估

乡村治理绩效考核应当实事求是、客观公正,坚持定量与定性相结合、以定量指标为主,采取第三方评估、暗访抽查、群众认可度调查等方式对各地乡村治理进展情况进行评估评价,力戒形式主义、官僚主义,防止出现频繁报数据材料、过度留痕等问题,切实减轻基层负担。中国以往的乡村治理绩效评估,主要采取目标责任制考核方式,并结合建立和实施社会服务承诺、效能监察、公众评议等考评机制。进入 21 世纪以来,各级政府和学术界纷纷探索建立更加科学有效的乡村治理绩效评估体系,并在实践中相继引入了第三方评估。第三方评估在保障乡村治理绩效评估的客观性、真实性、有效性等方面具有不可替代的作用,但在实际运作中也存在诸多问题,所以应该严格依法规范第三方评估。

一、发挥第三方评估优势

在国外,第三方评估通常被视为绩效评估的一种形式或公共部门管理的一个环节;②在中国,第三方评估作为一种必要的和有效的外部制衡机制,不仅完善了政府绩效评估体系,也提高了政府绩效评估结果的客观性和公正性,还在改善政府形象、增强政府能力、促进服务型政府建设等方面发挥了积极作用。现在越来越多的政府组织委托第三方机构开展独立的政府绩效评估或公共服务满意度测评。众多高校、学术机构、咨询公司、新闻媒体等也积极响应,主动参与第三方公共绩效评估活动,为政府治理决策和政策执行提供了真实有效的参考依据和政策建议。

① 《宁阳:多措并举推动实现乡村振兴》,中国共产党新闻网,见 http://theory.people.com.cn/n1/2019/1118/c40531-31459639.html。
② 阎波:《公共组织第三方评估何以可为? 一项双案例比较研究》,《经济社会体制比较》2018 年第 3 期。

1.作用和优势

从珠海、沈阳等地开展万人评价政府活动至今,经过十几年的发展,第三方评估已经形成了以下特征:第一,评估人员或单位构成趋向多元化、科学化,针对的问题涉及不同单位及其上级部门,评估主体与评估对象及相关方不存在统属关系;第二,评估内容更加广泛、丰富,从城市到农村、从宏观经济到精准脱贫等领域,均有"第三方"身影;第三,从评估形式看,实践操作和组织模式更趋多样化。第三方评估主体既独立于被评估单位,又与被评估单位的上级部门不相统属,有助于规避传统考核形式中因政府部门既当"裁判员"又当"运动员",导致考评结果存在不公的风险,从而推动基层政府和自治组织转变职能,在实际工作中注意提升绩效。近年来的实践充分证明,第三方评估为被评估对象提供了专业的、独立的绩效信息,能够直接促进参评部门改进工作。

(1)提供专业独立的绩效信息

第三方评估机制具有客观、公正、公开等优势,专业而又独立的绩效反馈机制则有利于参评部门进行学习和提高绩效。绩效反馈理论认为,基于评估获取的信息为双环组织学习、持续绩效改进提供了条件,能够使组织做到对标调适。一般来说,第三方大都来自科研机构、高等院校和专业化单位,具备视野开阔、专业知识丰富、问题针对性强、评估技术条件成熟等特点。来自组织外部的非常规绩效信息,更加有利于组织获得有价值和指向性的绩效反馈,尤其是评估单位和评估对象之间没有牵扯直接利益或上下级领导关系,从根本上保证了评估过程的公正性。第三方把脉问诊,具有政府组织所不具有的专业优势,能够比较真实和准确地反映农村社会治理真实状况,有助于帮助基层政府、自治组织发现问题,并为他们提供解决问题的思路,从而为提高治理绩效提供有效的靶点和突破口。

(2)强化基层政府、自治组织绩效问责

目标责任制是国际流行的"目标管理"(MBO)技术在中国的变通应用,包含组织目标的确立与分解、目标进展状况监测反馈、目标完成情况考核评估、绩效奖惩等环节。最初,目标责任制的关注焦点是经济增长,主要采取设定 GDP 增长指标及自上而下层层分解、自下而上层层签署"军令状"方式,下级官员征集评判及其升迁主要与 GDP 指标完成情况有关。学界称这种制度为"一手乌纱帽,一手高指标"的"压力型体制"。随着开启"简政放权"和"放管服"改革,基层政府职能也随之转化和加强,其服务范围和实践方式更加宽广和多元化,农村基层社会逐渐融入了新的时代因素,基层政府执政、自治组织履职、考核理念面临新问题而显得日益窘迫。实验研究发现,如果达到工作预期并有外部评估,人们就会努力实现可以实现的工作目标。第三方评估使参评部门感受到更大压力,促使其迸发出内生动力,以改善公共服务管理绩效,由此形成了强有力的外部监督。通过运用社会公开这一手段将评估结果公开,可以对参评部门形成问责压力,促使其采取积极措施,改进公共管理和服务,避免正常状态下不该发生的问题发生。第三方评估通常由上级主管部门委托有关机构,因此被评估部门还会受到自上而下的官僚问责,可以进一步督促参评部门执行政策和改进绩效。

(3)引入外部力量和新鲜血液

第三方评估能够使管理层和组织成员从外部视角发现本身缺陷和不足,进而获取新理念、新知识、新技术、新方法,有助于促进组织学习,提升公共治理和服务绩效。特别是第三方评估可以"举一反三",敦促组织成员学以致用,将第三方评估结果及其启示应用到其他领域,从而扩大第三方评估效应。第三方评估坚持问题导向,强力聚焦评估对象痛点、难点和堵点,有利于革除基层政府、自治组织懒政、乱政思想,推动相关机构、组织和人员创新理念、积极作为;能够推动政府部门、自治组织提高自我评估能力和水平,并将学习成果嵌入组织文化当中,使政府和自治组织获得取之不竭的动力,推动治理绩效持续提升。

(4)促进评估组织创新

第三方参与乡村治理绩效评估,为评估组织提供新的视角、观念、技术和实践支撑,有助于提升自身评估能力和改进组织绩效,为乡村社会多元协调发展注入无穷动力。评估能力是一种获取、匹配、维持组织目标、结构、流程、文化、人力资本与技术的组织能力,它提供了指导实践和支持决策的评估知识,是提升组织绩效不可或缺的要素。第三方评估的引入,可以更新评估组织结构,平衡权力结构,提高评估能力,完善评估视角和技术,对于客观反映乡村治理绩效至关重要。同时,评估能力也是社会进步和发展成果的检验标尺,为衡量社会发展水平提供参考依据,为评估组织创新和自我变革提供元动力。

2. 存在的问题

伴随绩效评估机制的建立和运作,使"各种操作性问题逐一浮出水面,其中社会反响最大的是绩效评估中主观性趋向问题"[1],主观性趋向是导致绩效评估不公正和低效的重要根源。保障评估过程及其结果的公正性,是现代绩效评估追求的目标。客观性可以引起理念恒定,并受到社会青睐。

----

① 周志忍:《论政府绩效评估中主观客观指标的合理平衡》,《行政论坛》2015 年第 22 期。

所以,随着第三方评估机制的逐渐建立和发展,乡村治理绩效评估客观指标也趋于完善。但由于"人"具有主观能动性,不可避免地出现因"人"的主观性而导致主观性操作问题。"主观指标绝对主导是中国特有的政府绩效评估模式,其主要形式就是'万人评政府'活动。"①其中,主观问题常常受到两方面因素影响:一方面来自评估单位的主观色彩;另一方面来自被评估对象的主观意识,因此,即使第三方评估也存在着评估主体与被评估部门之间的信息不对称问题,缺乏相应的法律法规对"第三方"操作规范进行规制,同时政治社会交往中的"潜规则"和传统的"路径依赖",也会影响"第三方"成长和公正运作,而且第三方评估中存在的评估结果跟踪、反馈不足或不及时等局限性,也是需要着力改进的,并需要就现实中已经出现或可能出现的问题做出规范,以防患于未然。

（1）评估主体和被评估部门信息不对称

在"第三方"操作过程中,对乡村治理绩效实施评估的主要依据是通报的各类信息。其中,双方之间的信息交流状况,可以对评估过程产生重大影响。如果治理主体行为透明度不高,就会出现评估主体与评估客体之间信息交流不对称情况,比如报喜不报忧、瞒报谎报、数字作假等现象,由于无法准确反映客体真实情况而导致评估失去真实性。虽然《中华人民共和国政府信息公开条例》已在 2008 年 5 月实施,该法规对政府信息关于公开的职责、程序、内容等有明确规定,但囿于地方政府公开信息的法律制度还存在缺陷,电子政务还不够发达,加之缺乏对乡村治理主体的具体要求,普通民众与民间组织自身力量有限等原因,致使信息交流不对等仍是阻碍第三方评估制度有效实施的重要因素,也是影响评估过程能否顺畅的重要原因。

（2）"第三方"操作规范缺乏相应的法律法规保障

从理论上讲,"第三方"评估的独立性、专业性、权威性三者的相互关系是辩证统一的。独立性是评估过程和结果公正的保证,专业性是保证评估过程和结果准确性及权威性的前提,权威性理应建立在独立性和专业性的基础之上,而权威应建立在第三方评估专业性之上,是一种专业的权威。但在实施过程中,政府为更好地推行第三方评估制度,排除各种不利因素,使"第三方"的权威性多数呈现为一种政治权威。由于要保证"第三方"在评估过程中有足够的权威性,使其在较短时间内被社会公众所认可,最简单有效的方法就是官方站台、政府推动,但政府的强制介入会导致"第三方"的独立性受到减弱。如今,第三方评估缺乏专业性保障,未能针对其特点制定

---

① 周志忍:《论政府绩效评估中主观客观指标的合理平衡》,《行政论坛》2015 年第 22 期。

具体的操作规范。

(3)"路径依赖"影响"第三方"成长

长期以来,在社会组织管理方面,政府部门的评估检查,表现为自上而下的政府内部自我评估。评估主体通常由上级政府、主管部门、纪委监察机关等有关部门组成,而第三方评估机制的启动,主要是改革开放以来尤其是近些年的事情,依然处于探索阶段,还不尽如人意。因此,一些政府部门对第三方评估的认识不够充分,对政府职能转变、建设服务型政府的观念把握不够全面,对部门的工作监督仍然依赖上级。在一些发达国家,社会组织是第三方评估机构的主力军,评估的趋势已经社会化。目前,中国虽然对社会组织的支持力度和扶持力度不断加大,逐渐鼓励民间组织、社会团体等参与公共事务监督。然而,社会组织仍然存在管理滞后、资金及人员不足、社会需求有限等短板,甚至因常常被看作异类而对其严加防范。如对社会组织实行双重管理体制,要求其既要有业务主管单位,也要有行政挂靠部门。这样一来,就抬高了社会组织注册门槛,而双重管理体制比较容易使行政权力浸入社会组织,阻碍社会组织独立自主发展。所以,双重管理体制已经成为制约"第三方"组织发展的重要因素。

(4)评估结果后期跟踪、反馈不足

在第三方评估中,很多反馈不及时、不畅通,评估过程中发现的问题得不到及时有效解决。其具体表现是:评估结果一旦公布,便意味着评估任务完成,很难见到后期对评估中发现的问题进行答复和提出具体整改措施,更难以见到对评估结果使用的监督,从而使第三方评估流于形式。由于第三方具有相对独立性而制度规范不够完善,导致其无法监督行政部门采纳评估结果。而上级部门也无具体指标针对评估结果进行认证,很容易使评估"流产",变为"作秀"工具。应该认识到,实地调研结束并不意味着评估过程结束或完成,善后阶段的重要性与前期实践阶段同样重要。善后阶段的跟踪、反馈是评估过程的重要组成部分,也关乎评估结果是否起到适当作用,更是了解评估过程的依据,可谓绩效评估的"点睛之笔"。

(5)受评估主观因素侵扰

评估主体总是存在以下情况:民族、性别、年龄等群体特性;社会网络、组织隶属关系、服务类型、供需双方直接接触程度等情境特性;政体认同度、以往经历、期望值、直觉、动机差异等个体特性主观因素。因此,在评估过程中,实地调研主体和评估对象两者均可能受到主观因素影响,无法使客体的真实性得到有效反馈,尤其在对特殊客体调研阶段,调研主体极容易根据已知经验进行判断并解读客体情况,造成与真实客体失真的事实。另外,由于存在被评估主体因知识或认识不足而与评估主体交流过程中未能客观反映事件真实情况的现象,也会导致传递评估数据不准确或具有较大"水分"。所以,主观因素影响是评估过程中不可避免、但又不得不面对和解决的重要问题,否则,评估结果就会失真、无效。

二、完善评估指标体系

乡村治理绩效评估体系是乡村治理体系的子体系。对乡村治理绩效进行评估,首先需要建立一套符合实际的指标体系,该指标体系应该充分反映乡村社会治理的基本状况,并为各级政府后期决策、自治组织改进工作提供参照。评估指标体系设计得是否科学、合理、有效,将直接影响对于乡村治理水平的科学评判、对乡村治理方式的有效引导。科学并有效的乡村治理绩效评估指标体系,是有效部署农村资源各要素的聚集和流动,有效解决"三农"工作中存在的问题,推进农业农村现代化,保障乡村社会和谐、有序发展的重要基础,也是确保乡村资源要素高效运转,为创新乡村治理建立强有力的激励和约束机制的制度保障。

自党的十六届五中全会提出建设社会主义新农村的战略目标,并从"生产发展、生活宽裕、乡风文明、村容整洁、管理民主"五个方面推进新农村建设,到党的十九大提出实施乡村振兴战略,按照"产业兴旺、生态宜居、乡风文明、治理有效、生活富裕"的总体要求,建立健全城乡融合发展的体制机制和政策体系,体现了乡村社会发展和治理进程在不断深化。实施乡村振兴战略是破解"三农"问题,推进农业农村农民不断发展、繁荣、增收的治本之策;乡村治理绩效评估则是综合部署和推进乡村振兴制度实践的基础。将新农村建设"20 字"方针转化为乡村振兴战略"20 字"方针,对乡村振兴目标进行细化和量化,无论在理论上还是在实践上,都需要深入研究各地乡村实际和治理需求,科学准确地判断和评估乡村治理绩效,制定差异化、分类及错位发展的指标体系,以有效回应不同区域乡村振兴战略的实施要求。可见,构建乡村治理绩效评估指标体系是极为必要的,但不能简单化和"一刀切",需要各级政府和学术界为此做出不懈努力。

在新农村建设过程中,重庆、湖北、浙江、黑龙江、福建、江苏等省和直辖市制定出台过一些具体的新农村建设指标体系。李立清等学者设计的新农村建设指标体系包括 52 个二级指标,但没有设置差异化、错位发展的阶段目标和区域性指标以及指标标准值和指标权重。[①] 朱孔来为新农村建设评

[①]　李立清:《社会主义新农村建设评价指标体系研究》,《经济学家》2007 年第 1 期。

估体系设计了 7 大类 26 个指标,除了新农村建设 20 字方针外,还加入了"农民幸福度"和"农民素质水平"。① 但是,具体的指标标准值和指标权重没有确定。还有苏北经济信息中心以村为单位设计了《苏北全面小康阶段社会主义新农村建设主要指标》,包含了 6 个评估项目和 51 个考核指标,涉及指标标准值,而未涉及指标权重。现有的各地评估指标体系,是立足于本省本地具体情况而制定的,普遍存在指标过多、过于复杂和不便于操作问题,甚至存在一些指标重复设计,大部分指标体系评估内容比较片面,缺少人均指标,不能客观、具体地反映各地乡村发展和治理状况,无法客观比较不同地区乡村治理水平和治理能力的差异,难以有效适应不同地区乡村发展和治理需求。

乡村治理绩效评估指标体系应该坚持开放性、包容性、动态化,既要反映乡村发展和乡村治理的相同属性及共同要求,也要体现各地乡村发展和治理的不同特点和具体要求。因此,应该根据中央战略部署及乡村经济建设、政治建设、文化建设、社会建设、生态文明建设、基层党组织建设总体布局的要求,立足于当地客观实际,以维护社会稳定、促进经济发展、改善农民生活、满足农民需求为目的,兼顾科学性、合理性、实用性、因地制宜、易操作等原则。一方面,科学度量乡村治理的进展程度,为各地区与各部门分类、分阶段、错位等有效推进乡村治理进程提供量化管理标准;另一方面,对不同地区的乡村治理进行监测、评价和对比,找出各地存在的普遍性问题和典型性问题,总结和提炼各地的共性经验,为完善乡村治理绩效评估体系、全面提高乡村治理效能提供客观依据和参照。

1. 设立原则

制定乡村治理绩效评估指标体系,应该遵循以农民为主体、科学准确、简便易行、可比性强、导向性明确等五项基本原则。

(1)以农民为主体

以农民为主体是指乡村治理绩效评估指标体系设计,应该站在农民立场上,反映农民主体的实际状态和发展要求。由于新时期开展乡村治理绩效评估,是在"三农"工作中贯彻落实新发展理念的具体体现,其终极目标是促进乡村社会健康运行,实现农民群众的合理利益诉求和全面发展。为此,乡村治理绩效评估指标体系设计,应该从以人为本、以农民为主体、汲取农民智慧、服务农民的要求出发,切实关注和解决农民群众面临的实际问

---

① 　朱孔来:《社会主义新农村建设评价指标体系及综合评价方法研究》,《湖南财经高等专科学校学报》2008 年第 4 期。

题。如农村公共医疗卫生不能满足需求、基础教育落后和硬件设施陈旧、社会保障水平低、农业技术培训不普及等等。从而为促进农民全面发展,增强农民幸福感、安全感和获得感,彰显"以人为本"理念和农民在乡村建设中的主体作用。

（2）科学准确

科学准确是指乡村治理绩效评估指标设计,要客观、准确、全面地反映被评估村庄的实际状况。这一原则包括:第一,每项评估指标所包含的要素具有科学性和准确性,即每项指标设计应该具体到内涵和外延、所指维度和所占比重及其划分程度的参考值范围。第二,所有评估指标构成的完整统一指标体系,能够客观反映实施评估的既定目标。第三,综合评估体系按照三级指标结构进行构建,遵循整个评估体系与各部分分指标的一致性和相对独立性。对于和谐稳定、产业兴旺、生活富裕、生态优美、风清气正五个二级指标的细化和深化要精准科学、便于统计。

（3）简便易行

简便易行是保证乡村治理绩效评估全面顺利推进的基本要求,符合目前乡村事务错综复杂的特点及治理需求。乡村事务涵盖乡村社会方方面面,而且复杂多变,乡村治理绩效评估则是一个动态过程,评估主体对评估内容操控效果与评估指标设计息息相关。评估指标的选取简便实用,可以确保样本数据便于采集和统计,有利于及时向有关主体传输评估信息,推动上级部门及时做出判断和指导,监督政府主体和自治主体及时改进工作,从而提高评估工作效率。

（4）可比性

根据新时代农村社会发展水平和现实需要,评估指标体系应该在准确体现乡村治理内涵的基础上,全面涵盖乡村振兴发展要求;同时为了体现各地乡村治理绩效评估结果的可比性,要尽可能采用国内通用的、普遍认可的指标,并适当考虑不同时期的动态对比和不同地区的空间对比要求,客观反映出乡村治理进程的整体状况,找出乡村社会发展所处的历史方位,明确下一步发展目标和改进措施。因此,乡村治理绩效评估指标体系设定,不能过于单一和"一刀切",应该尽量做到价值目标统一要求与反映地方实际相结合,尤其要统一各项指标统计路径和计算方法,以客观反映出同一地区和不同地区乡村治理存在的差距和问题,做到动态可比和静态可比相结合。

（5）导向性

对乡村治理绩效进行评估的最终目的,并非为了判断乡村善治程度高低与优劣,而在于依据评估结果引导被评估乡村认清发展形势和自身存在的问题,尤其针对治理绩效评估中发现的乡村治理体系存在的薄弱环节和相对劣势,明确今后多元治理主体的工作重点和目标方向,提出转变政府职能、提高服务水平、加强公共管理的意见和建议,并就自治组织有效发挥自治功能、农民群众有效参与乡村治理全过程对于制度环境和其他条件的依赖,提出具体的和系统的改进意见和措施,以有效推动乡村治理体系现代化,促使乡村建设和乡村治理有序运行,为全面实现乡村振兴提供制度机制保障。

2. 主要指标

乡村治理绩效评估指标体系是以实现乡村有效治理为目的,结合中国乡村实际和治理进程,以全面实现乡村振兴"20"字方针为指导,参照各地政府和学术界提出的乡村治理绩效评估指标体系,根据新时代乡村治理所处的历史方位和面临的历史任务而设定的,由包括乡村振兴全部内涵的三级指标体系构成。乡村振兴内涵的五个要素为一级指标,其下再设二、三级指标。这一指标体系包含乡村社会生活的方方面面,与实现乡村有效治理的目标要求相适应。

(1)和谐稳定

社会和谐稳定类指标,反映乡村法治建设、民主管理、村民自治的基本情况,包含村民对社会治安和村务公开的满意度、基层党支部建设合格率、村民对"两委"发展集体经济和公益事业满意度、万人刑事案件立案数、民主选举等重大决策事项的村民参与率等10项三级评价指标。

(2)产业兴旺

产业兴旺类指标,紧紧围绕增强农业综合生产能力这个根本目标,从农业产业结构、农村市场化程度、农业科技贡献率三个方面设置指标,突出产业兴旺的经济基础地位。此类指标共设置10项三级评估指标,既包括反映扩大农业生产投入要素、提高农业科技化水平、加强农业生产信贷等投入指标,也包括农产品加工转化率、土地承包经营权稳定率等产出指标。

(3)生活富裕

生活富裕类指标,包含农民基本经济生活、社会生活保障两大类内容,反映落实富民惠民政策、扩大农村公共服务、促进农民不断增收等客观要求,由农民人均纯收入、人均住房面积、农村合作医疗覆盖率等8项三级指标构成。

(4)生态优美

生态优美类指标,围绕建设适合农民生存、发展的自然环境和人文环境展开,主要包括自然环境优美、生活环境宜居两个方面,共设 12 项三级评估指标,具体包括空气质量指数、村庄绿化覆盖率、房屋建设规划率、村庄道路硬化率、人畜共饮混居治理达标率、传统村落保护率等。但随着到 2030 年实现"碳达峰"、2060 年实现"碳中和"进入倒计时,改造农民旧习、改善农村生态环境的任务显得十分艰巨,需要将相关因素引入乡村治理绩效评估范畴。

（5）风清气正

风清气正类指标,着重考察文化教育、乡风文明建设等内容,设置义务教育普及率、农民文化教育和科技培训率、农村居民人均文化娱乐消费支出占总支出比重、社会主义核心价值观认同度、法治宣传教育活动合格率等10 项三级指标。

为了促进乡村治理绩效评估工作,依据乡村治理体系和治理能力现代化以及全面实现乡村振兴的基本要求,按照优、良、一般、差四个等级,设计了包含 50 项三级指标在内的新时代乡村治理绩效评估指标体系（参照以下图表）。

乡村治理绩效评估指标体系

一级指标	二级指标	三级指标（每项权重 0.02）	单位	等级划分			
				优	良	一般	差
和谐稳定	乡村法治建设	社会治安满意度	%	85—100	70—85	60—70	<60
		每万户人口平均上访人数	人	<10	>20	>30	>40
		万人刑事案件立案数	起	<10	>20	>30	>40
	基层民主管理	村务公开满意度	%	85—100	70—85	60—70	<60
		基层党组织建设合格率	%	85—100	70—85	60—70	<60
		发展集体经济和公益事业满意率	%	85—100	70—85	60—70	<60
		村民自治章程和村规民约健全度	%	85—100	70—85	60—70	<60
	村民自治实践	民主选举等重大决策事项村民参与率	%	85—100	70—85	60—70	<60
		村民会议和"一事一议"制度村民参与率	%	85—100	70—85	60—70	<60
		人大代表政协委员中的农民比重	%	40—50	20—40	10—20	<10

一级指标	二级指标	三级指标（每项权重0.02）	单位	等级划分			
				优	良	一般	差
产业兴旺	产业结构	非农业产值占总产值比重	%	85—100	70—85	60—70	<60
		非农业劳动力比重	%	85—100	70—85	60—70	<60
		农业土地规模经营率	%	85—100	70—85	60—70	<60
	市场化程度	农产品加工转化率	%	85—100	70—85	60—70	<60
		土地承包经营权稳定率	%	85—100	70—85	60—70	<60
		合作组织农民参与率	%	85—100	70—85	60—70	<60
		小额贷款农户覆盖率	%	85—100	70—85	60—70	<60
	科技贡献率	每万人农业科技人员数	名	>10	5—10	0—5	0
		农业机械化水平	%	85—100	70—85	60—70	<60
		机械生产农作物占总播种面积比重	%	85—100	70—85	60—70	<60
生活富裕	基本生活条件	人均纯收入水平	元	>8000	5000—8000	3000—5000	<3000
		恩格尔系数	%	≤0.4	≤0.45	≤0.5	≤0.55
		人均住房面积	m²	30	25	20	<15
	社会生活保障	村卫生所达标率	%	85—100	70—85	60—70	<60
		农村商业点建设	%	85—100	70—85	60—70	<60
		特困供养对象比重	%	<10	10—30	30—50	>50
		农村合作医疗覆盖率	%	85—100	70—85	60—70	<60
		社会保障覆盖率	%	85—100	70—85	60—70	<60
生态优美	自然环境优美	空气质量指数	无	0—50	51—100	100—200	>200
		村庄绿化覆盖率	%	85—100	70—85	60—70	<60
	生活环境宜居	村干道路硬化率	%	85—100	70—85	60—70	<60
		房屋建设规划率	%	85—100	70—85	60—70	<60
		垃圾无害化处理率	%	85—100	70—85	60—70	<60
		清洁能源生活普及率	%	85—100	70—85	60—70	<60
		卫生户厕普及率	%	85—100	70—85	60—70	<60
		安全饮用水普及率	%	85—100	70—85	60—70	<60
		排水管网覆盖率	%	85—100	70—85	60—70	<60
		传统村落保护率	%	85—100	70—85	60—70	<60
		人畜共饮混居治理达标率	%	85—100	70—85	60—70	<60
		公共照明（主干道）亮化程度	%	85—100	70—85	60—70	<60

续表

一级指标	二级指标	三级指标（每项权重0.02）	单位	等级划分			
				优	良	一般	差
风清气正	文化教育建设	义务教育普及率	%	85—100	70—85	60—70	<60
		农民文化教育和科技培训率	%	85—100	70—85	60—70	<60
		村民文化活动室建设达标率	%	85—100	70—85	60—70	<60
		娱乐体育设施建设达标率	%	85—100	70—85	60—70	<60
		农村居民人均文化娱乐消费支出占总支出比重	%	>30	20—30	10—20	<10
	乡风文明建设	红白理事会等移风易俗组织建设合格率	%	85—100	70—85	60—70	<60
		传统美德弘扬活动合格率	%	85—100	70—85	60—70	<60
		法制宣传教育活动合格率	%	85—100	70—85	60—70	<60
		社会主义核心价值观认同度	%	85—100	70—85	60—70	<60
		保护和发展地方特色优秀文化的农村财政投入比例	%	>50	30—50	10—30	<10

三、丰富评估方式方法

评估方法运用得当,可以保障乡村治理绩效评估结论客观、公正、真实、准确,因此应把改进和丰富评估方法作为乡村治理绩效评估体系建设的重要内容。本研究项目主要选择和运用质化评估、量化评估、综合评估等研究方法。

1. 质化评估

质化评估是指在自然情境下,采用访谈、观察、文献分析等多种资料收集分析方法,研究整体性或个体性社会现象的评估方法。该方法注重对社会现象发生过程进行整体性描述和解释性研究,包括访谈法、观察法、文献法、实物分析法以及具有综合性特征的扎根理论研究法等。这种方法适合于对社会现象进行小范围、细致性的观察和研究,可以反映质化评估的具体实施路径,在把握评估对象内在构成要素及其规定性上具有一定优势,并具有以特点:

（1）研究情境的自然性

通过生活情境观察研究对象，进行深度访谈，尽量深入到研究对象的经验世界中了解其所思所想、所欲所求。

（2）研究手法的描述性

一般采用描述性文字、图片、影像方式进行无偏见的描述，研究者不仅可以知道不同主体对同一客体不同意义的解释，而且通过比较"不同意义的解释"，发现"生活世界"的本质。

（3）研究取向的价值性

一方面承认研究者在研究过程中始终以自己的主观视角审视研究中的情境和情境中的人；另一方面，强调研究者要转换社会视角，作为一名"学习者"主动理解和学习当事人的知识经验和意义建构，研究者和被研究者形成互为主体的互动关系。

（4）研究视野的整体性

把研究对象作为一个整体，用系统观点和不同方法，从不同角度不同方面去探究、理解各种社会现象。

此外，扎根理论研究方法作为一种强调在系统收集资料基础上寻找反映社会现象的核心概念，通过这些概念之间的联系建构相关社会理论的研究方法，近年来被广泛用于描述采用、评估和教学等方面。[1] 该方法对于开展乡村治理绩效评估研究具有很大参考价值，本书也借鉴了这一方法。

2. 量化评估

量化评估是对反映乡村治理绩效某些方面的量的规定性进行评估，简单说，就是将治理问题与现象用数量来表示，然后进行分析、考验、解释，以达到评估目的的研究方法和研究过程。该方法主要通过统计、数学或计算技术等方式，对乡村治理的外在表现进行系统性的经验考察。定量研究中最重要的是测量过程，因为该过程从根本上连接着治理现象的"经验观察"和"数学表示"。通常情况下，该研究方法的运用，需要经过获得数据、数据预分、数据分析、分析报告四个阶段。

在推进乡村治理现代化进程中，基层党委政府、自治组织、经济组织、社会组织、个体农民参与乡村治理的过程及所取得的阶段性成果，以及评估主体为开展乡村治理绩效评估所设计的指标体系，其中许多内容都可以用数

---

[1] 相关内容可参见陈向明：《扎根理论的思路和方法》，《教育研究与试验》1999 年第 4 期；于兆吉、张嘉桐：《基于扎根理论的突发性网络舆情演化影响因素研究》，《东北大学学报》（社会科学版）2016 年第 5 期。

量形式进行表达,甚至只有通过数量比较和分析才能表达清楚。因此,在乡村治理绩效评估工作中,量化评估具有不可替代的作用。近年来,江苏在推进乡村治理进程中运用"积分制",将乡村治理事项进行细化分类、赋值量化、打分考核,以潜移默化的方式营造乡村良好社会氛围,以制度细化之力促进共建共治共享,以数字量化之效助力乡村"善治",收到了比较好的效果。目前,"积分制"已经成为江苏实现乡村治理体系和治理能力现代化的强力"助推器"。

另外,2017年以来,湖北京山市率先将企业"积分制"引入乡村社会治理实践,开创出一条"化善行为积分,以积分兑奖惩,以奖惩引参与,以参与促善治"的引民共治新路子。北方边陲的乡村地区,虽然大多处于自然环境恶劣、交通条件不便的状态,但近年来在推进乡村建设和治理方面也有明显进展。比如,宁夏回族自治区固原市,把推进乡村治理作为提升农业农村发展的有力抓手,深入探索乡村文明实践的新路子,创立了"一套流程"制度,为行为规范立"标尺",让淳风良俗等各项社会建设事业"有分值",得到了自治区党委和政府的充分肯定并在全区推广。

从学理和实际应用视角看,运用概率、统计原理、大数据等高科技手段对社会现象的数量特征、数量关系、事物发展过程中的数量变化等进行研究的量化评估,并非完全基于研究工作本身需要,而是植根于乡村治理实践过程的客观需要,其特征表现为:

第一,将概念"操作化",即将彰显乡村治理绩效的各种概念转化为能够被感官经验感知的变项和指标,并依据和运用自然科学的方法进行测量和计算的过程。

第二,将过程和经验"概括化",即为了将乡村治理绩效评估结果推论得更深广、更准确,并且增加外部效度,量化研究强调选取有代表性的样本,利用样本平均值的趋中特质,推论母群体的特性。

第三,"经验复制"及客观性,即在量化研究中采用调查问卷、测量统计等方法,以保证乡村治理绩效评估指标体系设计,无论谁来操作或如何进行重复,都可以得到基本相同的结果,即强调经验的可复制性。

第四,依靠统计学方法、步骤和计算工具,将在乡村治理绩效评估过程中收集到的样本数据进行统计分析,据此形成结论,用于检验已经成立的由变量和可测数值组成的定量和法则。

3. 综合评估

综合评估方法是整合量化评估法与质化评估法的优势而形成的综合性评估方法。乡村治理绩效评估中的综合评估方法,是指将各个评估要素整合成为综合性的指标评估体系,同时选择不同的视角、综合运用多种评估方法,以达到全面、系统、准确呈现乡村治理绩效的评估方法。综合评估方法具有观察问题的视角多维度、分析和研究问题的方法多样化、注重整体研究效果等特点。

近年来,围绕多学科知识不断融合的趋势和特点,研究方法的选择和运用也出现了多学科交叉综合的趋势。根据权重计算方法,大致可以分为依靠专家经验打分的专家经验法,依靠计量模型的客观复制法。前者主要指专家学者利用学识、工作经验等优势,人为地给予指标权重,如层次分析法;后者主要指依靠指标之间的统计关系,来确定指标权重,依据相关检验筛选指标等,如主成分分析法。

在乡村治理绩效评估中,采用综合评估方法,需要施以层次分析、模糊综合评价、客观评价等不同的实施路径。

四、推动评估结果运用

合理确定评估主体,科学设计评估指标体系,正确选择和运用评估方法,关乎乡村治理绩效评估质量高低和是否可信、可靠。因此,如何看待和处置绩效评估结果,对于改进乡村治理工作至关重要。第一,对评估结果应该及时进行反馈,促使被评估部门建立健全激励惩戒机制,推动政府加强自身建设和职能转变,加快完善信息公开机制,提高乡村治理绩效评估的可信度;第二,及时发现自治组织在乡村治理中存在的各种问题,不断强化其自治性和自治功能,加强政府部门、农民群众、社会组织、媒体舆论对自治组织治理活动和治理效果的评估监督;第三,及时总结乡村治理经验和绩效评估经验,深入开展经验交流、研讨和信息平台推广工作,及时把可复制的评估经验推广到各地乡村,为国家整体推进乡村治理现代化增添动力。

1. 评估反馈

从以往经验看,乡村治理绩效评估存在评估过程结束,评估任务即结束的问题,常常见不到后续跟进工作,缺乏评估结果反馈机制和监督平台有效运作。所以,应该从建立和完善评估信息公开机制入手,建立健全乡村治理绩效评估激励惩戒机制,促进评估结果反馈制度建设,加快提升社会各界对乡村治理绩效评估工作的认可度。

(1)建立信息公开机制

乡村治理绩效评估中的信息公开,是指乡村治理主体主动或根据相对人申请,将有关乡村治理活动情况和资料予以公开,以保障广大农民信息知情权。具体而言,"就是国家将法律规定的保密事项以外的政府行政事务和社会公共事务等,通过一定的形式向社会公开,使人民在了解政府事务真实情况的基础上,参与决策和管理,实施有效的监督。"①根据国务院办公厅《关于贯彻落实全面推进依法行政实施纲要的实施意见》提出的建立健全信息公开制度,方便公众对公开的信息获取、查阅,切实保障人民知情权的规定,信息公开制度从侧面反映了政府决策动机和具体工作实效,而评估反馈结果公开则是人民群众从正面了解政府和其他组织工作绩效的重要渠道。

坚持以人为本,回应民生诉求,"将实现好、维护好、发展好最广大人民群众根本利益作为一切工作的出发点和落脚点,以人民群众需求为导向,为人民群众提供精准有效服务,让人民群众共享改革发展成果"②,是由中国共产党、中国政府的性质和宗旨决定的。在乡村治理绩效评估过程中,将建议反馈纳入信息公开机制范畴,针对具体实情依法公开展示在民众监督之下,提高评估结果透明度,有助于矫正治理主体在工作中的失误和偏颇,确保农民基本权利落到实处;同时,加强信息公开机制和平台建设,"是做好当前政府信息公开的有效举措,是推进政府信息公开的重要着力点,也是促进法治政府、创新政府、廉洁政府和服务型政府建设的基础。"③所以,必须建立和完善乡村治理绩效评估信息公开机制,并促使其与治理主体实际工作结合起来。

（2）建立健全激励惩戒机制

乡村治理绩效评估是持续改进和提高政府现代化管理理念和方法的基础性社会工作,"是当今许多国家实施社会重塑、落实基层政府责任、改进农村基层管理、提高村自治组织效能、改善政府形象的一个行之有效的工具"④。而建立乡村治理评估激励惩戒机制,是完善治理绩效评估过程的"售后"阶段,有助于全面有效落实评估过程的具体细节和建议,为以后再次评估准备技术条件,进而提高政府治理和服务质量。中共中央和国务院早就发文指出,各部门要对照绩效评估反馈建议和意见,尤其是乡村治理绩效评估,要制定"具体的工作规划、目标要求和工作进度,抓好督促检查,发

---

① 高小珺:《政府信息公开的法制化研究》,《辽宁大学学报》(哲学社会科学版)2004年第5期,第26—29页。

② 中共中央办公厅、国务院办公厅:《关于加强乡镇政府服务能力建设的意见》,2017年2月20日,见thhp://www.gov.cn/zhengce/2017-02/20/content_5169482.htm。

③ 浦恩寿:《政府信息公开机制研究》,《管理观察》第2015年第22期。

④ 马珂、杨世伟:《关于我国政府绩效评估结果有效利用问题的思考》,《现代人才》2009年第6期。

现问题及时解决"①。建立健全乡村治理绩效评估激励惩戒机制,有助于完善乡村治理绩效评估体系,加快推进乡村治理体系和治理能力现代化建设,是全面落实新发展理念、构建和谐乡村和法治乡村的重要制度保障,也是加强和创新乡村治理的重要手段,有助于加强治理主体之间的沟通与合作,消除部门之间的治理盲区,增强政府工作人员责任意识,营造良好的乡村治理环境,提高乡村治理效能和回报率,助力"提升国家整体竞争力,促进社会发展与文明进步"②。

建立和完善乡村治理绩效评估激励惩戒机制,应以促进绩效评估结果实际落地为目的,应该根据绩效评估结果要求,督促有关方面及时做出回应。开展乡村治理绩效评估工作,可以参照政府评估机制,例如,与下一年度预算挂钩,将工作政绩与职位升降挂钩,将公务员表现与其薪酬、培训及辞退等切身利益挂钩,真正做到奖优罚劣、赏罚分明、责任与义务全程对接。③ 激励惩戒环节是绩效评估过程中的一个创举,能够保障反馈意见真正落实到位,使其"生根发芽"、惠及民生,有助于推动"三农"问题解决,最大限度发挥绩效评估的"催化剂"作用,是乡村治理体系和治理能力现代化建设的配套工程。同样,在思想意识层面,要提高人们对绩效评估过程性的认识,明确好的开头并不意味着最后成功,拥有一个好的结局才是事物发展过程的"完美谢幕"。所以,建立健全乡村治理绩效评估激励惩戒机制的实践意义,远远超出了其本身的价值。

2. 评估监督

评估监督是监督主体依法依规监督评估主体根据有规定和程序进行评估,实现预期评估目的的活动。为了进一步促进评估过程和评估结果客观公正,必须保障多元主体共同参与,形成党委和政府、自治组织、农民群众、社会组织、媒体等多方面监督的合力。

(1)加强政府监督

随着政府职能变化,从管理型政府向服务型政府转变,政府工作重心由行政干预转向宏观调控,其职能更多地表体现为保障市场机制、市场规范健康运行,保障市场监督、社会监督程序化、规范化。相应地,新兴市场兴起对

---

① 《国务院办公厅关于贯彻落实全面推进依法行政实施纲要的实施意见》(国办发〔2004〕24号),政府网,2006 年 8 月 31 日,见 thhp://www.gov.cn/ztzl/yxz/content-374177.htm。

② 吕宙:《建立完善激励惩戒机制,加快推进保险业信用体系建设》,《中国保险报》2016 年第1 期。

③ 常晶:《"结构—过程"视角下多民族国家治理的主体互动模式与绩效评估》,《社会科学文摘》2020 年第 12 期。

乡村治理也提出了新要求,促使治理绩效评估向着制度化目标完善和发展。为了落实中央提出的农业农村高质量发展要求,必须深入探索乡村治理现代化道路,完善现代乡村治理体系,健全乡村治理绩效评估机制,实行有针对性的个案监督,拓宽监督内容和监督范围,推动体制内监督和体制外监督相结合,促进新功能型监督体系建设。

在乡村治理绩效评估监督中,政府监督是重要一环。一方面,国家法律虽然规定了政府职能范围,而其凭借自己所处的优势地位,可以拥有广泛的关联性、空间操作性履职途径和方式;另一方面,国家法律也为政府密切联系群众、创造富民伟业提供了广阔空间,使其能够在推动法治乡村建设、实施乡村振兴战略、营造便民利民惠民的社会环境方面有所作为。政府是一个组织高效、层次分明、责任明确的服务型行政系统,对乡村治理绩效评估监督有着直观视角。基于治理责任主体和治理行为评价主体的双重身份,加强政府组织对乡村治理监督,是新时代政府职能完善和转变的创新举措,也是其能够以其稳定的组织系统形成连贯、持续、有效监督过程的根源。行政系统监督的最大优势,在于依据政府自上而下、垂直管理的独特优势,具有强大的资源和行政力量做支撑。该体制不仅可以保障后勤支援无虞,而且可以统一监督职能,促进体制运行的稳定性,提高行政主导权威。

（2）加强群众监督

保障人民群众的基本权利,是由社会主义国家的本质决定的,也是人民当家作主的制度来源。在乡村治理领域,保障乡村治理体系在农民群众监督下健康运行,是中国共产党、中国政府全心全意为人民的宗旨的体现,是改善农民社会生活环境的必然选择,更是破解执政党和政府自我监督困境,提高农民在乡村治理中的主体地位的体现。一个国家的农民的主体地位是否得到保障,主要看政府对农民、对农民权利是否有敬畏之心,而不是相反。只有把保障农民主体地位、农民权利落实在政府每一项工作中、每一社会生活域中,而不是停留在口头上、会议上、文字上,使农民群众能够监督党组织领导、政府负责、社会参与的乡村治理,才能形成乡村善治局面。

毛泽东曾经指出,对共产党的监督"首先是阶级的监督,群众的监督,人民团体的监督"。① 习近平总书记在党的群众路线教育实践活动总结大会上也指出:"群众的眼睛是雪亮的,群众的意见是我们最好的镜子。只有

① 1933年10月,毛泽东在《中华苏维埃共和国临时中央政府成立两周年纪念对全体选民的工作报告书》中要求:"全体选民同志都应该起来注意,监督苏维埃人员不使有官僚主义分子存在。"（中共中央文献研究室编:《建党以来重要文献选编》第10册,中央文献出版社2011年版,第572页）。

织密群众监督之网,开启全天候探照灯,才能让'隐身人'无处藏身。"①中国共产党历来高度重视人民主体地位和人民监督体系建设,充分说明了人民力量的伟大和群众监督的重要性。在新时代新发展格局构建过程中,农民主体地位不仅应该得到提高和加强,而且农民参与民主监督的事项、范围和机制还应该得到扩展。这是因为,只有农民才是乡村治理的最大受益主体和最根本的评估监督主体。农民群众的监督,体现了新时代健全乡村治理制度架构体系的新特征,契合了新时代监督体制发展和完善的本质要求。事实上,农民群众在新时代乡村治理绩效评估过程中,能够体现其主体地位和功能的,恰恰因为他们既是参与者又是创造者和评判者的身份。而且只有确认他们的这种身份,才能保障"让人民监督权力,让权力在阳光下运行"不至于成为一句空话,而变成掷地有声的号角,激励着农民群众以主人翁姿态,乐于并勇于参与乡村治理绩效评估监督。

(3)加强媒体和社会监督

美国学者阿尔文·托夫勒曾经说过,率先掌握信息是赢得时代的王道。这表明,在市场经济条件下,信息流通是社会发展的重要组成部分,而作为信息流通的重要载体——媒体,拥有者必然具有无可比拟的社会资源和力量。在市场机制健全的社会,媒体和社会组织是重要的监督力量,发挥着不可替代的监督功能,与政府监管一起形成政府治理、社会调节、民众监督相结合的良性互动模式。媒体和社会组织是新时代发展的"风向标",是时代前沿的探索者和监督者,尤其是新媒体,伴随高科技迅速发展,在监督领域发挥的作用日益强大。公众、媒体、社会组织形成的社会凝聚以及约定俗成的制度规则,是有效解决和监督社会治理的关键节点,凝聚着专有领域的民间力量,时刻掌握社会发展动态,影响社会发展方向。从演化博弈模型分析视角看,"在博弈帕累托最优状态的条件下证明,媒体的有效监督可以提高回收社会公众的积极性,改变政府策略选择,进而改变部分悲剧事件的发生。"②在传统乡土社会转型过程中,新的社会组织结构尤其是基层社会与新的社会组织完美结合,使乡村社会治理领域成为媒体与社会组织合作监督的重要领域。

媒体和社会组织作为监督体系中的重要的第三方监督主体,具有良好的可持续的工作效能。舆论监督虽然不是新鲜事物,但是可以在新条件下

---

① 《十八大以来重要文献选编》(中),中央文献出版社 2016 年版,第 101 页。

② 张洪烈、王琳琳:《媒体监督下逆向供应链运营的演化博弈研究》,《云南财经大学学报》2021 年第 2 期。

做出新事业、辟出新天地。乡村是"十四五"中的重点建设领域,"三农"工作近年来被誉为"党和政府工作的重中之重",而乡村治理及其绩效评估,是推进乡村建设和治理的配套举措,是新时代基层治理创新的重要组成部分。在推进乡村治理体系现代化过程中,把媒体和社会组织监督拓展至乡村治理绩效评估领域,使它们作为一种新生力量参与乡村社会变革和治理,逐渐形成多元社会主体参与的治理绩效评估制度监督框架,是"十四五"实施过程中乡村治理体系走向成熟的重要标志。

3. 评估经验推广

对新时代乡村治理效进行全面科学评估,找出乡村社会治理过程中存在的问题,并不是乡村治理绩效评估的目的和终点;充分运用样本数据,分析、判断、归纳、总结乡村治理经验,反复进行试点示范、经验研讨、信息公开,广泛推广评估经验,营造良好的社会氛围和正确的发展导向,促进乡村治理水平和治理绩效全面提升,才是乡村治理绩效评估的最终目的。因此,必须通过乡村治理绩效评估,加强乡村治理经验推广。

(1)试点示范

试点示范具有实验、经验、创新、独特性和普遍性转化等功能,是降低成本、提高质量、保障经验效能持续性发挥的重大举措。在改革开放过程中,乡村社会领域的重大改革举措和实践创新,都深刻嵌入了示范试点活动痕迹,深刻影响着中国乡村社会发展。"试点是一种特殊的实验"①,一是总结经验,而后向各地推广其经验的元价值,使国家相关政策理论和基层群众实践相得益彰,形成强大的生命力和储备力量;二是具有试错功能,试点结果可能面临失败,但可以为导致大范围、大规模失败预警,从而降低改革创新成本,避免评估过程中部分政策失真或面临与实际水土不服情况,及时根据动态情况作出调整,总结失败经验,汲取前期教训,为日后推广做出示范。所以,开展任何一项关乎全局性、系统性、长期性的重大社会建设工程之前,示范试点是必要的明智之举,不仅可以保障良好开端,也可以保障完美结局。乡村治理及其绩效评估中面临的相关难题,同样可以采取此种办法解决。

因地制宜地实施乡村振兴战略和乡村建设行动,必将发展演绎出不同的乡村治理方式,未来乡村更加呈现出多彩缤纷特色,这就要求在实施乡村振兴战略、开展乡村建设行动、创新乡村治理方式过程中,必须体现科学谋划、因地制宜、分类施策、城乡衔接、突出特色的治理思路。而乡村治理绩效

① 宫建春、王锦远:《关于"试点"现象的哲学思考》,《中共济南市委党校学报》2000年第3期。

评估示范试点也是如此,需要深入探索、积极创造适应不同地域、具有综合功能和广泛效力的绩效评估经验。

(2)经验研讨

乡村治理绩效评估经验研讨的目的,在于堵漏洞、补短板、强弱项、纠偏向、壮筋骨,完善评估体系,提高评估质量,促进乡村治理健康发展。中国开展乡村治理绩效评估工作已有一段时间,积累了初步经验,收到了一定成效。而随着乡村振兴、乡村建设行动、法治乡村建设战略和举措的逐渐实施,乡村治理及其绩效评估事业也将迎来亘古未有的发展良机。因此,必须构建有着不同背景和价值诉求、多元主体参与的乡村治理绩效评估机制,尤其加大鼓励和规范第三方评估力度,鼓励多元主体以自己独特的视角和经验感受,聚焦乡村领域的各种问题和农民诉求,描绘多姿多彩的乡村生活,深入研讨乡村治理经验和得失,在集思广益的基础之上形成共识,加快形成系统完善的乡村治理绩效评估体系,有效应对乡村治理面临的新问题和新挑战。

乡村治理绩效评估是一个逐渐发展和不断提升自身效能的过程,需要多元主体不断交流和互动,形成开放性的治理绩效评估体系;乡村治理绩效评估是一个创新的发展过程,为了适应乡村社会发展变化,治理目标、治理理念、治理方式、操作技术需要得到提升和优化,专业化、个性化、创新化、高效化是当今时代的主流趋势,乡村治理绩效评估体系必须在适应实践要求中改革发展,以回应时代发展的呼唤;乡村治理绩效评估是一个连续的发展过程,由评估主体、评估客体、评估指标、评估方法、评估程序等构成的评估体系,必须不停顿地持续有效地运行,才能取得预期效果。正像约翰·卢斯所说的那样:"有效的绩效指标对于绩效管理的成功起到非常重要的作用,程序就是规范操作的标尺和砝码。"①开展乡村治理绩效评估经验研讨,目的在于弄清楚乡村治理实际运行与原先设计的目标是否一致,找出不一致的原因是缘于指标体系设计,还是缘于违背程序操作标尺而出现的问题,进而为继续深入推动乡村治理沿着正确轨道运行创造条件。当然,以民族众多、习俗各异、发展不平衡等为特征并分布于广袤国土上的中国乡村,采取完全相同的治理目标和评估指标体系,几乎是不可想象的。实际上,只要能够促使指引开启乡村治理及其绩效评估的"元理论和思想"落地生根,推动乡村治理现代化进程不断前行,乡村善治的目标终究会如约而来。

---

① 李磊:《地方政府绩效评估指标体系的构建及其应用研究》,《郑州大学》2007年第3期。

（3）信息推广

乡村治理绩效评估是信息时代乡村治理进程中诞生的"新宠儿"，推广评估信息，扩大其溢出效应，是开展乡村治理绩效评估的目的之一。但信息传播离不开沟通渠道与交流平台，信息只有通过一定渠道和平台才能传递出去。在互联网时代，高科技飞速发展，新的交流平台不断出现，使人们转瞬之间即可获取相关信息。但在高新科技快速发展的同时，虚假信息、信息泛滥、信息污染等现象也蜂拥而至，社会提供准确信息的能力并没有因为高新科技应用而得到加强，人们获取有用信息的困难也在加大，由此也削弱了信息传播的准确性和实效性，更有甚者，误导信息的接连出现，极易诱使接收者产生不当思想和行为。根据瑞典信息传播学者 Gronlund 在《电子政务：设计、应用和管理》一书中披露，信息构架理论认为，用户在接收信息的时候，不是被动接收者，而是主动参与者，他们要将捕捉到的信息和自己头脑中的知识结构结合起来，从信息符号、信息内容、信息结构中生成意义，以此来感知与理解信息。因此，信息平台设计和信息传输，要从用户体验入手，以此理念推广乡村治理绩效评估信息，制作相应的信息平台和推广渠道，便是有效传播评估信息的最佳选择。

乡村治理绩效评估传播终端的应用，必须密切结合治理绩效评估目标要求，积极引入创新因素和科技力量，强化治理绩效评估过程的严肃性、规范性，遵循"以人民为主、实事求是、强调经验、传播信息"的原则，着重公开与民众生活联系紧密即民众普遍关心的评估信息，使信息推广兼具实效性和时代感，而不是回避问题，或轻描淡写地走过场。在具体操作过程中，为了扩大绩效评估影响，除利用网站、新闻发布会、报刊、广播、电视等信息平台外，还可设置治理绩效评估头条、抖音、短视频、快手等新媒体平台；推动传统平台、新媒体平台共同发挥作用，使它们更加科学化、便民化和多元化，以满足不同阶段、不同阶层、不同年龄层次的用户需求。同时，要以用户认知度、参与度、满意度等体验效果作为衡量信息平台工作质量的尺度，不断促使其端正服务态度、提高服务效率。建设高效能、法治化、规范化的信息管理平台，必须有完善的信息传播制度作保障，需要制定和完善责任追究机制，以规范信息平台操作程序，使其"操作有规范、管理有章程"，推动传播主体与接受主体形成良性互动关系，有效发挥评估信息在乡村治理中的积极建设作用。

结　　语

　　农民群体是全面实施乡村振兴战略、建设和创新乡村治理体系的动力源泉。研究"三农"问题，开展乡村治理，必须从认识和把握乡村社会的历史和走向、农民群体的思维方式和生活方式、小农问题产生和演变的根源等方面入手；而且必须看到，农村土地所有制形态、经济社会结构和生产经营方式，在一定程度上对乡村治理结构、主体治理动机、社会参与程度、治理方式选择起着决定性作用。所以，探讨乡村治理体系和治理能力现代化问题，推进中国特色乡村治理体系建设，不能回避农村土地所有制形态、经济社会结构和生产经营方式的影响，因为它们可以帮助人们理解在解决小农和农村问题上，为什么形成了传统国家与现代国家、资本主义国家与社会主义国家之间的根本不同的制度模式和发展道路。资本主义国家以资本主义自由市场经济改造小农经济、统领农村社会，强调自由和个体优先权；社会主义国家则以社会主义市场经济引领小农经济发展、改造小农经济基础和社会基础，强调共同发展和共同富裕。当然，也有人以小农经济经历了人类历史上所有社会形态而成为唯一延续下来的经济形态为由，认为小农经济的存在是长期的，在任何社会形态下都不会消亡。这就形成了以实现乡村现代化为诉求与主张保留更多小农经济的不同观点，并直接影响着乡村治理体系和治理制度机制的构建，进而产生了以现代化方式和手段促进乡村治理发展与以现代化适应乡村治理现实要求的不同声音。

　　笔者认为，资本主义自由市场经济不适合中国农村经济社会发展和乡村治理现代化要求，因为它以追逐个人利益最大化为诉求，必然导致贫富两极分化和社会严重对立，不能保障农民的主体性、主体利益和实现乡村善治的发展方向；传统的社会主义计划经济也不适合中国农村经济社会发展和乡村治理现代化要求，而且这一点已经被国内外实践所充分证明，因为它导致了农村经济发展缓慢和共同贫穷，束缚了农民主体性、主动性、积极性和创造性的发挥，不能满足农民的利益诉求和乡村治理体系现代化的发展需要。所以，中国只能在汲取合作化运动、人民公社管理体制、计划经济体制的经验教训的基础上，深入探索农村经济融入社会主义市场经济的合作发展新路径、新方式，如以土地、资金、技术、机械设备、劳动力等生产要素入股的形式，构建股份制农业合作组织、实行新型集体合作经营模式，以农民组织化、农村社会化、生产合作化的新模式代替分散化的个体农民经营模式；在治理方式上，则选择适应新的农业合作化经营方式和有效发挥农民主体性的乡村善治之路。所谓乡村善治，实质上就是要保障农民在乡村社会的主体地位和主体利益，充分发挥他们在乡村治理中的主体作用，真正实现其当家作主，并有效发挥乡村在国家和社会整体生活中的功能，同时兼顾其他主体利益和合作互动关系的形成及运作。与之相适应，中国特色乡村治理体系建设，乡村治理制度机制设计，乡村治理方式和治理手段选择运用，也必须以保障农民有效参与、全面改善农民生活、维护乡村社会和谐、满足国家安全对乡村治理的需要为目的。

首先，必须正确认识和深刻理解党与农业、农村、农民关系问题的实质和地位，以便充分发挥党在农村工作和乡村治理中的领导地位和领导作用。坚持党的领导原则和领导制度，是全面实施乡村振兴战略和乡村建设行动、加快推进乡村治理体系和治理能力现代化、走乡村善治之路的关键。因此，必须做到以下两个正确理解：

一是正确理解"东西南北中，党领导一切"的基本含义及其实质，明确党在乡村治理体系建设和实际治理中领导什么、如何领导问题。就乡村治理体系建设和实际治理而言，党的领导地位和领导作用，是掌握乡村治理体系建设发展和实际治理的正确方向，制定有关大政方针，维护农民主体地位和基本权利，调动农民参与乡村建设和治理的积极性、主动性和创造性，监督其他治理主体和社会主体执行党的路线、方针和政策；而不是包揽或直接干预乡村一切具体事务，尤其不宜直接介入村民自治领域的日常生活事务，即总揽全局而非管理琐细事务。

二是正确理解乡村治理体系建设中"坚持党的领导制度化、法治化、规范化"的基本含义及其实质。一方面，党对乡村治理体系建设实行立体的全方位的领导，而且这种领导要形成制度化、法治化、规范化的系统性规则，一切参与乡村治理的政府组织、政党组织、社会组织和农村居民都必须遵守；另一方面，坚持党对乡村治理体系建设的领导历来是与强调中国共产党不断加强自身建设紧密联系在一起的，并且以各级党组织和全体党员自觉遵守党的领导制度的本质要求为前提，即各级党组织和领导干部实施的领导行为，必须遵照党的领导制度的相关规定来进行。具体而言，坚持党的领导是由党的性质、宗旨、地位以及维护人民根本利益和国家制度决定的，是100多年来历史选择和人民选择相统一的结果。就乡村治理体系建设而言，没有共产党的领导，乡村治理体系建设就失去根本精神和灵魂的指引，就难以形成合乎中国国情和真正运行有效的乡村治理体系，乡村社会就会处于碎片化状态；从乡村发展和实际治理效果来看，不加强党组织在乡村治理体系中的核心领导地位，农村基层政权就不能掌握在广大人民手里，家族势力、宗教势力甚至黑恶势力就会把控乡村，社会黑恶势力就会横行乡里，农民的主体地位、基本权利、根本利益随时都会遭到侵害；农村经济就不能持续发展，农民生活就不会得到持续改善，经济发展成果就不会为全体人民所共享，人民就不会走向共同富裕。因此，农村一切工作包括乡村治理工作，必须在党的领导下、依靠民众参与和支持来推进。

其次，保障农民主体地位，凸显农民主体性，维护农民根本利益，促进社会和谐稳定，是中国特色乡村治理体系建设的根本目的，也是乡村善治的核心要义。乡村事务首先是农民自己的事务，实现乡村善治，必须有效发挥农民的主体性和自主性，让农民学会自己管理自己的事务，但农民不会自发成长为成熟的乡村治理主体，需要基层党组织和政府履行管理和服务职责，加强对农民的主体性教育和培养，加快培育乡村社会组织，提高农民组织化程度；同时，需要加快构建和完善具有开放性、包容性的乡村治理体系，形成真实的和充分体现农民群众根本利益和意志的乡村治理体系，保障农民参与乡村重大决策和重大事务管理的民主权利。

在这方面需要注意的是，很多人主张构建精准化、标准化、刚性化的乡村治理制度规范，并在一些地区的乡村治理中开始进行有关实践。不可否认的是，这些主张和做法，对于解决乡村干部滥用权力、防止"小微权力"腐败、保持基层政府组织清正廉洁，确实起到了一定作用。但是，过分简单化、理想化地设计和实行乡村治理领域的制度机制，尤其在以制度形态规范乡村治理过程和治理程序方面，如果不顾千差万别、千变万化的乡村治理形势和具体的乡村治理事务，而试图通过构建整齐划一的、精细化的权力清单、责任清单甚至负面清单等制度性规范，不顾基层政府和基层自治组织的承受能力，一律强制性地向基层干部压任务、提要求、追责问责，不适当地约束和监督乡村基层干部依法依规行使权力和进行实践创新，反而会制约一些基层干部的积极性、主动性、创造性和主体性的发挥，限制自治主体和村民自治的活动空间，造成基层工作缺乏内生动力和活力，难以收到预想的工作效果。

以乡村社会自身发展规律而言，尽管乡村社会发展进程在多种因素推动下呈现出加快趋势，但是，促进其发展的内在关键性要素的渐进变化规律并未发生根本改变，尤其决定农民自身属性和特质的一些微观变化，尚未表现出发生质的飞跃式跳跃的迹象，仍呈日积月累和逐渐演化态势。这种状况显然是由乡村社会事务的复杂性、关联性及其相互间的影响决定的。由此可知,无论是正在进行中的乡村治理体系和治理能力现代化建设进程,还是开启不久的乡村振兴战略的实施以及乡村建设行动,都必须充分考量乡村社会发展变化的这些特点,都需要继续发扬党一贯倡导的"实事求是"的思想作风和工作作风,将刚强不息、奋发图强、百折不挠的中华民族精神和尊重科学的现代精神紧密结合起来。

"不积跬步,无以至千里。"中国特色乡村治理体系建设是一个渐进的漫长的发展过程,在这个渐进的漫长的过程中,始终需要党组织有效履行领导责任,需要政府部门提供高质量的管理和服务,需要自治组织和各类社会组织发挥基础性作用,需要不断教育农民并将他们培养成现代职业农民。"授人以鱼,不如授人以渔",在乡村建设和乡村治理过程中,严重的问题仍然是教育农民。从这个意义上讲,传统农民成为现代职业农民之日,便是中国乡村实现"善治"之时。

参 考 文 献

中 文 著 作

[1]《马克思恩格斯选集》1—4卷,人民出版社1995年版。

[2]《列宁选集》第4卷,人民出版社2012年版。

[3]《毛泽东选集》第一至四卷,人民出版社1991年版。

[4]《习近平谈治国理政》,外文出版社2014年版。

[5]《习近平谈治国理政》第二卷,外文出版社2017年版。

[6]《习近平谈治国理政》第三卷,外文出版社2020年版。

[7]《习近平谈治国理政》第四卷,外文出版社2022年版。

[8]中共中央文献研究室编:《十八大以来重要文献选编》(上),中央文献出版社2014年版。

[9]中共中央文献研究室编:《十八大以来重要文献选编》(中),中央文献出版社2016年版。

[10]中共中央党史和文献研究院编:《十八大以来重要文献选编》(下),中央文献出版社2018年版。

[11]中共中央党史和文献研究院编:《十九大以来重要文献选编》(上),中央文献出版社2019年版。

[12]中共中央党史和文献研究院编:《十九大以来重要文献选编》(中),中央文献出版社2021年版。

[13]习近平:《论"三农"工作》,中央文献出版社2022年版。

[14]习近平:《论坚持全面深化改革》,中央文献出版社2018年版。

[15]中共中央宣传部:《习近平新时代中国特色社会主义思想学习纲要》,学习出版社、人民出版社2019年版。

[16]中共中央党史和文献研究院编:《习近平关于"三农"工作论述摘编》,中央文献出版社2019年版。

[17]费孝通:《文化的生与死》,上海人民出版社2013年版。

[18]费孝通:《乡土中国》,人民出版社2008年版。

[19]贺雪峰:《乡村治理与农业发展》,华中科技大学出版社2017年版。

[20]贺雪峰:《乡村治理的社会基础》,生活·读书·新知三联书店2020年版。

[21]徐勇:《乡村治理的中国根基与变迁》,中国社会科学出版社2019年版。

[22]徐勇:《中国农村村民自治》,生活书店出版有限公司2018年版。

［23］温铁军：《居危思危：国家安全与乡村治理》，东方出版社 2016 年版。

［24］［美］约翰·罗尔斯：《正义论》，何怀宏等译，中国社会科学出版社 2016 年版。

［25］［美］塞缪尔·P.亨廷顿：《变化社会中的政治秩序》，王冠华等译，上海人民出版社 2017 年版。

［26］［美］埃弗里特·M.罗吉斯、拉伯尔·J.伯德格：《乡村社会变迁》，王晓毅译，浙江人民出版社 1988 年版。

［27］［英］约翰·密尔：《论自由》，许宝骙译，商务印书馆 2015 年版。

［28］［英］斯托克：《转变中的地方治理》，常晶等译，吉林出版集团有限责任公司 2015 年版。

［29］［英］安东尼·吉登斯：《现代性的后果》，田禾译，译林出版社 2000 年版。

［30］［瑞］皮亚杰：《结构主义》，倪连生译，商务印书馆 2020 年版。

［31］［瑞］乔恩·皮埃尔、［美］B.盖伊·彼得斯：《治理、政治与国家》，格致出版社 2019 年版。

［32］［德］马克斯·韦伯：《经济与社会》第 2 卷，阎克文译，上海人民出版社 2020 年版。

［33］［德］马克斯·韦伯：《经济与社会》上卷，林荣远译，商务印书馆 2019 年版。

［34］［德］马克斯·韦伯：《中国的宗教：儒教与道教》，康乐、简美惠译，广西师范大学出版社 2010 年版。

［35］张翼主编：《改革开放 40 年社会发展与变迁》，中国社会科学出版社 2018 年版。

［36］刘儒：《乡村善治之路创新乡村治理体系》，中原农业出版社 2019 年版。

［37］童星：《中国社会治理》，中国人民大学出版社 2018 年版。

［38］张继良：《近代中国政治社会变革研究》，北京大学出版社 2012 年版。

［39］张继良：《立宪主义与近代中国政治变革》，中国社会科学出版社 2017 年版。

［40］陈池波等：《财政支农资金整合问题研究》，武汉大学出版社 2015 年版。

［41］郭光磊：《北京市农村集体产权制度改革研究》，中国言实出版社 2016 年版。

［42］梁伟军：《产业融合与现代农业发展》，华中科技大学出版社 2012 年版。

［43］吴次芳等：《中国农村土地制度改革总体研究》，浙江大学出版社 2019 年版。

［44］白昌前：《农村土地经营权实现法律保障研究》，法律出版社 2020 年版。

［45］杨义堂等：《新乡贤归来》，山东人民出版社 2018 年版。

［46］袁祥等：《新乡贤的故事》，光明日报出版社 2016 年版。

［47］公方彬：《大思想——中国崛起的瓶颈与突破》，广东人民出版社 2015 年版。

［48］钱穆：《中国历代政治得失》，九州出版社 2012 年版。

［49］郭广辉等：《乡村法治建设研究》，中国检察出版社 2019 年版。

［50］钱穆：《中国思想史》，九州出版社 2012 年版。

［51］钱穆：《中华文化十二讲》，九州出版社 2012 年版。

［52］钱穆：《朱子新学案（一）》，九州出版社 2011 年版。

[53]戴圣:《礼记译解》,王文锦译解,中华书局 2001 年版。

[54]北京大学《荀子》注释组:《荀子新注》,中华书局 1979 年版。

[55]郑杭生:《转型中的中国社会和中国社会的转型》,首都师范大学出版社 2010 年版。

[56]冯友兰:《中国哲学简史》,北京出版社 2013 年版。

[57]林存阳:《中国之伦理精神》,四川人民出版社 2000 年版。

[58]邢建国:《社会秩序论》,人民出版社 1993 年版。

[59]杨开道:《中国乡约制度》,商务印书馆 2017 年版。

[60]杨桂华:《转型社会控制论》,北京师范大学出版社 2009 年版。

[61]常健:《当代中国权利规范的转型》,天津人民出版社 2000 年版。

[62]刘同君等:《新农村法律文化创新的解释框架——转型空间、知识命题、图景样式》,中国政法大学出版社 2012 年版。

[63]王雨容:《明清黔东南书院研究》,贵州人民出版社 2015 年版。

[64]《孙中山选集》(上、下册),人民出版社 2011 年版。

[65]杨祥禄:《推进农业适度规模经营》,四川科技出版社 2015 年版。

[66]《社会保障概论》编写组:《社会保障概论》,高等教育出版社 2019 年版。

[67]瞿同祖:《中国法律与中国社会》,中华书局 2003 年版。

[68]万小艳:《乡村治理与新农村建设:湖北秭归杨林桥社区建设与治理的实践探索》,知识产权出版社 2011 年版。

[69]卓越主编:《公共部门绩效管理》,福建人民出版社 2004 年版。

[70]李志军主编:《第三方评估理论与方法》,中国发展出版社 2016 年版。

[71]张彦、刘长喜、吴淑凤:《社会研究方法》,上海财经大学出版社 2019 年版。

[72]陈振明主编:《社会研究方法》,中国人民大学出版社 2016 年版。

中 文 报 刊

[73]王淑芹:《进一步把社会主义核心价值观融入法治建设》,《人民日报》2019 年 4 月 10 日。

[74]萧镇平、漳浦:《依托历史名人,弘扬孝廉文化》,《福建日报》2019 年 10 月 14 日。

[75]刘奇葆:《大力推动中华文化走向世界》,《光明日报》2014 年 5 月 22 日。

[76]《建设培育 29 个特色小镇,即将开展首批验收》,《经济日报》2020 年 1 月 21 日。

[77]黄海:《用新乡贤文化推动乡村治理现代化》,《人民日报》2015 年 9 月 30 日。

[78]凌保康:《惠州"一村一法律顾问"入选全国首批乡村治理典型案例》,《惠州日报》2019 年 6 月 12 日。

[79]王先明:《"新乡贤"的历史传承与当代建构》,《光明日报》2014 年 8 月 20 日。

[80]王昊男:《北京市顺义区委书记王刚:村规民约填补法制洼地》,《人民日报》

2016 年 5 月 18 日。

[81]俞鹤楠:《激发贫困人口内生动力》,《中国劳动保障报》2020 年 1 月 21 日。

[82]张继良:《以乡村振兴促进城乡融合发展》,《光明日报》2018 年 10 月 10 日。

[83]张继良、郑亚雪:《筑牢防控疫情的制度基础》,《中国社会科学报》2020 年 3 月 12 日。

[84]郑功成:《多管齐下推进社会治理现代化》,《社会科学报》2020 年 3 月 6 日。

[85]秦立军:《"村治民动"激发基层自治新活力》,《湖南日报》2020 年 7 月 30 日。

[86]陈光裕:《健全充满活力的基层群众自治制度》,《常州日报》2020 年 3 月 30 日。

[87]刘家伟:《引入第三方评估重在解决问题》,《辽宁日报》2020 年 11 月 17 日。

[88]本报评论员:《基层民主政治建设的划时代迈进》,《运城日报》2012 年 7 月 10 日。

[89]高峰:《推进社区治理现代化的"苏州路径"》,《中国社会科学报》2020 年 12 月 16 日。

[90]陈荣卓:《完善村组法以有效应对贿选》,《学习时报》2010 年 8 月 9 日。

[91]中共国家乡村振兴局党组:《人类减贫史上的伟大奇迹》,《求是》2021 年第 4 期。

[92]贺雪峰:《关于实施乡村振兴战略的几个问题》,《温州农业科技》2018 年第 3 期。

[93]杜学峰:《新乡贤助力乡村振兴的实践路径》,《上海农村经济》2020 年第 4 期。

[94]邓大才:《走向善治之路:自治、法治与德治的选择与组合——以乡村治理体系为研究对象》,《社会科学研究》2018 年第 4 期。

[95]刘建荣:《"天人合一"思想的乡村生态文化建设启示》,《中南林业科技大学学报(社会科学版)》2019 年第 4 期。

[96]张德胜:《论中庸理性:工具理性和沟通理性之外》,《社会学研究》2001 年第 2 期。

[97]高斐:《乡村文化振兴中农民社会主义核心价值观的重塑》,《毛泽东邓小平理论研究》2018 年第 10 期。

[98]张岩、王立人:《挖掘乡村文化,促进乡村旅游可持续发展》,《农业经济》2008 年第 12 期。

[99]何兰萍、陈通:《农村社会控制弱化与农村非正式组织的兴起》,《理论与改革》2005 年第 5 期。

[100]朱奇彪、黄莉莉、徐仙娥:《农村领军人才培养模式创新与实践——以浙江省云和县为例》,《浙江农业学报》2013 年第 1 期。

[101]黄承伟:《激发内生脱贫动力的理论与实践》,《广西民族大学学报(哲学社会科学版)》2019 年第 1 期。

[102]姜晓萍、许丹:《新时代乡村治理的维度透视与融合路径》,《四川大学学报

（哲学社会科学版）》2019 年第 4 期。

[103]黎珍:《健全新时代乡村治理体系路径探析》,《贵州社会科学》2019 年第
1 期。

[104]李磊:《村支书应该是什么样的人》,《群众》2018 年第 14 期。

[105]良灿:《实现乡村社会有效治理的路径探索》,《甘肃社会科学》2019 年第
4 期。

[106]刘昂:《新乡贤在乡村治理中的伦理价值及其实现路径》,《兰州学刊》2019
年第 4 期。

[107]刘本锋:《试析乡风文明建设的"瓶颈"》,《求实》2006 年第 12 期。

[108]马良灿:《实现乡村社会有效治理的路径探索》,《甘肃社会科学》2019 年第
4 期。

[109]王云飞、高源:《乡村治理主体系统化的建构及其策略》,《长白学刊》2015 年
第 1 期。

[110]吴晓谊、应义斌、楼程富等:《交叉复合型农业领军人才培养方案的设计与实
践》,《高等农业教育》2010 年第 9 期。

[111]杨洋:《城市社区基层党支部组织力评价体系问题初探》,《理论与改革》2019
年第 1 期。

[112]袁玲儿:《新农村乡风文明建设的风险与应对》,《理论导刊》2008 年第 8 期。

[113]赵一夫、王丽红:《新中国成立 70 年来我国乡村治理发展的路径与趋向》,
《农业经济问题》2019 年第 12 期。

[114]徐秀丽等:《中国农村治理的历史与现状（续）——以定县、邹平和江宁为例
的比较分析》,《经济社会体制比较》2004 年第 3 期。

[115]贺雪峰:《村级组织制度安排:理想与现实的差距及其原因》,《社会科学研
究》1998 年第 4 期。

[116]贺雪峰:《乡村治理现代化——村庄与体制》,《求索》2017 年第 10 期。

[117]贺雪峰:《论村级组织的功能与结构》,《贵州师范大学学报（社会科学版）》
1998 年第 4 期。

[118]马亮:《第三方评估提升政府绩效的理论框架与研究展望》,《江苏师范大学
学报（哲学社会科学版）》2018 年第 2 期。

[119]马亮、于文轩:《第三方公共服务绩效评估的评价:一项比较案例研究》,《南
京社会科学》2013 年第 5 期。

[120]范拥军、郝庆禄:《构建乡村治理新格局》,《人民论坛》2017 年第 31 期。

[121]张定安、谭功荣:《绩效评估:政府行政改革和再造的新策略》,《中国行政管
理》2004 年第 9 期。

[122]张慧瑶、李长健:《多元主体参与乡村治理的风险防范研究》,《农业经济》
2019 年第 3 期。

[123]张明:《政府绩效评估的多元主体分析及指标体系构建》,《重庆工商大学学

报(社会科学版)》2011 年第 1 期。

[124]陆维玲:《政府职能转变的绩效评估研究——以合肥市为例》,《山东农业工程学院学报》2017 年第 1 期。

[125]徐双敏:《政府绩效管理中的"第三方评估"模式及其完善》,《中国行政管理》2011 年第 1 期。

[126]王永明、兰继华:《中国政府绩效评估研究现状及展望——基于中国知网2005—2011 年学术文献总库的分析》,《内蒙古师范大学学报(哲学社会科学版)》2012年第 4 期。

[127]尹冬华、左婕:《村民自治背景下乡村关系失范的宏观体制根源》,《中共宁波市委党校学报》2004 年第 4 期。

[128]朱战辉:《村级治理行政化的运作机制、成因及其困境——基于黔北米村的经验调查》,《地方治理研究》2019 年第 1 期。

[129]程样国、李志:《独立的第三方进行政策评估的特征、动因及其对策》,《行政论坛》2006 年第 2 期。

[130]韩德胜、李娜:《村级"两委"一把手"一肩挑"面临的问题分析》,《中共青岛市委党校青岛行政学院学报》2010 年第 4 期。

[131]刘旭涛:《关于政府绩效评估体系的四个基本问题》,《政府改革与创新》2005年第 6 期。

[132]尚虎平、王春婷:《政府绩效评估中"第三方评估"的适用范围与限度——以先行国家为标杆的探索》,《理论探讨》2016 年第 3 期。

[133]周志忍:《论政府绩效评估中主观客观指标的合理平衡》,《行政论坛》2015年第 3 期。

[134]鲁先瑾、唐建兵:《论精准扶贫绩效"第三方评估"的经验与启示》,《河南理工大学学报(社会科学版)》2020 年第 6 期。

[135]陈起风:《精准脱贫第三方监测评估绩效研究——基于安徽省 D 镇第三方监测评估实践》,《社会保障研究》2018 年第 2 期。

[136]那凯、钟哲:《精准扶贫第三方评估研究综述》,《行政与法》2020 年第 6 期。

[137]刘彦随、周成虎、郭远智:《国家精准扶贫评估理论体系及其实践应用》,《中国科学院院刊》2020 年第 10 期。

[138]侯晓艳:《中国农村扶贫:实践逻辑、误区与未来发展》,《农业经济》2020 年第 1 期。

[139]马国芳、马金书:《云南省精准扶贫工作成效第三方评估实证研究》,《中共云南省委党校学报》2019 年第 3 期。

[140]胡红霞、王俊程:《扶贫干部提效减负的实证分析与建议》,《广州大学学报(社会科学版)》2019 年第 1 期。

[141]王凯:《村民自治中的民主监督:双重困境与改革突破》,《四川行政学院学报》2016 年第 2 期。

[142]卢福营:《回归与拓展:新时代的村民自治发展》,《天津社会科学》2018 年第5 期。

[143]王凯:《村民自治中的民主监督:双重困境与改革突破》,《四川行政学院学报》2016 年第 2 期。

[144]严飞:《构建乡村基层自治与乡村振兴战略相结合的社会治理新格局》,《南京社会科学》2020 年第 11 期。

[145]杨静:《确保党在各种组织中发挥领导作用》,《支部建设》2020 年第 32 期。

[146]刘凯亚:《治理现代化视域下党领导基层治理的历史演进和现实进路》,《岭南学刊》2020 年第 6 期。

[147]孙冲:《基层协商式民主自治的实践方式及形成机制实证研究》,《华中农业大学学报(社会科学版)》2020 年第 4 期。

[148]丁志春:《村民自治组织的制度创新——基于村民自治组织身份分析》,《湖北农业科学》2020 年第 22 期。

[149]贾晋、李雪峰、申云:《乡村振兴战略的指标体系构建与实证分析》,《财经科学》2018 年第 11 期。

[150]彭十一、杨新荣:《和谐社会视野下社会主义新农村建设评价指标体系探讨》,《学理论》2009 年第 10 期。

[151]徐学荣、林雪娇:《社会主义新农杧评价指标体系和评价方法研究》,《福建农林大学学报(哲学社会科学版)》2007 年第 5 期。

[152]李立清、李明贤:《社会主义新农村建设评价指标体系研究》,《经济学家》2007 年第 1 期。

[153]付亚东:《地方政府绩效评估指标体系的构建及应用研究——以经济建设类指标为例》,《经济研究导刊》2010 年第 5 期。

[154]彭迪云、温涛:《地方公共财政绩效评估指标体系的构建及其应用》,《南昌大学学报(理科版)》2014 年第 4 期。

[155]张梅、吴永涛、石磊等:《农村环境绩效评估指标体系研究》,《环境保护》2020 年第 16 期。

[156]黄静、薛俊丽:《乡村振兴战略中的我国地方政府绩效评估探析》,《宝鸡文理学院学报(社会科学版)》2020 年第 1 期。

[157]杨希:《精准视角下扶贫项目绩效评估研究》,《金融经济》2017 年第 4 期。

[158]陈传伟、王伊亮:《村级治理绩效评估指标体系构建探讨与思考》,《法制与社会》2017 年第 1 期。

[159]吴新叶:《农村社会治理的绩效评估与精细化治理路径——对华东三省市农村的调查与反思》,《南京农业大学学报(社会科学版)》2016 年第 4 期。

[160]余霞民:《农村金融改革绩效评估:增量改革和存量改革的比较》,《浙江金融》2015 年第 10 期。

[161]杨晓宏、杜华:《国内基础教育信息化绩效评估研究综览》,《电化教育研究》

2015 年第 4 期。

　　[162]胡税根、李幼芸:《省级文化行政部门公共文化服务绩效评估研究》,《中共浙江省委党校学报》2015 年第 1 期。

　　[163]王冬梅、闫志涛:《非政府组织绩效评估体系构建初探——基于非政府组织参与新农村建设的视角》,《台州学院学报》2014 年第 5 期。

　　[164]单卓然、黄亚平:《试论中国新型城镇化建设:战略调整、行动策略、绩效评估》,《规划师》2013 年第 4 期。

　　[165]张晓卉、解月光、王海等:《基于 EEE 模型的农村基础教育信息化绩效评估体系应用方法研究》,《中国电化教育》2013 年第 1 期。

　　[166]黄颖、余秀江:《新农村建设绩效评估指标体系构建研究——基于粤北洺洸镇 8 村调查数据的实证分析》,《南方农村》2012 年第 11 期。

　　[167]李亮、汪全胜:《我国政府信息公开立法绩效评估报告——基于皖北农村与胶东城市的实证考察》,《中国青年政治学院学报》2012 年第 2 期。

　　[168]吉鹏、彭化林:《服务型乡镇政府绩效评估体系的构建》,《决策咨询》2011 年第 6 期。

　　[169]王玲玲、吴文慧:《南昌市生态文明建设绩效评估研究》,《时代经贸》2021 年第 1 期。

　　[170]丁雪伟:《融媒体时代下数字阅读推广机制构建分析》,《新阅读》2021 年第 1 期。

　　[171]胡税根、杨竞楠:《发达国家数字政府建设的探索与经验借鉴》,《探索》2021 年第 1 期。

　　[172]司林波、王伟伟:《跨行政区生态环境协同治理绩效问责机制构建与应用——基于目标管理过程的分析框架》,《长白学刊》2021 年第 1 期。

　　[173]郭兴华:《基于因子分析法的 A 市农村地区扶贫绩效评估实证分析》,《技术经济与管理研究》2020 年第 12 期。

　　[174]张春燕、陈宏东、薛小婕:《电子资源绩效评估的实践——以兰州大学图书馆外文电子期刊为例》,《河南图书馆学刊》2020 年第 12 期。

　　[175]翟亚宁、李昂:《科技计划评估理论研究回顾与展望》,《世界科技研究与发展》2020 年第 6 期。

　　[176]徐阳:《创新引领东部地区率先发展的评估与思考——基于 76 个地市级政府的绩效数据》,《广东行政学院学报》2020 年第 6 期。

　　[177]郑伟、卢擎华:《地方政府文化治理能力建设评估体系构建研究》,《西部学刊》2020 年第 22 期。

　　[178]黄健新、王凌宇:《国家治理效能视域下的公务员考核元评估研究》,《闽江学院学报》2020 年第 6 期。

　　[179]赵小花:《高校一流学科建设中绩效评估动态机制应用研究》,《长春师范大学学报》2020 年第 11 期。

［180］戴玉琴：《新中国成立以来农村治理模式变迁的路径、影响和走向》,《毛泽东邓小平理论研究》2009 年第 4 期。

外 文 文 献

［181］Cumming Elaine, *Social Systems and Social Regulations*, Taylor and Francis, 2017.

［182］Colin. F. Camerer & Ernst FehrMeasuring, *Social Norms and Preferences using Experimental Games*, University of Zürich, 2002.

［183］Posner Eric, *Law and Social Norms*, Harvard University Press, 2000.

［184］Elster Jon, the Cement of Society, *A Study of Social Order*, Cambridge University Press, 1989.

［185］Bertoldo R & Castro P, The Outer Influence Inside Us: Exploring the Relation Between Social and Personal Norms, *Resources, Conservation and Recycling*, 2016.

［186］John R. Deckop, Book Review: Questioning Performance Measurement: Metrics, Organizations, and Power, *Organization Studies*, 2020.

后　记

　　为了推动哲学人文社会科学适应经济社会发展与全面推进国家治理体系和治理能力现代化需要,2014年底河北省启动了高等学校哲学人文社会科学重点研究基地建设工程,河北师范大学申报的河北省基层治理研究中心有幸获批成立。从此,在河北省教育厅、河北省财政厅等相关部门及河北师范大学鼎力支持下,我们面向全国并立足于河北农村,有计划、有步骤地开展了乡村治理调研工作,积累了一些珍贵的资料,发表了一些有影响力的研究成果。眼前这部著作,是在以中国共产党乡村治理理论为指导,立足于新时代乡村社会发展需要,深入乡村一线,聚焦乡村社会实际,深入了解乡情民意,收集第一手资料,系统思考乡村治理面临的问题,结合开展有关理论研究写就的。

　　该著由河北省高等学校哲学人文社会科学重点研究基地——河北师范大学基层治理研究中心主任、二级教授、博士研究生导师张继良负责选题和内容设计、拟定提纲、统稿、定稿等,并亲自撰写了大部分书稿。研究中心成员姚思好、王敬红博士承担了主要章节的撰写任务,刘晓静教授、郭晖副教授、梁岩妍副教授、冯晓伟博士、宋俊敏博士承担了资料收集工作,并撰写了部分初稿。马静、王晶等研究中心成员参与了调研、资料收集、文稿注释和校对工作。

　　在本课题组深入农村调研、收集有关资料、拟定写作提纲、撰写书稿过程中,得到了河北省高等学校哲学人文社会科学重点研究基地的经费资助,得到了中国社会科学院历史文化研究院王广研究员、光明日报社理论部曹建文主编、人民日报出版社欧阳辉副主编、经济日报社欧阳优等先生和专家学者的悉心指导和热心帮助。人民出版社赵圣涛编辑对本书写作重点的把握、写作提纲的拟定和修改、申请课题立项等,付出了很多心血,提出了宝贵的指导意见和建议。本书稿得以顺利完成,与他们的悉心指导、热心帮助、鼎力支持是分不开的,在此,谨向他们表示诚挚的谢意。

张继良

2024年1月18日于石家庄

责任编辑:赵圣涛
封面设计:毛　淳　胡欣欣
版式设计:姚　菲

图书在版编目(CIP)数据

中国特色乡村治理体系建设研究/张继良等著. —北京:人民出版社,
　2024.5
(国家社科基金后期资助项目)
ISBN 978－7－01－026519－3

Ⅰ.①中…　Ⅱ.①张…　Ⅲ.①农村-群众自治-研究-中国　Ⅳ.①D638

中国国家版本馆 CIP 数据核字(2024)第 082729 号

中国特色乡村治理体系建设研究

ZHONGGUO TESE XIANGCUN ZHILI TIXI JIANSHE YANJIU

张继良　等　著

人民出版社 出版发行
(100706　北京市东城区隆福寺街 99 号)

中煤(北京)印务有限公司印刷　新华书店经销

2024 年 5 月第 1 版　2024 年 5 月北京第 1 次印刷
开本:710 毫米×1000 毫米 1/16　印张:27.5
字数:420 千字

ISBN 978－7－01－026519－3　定价:119.00 元

邮购地址 100706　北京市东城区隆福寺街 99 号
人民东方图书销售中心　电话 (010)65250042　65289539